Löwe/Hartwig
Pferdezucht

Tierzuchtbücherei
Herausgegeben von Prof. Dr. Horst Kräußlich, München

Pferdezucht

Von Prof. Dr. Hans Löwe
6., neubearbeitete Auflage
von Dr. Walter Hartwig und Dr. Erich Bruns

6 Farbfotos
157 Schwarzweiß-Fotos und Zeichnungen
62 Tabellen

VERLAG
EUGEN
ULMER

Die Autoren:

Dr. Erich Bruns
Akademischer Rat am Institut
für Tierzucht und Haustiergenetik
der Universität Göttingen

Dr. Walter Hartwig
Leiter der Abteilung Tierzucht und
Tierhaltung
der Landwirtschaftskammer Hannover

Prof. Dr. Hans Löwe
Ehemaliger Referent für Tierzucht
im Niedersächsischen Landwirtschaftsministerium,
Hannover

CIP-Titelaufnahme der Deutschen Bibliothek

Löwe, Hans:
Pferdezucht / von Hans Löwe. – 6., neubearb. Aufl. / von Walter Hartwig u. Erich Bruns. –
Stuttgart: Ulmer, 1988
   (Tierzuchtbücherei)
   5. Aufl. u. d. T.: Pferdezucht und Pferdefütterung
   ISBN 3-8001-4360-7
NE: Hartwig, Walter [Bearb.]

© 1979, 1988 Eugen Ulmer GmbH & Co.
Wollgrasweg 41, 7000 Stuttgart 70 (Hohenheim)
Printed in Germany
Einbandgestaltung: Alfred Krugmann
mit einem Foto von Werner Ernst, Ganderkesee
Gesamtherstellung: Wilhelm Röck, Weinsberg

Vorwort zur 6. Auflage

Die Neuauflage dieses über viele Jahrzehnte geschätzten Standardwerkes erscheint zu einer Zeit, in der die Pferdezucht wiederum einem verstärkten wirtschaftlichen Druck ausgesetzt ist, nachdem sich als unmittelbare Folge einer Überproduktion die Landwirtschaft in einer fast aussichtslosen Situation befindet.

Die Pferdezucht wird nach wie vor in weiten Teilen des Europäischen Kontinents vorwiegend im mittel- und kleinbäuerlichen Bereich betrieben und die überwiegende Zahl der Züchter hält im Durchschnitt nur 2 bis 3 Mutterstuten. Größere Gestüte sind seltener zu finden und wenn, dann weitgehend in den sozialistischen Ländern. Wer heute jedoch Pferdezucht betreibt, ob im Kleinen oder im Großen, sieht sich vor die Notwendigkeit gestellt, Qualität zu erzeugen. Die Leistungsanforderungen steigen sowohl im Renn-, wie im Reit- und Fahrsport und machen auch vor der Hobbyreiterei nicht halt. So setzen zunehmende Qualitätsanforderungen auch eine Erweiterung und Vertiefung der fachlichen Kenntnisse voraus.

Die Aufgabe dieses Buches soll es daher sein, sowohl dem Pferdezüchter und -halter, dem Pferdesportler sowie allen Verantwortlichen im züchterischen Bereich wie in der Verwaltung in einer leicht verständlichen, jedoch wissenschaftlich fundierten Darstellung den gesamten Bereich der Pferdezucht nach neuestem Wissens- und Erkenntnisstand zugänglich zu machen. Und wie bisher hat dieses Werk neben seiner Bedeutung als Hand- und Nachschlagebuch für den Praktiker auch den Charakter eines Lehrbuches für die Studierenden der Landwirtschaft und der Tiermedizin behalten.

Die in früheren Auflagen mit einbezogenen Themen Pferdefütterung, Haltung, Ernährung und Krankheiten sind aus der 6. Auflage herausgenommen worden und sollen in einem separaten Buch „Pferdehaltung" zusammengefaßt werden. Dadurch wurde es möglich, den Gesamtbereich „Zucht" sehr viel umfassender und eingehender zu behandeln. So sind die europäischen Pferderassen ausführlicher dargestellt und um die Rassen der Schweiz, Luxemburgs, Jugoslawiens und der UdSSR ergänzt worden. Die in Deutschland gehaltenen Spezialrassen wurden in einem eigenen Abschnitt beschrieben. Die Einteilung und Beschreibung der verschiedenen Ponyrassen erfolgte nach der neu eingeführten Systematik. Die Hauptkapitel Vererbung und Züchtung wurden neu gegliedert und durch den Abschnitt „Selektion in geschlossenen und offenen Populationen" erweitert. Auch die Richtlinien über die Durchführung der Leistungsprüfungen sind auf den neuesten Stand gebracht worden. Neu eingeführt wurde u. a. auch ein Abschnitt über die medizinische Nutzung des Pferdes. Ein Glossar mit den wichtigen englischen und französischen Fachausdrücken bildet den Abschluß dieser fast völlig überarbeiteten Neuauflage.

Wenn dieses Buch dazu beiträgt, den Umgang mit dem Pferd, das notwendige Wissen und Verständnis zu fördern und zu vervollkommnen und auch Perspektiven für die Zukunft aufzuzeigen, dann sind Absicht und Wunsch, die die Verfasser und der Verlag mit der Herausgabe dieser 6. Auflage verbinden, voll erfüllt.

Hannover, im Winter 1988   Walter Hartwig

Inhaltsverzeichnis

A Bedeutung der Pferdezucht

1 Umfang der Pferdehaltung

1.1 In der Welt

Über Jahrtausende hinweg hat sich die Entwicklung der menschlichen Kulturen in enger Verflechtung mit dem Pferd vollzogen und ihm als Haustier von Anfang an eine Sonderstellung eingeräumt, die trotz aller Wandlungen in der Nutzung des Pferdes bis heute erhalten geblieben ist. Gewiß hat nach Überwindung der Epochen, in denen das Pferd, noch nicht domestiziert, für den Menschen als Jagd- und Opfertier eine Rolle spielte, der Einsatz für kriegerische Zwecke in den verschiedenen Formen lange Zeit den Umfang der Pferdehaltung maßgeblich bestimmt. Erst allmählich verlagerte sich durch die steigende Industrialisierung und durch die stetig wachsende Intensivierung der Landwirtschaft der Schwerpunkt immer mehr auf die Verwendung in der Wirtschaft und vor allem in der Landwirtschaft. Die sprunghafte Entwicklung der Motorisierung und die fortschreitende Technisierung haben dann kurz nach dem Zweiten Weltkrieg die hohe Blütezeit des Pferdes als einen wesentlichen Wirtschaftsfaktor in verschiedenen Erdteilen und Ländern ziemlich jäh beendet; infolgedessen büßte die Pferdehaltung besonders in den Industrienationen an Umfang weitgehend ein. Es ist daher auch müßig, die Anzahl der Pferde noch zur Größe der landwirtschaftlichen Nutzfläche in Beziehung zu setzen. Heute ist, abgesehen von den Ländern, in denen das Pferd immer noch in bestimmtem Umfange zu landwirtschaftlichen Arbeiten oder etwa zur Fleischerzeugung herangezogen wird, die Pferdehaltung vorwiegend vom Reitsport abhängig. Immerhin ist erstaunlich, daß seit etwa 10 Jahren der Bedarf an Pferden in verschiedenen Ländern wieder steigt. Offenbar sucht der immer mehr Freizeit gewinnende Mensch einen Ausgleich zur Technisierung – das Pferd ist dafür anscheinend wie geschaffen.

Einige Übersichten mögen die Entwicklung der Pferdebestände aufgrund der von der FAO veröffentlichten Statistik beleuchten. Vor dem Zweiten Weltkrieg betrug der Weltbestand an Pferden insgesamt etwa 95,5 Mill. Er erreichte nunmehr 1982 mit 65 Mill. einen in den letzten Jahren leicht reduzierten Stand. Es muß aber darauf hingewiesen werden, daß die statistischen Zahlen für viele Länder auf Schätzungen beruhen und daher keinen Anspruch auf Genauigkeit erheben können. Zwischen den Kontinenten hat es im Laufe der letzten Jahrzehnte erhebliche Verschiebungen gegeben. Ursprünglich war Europa mit 19,2 Mill. Pferden einmal der pferdereichste Erdteil. Jetzt liegt unser Kontinent an fünfter Stelle, wie aus der Tab. 1 zu ersehen ist.

Sehr interessant ist die Bewegung der Ziffern in Nord- und Zentralamerika, wo in den letzten Jahren ein deutlicher Anstieg zu erkennen ist. Amerikanische Kreise rechnen mit einer weiteren erheblichen Zunahme. Auf eine Wiedergabe der Zahlen für die einzelnen Länder der Erde muß hier verzichtet werden; es mag der Hinweis genügen, daß mit 5,1 Mill. Brasilien den ersten Platz in Südamerika einnimmt. In Nord- und Mittelamerika liegen die Vereinigten Staaten mit 10,1 Mill. und Mexiko

Tab. 1. Pferdebestände in der Welt in 1000 Stück

Land	1961–65	1974	1976	1982
Afrika	3532	3550	3675	3666
Nordamerika	11335	17291	17976	19576
Südamerika	16062	17314	17583	13038
Asien	15729	13973	13982	17292
Europa	10595	6503	6138	5253
Ozeanien	690	583	587	649
UdSSR	8960	6848	6400	5570
Welt	66903	66061	66341	65044

Tab. 2. Maultier- und Eselbestände in der Welt in 1000 Stück

Maultiere				
Land	1961–65	1974	1976	1982
Afrika	1910	2082	2136	2125
Nordamerika	2227	3184	3120	3548
Südamerika	5546	5830	5866	2974
Asien	2299	2264	2266	5082
Europa	1833	847	786	533
Ozeanien	–	–	–	–
UdSSR	4	3	2	–
Welt	13819	14209	14176	14262

Esel				
Land	1961–65	1974	1976	1982
Afrika	10707	10933	11176	11950
Nordamerika	3441	3764	3459	3649
Südamerika	4398	5298	5499	4202
Asien	19983	20069	19980	18235
Europa	2437	1586	1517	1221
Ozeanien	5	5	5	5
UdSSR	761	525	501	400
Welt	41731	42180	42139	39662

mit 6,6 Mill. Pferden an der Spitze. Innerhalb Asiens befinden sich die meisten Pferde in China (11,0 Mill.) und in Europa übertrifft der polnische Bestand (1,7 Mill.) bei weitem die Zahlen aller anderen Länder.

Gleichfalls steigende Tendenz zeigen die Bestände an Maultieren, während die Zahl der Esel leicht rückläufig ist (Tab. 2). In Ländern mit warmem Klima und unzureichenden Futterverhältnissen haben Maultiere und Esel teilweise noch erhebliche Bedeutung.
Von den Ländern liegen bei den Eseln China (8,4 Mill.), Äthiopien (3,1 Mill.) und Mexiko (3,2 Mill.) und bei den Maultieren Mexiko (3,1 Mill.) und Brasilien (1,7 Mill.) zahlenmäßig an der Spitze. In Europa hat Griechenland die meisten Esel (223 000) und Spanien die meisten Maultiere (174 000), gefolgt von Griechenland, Italien und Portugal.

1.2 In Europa

Über die Bewegung der Pferdebestände in Europa gibt die Tab. 3 Aufschluß. Polen, Rumänien, Jugoslawien, die Bundesrepublik und Frankreich haben noch die meisten Pferde. Der Rückgang ist am stärksten in Dänemark, Schweden, Norwegen und der Tschechoslowakei. Besonders zu beachten ist die hohe Anzahl der Pferde in Polen.

Tab. 3. Pferdebestände in Europa in 1000 Stück

Land	1947/48–1951/52	1974	1975	1976	1982
Albanien	50	42	42	42	43
Belgien/Lux.	272	57	55	53	35
Bulgarien	511	142	137	133	119
Dänemark	496	55	56	56	63
Deutschland					
Bundesrepublik	1570	320	325	342	364
DDR	696	82	76	76	76
Finnland	389	44	35	33	34
Frankreich	2403	425	483	402	317
Griechenland	259	180	166	160	97
Großbritannien	552	141	141	140	140
Irland	384	98	94	98	70
Island	43	42	44	47	53
Italien	779	249	250	253	275
Jugoslawien	1063	945	922	864	580
Malta		1	1	1	1
Niederlande	273	60	60	60	59
Norwegen	191	24	22	22	15
Österreich	282	39	40	41	42
Polen	2673	2312	2237	2151	1734
Portugal	87	35	30	27	29
Rumänien	979	610	557	562	598
Schweden	439	50	49	48	57
Schweiz	135	48	47	47	45
Spanien	686	248	257	268	252
Tschechoslowakei	613	84	71	62	44
Ungarn	665	172	163	156	112

1.3   In Deutschland

Für die Bundesrepublik Deutschland vermitteln die in Tab. 4 enthaltenen Ergebnisse der – neuerdings alle 2 Jahre – im Dezember stattfindenden Pferdezählung die jeweiligen Bestandsveränderungen.

Tab. 4. Entwicklung und Altersverteilung des Pferdebestandes in der Bundesrepublik in 1000 Stück

Dezember	Unter 1 Jahr	1 bis unter 3 Jahre	3 bis unter 5 Jahre	5 bis unter 14 Jahre	14 Jahre und älter	Pferde insgesamt
1935/38 ⌀	107,4	179,1	153,5	730,4	383,0	1553,4*
1953	43,6	94,9	226,0	792,9	113,4	1270,8
1955	31,7	56,0	121,5	775,0	122,8	1107,0
1960	15,3	35,4	55,3	456,6	149,1	711,7
1965	15,4	26,6	32,5	184,4	100,9	359,8
1970	23,1	38,8	44,9	106,6	39,2	252,5
1975	27,2	50,4	147,5		22,2	341,0
1980	23,8	49,6	189,0		19,8	382,0
1981	22,0	48,6	178,7		20,7	363,6
1982	23,3	47,4	186,5		20,7	369,1
1983	22,2	46,7	179,6		20,7	353,6
1984	20,9	46,0	190,2		23,7	370,2

* Bestand im heutigen Gebiet der Bundesrepublik Deutschland. Am 31. 12. 1938 wurden im damaligen Deutschen Reich 3 443 000 Pferde gezählt.

Infolge der seit 1961 wieder angestiegenen Deckziffern hatten sich in den jüngeren Jahrgängen die Zahlen nach und nach erhöht. Nach ständiger Abnahme des Gesamt-Pferdebestandes war 1971 erstmalig wieder eine Zunahme erfolgt, und zwar um 4,5%. 1980 wurde der Höchststand an Pferden mit 382 000 erreicht. Seitdem sind leichte Tendenzen nach unten festzustellen, die aber auch darin ihre Begründung finden können, daß ab 1981 Betriebe, die weniger als 1 ha Land und nur 1 Pferd hatten, nicht mehr durch die Viehzählung erfaßt werden.

Die Aufteilung des 1984 im Bundesgebiet ermittelten Pferdebestandes auf die einzelnen Länder ergibt, daß die meisten Pferde in Nordrhein-Westfalen stehen; bis 1970 war regelmäßig Niedersachsen an der Spitze.

Pferdebestände 1984

Nordrhein-Westfalen	84 900	Rheinland-Pfalz	19 100
Niedersachsen	80 400	Saarland	3 800
Bayern	59 700	Berlin (West)	3 400
Baden-Württemberg	50 600	Hamburg	2 800
Schleswig-Holstein	35 800	Bremen	1 100
Hessen	32 100		

Auf die beiden Länder Nordrhein-Westfalen und Niedersachsen entfällt nahezu die Hälfte des Pferdebestandes des Bundesgebietes.

Gewisse Anhaltspunkte für die Entwicklung des Pferdebestandes können die jährlich von der Deutschen Reiterlichen Vereinigung (FN) ermittelten Deckziffern liefern. Nachdem 1948 noch 362028 Stuten von Warm- und Kaltbluthengsten belegt worden waren, ergibt sich für die letzten Jahrzehnte folgendes Bild innerhalb der Bundesrepublik (Tab. 5).

Tab. 5. Stutenbedeckungen in der Bundesrepublik (in Stück)

Jahr	Englisches Vollblut	Warmblut	Kaltblut	Traber	Ponys und Kleinpferde	insgesamt
1948	627	126008	136019			262654
1951	612	47432	83202			131246
1955	649	32589	46341		2720	79579
1960	552	14806	9748		4188	25106
1965	768	20160	5730	1659*	7584	26658
1970	1168	28530	2584	2333	14287	48902
1975	1508	42129	1646	3315	20347	68945
1980	1708	47308	1207	3687	10570	64480
1982	1894	41087	1667	3638	11644	59930
1983	1801	38133	1843	3622	11078	56477
1984	1807	39067	1848	3570	11180	57472
1985	1795	37067	1939	3550	10951	55890

*) ohne Bayern und Berlin

Die niedrigsten Bedeckungsziffern wurden im Jahre 1960 festgestellt. Von diesem Zeitpunkt ab ist die Entwicklung mit geringen Unterbrechungen wieder beständig gestiegen und erreichte mit 68945 gedeckten Stuten 1975 ihren höchsten Punkt, um dann wiederum langsam abzugleiten. Dabei sind innerhalb der verschiedenen Rassen unterschiedliche Tendenzen festzustellen. Während sowohl beim Warmblut wie bei den Rennpferderassen der Kulminationspunkt erst in den Jahren 1980–1982 zu verzeichnen war, hat sich die Bedeutung der Pony- und Kleinpferdestuten ab 1975 fast um 50% auf rund 11200 vermindert. Der Rückgang gerade in diesem Bereich ist vornehmlich für den negativen Gesamttrend verantwortlich zu machen. Die Ponyzucht ist weitgehend eine Liebhaberzucht, deshalb stark den Konjunktur und Modeschwankungen unterworfen und somit im Verhältnis zu den Großpferderassen relativ instabil.

Gerade die Deckziffern sind aber, wie immer wieder zu beobachten ist, ein gutes Barometer für das Vertrauen der Züchterschaft in die zukünftige Entwicklung einer Rasse bzw. einer gesamten Tierart. Die bis Ende der 70er Jahre sehr stark gestiegenen Bedeckungen waren jedoch auch konjunkturell bedingt durch die hohen Fohlenpreise und manche Stute wurde dem Hengst zugeführt, die von ihrer Qualität her gesehen keineswegs dem Zuchtfortschritt diente. Daher ist eine sinnvoll reduzierte Bedeckungsziffer aus der Sicht einer Qualitätserzeugung durchaus zu begrüßen.

Als Ergänzung mögen die Zahlen über die Stutenbedeckungen 1938 in den einzelnen Zuchtgebieten folgen; damals stand die deutsche Pferdezucht auf einem Höhepunkt (s. Tab. 6).

Tab. 6. Stutenbedeckungen 1938

Lfd. Nr.	Kaltblut		Lfd. Nr.	Warmblut	
1. Ostpreußen	68254		1. Ostpreußen	38339	
2. Bayern	39594		2. Hannover	38231	
3. Westfalen	37902		3. Schlesien	24316	
4. Rheinprovinz	27567		4. Pommern	20655	
5. Schleswig-Holstein	22388		5. Schleswig-Holstein	18790	
6. Schlesien	20604		6. Brandenburg und Berlin	14649	
7. Sachsen (Prov.)	19184		7. Oldenburg	14214	
8. Brandenburg und Berlin	9901		8. Westfalen	10679	
9. Pommern	8521		9. Mecklenburg	9005	
10. Hannover	8397		10. Sachsen (Freistaat)	5737	
11. Hessen-Nassau	8194		11. Württemberg	4599	
12. Mecklenburg	7498		12. Bayern	4118	
13. Sachsen (Freistaat)	5335		13. Baden	2247	
14. Württemberg	4743		14. Sachsen (Prov.)	1917	
15. Hessen	3396		15. Hessen	1879	
16. Baden	3153		16. Hessen-Nassau	1738	
17. Thüringen	2963		17. Thüringen	1034	
18. Braunschweig	2353		18. Hamburg	974	
19. Saarland	939		19. Braunschweig	881	
20. Anhalt	791		20. Rheinprovinz	442	
21. Lippe	629		21. Lippe	238	
22. Hohenz. Lande	585		22. Bremen	158	
			23. Anhalt	108	
			24. Saarland	60	
insgesamt	302882		insgesamt	215008	

Tab. 7. Ein- und Ausfuhr von Pferden in der Bundesrepublik

	Einfuhr Anzahl	Wert (1000 DM)	Ausfuhr Anzahl	Wert (1000 DM)
1967	3536	4326	36313	59882
1968	5232	7039	30631	44379
1970	15634	16668	24652	36557
1972	21130	31837	16222	29814
1974	11134	21883	8215	18919
1976	8872	17885	8354	20408
1977	10011	22253	8393	20293
1980	10669	35741	12164	29890
1981	8047	28138	16710	51256
1982	6035	20102	18697	56772
1983	9536	28233	16881	56653
1984	10597	27300	16500	62416
1985	9513	23447	16645	62724

Zu berücksichtigen bleibt schließlich die *Ein- und Ausfuhr* von Pferden, die in der Bundesrepublik zwar keine ausschlaggebende Rolle spielt, aber immerhin eine gewisse wirtschaftliche Bedeutung besitzt (Tab. 7).

Der Wert der Einfuhr lag 1972 zum ersten Mal deutlich über dem der Ausfuhr. Im Hinblick auf die Marktlage bedürfen diese Zahlen der Beachtung. An dem Anstieg der Einfuhren waren vor allem die Sparten „Andere Nutzpferde" (Fohlen, Kutsch- und Reitpferde) und „Kleinpferde" beteiligt. Seit 1967 betrug im ersten Falle die Steigerung annähernd das Siebenfache und bei den Kleinpferden etwa das Dreifache. Das stark erhöhte Interesse an der Einfuhr von Kleinpferden gibt auch einen Hinweis auf die ständig zunehmende Bedeutung dieser Pferdegruppe, die früher in Deutschland völlig belanglos war, inzwischen aber dank der besonderen Pflege der Kinder-Reiterei erheblich angewachsen ist. An den Einfuhren in der Sparte „Nutzpferde" waren vor allem die Länder Tschechoslowakei, Polen und Niederlande und in der Sparte „Kleinpferde" in erster Linie die Niederlande beteiligt. Eine wesentliche Ursache für den erhöhten Import von Nutzpferden gerade aus den Oststaaten war wohl in den Preisen und bei den Kleinpferden in einer zunächst noch vorhandenen Mangellage zu sehen. Ab 1980 überstiegen dann die Werte der Ausfuhr wiederum die der Einfuhr. Dies ist besonders auf den stark gestiegenen Export an Zucht- und Reitpferden zurückzuführen.

2 Nutzungsrichtungen

2.1 Militärische Nutzung

Über viele Jahrhunderte – man könnte auch sagen: einige Jahrtausende – hinweg bestand die Nutzung des Pferdes in seiner Verwendung als „Kriegsgerät", will man diesen modernen Ausdruck benutzen. Sowohl die Kriegszüge Alexander des Großen wie die Eroberung ganzer Weltteile durch Dschingis Khan wären ohne Pferde gar nicht möglich gewesen. Eine ausschlaggebende Rolle spielte das Pferd als Reit-, Zug- und Tragtier auch bei den Kreuzzügen wie bei den Kriegen bis in die Jetztzeit hinein. Auf seinem Rücken wurden Kontinente überquert und erobert. Ihm ist zu einem großen Teil die heutige Gestaltung der Welt zuzuschreiben. Zu Anfang waren es die kleineren und leichteren Pferde der Steppe, später, bedingt durch die Ritterrüstung, standen mehr die schwereren Typen im Vordergrund und letztendlich kam, je nach Anforderung und Verwendungszweck, die gesamte Palette der vorhandenen Rassen zum Einsatz. Über viele Jahrhunderte hinweg bestimmte weitgehend die militärische neben der landwirtschaftlichen Nutzung das Zuchtziel der Landeszuchten, wobei je nach Boden, Klima und vorhandenem Zuchtmaterial man sich in dieser Region mehr auf Reitpferde und in jener mehr auf Zugpferde spezialisierte. Auch in den heutigen Stutenstämmen ist häufig noch nachzuvollziehen, welcher Typ an Pferden in einzelnen räumlich begrenzten Regionen früher gezüchtet worden ist.

Über eine lange Zeit war das Militär mehr oder weniger der Hauptabnehmer der in der Landwirtschaft nicht benötigten Pferde. In welchem Umfang im Deutschen Reich Pferde militärisch genutzt wurden, mögen die nachfolgenden Zahlen, die freundlicher-weise vom Deutschen Pferdemuseum in Verden zur Verfügung gestellt wurden, aufzeigen.

Im Zuge der Heeresvermehrung von 1935–1938 kam die Wehrmacht auf einen Bestand von 170 000 Pferden. Mit Kriegsbeginn, im Herbst 1939, erhöhte sich diese

Zahl im Rahmen der Mobilmachung auf 573 000. Die größte Pferdezahl wurde mit 1 380 000 im Jahre 1943 ermittelt. Insgesamt wurden während des Zweiten Weltkrieges in den Listen der Wehrmacht 2 750 000 Pferde geführt. Die Kriegsverluste werden auf 60% beziffert.

In einigen Ländern der Welt bestehen auch heute noch Kavallerieeinheiten. Die Schweiz hat z. B. bis Anfang der 70er Jahre noch einige Kavallerieregimenter unterhalten. Kleine Kavalleriekontingente dagegen werden noch in zahlreichen Ländern für Repräsentationszwecke gehalten. Abgesehen von einigen Ausnahmen ist militärisch die Verwendung des Pferdes z. Z. nicht mehr sinnvoll.

2.2 Landwirtschaftliche Nutzung

2.2.1 Arbeitsleistung

Die *Arbeitsleistung* des Pferdes fällt in der Bundesrepublik kaum ins Gewicht und spielt auch in mehr oder weniger allen westeuropäischen Ländern eine nur untergeordnete Rolle, obwohl in jüngerer Zeit die Nachfrage nach schweren Zugpferden für das Holzrücken im Walde (weil weniger Beschädigungen von Bäumen) zunimmt und auch einzelne Brauereien weiterhin Wert auf repräsentative Gespanne legen. Auch Kutschfahrten in Naturschutzgebieten gewinnen an Attraktion.

In verschiedenen Ostblockstaaten mit einem weniger hohen Technisierungsgrad ist dagegen die tierische Zugkraft noch stark gefragt und auch die Arbeitsleistung im Zuchtziel verankert.

2.2.2 Fleisch- und Milchproduktion

Im Gegensatz zu anderen europäischen Ländern, wie z. B. Frankreich und Belgien, spielt das Pferd für die *Fleischproduktion* in Deutschland wirtschaftlich nur eine untergeordnete Rolle, wenngleich die Schlachtungen in Deutschland und Belgien zahlenmäßig annähernd gleich sind. Nach Angaben des Statistischen Bundesamtes in Wiesbaden wurden die in Tab. 8 angeführten Schlachtungen vorgenommen:
Als Vergleich seien die Schlachtungen in Frankreich sowie Belgien/Luxemburg (Tab. 9) aufgeführt (veröffentlicht in „The world market for horsemeat 1983").

Tab. 8. Geschlachtete Pferde in der Bundesrepublik Deutschland

Jahr	inländischer Herkunft	ausländischer Herkunft[1]	Gesamt
1973	12 685	1046	13 731
1976	19 584	1397	20 981
1979	23 104	1368	24 472
1981	24 320	459	24 779
1982	22 803	1576	24 379
1983	20 636	4535	25 171
1984[2]	19 400	6800	26 200

1 einschl. der Tiere aus der Deutschen Demokratischen Republik
2 vorläufiges Ergebnis

Tab. 9. Geschlachtete Pferde in Frankreich sowie Belgien/Luxemburg

Jahr	Frankreich Anzahl	davon importiert	Belgien Anzahl	davon importiert
1970	231 089	103 800	29 721	n. a.
1977	154 176	103 467	24 864	9 680
1978	148 221	98 546	24 174	10 657
1979	141 511	88 241	23 781	11 103
1980	152 240	69 776	24 649	14 179
1981	110 500	57 321	25 573	17 278

Auch die *Milchproduktion* für Krankenhäuser und Kinderheime sei erwähnt. Einige Betriebe haben sich in der Bundesrepublik hierfür spezialisiert. Eine statistische Erfassung ist wegen einer stärkeren Fluktuation aber nicht möglich.

2.3 Sportliche Nutzung

2.3.1 Reit- und Fahrsport (Turniere)

Im Verlaufe der Jahrtausende, seitdem das Pferd durch den Menschen und für den Menschen gezähmt wurde, ist es für die verschiedendsten Zwecke gebraucht und verbraucht worden. Standen zunächst früher viele Jahrhunderte die Nutzungsrichtungen Reit- und Tragtier im Vordergrund, gewann mit dem Seßhaftwerden der Völker und der Bebauung des Bodens die Verwendung als Zugtier sowohl in der Landwirtschaft wie später auch bei dem länderübergreifenden Handel im Fuhrgewerbe immer größere Bedeutung. Diese Nutzungsrichtung erreichte mehr oder weniger ihren Höhepunkt im europäischen Raum bei der Intensivierung der Landwirtschaft zwischen den beiden Weltkriegen und hielt bis einige Jahre nach dem Zweiten Weltkrieg an. Die Zugtierrassen (Kaltblut) waren wie nie zuvor begehrt. Das gleiche gilt für die Warmblutrassen, wo die schwereren Richtungen wie Oldenburger und Ostfriesen sich einer bevorzugten Nachfrage erfreuten. Dann allerdings setzte mit der starken Technisierung in der Landwirtschaft und im Fuhrgewerbe eine zunächst allmählich, dann aber immer stärker werdende Änderung der Nutzungsform ein. Die früher so bedeutende Kaltblutzucht ging rapide zurück, teilweise sogar bis zur Bedeutungslosigkeit, während man sich bei den Warmblutrassen ausschließlich auf die Vertreter konzentrierte, die für den Reit- und Fahrsport am geeignetsten erschienen. An die Stelle der Kaltblutpferde traten nunmehr die verschiedenen Vertreter der Ponyrassen für Freizeit, Spiel und Sport.

Die Nutzung der in der Bundesrepublik gehaltenen Pferde geschieht zur Zeit vorwiegend für reitsportliche Zwecke. Der Reitsport hat einen Umfang angenommen, den man früher nicht erwartet hätte. Er ist zu einer Art Volkssport geworden und rangierte 1985 unter den 52 beim Deutschen Sportbund registrierten Sportarten mit 510 948 Mitgliedern an 10. Stelle.

Im Jahre 1985 sind – wie dem diesbezüglichen Jahresbericht der FN (Deutsche Reiterliche Vereinigung) zu entnehmen war – 58 419 Reitausweise ausgestellt worden. Hier handelt es sich um aktiv am Turniersport Teilnehmende (siehe Tab. 10). Wieviel Menschen darüber hinaus den Reitsport betreiben, läßt sich nicht genau feststellen.

Tab. 10. Von der FN ausgestellte Reiterausweise 1977–1985

Jahr	Amateurreiter-ausweise	Berufsreiter-ausweise	Ausweise für Ausländer	Gesamt
1977	35027	851	380	36258
1978	39338	987	422	40747
1979	42284	1096	467	43847
1980	45662	1139	558	47359
1981	49062	1230	488	50780
1982	52792	1306	530	54628
1983	54032	1458	544	56034
1984	55623	1485	542	57650
1985	56273	1555	591	58419

Tab. 11. Verteilung der Reitsporttreibenden auf die Landesverbände

Stichtag	1.1.1980 Mitgl.	1.1.1981 Mitgl.	Vereine	1.1.1982 Mitgl.	Vereine	1.1.1983 Mitgl.	Vereine	1.1.1984 Mitgl.	Vereine	1.1.1985 Mitgl.
Baden-Württemb.	62487	66355	520	68640	544	70116	576	72495	598	74250
Bayern	55606	57419	523	57889	552	59722	575	62230	605	62288
Berlin	4850	5123	40	5606	45	5542	46	5638	53	5786
Bremen	4196	4497		4097		3726		3659		3495
Hamburg	5395	5817	50	6468	53	6445	57	6583	58	6490
Hessen	42456	43113	409	46421	445	45936	461	52843	481	54029
Niedersachsen	90072	94833	739*	96672	763*	96855	853*	97066	826*	97487
Nordrh.-Westfalen	138691	143923	925	147877	954	143787	988	143348	1018	140832
Rheinland-Pfalz	23769	25727	176	25736	185	25750	189	25523	197	25079
Saarland	10386	11009	69	11173	76	11663	78	11203	83	10790
Schlesw.-Holstein	28710	30169	231	30565	262	30302	271	30669	291	30422
	466618	487985	3682	501144	3879	499844	4094	511257	4210	510948

* einschl. Bremen und Weser-Ems

Tab. 12. Verteilung der Reitsporttreibenden auf die einzelnen Altersgruppen in %

bis 14 Jahre	17,4%
15 bis 18 Jahre	18,1%
19 bis 21 Jahre	9,7%
über 21 Jahre	54,9%

(nach FN-Jahrbuch 1985)

Eine Aufschlüsselung der Reitsporttreibenden auf die einzelnen Bundesländer sowie eine Gliederung nach Alter und Geschlecht ist den Tabellen 11 und 12 zu entnehmen. Bei der FN waren im Jahre 1984 insgesamt 60 000 Pferde in den verschiedenen Turnierlisten registriert. Jährlich werden ca. 1500 Pferde neu eingetragen, deren Verteilung auf die verschiedenen deutschen Zuchtgebiete in der nachfolgenden Übersicht (Tab. 13) festgehalten ist.

Tab. 13. Neueintragungen an Turnierpferden

Neueintragungen in	1979	1980	1981	1982	1983	1984	1985
Liste I	12 694	12 603	12 370	13 124	13 076	12 969	14 312
Liste II	570	808	841	778	687	677	707
Liste III	1 175	1 661	2 127	1 956	1 894	1 740	1 758
	14 439	15 072	15 338	15 858	15 657	15 386	16 777

Liste I: Pferde mit einem Abstammungsnachweis einer Züchtervereinigung, die der FN angegliedert ist.
Liste II: Pferde mit einer Geburtsbescheinigung einer der FN angeschlossenen Züchtervereinigung.
Liste III: Die übrigen Pferde und Ponys.

In welchem Umfange sich die Turnierveranstaltungen in der Bundesrepublik nach dem Zweiten Weltkrieg entwickelt haben und in welcher Höhe Geldpreise und Züchterprämien ausgeschüttet worden sind, ist der nachfolgenden Tabelle zu entnehmen.

Tab. 14. Entwicklung der Turnierveranstaltungen

	Zahl der Veranstaltungen	Geldpreise	Züchterprämien
1950	114	928 728	32 432
1960	641	1 672 378	66 282
1970	922	3 757 433	198 741
1980	2715	16 088 656	1 485 270
1981	2884	17 562 601	1 625 732
1982	2933	18 712 499	1 731 688
1983	2985	20 149 862	1 867 393
1984	3143	22 075 903	2 059 295
1985	3495	24 042 652	2 223 110

Wenn heute auf den Turnieren der Kategorie A und B auch der Reitsport von der Material- über die Eignungsprüfung bis hin zu den schweren Springen, der hohen Dressur und der Military im Vordergrund der turniersportlichen Veranstaltungen stehen, so war das keineswegs immer so. Seinerzeit als die Motorisierung noch in den

Anfängen steckte und auch später, als sie sich langsam auszubreiten begann, stand der *Fahrsport* in hoher Blüte. Vom Einspänner über den Zwei- und Mehrspänner, vom Selbstfahrer bis zu den hochnoblen Karossen war alles auf den Turnieren vertreten. Da die Kutsche in Stadt und Land weitgehend das ideale Verkehrsmittel darstellte, bereitete allein von der Ausstattung her die Teilnahme an Turnieren keine Schwierigkeiten. Das wurde mit zunehmender Motorisierung, der Abschaffung der Pferde und des Verkaufs der Kutschen anders. Das Pferd wurde nicht mehr täglich als Kutschpferd verwendet, sondern in vielen Fällen nur noch als Paradestück gehalten, das dann und wann an Turnieren teilnahm. Seine Unterhaltung wurde kostspieliger, desgleichen der Transport von Pferden und Kutschen zu den Turnieren. Der Fahrsport kam in den 60er und 70er Jahren dieses Jahrhunderts in Deutschland fast zum Erliegen. Fahrprüfungen waren eine Seltenheit. In anderen europäischen Ländern, dort wo die Mechanisierung nicht diesen Aufschwung erlebte wie in Deutschland, war das anders. Dort hatte und hat auch heute noch der Fahrsport einen hohen Stellenwert. Aber auch in Deutschland erfreut er sich wieder steigender Beliebtheit, die Zahl der Gespanne wird größer, die Prüfungen auf den Turnieren nehmen zu, Fahrpferde sind wieder gefragt, eingefahrene Gespanne werden gut bezahlt.

Tab. 15. Die Entwicklung der Fahrprüfungen in der Bundesrepublik in den letzten 10 Jahren

	Anzahl Fahrprüfungen	Geldpreise DM	Anteil der Fahrprüfungen im Verhältnis zu allen Turniersportprüfungen
1974	107	90493,–	3,3%
1975	100	90260,–	2,7%
1976	224	118927,–	2,3%
1977	297	175950,–	1,9%
1978	330	181511,–	2,6%
1979	359	185152,–	1,5%
1980	434	231480,–	1,5%
1981	521	269108,–	1,7%
1982	597	298879,–	1,8%
1983	676	321207,–	1,8%
1984	648	344210,–	1,7%
1985	659	363930,–	1,6%

2.3.2   Rennsport

2.3.2.1   Galopprennen (Flach- und Hindernisrennen)
Innerhalb Europas steht nach ihrem Umfang die Englische Vollblutzucht in Deutschland an 4. Stelle hinter Großbritannien, Irland und Frankreich. Über das Renngeschehen, die Einsätze und die Umsätze am Totalisator geben die nachfolgenden Aufstellungen, die dem Jahresbericht 1984 des Direktoriums für Vollblutzucht und -Rennen in Köln entnommen sind, Aufschluß. Die wirtschaftliche Bedeutung des Rennsports ist nicht zu unterschätzen. Auch dem Staat fließen über die Rennwettsteuer erhebliche Einnahmen zu (Tab. 16–21).

Tab. 16. Zahl der Starter

Jahr	Anzahl	Veränderung ∅ % p.a.
1950	11267	
1955	11371	+0,18
1960	12326	+1,68
1965	12173	−0,25
1970	13499	+2,18
1975	18433	+7,31
1980	22966	+4,92
1984	24238	+1,39
1985	22808	−5,90

Tab. 17. Zahl der Rennen

Jahr	Anzahl	Veränderung ∅ % p.a.
1950	1333	
1955	1506	+2,60
1960	1509	+0,04
1965	1498	−0,15
1970	1543	−0,60
1975	1959	+5,39
1980	2367	+4,17
1984	2265	−1,08
1985	2132	−5,87

Tab. 18. Gezahlte Rennpreise*

Jahr	DM	Veränderung ∅ % p.a.
1950	3229185	
1955	4220608	+ 6,14
1960	6371485	+10,19
1965	8987020	+ 8,21
1970	11203840	+ 4,93
1975	19383640	+14,60
1980	25849060	+ 6,67
1984	25706030	− 0,14
1985	25101559	− 2,35

* einschl. Startgelder Rennquintett und Besitzerprämien

Tab. 19. Durchschnittsgeldpreis je Rennen*

Jahr	DM	Veränderung ∅ % p. a.
1950	2 422,49	
1955	2 802,53	+ 3,14
1960	4 222,32	+10,13
1965	5 999,35	+ 8,42
1970	7 261,08	+ 4,21
1975	9 894,66	+ 7,25
1980	10 920,60	+ 2,07
1984	11 349,24	+ 0,98
1985	11 773,71	+ 3,74

* einschl. Startgelder Rennquintett und Besitzerprämien

Tab. 20. Gesamtumsätze in DM (alle Rennvereine)

Jahr	DM	Veränderung ∅ % p. a.
1950	23 048 650	
1955	26 285 020	
1960	38 579 025	
1965	46 010 805	
1970	61 138 510	
1975	117 031 130	
1980	196 113 483	+13,51
1981	201 668 060	+ 2,83
1982	193 041 815	− 4,28
1983	187 526 718	− 2,86
1984	181 946 550	− 3,00
1985	170 969 223	− 6,03

Tab. 21. Übersicht über Renntage, gelaufene Rennen, Rennpreise und Züchterprämien 1970/80/83/84/85

Bundesgebiet Jahr	Renntage	gelaufene Rennen	Rennpreise DM	Züchterprämien DM
1970	622	6662	22 110 900,–	2 211 090,–
1980	709	8013	52 299 065,–	5 229 906,–
1983	778	8977	52 207 540,–	5 220 754,–
1984	787	9168	58 781 870,–	5 878 187,–
1985	791	9183	55 894 480,–	5 589 448,–
Veränderung 1984/85	+ 4	+ 15	− 2 887 390,–	− 288 739,–

2.3.2.2   Trabrennen

Weit bedeutender an Zahl und Umsatz als die Galopprennen und die Reitturniere sind in der Bundesrepublik Deutschland die Trabrennen. Auf den Reitturnieren wurden 1985 24042652,– DM an Geldpreisen gezahlt, bei den Galopprennen belief sich diese Summe für 1985 auf 25101559,– DM, während in dem gleichen Jahr bei den Trabrennen 55894480,– DM an Rennpreisen ausgeworfen wurden. Welche Entwicklung der Trabrennsport in Deutschland genommen hat, kann der Tab. 21 entnommen werden.

Das Interesse am Trabrennsport wird auch durch den Totalisatorumsatz dokumentiert. Welche Entwicklung hier in den letzten 15 Jahren eingetreten ist, kann der folgenden Tabelle entnommen werden:

Tab. 22. Übersicht über Renntage, gelaufene Rennen, Totalisatorumsätze und Totalisatorumsätze je Rennen 1970/80/83/84/85

Bundesgebiet Jahr	Tage	Rennen	Umsätze insges. DM	Umsätze je Rennen DM
1970	622	6662	162637904,–	24413,–
1980	709	8013	378853628,–	47280,–
1983	778	8977	374335139,–	41699,–
1984	787	9168	374234006,–	40820,–
1985	791	9183	362341348,–	39458,–
Veränderung 1984/85	+ 4	+ 15	– 1892658,–	– 1362,–

2.4   Medizinische Nutzung

2.4.1   Serumproduktion

Bezüglich der *medizinischen Nutzung* stand die Serumproduktion früher im Vordergrund. Vor ca. 30 Jahren wurden allein bei den Behring-Werken über 500 Pferde gehalten. Heute gibt es nur noch zwei Firmen in der Bundesrepublik, in denen „Serumpferde" stationiert sind, und zwar ca. 50 je Betrieb. Die Pferde werden in erster Linie zur Gewinnung von Schlangengift- und Rotlauf-Serum gehalten.

2.4.2   Therapeutisches Reiten

Eine ungeahnte Bedeutung hat neuerdings das *Therapeutische Reiten* erlangt.

Die helfende und heilende Wirkung des Bewegungsimpulses, der vom Pferdekörper auf den Menschen übertragen wird, wurde zu allen Zeiten von Ärzten gesehen und auch verordnet. Schon der griechische Arzt Hippokrates hat um 460 v. Chr. in seinen Schriften das Pferd in den Dienst für die Gesundheit des Menschen gestellt und das Reiten als gute Vorbeugung von verschiedenen organischen und psychischen Leiden erkannt. Der Leipziger Prof. Theodor Quellenmalz (1696–1770) berichtete 1735 über eine Anwendung zu einer der „Gesundheit dienlichen neu erfundenen Art der

Bewegung". Hier finden wir erstmalig den Hinweis auf die dreidimensionale Bewegung des Pferderückens.

Der deutsche Neuropsychiater und Neurochirurg Ottfried Foerster stellte 1904 auf einer Ärzte- und Naturforscherversammlung das „Therapeutische Reiten" der Öffentlichkeit vor.

Die Wiederentdeckung des Pferdes als Medium in Physiotherapie erfolgte erst um 1950 in Skandinavien, England und Holland. Die ersten deutschen Publikationen erschienen 1961. Die Literatur der letzten 20 Jahre läßt erkennen, daß man viel kritischer geworden ist und sich ständig bemüht, den Indikationskatalog streng abzugrenzen und eine wissenschaftlich fundierte Methodik in den verschiedenen Bereichen des „Therapeutischen Reitens" zu entwickeln. Dieser Aufgabe widmet sich besonders das 1970 gegründete „Kuratorium für Therapeutisches Reiten", eine Fachgesellschaft, der Ärzte verschiedener Disziplinen, Psychologen, Wissenschaftler, Krankengymnasten, Pädagogen, Hippologen, Institutionen und viele andere interessierte Personen angehören.

Nach jahrelangen praktischen Erfahrungen und theoretischen Erörterungen kam man schließlich zu einer klaren Abgrenzung der verschiedenen Bereiche des „Therapeutischen Reitens".

1. Medizinischer Bereich

Hippotherapie ist eine spezielle, krankengymnastische Behandlungsmethode, die vom Arzt verordnet und überwacht, von speziell darin ausgebildeten Krankengymnasten durchgeführt wird. Sie bedient sich des Pferdes als „Lebendem Übungsgerät". Sie erzielt bei bestimmten Erkrankungen und Schädigungen des Stütz- und Bewegungsapparates, des cerebralen und peripheren Nervensystems sowie im Bereich der Psychiatrie therapeutische Wirkungen, die die herkömmlichen Methoden ergänzen und in ihren Erfolgen teilweise übertreffen.

Als wesentliche therapeutische Faktoren sind dabei die aus dem Rücken des in der Regel am Führzügel, an der Longe, an der Doppellonge oder am Langzügel gehenden Pferdes in einer Frequenz von 90–110/min (beim Großpferd) kommenden dreidimensionalen Impulse anzusehen. Diese Schwingungsimpulse sowie die aus dem Seit- und Vorwärtsgang des Pferdes resultierenden Beschleunigungs- und Zentrifugalkräfte ermöglichen in der Hand des für die Hippotherapie qualifizierten Krankengymnasten ein gezieltes Training von Halte-, Stütz- und Gleichgewichtsreaktionen.

Die therapeutisch wirksamen Faktoren der Hippotherapie können hier nur kurz angedeutet werden: Reflexhemmende Wirkung des Reitsitzes, Normalisierung anormaler Haltungsreflexe, Tonusregulierung, Gleichgewichtsschulung, Perzeptionstraining, Schulung des Reaktionsvermögens, Schulung des Haltungs- und Bewegungsgefühls, Befreiung des gehunfähigen Patienten aus der Enge und Erniedrigung des Rollstuhls.

Dasselbe trifft selbstverständlich auch auf die Hippotherapie bei der Multiplen Sklerose, wie nach frühkindlichen Hirnschäden zu.

Der Bewegungsablauf des Therapiepferdes soll taktmäßig und geschmeidig sein. Wichtig sind vor allem ein gleichmäßiger und freier Schritt und ein weicher, gut zu sitzender Trab. Temperament und Charakter des Therapiepferdes müssen auf Zuverlässigkeit und leichte Behandlung schließen lassen. Das Pferd soll ausgeglichen und scheufrei sein und jeder menschlichen Behandlung freundlich gegenüberstehen. Zudem muß es eine Ausbildung erhalten, die gleichzeitig die Ausnutzung aller Bewegungsmöglichkeiten und den höchsten *Sicherheitsfaktor* für die Durchführung der Therapie sichert.

2. Pädagogik und Psychologie

Heilpädagogisches Voltigieren und Reiten stellen Maßnahmen dar, die zunehmend in der Pädagogik und in der Psychologie Eingang finden. Sie sind geeignet, bei verhaltensauffälligen, lernbehinderten und geistig behinderten Kindern und Jugendlichen sowie in der psychologischen Behandlung Erwachsener, positive Verhaltensänderungen einzuleiten oder zu unterstützen. Wegen seiner besonderen Eigenschaften als kreatürliches Wesen vermag man mit Hilfe des Pferdes, bei sachgemäßem Einsatz, häufig bessere Erfolge zu erzielen als mit den herkömmlichen Methoden. Viele Institutionen wie z.B. Heime, Lebenshilfe oder Schulen für praktisch Bildbare (Sonderschulen) haben bereits die sich durch das Reiten bietenden Möglichkeiten erkannt, so daß das heilpädagogische Voltigieren und/oder das heilpädagogische Reiten einen festen Platz in der Erziehungsarbeit gefunden haben.

So lassen sich mit Hilfe des heilpädagogischen Voltigierens und Reitens z.B. Vertrauen, Selbstwertgefühl, Konzentration, richtige Selbsteinschätzung, Frustrationstoleranz aufbauen und Ängste, Antipathien, Agressionen abbauen.

3. Behindertensport

Behindertenreiten und Behindertenvoltigieren erweitern das Angebot sportlicher Aktivitäten in einer Richtung, die bisher nur den Nichtbehinderten zugänglich war. Es hat sich erwiesen, daß viele behinderte Menschen in der Lage sind, das Reiten zu erlernen. Auch der an den Rollstuhl gefesselte Gehbehinderte gewinnt so „vier Beine", auf denen er sich frei bewegen kann.

Bei vielen Sportarten ist dem Behinderten der Zugang zur sportlichen Aktivität aus organisatorischen oder technischen Gründen erschwert oder gänzlich unmöglich gemacht. Anders beim Reiten.

Alle Formen des Reitens, Voltigierens und Fahrens sind mit speziellen Hilfsmitteln sogar den Schwerbehinderten zugänglich. Eine ärztliche Betreuung erfolgt wie allgemein im Behindertensport.

Das Reiten als Sport für Behinderte bietet u.a. kompensatorische Trainingsaufgaben an, die Folgeschäden der Behandlung entgegenwirken. Es beeinflußt die gesamte Persönlichkeit positiv und regt zur Eigeninitiative an. Es bietet auch für die geschädigte Psyche spezielle Kompensationsmöglichkeiten, schafft Möglichkeiten der Freizeitgestaltung und dient auch damit der sozialen Integration.

Sehbehinderten wird eine Einweisung (Orientierungshilfe) in das Viereck oder den Parcours durch ihre Betreuer gestattet. Hörbehinderten Reitern wird das auswendige Reiten der Dressuraufgabe erlaubt (Wettkampfordnung für Behinderte LPO oder FN).

B Abstammung und Entwicklung des Pferdes

1 Phylogenese (Stammesgeschichte)

Von allen Haustieren sind wir bisher wohl am besten über die stammesgeschichtliche Entwicklung des Pferdes unterrichtet, vor allem dank der umfangreichen Skelettfunde in Nordamerika. Die ersten fossilen Reste wurden in Europa um 1840 unweit Londons aus der Schicht des unteren Eozäns geborgen. Dieser Pferdeform, deren Stammvater vielleicht in Asien zu suchen ist, gab man die Bezeichnung *Hyracotherium*. In der gleichen geologischen Formation fand man in Nordamerika eine ähnliche, *Eohippus* genannte Form. Der europäische Zweig ist offenbar schon im Oligozän ausgestorben, während in Nordamerika diese Tiergruppe bereits im Eozän als Bewohner der tropischen und subtropischen Wälder eine erhebliche Ausbreitung erreichte. Man nimmt für die damalige Zeit schon die Bildung von elf verschiedenen Arten an. Diese älteste Pferdeform mit einer Schulterhöhe von 25–45 cm war infolge ihres Lebensbereiches noch Mehrzeher. Das Vorderbein wies noch 4 Zehen und das Hinterbein 5 Zehen auf, von denen die 1. und 5. Zehe bereits zurückgebildet waren. Die phylogenetische Entwicklung des Pferdes läuft in Nordamerika dann mit jeweiligen Aufspaltungen in zahlreiche Arten weiter über *Orohippus, Epihippus, Mesohippus, Perihippus, Merychippus,* bis zum *Hipparion,* zu *Pliohippus* und *Equus*.

Daneben hat es in den einzelnen Epochen offenbar auch noch andere Formen gegeben, auf die hier nicht weiter eingegangen werden kann. Es mag der Hinweis genügen, daß in der alten Welt, abgesehen von den Resten des Hyracotheriums, lediglich solche des im Miozän entstandenen *Anchitheriums* und ferner im Pliozän das weitverbreitete *Hipparion* gefunden worden sind. Überreste der vielfachen Zwischenformen fehlen hier. Im einzelnen mag die Abb. 1 die Hypothesen über die stammesgeschichtliche Entwicklung des Pferdes mit den zahlreichen Aufgliederungen beleuch-

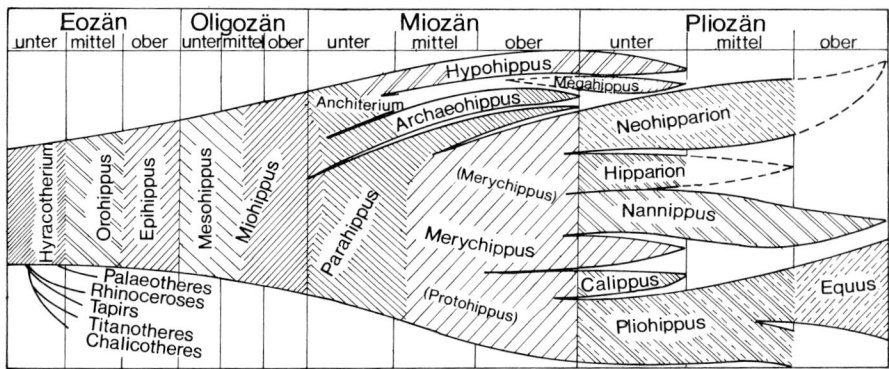

Abb. 1. Denkschema über die Evolution der Equiden in Nordamerika (nach STIRTON 1940).

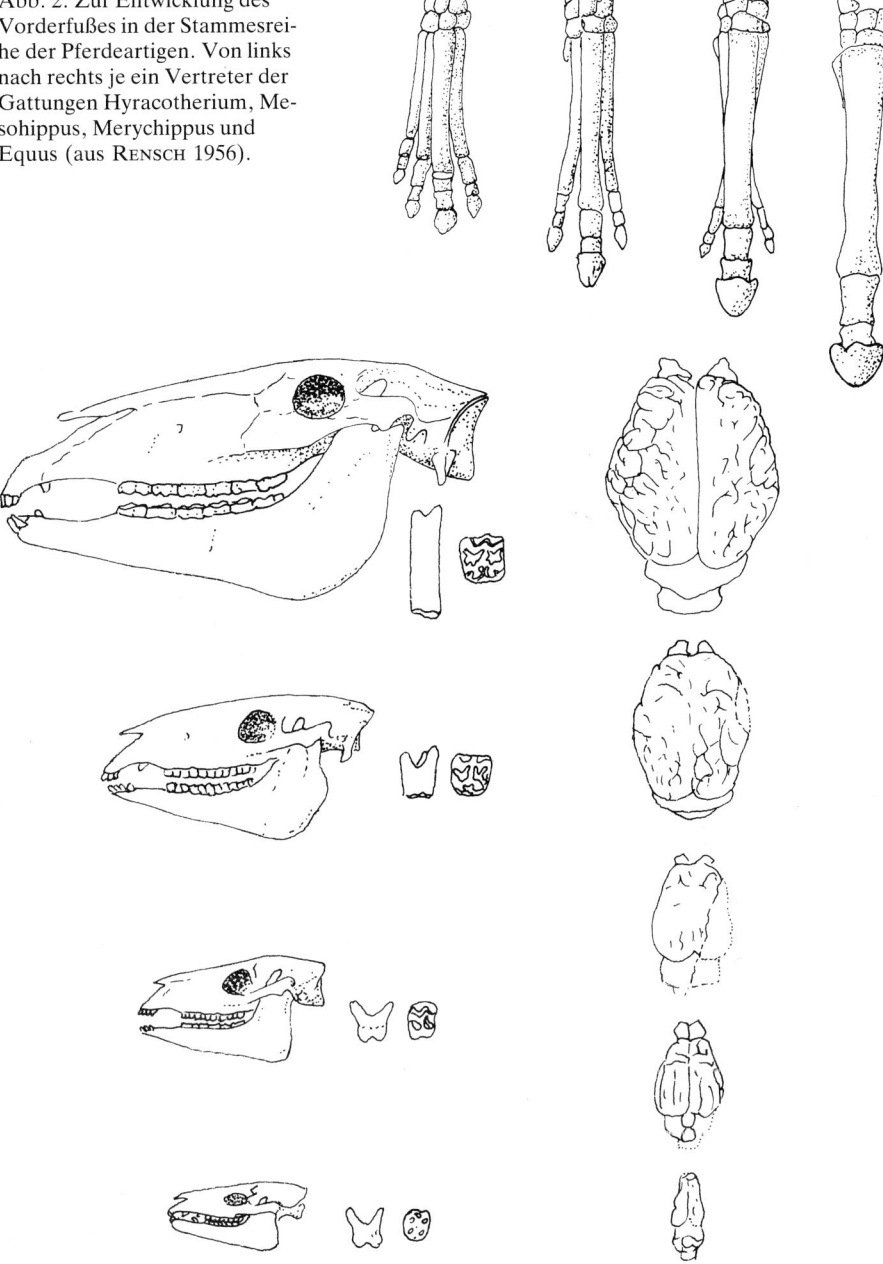

Abb. 2. Zur Entwicklung des Vorderfußes in der Stammesreihe der Pferdeartigen. Von links nach rechts je ein Vertreter der Gattungen Hyracotherium, Mesohippus, Merychippus und Equus (aus RENSCH 1956).

Abb. 3. Zur Entwicklung der Schädel und Mahlzähne in der Stammesreihe der Pferdeartigen. Von unten nach oben je ein Vertreter der Gattungen Hyracotherium, Mesohippus, Merychippus und Equus (aus RENSCH 1956).

Abb. 4. Ausgüsse von Schädeln fossiler Pferdearten zur Demonstration der Hirnentwicklung (nach Edinger, aus RENSCH 1956).

ten. Dabei kann unerörtert bleiben, wieweit zwischen den einzelnen Formen regelmäßig unmittelbare Zusammenhänge bestanden haben oder aber getrennte sprunghafte Entwicklungen eingetreten sind. Klimaänderungen haben im Laufe von Jahrmillionen die natürlichen Lebensräume verändert und dadurch gleichzeitig die Voraussetzungen für eine Wandlung geschaffen. Das Pferd hat sich allmählich vom Waldtier zum Steppentier entwickelt. Die Folge waren charakteristische Umprägungen des Skeletts. Aus dem Mehrzeher wurde ein Einhufer, der aber noch Rudimente der 2. und 4. Zehe an jedem Skelett, die sog. Griffelbeine, unterhalb der Vorderfußwurzel und Sprunggelenke besitzt (Abb. 2). Die Tiere wurden größer mit entsprechender Schädelvergrößerung und Vervollkommnung des Gehirns sowie Umwandlung des Gebisses mit schmelzhöckerigen Allesfresserzähnen in schmelzfaltige Pflanzenfresserzähne (Abb. 3 und 4). Diese kurzen Hinweise auf die stammesgeschichtliche Entstehung des Pferdes mögen genügen.

2 Domestikation

Im Zuge der Entwicklung ist das Pferd für den Menschen zunächst Jagd-, (Fleisch-) und später auch Opfertier gewesen. Die Domestikation, die Überführung in den Haustierstand, ist nach den bisherigen Kenntnissen an verschiedenen Stellen erfolgt (etwa um 3000 v. Chr.). Das Urzentrum soll in der südosteuropäischen Waldsteppe liegen. Als weitere Domestikationsherde kommen Mitteleuropa (Dümmer- und Donaugebiet) und vor allem die sibirische Waldsteppe in Frage. Die Nutzung erfolgte zunächst vorwiegend zur Fleischgewinnung, dann aber als Zugtier vor dem Pflug und dem Streitwagen und schließlich etwa ab 1500 v. Chr. als Reittier. Das alte Gallien hat das Pferd als Symbol der Sonne verehrt; deshalb war das Pferd das wichtigste Opfer auf dem Altar des Sonnengottes. In diesem Zusammenhang ist zu erwähnen, daß das Wort „Pferd" gallischen Ursprungs ist und von veredus, der latinisierten Form des keltischen vehoreda, stammt („Ouia rhedam vehit", weil es den Wagen zieht). Aus veredus wird dann verdus, später verd und anschließend Pferd.

3 Rassenbildung

Die Ansichten über die *Wildformen* des Pferdes, die als Vorläufer unserer heutigen Rassen anzusehen sind, gehen in der Wissenschaft auseinander. Vielfach sind 3 Stammformen als maßgeblich herausgestellt worden: der *Tarpan (Equus gmelini)*, das *Przewalskipferd (Equus przewalskii)* und die *Diluvial-Pferde (Equus caballus robustus, E. germanicus)*. Andere Forscher in Nordamerika und Großbritannien betrachten außerdem die *Libyschen Pferde* und die *Keltischen Ponys* als zusätzliche Stammformen. Andererseits wird aufgrund neuerer Untersuchungen die Auffassung vertreten, daß als einzige Wildform nur das 1879 von General Przewalski in der Mongolei entdeckte *Equus przewalskii* in Frage kommt. Die erheblichen Unterschiede bei den heutigen Hauspferderassen in Größe, Schwere und Typ können, abgesehen von anderen modifizierenden Einflüssen, ihre Ursache in der großen Variabilität haben, die schon bei den Skeletten der Wildformen festgestellt werden konnten. So wurden beispielsweise bei den Eiszeitpferden bereits Größen bis zu 170 cm Widerristhöhe ermittelt.

Wildpferdähnliche Hauspferderassen mit fallender Mähne und verschiedenen Farben haben zu echten Wildpferden keine unmittelbaren Beziehungen. Es handelt sich

Abb. 5. Urpferdchen Propalaeotherium messelense: Alter: unt. Mitteleozän. ca. 50 Mio. Jahre: Länge ca. 57 cm. Höhe ca. 33 cm: Fund aus der Senckenberg-Grabung 1977, Grube Messel bei Darmstadt.

dabei entweder um verwilderte oder völlig im Freien lebende Hauspferde wie z. B. die Mustangs in den Pampas von Südamerika, die Dülmener Pferde im Meerfelder Bruch (Westfalen) oder gar die Pferde der Camargue in Südfrankreich.

Rassen bilden zoologisch die Unterteilung einer Art. Zu einer Art – im vorliegenden Falle: das Pferd – werden alle jene Tiere zusammengefaßt, die in ihrem Erbgefüge, der Zahl ihrer Chromosomen und dem Plasma so einheitlich sind, daß ihre unbedingte Fruchtbarkeit untereinander sichergestellt ist. Das ist nicht der Fall bei der Paarung verschiedener Arten (z. B. Pferd-Esel = Maultier oder Maulesel). Innerhalb der Art findet eine Aufgliederung nach Rassen für die Tiergruppen statt, die sich aufgrund bestimmter Eigenschaften (Erbanlagen) zu einer Grundeinheit, einer Population, zusammenfassen lassen. Eine ähnliche Umwelt ist vielfach die Voraussetzung dafür. Im übrigen unterliegt die Abgrenzung einer Rasse nach ihren speziellen Merkmalen durchaus subjektivem Ermessen, wobei Zweckmäßigkeit, Herkommen und sogar der Zufall eine entscheidende Rolle spielen. Es können Tiergruppen nach ökologischen und morphologischen Kennzeichen, nach dem geographischen Verbreitungsgebiet (Landrassen), nach physiologischen Eigenschaften, nach Leistungen (Vollblut, Traber) oder nach Abstammung (Nonius, Gidran) zu Rassen zusammengeschlossen werden.

So findet man für die Pferderassen bei dem Bestreben nach einer Zusammenfassung eine vielfältige Aufgliederung, und zwar nach ihrer *Entstehung:* morgenländische (orientalische) und abendländische (okzidentale) Pferde, nach *Masse* und *Gewicht:* leichte, mittelschwere und schwere, nach ihrer *Verwendung:* Lauf- und Schrittpferde, Reit-, Wagen- und Zugpferde, nach dem „*Blut*"-*Anteil:* Vollblut, Warmblut, Kalt-

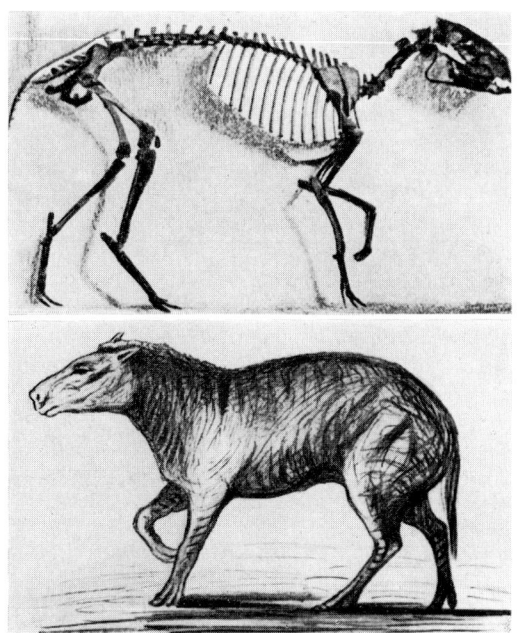

Abb. 6. Orohippus osbornianus
aus dem Mitteleozän von Wyo-
ming, USA. Skelett dieses Tieres
und Rekonstruktion (nach Abel,
aus KRÜGER 1939). Schulterhöhe
etwa 38 cm.

blut, Halbblut (konsolidierte Kreuzungen zwischen Vollblut und Warmblut), Misch-
blut (nicht-konsolidierte Kreuzungen). Nach ihrer *geographischen Herkunft* werden
unterschieden: Araber, Hannoveraner, Holsteiner, Oldenburger, Ostfriesen, Belgier, Noriker und andere, ferner nach der *Größe:* Großpferde und Ponys.

In Deutschland hat sich, abgesehen von den geographischen Herkunftsbezeichnun-
gen und einigen Spezialrassen, eine Gruppierung nach Vollblut, Warmblut, Kaltblut
und Ponys eingebürgert, Begriffe, die man im Ausland in dem hier gebräuchlichen
Sinne vielfach nicht kennt. Es mag dazu bemerkt werden, daß sie nichts mit der
Bluttemperatur zu tun haben, sondern vielmehr als eine Temperamentsbezeichnung
gewertet werden können. Zur Identifizierung der Herkünfte werden vielfach spezielle
Brandzeichen (Schenkel, Hals, Sattellage) benützt.

C Die pferdeähnlichen Haustierformen (Equiden)

In diese Gruppen der nur teilweise gezähmten Einhufer gehören auch die durch ihre über den ganzen Körper verlaufende Streifung bekannten Tigerpferde oder Zebras. Die afrikanischen Tigerpferde sind in neuerer Zeit von Antonius kritisch bearbeitet worden, der sie in drei Arten trennt.

1. *Die Bergzebras (Equus zebra)* die im Kapland und in den Küstengebieten von Südwestafrika beheimatet sind und mehr mit ihren langen Ohren, den hohen schmalen Hufen und der Schwanzquaste dem Esel ähneln.
2. *den Steppenzebras (Equus quagga)* in Süd- und Ostafrika, die mit ihren kürzeren Ohren, den breiteren Hufen und der weit hinaufreichenden Schwanzquaste pferde-ähnlicher sind, und
3. *dem Grevy' Zebra (Equus grevys)* in Südabessinien und dem Somaliland. Hier haben wir es mit einem eigenartigen Zwischentyp zu tun mit mächtigem langem Schädel, sehr großen breiten Ohren, einer eselartigen Schwanzquaste und breiten Hufen.

Die Unempfindlichkeit der Zebras gegen den Stich der Tsetsefliegen hat man auf das Produkt der Kreuzung zwischen Pferden und Zebras, auf die sog. Zebroiden, zu übertragen versucht und geglaubt, auf diesem Wege ein für die Tropen geeignetes Hauspferd schaffen zu können. Diesen Bemühungen blieb aber der Erfolg insofern versagt, als das von den Zebras mitgegebene störrische Temperament die Nutzung solcher Bastarde äußerst schwierig machte.

Eine andere Equiden-Art ist für den Menschen als Haustier, Trag- und Saumtier wesentlich bedeutender geworden, der Esel *(Equus asinus)*. Dies ist aus den Zahlen der Eselbestände in den einzelnen Erdteilen (s. Seite 12) ohne weiteres ersichtlich. Beim Esel unterscheidet man zwei Rassen:

1. *Equus asinus africanus*
   Er lebt in Südnubien und Danakil, besitzt eine rötlich-braune Körperfarbe mit einem deutlich sichtbaren Schulterkreuz, und
2. *Equus asinus somalensis*
   Dessen Verbreitungsgebiete sind das Somaliland und die Länder am Golf von Aden. Seine Färbung ist intensiver; jedoch fehlt das Schulterkreuz. In der Regel sind seine Beine gestreift.

Vermutlich ist die Domestikation in dem Verbreitungsgebiet des Wildesels ca. 3000 v. Chr. erfolgt, ohne daß sich besondere Rassen bildeten. Vielmehr waren auch beim Esel die Unterschiede in Größe, Farbe und Behaarung so groß, daß von vornherein mannigfache Selektionsmöglichkeiten bestanden.

Der europäische Hausesel, der auf den afrikanischen Esel zurückgeht, ist für Gebiete mit trockenem und warmen Klima auch heute noch ein wegen seiner Anspruchslosigkeit, seiner Ausdauer und Widerstandsfähigkeit sowie seiner Trittsi-cherheit auf Gebirgspfaden sehr geschätztes Reit- und Lasttier, das bis 50 Jahre alt werden kann. Vom Pferd unterscheidet sich der Esel durch die lange Ohrmuschel, die aufrechtstehende Mähne, die ovale (Esels-)Kruppe, die Schwanzquaste, die charakteristische Stimme, die graue bzw. rötlichbraune Farbe mit dem Schulterkreuz, die nur an den Vorderbeinen vorhandenen Kastanien und die Zahl der Lendenwirbel (5).

Da der Esel verhältnismäßig klein ist, hat man versucht, die Nutzungsmöglichkeit durch Kreuzung mit Pferden zu steigern. Das aus der Paarung Eselhengst × Pferdestute entstehende Maultier – volkstümlich auch „Muli" bezeichnet – und der aus der Paarung Pferdehengst × Eselstute hervorgehende Maulesel bleiben allerdings wegen der unterschiedlichen Chromosomenzahl von Pferd und Esel in der Regel unfruchtbar, da wohl die Bildung eines neuen Individuums, aber in den Bastarden keine Reifung von Keimzellen mehr ermöglicht wird. Weil bei derartigen Kreuzungen die Größe des Produktes sich nach der Mutter richtet – wie auch bei den Pferden durch Paarungen zwischen Shetland-Ponys und dem schweren kaltblütigen Shire-Pferd nachgewiesen werden konnte –, sind die Maultiere je nach dem Kaliber der Pferdestute größer und schwerer, die Maulesel dagegen kleiner. Das Maultier gleicht somit trotz langer Ohren, Schwanzquaste und Eselstimme in seiner Größe mehr dem Pferd und der Maulesel bei völlig behaartem Schwanz und wiehernder Stimme mehr dem Esel.

Maultiere waren als Zug-, Saum- und Tragetiere früher in der Wehrmacht, der Landwirtschaft und den Fuhrbetrieben geschätzt. In der Landwirtschaft hatten sie dank ihres größeren Tempos und ihrer Widerstandsfähigkeit die Ochsengespanne teilweise erfolgreich abgelöst. Weniger geeignet erwiesen sie sich bei Arbeiten auf weichem Boden, weil es dort infolge ihrer verhältnismäßig kleinen Hufe zu stärkerem Einsinken und damit verbundenen Temperamentsschwierigkeiten kam. Besonders schwere und ruhige Maultiere wurden früher in Südfrankreich (Poitou) durch Verwendung schwerer Kaltblutstuten der Mulassier-Rasse gezüchtet. Sehr verbreitet war die Maultierzucht und -haltung auch in den Südstaaten der USA. Die dem Maultier nachgerühmte Anspruchslosigkeit hatte aufgrund der in landwirtschaftlichen Großbetrieben gemachten Erfahrungen auch Grenzen insofern, als der Futterbedarf sich stark nach der geforderten Leistung richtete und gegebenenfalls dem der Pferde nicht viel nachstand.

Eine weitere Pferdeart, die als Halbesel *(Equus henionus)* bezeichnet wird, hat ihr Verbreitungsgebiet von Syrien bis zur Zentralmongolei. Beim Halbesel kommen, ähnlich wie beim Grevy' Zebra, sowohl pferdeähnliche wie eselartige Merkmale vor. Nach HERRE und RÖHRS zeichnen sich die Halbesel durch einen leichteren Körper mit schlanken Gliedern, kleinen Hufen und einem schweren Kopf aus. Sie besitzen kürzere Ohren als Esel, aber gleich diesen einen Quastenschwanz. Auch in der Anatomie des Skelettes gibt es bei den Halbeseln Besonderheiten, die sowohl Anklänge an echte Pferde und an Esel zeigen, wie von BOURDELLE dargelegt wurde. In dem großen Verbreitungsgebiet der Halbesel lassen sich 5 Rassen unterscheiden, die voneinander in Größe und Farbe abweichen. Dabei schwanken die Größen von 100–130 cm und die Farben von dunkel kastanienbraun bis zu einem lichten Rötlichgelb.

Von kulturhistorischer Seite wird in jüngster Zeit mit Nachdruck die Ansicht vertreten, daß Halbesel einst richtige Haustiere gewesen seien, weil unter den Nahrungsresten auch seine Knochen gefunden wurden. HERRE und RÖHRS teilen diese Ansicht nicht, weil es bislang noch keine sicheren Beweise gäbe. Auch könne ein seit Jahrhunderten dem Menschen verbundenes Haustier nicht ohne Spuren verschwinden. Insofern kann der Halbesel wohl nicht in die Liste der Haustiere aufgenommen werden.

D Die Rassen des Pferdes

1 Der Araber

Das arabische Pferd ist zweifellos die älteste durch systematische Reinzucht entstandene Pferderasse. Allerdings ist der Begriff „Araber" vielfach stark verallgemeinernd auf das orientalische Pferd und somit auch auf den Berber, auf die syrischen, türkischen, persischen und auf ähnliche Pferdestämme bezogen worden. Das entspricht nicht ganz der heutigen Auffassung über den idealen Typ dieser edelsten Pferderasse der Welt, ihre Entstehung und ihren Einfluß auf die Entwicklung anderer bedeutend gewordener Kulturrassen. Diese Vorraussetzungen scheinen nur erfüllt bei den Pferden, die ihren Ursprung in den Wanderungsbezirken der Beduinenstämme haben, in der arabischen und syrischen Wüste. Nur diesen Pferden hat man ursprünglich die Bezeichnung Vollblut-Araber zuerkannt.

Ob der Araber ein Tarpanabkömmling ist, mag bei dem heutigen Stand der Forschung über die Abstammung der Pferde dahingestellt bleiben. Bedeutsam erscheint die Frage, woher die Pferde Zentralarabiens gekommen und wann sie dort erstmals aufgetreten sind. Ein unmittelbarer Zusammenhang mit den Pferden aus der Zeit König Salomons (972–933 v. Chr.) ist kaum anzunehmen, zumal auch in den folgenden Jahrhunderten die Araber noch Kamele ritten. Früheste Zeugnisse über Pferde in Süd- und Innenarabien stammen aus dem 2. Jahrhundert n. Chr. und erst unter Mohammed (570–643 n. Chr.) gewann das Pferd Bedeutung. Er hat die Pferdezucht und -haltung gefördert, nachdem seine Kamelreiter von feindlicher Kavallerie geschlagen worden waren. Das Pferd bekam einen festen Platz in der arabischen Vorstellungswelt. Unter Mohammed begann sicherlich die Reinzucht des Arabers, als dessen eigentliche Heimat vielleicht Libyen und auch Persien angesehen werden können. Eine kritische Vorsicht scheint allerdings nach dem sehr empfehlenswerten Werk von ERIKA SCHIELE (1982) „Araber in Europa" und zahlreichen neueren Publikationen, insbesondere JUDITH FORBIS (1980) „Das klassische arabische Pferd", vielen älteren Berichten gegenüber nötig.

Nach den Überlieferungen ist das Zentrum der seit dem 7. Jahrhundert entwickelten Araberzucht vornehmlich im Hochland von Nedschd (Nedjed) in Innerarabien zu suchen; wegen des Wasserbedarfs des Pferdes (im Gegensatz zum Kamel) dürfte die Zucht vorwiegend auf die Oasengebiete beschränkt gewesen sein. Weltruf erlangte dieses Pferd aber erst im 13. Jahrhundert dank seiner sicherlich stark durch die Umwelt geformten Eigenschaften und der durch die Bewährung im Wüstenklima erfolgten Auslese. Man spricht daher zweifellos zu Recht von einem Wüstentyp, wenn es sich um die edelsten Vertreter dieser Rasse handelt. Stets haben sich die Menschen für dieses Pferd besonders begeistert, wie aus der umfangreichen Literatur hervorgeht. In der Zeit des 12. und 13. Jahrhunderts gelangte die erste Kunde vom Zauber des arabischen Pferdes über die Kreuzzüge nach Europa, und mitgeführte Modelle dieser kleinen, von den Ritterpferden so unterschiedlichen, Beutepferde erreichten durch ihren hohen Adel die Bewunderung an den Fürstenhöfen. Vom 13. Jahrhundert

Abb. 7. Kaisoon geb. 1958, v. Nazeer und Bint Kateefa in El Zahraa (Ägypten), Besitzer Zoo
Duisburg. Bedeutender Vererber mit Weltruf.

ab zeigten ägyptische Sultane großes Interesse an umfangreichen Einfuhren arabischer Pferde aus den eigentlichen Stammgebieten Arabiens, so daß in Ägypten
allmählich eine besondere Grundlage für eine systematische Araberzucht bis in die
neueste Zeit hinein aufgebaut wurde. Nachdem dann Mohammed Ali seit 1818 einen
umfangreicheren Bestand arabischer Pferde in der Nähe von Kairo zusammengezogen
hatte, nahm sich sein Enkel Abbas Pascha der Zucht besonders an. Unter ihm
erlangte sie ihren Weltruf. Nach seinem Tode gelangten 1869 auf einer Auktion
zahlreiche Pferde nach Europa (Weil) und in die USA. Später soll Ali Pascha Sharif
noch 30 dieser Vollblut-Araber erworben und sich zum besten Kenner des arabischen
Pferdes entwickelt haben. Ihm dürfte die züchterische Festigung des klassischen
arabischen Typs am Ende des vorigen Jahrhunderts in erster Linie zu danken sein.
Hier wurde und wird der Araber vorwiegend nach dem Exterieur gezüchtet und dabei
in der Typgestaltung die Schönheit in den Vordergrund gestellt. Im Gegensatz dazu
haben die Beduinenstämme offenbar mehr die leistungsmäßige Bewährung (Dauerleistung, Genügsamkeit, Umgänglichkeit) als entscheidenden Faktor für die Auslese
angesehen, auch auf Kosten der Schönheit.

Das berühmte *Nedscher Pferd* soll durch die letzten Kriege und teilweise auch durch
die Auswanderung der Beduinenstämme nach Nordarabien heute so gut wie ver-

Abb. 8. Jamil, Vollblutaraber, v. Madkour a. d. Hannan. Gehört zu den erfolgreichsten Beschälern und ist in den USA mit großem züchterischem Erfolg eingesetzt. Züchter und Besitzer: Dr. H. Nagel, Großkneten.

schwunden sein. Ob sich noch nennenswerte Reste in den Nachbarländern befinden, ist nicht einwandfrei belegt. Aus den Ursprungsländern des arabischen Pferdes hat sich die Zucht dieser edelsten Rasse im Laufe der Jahrhunderte fast ausschließlich auf Ägypten verlagert und konzentriert sich dort vornehmlich auf das ägyptische Staatsgestüt El Zahraa in der Nähe von Kairo, in dem heute etwa 100 edelste Mutterstuten unter den ursprünglichen rasseformenden Bedingungen des orientalischen Klimas gehalten werden. Von hier aus hat der Strom arabischen Blutes die großen europäischen Gestüte geformt und ist auch für das Ausland, insbesondere die Vereinigten Staaten von Amerika, eine ständige Quelle für den Kauf ursprünglichen arabischen Vollblutes.

In der einschlägigen Literatur wird immer wieder auf die große Bedeutung der Stutenlinien (strains) und deren charakteristische Unterschiede in bestimmten Merkmalen hingewiesen. Auch in diesem Falle warnt E. Schiele aufgrund ihrer in Arabien selbst angestellten Ermittlungen vor einer übertriebenen Wertung, zumal erhebliche Übergänge in den vermeintlichen speziellen Eigenschaften innerhalb der Familien bestehen, wie das ja allgemein in der Züchtung zutrifft. Trotzdem mögen hier aus den zahlreichen bekannt gewordenen Familien die Hauptstämme mit einigen ihnen zugeschriebenen Charakteristika aufgeführt werden.

Als wichtigster, aus dem fast alle anderen hervorgegangen sein sollen, wird der Koheilan-Stamm angesehen, dazu kommen die Stämme Siglavi und Hamdam. Neben den Koheilans, die den ausdrucksvollen Wüstentyp am besten verkörpern sollen, haben die Siglavis (arabisch: saglawi = gut gebaut, tiefe Flanke), die sich durch größere Leichtfuttrigkeit, länglichere Kopfform und feinere Gliedmaßen auszeichnen, erhebliche Bedeutung. Nach Ansicht verschiedener Autoren sollen diese Stämme mehr dem edleren Tarpantyp entsprechen, während andere Familien, die einen nicht so ausgeprägten Adel besitzen, wie die Muniki (arabisch: mu'nig = langer Hals), in der Regel schmaler im Oberkörper und länger in den Linien sind. Auch der Kopf ist länger und besitzt nicht die charakteristische Araberprägung der Koheilans. Dieser Typ verfügt in der Regel über ein größeres Rennleistungsvermögen, wie sich auch in der polnischen Araberzucht gezeigt hat.

Der Vollblut-Araber (ox) hat ursprünglich vielfach das Format eines Quadratpferdes, d. h. die Widerristhöhe entspricht der Körperlänge (Entfernung Brustbeinspitze-Sitzbeinhöcker), wobei sich die Widerristhöhe zwischen 145 und 150 cm Stockmaß bewegte mit Einschränkungen nach unten und oben, wenn auch stärkere Anklänge an das moderne Reitpferd heute erwünscht erscheinen. Diesem Zweck dient die Heranzüchtung einer langen schrägen Schulter und die Betonung einer geräumigen Kruppe, wodurch das ganze Format etwas mehr Streckung erlangt. Der kurze Rücken wirkt manchmal etwas matt. Kurz ist auch die Lende (z. T. 5 Lendenwirbel). Das Kreuzbein liegt häufig waagerecht, der Schweifansatz somit höher. Sicherlich haben die gegebenen natürlichen Voraussetzungen den Typ maßgeblich mit geformt, denn die Wüste verlangt futterdankbare, genügsame Pferde mit guter Gesundheit sowie großer Widerstandskraft und Regenerationsfähigkeit. Die dem Araber eigentümlichen Körperproportionen haben ihn zu einem idealen Gleichgewichtspferd werden lassen mit der Fähigkeit, Schwierigkeiten im Gelände verhältnismäßig leicht zu überwinden. Von den rühmenswerten Eigenschaften des Arabers gebührt neben seiner Ausdauer der erste Rang vor allem aber seine Schönheit, die sich neben der Trockenheit seiner Textur und der Eleganz seiner Erscheinung besonders in dem herrlichen Ausdruck des Gesichtes manifestiert. Zu den markanten Merkmalen des Kopfes gehören die breite Stirn, die großen intelligenten Augen, die hochangesetzten, mittellangen Ohren, die weitgeöffneten Nüstern, das mehr oder weniger eingeknickte (konkave) Nasenprofil und der im Verhältnis zur Gesamtlänge des Kopfes kurze Nasenteil. Die lebendigen und Gutartigkeit ausstrahlenden Augen, die zusammen mit dem Verhalten ziemlich sichere Rückschlüsse über das Wesen ermöglichen, machen es verständlich, daß der Araber ein Pferd zunächst nach dem Kopf beurteilt und erst dann nach der Hinterhand und den Gliedmaßen. Wenn heute in der Pferdezucht allgemein mehr Schönheit und mehr Adel angestrebt wird, dann sind vorwiegend die charakteristischen Elemente der Araber-Schönheit gemeint. Wer Schönheit zu sehen vermag, wird beim Anblick edler Araber in Begeisterung geraten. Die Schönheit des Gesichtsausdruckes des Arabers wird heute vor allem in den ägyptischen Zuchten gepflegt, während in den alten arabischen Gebieten die zitierte charakteristische Form des Kopfes nicht mehr als unbedingt anzustrebendes Ziel gilt. Das Leistungsvermögen steht hier mehr im Vordergrund als das ideale Exterieur, zumal in den arabischen Ländern im Hinblick auf die starke Beteiligung im Rennwesen heute die arabischen Pferde auch in erhöhtem Umfange in Rennen eingesetzt werden. Hierin scheint derzeit vielfach die entscheidende Existenzgrundlage für das arabische Pferd in Arabien und seinen Randstaaten zu bestehen. Der Araber ist etwas spätreif, daher andererseits ziemlich langlebig (25–30 Jahre!). Seine Fruchtbarkeit und sein gutartiger Charakter sind als züchterische Werte gleichfalls hoch einzuschätzen.

Der Siegeszug des Vollblut-Arabers über die Welt

In den Türkenkriegen, die im 16. und 17. Jahrhundert Osteuropa besetzt hielten, waren die Armeen mit orientalischen Pferden – vielfach Hengsten – beritten. Im Laufe dieser langen Zeiträume brachten diese in Paarung mit den Landstuten ausdauernde, harte Pferde mit hohen arabischen Blutanteilen.

Diese Eigenschaften prädestinierten im Laufe der Zeit diese Pferdeart zu leistungsfähigen Truppenpferden der Donaumonarchie, und es kam in den einzelnen Kronländern zur Gründung großer Gestüte, um die berittenen Truppen und die Landwirtschaft mit eisenharten, ausdauernden Pferden auszustatten. Zahlreiche Expeditionen gingen in die arabischen Länder, um dort an der Quelle direkt von den Beduinenstämmen arabische Vollblut-Hengste und -Stuten für die österreichischen Gestüte, zum Teil zu sehr hohen Preisen, einzukaufen.

Zu Trägern der Zucht dieser Original-Vollblut-Araber wurden Fürstenhöfe und Staatsgestüte. Eine Schlüsselrolle spielte hier das ungarische Hauptgestüt Bábolna, welches im Jahre 1789 gegründet wurde und bis auf den heutigen Tag besteht. In enger Verbindung mit Bábolna stand das 1792 gegründete Radautz, in den Karpaten gelegen, in dem Araber von einzigartig seltener Schönheit und Härte gezüchtet wurden, deren hohe Blutwerte die ganze Araber züchtende Welt bevorzugte. Hier wurde auch der aus dem deutschen Vollblut-Araber-Gestüt Weil gezüchtete Vollblut-Araber *Amurath,* gezogen 1881, lange Jahre als Hauptbeschäler verwendet, und übte durch seine Nachkommen einen noch nicht dagewesenen Einfluß auf die Gestüte der Landespferdezuchten der ganzen Welt aus. Erwähnt seien hier die herrlichen Pferde der Leibgarde-Reiterescadron am Kaiserlichen Hof in Wien, die ausschließlich aus den Gestüten Radautz und Bábolna kamen und die Bewunderung der Welt hervorriefen. Radautz wurde nach dem Ersten Weltkriege aufgelöst, und das wertvolle Pferdematerial ging als Blutspender in bedeutende private und staatliche Gestüte.

Der eben erwähnte *Amurath* ist geboren 1881 im ältesten deutschen Vollblut-Araber-Gestüt Weil, welches im Jahre 1817 durch König Wilhelm I. von Württemberg gegründet wurde. Dieses Gestüt hat nicht nur den Aufbau der deutschen Vollblut-Araberzucht ermöglicht, es hat durch bedeutende Hengste – wie den eben erwähnten *Amurath* (der den Beinamen *Weil* erhielt) – Einfluß auf die Araberzucht Europas genommen. Im Jahre 1932 wurde der Stutenbestand des Hauptgestütes Weil von dem Staate Württemberg übernommen und auf der Hochebene der rauhen Alb als württembergisches Haupt- und Landgestüt Marbach an der Lauter weitergeführt; es hat bis auf den heutigen Tag in der gesamten arabischen Welt als Träger edelsten Blutes seine züchterische Bedeutung. Der älteste Stutenstamm führt sich zurück auf die Original-Araber-Stute *Murana I,* in Arabien 1808 geboren, die bis auf den heutigen Tag in zahlreichen Nachkommen lebendig geblieben ist.

In fast allen europäischen Staaten haben sich in den letzten 100 Jahren private und staatliche Vollblut-Araber-Gestüte entwickelt, in denen die Pflege dieses wertvollen Blutes, vielfach unter gegenseitigem Austausch von Zuchtmaterial, durchgeführt wird. Als besonders erfolgreiche Pflegestätten arabischer Zucht seien hier nur einige vorgehoben wie Janow Podlaski in Polen, Bábolna in Ungarn, Terstk im Nordkaukasus in Rußland, Topolcianky in der Tschechoslowakei und Marbach (früher Weil) in Deutschland. An Länder, die keine staatlichen Gestüte für Vollblut Araber besitzen, seien genannt England, Schweden, Spanien, Niederlande, Belgien und die Schweiz.

In der Bundesrepublik Deutschland befinden sich im Besitz von etwa 1000 Züchtern ca. 1500 eingetragene Vollblut-Araber-Zuchtpferde, die zusammengeschlossen sind im „Verband der Züchter des Arabischen Pferdes e. V.", mit seinem Sitz in Hamburg. Dieser Zuchtverband wurde im Jahre 1949 noch unter der Ägide von Oberlandstallmeister G. Rau gegründet. Bei dem in diesem Verband geführten Stutbuch werden 4 Abteilungen geführt, die mit ihren speziellen zuchtbuchmäßigen Anforderungen in der Tabelle 23 schematisch dargestellt sind.

Tab. 23. Verband der Züchter des Arabischen Pferdes e. V. in der Bundesrepublik Deutschland Die 4 Abteilungen des Zuchtbuches

1. **Arabisches Vollblut (AV)** – früher OX –	Pferde, die in den Stutbüchern von ordentlichen Mitgliedern der World Arabien Horse Organization (WAHO) als Arabisches Vollblut eingetragen bzw. eintragungsfähig sind und für die ein entsprechender Abstammungsnachweis vorliegt. (Prinzip des geschlossenen Stutbuches)
2. **Araber (A) und Shagya-Araber (Sh)**	Pferde, die in ihrer Abstammung erst in der fünften Vorfahrensgeneration maximal einen Vorfahren aufweisen, der nicht in den Abteilungen AV, A bzw. Sh eintragungsberechtigt ist. Die Bezeichnung „Shagya-Araber" können solche Pferde erhalten, die sich väterlicher- und mütterlicherseits auf die Stutbücher von Balolua (Radautz) und 7 weitere osteuropäische Gestüte und AV zurückführen lassen.
3. **Anglo-Arabisches Vollblut (AAV)** – früher X –	Pferde, die ausschließlich von Arabischen Vollblut- (AV) und englischen Vollblutvorfahren (XX) abstammen.
4. **Anglo-Araber (AA)**	Pferde, die in der dritten Vorfahrensgeneration mindestens 7 AV-, A-, AAV-, AA- oder XX-Vorfahren aufweisen. (87,5%)

Außerdem wird ein Vorbuch geführt.

Die Zucht des arabischen Vollblut-Pferdes umspannt heute die ganze Welt. In fast allen kultivierten Ländern sind die Zuchten in Verbänden zusammengeschlossen, die als Spitzenorganisation in der World Arabian Horse Organization (WAHO) 43 Länder vereinigt sind. Die WAHO hat einheitliche Zuchtprinzipien besonders im Hinblick auf Typ und Abstammung aufgestellt, nach denen die Zuchten in den einzelnen Ländern geführt werden. Dem Bedürfnis, in diesem Punkt möglichst eine weltweite Regelung zu finden, entspricht der 1974 in der WAHO (World Arabien Horse Organization) gefaßte Beschluß über die Definition des Vollblutbegriffes: „Ein Vollblut-Araber ist ein Pferd, das in einem von der WAHO akzeptierten Vollblut-Araber-Stutbuch oder -Register steht und vor dem 1. Januar 1974 in ein solches Stutbuch oder Register eingetragen wurde." Alle 2 Jahre erfolgt eine zentrale Mitgliederversammlung, die im Jahre 1984 in Australien zur Durchführung kam.

Die Zahl der eingetragenen Zuchtpferde im Rahmen der WAHO beträgt etwa 300 000, von denen der größte Teil sich in den Vereinigten Staaten von Amerika befindet.

Das arabische Pferd hat, wenn sicherlich auch nicht immer im Idealtyp des Wüstenarabers, auf die Herausbildung zahlreicher Kulturrassen einen bedeutsamen Einfluß gewonnen. Man denke beispielsweise nur an die Entstehung des Englischen Vollblüters, an die züchterische Entwicklung der meisten Reitpferderassen, wie vor allem des Trakehners, an die Herausbildung der Percherons, der Boulonnais und des Ardenners, an die arabischen Stammväter der Haflinger und an den Anteil des

Abb. 9. Die schwarzbraune Stute Babolna ist der Idealtyp des Reinzucht-Shagya-Arabers und in der Zucht wie auf Ausstellungen sehr erfolgreich. Züchter: Ungarisches Staatsgestüt Bábolna. Besitzer: Dr. Gramatzki, Hamburg.

Arabers in einigen Ponyrassen. Nicht zu übersehen sind auch die mit arabischen Hengsten erzielten Erfolge bei der in der Nachkriegszeit eingeleiteten Umzüchtung des ostfriesischen Warmblutpferdes (Wind, Jason, Gazal). Gerade die Gazal-Nachkommen waren wegen ihrer Rittigkeit und ihrer Gutartigkeit in letzter Zeit sehr beliebt. Der Araber verdient zweifellos immer Beachtung, wenn es darauf ankommt, Rassen zu veredeln und in ihrem Gepräge zu harmonisieren. Die Skepsis gegenüber der Verwendung arabischer Hengste in den deutschen Landespferdezuchten hat zwar eine gewisse Berechtigung insofern, als sie der Befürchtung entspringt, daß infolge der geringen Widerristhöhe und der Anklänge an das Quadratformat die Nachkommen im Hinblick auf die derzeit besonders gefragten großrahmigen Pferde zu knapp bleiben würden. Der dem Araber nachgesagte geringe Futterbedarf hat vielleicht gerade in dem ihm eigenen Format mit seine Begründung. Trotz dieser Bedenken sollte man aber auch die vorteilhaften Faktoren berücksichtigen und das mit der Benutzung von arabischen Hengsten etwas verbundene züchterische Risiko ruhig eingehen. Es hat sich doch immer wieder gezeigt, daß die in der ersten Generation z. T. auftretenden Größenunterschiede in den darauffolgenden Generationen bei richtiger Paarung schnell wieder ausgeglichen werden, und es ist erwiesen, daß das Araberblut, selbst wenn es in der Ahnentafel etwas weiter zurückliegt, noch durchaus typgestaltend nachwirken kann. Ausschlaggebend für den Erfolg dürfte allerdings die Bedingung sein, daß der benutzte Beschäler den Araberadel vollendet besitzt; Beispiele hierfür finden sich in fast allen Pferderassen. Damit rückt die Frage nach dem Typ entscheidend in den Vordergrund. Die angelaufenen systematisch ausgebauten Leistungsprüfungen werden das Vertrauen zum arabischen Pferd stärken.

Die Reinzucht-Shagya-Araber
Neben dem größten Komplex des Vollblut-Arabers besteht die große Gruppe der Reinzucht-Shagya-Araber, deren Zucht sich auf das Gründungsjahr des ungarischen

Staatsgestütes Bábolna 1789 zurückführen läßt. Seit diesem Gründungsjahr sind dort die Stutbücher mit Sorgfalt geführt, und ein Teil der heute lebenden Stuten dieser Zuchtrichtung kann über eine Ahnenreihe von über 20 Generationen zurückblicken. Der Unterschied zum Vollblut-Araber liegt darin, daß neben der bodenständigen Erbsubstanz der Stutenlinien, der Einkreuzung von Arabischem Vollblut aus dem Orient, gelegentlich ein Tropfen Fremdblut, wie z. B. Englisches Vollblut und auch Lipizzaner, die Modelle vergrößerte und eine permanente Selektion innerhalb der Rasse auf Kaliber und Rahmen sowie hohe Reiteigenschaften diese Leistungspferde als die besten Truppenpferde in den Kavallerieregimentern und der Landwirtschaft entwickelte. Diese systematische Zucht der Reinzucht-Shagya-Araber ging von Bábolna in alle Gestüte der österreichisch-ungarischen Monarchie über und wird bis heute in diesen Gestüten weitergeführt.

Nach dem letzten Kriege entwickelte sich die Zucht des Reinzucht-Shagya-Arabers in den westlichen Ländern, wie z. B. auch der Bundesrepublik Deutschland, zu einem erheblichen Umfange, so daß im Jahre 1983 die „Internationale Shagya-Araber-Gesellschaft (Shagya Arab Horse Society International)" anläßlich der „Internationalen Shagya-Araber-Schau" in Verden gegründet wurde, die den Zweck hat, die Koordination der Shagya-Araberzucht in den angeschlossenen Ländern zu betreiben. Die „Internationale Shagya-Araber-Gesellschaft" ist von der WAHO anerkannt, steht unter ihrem Schutz und kann ihre Embleme verwenden. Im Jahre 1984 wurde ein zweibändiges „Deutsches Stutbuch für Reinzucht-Shagya-Araber (German Studbook For Pure Bred Shagyas)" herausgegeben, in dem die seit 1945 eingetragenen Reinzucht-Shagya-Araber-Hengste und -Stuten mit Nachzuchten verzeichnet sind.

Als besonders bekannte und verbreitete Blutlinien sind zu nennen die von *Shagya*, die dieser ganzen Gruppe seinen Namen gegeben hat, dann die von *Gazlan-Gazal* und die des Rappen *O'Bajan*.

Anglo-Araber
Bei den Anglo-Arabern halte ich eine Lösung, wie sie in Frankreich möglich war, für wenig glücklich. Frankreich, das eine bedeutende Anglo-Araberzucht besitzt (etwa 5000 Pferde), entschloß sich 1914 zur Bildung einer Abteilung Demisang Angloarabes (Halbblut-Anglo-Araber). In dieser Gruppe konnten Kreuzungen aus einheimischen Schlägen mit arabischen, angloarabischen und Vollblut-Hengsten aufgenommen werden, wenn sie wenigstens 25% Araberblut aufzuweisen hatten. Auf die deutschen Verhältnisse übertragen, würde das bedeuten, daß ein Pferd mit 25% Araber- und 75% Warmblutanteil als Halbblut-Anglo-Araber geführt werden könnten. Inzwischen ist man in Frankreich glücklicherweise von dieser Zweiteilung der Anglo-Araber wieder abgegangen.

Nachdem 1942 eine Vereinigung zwischen reinblütigen Anglo-Arabern und Halbblut-Anglo-Arabern mit altem Stammbaum vorgenommen wurde, ist 1945 das Angloarabische Stutbuch geschlossen worden. Pferde, die nicht mindestens 25% Araberblut führten oder unter ihren nächsten Vorfahren Anglo-Normannen und andere Halbblüter hatten, wurden in die neubenannte Rassengruppe „Cheval de selle francais" übernommen. Auch in diesem Fall sollte es möglichst bei den alten klaren Begriffen bleiben, ohne Verwässerung der Bezeichnung „Anglo-Araber", die ihrer ursprünglichen Bedeutung entsprechend doch nur solchen Pferden zuzubilligen ist, die aus einer Vereinigung von Arabern und Englischem Vollblut entstanden sind.

Im Erscheinungsbild ist der Anglo-Araber im Vergleich zum Araber etwas großliniger und daher zweifellos für eine Veredelung in der modernen Reitpferdezucht durchaus geeignet. In Deutschland ist früher beispielsweise Nana Sahib in der ostpreußischen Zucht und in der Nachkriegszucht der aus der polnischen Anglo-Araberzucht stammende Ramzes, der erst im Alter von fast 30 Jahren in Vornholz einging, durch die Erzeugung erfolgreicher Leistungspferde in Westfalen und Holstein besonders hervorgetreten. Polen verfügt über eine ausgedehnte Anglo-Araberzucht. Auch Japan hat bereits eine sehr ansehnliche Anglo-Araberzucht aufgebaut.

Auch in der Bundesrepublik Deutschland findet die Verwendung des Anglo-Arabers Beachtung und im privaten Sektor wie auch in den Staatsgestüten sind Anglo-Araber-Beschäler aufgestellt, die hohe Deckziffern aufweisen.

Um in Anlehnung an das Vorgehen des Auslandes auch in der Bundesrepublik Deutschland die Araber auf ihre Rennleistungsfähigkeit prüfen zu lassen, wurde 1976 in Ströhen (Niedersachsen) der Rennverein für Arabisches Vollblut e. V. gegründet, der in jedem Jahr 12 Rennen für Hengste veranstaltet.

Die Zucht des Arabischen Pferdes ist über die ganze Welt verbreitet. Sie hat zur Entwicklung der meisten Pferderassen durch Jahrhunderte maßgeblichen Beitrag geleistet und wird auch heute noch eingesetzt, um Schönheit, Fruchtbarkeit, Leistungsvermögen und menschenfreundlichen Charakter weiterzugeben.

2   Der Englische Vollblüter

An den Anfang gestellt sei hier ein Wort des ehemaligen preußischen Oberlandstallmeisters und genialen Hippologen GEORG GRAF LEHNDORFF (1925): „Die Vollblutzucht ist in viel geringerem Maße ein Produkt der Scholle als das Halbblut oder gar die kaltblütigen Schläge; es ist vielmehr ein universelles Kunstprodukt, eine äußeren Einflüssen gegenüber widerstandsfähige Rasse, welche sich nach allen Ländern verpflanzen und überall weiterzüchten läßt, ohne wesentlich zu degenerieren, solange sie nach denselben Prinzipien fortgezüchtet wird." Dem mehr naturgewachsenen Araber gegenüber ist somit der Vollblüter eine überwiegend durch den Einfluß des Menschen geformte Kunstrasse. Sie ist, beispielgebend für die gesamte Nutztierzucht, ausschließlich nach dem Leistungsprinzip und durch strenge systematische Auslese entstanden. Der deutsche Begriff „Vollblut" ist in seiner Beziehung nicht ganz eindeutig. Er entspricht dem englischen „thorough bred" (vollkommen durchgezüchtet) und dem französischen „pur sang" (reines Blut), die beide den züchterischen Kern besser treffen.

Es ist das große Verdienst Englands, diese ideale Leistungsrasse auf der Grundlage bodenständiger irischer und keltischer Schläge geschaffen zu haben. Von den keltischen Ponys sollen vor allem Galloways benutzt worden sein, denen man eine Urheimat in Libyen nachsagt. Besonders bedeutungsvoll geworden sind dann aber Einfuhren aus dem Orient. Dazu gehören auch die sog. königlichen Stuten (Royal Mares). Diese Einfuhren sollen schon im 16. Jahrhundert begonnen haben und bis zur Mitte des 18. Jahrhunderts weitergeführt worden sein.

Orientalen sind auch die drei Hengste gewesen, die als die Stammväter der englischen Vollblutzucht gelten: *The Byerley Turk, The Darley Arabian* und *The Godolphin Barb.* Wie die Namen andeuten, ist der erste vermutlich ein Turkmene, der zweite ein Araber und der dritte ein Berber gewesen. Sie sind in den Jahren zwischen 1690 und 1730 nach England gekommen. Da in dieser Zeit noch keine Zuchtbücher geführt wurden, ist der diesen Hengsten nachgesagte Zuchteinfluß vielleicht nicht in jedem Fall authentisch belegt. Wesentlich bleibt aber, daß in der Mitte des 18. Jahrhunderts je ein Nachkomme dieser drei Stammväter züchterisch große Bedeutung erlangt hat.

Byerleys Turk soll bei der Belagerung Wiens durch die Türken von einem holländischen Reiter erbeutet und an Cpt. Byerley weiterverkauft worden sein, der ihn dann angeblich 1689 bei Kämpfen in Irland geritten hat. Auf Byerleys Turk geht der 1758 geborene *Herod* zurück. Diesem hellbraunen Hengst soll die Vollblutzucht Härte, Ausdauer und Stehvermögen verdanken.

Darleys Arabien, ein vom englischen Konsul Thomas Darley 1710 in Aleppo angekaufter Anazah-Araber, wurde Vorfahr des am 1. 4. 1764 geborenen *Eclipse* (Fuchs, Bl. r. Htf. w.), der zu den bedeutendsten Hengsten der englischen Vollblutzucht gehört. Er ist erst 5jährig gelaufen und in 18 Rennen 1769/1770 nicht geschlagen worden. Das nach seinem Tode 1789 festgestellte Herzgewicht betrug 6,5 kg. Die von ihm ausgehende Hengstlinie hat in der gesamten Vollblutzucht größte Verbreitung gefunden. Man schätzt, daß heute annähernd 85% aller Sieger dieser Linie angehören.

The Godolphin wird teils als Araber, teils als hochedler Berber angesehen. Er war ein Geschenk des Sultans von Marokko an Ludwig XV., soll aber wegen seines schwierigen Temperaments mehrfach den Besitzer gewechselt und schließlich als Karrenpferd einen Pariser Wasserwagen gezogen haben, bis ihn Lord Godolphin als Probierhengst erwarb. Als dann eines Tages Hobglobin, der Hauptbeschäler des Gestüts, die Stute Roxana verweigerte, wurde The Godolphin benutzt. Aus dieser Paarung entsprang Lath, ein auf der Rennbahn recht erfolgreiches Pferd, so daß daraufhin The Godolphin systematisch zur Zucht eingesetzt wurde. Seine große züchterische Bedeutung erhielt er durch den 1748 geborenen hellbraunen Enkel *Matchem,* der von 13 Rennen 11 gewann und nach langer Zuchtbenutzung erst im Alter von 33 Jahren starb.

Diese Hengste konnten zu ihrem großen Einfluß in der englischen Vollblutzucht nur deshalb gelangen, weil sich ihre Nachkommen in dem harten Ausleseprozeß von Training und Rennen besonders bewährten. Die wichtigste Voraussetzung war somit der Ausbau des Rennwesens, der im 17. Jahrhundert eingeleitet wurde. Diese Form der Leistungsprüfungen können auf die Dauer nur solche Pferde überstehen, die in Herz und Lunge, in ihrem gesamten physiologischen System (Organ- und Drüsenfunktion), in Muskulatur und Sehnenstruktur sowie ihrem Knochengerüst völlig gesund sind. Es mag hier auch die wiederholt in die moderne Literatur eingegangene Formulierung TESIOS (1971), des erfolgreichsten italienischen Vollblutzüchters, über den Wert der Rennen folgen: „Das Pferd galoppiert mit seiner Lunge, hält durch mit seinem Herzen und gewinnt mit seinem Charakter." Zu Recht stellt außerdem CHARLES DE BEAULIEU (1967) fest, daß unabhängig von wirtschaftlichen und klimatischen Einflüssen (Golfstrom) für die Geburtsstunde der Vollblutzucht am Ausgang des 17. Jahrhunderts drei Faktoren wichtig waren: 1. Einheimischer, qualitativ bereits auf gewisser Höhe stehender Stutenbestand, 2. Durchschlagskraft einzelner hervorragender orientalischer Hengste, 3. Erfindung der Zucht auf Leistung mit drei zu unterscheidenden Phasen: a) neuzeitliche Rennen im 17. Jahrhundert, b) klassische englische Rennen im 18. Jahrhundert, c) Vervollkommnung des Rennsystems (Frankreich) im 19. Jahrhundert – und zusätzlich die große Regulative – Streckenlänge und Reitergewicht.

Für die Züchtung verdienen dann besondere Beachtung solche Hengste, die nicht nur *ein* bedeutendes Rennen gewonnen haben, sondern mehrere Jahre auf der Rennbahn erfolgreich gewesen sind und somit über eine ausreichende *Dauerleistung* als Kennzeichen einer hervorragenden Konstitution verfügen. Weiter waren für die Durchführung einer Leistungszucht wichtig die offizielle Aufzeichnung der Rennergebnisse ab 1709, die regelmäßige Herausgabe von Rennkalendern seit 1727 und das Erscheinen des ersten Generalstutbuches 1793, in dem etwa 5500 Pferde verzeichnet sind, darunter an Hengsten 80 Araber, 41 Berber, 28 Türken und 7 Perser. Ab dieser Zeit wurden als Vollblüter nur solche Pferde betrachtet, deren Abstammung lückenlos auf dieses erste Generalstutbuch zurückzuführen ist oder deren Vorfahren in einem als gleichwertig anerkannten ausländischen Gestütbuch eingetragen sind. Verantwortlich herausgegeben wird in England das Generalstutbuch von Messrs. Weatherby. Nach Aufhebung der „Jerseys Act", die ausschließlich die Eintragung solcher Pferde empfahl, deren Abstammung lückenlos auf bereits eingetragene Pferde zurückzuführen ist, bestehen seit 1949 folgende Eintragungsbestimmungen: „Jedes Pferd, das in das Generalstutbuch eingetragen werden soll, muß 1. in allen Punkten seiner Abstammung auf Vorfahren zurückgeführt werden können, die bereits in früheren Bänden des Generalstutbuchs vorkommen oder 2. acht bzw. neun Generationen reinen Blutes hinlänglich nachweisen, die mindestens über ein Jahrhundert zurückverfolgt werden können. Außerdem müssen sich in seiner Verwandtschaft ausreichende Leistungen feststellen lassen, durch die das Vertrauen in die Reinblütigkeit des Pferdes bestätigt wird." Die Herausgeber behalten sich das alleinige Recht vor zu entscheiden, welche Hengste und Stuten nach Maßgabe der obigen Bestimmungen in das Gestütbuch aufgenommen oder davon ausgeschlossen werden. Schwierigkeiten waren ursprünglich dadurch entstanden, daß in Amerika Pferde aufgrund guter Leistungen in das Vollblutgestütbuch eingetragen worden waren, obwohl ihre Abstammung gewisse Lücken aufwies und somit englischen Grundsätzen nicht entsprach.

Von England aus hat diese bewundernswerte Schöpfung eines Leistungspferdes, das sich immer wieder bewähren muß, auf alle übrigen Länder der Welt eine starke Ausstrahlung ausgeübt. Neben anderen Ländern haben besonders Frankreich, Italien und die USA erstklassige Vollblutzuchten aufgebaut, in neuerer Zeit auch Japan.

Deutschland

In Deutschland begann die Vollblutzucht durch Einfuhren von Hengsten und Stuten nach den Napoleonischen Kriegen Anfang des vorigen Jahrhunderts, und zwar 1816 durch Graf Plessen, Ivenak und 1818 durch Baron von Biel, Weitendorf und Zierow. Norddeutsche Großgrundbesitzer bekundeten somit als erste ihr Interesse an dieser Züchtung; sie haben zweifellos das Verdienst, dieser für die gesamte Leistungszucht bedeutungsvoll gewordenen Rasse auch in Deutschland Eingang verschafft zu haben. Da Baron von Biel auch den Standpunkt vertrat, daß keine Zucht ohne vorausgegangene Prüfung des Pferdes erfolgen dürfe, war es nur folgerichtig, daß 1822 in Doberan (Mecklenburg) das erste Rennen in Deutschland gelaufen wurde, das sehr schnell Nachahmer fand. 1829 hatte dann Berlin seine erste Rennveranstaltung, und 1866 gab es bereits Berichte von 50 deutschen Rennbahnen. 1847 wurde das Allgemeine Deutsche Gestütbuch eingerichtet.

Im übrigen lehnte man sich im Aufbau einer reinen Leistungszucht voll an das englische Beispiel an und trug nur solche Pferde in das Gestütbuch ein, deren Vorfahren im deutschen oder in einem ausländischen Gestütbuch verzeichnet waren. Erst 1973 wurden die Eintragungsbestimmungen gemäß Zuchtbuchordnung Abs. 3 Ziffer 11 folgendermaßen geändert:

a) Ein Pferd, das in das Allgemeine Deutsche Gestütbuch für Vollblut oder ein aufgrund internationaler Vereinbarungen in der Vollblutzucht anerkanntes ausländisches Gestütbuch für Vollblut eingetragen ist;

b) ein Pferd, unter dessen sämtlichen Vorfahren von der achten bis zur ersten Generation in direkter Linie nur je ein Pferd nicht in das Allgemeine Deutsche Gestütbuch für Vollblut oder ein aufgrund internationaler Vereinbarungen in der Vollblutzucht anerkanntes ausländisches Gestütbuch für Vollblut eingetragen ist und dessen Rennleistungen von der Zuchtkommission als einem Vollblutpferd entsprechend anerkannt werden.

Die Richtlinien für die Rennen und die züchterische Ausrichtung der Vollblutzucht sind in der vom Direktorium für Vollblutzucht und Rennen erlassenen Rennordnung (RO) enthalten (Arten der Rennleistungsprüfungen siehe „Leistungsprüfungen").

In Deutschland war zunächst die Auffassung vorherrschend, eine Vollblutzucht und die dazugehörigen Rennen könnten nur mit Originalvollblütern erfolgreich betrieben werden. Daher führte man laufend ein und vermied es bis zur Jahrhundertwende, die deutsche Vollblutzucht bodenständig zu machen. Hinzu kam im Hinblick auf die geringe Ausdehnung dieser Zucht vielleicht auch eine gewisse Furcht vor Inzuchten. Es bleibt das große Verdienst des Gestütes *Waldfried*, hier einen grundlegenden Wandel der züchterischen Anschauungen eingeleitet zu haben.

Einflußreiche Stuten
Die Möglichkeit dazu wurde in erster Linie durch die aus England eingeführte, 1893 geborene St.-Simon-Tochter *Festa* geschaffen, die sich als hervorragende Vererberin erwies. Glücklicherweise entschloß sich das Gestüt, entgegen den bisherigen Gepflogenheiten, die selbstgezogenen Festa-Söhne *Festino, Fels* und *Fervor* aufgrund ihrer guten Rennleistungen in die Zucht einzustellen und auch Inzuchten auf Festa nicht zu scheuen. Die großen Erfolge dieser Maßnahme haben ihre Richtigkeit bestätigt und zur Nachahmung angeregt. Damit wurde der Grundstein der eigenständigen deutschen Vollblutzucht gelegt. In den Ahnentafeln zahlreicher bedeutender Deutscher Vollblüter sind Festa-Nachkommen vielfach sogar mehrmals zu finden.

Die deutsche Vollblutzucht hat auch noch einige andere Beispiele für den durchschlagenden Einfluß guter Stuten in der Züchtung geliefert. Erwähnt seien hier u. a. als bedeutsamer Zweig der St.-Alvére-Familie die sog. Graditzer Helden-Familie der Ard-Patrick-Tochter Antwort, die eine starke Stütze für die Graditzer Zucht bedeutet hat; ferner die Ravensberger Alchimist-Tochter *Waldrun*, die nach dem Zweiten Weltkrieg sehr in den Vordergrund getreten ist, und die Grand-Parade-Tochter *Nella da Gubbio*, die sich in Erlenhof so vorzüglich bewährt hat. Ihre Tochter *Nereide* hat im deutschen Derby mit 2 min 28,8 sek. eine der schnellsten bisher gelaufenen Zeiten aufzuweisen. Der Waldrun-Familie entstammt der Kaiseradler-Sohn *Windwurf*, Pferd des Jahres 1976 und 1977 (s. Abb. 10).

In den letzten Jahren verdient besonders erwähnt zu werden die Familie der Ordinate v. Nebelwerfer (Zoppenbroich u. Mönchhof). Sie lieferte so bekannte Pferde wie *Okzident, Ordensschwester, Ordenstreue, Ordensweihe* und *Ordinanz*. Eine Tochter der letzten, *Ordinate* (v. Luciano) ist Mutter von *Orofino* (v. Dschingis Khan), dem Galopper der Jahre 1981, 1982 und 1983, und von *Ordos* (v. Frontal), der 1984 mit 141 200,–DM zu den erfolgreichsten 6 Pferden zählte.

Ferner ist ganz stark in den Vordergrund gerückt die Schwarzgold-Familie des Gestüts Schlenderhan. Zu erwähnen sind aus dieser Familie die so erfolgreich ins Ausland verkaufte Stute Schönbrunn, deren Enkel Sagace 1984 den Arc de Triomphe gewann, die doppelte klassische Siegerin Slenderella v. Alpenkönig sowie Sandy Island und Slip Anchor (Derbysieger 1985 in England), die beide Sayonara zur Mutter haben. In diese Familie der Schwarzgold lassen sich u. a. auch zuordnen die Hengste Sarto, geb. 1968 v. Botticelli; Schiwago, geb. 1969 v. Masetto; Sextant, geb. 1974 v. Dschingis Khan; Savos, geb. 1974 v. Charlottown sowie Shephard, geb. 1975 v. Lombard; und Solo Grande, geb. 1981 v. Kaiseradler.

Dieser kurze Hinweis soll hier nur den hohen züchterischen Wert herausheben, der auch in der Vollblutzucht den Stuten beizumessen ist. Eine Mutterstute, die nicht nur regelmäßig fohlt, sondern in der Anpaarung mit geeigneten Hengsten auch Spitzenleistungspferde zu erzeugen vermag, bedeutet für den Vollblutzüchter ein wahres Juwel. Man kann GRAF SIEGFRIED LEHNDORFF (1956) durchaus zustimmen, wenn er die Auffassung äußerte: „Das Geheimnis, Rennpferde zu ziehen, besteht meiner Ansicht nach nicht in der Inzucht, sondern in der Beschaffung von Mutterstuten, die Rennfähigkeit vererben. Selbstverständlich darf man diese nicht mit mäßigen Hengsten paaren."

Bedeutende Hengste
Wegen der größeren Nachkommenzahl gebührt den Hengsten auch innerhalb der Vollblutzucht eines Landes der Vorrang bei der züchterischen Auslese. Erfreulicherweise ist es der deutschen Vollblutzucht trotz ihrer zahlenmäßig nicht sehr großen Breitenbasis gelungen, immer wieder Beschäler mit nachhaltigen positiven Einwirkungen auf die Leistungszucht zu erzeugen. Im Anschluß an die bereits erwähnten Festa-Söhne seien hier nur die beiden Dark-Roland-Söhne *Prunus* (Schlenderhan) und *Herold* (Graditz) genannt. Der Prunus-Sohn *Oleander* (Schlenderhan, Gewinnsumme 580950 DM) kann infolge seiner hervorragenden Rennleistungen im In- und Ausland und seiner guten Zuchterfolge immer noch als ein Spitzenprodukt der deutschen Vollblutzucht gewertet werden. Unter den guten Herold-Söhnen ist vor allem der aus der Antwort-Familie entstammende *Alchimist* zu erwähnen; er ist nicht nur der Vater des züchterisch sehr bewährten *Birkhahn,* sondern auch der Stute *Schwarzgold,* die aus einer Oleander-Tochter gezogen war und wohl rennmäßig als die deutsche Wunderstute angesehen werden kann. Sie gewann das Deutsche Derby mit 10 Längen Vorsprung. Daß die Stute züchterisch nach Kriegsende nicht zur vollen Ausnutzung gelangen konnte, bedeutet einen besonders schmerzlichen Verlust für die deutsche Vollblutzucht. Bedeutende Vertreter des Herold-Blutes sind ferner der Waldfrieder Olymp-Sohn *Masetto,* der leider zu früh eingegangene *Mangon* v. Gundomar, *Priamos* und *Literat* v. Birkhahn sowie *Surumu* v. Literat.

Besonders hinzuweisen ist auf die Linie, die sich nach dem Zweiten Weltkrieg eine ziemlich beherrschende Stellung erworben hat durch den in Erlenhof gezüchteten Athanasius-Sohn *Ticino* (GAG 112 kg, Gewinnsumme 491060 DM), der zu einem der großen Eckpfeiler der deutschen Vollblutzucht geworden ist und zu den 20 Hauptlinienbegründern der Welt gerechnet wird. Gerade diese Linie hat ein schönes Beispiel systematischer Leistungszucht geliefert, wenn man die Derby-Siege als einen Beweis dafür gelten läßt. So gewannen im vorliegenden Falle das Derby in unmittelbarer Generationsfolge *Landgraf* (ein kleiner, fast unscheinbarer Hengst) 1917, Ferro 1926, Athanasius 1934, Ticino 1949, Neckar 1951 und Wilderer 1958, wobei zu beachten ist, daß Neckar aus der Nella-da-Gubbio-und-Herold-Enkelin Nixe und Wilderer aus der Herold-Enkelin Waldrun gezogen sind. Außer Neckar haben noch zahlreiche andere Ticino-Söhne große Bedeutung erlangt, z. B. Orsini, Niederländer, Nizam, Andalusier, Prodomo usw. Der Erlenhofer Orsini (Gewinnsumme 535600 DM), der auf Athanasius in III.-II. AR ingezüchtet ist und aus einer Nuvolari-(Oleander x Nereide)-Tochter stammt, war mit seinen Nachkommen in Deutschland mehrere Jahre das gewinnreichste Vaterpferd. Die Zusammenführung besten Leistungsblutes hat sich bei ihm offensichtlich recht günstig ausgewirkt. Orsinis bisher erfolgreichster Sohn Cortes, der mit einer Gewinnsumme von 693000 DM z.Z. mit zur Spitze der deutschen Vollblutzucht gehört, deckt seit 1972 in Zoppenbroich. Auf der Hengstschau 1971 in Köln präsentierte er sich in einer besonders trockenen Textur.

Trotz der großen Erfolge, auf die die deutsche Vollblutzucht nach dem Bodenständigwerden zurückblicken kann, ist in der richtigen Erkenntnis, daß im Hinblick auf

Abb. 10. Windwurf xx, geb. 1972, v. Kaiseradler und Wiesenweihe v. Birkhahn. Züchter und Besitzer Gestüt Ravensberg. Pferd des Jahres 1976 und 1977, Sieger im Preis von Europa 1975 und 1976. Aufgestellt im Gestüt Ravensberg.

die verhältnismäßig enge Zuchtbasis und zu einer ständigen Neubelebung des Leistungspotentials als zusätzliche züchterische Komponente immer wieder eine Anlehnung an bestes ausländisches Zuchtmaterial notwendig ist, seitens der führenden Gestüte auch immer wieder der Anschluß an das Ausland gesucht worden. Das ist geschehen besonders dadurch, daß wertvoll erscheinendes Zuchtmaterial eingekauft wurde oder durch die billigere Methode, bewährte Mutterstuten ausländischen Hengsten zum Decken zuzuführen. Beispielsweise wurden 1983 98 deutsche Stuten zum Belegen ins Ausland geschickt. Als gelungene Produkte solcher Paarungen seien in diesem Zusammenhang erwähnt: Magnat (GAG 110½ kg), dessen Nachkommen in über 500 Rennen 2,5 Mill. DM gewannen, ferner der gleichfalls in Schlenderhan gezogene Tantième-Sohn Agio (aus einer Alchimist-Tochter und Oleander-Enkelin), dessen Sohn Lombard sich in den lezten Jahren zu einem der *besten deutschen Rennpferde* entwickelt hatte (GAG 105 kg, Gewinnsumme 1 097 020 DM). Die hohe Einschätzung dieses Hengstes kommt dadurch zum Ausdruck, daß er seinen Einsatz in der Zucht in England – New Market – begann. Er deckte 1982 und 1983 in Harzburg und ab 1984 in Schlenderhan. Das Gleiche trifft zu auf den in Röttgen gezogenen Star Appeal, geb. 1970 v. Appiani u. Sterna v. Neckar, den Vollblüter mit der bisher höchsten deutschen Gewinnsumme (1,5 Mill., GAG 110 kg).

Die züchterische Verwendung dieser beiden Hengste im Mutterlande der Vollblutzucht muß als ein beachtlicher Erfolg der deutschen Vollblutzucht gewertet werden. Als dritter Schlenderhaner muß ferner in diesem Zusammenhang Alpenkönig v. Tamerlane aus der Birkhahn-Tochter Alpenlerche genannt werden.

Unter den nach dem letzten Kriege aus dem Ausland eingeführten Hengsten verdient Beachtung der einzige in Deutschland eingesetzte Nearco-Sohn *Chief* aus der Vatellor-Tochter Nikellora, der somit hervorragend gezogen ist und dank seiner gleichmäßigen Vererbung mit seinen Nachkommen in der Spitzengruppe der deutschen Vaterpferde liegt. In diese Gruppe ist auch einzureihen der als Fohlen in England erworbene und in Deutschland im Gestüt Alpen aufgezogene *Luciano,* der von 1970–1981 als Hauptbeschäler im Gestüt Harzburg wirkte (GAG 107 kg, Gewinnsumme 595 800 DM). Dank der hohen Gesamtgewinnsumme seiner Nachkommen stand er 1975 an 3., 1976 an 2., 1980 an 4., 1981 an 3. und 1982 an 2. Stelle der erfolgreichen Vaterpferde.

Über die erfolgreichsten Vererber des Jahres 1984 gibt die nachstehende Tabelle Auskunft.

Tab. 24. Die erfolgreichsten Vaterpferde 1984 (Flachrennen)

	Nach-kommen am Start	im Geld	Sieger	Siege	Gewinn-Summe insges.	erfolgreichster Nachkomme	mit DM
Surumu, 74 v. Literat	43	37	22	41	1 051 635	Acatenango	550 025
Windwurf, 72 v. Kaiseradler	81	73	49	73	903 150	Nouveau Roi	90 800
Athenagoras, 70 v. Nasram	81	64	41	70	883 164	Cassis	118 319
Priamos, 64 v. Birkhahn	93	81	49	83	862 640	Anatas	91 000
Authi, 70 v. Aureole	68	50	25	45	822 955	Daun	445 500
Frontal, 64 v. Le Haar	83	64	40	59	762 690	Ordos	221 500
Pentathlon, 64 v. Ennis	70	55	38	59	581 355	Lontano	57 500
Kaiseradler, 57 v. Nebelwerfer	47	40	28	48	508 270	Gilmore	70 500
Prince Ippi, 69 v. Imperial	62	51	29	57	487 430	Kölner Prinzess	29 400
Alpenkönig, 67 v. Tamerlane	61	46	25	41	417 200	Rose Amore	77 100
Luciano, 64 v. Henry the Seventh	39	29	19	34	414 875	Love Letter	89 600
Experte, 69 v. Hodell	73	59	33	47	412 000	Ankerspitze	26 400
Days at Sea, 71 v. Blue Prince	56	43	31	46	411 320	Newcomer	53 160
Dschingis Khan, 61 v. Tamerlane	41	28	17 30	26	397 530	Kaiserstadt	93 400
Literat, 65 v. Birhahn	44	38		45	378 740	Indio Libre	35 870
Rocket, 68 v. Crocket	46	37	20	24	367 160	Royal Rock's	55 100
Connaught, 65 v. St. Paddy	1	1	1	5	356 081	Lirung	356 081
Star Appeal, 70 v. Appiani II	12	11	8	16	346 350	Diu Star	146 540
Kronenkranich, 72 v. Stupendous	57	41	23	33	332 930	Taikron	32 700
Cortez, 65 v. Orsini	49	33	23	32	332 872	Toro	35 800
Tarim, 69 v. Tudor Melody	62	47	27	41	300 200	My Love's Dream	18 280
Nebos, 76 v. Caro	26	23	18	25	286 170	Alagos	83 000
Riboprince, 67 v. Ribot	50	39	23	32	285 580	Tonleiter	34 880
Basalt, 66 v. Neckar	28	20	8	13	262 535	Pontiac	165 796

Der Umfang der Vollblutzucht in Deutschland ist im Vergleich zu England und Frankreich immer noch verhältnismäßig niedrig, obwohl nach dem Rückgang durch die Kriegseinwirkung im letzten Jahrzehnt wieder ein erfreulicher Anstieg zu verzeichnen ist, so daß die Vorkriegszahl der Mutterstuten (1938: 855) erheblich überholt ist, denn 1985 wurden 1795 Vollblutstuten gedeckt. Nach ihrem Umfang steht die deutsche Vollblutzucht innerhalb Europas an 4. Stelle. Die Spitze halten Großbritannien und Irland mit einem Zuchtstutenbestand von 16 708, es folgen Frankreich mit 6300 Stuten und Italien mit 1628 Stuten. In den USA liegt der Stutenbestand z. Z. bei etwa

Tab. 25. Zahl der Züchter

Jahr	Anzahl	Veränderung Ø % p. a.
1955	147	
1960	227	+10,88
1965	330	+ 9,07
1970	503	+10,48
1975	744	+ 9,58
1980	919	+ 4,70
1984	1013	+ 2,56
1985	1062	+ 4,84

Tab. 26. Zahl der Zuchtstuten (ADGB + § 4)

Jahr	Anzahl	Veränderung Ø % p. a.
1955	520	
1960	664	+ 5,54
1965	914	+ 7,53
1970	1519	+13,24
1975	1991	+ 6,21
1980	2143	+ 1,53
1984	2238	+ 1,11
1985	2258	+ 0,89

Tab. 27. Bestand der deutschen Vollblutzucht während der Jahre 1968–1985 (Eintragungen im ADGB ohne § 4)

	1968	1970	1975	1980	1984	1985
Lebende Fohlen	562	694	908	1010	1051	1116
Eingegangene und tote Fohlen	78	77	106	133	112	110
Stuten, die güst blieben	262	308	367	478	577	448
Stuten, die verfohlt haben	51	86	78	68	67	68
Stuten, die im Vorjahr nicht gedeckt wurden	51	84	93	190	298	296
Stuten, die nicht von einem					9	
Vollbluthengst gedeckt waren	7	3	44	19	44	8
ohne Nachricht	–	–	–	–		49
	1011	1252	1596	1898	2158	2095
Stuten, die Zwillinge brachten	8	2	5	8	10	6
Stuten insgesamt	1003	1250	1591	1890	2148	2089

83 000, in Argentinien bei 17 200, in Australien bei 45 130 und in Japan bei 12 796. Bemerkenswert bleibt für das deutsche Bundesgebiet ferner die Tatsache, daß 88% der Züchter nur 1–3 Stuten haben. Die Anzahl der Vollbluthengste lag nach dem Kriege jährlich zunächst zwischen 30 und 50 und stieg ab 1961 regelmäßig an bis auf 136 im Jahre 1985 gekörte Hengste mit einem GAG über 95 kg.

Über den derzeitigen Stand der deutschen Vollblutzucht mögen die nebenstehenden Tabellen 25, 26 und 27 Aufschluß geben.

Fruchtbarkeit

Obwohl zu diesem Problem später noch besonders Stellung genommen wird (s. Kap. F 2.4, S. 264), erscheint es angebracht, hier bereits gesondert darauf einzugehen, da gerade in der Vollblutzucht durch GOETZE (1949) und MERKT (1972, 1977) spezielle Untersuchungen mit interessanten Ergebnissen durchgeführt wurden.

Allgemein ist herauszustellen, daß für den wirtschaftlichen Erfolg jeder Zucht eine möglichst hohe Fruchtbarkeit von entscheidender Bedeutung ist. Das trifft auch auf die Vollblutzucht zu. Der Befall des Geschlechtsapparates mit hämolytischen Streptokokken hatte in der ersten Zeit nach dem Kriege den deutschen Vollblutzüchtern teilweise einige Sorge bereitet. Es ist daher das große Verdienst von GOETZE, die Herbstuntersuchungen eingeführt zu haben, die sich inzwischen zu einer ständigen Fruchtbarkeits- und Gesundheitskontrolle unter Anlegung einer Karteikarte für jede Stute zur Eintragung der Untersuchungsergebnisse entwickelt haben. Die Untersuchungen werden von drei veterinärmedizinischen Instituten in Hannover, Gießen und München vorgenommen. Es handelt sich hierbei um eine Maßnahme, die durch freiwillige Zusammenarbeit mit den Vollblutzüchtern zustandegekommen ist und in der Welt bisher einmaligen Charakter hat.

Interessante Ergebnisse bringen die jährlichen Berichte von MERKT über die Ergebnisse der Untersuchungen. Danach betrug die Befruchtung 1947 nur 54%, stieg dann aber sehr schnell auf 80%, um bis zum Jahre 1967 auf etwa 75% und in den letzten Jahren abermals geringfügig abzusinken. 1983 lag sie erstmals unter 70%, nämlich bei 68,8%. MERKT vermutet, daß das Nachlassen der Fruchtbarkeitsrate vielleicht mit der Verdoppelung des Stutenbestandes in den letzten Jahren zusammenhängt, zumal man sich in dieser Zeit weniger leicht von zuchtunsicheren Stuten trennte. Im Vergleich zum Ausland ist die Fruchtbarkeit der deutschen Bestände als günstig anzusehen. Gute Erfolge sind in dieser Zeit außerdem in der Bekämpfung der hämolysierenden Streptokokken, des Virusabortes sowie der Störungen der Eierstockfunktion erzielt worden.

Weiter haben diese Untersuchungen aber noch auf einem anderen Gebiete unsere Kenntnisse wesentlich erweitert. Schon GOETZE (1949) hatte darauf aufmerksam gemacht, daß in der Pferdezucht vermutlich mit mindestens 10% Frühaborten gerechnet werden müsse, in einer Zeit, in der sie wegen der Kleinheit der Frucht noch nicht bemerkt werden. Nunmehr hat sich herausgestellt, daß es sich meist gar nicht um Frühaborte handelt, sondern um Fruchtresorptionen. Die junge Frucht wird demnach nicht abgestoßen, sondern vom Organismus resorbiert. Das erneute Umrossen von Stuten, die zunächst mehrmals abgeschlagen haben, wird dadurch erklärbar. Eine Trächtigkeitskontrolle im Mai erscheint daher dringend notwendig, um nach Möglichkeit derartige Resorptionen noch rechtzeitig genug zu erkennen und die Stuten nachdecken lassen zu können. Die Resorptionsrate scheint allerdings auch umweltabhängig zu sein.

Im Vergleich zur Landespferdezucht werden den Hengsten in der Vollblutzucht wesentlich weniger Stuten je Hengst zugeführt. 1983 sind 1732 Stuten von 112

Abb. 11. Gestüt Fährhof „Acatenango", F. geb. 1962 v. Surumu – Aggrarate. Gewinnsumme 1 744 541,– DM. Derbysieger 1985.

inländischen Hengsten gedeckt worden. Von den am meisten benutzten Hengsten deckte einer 56 Stuten. 4 Hengste belegten über 40 Stuten und 13 über 30 Stuten. Allen anderen wurden weniger als 30 Stuten zugeführt.

Förderung
Infolge der Sonderstellung der Vollblutzucht innerhalb der gesamten Nutztierzucht, durch die besondere Art ihrer Leistungsprüfungen und die damit verbundenen erheblichen finanziellen Aufwendungen sowie im Hinblick auf die große Bedeutung für die vorteilhafte Entwicklung einer allgemeinen Leistungspferdezucht sind auch entsprechende Maßnahmen zu ihrer wirksamen Unterstützung erforderlich.

Eine wesentliche Förderung finanzieller Art erfährt die Vollblutzucht über die Mittel, die durch die Einrichtung von Totalisatorwetten bei den Rennen fließen. In Deutschland ist die Grundlage dafür durch das heute noch gültige Rennwett- und Lotteriegesetz vom 8. 4. 1922 und die dazu erlassenen Durchführungsbestimmungen vom 16. 6. 1922 gegeben. Aufgrund der getroffenen gesetzlichen Regelung müssen 16⅔% des erzielten Umsatzes als Rennwettsteuer abgeführt werden. Davon werden heute 96% wieder den Rennvereinen für ihren Betrieb, vor allem aber zur Vergabe von Rennpreisen, zur Verfügung gestellt. Da die auf diese Weise aufkommenden Beträge aber noch nicht ausreichen, werden zusätzlich seitens der Länder, in denen Rennen stattfinden, Beihilfen gewährt. Mit 7 Rennvereinen liegt Nordrhein-Westfalen unter den Bundesländern an der Spitze. Daher sind in diesem Lande auch die gewährten staatlichen Zuschüsse am höchsten. Die frühere Regelung, auch die Buch-

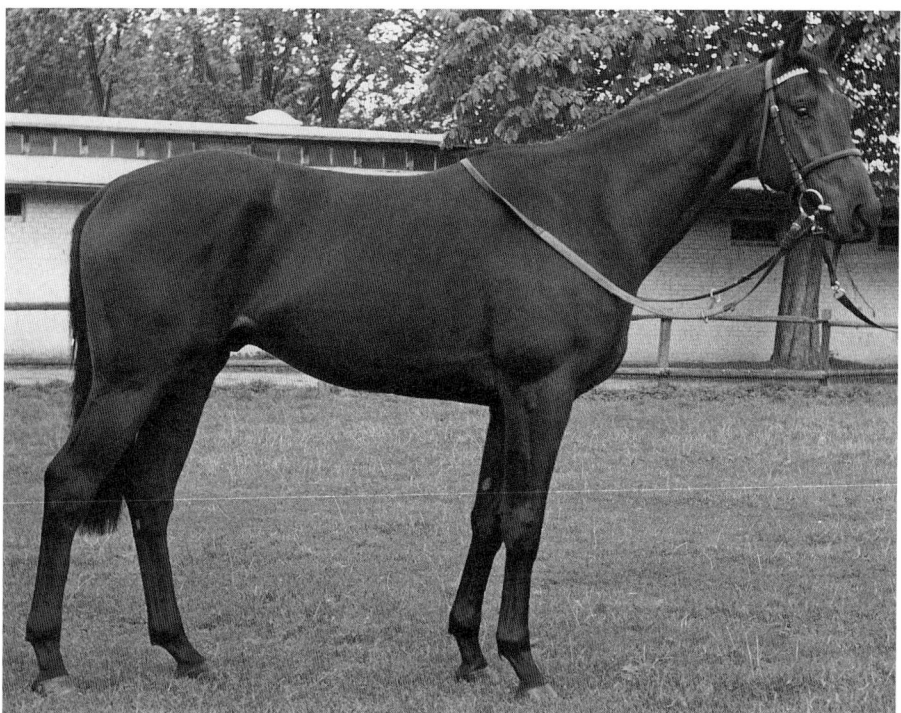

Abb. 12. Gestüt Fährhof „Lagunas", dbr., geb. 1981 v. Ile de Bourbon – Liranga. Derbysieger 1984.

machersteuer in Höhe von 10% des Umsatzes grundsätzlich mit für die Förderung der Pferdezucht zu verwenden, ist leider fallengelassen worden.

Anhaltspunkte über die Unterstützung der Rennen mögen folgende Zahlenangaben liefern. Im Jahre 1984 haben 3345 Pferde an 2265 Rennen teilgenommen. Die Zahl der Starter belief sich auf 24238. Daraufhin wurden an Rennpreisen 25 706 030,– DM ausgeschüttet. Wieweit damit jedoch die Bundesrepublik Deutschland zurückliegt, können die in anderen Ländern gezahlten Rennpreise beleuchten, die etwa folgende Höhe hatten: USA 708,3 Mill., Frankreich 166,7 Mill. und Großbritannien 53,0 Mill.

In züchterischer Hinsicht mußte die für die anzukörenden Hengste getroffene gesetzliche Regelung der Mindestleistungen in § 3 der Verordnung über die Körung von Hengsten vom 20. 8. 1979 zum Tierzuchtgesetz als eine durchaus fördernde Einrichtung für das Bestreben, das Leistungsvolumen der deutschen Vollblutzucht durch geeignet erscheinende selektive Maßnahmen zu steigern, angesehen werden (s. auch Seite 343).

Zuchtwahl

Es ist für die Vollblutzucht sicher sehr begrüßenswert, daß das GAG in die Gesetzgebung aufgenommen worden ist und nunmehr alle Hengste mit einem GAG unter 95 kg von dem züchterischen Einsatz innerhalb der Vollblutzucht ausgeschlossen sind. Das mag für die Privatinitiative als eine einschneidende Maßnahme angesehen werden, bedeutet andererseits aber zweifellos eine bedeutsame Hilfe für das ständige Bemühen, das gesamte Leistungsniveau zu heben, woran auch jeder Einzelzüchter im

Hinblick auf das eigene Material Interesse haben muß. Da es genügend Vollbluthengste mit einem über 95 kg liegenden GAG gibt, bleibt für jeden Züchter ausreichend Spielraum für seine züchterischen Entscheidungen. Im übrigen scheint die Berechtigung dieser Regelung durch die Tatsache bestätigt zu werden, daß Hengste mit einem hohen, über 100 kg liegenden GAG sich auch als Leistungsvererber bewährt haben, wie z.B. Ticino (112 kg), Magnat (110,5 kg), Mangon (108 kg), Masetto (106 kg), Orsini (106 kg), Neckar (105 kg), Priamos (106 kg), Lombard (105 kg), Luciano (107 kg), Kronenkranich (101,5 kg), Alpenkönig (105 kg). Gewiß ist dabei zu bedenken, daß in der Regel solchen Hengsten auch besonders gute Stuten zugeführt werden. Diese Tatsache ist nicht zu leugnen, reicht aber als alleinige Erklärung keinesfalls aus. Da die Eltern zu gleichen Teilen an der Vererbung beteiligt sind, können von den Nachkommen überdurchschnittliche Leistungen nur dann erwartet werden, wenn auch das entsprechende erhebliche Potential des Hengstes vorhanden ist. Infolgedessen muß man das GAG durchaus als einen wertvollen Maßstab in der Selektion ansehen. Diese muß darauf eingestellt sein, den Leistungsstandard mindestens zu erhalten, nach Möglichkeit aber zu verbessern.

Man sollte neben diesen auf die Leistungsveranlagung ausgerichteten Bemühungen aber auch andere Eigenschaften in der Vollblutzucht nicht ganz außer acht lassen, wie beispielsweise die Zuchtsicherheit der Stuten, eine Neigung zur Zwillingsträchtigkeit und vor allem auch die charakterliche, temperamentsmäßige Eignung, die sich in dem Verhalten der Pferde ausdrückt. Gerade der letzte Gesichtspunkt ist unter Berücksichtigung des heute so zahlreichen Einsatzes von Vollbluthengsten in der Warmblutzucht nicht zu übersehen.

Bedeutung für die Warmblutzucht
Die Verwendung von Vollbluthengsten in der Warmblutzucht ist als Züchtungsproblem keineswegs neu. Sie hat bereits seit nahezu 200 Jahren bei der züchterischen Entwicklung einiger deutscher Warmblutzuchten eine entscheidende Rolle gespielt und schon im vorigen Jahrhundert teilweise großen Umfang angenommen. So betrug beispielsweise im Jahre 1841 in dem für die hannoversche Zucht eingerichteten Landgestüt Celle bei einem Bestand von 207 Landbeschälern der Anteil der Vollbluthengste 35,3%, um dann allerdings ständig abzunehmen. Bekannt ist auch der steigende Einfluß des Vollblüters in der ostpreußischen Warmblutzucht, so daß im Hauptgestüt Trakehnen 1913 unter 19 Beschälern 13 Vollblüter und 1 Gemischt-Vollblüter waren, die 84,3% der vorhandenen Stuten belegten. Im Hinblick auf die in den beiden letzten Jahrzehnten notwendig gewordene Typumstellung des deutschen Warmblutpferdes vom Mehrzweckpferd auf einen einseitiger ausgerichteten Reitpferdtyp ist der dieses Bestreben fördernde Vollbluthengst wieder stärker in den Blickpunkt getreten. Der Umfang der Vollblutverwendung war und ist in den einzelnen deutschen Zuchtgebieten sehr verschieden, je nach der züchterischen Grundlage, die es gilt entweder vollkommen umzuformen oder im Zuchtziel von Zeit zu Zeit zu korrigieren. Für den früheren Oldenburger mit seinem stärker ausgeprägten Wirtschaftstyp muß man dieses Problem grundsätzlich anders sehen als für den Hannoveraner oder die übrigen edlen Warmblutzuchten. Die Anzahl der in den Landespferdezuchten benutzten Vollbluthengste ist in den letzten Jahren ständig gestiegen und hat annähernd die Höhe wie die in der Vollblutzucht selbst eingesetzten Hengste erreicht (1984: 111/120). Daneben kann man sich gelegentlich des Eindrucks nicht erwehren, daß man geneigt ist, von jedem Vollbluthengst eine durchschlagende Verbesserung der Warmblutzucht zu erwarten. Es ist in dem Zusammenhang auf die in Trakehnen gemachten Erfahrungen hinzuweisen, daß von den zahlreichen dort im

letzten Jahrhundert eingesetzten Vollblutbeschälern nur 7 (etwa 6%) nachhaltige
züchterische Bedeutung erlangt haben. Zweifellos bedarf somit auch in den Warmblutzuchten die Aufstellung von Vollbluthengsten einer sehr sorgfältigen Auswahl,
vor allem dann, wenn man nicht nur Gebrauchspferde, sondern auch brauchbare
Zuchtmodelle erzeugen will.

Zu den Eigenschaften, die es über den Vollbluthengst in den Warmblutzuchten zu
vervollkommnen gilt, gehören neben Verbesserung bestimmter Exterieurmerkmale
(z. B. Widerrist) Schönheit und Adel, Geschmeidigkeit (Elastizität), Gesundheit und
Nerv. Dort, wo man in Verbindung mit harmonischen Körperproportionen Adel und
Schönheit verbessern will, sollte man bei der Beurteilung der Vollbluthengste die
Typfrage in Verbindung mit einem möglichst vorteilhaften Exterieur in den Vordergrund stellen. Man kann jedoch eine entsprechende Vererbung nur erwarten, wenn
der betreffende Vollbluthengst diese Merkmale selbst in hervorragender Ausprägung
besitzt. Es gibt auch in der Vollblutzucht in dieser Beziehung erhebliche individuelle
Unterschiede (s. Seite 56).

Weiter ist der Faktor Gesundheit in seiner Bedeutung nicht zu unterschätzen.
Darauf ist mit Recht von zahlreichen erfahrenen Hippologen hingewiesen worden.
Infolgedessen ist die Bewährung auf dem grünen Rasen durch harte Leistungsprüfun-
gen nicht zu unterschätzen, da diese einen ziemlich sicheren Test über jenen physiologischen Gesamtkomplex vermitteln können, der als Konstitution bezeichnet wird.
Daher muß man auch die Berechtigung der Festlegung einer Mindestgrenze in diesem
Falle 80 kg GAG, ohne weiteres anerkennen, wenn man nicht zu einer Abwertung
des Leistungsprinzips überhaupt beitragen will. Es kann keinem Zweifel unterliegen,
daß Hengste mit einer hohen Leistungsmarke über höchste Funktionsfähigkeit ihres
Organ-, endokrinen Drüsen- und Nervensystems sowie des Muskel- und Sehnenappa-
rates verfügen müssen, vor allem dann, wenn sie mehrere Jahre auf der Rennbahn
ausgehalten haben und somit eine gute Dauerleistungsfähigkeit besitzen. Die Rennleistungsprüfungen sind ein nie versiegender Born des wirklich Gesunden. Deswegen
verdienen sie auch im Interesse der Förderung der gesamten Leistungszucht eine
staatliche Unterstützung.

Teilweise ist auch die Frage aufgeworfen worden, ob man Vollbluthengste mit
Flieger-Eigenschaften oder die sog. *Steher* bevorzugen soll. Flieger sind die Pferde,
die größte Schnelligkeit über kürzere Distanzen (bis 1600 m) zu entwickeln imstande
sind, während die Steher größere Strecken erfolgreicher bewältigen können, allerdings
vielfach bei geringerer Durchschnittsgeschwindigkeit. Der Moskauer Hippologe WITT
hat die Meinung vertreten, daß man Vollbluthengste, die für die Warmblutzuchten
bestimmt sind, über lange Strecken prüfen sollte, um einen ganz sicheren Test über all
jene Faktoren zu bekommen, die einen möglichst hohen Grad der Gesundheit an
allen Organen sowie an Muskulatur und Sehnen garantieren. Diese Auffassung
verdient sicherlich eher Anerkennung als die Forderung nach der Auswahl von
Fliegern. Wie so häufig erscheint auch hier ein Kompromiß zweckmäßig in der Weise,
daß Steher mit gleichzeitig ausreichendem Speed, der Fähigkeit, höchstmögliche
Schnelligkeit zu entwickeln, grundsätzlich den Vorzug verdienen. Die Derby-Distanz
über 2400 m erscheint für eine solche Prüfung ideal.

Schließlich sei auch auf das aufgetauchte Bedenken eingegangen, daß die der
deutschen Vollblutzucht entstammenden Hengste, die zum züchterischen Einsatz in
der Landespferdezucht gelangt sind, vielfach zu leicht seien. Es trifft aufgrund von
Meßergebnissen zu, daß die Vollblutnachkommen innerhalb der Warmblutzucht in
der Regel schmaler sind, weniger Rumpf und einen geringeren Röhrbeinumfang
besitzen, während in der Größe kaum Unterschiede bestehen. Diese in der ersten

Generation zu beobachtenden Abweichungen gleichen sich aber in den folgenden Generationen bei geeigneten Paarungen ziemlich schnell wieder aus. Im übrigen sollte man neben ausreichenden Leistungen als wesentlichen Faktor für die Auswahl des Vollbluthengstes nicht sein Format, sondern vorwiegend seinen Typ ansehen, denn am besten vererben in der Warmblutzucht in der Regel die Hengste mit dem klarsten Vollbluttyp, und das sind häufig die mittelrahmigen. Die Sicherstellung eines angestrebten größeren Formates sollte eigentlich durch die Warmblutzuchten selbst gegeben sein. Demnach ist für die Warmblutzucht das Typproblem von größerer Bedeutung als für die Vollblutzucht, die nur nach der Rennleistung selektiert. In Verbindung mit dem äußeren Erscheinungsbild muß den Warmblutzüchter gleichfalls die Korrektheit des Fundamentes und die Ausprägung der Gelenke stärker interessieren, da die Belastung von Sehnen und Gelenken bei dauernd im Reitdienst und besonders im Reitsport, vor allem im Gelände- und im Hochleistungssport, eingesetzten Pferden sicherlich noch größer ist als beim Vollblüter. Mit Recht hat infolgedessen früher das heute noch bestehende Hauptgestüt Graditz das Exterieur neben den Leistungen immer mit beachtet, weil seine Aufgabe auch darin bestand, für die Landespferdezucht geeignete Beschäler zu erzeugen. Grundsätzlich bleibt festzuhalten, daß die Registrierung der Leistung und das durch die Rennen entwickelte Rechteckmodell in Verbindung mit Adel, Harmonie und Elastizität den Vollblüter für die qualitative Verbesserung des Warmblutpferdes besonders geeignet erscheinen lassen müssen.

3   Der Traber

Neben dem Englischen Vollblüter gehört die Gruppe der Traber zu den Pferderassen, die allein aufgrund der ermittelten Leistungen der Einzeltiere züchterisch entwickelt worden sind. Während für den Vollblüter der Galopp das charakteristische Leistungsmerkmal darstellt, ist es bei den Trabern der Trab, der in dem zweirädrigen Rennwagen (Sulky) erfolgt und auf der Rennbahn nach der Schnelligkeit gemessen wird. Bei den Trabrennbahnen handelt es sich um feste Sandbahnen, während für die Galopper meist der gut gewachsene grüne Rasen bevorzugt wird. Für die Entwicklung der Traberzucht haben drei Gruppen besondere Bedeutung erlangt.

3.1   Der Orlowtraber und der Russische Traber

Die älteste Gruppe ist die in Rußland entstandene und nach dem Grafen Orlow-Tschesmensky benannte Orlow-Traberzucht, die hervorgegangen ist aus dem Wunsche, möglichst schnelle und genügend robuste Pferde für die Überwindung langer Wegstrecken zu erzeugen, die in Rußland bekanntlich dreispännig in der Troika gefahren wurden. Graf Orlow suchte dieses Ziel zu erreichen durch Zusammenführen von europäischen Pferden mit orientalischem Blut. Zu diesem Zwecke erwarb er 1775 neben anderen Pferden auch den arabischen Schimmelhengst Smetanka, der auffallende Trabbewegungen besessen haben soll. Dieser zunächst im Gestüt Ostrowo bei Moskau und anschließend im Gestüt Chrjenow (Woronesch-Gebiet) benutzte Hengst lieferte mit einer dänischen Stute den Hengst Polkan I und dieser dann, mit einer holländischen Hardtraberstute gepaart, den 1784 geborenen Hengst *Bars I*, der dem züchterischen Ideal des Grafen Orlow weitgehend entsprach und eine so große Durchschlagskraft besaß, daß er zum Stammvater der Orlows wurde. Es handelt sich

Abb. 13. Russischer Orlowtraberhengst Brawy.

hier um ein biologisch beachtenswertes Beispiel für die Entstehung eines guten Vererbers aus der Zusammenführung verschiedenartiger Typen. Bemerkenswert ist außerdem, daß Graf Orlow offenbar systematisch die Inzestzucht in sein Zuchtprinzip einschaltete. Leider weiß man nicht, wieviele Pferde ihm bei Anwendung dieser Methode aus auftretenden Konstitutionsmängeln etwa ausgefallen sind. Offenbar ist

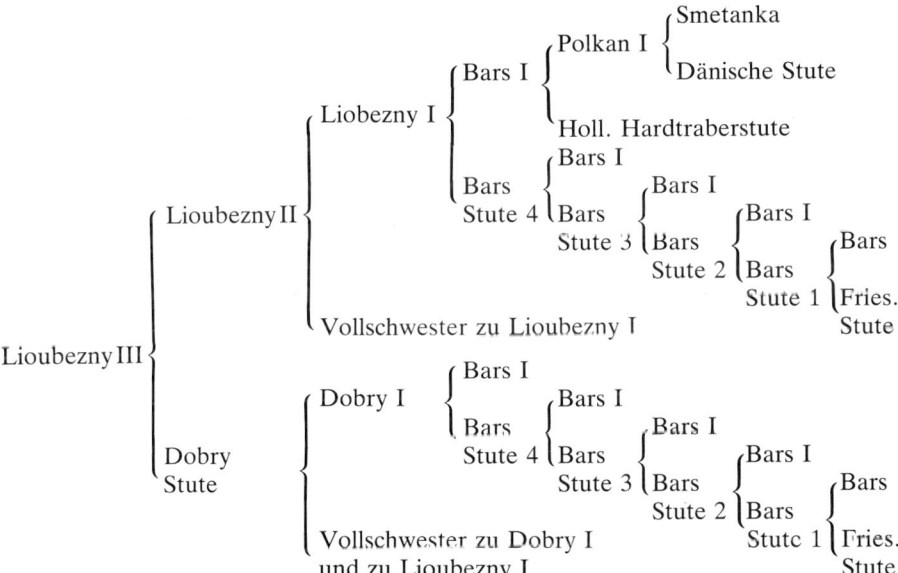

er aber bewußt dieses Risiko eingegangen, um wenigstens durch einige gelungene Zuchtprodukte die Rasse im Typ des Bars I zu formen, wie das beispielsweise aus der Ahnentafel des Hengstes Lioubezny III zu ersehen ist.

Das *Training* dieser Pferde erfolgte unter dem Sattel und vor dem Wagen. Nur die schnellsten wurden in die Zucht eingestellt. Diese Rasse, die sich auch sehr gut für landwirtschaftliche Arbeiten bewährt hat, wird trotz starker Dezimierung in den beiden Weltkriegen auch heute noch in zahlreichen Gebieten der Sowjetunion gezüchtet, obwohl inzwischen aus einer Mischung von Orlow- und amerikanischen Trabern der *Russische Traber* entwickelt worden ist. Dieser spielt züchterisch eine große Rolle. Nach mündlichen Mitteilungen wird ein verhältnismäßig hoher Anteil der in Rußland vorhandenen Stuten Traberhengsten zugeführt. Auf die übrige europäische Traberzucht haben die Orlows und russische Traber bisher keinen Einfluß ausgeübt. Als bedeutendster Hengst der Nachkriegszeit gilt Quadrat, dem auch ein Denkmal errichtet worden ist. Die Trabrennen gehören in der Sowjetunion zu den Sportarten, die auf ein großes allgemeines Interesse stoßen.

3.2   Der Französische Traber

Im europäischen Raum ist aus der Anglonormannenzucht durch ausschließliche Selektion auf Trableistung als besonderer Zweig der Französische Traber entstanden, woran drei eingeführte englische Hengste wesentlich beteiligt waren:

Young-Rattler (Englisches Halbblut, geb. 1811), The Norfolk Phaenomenon (Norfolk-Trotter, geb. 1845), The Heir of Linne x (Vollblut, geb. 1853). Als wesentlich für die Typgestaltung ist zweifellos die Tatsache anzusehen, daß der Französische Traber nicht nur im Sulky, sondern auch unter dem Reiter bei erheblichen Gewichten (60–85 kg) geprüft wird, wodurch die Rückenfunktion eine größere Bedeutung bekommt als bei solchen Pferden, die nur gefahren werden. Gerade dieser Faktor in Verbindung mit dem harmonischen, großrahmigeren und stärkeren Format gegenüber dem Amerikanischen Traber läßt diese französische Rassengruppe auch für die Verwendung in der Landespferdezucht durchaus geeignet erscheinen. Davon ist in Frankreich vielfach Gebrauch gemacht worden, zumal die Nachkommen sich im wirtschaftlichen Einsatz ebenfalls gut bewährt haben. Da die Französischen Traber mehr über längere Rennstrecken geprüft werden, überwiegt der Stehertyp. Dadurch wird die Eignung für die Landespferdezucht noch begünstigt. In Frankreich waren beispielsweise 1985 13 850 Traberstuten und ca. 650 Hengste registriert. In der deutschen Traberzucht sind nach dem Kriege auch französische Hengste zur Qualitätsverbesserung verwendet worden.

3.3   Der Amerikanische Traber

International gesehen hat der Amerikanische Traber die größte Verbreitung. Die Grundlagen für dessen Zucht wurden bei Beginn des 19. Jahrhunderts durch Zusammenführung verschiedener Rassen gelegt. Es waren daran beteiligt das Englische Vollblut, der in England entwickelte Norfolk-Trotter (Hackney), Araber und Berber, ferner die aus einer Verbindung von Englischen Vollblütern und Arabern entstandenen Morgans und kanadische Paßgänger. Den größten züchterischen Einfluß hat der 1788 aus England eingeführte Vollbluthengst Messenger aus dem Darley-Arabian-Stamm, auf dessen Urenkel *Hambletonian* 10 heute bei weitem der größte Teil der Amerikanischen Traber zurückgeht. Der aus einer verkrüppelten Stute sowie von dem als bösartig und häßlich geltenden Hengst Abdallah stammende Hambletonian hat der amerikanische Traberzucht 150 Beschäler geliefert. Zu seinen Nachkommen zählen die vier Blutlinienbegründer: *Peter the Great, Axworthy, Bingen* und *McKenney*.

Entstanden ist der Amerikanische Traber gleichfalls aus dem Bedürfnis nach schnellen, im Wagen einzusetzenden Pferden. Aus zunächst durchgeführten Wettfahrten entwickelten sich dann allmählich organisierte Rennen. 1806 wurde das erste gelaufen. Zunächst wurden die meisten Rennen noch unter dem Reiter veranstaltet, wobei man den Paßgängern vielfach den Vorzug gab. Seit der Gründung des New York Trotting Club 1825 gibt es zwar einen organisierten Trabersport, aber noch keine systematisch aufgebaute Zucht. Entscheidend für die Zuchtverwendung waren ausschließlich die gezeigten Leistungen ohne Beachtung der Rassezugehörigkeit der betreffenden Pferde. Dabei bediente man sich auch der Inzucht. Als wesentliche Maßnahme für die Eintragung in das Stutbuch muß die Einführung der sog. *Standardliste* angesehen werden, in die nur solche Pferde aufgenommen werden konnten, die in den Rennen im Sulky die englische Meile (1609 m) in höchstens 2:30 min zurückgelegt hatten. Die positive Entwicklung der Rennen kam dadurch zum Ausdruck, daß man sich um die Jahrhundertwende veranlaßt sah, eine Eliteliste mit einer Höchstzeit von 2:10 min einzurichten. 1879 wurden seitens der nationalen Vereinigung der Traberzüchter die Bestimmungen für die Eintragung in das Stutbuch festgelegt. Damit waren die notwendigen Voraussetzungen für die Entwicklung des Amerikanischen Trabers als Rasse (Standardbred) geschaffen. Aber erst seit 1913 werden nur noch Nachkommen von eingetragenen Eltern in das amerikanische Traberstutbuch aufgenommen.

Durch das vorwiegend auf die englische Meile, also auf kürzere Strecken abgestellte amerikanische Rennsystem ist in Amerika, im Gegensatz zu Frankreich, mehr der Fliegertyp mit kleineren und leichteren Pferden entstanden, deren Rückenmuskulatur infolge der fehlenden Prüfungen unter dem Reiter in anderer Richtung entwickelt worden ist, als es für den Einsatz der Pferde in der Reiterei zweckmäßig erscheint. Durch die systematische Zucht auf Leistung war es gelungen, in etwa 120 Jahren den Meilenrekord um 1 Minute zu verbessern. Der bisherige Weltrekord wird von dem amerikanischen Hengst Arndon mit 1:54 min für 1600 m = 1:10,8 min für 1000 gehalten. Den Europarekord hält der Schwedische Hengst *The Onion* mit 1:12,0 min.

3.4 Traber in Deutschland

In Deutschland begann der Trabersport gegen Ende des vorigen Jahrhunderts, obwohl in Bayern Trabrennen und -reiten schon längere Zeit zum beliebten Volkssport gehörten. Die ersten offiziellen Rennen fanden 1874 in Hamburg statt. Seit 1892 besteht ein anerkanntes Trabrenn-Reglement, und 1896 erschien das erste deutsche Trabergestütbuch mit Pferden, die 1000 m in einer Rekordzeit von höchstens 1:50 min zurückgelegt hatten. In Deutschland und in Europa gilt, im Gegensatz zu Amerika, die über eine Strecke von 1000 m erzielte Geschwindigkeit als Wertmaßstab. Grundsätzlich wird dabei für alle gelaufenen Strecken die verbrauchte Zeit auf 1000 m umgerechnet. Den Regulator „Gewicht" gibt es für die Trabrennen nicht. Dafür werden je nach Leistungshöhe gestaffelte „Streckenzulagen" angeordnet.

Seit 1921 werden auf Beschluß der Obersten Behörde für Traberzucht und -rennen nur noch solche Pferde in das Register I aufgenommen, deren Vorfahren im Traberstutbuch anderer Länder eingetragen oder aus Kreuzungen von Englischen Vollblütern und Trabern hervorgegangen sind. 1928 wurde die zugelassene Höchstzeit von

Abb. 14. Beschäler-Champion Lord Pit, v. Permit mit W. Heitmann.

1:50 auf 1:40 min herabgesetzt. Heute bestehen derartige Leistungsgrenzen nicht mehr. Die frühere Unterteilung des Deutschen-Traber-Gestütbuches in Register I und II gibt es nicht mehr. Es können vielmehr nur noch Pferde in das deutsche Stutbuch eingetragen werden, deren Eltern bereits im Deutschen Trabergestütbuch oder einem entsprechenden ausländischen Gestütbuch eingetragen sind.

Der deutsche Trabrennsport erfreut sich großer Beliebtheit. In der Zucht ist man bestrebt gewesen, sowohl das Leistungsniveau wie auch das Exterieur (allgemeine Harmonie, Schulterstellung, überbaute Kruppe, Korrektheit des Ganges) zu verbessern. Trotzdem konnten sich, von wenigen früheren Versuchen abgesehen, die deutschen Landespferdezuchten bisher nicht entschließen, Traberhengste züchterisch zu verwenden, da die ausschließliche Prüfung in der Traberkarre nicht in genügendem Ausmaße die Determinierung jener Merkmale garantiert, die für die Erzeugung geeigneter Reitpferde besondere Beachtung verdienen. Andererseits ist jedoch zu bedenken, daß die beiden berühmten Springstuten Tora und Halla Traberhengste als Väter hatten. Die Bewährung allein im Springen kann aber nicht ohne weiteres auf die Eignung für den allgemeinen Reitsport übertragen werden.

Der *Stand der deutschen Traberzucht* ist dadurch charakterisiert, daß sie zahlenmäßig die deutsche Vollblutzucht überholt hat. Am 1. 1. 1985 waren beim Hauptverband für Traber-Zucht und -Rennen (HVT) 23 850 Traber eingetragen, darunter 323 Deckhengste und 3446 Zuchtstuten. Ca. 80% der Züchter besitzen nur 1–3 Zuchtstuten. Nach der internationalen Statistik wurde folgender Umfang an eingetragenen Traberzuchtstuten ermittelt: USA 25 000, Frankreich 13 850, Canada 7200, Schweden 8350 (darunter 1150 Kaltbluttraber), Italien 6620, Finnland 4750, Bundesrepublik 3600, Belgien 3.220, Dänemark 2200, Holland 1250.

Die Anzahl der 1985 auf den 16 A- und B-Bahnen im Bundesgebiet einschl. Westberlin gelaufenen Trab-Rennen belief sich auf 9183. Die ausgezahlten Rennprei-

Abb. 15. Traber Stute Singing Clöving, geb. 1979 v. Keystone Pride a. d. Singing Lady. Traber des Jahres 1984 – Gewinnsumme DM 804 439,–. Inhaberin des deutschen Rekordes über 1609 m in 1:12,5 (27. 5. 1985).

se erreichten eine Höhe von 55 894 480,– DM. Hinzu kommen 10% der Rennpreise als Züchterpreise. Der Inländerrekord liegt bei 1:12,5 min. Er wurde am 27. 5. 1985 durch die 1979 geborene Stute Singing Clöving v. Keystone Pride a. d. Singing Lady aufgestellt. Lange Jahre war der in Deutschland bekannte Vererber *Permit* (1:17,3 min) v. Epilog und Maienpracht, Champion der Vaterpferde in der deutschen Traberzucht. Er wurde abgelöst durch *Corsaro* (1:20,4 min) v. Miramus a. d. Coronia, der mit 138 Nachkommen und deren Gewinnsumme in Höhe von 1 203 150 DM 1971 an der Spitze der deutschen Vaterpferde lag. Seit 1975 führt der Permit-Sohn Gerrol (1:18,3 min) diese Rangliste an, gefolgt von seinem Halbbruder dem Permit-Sohn Lord Pit, vor dem Amerikaner Polaris. Die Namen der Championatshengste und die Gewinnsumme ihrer Nachkommen vermittelt die nachstehende Tabelle:

Tab. 28. Championatsliste der Traberhengste (Deutschland)

Jahr	Name des Hengstes	Jahresgewinne der Nachkommen
1976	Gerrol	2 026 815,– DM
1977	Gerrol	1 586 302,– DM
1978	Lord Pit	1 386 939,– DM
1979	Lord Pit	1 366 569,– DM
1980	Keystone Pride	1 482 704,– DM
1981	Vangard Hanover	1 786 620,– DM
1982	Lord Pit	1 441 465,– DM
1983	Abido	1 393 510,– DM
1984	Keystone Steward	1 648 935,– DM
1985	Lucky Hanover	1 570 305,– DM

Abb. 16. Deutscher Traberhengst Permit, geb. 1945, v. Epilog und Maienpracht. Langjähriger Champion der Vaterpferde.

An zweiter Stelle hinter *Lucky Hanover* in der Championatsliste 1985 stand *Super Way*, dessen 12 Nachkommen insgesamt 1 313 520,– DM gewannen, der Durchschnittsgewinn je Einzeltier lag damit bei 109 460,– DM. Er führt aufgrund dieser Durchschnittsgewinnsumme seiner Nachkommen überlegen die Liste der erfolgreichen Vaterpferde an. Unter seinen Nachkommen verdienen besondere Erwähnung: *Diamond Way*, 3jähriger Hengst, 1:14,8, Gewinnsumme 1 188 900,– DM, davon 682 900,– DM im Jahre 1985, und *Every Way*, 2jähriger Hengst, 1:17,3, Gewinnsumme 1984 549 500,– DM.

Um das Leistungsniveau anzuheben, hatte der Gesetzgeber bereits 1963 für die Ankörung der Zuchthengste in § 3 b der 4. DVO zum Tierzuchtgesetz Leistungsbegrenzungen festgelegt, die in der zweiten Verordnung zur Änderung der Vierten Durchführungsverordnung zum Tierzuchtgesetz vom 12. Dezember 1974 und der Verordnung über die Körung von Hengsten vom 20. August 1979 neu geregelt wurden.

Im Deutschen Trabrennsport hat sich ein eindeutiges Übergewicht der mittleren Distanzen zwischen 1900 und 2200 Metern ergeben. Meilenrennen sind ebenso selten geworden wie Rennstrecken über mehr als 2400 m.

Die deutsche Traberzucht hat ihre organisatorische Spitze im Hauptverband für Traber-Zucht und -Rennen e.V. in 4044 Kaarst 2 mit folgenden angeschlossenen Unterverbänden: Commission für Traber-Zucht und -Rennen in Bayern (CTB, Sitz München), Oberste Behörde für Traber-Zucht und -Rennen (OBT, Sitz Berlin),

Zentralverband für Traber-Zucht und -Rennen e. V. (ZVT, Sitz Münster mit Unter-
gliederungen in ZVT Nord und West). Der Schwerpunkt der deutschen Traberzucht
liegt im Bereich des letztgenannten Zentralverbandes.

4 Warmblut

Unter dem in Deutschland geprägten Begriff „Warmblut" werden in Ergänzung zu den
bisher behandelten Spezialrassen all jene Pferderassen zusammengefaßt, die auf-
grund ihrer Entstehung und ihres Exterieurs den Typ eines vielseitig verwendbaren
Leistungspferdes verkörpern. Dieses mußte früher für den Einsatz in der Reiterei, dem
Fahrdienst und in der Wirtschaft geeignet sein. Heute steht jedoch die Reiterei im
Vordergrund. Durch die derzeitig gegebene Lage auf dem Gebiete der Pferdenutzung

Entnommen dem Jahrbuch der FN 1985.

Abb. 17. Brandzeichen der anerkannten deutschen Warmblutzuchtverbände.

und die dadurch entstehende Folgerung, die Zuchtziele der einzelnen Warmblutrassen unter Abbau der bisherigen gegenseitigen Abgrenzungen immer mehr anzugleichen, tauchte sogar die Frage auf, ob man nicht im Hinblick auf die völlig veränderten Verhältnisse, die immer mehr fortschreitende Typangleichung und die internationale Zusammenarbeit dazu übergehen müßte, in Anlehnung an das französische Beispiel in Deutschland die Bezeichnung „Warmblut" fallenzulassen und durch eine andere, auch dem Ausland besser verständliche zu ersetzen. Dementsprechend hat die Deutsche Reiterliche Vereinigung (FN) 1972 beschlossen, gerade für den Verkehr mit dem Ausland den Sammelbegriff „Deutsches Reitpferd" einzuführen. Wortlaut des Beschlusses: „Ab 1. 1. 1973 kann als ‚Deutsches Reitpferd‘ durch die FN abstammungsmäßig bestätigt nur ein Pferd bezeichnet werden, das mindestens über vier Generationen stutbuchmäßiger Abstammung verfügt und innerhalb der ersten beiden Generationen mindestens 75% Blut der nachfolgend aufgeführten Rassen führt: Englisches Vollblut, arabisches Vollblut, Angloaraber, Trakehner, Holsteiner, Hannoveraner, Westfale". Eine gleichzeitige Wiedergabe des Herkunftsgebietes kann dann auch einen Hinweis auf die Rassezugehörigkeit geben. Offensichtlich hat man durch die Bezeichnung einiger Rassen diesen für den künftigen züchterischen Einfluß eine gewisse Vorrangstellung eingeräumt.

Der Begriff: „Deutsches Reitpferd" hat sich jedoch weder im Inland noch im Ausland durchsetzen können. Die alten Rassebegriffe lassen sich nicht so ohne weiteres ausräumen, zumal die Verbände sowohl auf den Abstammungsnachweisen wie auch am Pferd selbst ihre Brände als „Markenzeichen" anbringen und dadurch auch äußerlich ihre Selbständigkeit dokumentieren. Vielleicht wäre der Begriff: „Deutsche Reitpferderassen" besser gewesen als „Deutsches Reitpferd".

Alle deutschen Pferdezuchtverbände, mit Ausnahme des Trakehner Verbandes, die ein Reitpferd auf warmblütiger Grundlage züchten, einigten sich 1973 auf folgendes Zuchtziel: „Ein edles, großliniges, korrektes und leistungsstarkes Warmblutpferd mit schwungvollen, raumgreifenden, elastischen Bewegungen, das aufgrund seines Temperaments, seines Charakters und seiner Rittigkeit vornehmlich für Reitzwecke jeder Art geeignet ist." In der Abbildung 17 sind die traditionellen Brände der einzelnen Zuchtgebiete zusammengestellt.

In folgendem wird noch an der alten Rasseneinteilung festgehalten, wobei die traditionellen Hauptzuchtgebiete als erste abgehandelt werden.

4.1   Zuchtgebiete der Bundesrepublik Deutschland

4.1.1   Das ostpreußische Warmblutpferd Trakehner Abstammung

Ostpreußen konnte für sich in Anspruch nehmen, infolge günstiger wirtschaftlicher Voraussetzungen die preußische Provinz gewesen zu sein, die vor dem letzten Weltkriege bei weitem die meisten Pferde besaß. Dank dieser natürlichen Gegebenheiten und einer für das Pferd besonders aufgeschlossenen Bevölkerung war für die Entfaltung reiterlicher und züchterischer Passionen ein breiter Spielraum geboten. Daher wurden dort auch innerhalb Deutschlands die meisten Stuten belegt. Neben zahlreichen bäuerlichen Besitzern wurden vielfach gerade die Großbetriebe zu einer wesentlichen Stütze der Zucht. Das Schicksal Deutschlands am Ende des Zweiten Weltkrieges ist auch zu einer Schicksalsstunde für das ostpreußische Warmblutpferd geworden, das sich für viele aus der Heimat flüchtende ostpreußische Menschen als ein treuer Wegbegleiter erwies. Wenn auch die Zahl der auf diese Weise in den Westen geretteten Zuchtstuten in den ersten Jahren der Nachkriegszeit in der neuen Heimat

Westdeutschland durch widrige Umstände auf unter 1000 Stück zusammenschmolz, so bedeutet es andererseits eine hocheinzuschätzende züchterische Tat, trotz Fehlens eines größeren, in sich geschlossenen Zuchtgebietes den Bestand an eingetragenen Zuchtstuten inzwischen wieder auf 3708 angehoben und damit die Rasse vor dem Untergang bewahrt zu haben. Aufgrund der jahrhundertelangen Entwicklungsgeschichte mit systematischer, wenn auch wechselnder Zuchtmethodik muß man die Schöpfung dieser Rasse wohl als ein Stück preußischen Kulturgutes werten. Daher sollen zunächst einige kurze Ausführungen über die Entstehung folgen.

Für die Zuchtgeschichte dieses Pferdes war es zunächst von Bedeutung, daß bis in das Mittelalter in Ostpreußen noch Wildpferde (Unterart des osteuropäischen Wildpferdes), Farbe graufalb bis lehmfarben, mit kleinem, gedrungenem Format und feinen Knochen vorhanden waren, die dann gezähmt ein dem Panjepferd ähnliches vielseitiges Gebrauchspferd, die sog. *Schweiken* (die Gesunden und Kräftigen), abgaben. Die weitere Entwicklung ist dann eng verknüpft mit dem Wirken der Ordensritter, die 1231 ins Land kamen und sich der Pferdezucht durch Errichtung zahlreicher Stutereien in besonderem Maße annahmen. Neben den bodenständigen leichteren Schweiken in den östlichen Gebieten wurden nunmehr auch schwerere, für die Ordensritter besser geeignete Pferde gezüchtet (Danzig, Pr.-Holland usw.), bis die Zeit der schweren Kriegspferde durch die Erfindung des Schießpulvers zu Ende ging. Ob Vermischungen zwischen den beiden Pferdetypen stattgefunden haben, ist ungewiß.

Im 16. und 17. Jahrhundert wurde die Pferdezucht, die durch Kriege, Hungersnöte und Seuchen immer wieder Beeinträchtigungen erfuhr, durch die regierenden Fürsten regelmäßig stark gefördert. Abgesehen von einigem türkischen Blut wurde die Einfuhr fremder Rassen damals vermieden. Die Ausfuhr war verboten, allerdings wurden vielfach Pferde an ausländische Fürstenhöfe verschenkt. Die wertvollsten Exemplare wanderten Ende des 17. Jahrhunderts in die königlichen Hofställe.

Ein entscheidender Wendepunkt für die Zucht des preußischen Pferdes trat ein, als Friedrich Wilhelm I. auf Anregung des Fürsten von Dessau 1725 den Entschluß faßte, die in Litauen verstreut liegenden Stutereien an einem Platz zusammenzufassen. Ausersehen wurde dafür die von der Pissa durchflossene Sumpflandschaft zwischen Gumbinnen und Stallupönen. Nach langjährigen Entwässerungsarbeiten konnte dann 1732 endgültig das dort neu erstandene Gestüt *Trakehnen* mit 1101 Köpfen, darunter 513 Mutterstuten, bezogen werden. Damit hatte gleichzeitig die sich später so erfolgreich entwickelnde staatliche preußische Gestütsverwaltung ihre Gründung erfahren. Leider wurde in den ersten Jahrzehnten, je nach Einstellung der leitenden Beamten, in Trakehnen etwas planlos und unter Verwendung der verschiedensten Rassen gezüchtet, zumal Friedrich der Große zunächst ausländische Pferde für die Armee und seinen persönlichen Bedarf bevorzugte, bis er sich durch seine Fahrten zwischen Potsdam und Berlin auf tiefen Sandwegen davon überzeugte, daß die ostpreußischen Pferde wesentlich schneller waren als alle anderen.

Als Stammhengste für die damalige Zeit galten der aus Kurland geschenkte *Persianer* und dessen Sohn *Spinola* (Braunscheck) sowie der braune Halbblüter *Pitt*. Bemerkenswert bleibt außerdem die Tatsache, daß 1779 erstmalig 11 ausgemusterte Hengste als Landbeschäler im Lande aufgestellt wurden. Erst durch Graf Lindenau kam ab 1786 System in die Zucht. Man benutzte vorwiegend orientalisches Blut. So wurden ab 1799 aus dem Friedrich-Wilhelm-Gestüt in Neustadt an der Dosse 12 Söhne des *Turc Mayn Atty* nach Trakehnen überstellt, die sich vor allem bei Verwandschaftszucht züchterisch sehr bewährten. Sie wurden aber seit 1817 immer mehr durch englische Vollbluthengste abgelöst, die schließlich der Zucht infolge des steigenden

Remontebedarfs und der Bevorzugung langliniger Pferde immer mehr den Stempel aufdrückten, so daß beispielsweise 1913 in Trakehnen 13 Vollbluthengste, ein Gemischt-Vollblüter und 5 Halbbluthengste deckten. 84,3% der in diesem Jahre belegten Stuten entfielen auf Vollbluthengste. In diesem Zusammenhang ist allerdings die Feststellung von EHLERT, dem letzten Leiter von Trakehen, im Vorwort des letzten Bandes des Trakehnerstutbuches interessant, daß von der großen Zahl der eingesetzten Vollbluthengste eigentlich nur 7 nachhaltigen züchterischen Einfluß hinterlassen haben.

In der Trakehnerzucht der letzten Jahrzehnte hat sich von den Vollbluthengsten der Persimmon-Sohn und St.-Simon-Enkel Perfektionist am meisten bewährt, vor allem über seine Söhne Tempelhüter, Jagdheld und Irrlehrer. Aus dem alten ostpreußischen Blut ragte besonders heraus der Dingo-Sohn Dampfroß mit seinen Söhnen Pythagoras und Hyperion, von denen Pythagoras aus einer Tempelhüter-Tochter gezogen war und somit eine günstige Verbindung der beiden bedeutenden Stämme darstellte, die bis in die heutige Zeit eine wertvolle züchterische Ausstrahlung besitzen. Pythagoras galt typmäßig als der ideale Trakehnerhengst. Hervorzuheben bleibt weiter, daß 1936 aus Polen 3 Araberhengste für die ostpreußische Zucht geholt wurden, um erneut die Vorteile des arabischen Blutes (Genügsamkeit, Härte, Gutartigkeit, Anpassungsfähigkeit und Schönheit) einfließen zu lassen. Der in Trakehnen aufgestellte Fetysz v. Bacszyz hat wohl weitgehend die in ihn gesetzten Erwartungen erfüllt. Zu ihm gesellte sich 1940 noch der besonders schöne Fuchs Lowelas v. Koheilan I aus Janow Podlaski.

Zu bemerken bleibt weiterhin, daß die Trakehner-Zuchtstuten in 5 nach Farben getrennten Herden gehalten werden. Ein Besuch in Trakehnen mit seinem herrlichen Gelände und seinen nach Typ und Einheitlichkeit hervorragenden Zuchten sowie seinem Jagdstall gehörte zweifellos zu den besonders einprägsamen hippologischen Erlebnissen. Durch die bedeutenden züchterischen Erfolge wurde dieses herausragende preußische Hauptgestüt zum Herz der ostpreußischen Warmblutzucht. Der Verlust der Trakehner Zuchten, die in die südrussische Steppe bei Kirow verpflanzt wurden, bleibt im Hinblick auf die erlangt züchterische Bedeutung des ostpreußischen Pferdes besonders schmerzlich. Leider hat das aus Anlaß des 200jährigen Bestehens der preußischen Gestütsverwaltungen in Trakehnen enthüllte Tempelhüter-Denkmal, das im Hinblick auf seine naturgetreue Darstellung wohl als eine der besonders eindrucksvollen Schöpfungen dieser Art angesehen werden kann, den Weg nach Rußland genommen; dort wurde es vor dem Moskauer Pferdemuseum neben einem Modell der Vollblutstute Festa aufgestellt. Ein Original-Abguß dieses Denkmals fand 1974 seinen Platz vor dem Deutschen Pferdemuseeum in Verden (Aller). – Als eine der bemerkenswerten Einrichtungen für die ostpreußische Zucht ist noch die Hengstprüfungsanstalt Zwion bei Georgenburg zu nennen. Es wurde kein Hengst in die osteuropäischen Landgestüte – Georgenburg, Rastenburg, Braunsberg und Marienwerder – eingestellt, der nicht in Zwion die vorgeschriebenen Leistungsprüfungen bestanden hatte. Die preußische Gestütsverwaltung hatte somit schon damals den großen Wert der Hengst-Eigenleistungsprüfung erkannt.

Für den nach dem Zweiten Weltkrieg gegründeten Verband der Züchter und Freunde des Warmblutpferdes Trakehner Abstammung, der bis 1983 seinen Sitz in Hamburg hatte und ihn dann nach Neumünster verlegte, besteht heute in organisatorischer Hinsicht eine wesentliche Schwierigkeit darin, daß die vorhandenen Zuchtbestände über das ganze Bundesgebiet verstreut sind. Die Zucht befindet sich nicht mehr ausschließlich in den Händen früherer Züchter aus Ostpreußen, sondern hat in allen Gegenden Deutschlands neue Freunde gewonnen. Die manchmal auftauchende

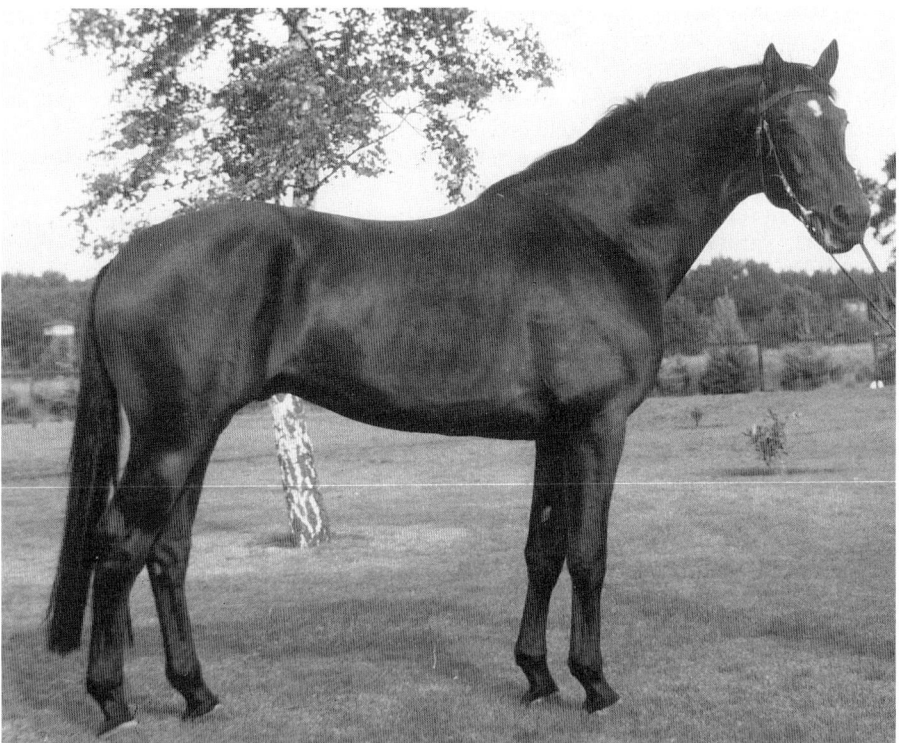

Abb. 18. Trakehner Hengst Mackensen, v. Patron a. d. Maharani II v. Flaneur. Siegerhengst Körung Neumünster 1978.

Sorge, daß die Tage des ostpreußischen Pferdes gezählt seien, hat sich somit dank der geschickten Führung des Verbandes nicht bestätigt. Neben den über das ganze Bundesgebiet verstreut sitzenden Einzelzüchters befinden sich Zuchtzentren in Rantzau und Schmoel-Panker (Schleswig-Holstein) und in Birkhausen.

Die vielfach auftauchende Frage, ob das ostpreußische Pferd allein infolge der veränderten Umweltbedingungen in seinen neuen Heimatgebieten seinen Typ verändert hat, wird nicht ohne weiteres ganz eindeutig zu beantworten sein; EHLERT hat bei Erörterungen des Problems einen Typwandel verneint. Das Primat wird auch in dieser Frage der richtigen Selektion und dem züchterischen Einsatz wirklich geeigneter Vatertiere zuzubilligen sein. Zu den Bewahrern des Types hat in der Nachkriegszeit im Bundesgebiet vor allem der Pythagoras-Sohn Totilas gehört.

In Anlehnung an die früheren Gepflogenheiten werden zur Absicherung der züchterischen Bestrebungen regelmäßig auch Vollbluthengste benutzt. Die in der Hengstprüfungsanstalt Adelheidsdorf (Westercelle) und auf dem Klostergut Mehdingen durchgeführten Hengst-Eigenleistungsprüfungen sollen die züchterische Planung wirksam unterstützen. Gut durchgezüchtete Stutenstämme tragen sehr zu den Zuchterfolgen bei (s. SCHILKE 1965).

Abgesehen von den Zuchten, die durch den Trakehner Zuchtverband zuchtbuchmäßig betreut werden, haben vor allem ostpreußische Hengste in anderen Zuchtgebieten zu dem in der Nachkriegszeit erforderlich gewordenen Typwandel des deutschen Warmblutpferdes beigetragen. Das trifft beispielsweise zu auf Hannover mit dem Landgestüt Celle, in dem Semper idem, Abglanz und Lateran große züchterische Ausstrahlung erreicht haben (s. Seite 75). Ferner hat das ostpreußische Pferd im Rheinland den Neuaufbau einer Warmblutzucht nach dem Verschwinden der Kaltblutzucht stark beeinflußt, desgleichen in Württemberg mit dem züchterischen Mittelpunkt im Stammgestüt Marbach, wo der Hengst Julmond hervorragend eingeschlagen ist.

Auch zahlreiche im Landgestüt Dillenburg aufgestellte ostpreußische Hengste haben die Warmblutzucht in Hessen maßgeblich mit geformt. Ähnlich verhält es sich in allen übrigen Warmblutzuchtgebieten des Bundesgebietes. Ausländische Warmblutzuchtgebiete Europas (Dänemark, Holland und Schweden) und in Übersee bedienen sich gleichfalls des Trakehners.

Beachtung verdient im Hinblick auf den in der Reiterei bestehenden Trend zu großrahmigen Pferden bei dem ostpreußischen Pferd zweifellos die Größe, obwohl immer wieder Beispiele dafür vorliegen, daß besonders typvolle mittelrahmige Stuten sich als hervorragende Vererberinnen erweisen. Um einem zu knappen Format vorzubeugen, hat der Verband für die Eintragung in das Hauptstutbuch eine Mindestgröße festgelegt, die für 3jährige Stuten 156 cm und für 4jährige 158 cm beträgt. Das Zuchtziel ist heute auf die Erstellung eines allseits brauchbaren edlen Reitpferdes abgestellt, während vor dem Kriege auch noch die Merkmale zu berücksichtigen waren, die einen erfolgreichen Einsatz der Pferde in der Wirtschaft gewährleisten. Nach dem ersten Weltkrieg war auch die ostpreußische Zucht nicht von der allgemein angeregten Verstärkungsaktion verschont geblieben, um die Pferde für die Wirtschaft noch geeigneter zu machen. Die Erfolge waren nicht ermutigend, so daß es nur bei einer vorübergehenden Maßnahme blieb.

Hinzuweisen bleibt schließlich darauf, daß das nunmehr seit 3 Jahrzehnten in Westdeutschland gezüchtete ostpreußische Pferd aufgrund seiner Entstehung und seines äußeren Gepräges nach wie vor in die Gruppe der Warmblutpferde gehört, obwohl es bei den DLG-Ausstellungen in der Abteilung „Spezialpferde" konkurriert. Sicherlich kann die ostpreußische Zucht für sich in Anspruch nehmen, daß sie im Vergleich zu den übrigen deutschen Warmblutschlägen infolge ihrer Entwicklungsgeschichte z. Z. noch den größeren Adel und häufig mehr Eleganz besitzt. Daher sind ihre männlichen Produkte auch vielfach zu Veredelung anderer Zuchten eingesetzt worden. Ob das aber bei einem weiteren Wandel der Warmblutzuchten so bleibt, wird die Zukunft lehren.

Die doppelte Elchschaufel auf dem linken Hinterschenkel ist für Fohlen aus Hauptstutbuchstuten der traditionelle Brand geblieben. Dasselbe trifft auf die einfache Elchschaufel mit Schleife für Fohlen aus Stutbuchstuten zu. Eingetragene Stuten erhalten die entsprechenden Bränden in kleinerer Form auf der linken Halsseite. Die einfache Elchschaufel auf dem rechten Hinterschenkel für die in Trakehnen gezüchteten Pferde ist mit dem Verlust Trakehnens leider zwangsläufig in Fortfall geraten.

Die Zuchtstätte Hunnesrück (Niedersachsen), die gleich nach dem Kriege mit Unterstützung des Landes Niedersachsen eingerichtet worden war, wurde 1982 aufgelöst.

In dem Gestüt Schmoel-Panker sind die unter Uwe Sauer bekannt gewordenen Dressurpferde Hirtenbaum und Carobube gezüchtet worden. Aus Birkenhausen stammen Fabian – Sieger im Hamburger Dressur-Derby 1979 unter Dr. Klimke – und Abdullah – Olympiasieger 1984 in Los Angeles unter Conrad Homfeld.

1985 waren beim Trakehner Verband 215 Trakehner Hengste, 28 Englische Vollbluthengste, 42 Araberhengste und 3344 Stuten eingetragen.

Abb. 19. Trakehner Stute Tilsit III, geb. 1972, v. Herzbube und Tip-Top 3283. Ia-Preis und Reservesiegerstute der Gruppe Spezialpferde auf der DLG-Ausstellung 1978.

Das Zuchtziel ist ein edles, schönes, in seinen Formen harmonisches, vielseitig verwendbares Reitpferd mit eleganten, ergiebigen und elastischen Bewegungen. Guter Charakter, ausgeglichenes Temperament, Intelligenz, Anhänglichkeit sowie Ausdauer und Härte in der Leistung sollen besonders hervorstechende Eigenschaften der inneren Veranlagung sein.

4.1.2 Der Hannoveraner

Für das Heimatzuchtgebiet dieser Rasse gibt es zahlreiche Überlieferungen über die ziemlich frühzeitige Entwicklung einer besonderen Pflege von Pferdezucht und -haltung. Die an den Giebeln der niedersächsischen Bauernhäuser prangenden doppelten Pferdeköpfe sind ein Symbol für die starke Bindung der einheimischen Bevölkerung an das Pferd, die außerdem auch dadurch noch sinnvollen Ausdruck erhielt, daß schließlich Kurfürst Ernst-August von Hannover auf Vorschlag von Leibniz das springende Pferd in sein Wappen übernahm. Unter den Grafen von Hoya wurde bereits im 15./16. Jahrhundert in Bücken ein Gestüt errichtet, dem 1653 die Gründung des Hofgestütes Memsen folgte. Von den Kriegsschauplätzen Europas und den Kreuzzügen waren als Kriegsbeute viele orientalische, andalusische und neapolitanische Pferde mitgebracht worden, die auch die Grundlage für den Aufbau einer systematischen Zucht legten.

Zu den hippologischen Besonderheiten gehört aber zweifellos die zunächst im Hofgestüt Memsen z. Z. Georg II. begonnene Zucht der „Weißgeborenen", einer Kutschrasse mit dem Stammhengst Auguste aus der Paarung einer silbergrauen Stute mit dem englischen Hengst Le Barbe blanc (Berber). Zusätzlich wurden aus Dänemark (Frederiksborg) einige Hellfarbige und Weißgeborene geholt. In der bis 1803 dauernden Zuchtperiode in Memsen waren von den gefallenen 140 Hengst- und 154 Stutfohlen insgesamt 28,5% Weißgeborene. Offenbar litt der Bestand unter einer gewissen Konstitutionsschwäche und mangelnder Fruchtbarkeit, was in Anbetracht der vielfach angewandten Inzestzucht nicht verwunderlich erscheint. Bei der Evakuierung Memsens aus Sorge vor den napoleonischen Truppen wurde ein Teil der Stuten nach England und ein anderer Teil (4 Stuten mit Fohlen) in das herzogliche Privatgestüt Neuhaus/Solling überführt, wohin später auch der größere Teil der nach England verbrachten Pferde zurückwanderte. Da die im Solling gezogenen Pferde aber offenbar als Wagenpferde zu leicht blieben, erfolgte 1844 die Verlegung des Bestandes nach Herrenhausen. Dort hatte man jedoch wenig befriedigende Erfolge. Vermutlich blieben infolge der notwendigen Inzucht die Pferde vielfach zu klein und zu schwach, ferner war die Fruchtbarkeit zu gering. Von dem an sich schon verhältnismäßig niedrigen Fohlenanfall soll dann noch etwa ein Drittel bereits im 1. Lebensjahr eingegangen sein. 1892 wurde die letzte Stute wegen Altersschwäche getötet.

Neben dieser Besonderheit hat Herrenhausen aber als Hauptgestüt für die hannoversche Warmblutzucht gedient und zahlreiche bedeutend gewordene Hengste geliefert (z. B. Flick, Y. Nordfolk, Adeptus xx, Flavius, Flintglas, Körner). 195 Deckhengste wurden im Laufe von Jahrzehnten an das Landgestüt Celle und 74 andere Hengste an Genossenschaften und private Hengsthalter abgegeben, bis 1928 die Auflösung des Gestütes erfolgte.

Von den Maßnahmen, die einen entscheidenen Einfluß auf die Entwicklung der hannoverschen Landespferdezucht erlangt haben, wirkte sich die Errichtung des Landgestütes Celle im Jahre 1735 besonders erfolgreich aus. Georg II. hatte durch Kabinettsorder vom 27. 7. 1735 die Gründung vorgenommen, „zum Besten unserer Untertanen und zur Erhaltung einer guten Pferdezucht in seinen deutschen Landen". Es wurden Mittel aus der kurfürstlichen Schatulle bereitgestellt ohne Revenuen, während Trakehnen nach Möglichkeit der Krone noch einen finanziellen Nutzen abwerfen sollte. Die vorwiegend in bäuerlicher Hand befindliche hannoversche Zucht bekam dadurch eine wesentliche Unterstützung, und eine systematische Zuchtsteuerung wurde erleichtert, wenn zunächst auch noch keine einheitliche züchterische Ausrichtung erkennbar wurde.

Die Zuchtgeschichte des Hannoveraners läßt sich in 4 maßgebliche Epochen einteilen. 1. Epoche: Von der Gründung des Landgestüts Celle 1735 bis zur Beendigung der Napoleonischen Kriege. 2. Epoche: Die Zeit zwischen der Beendigung der Napoleonischen Kriege und 1870. 3. Epoche: 1870 bis zur Beendigung des Zweiten Weltkrieges. 4. Epoche: Nach Beendigung des Zweiten Weltkrieges.

Die *1. Epoche* beginnt mit der Gründung des *Landgestüts Celle,* das zunächst mit 12 Rapphengsten aus Holstein errichtet und bald noch um 2 Hengste der gleichen Herkunft vermehrt wurde, die im Gebiet Hoya und dem Herzogtum Bremen deckten. Die Zahl der Hengste wurde ziemlich schnell auf 60 erhöht, darunter waren auch bereits einige Vollblüter. Der Siebenjährige Krieg verursachte eine Evakuierung der Hengste nach Bremen und Holstein und brachte gewisse Rückschläge. In der 2. Hälfte des Jahrhunderts war noch keine einheitliche Zuchtmethode wahrzunehmen. Die züchterische Grundlage bildeten Andalusier, Neapolitaner, Holsteiner, Preußen, Mecklenburger und Vollblüter. Die Napoleonischen Kriege führten erneut zum Rückschlag. Nur ein Drittel des nach Mecklenburg verlagerten Beschälerbestandes kam damals zurück.

In der sich anschließenden *2. Epoche* wurden dank der zunehmenden Bedeutung der Pferde für die Landwirtschaft und das Heer die Schäden bald überwunden. Es erfolgte ein schnelles Aufblühen der Zucht, besonders unter der zielstrebigen Führung des Landstallmeisters von Spörcken (1839–1866). Die staatlicherseits zur Verfügung gestellten Hengste reichten bald nicht mehr aus, so daß sich daneben noch eine starke Privathengsthaltung entwickelte. 1821 wurde eine besondere Verordnung über die Haltung von Privathengsten erlassen und 1844 die erste Körordnung. 1839 stammten 70% aller Fohlen von Privathengsten, die vor allem auf der Geest deckten, während das Landgestüt die Marschgebiete versorgte. Vollbluthengste wurden vermehrt eingesetzt (30%). Dadurch wurde das Pferd für die Verwendung im landwirtschaftlichen Betrieb zu edel. 1841 waren von 207 Landbeschälern 35,3% Vollblüter! Von da ab sank aufgrund der wenig günstigen Erfahrungen der Anteil des Vollblutes erheblich. In diesem Zeitabschnitt fällt auch der Einsatz der 3 Hengste, die man in erster Linie als Stammväter der hannoverschen Zucht ansieht, und zwar die in Pommern gezüchteten Hengste *Zernebog* und *Jellachich* sowie der in Mecklenburg geborene *Norfolk*. Der Anteil der aus Mecklenburg stammenden Hengste war sehr hoch (1838 etwa 50%). Die aus Mecklenburg und Pommern hereingeholten Hengste wurden 1830 ergänzt durch die Einfuhr von Halbbluthengsten der sog. Kutschrassen aus England (Yorkshires, Cleveland-Bays und Norfolks).

In der *3. Epoche,* die nach 1870 begann, erfolgte eine Konsolidierung der Zucht durch vorwiegende Berücksichtigung der einheimischen Stämme. Das Vollblut nahm weiter ab. 1900 gab es nur noch 3% Vollbluthengste. Die Privathengsthaltung wurde wieder eingeschränkt und unter Landstallmeister Grabensee (1892 bis 1915) die Zucht systematisch auf ein den Umweltverhältnissen angepaßtes Warmblutpferd ausgerichtet. Das Zuchtziel wurde eingestellt auf die Erzeugung „eines möglichst starken Warmblutpferdes, das jede Arbeit in der Landwirtschaft verrichten kann, aber auch so viel Blut, Nerv und Gang besitzt, um als starkes Reit- und Wagenpferd Verwendung finden zu können". Die Verfolgung dieses Zieles hat sich gut bewährt. Von 1870–1925 erfolgte mehr als eine Verdoppelung des Beschälerbestandes von 220 auf 500 Hengste. Das machte 1925 die Gründung eines zweiten *Landgestütes in Osnabrück* nötig, von dem die Deckstellen der Regierungsbezirke Hannover, Osnabrück und Hildesheim besetzt wurden, während Celle für die Regierungsbezirke Stade und Lüneburg zuständig war.

Organisatorisch fand das Bestreben nach einer möglichst einheitlichen Ausrichtung der Züchtung dadurch eine wesentliche Stütze, daß 1888 durch die Königliche Landwirtschaftsgesellschaft, der Vorläuferin der heutigen Landwirtschaftskammer, das hannoversche Stutbuch für edles Warmblut gegründet wurde. Dabei konnte man auf die durch das Landgestüt Celle geschaffenen Unterlagen zurückgreifen und eine Registrierung der Stuten durchführen. Die entscheidende Voraussetzung für eine einheitliche züchterische Bearbeitung aller wichtigen Zuchtvorgänge und einer systematischen Betreuung der Zuchter wurde aber erst erreicht durch die Gründung des Verbandes hannoverscher Warmblutzüchter im Jahre 1922, der von da an die Beratung der Züchter, die Stutbuchführung und die Belebung des Absatzes übernahm.

Zwei wichtige Maßnahmen sind ferner noch hervorzuheben: Die Einrichtung des hannoverschen *Hengstaufzuchtgestütes* in *Hunnesrück,* Kreis Einbeck, am Fuße des Sollings im Jahre 1921 und die Gründung der *Hengstprüfungsanstalt* in *Westercelle* im Jahre 1928. Das Hengstaufzuchtgestüt (s. Fohlenaufzuchtanstalten, Seite 355) hat sich bis in die heutige Zeit aus verschiedenen Gründen als sehr zweckmäßig erwiesen, wenn auch die Zahl der dort aufgezogenen Fohlen, die ursprünglich je Jahr 120–130 betrug, auf etwa 40 zurückgegangen ist. Erst ab 1941 wurde dann in Verden ein eigener Körplatz und Hengstmarkt für die im Zuchtgebiet selbst aufgezogenen Hengste errichtet. – Der Gründung der Hengstprüfungsanstalt in Westercelle nach dem

Muster des ostpreußischen Zwion, das zwei Jahre vorher geschaffen worden war, lag die Absicht zugrunde, die jungen Hengste vor ihrem züchterischen Einsatz einer Eigenleistungsprüfung zu unterziehen, wie es in der Vollblutzucht durch die Rennen geschieht, um dadurch den Nachweis bestimmter auf die Rasse zugeschnittener Grund- oder Mindestleistungen zu erbringen. Im Jahre 1975 wurde die Hengstprüfungsanstalt von Westercelle nach Adelheidsdorf bei Celle in die nach modernsten Gesichtspunkten neu errichtete Anstalt verlegt. In Adelheidsdorf können 100 Hengste gleichzeitig untergebracht und trainiert werden.

Auch das hannoversche Zuchtgebiet ist nach dem Ersten Weltkrieg von der Verstärkungswelle, die durch den Fortfall des Absatzes an das Heer ausgelöst wurde, nicht verschont geblieben. Das Norfolkblut fand damals stärkere Beachtung. Da sich aber die Gefahr zeigte, daß die Pferde zu ordinär wurden, ist diese Zuchtrichtung allmählich wieder abgebaut worden, und es blieb bis zu Beginn des Zweiten Weltkrieges bei der sich aus der Verfolgung des dargelegten Zuchtzieles ergebenden Folgerung, auf verschiedene Typen – stärkere Wirtschaftsformen und edlere Reitpferdmodelle – Wert zu legen, die ständige züchterische Ausgleichsmöglichkeiten gewährleisteten. In Ergänzung dazu war regelmäßig der auf der Rennbahn geprüfte Vollblüter als Garant für Geschmeidigkeit, Gesundheit und Nerv notwendig. Allerdings hielt für die damaligen Verhältnisse Graf Kalnein (1927) zur Absicherung des konstitutionshärtenden Einflusses einen Anteil an Vollbluthengsten für Celle in Höhe von 2–3% für ausreichend.

In diese Zeit fällt auch die Entwicklung der für die hannoversche Zucht bedeutend gewordenen Hengstlinien:
1. Flick/Ebba (aus der Verbindung Zernebog und Jellachich) mit den Fling-Söhnen Flavius, Flieger, Feiner Kerl, Flugfeuer II und Flintenstein III
2. Adeptus xx mit den Alderman I-Söhnen Aconit, Alter Kerl I, Alkoven I und Alpenflug II
3. Devil's own xx mit den Detektiv-Söhnen Dolman und Dwinger
4. Goldschaum xx mit den Goldammer II-Söhnen Goldfisch II und Gote.

Hinzuweisen ist ferner noch auf die heute erloschenen Linien: Schlütter – Schlucker – Schwabenstreich, Jason – Jasperding – Journalist und die von Kingdom xx ausgehende King-Linie mit dem Kirkland- und Khedive-Zweig.

Zu den Hengsten dieser Zuchtepoche gehörte außerdem der 1898 in Radautz geborene Amurath I v. Amurath ox und Nr. 314 Gidran XXIV. Er war für die Farbvererbung ein Musterbeispiel. Als homozygoter Schimmel hat er bei seinen in 17jähriger Deckzeit gefallenen über 600 Fohlen ausschließlich die Schimmelfarbe mitgegeben. Seine Nachkommen waren spätreif und blieben demnach zunächst in der Jugendentwicklung gegenüber den anderen Rasseangehörigen zurück. Ausgewachsen hatten sie dann aber meist genügend Rahmen und verfügten über das dem Araber eigene gutartige Temperament. Über einige Söhne, vor allem aber den Enkel Amateur I v. Amulett, ist seine inzwischen leider erloschene Linie in der hannoverschen Zucht verbreitet worden. Daneben hat der in der Bukowina gezogene Amurath II v. Amurath ox und Nr. 248 Shagya V, ein heterozygoter Schimmel, der für ein Jahr aus Holstein entliehen war, dadurch einige züchterische Bedeutung erlangt, daß vor allem sein Sohn Amos dem Zuchtgebiet zahlreiche Nachkommen hinterlassen hat, darunter den bewährten Aumund, mit dem dieses Blut in der männlichen Linie bedauerlicherweise 1968 sein Ende gefunden hat.

Die z. Z. laufende 4. *Epoche* brachte insofern eine grundsätzliche Umstellung in der Zuchtrichtung, als durch die nach dem Zweiten Weltkriege nahezu sprunghaft einsetzende Motorisierungswelle dem Pferd als wichtiges Betriebsmittel in der Wirtschaft mehr und mehr der Boden entzogen wurde. Die Folge war ein erheblicher Rückgang der Pferdebestände und damit zwangsläufig auch der Pferdezucht. Die Deckziffern fielen in der hannoverschen Warmblutzucht von 13 971 gedeckten Stuten im Jahre 1951 auf den tiefsten Stand im Jahre 1960 mit 4852 belegten Stuten. Der Hengstbedarf war dadurch erheblich zusammengeschmolzen, so daß sich das niedersächsische Landwirtschaftministerium gezwungen sah, 1960 die Landgestüte Harzburg und Osnabrück aufzulösen. Das Landgestüt Harzburg, das 1824 für das Land Braunschweig in Harzburg-Bündheim errichtet wurde, wohin es nach über 100jähriger Evakuierung (1831 Burg Dankwarderode, 1889 Klosterdomäne St. Leonhard) 1934 wieder zurückkehrte, hat somit 136 Jahre bestanden. Es war eine wesentliche Stütze der Kaltblutzucht des Gebietes geworden. Die wichtigste Warmblutdeckstelle lag bis zum Ende des Bestehens in Thedinghausen. Das Landgestüt Osnabrück ist nach nur 36jähriger Tätigkeit wieder aufgelöst worden. Wie Harzburg hatte es auch die Aufgabe, die notwendigen Kaltblutbeschäler für die Landespferdezucht zu stellen. In seinem Bereich lag aber auch die Deckstelle Badbergen, Krs. Bersenbrück, die bis 1971 die Station mit den höchsten Deckziffern im hannoverschen Zuchtgebiet war. Flügeladjutant I, Duft II, Weingau, Derby und Lungau haben nach dem Zweiten Weltkrieg der dortigen Zucht das Gepräge gegeben. Seit 1961 wird das gesamte Zuchtgebiet nunmehr ausschließlich von dem Landgestüt Celle betreut. Inzwischen waren 1976 die Deckziffern der Celler Hengste auf 12 914 belegte Stuten gestiegen, haben sich bis 1980 auf annähernd gleicher Höhe gehalten und betrugen 1985 9981 Stuten.

Die Zucht hat somit als Auswirkung der erheblichen Ausdehnung des Reitsports erfreulicherweise erneut einen sehr wesentlichen Aufschwung und der Beschälerbestand in Celle wieder eine Erhöhung erfahren können. Die weitere züchterische Folgerung muß darin bestehen, diejenigen Komponenten im Zuchtziel fallen zu lassen, die einen erfolgreichen Einsatz des Hannoveraners in der Wirtschaft gewährleisten. Nunmehr traten ausschließlich jene Merkmale in den Vordergrund, die eine Voraussetzung für die Eignung als Reitpferd bilden. Das bedeutet im ganzen eine Veredlung der Zucht mit besonderer Beachtung der Trockenheit, der Schönheit in Kopf und Hals, der Langlinigkeit und der größeren Markanz einzelner Körperpartien (z. B. Widerrist und Schulter), ferner Verbesserung der Kruppen- und Schulterlage sowie des Nachschubes aus der Hinterhand und der Elastizität des Ganges bei gleichzeitiger Erhöhung der Geschmeidigkeit. Bei allem Streben nach Schönheit haben jedoch in der hannoverschen Zucht die Zweckmäßigkeit des Modells sowie die vielseitige Verwendungsfähigkeit stets vor der Schönheit gestanden.

Als züchterische Wege boten sich die systematisch auf das neue Zuchtziel ausgerichtete Selektion innerhalb der Rassen oder die Benutzung von Hengsten edlerer Rassen – Araber, englische Vollblüter, Trakehner – an. Das Zuchtgebiet hat sich nicht etwa für eine dieser Methoden entschieden, sondern alle gleichzeitig zur Anwendung gebracht. Der Erfolg ist nicht ausgeblieben. In verhältnismäßig kurzer Zeit wurden in der Exterieurverbesserung erstaunliche Fortschritte erzielt. Außerdem nehmen die Hannoveraner unter den Spitzenpferden des Hochleistungssportes eine führende Stelle ein. Um diese gute Leistungsveranlagung dem hannoverschen Pferde zu erhalten und die Rasse trotz des sich ständig wandelnden Bildes der äußeren Erscheinungsformen nicht etwa grundlegend zu verändern, hat die sorgfältige Zuchtauslese innerhalb alter, bewährter Stämme vorrangige Bedeutung. Aus dem Grunde hat der verantwortliche Zuchtverband beschlossen, den Anteil der Vollbluthengste möglichst nicht über 10% steigen zu lassen und dafür lieber mehr aus hannoverschen Müttern stammende Vollblutsöhne einzustellen, eine durchaus zweckmäßige erscheinende Maßnahme in einer Zeit, in der manchmal der Eindruck entstehen muß, daß man allein vom

Abb. 20. Gotthard, Ldb. Celle, geb. 1949, v. Goldfisch II-Amateur I. Vater zahlreicher guter Leistungspferde, im Alter von 22 Jahren.

Vollbluthengst züchterische Wunder erwartet, die keinesfalls immer eintreten können, da der erhöhte Einsatz dieser Hengste doch gelegentlich auf Kosten der Qualität zu gehen droht, weil nicht immer in ausreichendem Maße geeignete Vollbluthengste für die Verwendung in der Landespferdezucht zur Verfügung stehen bzw. viele Stuten nicht zum Vollbluthengst paßten. Außerdem darf die auf diese Weise eingeleitete Veredlungszucht nicht etwa zu einer Verdrängungszucht unter Verlust wertvoller hannoverscher Substanz werden.

Infolge der notwendigen Typumstellung hat auch der Blutaufbau der hannoverschen Zucht im letzten Jahrzehnt eine grundlegende Veränderung erfahren. In den ersten Jahren nach Beendigung des Zweiten Weltkrieges konnte man vielleicht der Auffassung zuneigen, daß das hannoversche Zuchtgebiet etwas zu einseitig auf die beiden von Flick (F) und Adeptus xx (A) ausgehenden Blutlinien ausgerichtet sei. Das Bestreben, die Ahnentafeln der hannoverschen Pferde durch anderes Blut zu bereichern und vielseitiger zu gestalten, mußte daher durchaus als berechtigt angesehen werden. Das ist inzwischen gelungen. Die beiden früheren Hauptlinien (F und A) sind zahlenmäßig wesentlich zurückgegangen. Ihre Anfangsbuchstaben der Namen sind bei der F-Linie in W und bei der A-Linie in E umgewandelt worden, da die Namenauswahl auf immer größere Schwierigkeiten stieß. Der (F) W-Linie gehörten 1985 32 (17,3%) der im Landesgestüt Celle stationierten Hengste an, der (A) E-Linie 11 (6%), der von Detektiv verbreiteten D-Linie 18 (9,7%) und dem Goldammer-II-Zweig der G-Linie 35 (19%). Das alte hannoversche Blut repräsentieren somit rund 51% der Hengste. Von der verbleibenden zweiten Hälfte des 1985 eingesetzten aktiven Hengstbestandes des Landesgestütes Celle sind neueren Blutlinien zuzuordnen: Abglanz 16 (8,7%), Semper idem 6 (3,2%), der Löwe xx 9 (4,8%), Trautmann 5

(2,7%) und den Vollblütern Marcio und Novum je 4 (2,2%). 45 Hengste (22,7%) gehören verschiedenen Linien an.

Aus dem Flavius-Zweig der F-Linie sind nach dem letzten Kriege besonders in den Vordergrund getreten: Flügeladjutant mit seinen Söhnen Wöhler (Wohlklang, Woermann) und Florentiner II (Widerhall – Wienerwald), aus dem Feiner-Kerl-Zweig: Feinschnitt I mit den beiden von Ferrara stammenden Enkeln Feuerland (Weiler – Weingau – Watzmann) und Ferdinand (Wendekreis, Wedekind, Winnetou, Werther), dem besten deutschen Leistungsvererber seiner Zuchtepoche, der am Ende seiner Laufbahn noch zwei Jahre im österreichischen Gestüt Piber züchterisch benutzt worden ist; aus dem Flieger-Zweig Fiat I mit seinen Söhnen Firnis und Frühsport und aus dem Flintenstein-III-Zweig vor allem Futurist I und dessen Sohn Frustra II. Aus der (A) E-Linie sind zu nennen: Astral mit seinem Sohn Astflug und dessen Söhnen Eindruck II (Ehrenschild, Einblick), Ernö und Ester II, ferner Athos und Sohn Einglas (Eisenherz I – Eisenbarth), außerdem die beiden Alkoven-I-Söhne Agram und Abendsport. Die D-Linie hat ihre starke Verbreitung erhalten durch die Dolman-Söhne Dollart, Dominant und Duellant. Von Dollart hat sich vor allem sein Sohn Dömitz I durch gute Vererbung ausgezeichnet (Domänenrat I, Domspatz, Dominik, Don Carlos). Duellant ist zu einer der tragenden Säulen der hannoverschen Zucht geworden (Duft I und II, Diplomat, Dirk, Darling, Duden I und II). Das wertvolle G-Blut ist in erster Linie durch Goldfisch II mit seinen Söhnen Graf, Grande, Goldfalk, Goldmann und *Gotthard* verbreitet. Der Goldfisch II-Sohn *Gotthard* und der aus einer Duellant Tochter gezogene Goldfisch II-Enkel *Grande* haben im letzten Jahrzehnt für den Leistungssport auf nationaler und internationaler Ebene hervorragende Nachkommen hinterlassen.

Neben dem nachhaltigen Wirken dieser Hengste ist aber der Typwandel in Richtung eines edlen Reitpferdes durch Vertreter anderer Rassen deutlich beschleunigt worden. Dazu haben einmal einige *ostpreußische Hengste* sehr vorteilhaft beigetragen. Aus dem im letzten Kriegsjahr nach Celle evakuierten Lot ostpreußischer Hengste wurden verschiedene in die hannoversche Zucht eingereiht. Davon sind 3 Trakehner besonders gut eingeschlagen, auf die heute etwa ⅙ des Celler Hengstbestandes zurückgeht. In erster Linie ist hier der in Trakehnen gezüchtete Termit-Sohn *Abglanz* zu nennen, der über seine aus hannoverschen Müttern stammenden Söhne Abhang I, II und III, Absatz, Archimedes und andere sich als ein durchschlagender Typverbesserer erwiesen hat. Der gleichfalls in Trakehnen geborene Dampfroß-Sohn *Semper idem* zeugte mit der im Rahmen etwas knappen Alljeder-Tochter Allerweltskleid den Hengst Senator, der bereits in seinem ersten Fohlenjahrgang 7 gekörte Söhne lieferte, von denen der langliniierte, noble Sender die Veredelung der hannoverschen Zucht stark gefördert hat. Sesam, Senat, Servus, Sellhorn (der Vater der guten Hochleistungspferde Sir und Sperber) sind ferner einige der herausragenden Vertreter dieses Stammes. Infolge der kleineren Mutter variiert die Nachzucht des Senators etwas im Rahmen. Zahlenmäßig hat dieser Stamm das Abglanz-Blut nicht ganz erreicht. Als 3. Trakehner ist schließlich der Helikon-Sohn *Lateran* herauszustellen, der aus einer Fetysz ox-Tochter gezogen ist und außerdem Cancara als Urgroßvater in seiner Ahnentafel aufweist. Der Typ dieses heute eher klein (157 cm) zu nennenden, aber ausdrucksvollen Hengstes war sehr durch das Araber-Blut geprägt. Er stellte somit eine wertvolle züchterische Ergänzung dar, zumal über ihn das wertvolle Fetysz-Blut der hannoverschen Zucht zugeführt worden ist. Zur Erhaltung der männlichen Linie hat bisher von seinen Söhnen am meisten Lasso beigetragen, dessen mütterliche Seite der Ahnentafel ausschließlich das alte hannoversche F-Blut aufweist.

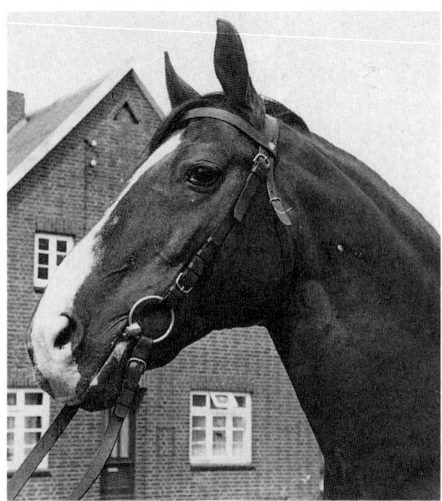

Abb. 21. Einer der erfolgreichsten Leistungsvererber der Hann. Zucht nach dem Zweiten Weltkrieg: Grande, Fuchs – geb. 1958 von Graf – Duellant. Hier vor der Deckstation Landesbrück, Krs. Stade.

Abb. 22. Celler Ldb. Einblick, geb. 1969, v. Eindruck II – Poet xx. Moderner hannoverscher Hengst mit besonderer Dressurveranlagung.

Welche von den zahlreichen, nach dem Kriege eingesetzten *Vollbluthengsten* sich einen nachhaltigen züchterischen Einfluß sichern werden, bleibt abzuwarten. Bisher steht nach der Anzahl der in die Zucht eingestellten männlichen Nachkommen der Röttgener Wahnfried-Sohn Der Löwe xx an der Spitze vor dem Waldfrieder Aventin-Sohn Marcio xx a. d. Mainkur und dem Graditzer Ferro-Sohn Adlerschild xx. Sowohl Marcio wie der Löwe lieferten für den Reitsport beliebte Pferde. Die beiden aus Duellant-Töchtern gezogenen Marcio-Söhne Marconi und Marmor und die beiden Der Löwe-Söhne Lugano I und II lagen in ihren Jahrgängen in der Leistung in Westercelle an der Spitze. Auch der Harzburger Blasius-Sohn Steinpilz xx hat der hannoverschen Zucht einige recht brauchbare Söhne geliefert, während der Mydling-hovener Abendfrieden-Sohn Pik As xx (Sohn Pik König) jahrelang mit den Leistungs-erfolgen seiner Nachkommen im Turniersport auf dem ersten Platz im Bundesgebiet gelegen hat. In neuerer Zeit erfreuen sich die Nachkommen des großrahmigen Ravensberger Neckar-Sohnes Waidmannsdank xx wegen ihrer guten Rittigkeit einer gewissen Beliebtheit. Weidmannsdank ist das letzte Fohlen der berühmten Waldrun. Die ihm selbst nachgesagte gute reiterliche Eignung scheint er somit auch mitzuge-ben. Er ist im Gegensatz zu anderen ein gutes Beispiel dafür, wie wichtig es ist, diese Eigenschaft gerade bei den in der Landespferdezucht eingesetzten Vollbluthengsten zu beachten. Ferner verdienen erwähnt zu werden der exterieur- und leistungsmäßig herausragende Fuchshengst Novum xx, der mit seinen Söhnen Novize, Nebelwerfer und Nomade und über seine Töchter mit den Enkeln Wildfang und Arkansas im Landgestüt vertreten ist, sowie der Marcio-Halbbruder Maigraf über seinen Sohn Mozart und seine Enkel Wangenheim, Eistanz, Eisenbarth und Eichendorf. Grund-sätzlich bleibt in diesem Zusammenhang zu bedenken, daß nach Messungen von BREITHAUPT (1958) die Vollblutnachkommen gegenüber reinen Hannoveranern etwas

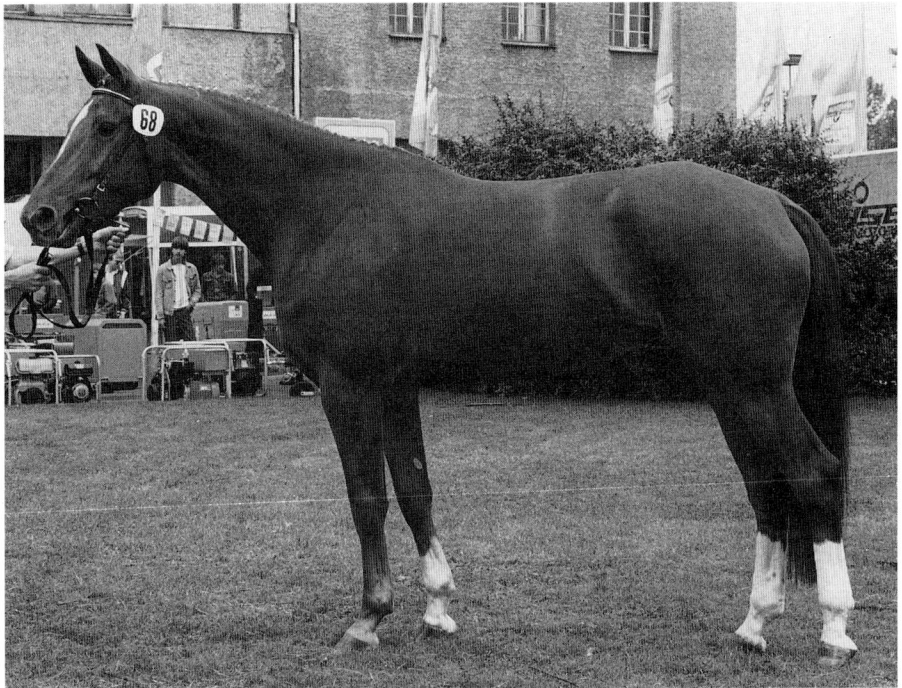

Abb. 23. St. Pr. St. Weltdame v. Werther a. d. Walesca v. Waldhorn – Archimedes; Z. u. B.: Hans-Henning Buchholz, Kolshorn. Beste Dreijährige: Bundesschau Verden 1983. Siegerstute 4–6jährige: Louis-Wiegels-Schau Uelzen 1984 (DLG Frankfurt 1984: Id-Preis).

kleiner, ferner schmaler, in der Rippe flacher (weniger rumpfig) und im Röhrbeinumfang schwächer waren.

Auch *arabisches Blut* ist erneut zur Anwendung gelangt. Während 1925 – 1936 der aus Trakehnen übernommene Bábolnaer Shagya XVII/12 im Zuchtgebiet verwendet wurde, fanden nach dem Zweiten Weltkrieg die gleichfalls aus Bábolna stammenden Shagya XXI/2 und Shagya XXII/2 einen verhältnismäßig kurzen züchterischen Einsatz. Drei Jahre lang wurde auf der Deckstelle Altenbruch nach seiner Benutzung in Ostfriedland der Weiler-Jasir-Sohn Jason ox eingesetzt. Verschiedene Töchter sind zu wertvollen Mutterstuten geworden. Auch der Hazard ox-Sohn Hassan hat in 15 Deckzeiten dem Zuchtgebiet 55 Hauptstutbuchstuten hinterlassen. Von seinen Söhnen ist Harnisch gut eingeschlagen, der recht typische, mittelrahmige und leistungsfähige Pferde mit gutem Temperament macht. Außerdem ist in diesem Zusammenhang auf den in Polen gezüchteten Kurde x, einen echten Angloaraber v. Koheilan I ox, hinzuweisen, von dem 6 Söhne in den Beschälerbestand in Celle eingereiht worden sind, darunter der beliebte Schimmel Kurier. Es ist erfreulich, daß nach einem mehrjährigen Vakuum 1983 abermals ein Araber Bábolnaer Abstammung (Czardas) in Celle eine Beschälerbox bezog. In Hinblick auf die äußerst wertvollen Eigenschaften des Arabers sollte das hannoversche Zuchtgebiet auch künftig regelmäßig Wert darauf legen, diesen Quell der Harmonie, der Schönheit und Gesundheit nicht versiegen zu lassen.

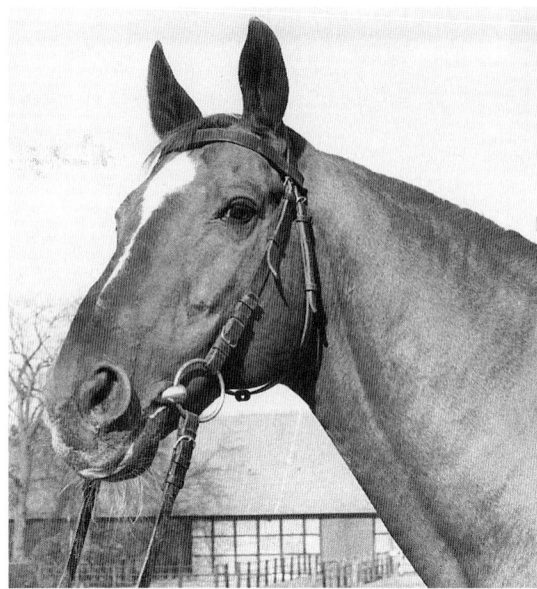

Abb. 24. Novum xx, Fuchs –
geb. 1957 v. Tabriz xx u. Nanne
v. Nuvolari xx. Einer derjenigen
Vollbluthengste in der Hann.
Zucht, denen es gelang, eine
eigene Hengstlinie zu gründen.

Abb. 25. Hannoverscher Hengst Wenzel II, Dunkelfuchs, geb. 1980 v. Woermann a. d. Mon
Cherie v. Matador, Z.: W. Wiechert, Loxstedt, Kr. Wesermünde B.: Niedersächsisches Landgestüt Celle. Leistungsprüfung Adelheidsdorf 1983 an 1. Stelle von 39 Probanden.

Für die Deckzeit 1985 hat das Landgestüt Celle 185 Hengste auf Station geschickt, davon 173 Warmblüter, 10 Englische Vollblüter und je einen Anglo-Araber und Anglo-Normannen.

Neben den Landbeschälern werden durch den Verband hannoverscher Warmblutzüchter auch im Privatbesitz befindliche Hengste anerkannt, sofern diese die exterieur- und leistungsmäßigen Voraussetzungen erfüllen. Die Zahl der anerkannten Privathengste hat eine laufende Steigerung erfahren. 1960 waren 9 Hengste anerkannt (4 Warmblüter, 5 Vollblüter), 1970 bereits 44 (31 Warmblüter, 13 Vollblüter). Diese Zahl stieg in 1980 auf 119 im Inland (108 Warmblüter, 7 Vollblüter und 4 Anglo-Normannen) und 75 Warmbluthengste im Ausland. 1985 haben im Inland 120 Hengste (114 Warmblüter, 4 Vollblüter, 6 Anglo-Normannen) die Anerkennung erhalten und weitere 87 im Ausland (davon 86 Warmblüter und 1 Vollblut). Von den 1985 im Ausland anerkannten Hengsten hatten u. a. 29 ihren Standort in den USA, 17 in Canada, 9 in England, 4 in Australien, 6 in Südafrika, 4 in Belgien, 3 in Neuseeland und 2 in Jugoslawien.

An bedeutenden hannoverschen Turnierpferden sind zu erwähnen: Doublette, Asbach, Dozent, Dux, Donald Rex, Simona, Askan, Liostro, Woyczek, Mehmed, Warwick Rex, El Paso, Slibowitz, Madras, Deister, Gladstone, Aramis, The Natural, Mr. T.

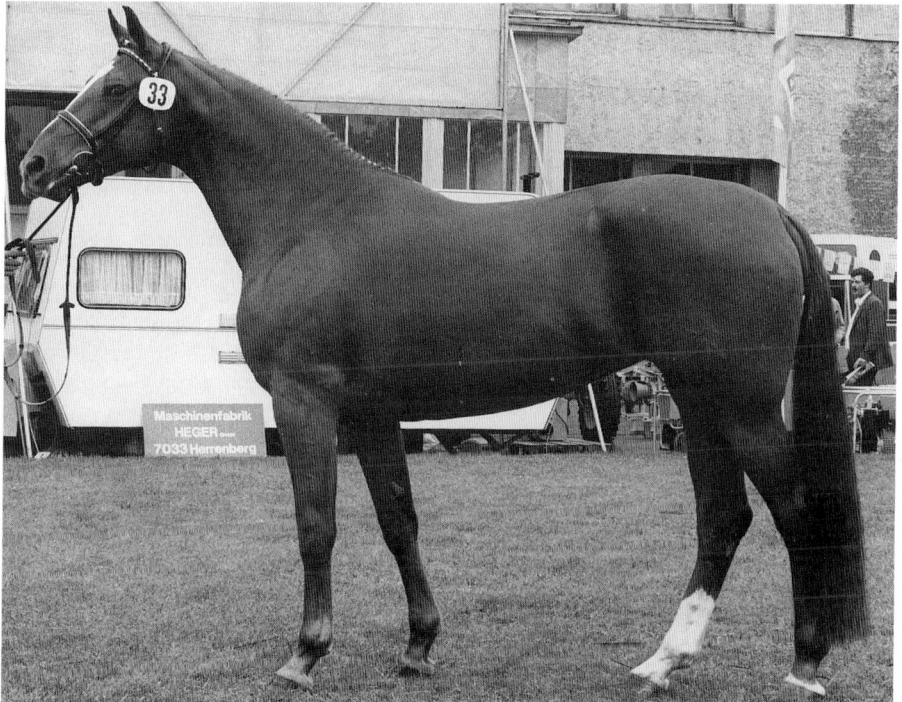

Abb. 26. Hannoversche Stute St. Pr. St. Charina H 31 14 093 77 Fuchs, geb. 1977 v. Czardas – Wurf. Z.: D. Heitmann, Hamburg B.: H.-O. Fitschen, Hollenbeck, DLG Frankfurt 1984: Ia-Preis.

Um die Ansprüche, die heute in der Reiterei gestellt werden, auch züchterisch zu erfüllen, ist die Methode der *Hengsteigenleistungsprüfungen in Westercelle* laufend den Bedürfnissen angepaßt worden (s. Seite 285). Gerade diese Form der Leistungsprüfungen der jungen Hengste muß heute als eine der wichtigsten zuchtfördernden Maßnahmen angesehen werden. Ideal wäre die Schaffung der Möglichkeit, alle jungen Hengste vor der Körung dieser Prüfung zu unterwerfen und sie erst anschließend zum Verkauf anzubieten. Ob dieses organisatorisch durchaus zu regelnde Problem einmal finanziell zu lösen sein wird, muß die Zukunft lehren. Erfreulicherweise konnte diese Anstalt am 1. 8. 1975 in einen Neubau nach Adelheidsdorf, Krs. Celle, mit einer Kapazität für 100 auszubildende Hengste verlegt werden.

Auch die Zuchtstuten, vor allem aber die Hengstmütter, werden in einem bestimmten Umfang in alternativen Verfahren Leistungsprüfungen unterworfen, die zur Absicherung des Zuchterfolges unerläßlich sind. Seit Jahrzehnten werden zur Erfassung von Leistungsbereitschaft, Charakter und Temperament Zugleistungsprüfungen vor dem Schlitten durchgeführt. Obwohl heute – alternativ zu diesem Prüfungsverfahren-Eignungsprüfungen unter dem Reiter weit häufiger abgelegt werden und für die Reitpferdezucht auch einen besseren Aussagewert besitzen, bleibt die Zugleistungsprüfung auch weiterhin als Prüfungsverfahren bestehen. Ziehen ist für das Pferd eine mehr als unangenehme Aufgabe. Erledigt es diese ohne Schwierigkeiten, kann auf guten Charakter und Leistungswilligkeit geschlossen werden.

Daneben aber bleibt die „Heerschau" der Stuten auf den regelmäßig durchgeführten Stutenschauen eine wesentliche Grundlage für die Zuchtförderung. Bei der Gelegenheit bekommen die besten Dreijährigen auch die vom niedersächsischen Landwirtschaftsminister ausgesetzten Staatsprämien zugesprochen. Diese Veranstaltungen geben einen guten Überblick über den Stand der Zucht und die Vererbung der Hengste. Nach den Ergebnissen liegt der Schwerpunkt der hannoverschen Zucht in den bäuerlichen Betrieben des Regierungsbezirkes Stade (Kehdingen, Land Hadeln, Land Wursten, Verden). Aber auch im Lüneburger Gebiet und im Regierungsbezirk Hannover sowie im Regierungsbezirk Osnabrück sind erhebliche Fortschritte zu verzeichnen, so daß früher zu beobachtende qualitative Unterschiede immer mehr verschwinden. Selbst der südhannoversche Raum, der früher vorwiegend der Kaltblutzucht vorbehalten war, ist inzwischen in verschiedenen Gegenden mit gutem Erfolg zur Warmblutzucht übergegangen. Das Klima, das vorwiegend maritim beeinflußt ist (ausgeglichene Temperaturunterschiede, hoher Luftfeuchtigkeitsgehalt, Niederschlagsmenge etwa 670 mm, Jahresdurchschnittstemperatur 8,4 °C), begünstigt in weiten Gebieten die Graswüchsigkeit und damit die notwendigen Voraussetzungen für die Aufzucht.

Auch die Absatzfrage ist bei den Erwägungen des Zuchtverbandes nicht zu kurz gekommen. Der Förderung dieses Problems dient die 1948 ins Leben gerufene Hannoversche Reit- und Fahrschule in Verden, die sowohl reiterlichen Nachwuchs als auch junge Pferde ausbildet und Interessenten Reitpferde vermittelt. Im Rahmen

---

Tafel 1
Andalusischer Hengst Jerez, geb. 1976 v. Brincador a. d. Leva III.
Spanischer Reservesiegerhengst.

dieser Aufgabe konnten seitens des Verbandes nach dem Zweiten Weltkrieg 7146 Remonten in die Schweiz geliefert werden. Darüber hinaus hat sich Verden durch die Abhaltung von Reitpferdeauktionen sowie Zuchtstuten- und Fohlenversteigerungen zu einem lebhaft pulsierenden Mittelpunkt des Absatzes für hannoversche Pferde entwickelt, besonders seitdem das neue Absatzzentrum mit seinen vielen Ausbildungsmöglichkeiten 1972 geschaffen worden ist.

Außerdem hat sich die gleichfalls in Verden ablaufende Hengstkörung in den Jahren erheblich belebt, seit zahlreiche deutsche und ausländische Zuchtgebiete als Käufer hannoverscher Hengste aufgetreten sind. Hier handelt es sich innerhalb Deutschlands zweifellos um eine Folgerung aus der Tatsache, daß die deutsche Warmblutzucht mehr und mehr ein vielseitig in der Reiterei verwendbares, möglichst edles Leistungspferd als gemeinsames Zuchtziel anstrebt. Für das hannoversche Zuchtgebiet ergibt sich daraus eine gesteigerte züchterische Verantwortung mit besonderen Auswirkungen auf die Zuchtlenkung, die es zu erkennen und zu verwirklichen gilt.

Nach dem Zweiten Weltkrieg haben sich eine Reihe von deutschen Zuchtgebieten auf die Hannoveraner umgestellt. Weitgehend auf hannoverscher Basis wird gezüchtet in Hessen, Bayern, Rheinland-Pfalz-Saar und Oldenburg. Im Europäischen Ausland sind es Dänemark, die Tschechoslowakei, Belgien, Luxemburg, Österreich, Schweden, Jugoslawien, England und Ungarn. In Übersee sind Hannoversche Zuchten entstanden in Canada, der USA, Argentinien, Süd- und Süd-West-Afrika sowie Australien und vor allem Neuseeland.

4.1.3 Der Westfale

Obwohl der westfälische Warmblüter nicht als eigene Rasse, sondern mehr als ein Produkt auf hannoverscher Blutbasis angesehen wird, muß dem in Frage kommenden Zuchtgebiet heute doch völlige Selbständigkeit zugebilligt werden. Im übrigen ist zu beachten, daß das westfälische Warmblutzuchtgebiet heute mit 10 990 eingetragenen Zuchtstuten innerhalb der deutschen Bundesrepublik unter den Warmblutzuchtverbänden zahlenmäßig an 2. Stelle steht.

Geschichtlich ist zu bedenken, daß im Mittelalter bereits in wilden Gestüten eine lebhafte Zucht betrieben wurde, teilweise bis in das 19. Jahrhundert hinein, und zwar im Emscher Bruch, im Duisburger Wald, in der Senne (Paderborn, Teutoburger Wald, Gestüt Lopshorn), in Davert, im Münsterland (Kleipferd) und im Mehrfelder Bruch, Kreis Koesfeld. Als einzige haben sich die Pferde des Mehrfelder Bruches in Form des sog. Dülmener Kleinpferdes bis in die heutige Zeit erhalten. Diese einheimischen Schläge, deren Vertreter früher gut bezahlt wurden, sind dann im 19. Jahrhundert mit Andalusiern, Neapolitanern, Holländern und anderen Rassen gekreuzt worden, wie es in dieser Zeit fast allgemein üblich war. Die Regierung versuchte durch Gründung des Landgestütes Warendorf (1826) und die Bereitstellung

---

Tafel 2

Deister v. Diskant – Adlerschild. LGS 988 222,– DM, Europameister 1981, 1983 und 1985; 1979 Silber. Z.: Hermann Hahl, Otterndorf.

Abb. 27. Der ehemals in Vornholz stationierte Angloaraber Ramzes, geb. 1937, v. Rittersporn xx-532 Shagya X–3.

von edlen Hengsten zu helfen, ohne dadurch bei den Züchtern auf ungeteilte Gegenliebe zu stoßen, denn Gewandtheit und Schnelligkeit gehörten im Gegensatz zu Ruhe und Bedächtigkeit noch nicht zu den ersehnten Eigenschaften.

Erst allmählich wandelten sich die Anschauungen, und die Landwirtschaft hatte mit steigender Intensivierung auch ständig veränderte Ansprüche. Vor der eigentlichen Konsolidierung der Zucht mit Beginn dieses Jahrhunderts kann man 3 verschiedene Perioden unterscheiden: 1. westfälische Remontezucht (1830–1875), 2. Auflösung des Remontedepots und Zucht eines Arbeitspferdes auf vorwiegend kaltblütiger Grundlage (1875–1894), 3. Einteilung der Provinz in 2 Gebiete zur Zucht von Oldenburgern und Kaltblütern. Nach züchterischen Versuchen mit Oldenburgern, Ostfriesen, Hannoveranern und Normannen, ferner nach Anlage des Stutbuches 1901 sowie der Gründung des Westfälischen Pferdestammbuches 1904 wurde die Wende zu einer allmählichen Konsolidierung der Zuchten eingeleitet. Die Nachzucht der zunächst bevorzugten Oldenburger und Ostfriesen befriedigte nicht. Adel und Härte gingen verloren. Mit den Normannen erreichte man eine Verbesserung des Gangvermögens und der Konstitution, aber das Kaliber genügte nicht. Daher fand schließlich nach dem 1. Weltkrieg eine völlige Anlehnung an die Zucht des benachbarten Hannover statt, nachdem schon 1904 als Zuchtziel ein Pferd im Typ des starken Wagenschlages auf hannoverscher Grundlage festgelegt worden war. Auch der 1923 gegründete Verband der Hengstaufzüchter und Eigenhengsthalter Westfalens war bestrebt, dem nunmehr aufgestellten einheitlichen Ziel zu dienen, sowohl durch Beschaffung geeigneter Hengste wie durch Aufzucht brauchbarer Hengstfohlen aus dem eigenen Zuchtgebiet und aus Hannover. Neben der durch das Landgestüt Warendorf getragenen staatlichen Hengsthaltung hat es daher in bestimmtem Umfange auch immer eine Privathengsthaltung gegeben.

Die Struktur der bäuerlichen Betriebe mit überwiegend klein- und mittelbäuerlicher Größenordnung, die günstige Lage der Höfe und die in verschiedenen Landesteilen vorhandenen vorteilhaften klimatischen Bedingungen für das nötige Grünland bildeten gute Voraussetzungen für eine gedeihliche Pferdezucht.

Als Wegbereiter für das hannoversche Blut innerhalb der westfälischen Warmblutzucht sind zunächst drei Hengste zu nennen: der 1894 geb. Burggraf II v. Schlutham-Schwarzwald, der 1902 geb. Collino v. Colorist-Nordhäuser und der 1900 geb. Herrscher v. Hercules III-Jongleur. Ihre befriedigende Vererbung hat vermutlich mit den Anstoß dafür gegeben, endgültig auf diese Zuchtrichtung umzuschalten. Dank der dann eingetretenen starken Verflechtungen haben in Westfalen die gleichen Linien züchterische Bedeutung erlangt, die auch in Hannover hervorgetreten sind. So läßt sich heute der größte Teil der in Westfalen gezogenen Hengste auf hannoversche Stämme zurückführen, wenn auch das Zuchtgebiet erwartungsgemäß mit zunehmender Konsolidierung der Zuchten immer unabhängiger geworden ist und sich heute nur noch darauf zu beschränken braucht, je nach Bedarf einzelne Hengste in Hannover anzukaufen, sofern nicht von westfälischen Hengstaufzüchtern aufgezogene hannoversche Hengstfohlen die nötige züchterische Qualifikation für die Einreihung in die Zucht bieten.

In neuerer Zeit haben sich aus dem hannoverschen Blut u. a. bewährt: Die Duellant-Enkel Dirigent, der eine eigene größere Hengstlinie begründet hat, und der hannoversche DLG-Hengst „Diplomat", der 1960 aus einer Fesch-Mutter geborene Frühsport-Enkel Frühling, der wohl über seine Söhne und Enkel z. Z. den größten züchterischen Einfluß auf die westfälische Zucht besitzt. Ferner wären aus der alten hannoverschen F-Linie weiterhin die bedeutenden Vererber Weingau und Ferdinand mit ihren Nachkommen zu nennen. Aus der hannoverschen G-Linie ist der Grande-Sohn Graphit mit mehreren Söhnen und zahlreichen Enkeln im Zuchteinsatz. Der Goldfisch II-Enkel Goldlack, der mit einer ungewöhnlich großen Zahl an bedeutenden internationalen Turnierpferden weltbekannt geworden ist, tritt immer stärker mit einer eigenen Hengstlinie in den Vordergrund. Auch der hannoversche Springpferde-Vererber Gotthard ist mit einigen Söhnen und Enkeln vertreten.

In den letzten Jahrzehnten hat man sich auch entschlossen, in Ergänzung zu einer dem Zuchtziel angepaßten Selektion einige spezielle Veredlerhengste einzusetzen, um die Pferde den derzeitigen Marktbedürfnissen anzupassen. Allerdings ist man auf Beschluß des Zuchtverbandes offenbar bestrebt, den Anteil dieser Hengste, der z. Z. etwa 11% beträgt, auf das unbedingt notwendige Maß zu begrenzen. An Vollbluthengsten wurden zunächst aufgestellt: Pluchino xx v. Niccolo dell'Arca und dann der aus einer Magnat-Tochter gezogene Sinus xx v. Ticino und seines mütterlicherseits auf den Hannoveraner Feiner Kerl zurückgehenden Sohn Sioux. Von der Generation der „jüngeren" Vollbluthengste gewinnen besonders Angelo v. Oliveri-Neckar, Papayer v. Persion-Gulf Farway und dessen Söhne Paradox I und II, Ben Shirin v. Niederländer-Le Grand-Duc und Lucius v. Antonio Canate-Ticino an Bedeutung. Zu erwähnen ist vor allem noch der aus Polen eingeführte Angloaraber *Ramzes,* der 30 Jahre alt geworden ist und in Westfalen sowie Holstein zahlreiche hervorragende Leistungspferde für den deutschen Turniersport sowohl im Springen wie in der Dressur hinterlassen hat. Züchterisch hat in erster Linie sein Sohn Radetzky für Westfalen Bedeutung gewonnen und dort eine eigene Nachkommenblutlinie begründet. Von seinen Söhnen ist besonders sein Sohn Remus I zu nennen. Letzterer hat diese Linie vor allem über seinen Sohn Romulus I und dessen Sohn Romadour II ausbauen

Abb. 28. DLG-Siegerhengst 1984 Pazifik, braun, geb. 1980 v. Parvenü-Perlkönig I – Romulus I – Grünfink. Züchter: H. Schulter, Märter, Soest. Besitzer: Nordrhein-westfälisches Landgestüt Warendorf.

können. In eigens nach den Bestimmungen des Tierzuchtgesetzes geschaffenen Hengstleistungsprüfungsanstalten in Warendorf und Handorf versucht man, Aufschluß über die leistungsgemäße Veranlagung der Hengste als Voraussetzung für die Selektion zu gewinnen.

Wie in anderen Zuchtgebieten bilden die regelmäßig veranstalteten lokalen Schauen, denen begrüßenswerterweise auch schon neben den Stuten die Absatzfohlen unterzogen werden, ein wesentliches Hilfsmittel für die qualitative Beurteilung der Stuten und die typenmäßige Vererbung der Hengste. Hierzu gehört auch die Vergabe der Staats- bzw. Verbandsprämien, die im Gegensatz zu Hannover zentral an einem Ort jährlich erfolgt.

Überregionale Schauen, wie z. B. die DLG-Ausstellungen, habe bewiesen, daß in der westfälischen Zucht erhebliche Fortschritte erzielt worden sind und diese Zucht heute zu den bedeutendsten der Bundesrepublik zählt. Mit gutem Erfolg ist man offenbar bemüht gewesen, dem westfälischen Warmblutpferd trotz der notwendigen Veredlung eine gewisse Solidität zu erhalten.

Für die Deckzeit 1985 hatte das Landgestüt Warendorf 7 Vollbluthengste und 92 Warmbluthengste auf Station gestellt. Ferner gelangten seitens der Privathengsthaltung weitere 6 Vollbluthengste und 100 Warmbluthengste zum Deckeinsatz.

An herausragenden Turnierpferden sollen Fix 2 v. Frühlingstraum II – Romulus II, Goldika v. Goldlack – Rasputin, Ahlerich v. Angelo xx – Donar, Roman 11 v.

Abb. 29. DLG-Siegerstute 1981 Radina, geb. 1978 – Fuchs v. Romadur II – Goldlack – Abendregen – Hallo II. Züchter und Besitzer: Martha Ostrop, Uedem.

Romadour II – Fiffikus, Gordon v. Goldlack – Cyrano u. Magister v. Milan – Hirschfänger, um nur einige aus einem großen Lot zu nennen, erwähnt werden.

Münster ist der Sitz des Westfälischen Pferdestammbuches. Als Brand wird ein umrandetes W mit Schleife benutzt (Fohlenbrand auf dem linken Hinterschenkel, Eintragungsbrand auf der linken Halsseite). Vorbuchstuten und deren Fohlen erhalten die gleichen Brände ohne Schleife. Genau wie in Hannover beginnen auch in Westfalen die Namen der Hengste und Stuten mit dem Anfangsbuchstaben des Vaters.

Hervorzuheben bleibt noch, daß zur Absatzförderung 1977 in Münster-Handorf das Westfälische Pferdezentrum für die reiterliche Ausbildung geeignet erscheinender Reitpferde mit ständigem Verkaufsangebot errichtet wurde und diesem Pferdezentrum eine Hengstprüfungsanstalt angeschlossen wurde.

4.1.4 Der Holsteiner

Die Pferdezucht in Holstein, das früher neben Ostpreußen über die meisten Pferde verfügte, ist sehr alt. Nach vorliegenden Überlieferungen besaß das Kloster Ütersen in der Haseldorfer Marsch bereits Anfang des 14. Jahrhunderts eine Stuterei. Es wird angenommen, daß es sich um große, starke Pferde mit schöner Halsung und hohen Tritten gehandelt hat. Die Begründer der Klöster (Zisterzienser-Mönche) brachten zur

Kreuzung der einheimischen Landrasse orientalische, neapolitanische und spanische
Hengste aus den romanischen Ländern mit. Nach der Reformation ging dann der
Einfluß, den die Geistlichkeit ursprünglich auf die Pferdezucht hatte, auf die Landes-
herren über. Das Holsteiner Pferd erlangte Weltruf, und der Handel mit diesen
Pferden war im 16.–18. Jahrhundert auf der europäischen Ebene sehr ausgedehnt.
Spanien, Dänemark, Italien und Frankreich traten als Käufer auf. Außerdem wurde
im 16. Jahrhundert das Nassauische Gestüt in Dillenburg und 1735 das Landgestüt
Celle mit Holsteiner Hengsten gegründet. Die Regierung in Münster und das Land
Oldenburg holten Ende des 18. Jahrhunderts gleichfalls Hengste in Holstein. Zur
Förderung der Zucht wurde 1680 seitens des Landesherrn verordnet, daß jeder
Beamte, Pfarrer und Pächter 2 große Stuten zu halten habe. Außerdem mußte jeder
Großgrundbesitzer ein Gestüt im Verhältnis zur Größe seines Betriebes unterhalten
und gute Hengste für die Stuten der Bauern zur Verfügung stellen. Durch Verordnung
wurden im Jahre 1719 für Beschäler in bäuerlichem Besitz königliche Prämien ausgesetzt und erste Körbestimmungen festgelegt. Diese wurden dann 1782 noch verschärft.
    Auf diese Weise erfuhr die Zucht eine sehr wesentliche Förderung, die in der
Folgezeit noch durch 2 Faktoren besonders beeinflußt wurde: 1. Bei Beginn des 19.
Jahrhunderts wurden in geringem Umfange Englische Vollbluthengste eingeführt,
deren Benutzung bewirkte, daß die Pferde harmonischer, geschlossener und kurzbeiniger wurden sowie die dem Holsteiner Pferde eigentümlichen Ramsköpfe mehr und
mehr verschwanden. 2. Wichtiger wurde aber noch die Einfuhr von Hengsten der
Yorkshire-Coach-Horse-Rasse aus England. Gerade diese Hengste haben sehr zur
Blüte der holsteinischen Zucht beigetragen. Drei Vertreter dieser Rasse legten
blutmäßig den Grundstein für die Holsteiner Zucht im 19. Jahrhundert: *Burlington
Turc* (1825) v. Vollblut-Vater und Yorkshire-Stute, *Owstwick* (1834) und *Brillant*
(1842) v. Yorkshire-Vater und Vollblut-Mutter. Diese Stämme wurden wiederholt
auch in enger Verwandtschaftszucht gekoppelt. Das Owstwick-Blut wurde durch den
auf Burlington Turc ingezüchteten *Hannibal* weitergeführt und das Brillant-Blut vor
allem durch *Achill* 582, dessen Mutter das Produkt einer Vollgeschwisterpaarung
war. Sein Enkel *Achill* 1265 stammte wiederum aus Halbgeschwisterpaarung. Sein
beidemaliger Großvater war *Achill* 582. Achill 1265 führte Burlington Turc 5 mal und
Brillant 2 mal in seiner Ahnentafel. Dieser Achill stand ziemlich verlassen auf einer
Station. Dort wurde de Chapeaurouge aufgrund der Ahnentafel auf den Hengst
aufmerksam und empfahl seine Umstellung auf einen anderen Platz, die dort zu
einem vollen züchterischen Erfolg führte. Somit wurde Achill erst als alter Hengst zu
einer der tragenden züchterischen Säulen. Vermutlich hat das vorhandene orientalische Blut eine gute Eingangspforte für die Yorkshire-Hengste bedeutet, die dem
Holsteiner Pferd Tiefe, Aufsatz und Gangvermögen mitgaben.
    Um 1870 war dann die Zucht leider ziemlich ausverkauft. Alte Stutenstämme
wurden durch planlose Kreuzungen verwischt. Selbst alte Züchter verließen die bis
dahin gewohnten züchterischen Wege. Auch das 1876 gegründete Landgestüt Traventhal sah damals seine Aufgabe zur Beruhigung des Wirrwarrs nicht etwa in einer
Förderung der Aufzucht bodenständiger Hengste, sondern in der Aufstellung von
Hengsten verschiedener Rassen (Vollblüter, Hannoveraner, Ostpreußen, Oldenburger, englische Halbblüter, Pommern, Mecklenburger usw.). Wandel trat erst durch
eine Selbsthilfe der Züchter ein. Georg Ahsbahs veranlaßte 1883 die Züchter der
Kremper Marsch zum Zusammenschluß in einem Pferdezuchtverein mit dem Ziel, an
das alte holsteinische Blut wieder anzuknüpfen. Gleichzeitig entstand ein Hengstauf-
zuchtverein. 1894 erfolgte dann die Gründung der Reit- und Fahrschule in Elmshorn,
die sich bis in die Neuzeit äußerst vorteilhaft auf die Ausbildung und den Absatz von

Abb. 30. Holsteiner Hengst Marder, geb. 1949, v. Makler I und Dornröschen. Mehrmaliger Siegerhengst auf DLG-Ausstellungen.

Reitpferden ausgewirkt hat. 1896 wurde außerdem in Eutin ein Geestverband gegründet, mit dem Zuchtziel: „Tiefes, vollrippiges Wagenpferd mit guten, räumenden Gängen, das in seinen besseren Exemplaren auch die Eigenschaften eines Reitpferdes für schweres Gewicht besitzt." Der 1897 geschaffene Marschverband mit privater und genossenschaftlicher Hengsthaltung entschloß sich 1926/27, seinen Hengstbestand an das Landgestüt zu verkaufen, das bis dahin vorwiegend die Geest mit Hengsten versorgt hatte. 1935 erfolgte endlich ein Zusammenschluß der beiden Verbände zum Verband der Züchter des Holsteiner Pferdes. Fremdes Blut wurde immer mehr zurückgedrängt. Private und staatliche Hengsthaltung arbeiteten dann vertrauensvoll zusammen. Es zeigte sich in der Folgezeit auch hier, daß im Hinblick auf das finanzielle Risiko in schlechten Zeiten mehr die staatliche Hengsthaltung und in guten Zeiten die private Hengsthaltung in den Vordergrund rücken.

Das Zuchtziel war bis in die Zeit nach dem Zweiten Weltkrieg eingestellt auf ein edles, kräftiges Reit- und Wagenpferd mit starken Knochen und hohen, räumenden Gängen, das auch als Wirtschaftspferd für die Bauern geeignet ist. Die hohe Aktion war das besondere Merkmal des Holsteiners geblieben, das sich dadurch besonders als Wagenpferd anbot. Diese Eigenschaft ist in ihrer Auswirkung sicherlich mit abhängig von dem Nachschub aus der Hinterhand. Ist der Schub nicht vorhanden, kommen die Pferde nicht vorwärts. Andererseits kann gerade diese Eigenschaft das Springvermögen mit begünstigen. Ob dieses durch die Notwendigkeit, im Schlick der Marschen die Beine besonders heben zu müssen, einmal gefördert worden ist, bleibe dahingestellt.

Abb. 31. Erfolgreichster Vererber in der Holsteiner Zucht Ladykiller xx – geb. 1961 v. Sailing Light xx a. d. Lone Beech xx v. Loaningdale xx.

Als bedeutend gewordene Blutlinien sind bis in die Neuzeit hervorzuheben: die bereits erwähnte *Achill*-Linie, deren Hauptvertreter Tobias geworden war, mit den Stämmen Favorit-Fanal, First und Albrecht-Lorenzo I. Der bekannte, 1983 leider eingegangene Farnese gehörte zu diesem Stamm. Die Nachkommen galten als langlebige, energievolle Reit- und Wagenpferde. Achill selbst war im Vergleich zu seinen Rassenangehörigen etwas klein und leicht, besaß aber viel Gang und Temperament. Viele gute Leistungspferde entstammen dieser Linie. Weiter ist zu nennen die *Ethelbert*-Linie. Ethelbert stammt von einem Vollbluthengst aus einer Marschstute von Hannibal. Diese Linie ist vor allem verbreitet durch Elegant und dessen Nachkommen Lorbeer-Loretto, Mackensen, Nordhäuser – Waidmann – Heinz – Heintze – Heidekrug. Der wiederholt auf DLG-Ausstellungen hoch ausgezeichnete *Marder* war ein Mackensen-Enkel. Diese Linie umfaßte zeitweilig 60% aller Beschäler. Hinzuweisen ist ferner auf die *Adjutant*-Linie, die auf den ostpreußischen Midas zurückgeht. Sie wurde verbreitet durch Ali und Falb, verkörpert jedoch im allgemeinen mehr den Wagenschlag. Schließlich darf nicht unerwähnt bleiben der Araber *Amurath*, gezogen in Radautz v. Amurath ox und Nr. 248 Shagya V, der mütterlicherseits auch noch Gidran-Blut führte. Dieser Hengst war 1917 auch in das hannoversche Zuchtgebiet verliehen worden. Mit ihm hatte man wieder Anschluß an die alte orientalische Grundlage gesucht. Jedoch waren seine Nachkommen vielfach zu unbedeutend. Sein Einfluß hatte sich vor allem über Mackensen erhalten. Inzwischen ist dieses Blut in der männlichen Linie erloschen.

Abb. 32. Holsteiner Stute Sonate – geb. 1980 v. Calypso I a. d. St. Pr. St. Nirza. Bundesschau 1983 I. Preis.

In den letzten beiden Jahrzehnten ist trotz der Erfolge holsteinischer Pferde im Springsport das züchterische Steuer erheblich herumgeworfen worden. Dabei ist das Bestreben vorherrschend gewesen, das Holsteiner Pferd typmäßig zu wandeln, um es für den allgemeinen Reitsport geeigneter zu machen. Man entschied sich dafür, diesen Weg in erster Linie durch die Verwendung von Vollbluthengsten zu gehen, um dadurch eine größere Harmonisierung und weitere Veredelung des Pferdes zu errei-chen und es für den Reitdienst geschmeidiger zu machen. Auch eine gewisse Verände-rung der Gangmanier war dabei zweifellos ins Auge gefaßt. Man hat diese Methode zunächst verhältnismäßig stark ausgedehnt, so daß unter den deutschen Warmblut-zuchtgebieten Holstein mit am meisten Vollbluthengste zur Zuchtumstellung einge-setzt hat. Diese Epoche ist inzwischen als beendet anzusehen. 1973 faßte der Zuchtverband den Beschluß, keine neuen Vollbluthengste mehr einzustellen. Wäh-rend 1972 z. B. der Anteil der reinen Vollblüter am Hengstbestand noch 33% betrug, war dieser 1977 auf 8,8% gefallen (Gesamtbestand 68 Hengste). Nachkommen des schon bei Westfalen erwähnten polnischen Angloarabres Ramzes und ein französi-scher Angloaraber, Cor de la Bryère, vervollständigen den Bestand. Von den Voll-bluthengsten sind aufgrund ihrer bewährten Nachzucht bisher besonders zu erwähnen: Anblick xx v. Ferro und sein Sohn Aldato, Cottage Son xx v. Young Lover, Marlon xx v. Tamerlane und Ladykiller xx v. Sailing Light.

Nach den großen nationalen und internationalen Leistungserfolgen von Meteor und Godewind in den Jahren 1950/65 ist es dem Zuchtgebiet nunmehr gelungen, erneut für den Hochleistungssport besonders herausragende Spitzenpferde zu stellen (Trophy v. Reinald xx, Granat v. Consul, Madrigal v. Marlon xx, Albrant v. Aldato), die auf der Olympiade 1976 in allen drei Disziplinen zu den Medaillengewinnen für die Bundesrepublik und die Schweiz beigetragen haben. Darüber hinaus verdienen folgende Leistungspferde der Neuzeit Erwähnung: Santiago, Fair Lady, Foliant, Venezia, Boy, Livius und Farmer. Die beiden Letztgenannten nahmen erfolgreich an der Olympiade 1984 in Los Angeles teil.

Die seit dem 12. Dezember 1974 amtlich vorgeschriebene Eigenleistungsprüfung absolvieren die Junghengste nach der ersten Deckzeit in der niedersächsischen Hengstprüfungsanstalt in Adelheidsdorf, nachdem die Anstalt in Westercelle schon jahrelang vorher auf freiwilliger Basis beschickt worden war.

Um auch die Zuchtstuten, vor allem aber die zukünftigen Hengstmütter einer Leistungsbeurteilung zu unterziehen, werden in den Wintermonaten ausgesuchte 3jährige Stuten zentral in Elmshorn zusammengezogen und nach einem speziellen Plan unter gleichen Umweltverhältnissen auf ihre Leistungsbereitschaft, ihre Rittigkeit und ihren Charakter geprüft.

Nach Auflösung des Landgestüts Traventhal am 31. 8. 1960 sind die Staatshengste in den Besitz des Zuchtverbandes übergegangen und in der Marstallzeit in Elmshorn stationiert. Insgesamt gehören etwa 66% der Hengste dem Zuchtverband, der Rest befindet sich in den Händen von Privathengsthaltern (1985).

Ein besonderes Nachzuchtgebiet für den Holsteiner gibt es in Deutschland nicht. Vor dem Zweiten Weltkrieg bestand eine kleine Enklave für Holsteiner Pferde in Hessen. Für den Absatz von Nutzpferden bildet nach wie vor die Reit- und Fahrschule Elmshorn ein wichtiges Instrument. Der Verband der Züchter des Holsteiner Pferdes verfügte im Jahr 1985 über einen Bestand von 3681 eingetragenen Zuchtstuten und 57 Hengsten, die auf 13 Privat- und 18 Verbandsstationen eingesetzt sind. Der Zuchtverband selbst ist Besitzer von 40 Hengsten. 19 Hengste befinden sich im Privatbesitz. Von dem aktiven Beschälerbestand des Jahres 1985 entfallen auf die verschiedenen Hengste folgende Nachkommen:

Cor de la Bryère	– 14 Nachkommen
Ladykiller xx	– 19 Nachkommen
Marlon xx	– 1 Nachkomme
Cottage Son xx	– 1 Nachkomme
Fähnrich/Achill	– 5 Nachkommen
Ramzes AA	– 9 Nachkommen
Silbersee xx	– 1 Nachkomme
Almé	– 3 Nachkommen
Bevenuto xx	– 1 Nachkomme
Maestose xx	– 1 Nachkomme
Mamoneter xx	– 2 Nachkommen

Als Brandzeichen erhalten Fohlen von im Stutbuch eingetragenen Eltern ein umrandetes H mit Schleife auf dem linken Hinterschenkel. Die Stuten erhalten bei der Eintragung einen Namen, dessen Anfangsbuchstabe in alphabetischer Reihenfolge jährlich wechselt. Die Hengste erhalten einen Namen mit dem Anfangsbuchstaben des Vaters.

4.1.5 Der Oldenburger

Aufzeichnungen aus der Zeit des Dreißigjährigen Krieges geben darüber Aufschluß, daß bereits damals die Pferdezucht dank der günstigen natürlichen Voraussetzungen des Landes mit seinem hohen Grünlandanteil zu den wichtigsten Betriebszweigen der Landwirtschaft gehörte.

DENCKER (1941) hat die Entwicklung des oldenburgischen Pferdes bis zum Zweiten Weltkrieg in 4 Zeitabschnitte eingeteilt: 1. Zuchtperiode vom 16. Jahrhundert bis 1820, 2. Zuchtperiode von 1820–1900, 3. Zuchtperiode von 1901–1918, 4. Zuchtperiode von 1919 bis zum Zweiten Weltkrieg.

In der *1. Epoche* verkörperte die friesisch-oldenburgische Landrasse einen starken Pferdeschlag, „Große Wagenpferde", die seitens der Landesherren häufig verschenkt wurden. Als besonderer Förderer ist Graf Anton Günther (1603–1667) hervorgetreten, dessen Schimmelhengst Kranich mit bis zur Erde reichender Mähne und ebensolchem Schweif vielfach Gegenstand von bildlichen Darstellungen gewesen ist. Zur Zuchtveredelung wurden Hengste aus Spanien, Neapel, England und der Berberei eingeführt. Nach den Überlieferungen ist anzunehmen, daß Pferde in bedeutendem Rahmen mit viel Aufsatz und Energie, aber häufig etwas kurzer Hinterrippe und, als Auswirkung des andalusischen Blutes, mit einer vielfach festzustellenden Neigung zur Ramsköpfigkeit gezüchtet wurden.

Die *2. Epoche* ist vor allem durch die Folgerungen aus den ersten gesetzlichen Maßnahmen geprägt worden. Den großen Wendepunkt bildet das 1819 erlassene Körgesetz. Daraufhin fanden seit 1820 laufend Körungen statt. Weitere wesentliche Maßnahmen waren die Einführung des staatlichen Prämiierungswesens für Hengste und Stuten, ferner 1861 die Einrichtung eines Stutbuches und 1897 der Erlaß eines neuen Pferdezuchtgesetzes mit der Einführung des heutigen Brandzeichens und der Einteilung des Zuchtgebietes in 2 Teile, Nord- und Südoldenburg. In der 2. Hälfte erfolgte außerdem züchterisch erneut die Zufuhr fremden Blutes: Vollblut, Englisches Halbblut (Yorkshire, Cleveland), Senner, Hannoveraner und Normänner. Gegen Ende des Jahrhunderts fand dann eine Vereinheitlichung des Types statt und als Folge der intensiveren Bodenkultur auch eine Verstärkung. Allgemein wurde ein starkes, elegantes Kutschpferd mit hohen, räumenden Gängen angestrebt.

Die *3. Epoche* brachte die endgültige Festlegung des Types durch die Reinzucht unter Ausschluß des fremden Blutes – Karossier.

In der *4. Epoche,* nach dem Ersten Weltkrieg, kam es dann in Verfolg der veränderten wirtschaftlichen Lage zu einer Abwendung vom Karossier-Typ und zur Pflege des vielseitigen, starken Wirtschaftstypes. Außerdem brachte 1923 der Erlaß eines neuen Pferdezuchtgesetzes folgende Änderungen: a) Zusammenschluß des nördlichen und südlichen Zuchtgebietes, b) Angliederung der holsteinischen Enklave Lübeck an das Zuchtgebiet, c) Schaffung einer Aufnahme freiwilliger Mitglieder von außerhalb, d) Schließung des Stutbuches, e) Neuregelung des Prämienwesens. Außerdem wurde 1932 die zentrale Hengstkörung in Oldenburg und 1936 eine zentrale Landes-, Stuten- und Fohlenprämiierung eingeführt. Damit waren die Voraussetzungen für eine einheitliche Typgestaltung gesichert, zumal sich inzwischen gezeigt hatte, daß auf der Geest bei Anwendung entsprechender kultureller Maßnahmen die Pferde in gleicher Qualität heranwuchsen wie in den Marschen. Durch die beschrittenen Wege war es gelungen, die Oldenburger Zucht zu einer großen Einheitlichkeit zu führen, wie sie wohl von keinem anderen Zuchtgebiet erreicht worden ist.

Für die Entwicklung der bedeutend gewordenen Blutlinien ist zunächst festzuhalten, daß in der 1. Hälfte des 19. Jahrhunderts 6 Linien vorwiegend englischen Ursprungs

Abb. 33. Oldenburger Hengst Chronist, geb. 1955, v. Condor und Haidlint. Siegerhengst (Nachzuchtsammlung) auf DLG-Ausstellung 1964.

entstanden waren (der Stävesche Hengst, Astonishment, Sportsmann xx, Menkes Senner, Luks All, Duke of Cleveland). Die zuletzt genannte Linie hat sich am längsten gehalten. In der 2. Hälfte des Jahrhunderts sind von 10 fremdblütigen Hengsten 4 zu neuen Linienbegründern geworden: Die 3 Hannoveraner Agamemnon, Graf Wedel und Emigrant sowie der Anglonormanne Normann. Von den hannoverschen Linien hat sich die des Emigrant besonders bewährt. Bei weitem den größten Einfluß auf die Oldenburger Zucht hat aber die Normann-Linie bekommen über die beiden Zweige Rubico-Ruthard und Rubico-Wittelsbacher, von denen der letzte bis in die Neuzeit eine beherrschende Stellung erlangte, vor allem über den Girello-Stamm mit den Hengsten Gruson, Grusus, Godin, ferner Gerfried, Germanikus, Gernold und Gograf.

Für das Oldenburger Pferd im Wirtschaftstyp gab es eine Reihe von Nachzuchtgebieten in Deutschland. Das ausgedehnteste Gebiet dieser Art war Schlesien. Ferner wurden Oldenburger gezüchtet in Hessen, Sachsen-Anhalt und dem Freistaat Sachsen. Auch Bayern benutzte für den Rottaler Oldenburger Blut. Im Ausland hatte vor allem Holland seine Groninger Zucht auf schwerster Oldenburger Grundlage aufgebaut, während man für den Gelderländer etwas leichtere Typen bevorzugte. Auch Dänemark und Österreich sind in diesem Zusammenhange zu erwähnen.

Zu bemerken bleibt im Anschluß hieran, daß bereits gegen Ende der DENCKERschen 4. Zuchtepoche in den Jahren 1935/37 dem Vollbluthengst *Lupus xx*, einem Herold-Sohn, im Gestüt Ludenberg insgesamt 20 ausgewählte Oldenburger Stuten zugeführt wurden, um über den Vollbluteinfluß einige Typ- und Exterieurverbesserungen zu erreichen; größere Trockenheit sowie Verbesserung der Halsung, des Widerristes und der Schulterlage sowie der Kruppenbildung und der vielfach flachen Hufe. Die Auswirkungen dieser für die damalige Zeit weitsichtigen Maßnahme leiten in die nächste Zuchtperiode über, die dann nach dem Zweiten Weltkrieg beginnt und in Anlehnung an die Denckersche Einteilung als 5. *Zuchtepoche* bezeichnet werden kann. Die ersten Nachkriegsjahre standen zunächst weitgehend unter dem züchterischen Einfluß der Lupus-Nachkommen, bei denen man sich nicht etwa nur auf das weibliche Material beschränkte, sondern sehr zielbewußt auch einige Hengste ausgesucht hatte, um auf diese Weise die gewünschten Eigenschaften noch stärker züchterisch verbreiten zu können. Ludolf und Ludwart waren die beiden gut eingeschlagenen Lupus-Söhne, von denen dann Ludwart über seinen Sohn Lutz und den Enkel Ludo der Linie zu größter Bedeutung verhalf. Immerhin konnte man beobachten, daß nach einigen Generationen bei ständiger Rückpaarung an das alte bewährte Oldenburger Blut die Vollblutmerkmale, die bei den 1. Nachfolgegenerationen deutlich in Erscheinung getreten waren, erwartungsgemäß wieder mehr in den Hintergrund traten. Um an die unbestreitbaren Erfolge mit dem Lupus-Blut anzuknüpfen, entschloß sich die Verbandsleitung, einen Anglonormannen aus Frankreich zu holen. Man erwarb dort den Foudroyant II-Sohn *Condor,* der 75% Vollblut führte. Vielfach wurde diese Maßnahme zunächst nicht verstanden. Sie bot sich aber eigentlich in der gewählten Blutzusammensetzung geradezu an. Auf der einen Seite bekam man die gewünschten Faktoren des Vollblutes und andererseits fand man gleichzeitig Anschluß an das alte normannische Blut, das über Ruthard-Wittelsbacher jahrzehntelang der Oldenburger Zucht gleichsam den Stempel aufgedrückt hatte. Abgesehen von vielleicht zu kritisierenden Einzelheiten, die es immer gibt, mußte auch der Typ des Condor den mit ihm gestarteten 2. Zuchtversuch der Neuzeit als absolut interessant erscheinen lassen. Die Auswahl dieses Hengstes war zweifellos ein glücklicher Griff; mit 5 Söhnen gelang es ihm, eine neue Blutlinie aufzubauen. Neben Cäsar hat vor allem Chronist (s. Abb. 33) zu einem erfolgreichen Typwandel beigetragen. Chronist konnte mit seiner Nachzucht auf der DLG-Ausstellung 1964 in Hannover aufgrund der Gleichmäßigkeit der Vererbung den Siegerpreis erringen.

Im 1. Jahrzehnt dieses Zeitabschnittes gehörten die Hengstkörungen in Oldenburg zu den meistbesuchten Veranstaltungen dieser Art, zumal der Absatz in andere deutsche Zuchtgebiete, aber auch ins Ausland (Dänemark, Holland, Österreich) verhältnismäßig groß war und zahlenmäßig von keinem anderen deutschen Zuchtgebiet damals erreicht wurde. Das änderte sich jedoch mit zunehmender Technisierung der Landwirtschaft und dem dadurch bedingten ständigen Rückgang des Bestandes an Wirtschaftspferden in den landwirtschaftlichen Betrieben. Damit entstand allmählich die Zwangslage, den bis dahin gepflegten Typ eines Allzweckpferdes mit betonten Zuchtelementen eines Wirtschaftspferdes aufzugeben und sich wie alle anderen Warmblutzuchtgebiete auf einen Typ umzustellen, der eine Verwendung als Reitpferd garantiert. Der Wunsch der Züchter, die Umzüchtung mit ihren alten Stutenfamilien einzuleiten, ist an sich begreiflich, obwohl diese gut durchgezüchteten und in sich biologisch sehr gefestigten Stämme die Zuführung fremden Blutes nicht gerade erleichtern. Man entschloß sich daher, zunächst abermals Vollbluthengste einzusetzen, um dadurch die Reitpferdemerkmale mehr zu präzisieren und auch die Gangmanier zu verbessern, da die hohe Knieaktion, die für ein Wagenpferd durchaus günstig ist, die Reitpferdeeignung beeinträchtigt. Der erste 1959 angekaufte Vollblüter war der hervorragend gezogene Magnat-Sohn Adonis xx a. d. Oleander-Tochter Aster xx. Es folgten aus der Allgäu xx-Tochter Malta xx die beiden Söhne Manolete xx v.

Abb. 34. Oldenburger Hengst Titus, geb. 2. 3. 1978, v. Tiro a. d. Kateja III v. Vollkorn xx.

Asterios xx und Miracolo xx v. Tantieme xx. Bis 1977 ist die Zahl der Vollbluthengste auf 22 angewachsen, um sich dann allmählich zu normalisieren; 1985 standen 7 Vollbluthengste auf Station. Daneben werden aus Frankreich 2 in der Normandie geborene Söhne von dem in seinem Mutterland hoch eingeschätzten Furioso xx (Furioso II und Futuro) benutzt. Furioso stand nach der Lebensgewinnsumme seiner Nachkommen 1984 an zweiter Stelle aller deutschen Hengste.

Außerdem werden laufend Hannoveraner und Trakehner züchterisch eingesetzt. Auf die Wiedergabe anderer Namen kann hier jedoch verzichtet werden, da erst einmal abgewartet werden muß, welche dieser Hengste nachhaltigen Einfluß auf die Zucht bekommen. Es bedarf naturgemäß der züchterischen Arbeit über mehrere Generationen mit sehr systematischer Selektion, bis erneut eine genügende Konsolidierung der Zucht erreicht ist. Der ergänzende Einsatz von hannoverschen und ostpreußischen Hengsten wird das Erreichen des angestrebten Zucht- und Leistungszieles erleichtern. Hengste früherer Blutführung werden nach und nach mehr in den Hintergrund treten. Der alte Rassetyp des Oldenburgers hat sich inzwischen entscheidend gewandelt.

Von den 100 im Jahr 1985 eingesetzten Deckhengsten waren 38 mit Oldenburger Brand, 37 mit Hannoverschem Brand, 7 Englische Vollblüter, 5 Anglonormannen, 3 Angloaraber, 3 Trakehner, 3 Westfalen, 2 Holsteiner und 2 Holländer, letztere vorwiegend mit französischer Blutführung.

Die Hengsthaltung in Oldenburg liegt ausschließlich in privater Hand. Zu beachten ist weiter, daß das Oldenburger Pferdezuchtgesetz noch heute seine Gültigkeit hat. Es verleiht dem Verband der Züchter des Oldenburger Pferdes als einzigem der deut-

Abb. 35. Oldenburger Stute Ausnahme, geb. 2. 5. 1980 v. Furioso II a. d. St. Pr. St. Armira II – Admiral I. Ia-Preis DLG 1984.

schen Tierzuchtverbände den Charakter einer öffentlich-rechtlichen Körperschaft und daher weitgehende Entscheidungsbefugnisse. Der Bestand an eingetragenen Zuchtstuten beträgt z. Z. 3634.

Im übrigen bleibt noch darauf hinzuweisen, daß auch die Oldenburger Züchter die Bedeutung von Leistungsprüfungen für Zuchtpferde frühzeitig erkannt hatten. Bereits vor dem Zweiten Weltkrieg wurden Leistungsprüfungen einspännig vor dem Zugschlitten und im Wagen eingeführt, die nach dem Kriege wieder aufgenommen wurden. Derzeit werden die jungen Hengste zur Ablegung der amtlich vorgeschriebenen Eigenleistungsprüfung nach der ersten Deckzeit nach Adelheidsdorf geschickt. – Der Absatz wird gefördert durch regelmäßige Auktionen für Zucht- und Gebrauchspferde in Vechta. – Das Brandzeichen für das Oldenburger Pferd ist ein O mit Krone auf dem linken Hinterschenkel. Die männlichen Nachkommen erhalten den Anfangsbuchstaben des Vaters, die weiblichen den der Mutter.

An bedeutenden international bekannten Oldenburger Turnierpferden verdienen z. Z. Erwähnung:

Liberal v. Luxus (Reiter Lutz Gössing), Otto v. Kronprinz xx (Reiter Josef Schewe), Everest Forever v. Futuro (Reiterin Liz Edgar), Furry II u. Furioso II (Reiterin Liz Edgar), Golan v. Goya (Reiter Franke Sloothak), Zigeuner v. Zeus (Reiter Gerd Wiltfang), Tansanit v. Ass (Reiterin Christine Stückelberger), Fiorio v. Furioso II (Reiterin Elisabeth Koller), Vallauris v. Vollkorn xx (Reiterin Anne Kathrin Linsenhoff), Zukunft v. Zeus (Reiter Rainer Supan) Avignon v. Aktuell (Reiter Jan Belemanns).

4.1.6 Der Ostfriese

Friesische Pferde fanden bereits in römischen Schriften (Cäsar, Tacitus) Erwähnung. Auch Karl dem Großen war bekannt, daß Ostfriesland eine große Menge Rosse besitzt. Im übrigen waren friesische Pferde als Ritterpferde allgemein sehr beliebt. Man wird aber wohl annehmen müssen, daß es sich bei diesen alten Angaben nicht ausschließlich um Pferde aus dem heutigen Ostfriesland, dem Regierungsbezirk Aurich, gehandelt hat, sondern auch das angrenzende holländische Gebiet mit als Zuchtheimat dieses damals äußerst beliebten Pferdeschlages angesehen werden muß. Sicherlich hat in der damaligen Zeit Ostfriesland durch die Zucht eines starken Ritterpferdes eine hippologische Ausnahmestellung eingenommen. Dieses Pferd wird geschildert als hochaufgerichtet im Halse, mit breiter Brust und mäßiger Tiefe, das aber besonders in der gespaltenen Kruppe und der muskulösen Hinterhand seinen Glanzpunkt aufzuweisen hatte. Der dicke, vielfach eingeklemmte Schwanz galt als Zeichen besonderer Kraft.

Nach Erfindung des Schießpulvers und dem Überflüssigwerden der Ritterheere verlor Ostfriesland vor allem nach dem Dreißigjährigen Krieg den Absatz für seine starken, muskulösen Pferde. Die Landesherren bevorzugten die Zucht eines edleren Pferdes. Georg Albrecht ließ 1708 erstmalig ein Register mit den Abstammungen der gräflichen Zucht- und Gebrauchspferde anlegen, das bis 1725 fortgeführt wurde und Pferde folgender Herkünfte enthielt: Engländer, Polen, Spanier, Türken, Ungarn, Siebenbürger, Dänen, Irländer, Senner, Ostpreußen und Oldenburger. In die gleiche Zeit, 1715, fiel der Erlaß der ersten Körverordnung, wonach den Züchtern des Harlinger Landes unter gewissen Bedingungen das Halten eigener Hengste erlaubt wurde. Die Masse der Bauern bevorzugte im Gegensatz zu den Landesherren ein schweres Pferd. Auch nachdem Ostfriesland 1744 an Preußen gefallen war, änderte sich an den Zuständen nichts, da Friedrich der Große Kavallerie- und Artilleriepferde benötigte. Auch die 1755 auf ganz Ostfriesland ausgedehnte Körordnung schaffte keinen Wandel. Ein Bericht des Ständischen Ausschusses aus dem Jahre 1790 beleuchtet sehr deutlich das offenbar bestehende Durcheinander: „Auf dem schweren Kley-Lande gebrauchen wir aber immer ein friesisches Pferd, und weder der kleinfüßige Engländer, der dünnbeinige Holsteiner, noch der leichte Mecklenburger taugen, hier den Pflug 1–2 Fuß tief durch geilen, aber compacten Schlamm zu ziehen, worin das Zugpferd selbst bis übers Huf, ja oft bis an das Knie waten muß. Hierzu wird vielmehr ein Pferd erfordert, hoch auf den Beinen, stark gebaut, breit von Brust, lang bey der Seite, stark und gebrochen im Kreuz (Spaltkruppe), groß und breit: huftig, fest auf den Knochen, und diesen Eigenschaften füge man noch dicke, starke Beine, einen langen Hals, schweren Kopf, kleine spitze Ohren, starke Mähne und Schweif, nebst schwer behangen an den Füßen hinzu, so hat man ein Pferd beschrieben, das man hier jezo schwerlich findet, aber doch zuvor hier durchgängig hatte, nämlich das alte Ostfriesische. Nimmer zum Reitpferd tauglich, war es desto vorzüglicher zum Kutschpferde, und der Beweis, wie sehr es dazu gesucht wurde, ist der vorherige Abgang dieser Pferderace nach Frankreich und Italien, wo man sich nur ihrer vor Staatswagen bediente, anjezo aber kein Pferd mehr unter den Namen eines

---

Tafel 3
Oben: Hengst in guter Haltung und Aufrichtung und taktmäßigem, schwungvollem Bewegungsablauf im Trab.
Unten: Trakehner Stute Karawane II, geb. 1972 v. Flaneur u. d. Karneval v. Frohsinn. Siegerstute der 2. Bundesschau Trakehner Pferde 1982 in Verden.

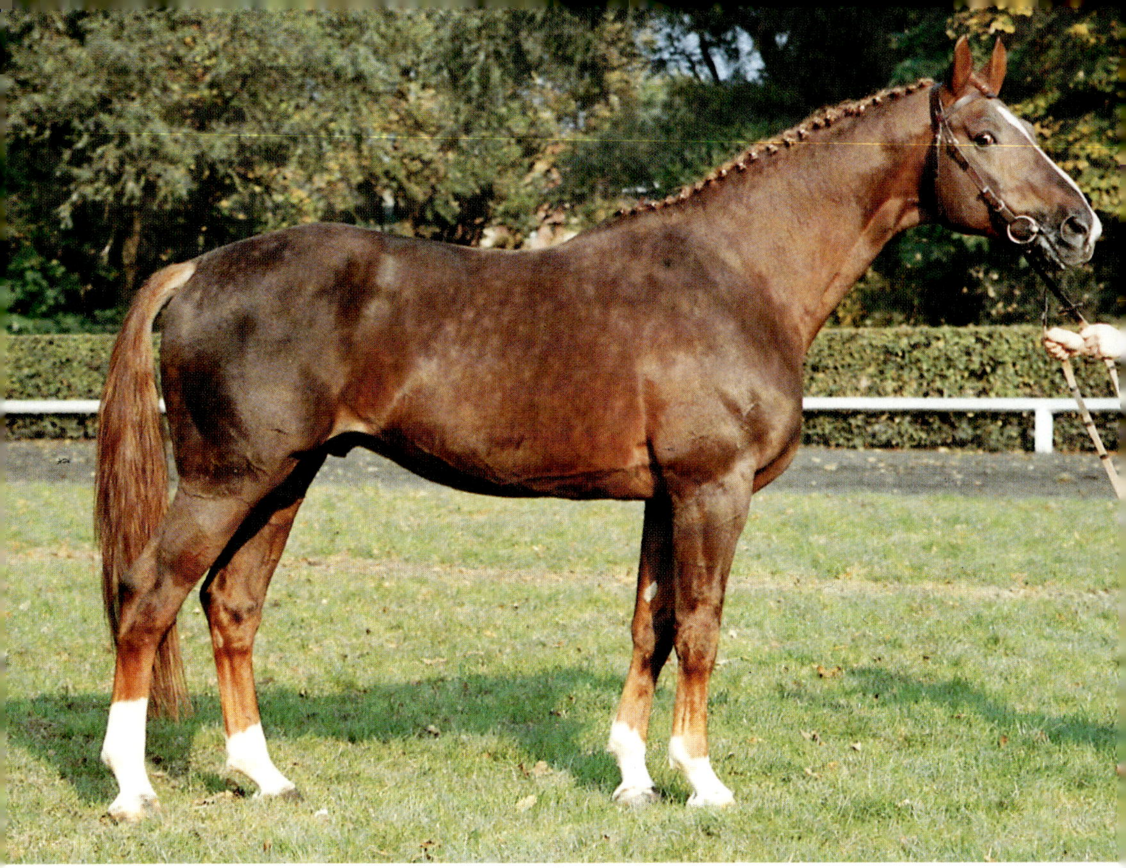

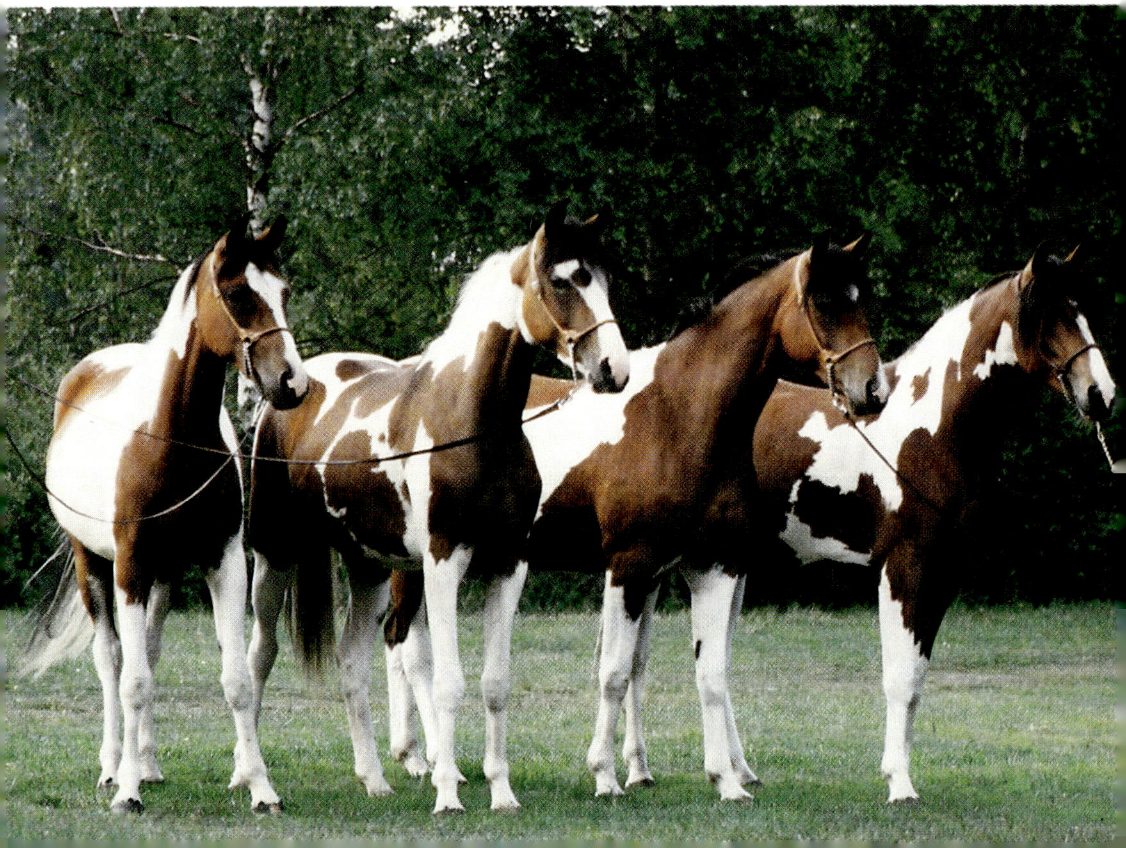

Ostfriesischen kaufen will. Diese Pferderace haben wir aber jetzt nicht mehr. Die schönen holsteinischen Hengste mit ihren krummen Ramsköpfen, spitzen und kahlen Beinen und runden Kreuzen haben uns solche weggesprungen."

Erst die Jahre nach den Napoleonischen Kriegen, als Ostfriesland Königlich-Hannoversche Provinz war, brachten in der Zucht eine Beruhigung. Die Marstallhengste hatten immer weniger Zuspruch bekommen; der größte Teil der Stuten wurde den Privathengsten zugeführt. 1816 deckten die ersten 6 Celler Landbeschäler in Loga, Wittmund und Upgant. Von 1837–1903 haben insgesamt 133 Celler Hengste verschiedener Herkünfte in Ostfriesland gestanden. Während über diese staatlichen Hengste etwas edleres Blut, auch Vollblut, nach Ostfriesland kam, bedienten sich die Privathengsthalter der inzwischen in England erzüchteten Wagenpferderassen, Cleveland-Bay und Yorshire-Coach-Horse, die ähnlich auch in Oldenburg benutzt wurden. Diese aus England geholten Hengste haben sich allerdings in Ostfriesland nicht recht durchsetzen können. Man bediente sich dann der Nachkommen von Hengsten, besonders der Cleveland-Rasse, die sich in Oldenburg bereits züchterisch bewährt hatten. Es kam damals eine günstige Wechselwirkung mit dem Oldenburger Zuchtgebiet zustande, die dazu führte, daß schließlich in beiden Zuchtgebieten die gleichen Ausgangslinien vorherrschend wurden. Die Kombination von Englischem Halbblut mit Anglonormannen und Hannoveranern hat dann Ende des vorigen Jahrhunderts in Ostfriesland jenen Karossier-Typ entstehen lassen, der dem ostfriesischen Pferd erneut zu einer weiten Beachtung verhalf. Zu den erzielten Erfolgen hat zweifellos auch die Tatsache stark beigetragen, daß man 1859 freiwillige Stutenkörungen einführte und 1869 im ostfriesischen Stutbuch die erste reguläre Züchterorganisation dieser Art schuf, die in den privaten Hengsthaltern eine große Stütze fand, nachdem 1903 die letzte Celler Deckstelle aufgelöst worden war. Interessant ist folgendes Urteil von GUSTAV RAU aus dem Jahre 1911: „Die Ostfriesen sind trockener, nicht so aufgeschwemmt und machen oft einen härteren, nervigeren Eindruck als die Oldenburger. Demzufolge sieht man in Ostfriesland auch oft energischere Gänge, Gänge aus der Hinterhand."

In dieser Zeit waren vor allem 2 männliche Linien in den Vordergrund getreten: die *Normann*-Linie und die hannoversche *Emigrant* (Norfolk-Enkel)-Linie, die gleichen wie in Oldenburg. Normann hat zunächst über seinen Sohn Waibel die Karossier-Zucht wesentlich beeinflußt. Die Linie erlosch vor dem Zweiten Weltkrieg. Dafür bekam wie in Oldenburg der Rubico-Stamm erhebliche Bedeutung über die beiden Zweige Ruthard und Wittelsbacher, von denen der letztgenannte zahlenmäßig ein größeres Übergewicht erreichte, mit einer weiteren Verzweigung über Grumbach, Gido und Gambo. Die Emigrant-Linie hatte durch den 1920 ausgestorbenen Exnophon-Stamm den Karossier-Typ mitgeformt und kam dann später durch Eichendorf, dessen Söhne Eekboom und Elegant sowie die Enkel Eekboom II mit Eckstein, Egon und Elimar zu neuer Blüte. Diese Linien haben sich bis in die Neuzeit über die Hengste erhalten.

Züchterisch stand Ostfriesland nach dem Ersten Weltkrieg wie Oldenburg vor der Zwangslage, den reinen Karossier-Typ aufzugeben und mehr den Wirtschaftstyp als Zuchtziel herauszustellen. Das führte dazu, die Pferde schwerer und rumpfiger zu

Tafel 4
Oben: Großliniger, harmonischer Hengst im Huntertyp. Viel Ausdruck, gut angesetzter Hals, große Schulter mit langem Widerrist, lange, gut gelagerte Kruppe, gut gestellter Vorderfuß, breit eingeschiente Gelenke.
Unten: Pinto Stuten. Vier 2jährige Tochter des Hengstes El Paso. Diese vier Stuten stehen im Pleasure Typ.

Abb. 36. Ostfriesische Stute Lore IV, v. Jason ox. Sehr harmonischer Kombinationstyp
Ostfriese x Araber.

züchten, ohne aber gleichzeitig das Gangvermögen zu beeinträchtigen. Viel von dem
früher mühsam erreichten Adel ging dabei wieder verloren. Die zentrale Hengstkörung
in Aurich wurde zu einer wesentlichen Stütze für die Zuchtauslese. Um bei dieser
Gelegenheit auch das Gangvermögen besonders in den Blickpunkt zu rücken, wurden
regelmäßig für die besten „Gänger" Sonderpreise ausgesetzt.

Nach dem Zweiten Weltkrieg änderte sich dann aber infolge der Motorisierung der
Landwirtschaft die Lage in verhältnismäßig kurzer Zeit grundlegend. Ostfriesland
stand wie Oldenburg vor dem Problem, den bislang gepflegten Wirtschaftstyp mit
seinen kurzbeinigen, rumpfigen und teilweise derben Typen zu verlassen und die
Pferde auf den einzig noch möglichen Vielseitigkeitstyp eines Reitpferdes umzuzüchten. Die Beschreitung dieses Weges allein durch systematische Selektion innerhalb
der Rasse hätte eines langen Zeitraumes bis zur Erreichung des Zieles bedurft mit der
Gefahr, den Anschluß an den allgemein schnell aufblühenden Pferdemarkt nicht
rechtzeitig genug zu erreichen. Die Zuchtleitung entschloß sich daher zu der einen
schnelleren Erfolg versprechenden Methode der Veredelung durch Verwendung von
Hengsten anderer Rassen.

Dabei fiel die Wahl nicht auf den Vollblüter, sondern den Araber. Es ist müßig,
darüber zu rechten, ob diese Entscheidung richtig war. Die inzwischen mit verschiede-

nen arabischen Hengsten erreichten Erfolge sind unbestreitbar. Zuerst wurde auf einer der ältesten Deckstellen, in Georgsheil, Kreis Aurich, 1945–1947 der aus Janow-Podlaski (Polen) stammende Wind ox v. Ofir ox benutzt. Ihm folgte 1948 bis 1950 der in Marbach gezüchtete Jasir-Sohn Jason ox a. d. Dinarsad ox, ein starker, muskulöser Araberhengst, der infolge seines größeren Rahmens noch besser für den gedachten Zweck geeignet erschien als sein Vorgänger. Jason hat in Ostfriesland leider keinen gekörten Sohn hinterlassen, während der einzige in seinem Heimatzuchtgebiet gebliebene Wind-Sohn Wingolf für eine weitere Verbreitung dieses Blutes gesorgt hat. Später wurde einige Jahre der Halef ox-Sohn Haladin ox verwendet. Recht gut bewährt hat sich ferner der vom Babolnaer Gazal VII stammende Gazal 2261, der auch in der ostpreußischen Zucht vorübergehend verwendet wurde. Die Gazal-Nachkommen waren wegen ihrer ausgezeichneten Charaktereigenschaften und ihrer guten Rittigkeit auf dem Reitpferdemarkt sehr gefragt.

Da sich gezeigt hat, daß man trotz der starken Verbreitung des arabischen Blutes in der ostfriesischen Zucht das gesteckte Ziel noch nicht voll erreichte, weil ein Teil dieser Nachkommen im Rahmen zu knapp blieb, entschloß man sich 1964 zu einer Anlehnung an das hannoversche Zuchtgebiet, nachdem der behördlicherseits angeregte Anschluß an Oldenburg abgelehnt worden war, weil man Bedenken hegte, die gewünschte grundlegende Typänderung auf diese Weise nicht ohne weiteres erreichen zu können. Ab 1. Juli 1975 wurde das ostfriesische Stutbuch endgültig als selbständiger Bezirksverband in den Verband hannoverscher Warmblutzüchter eingegliedert. Die in Ostfriesland aufgestellten Deckhengste waren bereits nach der Deckzeit 1974 vom Landgestüt Celle übernommen worden, so daß ab 1975 nur noch Celler Hengste in Ostfriesland decken. Damit wurde nach über 70 Jahren der frühere Zustand wiederhergestellt. Z. Z. werden 7 ostfriesische Stationen mit 15 Hengsten beschickt, darunter 1 Vollbluthengst und 3 Vollblutsöhne.

Leistungsprüfungen mit Hengsten waren in Ostfriesland, ähnlich wie in Oldenburg, schon vor dem Zweiten Weltkrieg im Schritt über 1000 m vor dem Zugschlitten und im Trab über 2000 m vor dem Wagen durchgeführt worden. Heute sind die für die Celler Hengste geltenden Vorschriften maßgebend.

Den *Stutenfamilien* hat man regelmäßig die nötige Beachtung geschenkt und ergänzend zu den mit Angeld prämiierten jungen Stuten auch solche Stuten als Hengstmütter besonders anerkannt, die aufgrund ihres Exterieurs und ihrer Zuchtleistung eine solche Qualifikation als sog. „Sternstuten" rechtfertigten. Söhne aus anderen Stuten wurden züchterisch nicht eingesetzt. In den letzten Jahren wurden auch hannoversche Stutfohlen und Stuten eingeführt, um schneller zu dem heute gesuchten Reitpferdetyp zu gelangen.

Die Fruchtbarkeitszahlen lagen in der Regel zwischen 60 und 65%. Es durften nur in das Stutbuch eingetragene Stuten den Hengsten zugeführt werden. 1972 wurden 1239 Stuten belegt, je Hengst etwa 80 Stuten. 1985 wurden dagegen 658 Stuten gedeckt. Ostfriesland hatte wie Oldenburg von jeher zu den Zuchtgebieten gehört, in denen die Hengste eine sehr hohe züchterische Ausnutzung erfuhren (vielfach 100–200 Stuten je Hengst). Allerdings gehörte es auch zu den züchterischen Eigentümlichkeiten, daß die Hengste im Durchschnitt nur etwa 3–4 Zuchtjahre genutzt wurden.

Der Brand zeigte früher ein OF auf dem linken Hinterschenkel mit darüberliegender Schleife. In jüngster Zeit gibt es wiederum Bestrebungen, das ostfriesische Pferd in seinem ursprünglichen Typ zu erhalten bzw. auf seinen ursprünglichen Typ zurückzuführen, zumal der Fahrsport wieder stärker im Kommen ist und die Nachfrage nach Karossierpferden steigt. Im Pferdestammbuch Weser-Ems in Oldenburg ist eigens

Abb. 37. St. Pr. St. Maifürstin, geb. 24. 2. 1981 v. Maifürst u. d. St. Pr. St. Ikafame v. Ikarus.
Zuchtgebiet: Baden-Württemberg.

eine spezielle Stutbuchabteilung für schwere Karossiertypen auf Oldenburgisch-Ostfriesischer Grundlage geschaffen worden.

4.1.7 Der Württemberger

Die Geschichte der Württemberger Warmblutzucht weist je nach Geschmack der
Landesfürsten bis ins letzte Jahrhundert einen häufigen Wechsel der Zuchtrichtung
auf. Auf die Entwicklung des Württembergers hatte das Haupt- und Landgestüt
Marbach a. d. Lauter größten Einfluß. Aus dem 1491 gegründeten Gestüt Oberfeld bei
Marbach hervorgegangen, wurde es 1817 endgültig auch als Landgestüt genutzt, das
die Hengste für die Landeszucht zur Verfügung stellen mußte.

Der in Württemberg vorherrschende bäuerliche Kleinbesitz verlangte ein anspruchs-
volles, hartes und leicht umgängliches Warmblutpferd. Hengste von vielerlei Rassen
wurden erworben, wie z.B. Ostpreußen, Hannoveraner, Mecklenburger, Araber,
Englische Vollblüter und andere. Ab 1870 galt als Zuchtziel der Anglonormanne im
Typ „Cob" (Wirtschaftstyp). Einheimische Landstuten mit viel arabischem Blutanteil, zugekaufte Stuten aus Ostpreußen, aber auch die Töchter der ein Jahrzehnt zuvor
angekauften hannoverschen Hengste bildeten die Stutengrundlage für die neue Zuchtrichtung. Die Anglonormannen-Hengste Mac Mahon, Communist und besonders
Faust erwiesen sich als vorzügliche Vererber. Der mit 160 cm Stockmaß nur knapp
mittelgroße Faust wurde zum Stempelhengst der Württemberger Warmblutzucht. Es
entstanden sehr praktische Pferde mit viel Rumpftiefe und Futterdankbarkeit, mit

Härte und gutem Temperament. Spätere Anpaarungen mit Holsteinern und Oldenburgern verliefen ziemlich erfolglos, die Marschpferde konnten sich auf der Schwäbischen Alb nicht akklimatisieren. Durch Reinzucht und Auslese war ein Warmblutpferd stärkster Auflage entstanden, jeder Arbeit gewachsen.

Auf dieser Basis begann in den 60er Jahren die Umzüchtung zum mehr und mehr gefragten Sportpferd. War schon immer arabisches Blut mit in die Population geflossen, so wurden jetzt verstärkt ostpreußische Hengste zur Veredelung aufgestellt, war doch davon auszugehen, daß diese der z.T. kargen Umwelt des Landes gewachsen waren.

Julmond, geb. 1938, wurde mit 22 Jahren Hauptbeschäler in Marbach. Er hat der Landeszucht 35 Söhne gebracht, seine Härte und seine Langlebigkeit weitergegeben. Julmond-Nachkommen haben sich in der Landeszucht bewährt.

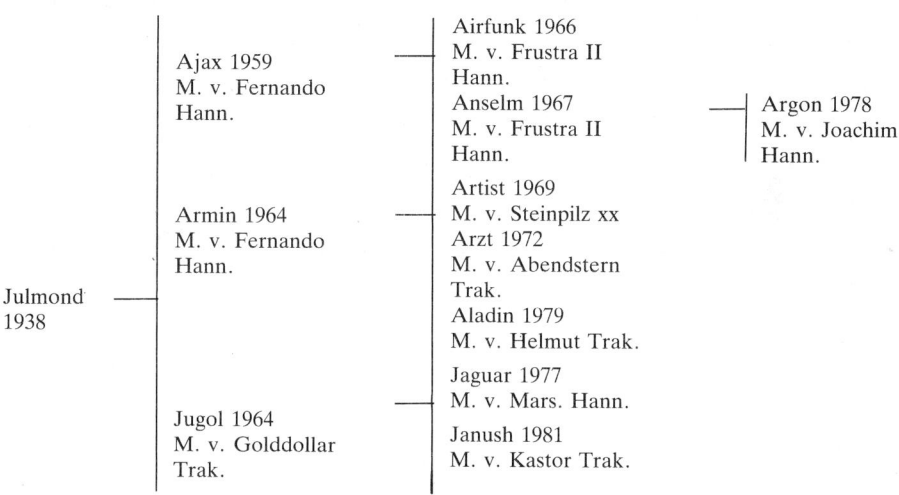

Die Umzüchtung mit ostpreußischen Hengsten brachte sehr edle, trockene Pferde mit für diese Zeit genügendem Kaliber. Der 1966 auf der DLG-Ausstellung errungene Max-Eyth-Preis für die am höchsten bewertete Warmblutkollektion unterstrich die Richtigkeit der Zuchtrichtung. Bewährt haben sich aus der Trakehner Zucht besonders die Hengste aus der Markeur-Padorus-Linie über Julmond, Kornett, Amor II.

Der Trend mußte zur Verstärkung der Population gehen. Julmond-Nachkommen aus hannoverschen Müttern hatten sich voll bewährt. Hengste aus den Zuchtgebieten Hannover/Westfalen wurden deshalb verstärkt im letzten Jahrzehnt in der Zucht eingesetzt. Bedeutung haben die Nachkommen von Feiner Kerl. Die Erfolge der Württemberger im Sport steigen stetig, ob im Springen, in der Dressur, der Vielseitigkeit oder im Fahren.

Seit 1978 sind die drei Pferdezuchtverbände des Landes:

das Badische Pferdestammbuch Heidelberg

das Badische Pferdestammbuch Titisee-Neustadt

der Verband Württembergischer Pferdezüchter

zum Pferdezuchtverband Baden-Württemberg e. V. zusammengeschlossen. Der Pferdezuchtverband mit seinem Sitz in Stuttgart hat je eine Abteilung in Heidelberg,

Abb. 38. Bayerische Stute Granette, geb. 1974 v. Granat-Amor. Bundesstutenschau 1983
I. Preis.

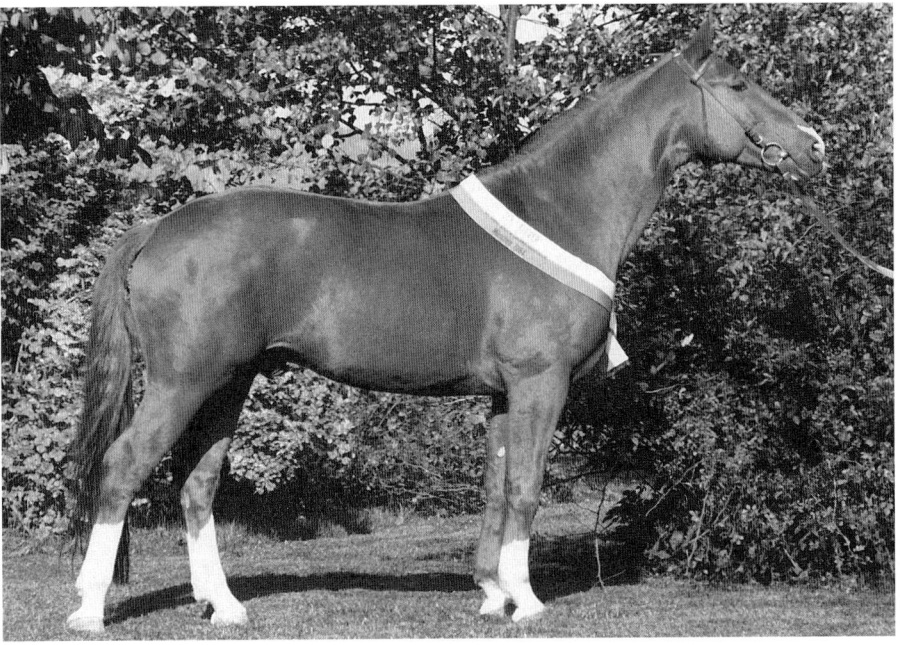

Abb. 39. Bayerischer Hengst Donnerberg, geb. 1979 v. Donar-Laterit, Landbeschäler
Schwaiganger.

Stuttgart und Titisee-Neustadt. Bearbeitet werden alle im Lande gezüchteten Rassen.
Eingetragene Zuchtstuten 1985:

Warmblut	5938
Kaltblut	329
Kleinpferde	1462
andere	38
insgesamt	7767

4.1.8   Der Rottaler (Bayerisches Warmblut)

Dieses Pferd verdankt seinen Namen einem Nebenfluß des Inn, der Rott. Der Rottgau hat bereits im 1. Jahrtausend n. Chr. als ein „klassisches Land" der Pferdezucht gegolten. Neben den Friesen war der Rottaler ein beliebtes Ritterpferd. Gute Futterwüchsigkeit und hoher Gründlandanteil in der Landwirtschaft bildeten günstige Voraussetzungen für die Zucht, deren Mittelpunkt besonders im unteren Rottal lag. Die erste planmäßige Zucht begann im 16. Jahrhundert unter Einfluß der Klöster.

1906 erfolgte die Gründung des Rottaler Warmblutzuchtvereins in Pocking unter gleichzeitiger Anlegung eines Stutbuches und der Einführung des Brandzwanges. Als Zuchtziel wurde die Erzüchtung eines mittelgroßen, harmonischen, tiefen, breiten und möglichst starkknochigen Wirtschaftspferdes mit gutem Temperament, ausreichender Fruchtbarkeit und Landlebigkeit proklamiert. Die braune Farbe war vorherrschend. In der ersten Hälfte des 19. Jahrhunderts wurden zunächst leichte Englische Halbblüter, Ungarische Normänner und Zweibrücker Hengste geholt, später Cleveland-Hengste und schließlich Oldenburger zwecks Verstärkung des Rottaler Pferdes. Kurz vor dem Zweiten Weltkrieg waren die Oldenburger Granit und Egarten mit ihrer Nachzucht hervorgetreten. Seit einigen Jahren werden zur Umgestaltung des Zuchtzieles auf ein vielseitiges Leistungspferd ostpreußische, hannoversche, westfälische und Vollbluthengste benutzt. Das zuständige staatliche Hengstdepot für das große Zuchtgebiet ist heute das Haupt- und Landgestüt Schwaiganger, das 1985 über einen Bestand von 6 Vollblut-, 44 Warmblut-, 8 Kaltblut- und 9 Haflingerhengsten verfügte und 13 Deckstationen und 14 Leihhengsthaltungen unterhielt.

Neben diesen staatlichen Hengsten waren an Privathengsten ferner 93 Warmbluthengste (26 Trakehner und 44 Hannoveraner) sowie 3 Vollbluthengste in der bayerischen Warmblutzucht tätig.

Die Betreuung der Züchter erfolgt durch den Landesverband bayerischer Pferdezüchter. Die Zahl der eingetragenen Warmblutstuten belief sich 1985 auf 3798.

Aus der in Westfalen und Holstein bekannten *Ramzes*-Linie hat besonders der Ramiro-Sohn Rasso, geb. 1971 aus einer Stute von Fiffikus, herausragende Leistungspferde geliefert. Neben Ramzes haben die hannoverschen Hengste Grande, Don Carlos, Duellant und der in Westfalen stationierte Goldlack eigene Hengstlinien begründet.

4.1.9   Der Zweibrücker

In dem historischen Raum der Rheinpfalz waren schon im 16. Jahrhundert kurfürstliche und klösterliche Gestüte mit Pferden orientalischen Ursprungs zu finden. Den Grundstock für die Zucht bildete dann das 1752 gegründete Stammgestüt Eichelscheid-Zweibrücken. Orientalische Hengste arabischer und türkischer Herkunft wurden mit englischen Stuten gepaart. Außerdem wurden Anglonormannen züchterisch eingesetzt. Die Pferde der damaligen Zeit wurden wie folgt beschrieben:

Insgesamt klein von Art, aber gut zur Arbeit und von harter Natur. Neben der Mecklenburgischen Zucht war die Zucht „des Zweibrücker Pferdes" Mitte des 18. Jahrhunderts die bedeutendste in Deutschland.

Eine besondere Förderung erfuhr die damalige Zucht durch die Erkenntnis, daß nicht nur die Schönheit eines Tieres ausschlaggebend ist, sondern weit mehr seine Leistung. Um diese zu ermitteln, dienten in geradezu idealer Weise die zu jener herzoglichen Zeit so beliebten Parforcejagden. Der hügelige Westrich verlangte den Tieren bei mehrstündigen Jagden alles ab, und nur die härtesten und zähesten Pferde bestanden diese „Leistungsprüfung". Nur die bewährtesten Tiere wurden der Zucht zugeführt. Wie hoch der Zweibrücker früher eingeschätzt wurde, beweist die Tatsache, daß im Jahre 1800 von Trakehnen und später auch von Neustadt a. d. Dosse (Brandenburg) Zweibrücker Hengste erworben wurden.

Wie nachteilig sich auch damals schon die Nähe der Landesgrenze für ein ganzes Zuchtgebiet auswirken konnte, zeigten die Folgen der französischen Revolution und die Ära Napoleons. Die französischen Revolutionskriege und der Befreiungskrieg 1814 brachten für das zur Evakuierung gezwungene Gebiet schwere Verluste. Es geriet in die Hände der Österreicher. Darunter befand sich auch der Hengst Nonius, der dann später zum Begründer einer nach ihm benannten Rasse für Österreich-Ungarn und die Balkanländer wurde.

Mit den spärlichen Resten sollte der Wiederaufbau der Zucht auf der alten anglo-arabischen Grundlage erfolgen. Doch die intensiv gewordene Landwirtschaft forderte ein kräftigeres Zugpferd. Diese gewünschte Verstärkung wollte man mit Normannen, Hannoveranern und auch Mecklenburgern zunächst in der Landeszucht erreichen. Im Stammgestüt blieb man der alten Richtung treu, um so der Zucht die geschätzten Qualitäten des Zweibrückers wie Adel, Temperament und Härte zu erhalten.

Dieses Hin und Her in einem kleinen Zuchtgebiet, in dem um die Mitte des 19. Jahrhunderts wohl keine europäische Rasse fehlte, mußte schwerwiegende Folgen nach sich ziehen. Sicherlich hätte auch diese Epoche des ständigen Experimentierens mit allen möglichen und unmöglichen Rassen und Schlägen zu dem unumgänglichen Ruin geführt, wenn nicht 1890 der bayerische Staat das Gestüt Zweibrücken übernommen hätte.

Damit setzte eine großzügige Sanierung ein, die sich im Ankauf guter Hengste, in der Beschaffung besserer Weiden und einer umfangreichen Kapitalinvestierung ausdrückte. Auch wurde die Stutenherde, die bis auf 18 Tiere zusammengeschrumpft war, durch Zugänge von Achselschwang und Bergstetten aufgefrischt. Durch dieses Stutenmaterial, aber auch durch Hengste wie Miller (Hannoveraner) und Fabago (Normanne) schenkte man dem Ruf der Landwirtschaft nach einem stärkeren Zugpferd Gehör. Erstgenannter Hengst brachte der Landeszucht 25 Söhne und 32 Töchter, während sich Fabago ab 1908 durch 14 Söhne in der Zucht verewigte. Neben dieser Verstärkung vernachlässigte man den Faktor Adel keinesfalls.

Aber dieser Aufwärtsentwicklung war auch nur eine kurze Zeitspanne gegönnt, denn der Erste Weltkrieg reduzierte die Bestände sehr. Allein der Verlust an Zuchtstuten betrug 51%. Ebenso unerfreulich verlief für die Zweibrücker Zucht die Nachkriegszeit der zwanziger Jahre. Durch eine Überproduktion, noch dazu mittels minderwertigem Zuchtmaterials, geriet die gute Erbmasse stark ins Hintertreffen und drohte gar vollends zu verschwinden. Mit der erneuten Zufuhr arabischen Blutes durch die Vatertiere Gidran 34 und Amurath II wurde zur rechten Zeit noch ein Ausweg gefunden. Nach und nach erholte sich die Zucht wieder, was nicht zuletzt der Absatzmöglichkeit als Remontepferd für die Wehrmacht zuzuschreiben war.

Abb. 40. Erle – S 5825 – geb. 1974 v. Einstein Ldb. Zw. a. d. Reinfloretta v. Feuerwerk Ldb. Zw. Siegerpreise: Verbandsschau 1979, Mannheimer Maimarkt 1980, Ia-Preis DLG-Ausstellung 1980. Zuchtgebiet: Rheinland – Pfalz – Saar.

Neben Gidrans und Nachkommen von Amurath II bewährten sich vor allem normannische Hengste im Typ „Cob", so daß man bis in die neuere Zeit immer wieder auf diese Rasse zurückgriff. Seit einigen Jahren werden zur Veredelung besonders ostpreußische Hengste verwendet, aber auch hannoversche. Durch das Gestüt Birkhausen, einem ehemaligen Vorwerk von Zweibrücken, das dem Trakehner Verband seitens des Landes Rheinland-Pfalz zur Verfügung gestellt worden ist, besteht enger züchterischer Kontakt zu dem Ostpreußenverband.

Ab 1960 traten mehr und mehr Hengste mit Hannoverscher Abstammung in den Vordergrund, um Rahmen und Substanz nicht nur zu erhalten, sondern zu verbessern. Die erfolgreichsten Beschäler waren bisher die Duellant-Söhne Diskus, Dörfler, Duellfürst sowie Mars v. Marconi. Zur Zeit sind Söhne und Enkel der Hengste Ferdinand, Grande, Gotthard, Don Carlos, Akzent, Agram und Woermann am stärksten vertreten.

Um eine bessere Voraussetzung für eine erfolgreiche Zuchteinheit auf der Grundlage einer größeren Population zu schaffen, schlossen sich 1972 zunächst die Pferdezuchtverbände in Pfalz, Rheinhessen und Saarland zusammen. 1977 kamen auch die Pferdezüchter in Rheinland Nassau hinzu. Der Pferdezuchtverband Rheinland-Pfalz-Saar e. V. mit dem Sitz in Bad Kreuznach betreut alle Rassen. Der Abteilung Warmblut gehörten Ende 1985 rund 2000 Züchter mit 2305 Stuten und 107 Hengsten an.

Typverbesserung, Konsolidierung und Ausrichtung der einheimischen Pferdezucht auf das allgemeine Zuchtziel des Deutschen Reitpferdes bestimmen heute die Arbeit der Zuchtleitung.

Abb. 41. Hengst Doge, geb. 1977 v. Dozent a. d. Paloma v. Ratsherr. Ldb. Dillenburg.

4.1.10   Zuchtgebiete Hessen und Rheinland

In diesem Abschnitt müssen Hessen und Rheinland als zwei Zuchtgebiete in der Bundesrepublik Deutschland erwähnt werden, die nach dem Zweiten Weltkrieg in Anlehnung an andere deutsche Zuchten mit Erfolg bemüht waren, eine eigene Warmblutzucht aufzubauen.

Hessen
Mit den bisherigen Ausführungen wurden die im Bundesgebiet vorhandenen selbständigen Rassen behandelt. Daneben gibt es aber noch weitere Zuchtgebiete, die Erwähnung verdienen. Das Zuchtgebiet in Hessen hatte 1985 einen Bestand von 3445 eingetragenen Zuchtstuten erreicht. Die beiden ehedem selbständigen Zuchtverbände (Kurhessen und Hessen/Nassau) wurden 1972 zusammengefaßt; damit wurde der Züchtung organisatorisch eine breitere Grundlage gegeben. Als Zuchtziel wird ein Reitpferd auf hannoversch-westfälischer Grundlage angestrebt.
   Die blutmäßige Zusammensetzung des 1985 aufgestellten Hengstbestandes kann aus der nebenstehenden Tabelle entnommen werden.
Hessen-Nassau war nach dem Zweiten Weltkrieg innerhalb Deutschland das wesentlichste Nachzuchtgebiet des oldenburgisch-ostfriesischen Pferdes. Auf Kurhessen traf im großen und ganzen dasselbe zu. Man war dort aber vor dem Zweiten Weltkrieg bemüht, auch eine hollsteinische Enklave aufzubauen, ohne dieses Ziel später weiter zu verfolgen.
   Die in Dillenburg regierenden oranischen Fürsten pflegten schon im 16. und 17. Jahrhundert die Pferdezucht. Diese Pferde waren in der damals üblichen Weise aus Kreuzungen von einheimischen, holsteinischen und dänischen Stuten mit orientali-

Abb. 42. Hessischer Landbeschäler Artus, v. Angelo xx a. d. St. Pr. St. Paloma v. Ratsherr (Ramzes) – Makart – Lorenzo I.

schen, spanischen und neapolitanischen Hengsten hervorgegangen. Daraus entwikkelten sich später die sogenannten Dillenburger Ramsnasen, die wegen ihrer Härte und Gängigkeit sowohl als Paradereitpferd als auch für die Anspannung vor Staatskarossen bestens geeignet waren. Nach dem 7jährigen Krieg und der Zerstörung des Schlosses, in dem bis dahin der Marstall untergebracht war, wurde in den Jahren 1769–1772 das Kernstück der heutigen Gestütsanlage erbaut. 1818 wurde ein Beschäldepot in Kassel errichtet. Ankäufe erfolgten in England, auch in Ostpreußen und Württemberg. Ferner wurden jährlich aus dem Leibgestüt Beberbeck, das neben den bekannten Isabellen edle und gängige, aber nicht genügend rumpfige Pferde züchtete,

	Landbeschäler Dillenburg	Privatbeschäler Hessen
Hessen	14	13
Hannover	39	26
Westfalen	4	3
Oldenburg	–	3
Holstein	–	6
Trakehner	2	13
Anglo-Norm.	–	3
Vollblut	2	6
Anglo-Araber	1	–
	62	73

Abb. 43. Watussi, v. Wotan (Hann.) a. d. Hellas v. Spanier. Zü. u. Bes.: Sigrid Kraft, Kirchhain. Siegerstute der Elite-Stutenschau 1983. Zuchtgebiet: Hessen.

Abb. 44. St. Pr. St. Raute von Rheingold a. d. Gode v. Garamond. Ia-Preis auf der Bundes-schau in Verden. Zuchtgebiet: Rheinland.

2 Hengste überstellt. Später wurden Mecklenburger geholt, um dem Wunsch nach Verstärkung gerecht werden zu können.

Das preußische Landgestüt *Dillenburg* entstand 1869 durch die Zusammenlegung der Landgestüte Kassel, Korbach und Weilburg. 1957 wurde das Landgestüt Darmstadt aufgelöst und alle Hengste sowie ein Teil des Gestütpersonals nach Dillenburg versetzt. Die Voraussetzungen für eine erfolgreiche Fohlenaufzucht wurden im Hinblick auf den meist kleinbäuerlichen Besitz durch die Anlage von Gemeinde- und Genossenschaftsweiden erheblich verbessert. Der Hengstbestand in Dillenburg, in dem ursprünglich neben dem Kaltblüter der Oldenburger dominierte, ist heute den Erfordernissen der Gegenwart angepaßt und enthält neben hannoverschen und ostpreußischen Hengsten auch Vollblüter und Araber. Züchterisch hervorgetreten sind neben anderen in den letzten Jahren vor allem die aus Hannover stammenden Vollbrüder Lotse und Lützow v. Lugano I, einem Sohn des Vollblüters Der Löwe xx. Derzeitiger Hengstbestand:

Dillenburg: 59 Warmblüter, 2 Vollblüter, 1 Araber;

Privat: 67 Warmblüter, 6 Vollblüter, 7 Kaltblüter.

Der aktive Hengstbestand des Jahres 1985 weist hinsichtlich der Farbverteilung 42% Braune und 5% Rappen auf. Die dunklen Farben werden somit bevorzugt. Jährlich werden ca. 10% des Gesamthengstbestandes durch Neuankäufe ersetzt, die bevorzugt im eigenen Land angekauft werden sollen. Zur Genauffrischung wird jedoch auch auf die Nachbarzuchtgebiete zurückgegriffen. Ursprünglich wurden hessische Landbeschäler in Dillenburg einer eigenen Leistungsprüfung unterzogen. Seit 1974 müssen alle 3jährigen Landbeschäler die 100-Tage-Prüfung in Adelheidsdorf (Celle) absolvieren.

Festzuhalten bleibt aus der hippologischen Geschichte Hessens, daß das ehemalige kurfürstliche hessische Hofgestüt, ab 1876 preußisches Hauptgestüt *Beberbeck*, Kreis Hofgeismar, aus dem im gleichen Jahre aufgelösten Friedrich-Wilhelm-Gestüt in Neustadt a. d. Dosse 75 Stuten mit Nachzucht übernommen hatte. Außerdem wurden aus Trakehnen und dem Sennergestüt Lopshorn Stuten eingestellt. Unter dem Einfluß harter Aufzucht gelang es, ein entsprechend veranlagtes, leistungsfähiges Pferd zu züchten, dem manchmal das gefällige Aussehen fehlte und ein besseres Temperament zu wünschen gewesen wäre. Nachhaltigen Einfluß bekamen die Nachkommen von Chamant xx und Optimus sowie ein Sohn des Graditzer Halbbluthengstes Oboardo. Beberbeck hat zahlreiche Landbeschäler für die ost- und westpreußischen sowie die posenschen Landgestüte geliefert. Seit 1923 wurde auch die Kaltblutzucht betrieben. Von da an setzte sich der Bestand aus je 60 Warm- und Kaltblutstuten zusammen. Zwischen den beiden Weltkriegen wurde Beberbeck im Zuge der Verringerung des preußischen Gestütetats aufgelöst.

Rheinland

Im Rheinland, das sich gegen Ende des vorigen Jahrhunderts zum führenden deutschen Kaltblutzuchtgebiet entwickelt hatte, gab es am Anfang des 19. Jahrhunderts auch eine Warmblutzucht. Das 1839 gegründete Landgestüt *Wickrath*, das zunächst dem westfälischen Warendorf angeschlossen war, wies in seinem Bestand anfangs fast nur Warmbluthengste der verschiedensten Herkünfte auf. Nachdem Mitte des Jahrhunderts mehr und mehr Kaltbluthengste aus Frankreich (Percherons), England (Suffolks und Clydesdales) und Belgien (Brabanter) ihren Einzug gehalten hatten, fand 1876 der entscheidende Durchbruch zur ausschließlichen Verwendung des belgischen Kaltblüters statt. Daneben wurden in der Regel auch einzelne Vollblut- und Warmbluthengste (Hannoveraner) gehalten.

Abb. 45. Rheinischer Hengst Bartok, F, geb. 1979, v. Bariton (Ldb. Warendorf) u. Dorina v. Liguster. Landbeschäler Warendorf.

1892 wurde das Rheinische Pferdestammbuch gegründet und die ersten Pferde zwecks Aufnahme in das Stutbuch besichtigt. 1894 erfolgte die Anerkennung des Rheinischen Pferdestammbuches durch die DLG. 1946 waren 1454 Mitglieder mit 25 322 Pferden eingetragen. In weiser Voraussicht, daß die Kaltblutzucht nicht auf Dauer von Bestand sein dürfte, wurde 1954 das Stammbuch erweitert und neu gegliedert in die Abteilungen: A) Kaltblut, B) Warmblut, C) Ponys. 1965 erfolgte eine erneute Umgestaltung in die Abteilung A) Warmblut – Kaltblut und die Abteilung B) Pony- und Kleinpferdezucht.

Nach dem Aufhören der Kaltblutzucht und der Auflösung des Landgestüts Wickrath (1954) schaltete das Rheinland dank privater Initiativen wiederum auf das Warmblut um, wobei die wirtschaftliche Lage des Landes mit seiner starken industriellen Verflechtung und den dadurch bedingten günstigen finanziellen Voraussetzungen der eingeleiteten Entwicklung sehr zu Hilfe kam. 1965 wurde ein Arbeitsvertrag mit dem Trakehner Verband geschlossen. 1966 erfolgte eine Neuregelung der Brandzeichen. Für das Warmblut waren der Hauptstutbuchrand die Rehkrone und der Stutbuchrand die Rehstange. Vorbuchstuten erhielten ein „R" auf dem linken Schenkel.

Bei dem Aufbau einer eigenen Warmblutzucht bediente man sich vorwiegend der Trakehner, der Hannoveraner und der Westfalen. Eine Hengstlinie hat sich im Rheinland besonders durchgesetzt, und zwar ist es der Warendorfer Landbeschäler Romadour II mit seinen Söhnen, die herausragende Leistungspferde geliefert haben. Unter den Romadour-II-Söhnen verdient der Rheinische Siegerhengst Rheingold, geb. 1974, besondere Erwähnung, der selbst nicht nur Sieger seines Jahrganges in der Hengstleistungsprüfungsanstalt war, sondern auch mit gekörten Söhnen und Elitestu-

Abb. 46. Rembrandt von Rubin – Burnus, Privathengst der Deckstation Gottfried Hoogen, Kervenheim. Rembrandt war Sieger bei der Hengstleistungsprüfung in Adelheidsdorf und stellte 1984 die Siegerstute der Elite-Schau Rebecca, die auch auf der DLG-Ausstellung 1984 einen Ib-Preis erzielte.

ten mehrfach im Mittelpunkt der Interessen stand. Ein weiterer Romadour-II-Sohn, der ehemalige rheinische Siegerhengst Romanow, zeichnet sich besonders durch talentierte Nachwuchspferde aus. Von Romadour II waren Anfang 1985 77 Töchter eingetragen. Er steht seit Jahren als Dressurpferdevererber an der Spitze seines Geburtsjahrganges. Daneben trat mit zahlreichen Söhnen die hannoversche Gold-fisch-II-Linie sowie der Hannoveraner Salut, ein Senator-Enkel, in Erscheinung.

Den größten züchterischen Erfolg für das Rheinland konnte aber auf der DLG 1982 die Stute Enterprise, eine Enkelin des bekannten hannoverschen Reitpferdevererbers Ehrenschild verbuchen, als sie zur Bundessiegerstute erklärt wurde.

Am 1. 1. 1985 waren beim Rheinischen Pferdestammbuch in Bonn 2652 Warmblut-stuten eingetragen. Im gleichen Jahr standen 130 Privathengste und 20 Beschäler des Nordrhein-Westfälischen Landgestüts Warendorf im Zuchteinsatz.

4.2   Zuchtgebiete der DDR

Hier sollen diejenigen Zuchtgebiete kurz aufgeführt werden, die schon in früherer Zeit bei der Entwicklung der deutschen Zuchten eine bedeutsame Rolle gespielt haben und heute im Gebiet der DDR liegen: Brandenburg, Mecklenburg und Pommern.

Brandenburg
In Brandenburg wurden bei der Entwicklung einer Warmblutzucht im 18. und 19. Jahrhundert orientalische Rassen und das Englische Vollblut bevorzugt. Entschei-

denden Einfluß auf die Zucht bekam das 1787 gegründete Friedrich-Wilhelm-Gestüt in *Neustadt* a. d. Dosse (Haupt- und Landgestüt), in dem die Orientalen Koheilan und Turc Main Atty, der auch für die Trakehner Zucht erhebliche Bedeutung gewonnen hat, stationiert waren. Nach vorübergehender Unterbrechung des Gestütbetriebes von 1876–1895 wurde die ursprünglich auf arabischer Grundlage aufgebaute Zucht in Anpassung an die Bestrebungen der Landwirtschaft durch Aufstellung ostpreußischer und hannoverscher Stuten umgewandelt. Dem entsprach dann auch die blutmäßige Zusammensetzung der gesamten brandenburgischen Warmblutzucht (Ost- und West-priegnitz, Ruppin-Havelland), bei der das hannoversche Blut einen großen Anteil (50%) hatte. Der 1922 gegründete Verband Brandenburgischer Warmblutzüchter hatte als Zuchtziel herausgestellt: „Ein tief am Boden stehendes warmblütiges Wirt-schaftspferd mit Ausdauer und Leistungsfähigkeit." Es war durchaus gelungen, ein eigenes, vielseitig verwendbares Warmblutpferd zu entwickeln, dessen Zucht auch heute weiter gepflegt wird. Neustadt a. d. Dosse, dessen Wirkungsbereich noch erweitert ist, bildet eine wesentliche züchterische Stütze.

Mecklenburg und Pommern
Mecklenburg besaß im 18. Jahrhundert in ganz Europa begehrte Arbeitspferde, die aus Einkreuzungen von Dänen, Neapolitanern und Andalusiern in die heimischen Landpferde entstanden waren. Im 19. Jahrhundert wurden dann in ständig zunehmen-dem Maße englische Vollblüter benutzt (Privatgestüte: Ivenack, Ihlenfeld, Prebbere-de, Klenz). Staatlicherseits wurde 1812 das Landgestüt *Redefin* gegründet. Es wurde schon an anderer Stelle darauf hingewiesen, daß 1822 in Bad Doberan das erste deutsche Galopprennen veranstaltet wurde. Die durch zu einseitige Vollblutverwen-dung verursachte übertriebene Veredelung führte schließlich zu einem gewissen Verfall der einst blühenden Mecklenburger Zucht, weil die Pferde zu fein wurden. Der gewünschte Ausgleich durch Verwendung schwerer Hengste entsprach nicht den Erwartungen. Als Aufzuchtland für hannoversche Hengstfohlen hatte Mecklenburg aber im vorigen Jahrhundert seine bis zum Zweiten Weltkrieg reichende Bedeutung für das hannoversche Zuchtgebiet behalten. Nachdem bereits 1873 hannoversche Hengste in Redefin eingestellt worden waren, ging man 1895 dank der guten Wechselbeziehungen beider Zuchtgebiete zu einer Warmblutzucht auf rein hannover-scher Grundlage über. Zwischen den beiden Weltkriegen ist man dann mit Erfolg bemüht gewesen, die recht schmal gewordene eigene Zuchtbasis unter Führung des Verbandes Mecklenburgischer Warmblutzüchter wieder zu erweitern. Mecklenburg wurde somit zu einem echten Nachzuchtgebiet Hannovers. Auf der geschaffenen Zuchtgrundlage wird auch heute unter Mitwirkung von Redefin die Warmblutzucht weiter betrieben.

Das gleiche trifft auch auf Pommern zu, wo im vorigen Jahrhundert die Entwick-lung ähnlich verlief wie in Mecklenburg. Einheimische Landrassen wurden mit edleren Rassen gekreuzt, wobei Englisches Vollblut und Halbblut bevorzugt wurden. Durch die Lieferung der hannoverschen Linienbegründer Zernebog und Jellachich aus dem vorpommerschen Gestüt Brook wurde dann eine allmählich enger werdende Verbindung zu Hannover eingeleitet. Wie in Mecklenburg erfolgte auch hier eine Unterbrechung, da die mit Vollbluthengsten erzeugten Produkte sich nicht als Wirtschaftspferde eigneten. Kreuzungen mit Kaltbluthengsten führten zum endgülti-gen Niedergang. Die Gründungen des Landgestütes *Labes* (1876) und des Verbandes pommerscher Warmblutzüchter (1906) leiteten schließlich die Wende ein. Nachdem zunächst noch verschiedene Rassen benutzt worden waren, wurde 1922 das Zuchtziel auf ein schweres, tiefes, starkknochiges Warmblutpferd mit räumenden Gängen im

Typ des Hannoveraners festgelegt. Damit knüpfte Pommern wieder an die alten Beziehungen an. Die Einfuhr hannoverscher Stuten unterstützte das Vorhaben.

Eine andere Parallele zu Mecklenburg bestand außerdem noch in den gleichfalls günstigen Voraussetzungen für die Aufzucht von Junghengsten, die als Absatzfohlen in Hannover gekauft wurden. Vielfach wurde in beiden Zuchtgebieten in den dortigen Großbetrieben die Aufzucht von hannoverschen Heeresremonten und Junghengsten gekoppelt. Auch diese Methode hatte sich bis zum Zweiten Weltkrieg erhalten. Das Landgestüt Labes ist nach dem Zweiten Weltkrieg bestehen geblieben und wird seither von den Polen weitergeführt.

Auch nach dem Zweiten Weltkrieg sind die züchterischen Beziehungen zwischen Hannover und den alten warmblütigen Zuchtgebieten Mecklenburg und Brandenburg mit unterschiedlicher Intensität gepflegt worden und hannoversche Hengste haben entscheidend an der Weiterentwicklung der Reitpferdezucht mitgewirkt. Neben den oben erwähnten Zuchtgebieten ist ferner Sachsen-Anhalt aufzuführen, wo neben einer bedeutenden Kaltblutzucht eine Zucht des schweren Warmblutpferdes auf oldenburgisch-ostfriesischer Grundlage bestand, die aber nach dem Zweiten Weltkrieg stark verdünnt wurde und einer Warmblutzucht auf hannoverscher Grundlage weichen mußte. Letztere fand zunächst ihren Hort auf dem Universitätsversuchsgut Radegast bei Köthen und nahm von dort ihre Verbreitung über das gesamte Zuchtgebiet. Radegast gehört heute zu den bedeutendsten staatlichen Zuchtzentren. Unter den aus Hannover in die DDR importierten Hengsten haben sich besonders hervorgetan: Duell v. Duellant, Feierabend v. Feiertag III, Doornkaat I und II v. Dömitz I, Senatus v. Senator, Adept v. Archimedes, Leuchtfeuer v. Lugano I und Julier v. Julius Caesar xx.

In den Ländern Mecklenburg, Brandenburg, Sachsen und Thüringen sind Zentralstellen für Pferdezucht eingerichtet, die für die züchterische Betreuung sowie Fragen der Organisation und der tierzuchtrechtlichen Überwachung verantwortlich sind.

An Hengsten standen laut Hengstverteilungsplan 1984, nach Blutlinien geordnet, im Einsatz (Tab. 29):

Tab. 29. Im Einsatz stehende Hengste laut Hengstverteilungsplan 1984

Beschäler 1984	Mecklenburg	Brandenburg	Sachsen u. Thüringen	Zusammen	
Hannoveraner	1	2	1	4	
Hann. Blutlinien	29	31	22	82	86
Trakehner	6	4	16	26	
Trak. Blutlinien	21	22	29	72	98
Vollblüter xx	4	1	1	6	
xx-Linien	10	16	2	28	34
Vollblüter ox/x	4	5	2	11	
ox-Linien	0	0	0	0	11
Oldenburger (Schweres Warmblut)	0	0	19	19	
Sonstige Linie (Warmblut)	5	7	3	15	
Kaltblüter	10	15	17	42	
Haflinger	12	12	36	60	

Tab. 30. Warmblutrassen in Europa

Land	Rasse
Österreich	Österreichisches Warmblut
	Lipizzaner
Schweiz	Schweizer Warmblut
Frankreich	Cheval de Selle Francais (SF)
	Cheval de Selle
Großbritannien	Cleveland Bay
	Yorshire Coach Horse
	Norfolk-Trotter (Hackney)
	Englisches Warmblut
Dänemark	Frederiksborger
	Dänisches Sportpferd
Schweden	Schwedisches Warmblut
Jugoslawien	Lipizzaner
	Nonius
	Furioso
	Gidran
	Hannoveraner
	Holsteiner
Polen	Wielkopolska
	Malopolska
	Slaska
Tschechoslowakei	Lipizzaner
	Kladruber
	Gidran
	Nonius
	Hannoveraner
Ungarn	Gidran
	Furioso
	Nonius
	Lipizzaner
Belgien	Belgisches Warmblut
Luxemburg	Luxemburger Warmblutpferde
Niederlande	Gelderländer
	Groninger
	Friesen

4.3 Europa

Der große Wandel in der wirtschaftspolitischen Zusammenarbeit auf internationaler Ebene hat auch für die Warmblutzucht eine Annäherung der gegenseitigen Interessen und einen erheblichen Austausch von Genmaterial gebracht. Daher erscheint es zweckmäßig, wenigstens einen kurzen Einblick in die wichtigsten Warmblutrassen einiger anderer europäischer Länder zu geben, wobei die Tabelle 30 helfen soll, den Überblick zu erleichtern.

4.3.1 Österreich

Wie in allen Ländern Europas wurde in den Nachkriegsjahren durch die starke Motorisierung und Mechanisierung die österreichische Pferdezucht durch einen zahlenmäßig starken Abbau der Zuchtbasis betroffen. Die tradtionellen Wirkungsstätten des bewährten österreichischen Warmblutes wurden bis zur Bedeutungslosigkeit dezimiert.

In den früheren Jahren waren die Hauptzuchtgebiete des Warmbluts das Burgenland sowie Niederösterreich und Oberösterreich. Heute ist dagegen die Reitpferdezucht in allen Bundesländern zu finden.

Eine Aufteilung der Rassen auf die verschiedenen Bundesländer in Österreich ist der nachfolgenden Aufstellung zu entnehmen, die auch gleichzeitig die Schwerpunkte der Zuchtrichtung widerspiegelt.

Land:	Warmblut	Noriker	Haflinger
Burgenland	283	4	8
Kärnten	83	893	549
Niederösterreich	393	34	674
Oberösterreich	345	181	537
Salzburg	65	920	518
Steiermark	145	211	732
Tirol	95	287	1589
Vorarlberg	63	91	245
	1472	2621	4852

Der Anteil an Warmblutpferden war und ist in Österreich nicht groß, da es überwiegend ein Land des Norikers und des Haflingers ist. 1985 waren 1472 Warmblutstuten neben 2621 Norikerstuten und 4852 Haflingerstuten in den Zuchtbüchern der einzelnen Verbände eingetragen. Ungefähr 1200–1300 Stuten werden jährlich durch Warmbluthengste belegt.

Ende 1984 lag der Gesamtpferdebestand bei 42 500. Eine rassenmäßige Erfassung erfolgt nur alle 10 Jahre. Die letzte wurde 1978 durchgeführt. Sie zeigt eine große Veränderung auf. Von 1968–1978 ist das Kaltblut (Noriker) von 58,6% auf 21,5% zurückgegangen. Demgegenüber stieg die Zahl des Warmbluts von 10,9% auf 26,4% an. Der Haflinger ist die z.Z. stärkste Rasse mit 30,5% (25,6%). Das Vollblut stieg von 1,3% auf 3,6% an, der Anteil der Traber erhöhte sich von 1,9 auf 5,6% und der der Kleinpferde von 1,7 auf 12,4%.

Dies Ergebnis spiegelt die Umstellung auf das Reit- und Freizeitpferd wieder. Diese Entwicklung hat sich auch weiter fortgesetzt.

Derzeit ist man bemüht, anstelle der früheren Kavallerie-Pferdezucht und der später auch vorhandenen Oldenburger Zucht seit ca. 25 Jahren eine Reitpferdezucht aufzubauen.

Abb. 47. Österreichischer Warmbluthengst Furioso XXIV-82, geb. 1967, v. Furioso XXIV a. d. Caraisa v. Przedswit II. Landbeschäler Stadl-Paura.

Mit der Verbreitung des Reitsports erlebt die Warmblutzucht eine kleine Renaissance. Dazu bedient man sich Hengsten aus bewährten alten Warmblutzuchten und hat auch eine größere Anzahl von Zuchtstuten bewährter Warmblutrassen importiert. Grundlage der heutigen Reitpferdezucht sind jedoch die alten bewährten ungarischen Zuchtrichtungen wie:

Przedswit xx, geb. 1972 in Galizien, Sieger im österreichischen Derby 1875 und im Preis von Baden-Baden 1876, hat gedeckt in Piber und Radautz; *Furioso* xx, geb. 1836 in Ungarn, deckte in Mezöhegyes, wo er in Verbindung mit dem Vollblüter North Star xx eine bedeutsame Linie schuf, und in Radautz; *Nonius*, Anglonormanne, geb. 1810, im Gestüt La Rossières, gelangte zunächst nach Zweibrücken und wurde dort von österreichischen Kürassieren erbeutet. Er deckte ab 1816 in Mezöhegyes. Gerade die beiden erstgenannten Stämme haben in Verbindung mit arabischen und angloarabischen Komponenten einst das österreichische Kavalleriepferd geschaffen.

Die Zucht befindet sich seit einigen Jahren in einer Umstellung. Ein klares Zuchtkonzept für das gesamte österreichische Zuchtgebiet ist jedoch nicht festgelegt. Die Zuchtrichtung ist in den einzelnen Bundesländern unterschiedlich. In Oberösterreich, Tirol und Vorarlberg wird versucht, auf rein-hannoverscher Grundlage zu züchten. In Niederösterreich, Salzburg und der Steiermark werden sowohl Trakehner- als auch Vollblut-, Araber- und hannoversche Hengste eingesetzt. Das Burgenland verwendet seit ca. 10 Jahren fast ausschließlich Trakehner-Hengste auf den vorhin erwähnten alt-österreichischen Stutenstämmen.

An der züchterischen Neuorientierung hat sich auch das Bundeshauptgestüt Piber mit einem Stamm von etwa 20 Warmblutstuten beteiligt. Hier hat von 1968–1970 der bedeutende hannoversche Leistungsvererber Ferdinand (geb. 1941) gewirkt.

Abb. 48. Lipizzaner Hengste des Landgestüts Stadl-Paura im Geschirr.

1983 wurde diese in Piber gehaltene Herde aufgelöst, nachdem in den letzten Jahren in der auf altösterreichischen Stämmen basierenden Mutterstutenherde Hengste mit unterschiedlicher Abstammung und Blutführung, wie Englisches Vollblut, Trakehner, Schweden, Dänen und Hannoveraner, zum Zuchteinsatz gelangten.

Zur Verstärkung des Rahmens und zur Erreichung eines unkomplizierten Temperamentes in Verbindung mit einer Steigerung der Leistungsfähigkeit wird besonders seit 25 Jahren auf hannoversche Hengste zurückgegriffen. Diese haben der österreichischen Warmblutzucht ein neues Gesicht gegeben und das Inlandprodukt wieder interessant für den Reitsport gemacht.

Als besondere Vererber waren u.a. zu erwähnen:
Cis von Cid – Weingau, *Domino* von Don Carlos – Fernruf, *Wind* von Wolfsburg – Elm, *Wachtelkönig* von Wöhler – Seelöwe, *Largo* von Lugano I – Wöhler sowie *Trommler* von Trapper – Perser xx.

Für die Bereitstellung der Hengste in der Landespferdezucht ist die in Oberösterreich gelegene und seit 1826 bestehende Bundesanstalt für Pferdezucht in *Stadl-Paura* verantwortlich. 1984 setzte sich der Hengstbestand aus 104 Hengsten zusammen, davon 40 Noriker, 47 Haflinger und 17 Warmbluthengste, die auf 35 staatlichen Deckstationen zum Zuchteinsatz kamen. Außerdem stehen 130 staatliche Hengste ganzjährig in Privatpflege.

In der Bundesanstalt Stadl-Paura ist auch eine Hengstleistungsprüfungsanstalt untergebracht. Die Warmbluthengste werden dort nach einjähriger Trainingszeit einer Abschlußprüfung unterzogen. Die Bundesanstalt ist weiterhin als Ausbildungsbetrieb für das Gestüt-, Reit- und Fahrwesen anerkannt und beherbergt in seinen Mauern auch eine Lehrschmiede.

Abb. 49. 847 Przedswit-13, geb. 1963, v. 1931 Przedswit-7 und 1061 Fanny. Beschäler in Stadl-Paura.

Zu den hippologischen Kleinoden Österreichs ist zweifellos die Zucht der *Lipizzaner* zu rechnen, jener Pferde, die durch die in der Spanischen Hofreitschule in Wien (gegründet 1572) gepflegte Hohe Schule der Reiterei Weltruhm erlangt haben. Es handelt sich bei dieser Rasse wohl um die älteste systematische Vereinigung vieler bedeutender europäischer Blutströme zu einer Kulturschöpfung im Dienste der Reitkunst. Die eigentliche Heimat ist das 1580 von Erzherzog Karl von Österreich mit 3 Hengsten und 24 Stufen aus Andalusien gegründete Gestüt Lipizza; es liegt in einem heute zu Jugoslawien gehörenden Karstgebiet mit viel Geröll und Heideginster und steht unter dem Einfluß der Adriawinde (Schirokko und Bora). Diese ziemlich rauhe Umgebung verlangte Pferde mit großer Anpassungsfähigkeit und Härte. Die schon zur Ritterzeit bekannten Karstpferde wurden zu einer günstigen Quelle der Lipizzaner. Dazu holte man aus Spanien die leichteren Genetten (Berbernachkommen) und die stärkeren Villanos (aus Kastilien), ferner aus Italien die Neapolitaner, nach Italien versetzte Andalusier mit Berberblut aus der Gegend von Verona und Rovigno (der in Norditalien gelegenen Polesina). Die züchterische Aufgabe bestand darin, Prunk- und Paradepferde für den Hofgebrauch der regierenden Fürsten zu liefern. Das hatte sich bis 1918 nicht geändert. Andererseits ist die Entwicklung der Rasse und das Schicksal des Gestütes eng verbunden mit dem politischen Geschehen in diesem Raume. So mußte der Gestütsbestand während der Napoleonischen Kriege 2mal nach Mezöhegyes

Abb. 50. Lipizzaner Hengst Neapolitano Presciana, geb. 1950, v. Neapolitano Sardinia und Presciana in Piber; barocker Typ.

ausweichen. 1918 wurde dann ein Teil an Italien abgetreten, während ein Teil in Österreich, in Luxemburg und ab 1920 in Piber (gegründet 1798) verblieb. Nach dem Zweiten Weltkrieg gelangten schließlich Teile nach Böhmen (Hostau) und Polen (Dembina). Somit werden Lipizzaner gezüchtet in Österreich, Ungarn, Jugoslawien (Lipizza), Italien, Polen, Tschechoslowakei und Rumänien. Die größte Lipizzaner-Herde befindet sich in dem rumänischen Gestüt Simbata (Siebenbürgen). Dort wird ein Wirtschaftspferdetyp für den Lipizzaner angestrebt, wie das auch in einigen anderen Ländern der Fall ist. Das Lipizzaner Blut ist somit über den ganzen europäischen Südostraum verteilt, wo man teilweise auch auf andere Farben – Rappen und Braune – Wert legt. In Piber hat man heute dagegen ausschließlich die Schimmelfarbe. Wie alte Bilder beweisen, hat es früher bei den Lipizzanern alle Farben gegeben.

Die Aufgabe von Piber besteht allein darin, die Pferde für die Spanische Hofreitschule in Wien zu züchten. Dafür stehen z. Z. etwa 40 Stuten zur Verfügung, die Herde soll jedoch bis ca. 1995 auf 80–100 Zuchtstuten erweitert werden, um bessere Selektionsmöglichkeiten zu besitzen. Um einzelne Stutenfamilien, die in Piber ausgestorben sind, zu ergänzen, sind Ankäufe im Ostblock und in Italien geplant. Um der Gefahr zu begegnen, daß die Pferde unter dem gegenüber Lipizza veränderten Klima verweichlicht werden, kommen die Fohlen drei Sommer hintereinander auf 1600 m hoch gelegene Alpen. Die Aufzucht soll hier mindestens ebenso hart sein wie in Lipizza. Infolgedessen haben sich bisher auch keine Leistungsabschwächungen gezeigt. Diese Alpung soll auch dazu beitragen, daß die Pferde gegen Schädigungen durch die Inzucht, auf die man züchterisch im Hinblick auf den kleinen Bestand vielfach angewiesen ist, unempfindlich sind. Alle Junghengste werden nach der 3.

Alpung der Spanischen Hofreitschule zur Verfügung gestellt. Dort erfolgt dann eine Leistungsauslese. Die besten Leistungshengste kommen je nach Bedarf ins Gestüt zurück. Diese nahezu ideal zu nennende Möglichkeit einer sorgfältigen Selektion nach Leistung sichert der Zucht die Erhaltung der gewünschten speziellen Reiteigenschaften. Die jungen Stuten werden in Piber selbst angeritten und gefahren. Auf Pflege des Fahrsportes wird großer Wert gelegt. Züchterisch hat man in Piber an dem als „barock" bezeichneten Typ festgehalten, mit folgenden charakteristischen Kennzeichen: Größe 155–160 cm Stockmaß, Neigung zu etwas langem und verhältnismäßig schweren Ramsköpfen, hochangesetzte, ziemlich starke und vielfach ein wenig zu kurze Hälse, niedriger Widerrist, teilweise lange und auch matte Rücken mit horizontaler Kruppe, hier und da kurze Schultern. Vorderbeine manchmal ausdruckslos, hohe Knieaktion. Andererseits sind diese Merkmale verbunden mit großer Leichtfutterigkeit trotz einer gewissen Spätreife, mit Langlebigkeit und Fruchtbarkeit sowie Unempfindlichkeit und gutem Temperament. Zu bedenken bleibt jedoch, daß nicht alle anfallenden Pferde für Schul- oder Gestützwecke Verwendung finden können. Der barocke Typ und die hohen Schulgänge erschweren gelegentlich den Absatz in der allgemeinen Reiterei. Daher ist man z. Z. in Piber bemüht, den Lipizzaner auf die heutigen vielseitigen Erfordernisse der Reiterei umzuzüchten, ohne dadurch etwa seine bisherigen Leistungsanlagen aufgeben zu müssen. Das wird auf 2 Wegen versucht. Einmal findet eine Selektion innerhalb der Rasse unter besonderer Beachtung des Siglavy-Blutes statt, und zum anderen hat man an das alte andalusische Blut in Spanien angeknüpft und von dort einen Karthäuserhengst hereingeholt. Die bisher mit der Selektion erzielten Erfolge im Typwandel beweisen, daß auch im Lipizzaner biologisch eine genügende Variationsbreite vorhanden ist, die das äußerlich ziemlich einheitlich wirkende Rassebild kaum vermuten ließ. Andererseits ist diese Tatsache nicht sehr verwunderlich, wenn man an die Entstehung des Lipizzaners denkt und auch alte Gemälde berücksichtigt, in denen Typunterschiede deutlich zum Ausdruck kommen und auch verschiedene Farben verzeichnet sind. Weiter ist interessant, daß sich über die Jahrhunderte hinweg in den einzelnen Hengststämmen spezifische Merkmale und die Eignung für bestimmte Disziplinen der klassischen Reitkunst erhalten haben. Da aber die Veranlagung immer als ein Ergebnis des Zusammenwirkens von väterlichen und mütterlichen Anlagen anzusehen ist, muß es andererseits regelmäßig in diesen Merkmalen gewisse Überschneidungen geben. Immerhin bleibt die Tatsache als bewundernswerte festzuhalten, daß es trotz der geringen Bestandszahlen gelungen ist, die 6 Hengststämme durch sorgfältige Paarungen bis heute zu erhalten. Dabei handelt es sich um folgende Stämme: *Conversano,* Rappe, geb. 1767, aus Neapel, *Favory,* Falbe, geb. 1779 in Kladrub, *Maestoso,* Schimmel, geb. 1773 in Kladrub, *Pluto,* Schimmel, geb. 1765, in Fredriksborg, *Neapolitano,* Braun, geb. 1790, aus Neapel, *Siglavy,* Schimmel, geb. 1810, aus Arabien. Von diesen Stammhengsten besitzt die Hälfte nicht die Schimmelfarbe. Das aus Siebenbürgen (Fogaras) stammende *Incitato*-Blut wird in Piber nicht benutzt. Bemerkenswert ist, daß der Siglavy-Stamm bei dem neuerlichen züchterischen Konzept offenbar wieder mehr in den Vordergrund getreten ist. Wie weit der Lipizzaner in Piber sein äußeres Erscheinungsbild auf die Dauer ändern wird, bleibt abzuwarten.

4.3.2 Schweiz

Bereits im 16. Jahrhundert bestand in der Schweiz eine weithin bekannte bäuerliche Pferdezucht mit einem starken Handel nach West- und Südeuropa. Die Zucht von Carossier- und Militärpferden erlebte ihre Blütezeit im 17. Jahrhundert. Umfangreiche Exporte in viele Länder wurden getätigt. Anfang des 19. Jahrhunderts (1800–1802) setzte ein Ausverkauf der guten Schweizer Pferde für die Kriegszüge Napoleons ein, und damit begann die Zerstörung der eigenen Zuchtbasis. Gleichzeitig setzte eine starke Konkurrenz durch die aufblühenden spezialisierten ausländischen Zuchten wie Kaltblut, schweres Warmblut und leichtere Kavalleriepferde ein. Fast ebenso gleichzeitig blühte auf Kosten der Pferdezucht die Rinderzucht auf.

1863 ernennt der Bundesrat auf Drängen von privater und politischer Seite eine Fachkommission zur Rettung der im Niedergang begriffenen, in Europa einst so bekannten einheimischen Pferdezucht.

1865 wurde in Aarau mit 42 Hengsten, 99 Stuten und 20 Fohlen der Rassen Erlenbacher, Schwyzer, Freiberger und den Vertretern einiger ausländischer Schläge die erste schweizerische Pferdeausstellung durchgeführt, die mit aller Deutlichkeit den tiefen Stand der schweizerischen Pferdezucht zeigte. Es dauerte aber noch drei Jahre, bis 1868, ehe ein erstes generelles Hilfsprogramm zur Unterstützung der Pferdezucht durch den Bund aufgelegt wurde.

Das Hengst- und Fohlendepot in Avenches ist in den Jahren 1898/99 errichtet worden und zählt neben anderen Maßnahmen wie Stutfohlenprämien, Prämiierung von Fohlenweiden und Importen von Zuchtmaterial zu der seitens des Bundes eingeleiteten Unterstützung.

Im Verlaufe der Jahrzehnte haben sich in der Schweiz 3 Rassengruppen herausgebildet und besonders nach dem Zweiten Weltkrieg gefestigt: die Freiberger, die Haflinger und das Warmblutpferd.

Wie in anderen Ländern auch, so mußte die Pferdezucht in der Schweiz als eine Folge der Mechanisierung und der Motorisierung in der Landwirtschaft und der Armee einen Rückgang an Pferden hinnehmen, wie aus nachfolgenden Aufstellungen zu ersehen ist:

Pferdebestand Schweiz

1936	139 789
1946	152 004
1956	116 801
1970	52 650
1980	45 010
1982	45 000
1983	46 990
1984	47 880

Privathengste	**1984**	**(1983)**	**Belegte Stuten**	**1984**	**(1983)**
Warmblut	25	(24)		568	(668)
Im Vergleich:					
Vollblüter	4	(4)		79	(68)
Freiberger	59	(57)		2112	(2068)
Haflinger	28	(24)		580	(527)
Staatliche Hengste	**1984**	**(1983)**			
Warmblut	57	(55)		1638	(1535)
Im Vergleich:					
Vollblüter	3	(2)		95	(76)
Freiberger	52	(48)		1818	(1704)

Abb. 51. Freiberger Hengst Lord, 18. 4. 1978, Alsacien-Jura.

Über die Entwicklung der verschiedenen Zuchtrichtungen im Verlaufe der letzten 30 Jahre gibt die nachfolgende Zusammenstellung über die Anzahl der in die Zuchtbücher eingetragenen Stuten Aufschluß:

	1953	1963	1973	1983
Freiberger	7669	5288	3004	3604
Warmblut	493	777	2125	2180
Haflinger	8	120	234	544

Die Warmblutzucht
Die Grundlage der heutigen Zucht von Reitpferden bilden Stuten einiger alter Warmblutpferdezuchtgenossenschaften, die sich in den vergangenen Jahren immer wieder verbessert haben und zu einem kleinen Teil durch Importe von Zuchtstuten aus der Bundesrepublik (Hannoveraner, Holsteiner, Westfalen, Trakehner, Oldenburger usw.) und aus der Normandie mit Selle francais-Stuten oder aus Schweden mit Stuten im modernen Zuchttyp eingedeckt haben. Dazu kamen Stuten, die einst als Kavalleriepferde von der Eidg. Militärpferdeanstalt importiert wurden. Aber auch Stuten aus der Zucht des Eidg. Gestüts werden jährlich an Züchter abgegeben und helfen mit, die Stutenbasis allmählich zu verbessern. Nur das Beste ist gut genug, und

Abb. 52. Warmbluthengst Gloum 1972, von Ibrahim – Galopin VI – Ecossais. Besitzer: Eidg. Gestüt Avenches.

die Warmblutzüchter wissen, was der Markt verlangt. So hat sich in den vergangen 20 Jahren der Zuchtbestand an Warmblutstuten mehr als verdreifacht. Seit 1976 wurde dann nicht mehr die Quantität, sondern hauptsächlich die Qualität verbessert.

Der Erfolg blieb nicht aus. Wenn vor 10 Jahren im Turniersport ca. 5% Inlandpferde eingetragen waren, so hat sich diese Zahl der im schweizerischen Pferdesport beteiligten Pferde seither auf mehr als 30% erhöht. Man kann feststellen, daß im Jahre 1983 von den ca. 6500 im Turniersport eingesetzten Pferden rund ⅓, d. h. gegen 2200 Schweizer Warmblutpferde waren. Von diesen wiederum haben mehr als ein Drittel, nämlich 780 Pferde, an öffentlichen Prüfungen eine durchschnittliche Gewinnsumme von Fr. 270,– erzielt.

Die Warmblutzucht hat bedeutende Fortschritte gemacht, und das schweizerische Reitpferd (Inländer, CH) hat seine Anerkennung im Sport und in der Freizeitreiterei gefunden. Guter Absatz ist für gute Qualität da.

Um den Bestand von ca. 23 000 Reitpferden zu erhalten, werden neben den aus der einheimischen Zucht anfallenden Produkten noch 1500 Pferde durch den Handel importiert. Die Reitpferdezucht ist also noch ausbaufähig.

Über die Zuchtplanung werden in verschiedenen Selektionsstufen die Fohlen, Jungstuten und Junghengste beurteilt und getestet.

Abstammung, Exterieur, Gang, Interieur werden möglichst objektiv gewertet; dazu kommt die Eigenleistung und die Nachkommenleistung, um die Zuchtqualität eines Hengstes richtig beurteilen zu können.

Die Selektion von Prämienzuchtstuten (ca. 10% der besten der Dreijährigen) hat die Stutenbasis deutlich verbessert.

Die Reitpferdezucht hat sich aus den angestammten Zuchtgebieten in die Umgebung der größeren Städte verlagert.

Die Zuchtplanung sieht vor, daß jedes zukünftige Zuchttier jährlich mehrere Selektionsstufen durchlaufen muß. An den eidg. Schauen im Herbst wird jedes Fohlen „bei Fuß der Mutter" aufgrund der Abstammung, seines Exterieurs und Ganges beurteilt.

Hengstanwärter sowie zukünftige Zuchtstutenfohlen werden herausselektioniert und jährlich wieder beurteilt, um schließlich mit 3 Jahren an einer eidg. zentralen Schau für Jungstuten (für sog. Prämienzuchten) oder an der zentralen Körung (für Junghengste) als Zuchttiere anerkannt und prämiert zu werden. Die Beurteilung ist streng; von ca. 400 Jungstutenanwärterinnen erreichen rund 10%, d. h. 35–40 Pferde, die letzte Selektionsstufe. Bei den Hengsten erreicht nur jedes 200ste geborene Hengstfohlen einmal die vorläufige Anerkennung als Zuchthengst, wobei dann noch Eigenleistungsprüfung mit 3½ Jahren folgt und später die Hengstleistungsprüfung mit 5–7 Jahren ebenfalls noch erfolgreich bestanden werden muß. Als weitere Selektionsstufe kommt dann die Nachkommensleistung im Sport dazu.

Da die Warmblutzucht in der Schweiz sich noch immer in einer Verbesserungsphase befindet, werden jährlich 3–5 erstklassige Junghengste aus den renommierten Pferdezuchten der Normandie oder Deutschland importiert.

Vollbluthengste mit bekannter Leistungsabstammung tragen ebenfalls als Veredler dazu bei, das Angebot an Zuchtmaterial zu verbreitern. Das *Problem* in der Reitpferdezucht besteht darin, daß die Selektionsmerkmale nicht einfach zu objektivieren sind, da es sich nicht um meßbare Werte handelt. Die Qualitäten einer Zuchtstute oder eines Zuchthengstes sind komplex und z. T. versteckt, und sie können erst nach Jahren in der Leistung der Nachkommen überprüft werden.

Das Zuchtziel

Das Zuchtziel ist ein edles, großrahmiges, korrektes und leistungsfähiges Warmblutpferd mit schwungvollen, raumgreifenden, elastischen Bewegungen, das aufgrund seines Temperamentes, seines Charakters und seiner Rittigkeit vornehmlich für Reitzwecke jeder Art geeignet ist.

Größe: Stuten mindestens 160 cm Widerristhöhe,
          Hengste mindestens 164 cm Widerristhöhe.

Die *Eigenleistung* wird in Stationsprüfungen festgestellt: während den sog. Hengstleistungsprüfungen I und II; die *Nachkommensleistung* in sogenannten Eignungsprüfungen, Ausbildungsprüfungen, kombinierten Prüfungen, der CH-Promotion (mehrere einfache Parcours, möglichst ohne Fehler für 4-, 5- und 6jährige) und im Sport mit seiner Gewinnsumme.

Alle diese Resultate werden ausgewertet und zur Beurteilung des Zuchtwertes eines Hengstes herangezogen.

Der Bund fördert durch die Bereitstellung von öffentlichen Mitteln die Entwicklung der Pferdezucht erheblich, vor allem die 3 Rassen Freiberger, Warmblut und Haflinger.

Die erfreuliche Zunahme der Zuchtpferde bei allen drei Rassen ist auch eine direkte Folge der zunehmenden Freizeitreiterei einerseits und zum anderen auf die Erfolge der Schweizer Reiter im internationalen Sport zurückzuführen.

Im Soge einer vermehrten Nachfrage nach Pferden für den Sport und die Freizeit sind in den letzten 10 Jahren auch noch andere Zuchtorganisationen gegründet worden und haben ihren Platz in der Pferdezucht gefunden. So wurde vor etwas mehr als 10 Jahren die Arabische Pferdezuchtgenossenschaft gegründet, die heute weltweit anerkannt ist und internationales Ansehen genießt.

Der *Gesamtpferdebestand* ist seit ca. 10 Jahren ziemlich stabil, zeigte aber in den letzten 2 Jahren eher eine zunehmende Tendenz.

4.3.3   Frankreich

Frankreich besitzt mit den *Anglonormannen* eine Warmblutrasse, die auch auf deutsche Rassen (Oldenburger, Ostfriesen, Württemberger, Zweibrücker) nachhaltigen Einfluß ausgeübt hat. Die Normandie bietet von Natur aus (mildes Meeresklima, guter Futterwuchs) günstige Voraussetzungen für eine gedeihliche Pferdezucht, die schon im Mittelalter betrieben wurde. Die Grundlage für die züchterische Entwicklung der anglonormannischen Rasse wurde aber erst 1830 gelegt durch Kreuzungen der einheimischen Stuten mit englischen Vollblut- und Halbbluthengsten. Einige Jahrzehnte später wurden erneut englische Hengste der Norfolk-Rasse geholt. Zwei dieser Hengste, der 1811 eingeführte Young Rattler und The Norfolk Phaenomenon (Le Pin 1851–1872) haben die Rasse maßgeblich beeinflußt. 1860 kann dann als das Jahr der endgültigen Festigung der Rasse bezeichnet werden mit den drei markanten Stämmen Young Rattler, Conquérant und Normand. Der Erstgenannte erzeugte Pferde mit besonderen Trabeigenschaften, während Normand mehr der Produzent von Karossiers wurde. Aus der 1. Gruppe bildeten sich allmählich die französischen Traber, die somit genealogisch den gleichen Ursprung haben wie die Anglonormannen. Zu einer großen Stütze für die Zucht wurden die Gestüte St. Lô und Le Pin. Unter den nach dem Zweiten Weltkrieg eingeführten Englischen Vollbluthengsten bewährte sich am besten Furioso xx, der 10 Jahre lang als hervorragendster Turnierpferde-Erzeuger galt; 2 Söhne von ihm werden in der Oldenburger Zucht benutzt (Furioso und Futuro).

Typmäßig steckte in dem Anglonormannen (Größe 160–165 cm Stockmaß) immer eine große Variabilität, die es sogar ermöglichte, 2 verschiedene Grundtypen zu unterscheiden – den Typ „Selle" (Reitpferdetyp) und den Typ „Cob" (kleiner Wagenpferdetyp). Die Typskala reichte von edlen, an den Vollblüter anlehnenden Modellen bis zu solchen Pferden, die einem trockenen Kaltblüter ähneln. Die für die Zucht dieser Pferderasse wesentlichen Landschaften sind La Manche, Dombes, Charolais, Vendée und Anjou, während die Anglo-Araber mehr in Limousin und den westlichen Pyrenäen zu Hause sind.

Seit dem Jahr 1958 wurde in Frankreich der Begriff „Demi sang" aufgegeben und dafür die Bezeichnung „Cheval de Selle Francais" (SF) eingeführt, um alle alten regionalen Halbblutströme im gleichen Stutbuch zu vereinigen. Hierzu gehören nun weitgehend die Anglo-Normannen, die Charolais, die Pferde aus Vendée und anderen Provinzen. Die heutige geographische Verteilung der Zucht des Cheval de Selle Francais spiegelt auch die geschichtliche Entwicklung wieder, wobei besonders auffällig ist, daß sich die Normandie bereits relativ früh auf Springpferdezucht spezialisiert hat, während die anderen Zuchtgebiete mehr die Zucht auf Halbblutrennpferde betrieben.

Das Cheval de Selle Francais ist aus einem sehr heterogenen Material entstanden, und die Zuchtbasis kann auch heute noch nicht als sehr homogen bezeichnet werden. So wurden 1982 nur 42,7% der eingetragenen SF-Stuten von SF-Hengsten gedeckt, während rund 14% von Englischen Vollbluthengsten, 9,5% von Araber- oder Anglo-Araber-Hengsten sowie 5,5% von Hengsten der Rasse Trotteur Francais belegt wurden. Die gesamte Population ist für Genzufuhren von außen geöffnet und die genetische Veredelung hängt zu einem hohen Prozentsatz von der Kreuzungszucht ab, wenngleich den Methoden der „Reinzucht" heute mehr Bedeutung beigemessen wird als im Anfangsstadium.

An der züchterischen Planung und Entwicklung ist die staatliche Gestütsverwaltung des Ministeriums für Landwirtschaft, die 1665 gegründet wurde und heute 23 Landgestüte betreut, maßgeblich beteiligt. Die staatliche Gestütsverwaltung überwacht die Identifizierung aller Pferde, beschließt die hierfür erforderlichen Regelungen und gibt das Stutbuch heraus. Die hierfür erforderlichen Arbeitsgänge einschließlich der Kontrolle der Beschäler und der Verwaltung der Förderungsmittel sind automatisiert. Die gesamte Zucht wird *zentral* gesteuert und durch moderne Verwaltungsmethoden gibt man den französischen Züchtern wertvolle Hinweise an die Hand. Die herausragende Rolle des Staates im Bereich der Pferdezucht ist durch die geringe Durchschnittsgröße der einzelnen Zuchten gerechtfertigt, denn mehr als 90% der Züchter des SF besitzen nur zwei Stuten, wie die nachfolgende Tabelle zeigt:

Tab. 31. Verteilung der französischen „S.-F."-Züchter in Abhängigkeit von der Anzahl der 1982 gedeckten Stuten (nach LANGLOIS)

Anzahl der Zuchtstuten	1	2	3	4	5	6	7	8	9–10	11–15	16–20	21 u. mehr
Anzahl der Züchter	6175	1273	397	155	91	42	28	16	18	17	6	4
% der Züchter	75,1%	15,5%	4,8%	1,9%	1,1%	0,5%	0,3%	0,2%	0,2%	0,2%	0,1%	–

90,6%

8222 Züchter mit ∅ 1,48 Stuten je Bestand

Im Gegensatz zur Rennpferdezucht kommen in der Reitpferdezucht zu 80% Staatshengste zum Einsatz. Für die französische Reitpferdezucht (Selle Francais) sind 5 Rassen anerkannt, und zwar Vollblut, Traber, Araber, Anglo-Araber und Selle Francais. Hieraus ergibt sich die in dieser Rasse vorkommende große Variabilität. Die Zuchten dieser Rasse lassen sich in 3 Abteilungen aufgliedern:

1. Die Zuchten, die sich auf ein Sportpferd (weitestgehend Springpferd) spezialisiert haben und vorwiegend mit den alten regionalen Halbblutströmen der Normandie züchten. Sie kreuzen wüchsige und grobe Stuten mit Vollblut- oder Anglo-Araber-Hengsten und selektieren die Nachzucht aufgrund sportlicher Eigenschaften (Parcours-Springen). International bekannte Pferde, wie Almé, I love you, Glandor und Impedouni sind aus diesem Zuchtprogramm hervorgegangen.
2. Die auf Rennen spezialisierten Pferde. Frankreich verfügt über zahlreiche Zuchten, die Halbblutrennpferde züchten und in dafür vorgesehenen Rennen starten lassen. Diese Halbblüter stehen sehr nahe am Vollblut und zeichnen sich durch Härte und spezielle Neigung für Hindernisrennen aus. Sie sind auch als Vielseitigkeitspferde sehr geschätzt.
3. Zuchten, die sich nicht spezialisiert haben und ein vielseitig zu verwendendes Reitpferd züchten.

1983 gehörten 8300 Züchter diesen 3 Kategorien an. Sie haben 12 256 Stuten decken lassen, davon 82% von Hengsten der Rasse „Selle Francais" und 18% von Hengsten der Rassen Französische Traber, Vollblüter und Anglo-Araber.

Die Bezeichnung „Cheval de Selle" erhalten Pferde, die aus registrierten (überwachten) Sprüngen mit Hengsten der 5 anerkannten Reitpferderassen hervorgegangen sind, jedoch auf der Mutterseite bis zur 2. Generation eine Stute unbekannten Ursprungs haben, somit also keine im Stutbuch „Selle Francais" registrierte Mutter vorhanden ist. Außerdem müssen die im Stutbuch „Selle Francais" eingetragenen Pferde Eigenleistungsprüfungen im Turniersport mit einem genügend hohen Niveau nachweisen. Das trifft besonders für Hengste zu, die im Alter von 3 Jahren zwar einen Kaufvertrag seitens der staatlichen Gestütsverwaltung erhalten, aber erst endgültig angekauft werden im Alter von 4 Jahren, wenn sie bis dahin Eigenleistungsprüfungen im Turniersport nachweisen können und einen bestimmten Index erreicht haben. Bei Pferden, die aus Kreuzungen zwischen Französischen Traber und Englischen Vollblüter hervorgegangen sind, kann der Besitzer wählen, ob diese Pferde beim Trotteur Francais oder beim Cheval de Selle Francais eingetragen werden sollen.

1983 waren beim Cheval de Selle Francais 327 Hengste und 9985 Stuten registriert; beim Cheval de Selle keine Hengste, aber 2028 Stuten.

Der Pferdebestand Frankreichs betrug 1950 2,5 Mill. und hat sich über 500 000 im Jahre 1970 auf 325 000 Köpfe im Jahre 1983 eingependelt. Ferner wurden 1983 22 000 Esel und 13 000 Maultiere registriert.

Über die rassenmäßige Aufteilung der Reitpferdepopulation und die Bedeckungen der Stuten im Jahre 1983 gibt die folgende Tabelle Auskunft.

Tab. 32. Gliederung der Reitpferderassen in Frankreich 1983 (nach Roth)

Rasse	Hengste (1)	Stuten (2)
Engl. Vollblut	454	10 284
Araber	144	2 113
Traber	662	14 206
Anglo-Araber	256	6 689
Selle Francais	327	9 985
Camargue	51	400

(1) Hengste der jeweiligen Rasse; (2) Zahl der Stuten, die von den Hengsten unter (1) gedeckt wurden, doch verschiedenen Rassen angehören können.

4.3.4 Großbritannien

In Großbritannien haben in dieser Gruppe der Sport-Wagenpferde ursprünglich 3 Rassen Bedeutung gehabt, die vorwiegend als Wagenpferde Verwendung fanden. Davon haben 2 auch auf die Entwicklung deutscher Rassen großen Einfluß bekommen, die Cleveland-Braunen (The Cleveland-Bay) in Oldenburg-Ostfriesland und das Yorkshire-Kutschpferd (The Yorkshire Coach Horse) in Holstein.

Das Cleveland Bay ist seit Jahrhunderten im Nordosten Englands gezüchtet worden. Man nimmt an, daß die Zuchtbasis auf Arbeitspferde zurückgeht, die von den Römern ins Land gebracht wurden. Diese Pferde wurden sowohl in der Landwirtschaft als auch als Lasttiere benutzt, die die Wolle transportierten, die in dieser

Abb. 53. Cleveland Bay Hengst Mulgrave Supreme Nr. 1915, geb. 1961 v. Cholderton Minstrel Nr. 1896 a. d. Mulgrave Rose Nr. 1626.

Gegend erzeugt wurde. Sie konnten jedoch auch als Reitpferde eingesetzt werden. Anfang des 18. Jahrhunderts nahmen zwei Vollbluthengste Einfluß auf die Zucht. Danach wurde jedoch keine weitere Kreuzung mit Vollblut vorgenommen. Im 19. Jahrhundert wurden wiederum Vollblüter mit den Clevelands gekreuzt. Daraus entstand das Yorkshire Kutschpferd, das dann mit dem Ende der Kutschwagenzeit ausstarb. Heutzutage wird das Cleveland Bay teilweise mit Vertretern leichterer Populationen gekreuzt, um Hunter-, Spring- und Fahrpferde zu erzeugen. 1985 waren 48 Hengste und 245 Stuten eingetragen.

Die Entstehung des Yorkshire Kutschpferdes kann etwa um das Jahr 1805 angegeben werden. Es unterschied sich vom Cleveland besonders durch mehr Adel und besaß dank seiner häufig steppenden Trabbewegung einen guten Ruf als Paradewagenpferd. 1886 erfolgte die Gründung der Yorkshire Coach Horse Society.

Zu erwähnen ist weiter der *Hackney* oder *Nordfolk-Trotter*, das Park- und Paradepferd Englands, das seine Entstehung der Paarung von Araber-, Berber- und türkischen Hengsten mit Landstuten im 18. Jahrhundert verdankt. Als Stammvater wird der Traberhengst Scot Shales (geb. 1762), ein Enkel von Blaze, angesehen. Großen Einfluß bekam später Norfolk Phenomenon (1824), der nach WRANGEL (1908) zu jener Zeit wohl der beste Hengst Englands war. Die Zucht wurde stark gefördert durch die 1883 gegründete Hackney Horse Society. Das Charakteristikum der knapp mittelgroßen Rasse (150–158 cm) ist die übertrieben hohe Knieaktion der Vorderbeine sowie häufig nicht genügende Rippenwölbung und eine Eignung nach alter englischer Auffassung mehr für Schau- als für Gebrauchszwecke. Auch auf deutschen Turnierveranstaltungen gehörten früher vielfach die Vorführungen von Hackney-Gespannen zu den vom Publikum begeistert aufgenommenen Darbietungen. Das Wort Hackney ist aus dem normannischen Haquenée als Bezeichnung für ein vielseitig verwendbares Reitpferd entstanden.

In Ergänzung zu diesen 3 Rassen ist auch noch auf den englischen *Hunter* hinzuweisen, der aber nicht als eingenständige Rasse angesehen werden kann. Vielmehr handelt es sich hier um einen Typbegriff für Pferde, die aufgrund besonderer Exterieurmerkmale eine große Eignung in erster Linie als Jagdpferde besitzen: Bedeutende, eine große Härte ausstrahlende Modelle mit ausgeprägter Trockenheit, langen und breiten Schultern, gut markiertem Widerrist, schrägliegender Leistungskruppe und ausdrucksvollem klarem Fundament. Die Väter solcher Hunter waren in der Regel Vollblüter, die mit Stuten anderer Rassen gepaart wurden. In Irland entstand dieser Typ durch Kreuzung mit dem alten irischen Zugpferd (Irish Draught Horse). Die zur Erzeugung schwerer Hunter notwendige Grundlage an schweren Warmblutpferden (Cleveland, Yorkshire) oder gar kaltblütiger Schläge ist in der Zwischenzeit aus bekannten Gründen sehr zusammengeschmolzen.

Außer diesen für England so typischen Sport-Wagenpferden und Huntern hat man in den letzten Jahren auch versucht, eine Warmblutzucht aufzubauen und zu diesem Zweck vor allem deutsche Hengste der verschiedenen Rassen importiert (Hannoveraner, Holsteiner, Trakehner). Aber auch einige Stuten sind aus Deutschland, Dänemark, Holland und Schweden ins Land geholt worden. Durch diese Importe soll speziell die Zucht von Springpferden, aber auch Dressurpferden gefördert werden. Ein eigener Verband ist zu diesem Zweck ins Leben gerufen worden. 1985 standen allein 9 in Verden gekörte und in Adelheidsdorf geprüfte Hannoversche Hengste in England zur Erzeugung geeigneter Turnierpferde.

4.3.5 Skandinavische Länder

4.3.5.1 Dänemark

Ursprünglich waren Pferde aus dem Osten nach Dänemark gelangt. Eine bedeutsame und international beachtete Einrichtung wurde dann die bereits 1562 auf Veranlassung von König Christian III. erfolgte Gründung des Gestütes *Frederiksborg* unweit Kopenhagen, wo mit den verschiedensten Herkünften (Spanier, Türken, Deutsche, Polen) gekreuzt wurde. Zu den Spezialitäten gehört im 18. Jahrhundert eine Zucht weißgeborener Pferde, von denen auch einige Exemplare nach Herrenhausen (Hannover) kamen. Nach der Wende zum 19. Jahrhundert geriet das Gestüt bald in Verfall, da ein klares züchterisches Konzept fehlte. 1862 hörte das Bestehen dieser einst so berühmten Zucht auf. Die Pferde wurden an die Bauern verkauft. Eine Warmblutzucht auf Frederiksborger Grundlage mit privater Hengsthaltung wurde dann vor allem in Seeland entwickelt. In Anlehnung an die wirtschaftlichen Erfordernisse suchte man gegen Ende des 19. Jahrhunderts das Pferd schwerer zu machen durch Kreuzungen mit Jüten, Yorkshires und Oldenburgern und andererseits seinen Adel zu erhalten mit Hilfe von Vollblütern, Ostpreußen, Holsteinern, Hannoveranern und Hackneys. Diese Vielzahl konnte nicht zu einer Homogenität der Rasse beitragen. Seit 1900 ist man bemüht, nur noch mit eigenem Blut zu arbeiten. Die Zucht breitete sich besonders in Seeland aus. Dieses vielfach ein wenig derb wirkende Pferd neigte auch zu etwas steil stehenden Hinterbeinen mit mangelhaftem Anwinkelungsvermögen in der Bewegung. Bis heute hat sich ein verhältnismäßig kleiner Bestand gehalten. Die Fuchsfarbe ist vorherrschend. Hervorzuheben ist noch, daß eine Frederiksborger Stute an der Entwicklung des Orlowtrabers beteiligt gewesen ist und der Stammlinienbegründer Pluto in der Lippizaner Zucht ein Frederiksborger war. In ähnlichem Umfange wird auch eine Zucht auf *Oldenburger* Grundlage betrieben, die zunächst auf Fünen Fuß gefaßt hatte, von dort sich aber auch auf Seeland und Jütland ausgedehnt hat. Z. Z. ist man bestrebt, die Oldenburger mit edleren Hengsten anderer Rassen auf einen für den Reitsport geeigneten Vielseitigkeitstyp umzustellen.

Neben diesen beiden Rassen mit eigenem Stutbuch ist 1962 als 3. selbständige Gruppe der Verband dänischer Sportpferdezüchter gegründet worden. Er arbeitet aus Deutschland mit hannoverschem, Holsteiner und Trakehner Blut, ferner mit schwedischen und polnischen, auf ostpreußisch/hannoverscher Grundlage entstandenen Warmblütern. Auch Vollbluthengste finden Verwendung. In steigendem Umfange wird bereits eigene Hengstaufzucht betrieben, um einen großen Teil des Bedarfes an Vatertieren selbst decken zu können. In den Stutenbeständen befinden sich ferner noch Stuten aus anderen europäischen Ländern (Niederlande, Ungarn, Tschechoslowakei, Bulgarien). Angestrebt wird ein möglichst nobles, gängiges Pferd mit guten reiterlichen Eigenschaften.

4.3.5.2 Schweden

Schweden besitzt aus früherer Zeit nur eine bodenständige, einheimische Rasse, das Gotland-Pony der Insel Gotland (s. Seite 202), den „Skogruß". In zurückliegenden Zeiten wurde außerdem nach Schweden Orientalen, Spanier, Friesen und später Hannoveraner, Ostpreußen und Anglonormannen geholt. Die Einfuhr ostpreußischer Stuten hatte zunächst nicht befriedigt. Das änderte sich jedoch nach dem Ersten Weltkrieg durch den Ankauf von 14 Hengsten in Braunsberg, von denen 11 gekört wurden. Außerdem holte man Stuten aus Hannover, die z. T. gut eingeschlagen sind, wie z. B. die Spinda-Familie, die sich bis heute durchgesetzt hat. Spinda war eine Vollschwester des bekannten hannoverschen Landbeschälers Schwabenkönig. Dagegen hat sich die 1921 getätigte Einfuhr verschiedener anglonormannischer Typen nicht bewährt.

Durch eine gelungene Synthese von Hannoveranern, Ostpreußen und Vollblütern hat man in Schweden einen mittelgroßen, noblen und leistungsfähigen Pferdetyp mit angeborenem, leichtfüßigem Bewegungsablauf entwickelt, der den Schweden auf den Olympiaden der Nachkriegszeit beachtliche Erfolge in der Dressur beschert hat. So erhielt Schweden auf den Olympiaden 1952 und 1956 in der Dressur die Goldmedaille. Auch der recht eindrucksvolle Gewinner der Goldmedaille der Olympiade München 1972, der Gaspari-Sohn Piaff, entstammt der schwedischen Zucht, die auch mit Elektra und Gassendi (beide von Gaspari) noch einige andere Pferde für den deutschen Leistungssport gestellt hat. Auch in der Military waren die schwedischen Pferde erfolgreich und gewannen in dieser Disziplin 1952 und 1956 die Goldmedaille.

Die schwedische Warmblutzucht erfährt eine starke Stütze durch das Staatsgestüt *Flyinge,* das als letztes von 3 früher bestehenden Gestüten 1888 zwar aufgelöst, aber 1924 neu eingerichtet wurde und ab 1984 in den Besitz eines auf privater Ebene angesiedelten Syndikats übergegangen ist. Außer den in Schweden selbst gezüchteten Hengsten werden dort auch Beschäler Trakehner und hannoverscher Abstammung züchterisch eingesetzt. Nach der veröffentlichten Statistik deckten 1983 in Schweden neben 220 Trabern, 47 Vollblütern, 62 Vollblutarabern und Angloarabern 152 Warmbluthengste. Ferner kamen 390 Pony- und Kleinpferdehengste der verschiedenen Zuchtrichtungen und 186 Kaltbluthengste zum Einsatz.

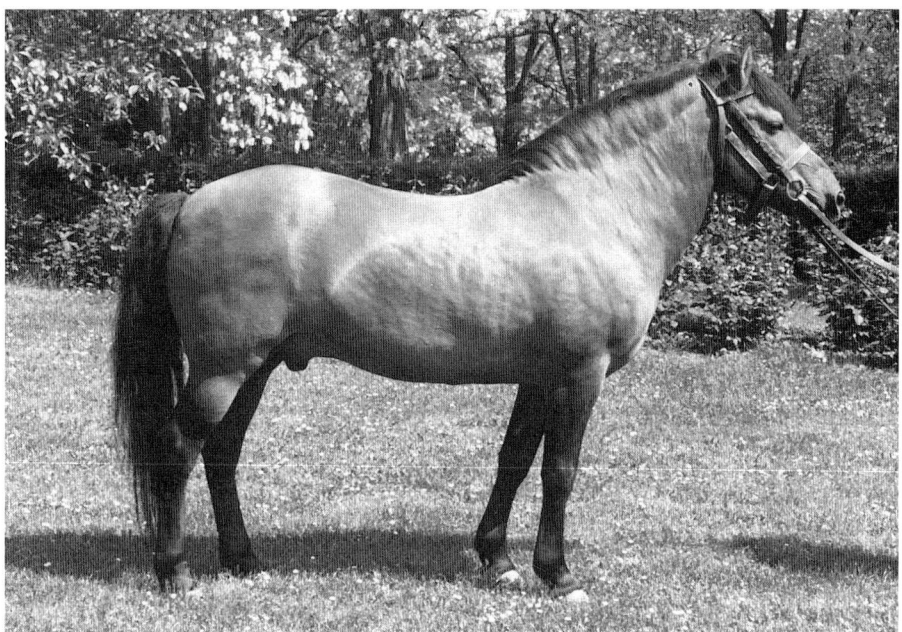

Abb. 54. Bosnischer Gebirgshengst Misko XVI-20 (Misko XVI – Branka XV).

4.3.6   Ost- und Südeuropa

4.3.6.1   Jugoslawien

Die Pferdezucht war in Jugoslawien immer ein bedeutender landwirtschaftlicher Betriebszweig. Vor dem Zweiten Weltkriege hatte Jugoslawien 1 273 503 Pferde und war bekannt als Exporteur von qualitätvollen Pferden.

Während des Zweiten Weltkrieges erlitt der Pferdebestand Jugoslawiens schwere Einbußen, und zwar sowohl in qualitativer wie auch in quantitativer Hinsicht. Etwa 10 Jahre waren erforderlich, um wieder zur Pferdezahl der Vorkriegszeit aufzuschließen. Im Jahre 1957 wurde mit 1 307 000 Pferden die Vorkriegszahl sogar überschritten. Dabei waren die zahlenmäßig stärksten Bestände in der Republik Kroatien mit 25,4%, der autonomen Provinz Vojvodina mit 20,6% und den Republiken Bosnien und Herzegovina mit 19,1% zu finden. In diesen Regionen befanden sich also 65,1% des damaligen jugoslawischen Pferdebestandes. Eine rassenmäßige Aufteilung ergibt zu etwa je ein Drittel *Kaltblut*, *Warmblut* (Lipizzaner, Noniuse und einige leichtere Halbblutschläge im Typ des Furioso – North Star) und *Kleinpferde* (bosnisches Gebirgspferd).

Seit dem Jahre 1957 sank die Pferdezahl ständig. Jugoslawien hatte im Jahre 1972 zum letzten Mal über 1 Million Pferde (1 015 000). Im Jahre 1975 waren es 922 000, im Jahre 1980 noch 617 000 und im Jahre 1985 nur noch 464 000 Pferde.

Die Ursache für einen so rapiden Rückgang der Gesamtpferdezahl ist vor allem in dem starken Export von vorwiegend Schlachtpferden, aber auch von Reit- und Arbeitspferden zu suchen. Weiterhin spielt die starke Mechanisierung der privaten Landwirtschaft, vor allem in Slowenien eine wichtige Rolle. Dort standen beispielsweise Ende des Jahres 1983 neben 17 441 Pferden etwa 65 000 Traktoren im Einsatz.

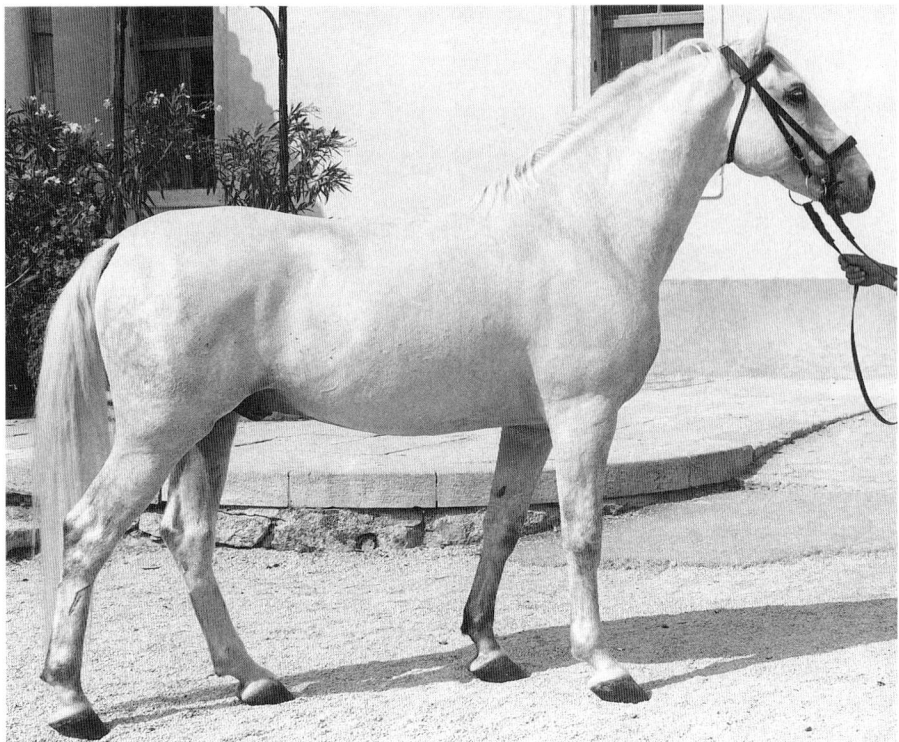

Abb. 55. Original-Lipizzanerhengst 662 conversano wera III (305 conversano Cubovina – Wera III). Hauptbeschäler in Piber und Lipizza.

Auch die rassenmäßige Struktur hat sich in den letzten Jahrzehnten ständig geändert. Die stärkste Gruppe ist heute weitaus das Warmblut, und hier wiederum mit Abstand der Lipizzaner.

Der *Lipizzaner* ist die autochthone Rasse Jugoslawiens, die vor mehr als 400 Jahren in Lipizza im slowenischen Karst entstand. Obwohl primär für den Bedarf des Hofes gezüchtet, breitete sich diese Rasse ihrer guten Eigenschaften wegen auch schnell in den Landeszuchten der Donaumonarchie aus und spielt heute noch eine bedeutende Rolle in den Landeszuchten Jugoslawiens, Ungarns, Rumäniens und der Slowakei (ĈSSR). In allen diesen Ländern bestehen auch heute noch Lipizzaner-Hauptgestüte, die meisten in Jugoslawien (4). Das österreichische Bundesgestüt Piber züchtet die Lipizzaner ausschließlich für die weltberühmte Spanische Reitschule in Wien.

In Jugoslawien werden in drei Hauptgestüten (Djakovo, Karadjordjevo und Prnjavor) die Lipizzaner gezüchtet mit dem Ziel, geeignete Landbeschäler für die Landeszucht bereitzustellen, wo z. Z. über 250 Lipizzanerhengste im Deckeinsatz stehen. Das Zuchtziel ist ein großer und knochenstarker Lipizzaner im Wagenpferdetyp, mit guten Gängen, der aber auch als Reitpferd für die Freizeitreiterei gut zu verwenden ist. In der jugoslawischen Lipizzanerzucht waren und sind Pferde dunkler Farben, Rappen und Braune, wegen ihrer Beliebtheit bei den Züchtern stärker vertreten.

Das Hauptgestüt Lipizza züchtet einen edleren Lipizzaner mit überzeugenden Gängen in dem heute geforderten Reitpferdetyp. Das wurde anläßlich der 400-Jahrfeier

Abb. 56. Noniushengst K Nonius LXIX-5 (K Nonius LXIX – Firma). Hauptbeschäler in Karajordjevo.

von Lipizza (1980), als Vertreter aller Lipizzanergestüte anwesend waren, besonders deutlich. Die in Lipizza gezüchteten Pferde sollen ein Stockmaß von 155–158 cm und bedeutende Reitpferdepoints wie: leichtes Genick, gut formierten Hals, einen auffallend markierten Widerrist, eine gute Sattellage sowie eine geneigte Kruppe besitzen; eine auffallende Zuchtzielumstellung im Vergleich zum alten „barocken" Typ des Lipizzaners. Temperament und Charakter sollen einwandfrei, die Gänge raumgreifend und möglichst nicht mit so deutlicher hoher Knieaktion versehen sein. Lipizza hat in der Verwirklichung dieser Zuchtrichtung bereits gute Erfolge zu verzeichnen, so daß es möglich war, diese Pferde aus Lipizza bei internationalen Dressurwettbewerben mit Erfolg in Konkurrenz mit Vertretern traditionsreicher Sportpferderassen einzusetzen.

In Lipizza wird nur mit den Originalhengstlinien (Maestoso, Favory, Neapolitano, Conversano, Pluto, Siglavy) sowie Originalstutenfamilien gezüchtet. Die anderen jugoslawischen Lipizzanergestüte verwenden auch verschiedene, neu herausgezüchtete Stutenfamilien.

Der *Nonius*, die einst weitaus am stärksten in der jugoslawischen Landwirtschaft und der Armee eingesetzte Pferderasse, ist prozentual nur noch schwach vertreten. Sein Verbreitungsgebiet war vorwiegend die Ebene. So mußten die Pferde dieser Rasse als erste der Mechanisierung Platz machen. Heute werden sie in einer kleinen Population noch im Hauptgestüt Karadjordjevo gezüchtet. In der Umgebung dieses

Gestüts stehen auch einige Noniushengste noch im Zuchteinsatz. Man ist z. Z. bemüht, den Nonius typgemäß auf das heute verlangte Reitpferd umzuzüchten.

Das *Halbblutpferd* auf der Basis von Furioso-North Star – früher auch mit Gidran-Blut – wurde vorwiegend in Vojvodina gezüchtet. Es war ein vielseitiges Armeepferd, das sich besonders für die Kavallerie eignete. Es handelte sich um ziemlich große (162–166 cm Stockmaß), elegante und gängige Pferde mit Ausdauer und Härte. Bisweilen besaßen sie auch zuviel Temperament. Sie konnten sich deshalb im Sport praktisch nicht durchsetzen und werden heute nur noch in einer kleinen Anzahl im Hauptgestüt Zobnatica gehalten. Dort haben sich in der Nachkriegszeit, wie in anderen Gebieten auch, am besten zwei aus Deutschland stammende Hengstlinien bewährt, und zwar die des Ostpreußen *Hilgendorf* (mit Zweigen *Jastreb, Sokol* und *Pandur)* und die des Hannoveraners *Flavius.* Einige Pferde dieser Blutführung aus Zobnatica sind besonders im Springsport hervorgetreten.

Der Sport verlangt immer mehr hochklassige Sportpferde, vor allem für den Springsport. So entstand in Slowenien eine Zucht des Hannoveraners mit Hengsten der Blutlinien *Ferdinand* und *Duellant.* Kroatien hat sich dagegen für den Holsteiner entschlossen und züchtet mit Hengstlinien *Farnese* und *Ramzes* (letztere über Ungarn mit *Ramzes Junior).*

Eine organisierte Stutbuchführung für alle gezüchteten Rassen (Warmblut, Slowenisches Kaltblut, Noriker, Haflinger, Traber) gibt es nur in Slowenien, für Lipizzaner und Kaltblut auch in Kroatien, für Warmblut teilweise auch in Vojvodina. In anderen Gebieten Jugoslawiens werden meistens nur Hengstkörungen durchgeführt.

4.3.6.2 Polen

Die Zahlen über die Pferdebestände Europas (s. S. 13) haben ausgewiesen, daß Polen nach wie vor das pferdereichste Land Europas ist. Ende des Jahres 1984 wurden 1 537 200 Pferde gezählt. Hierin sind 170 300 Pferde bis zum Alter von 3 Jahren enthalten. Ca. 60% der Pferde sind Kaltblüter oder Kaltblutkreuzungen, ca. 39% Warmblütler und Vollblüter und ca. 1% Konik und Huzulen. Polen ist ein ausgesprochenes Pferdeland, und der Zucht des Pferdes hat man von jeher besondere Aufmerksamkeit gewidmet. Vor allem haben die arabisch beeinflußten Zuchten über die heimatlichen Grenzen hinaus Ansehen genossen. Heute wird in besonderem Maße das züchterische Geschehen durch den Staat beeinflußt. Der Staat unterhält 34 Hauptgestüte, 11 Landesgestüte (Hengstdepots) und 4 Hengstprüfungsanstalten. Unter den Hauptgestüten befinden sich u. a. 4 für die Araberzucht, 8 für die englische Vollblutzucht, 12 für die Wielkopolska Rasse und 5 für die Malopolska Rasse. In den 11 Landgestüten stehen 1508 Hengste. Weitere 2860 stehen privat im Lande.

1985 waren in den verschiedenen Stutbüchern 23 121 Stuten eingetragen; von diesen standen 2579 in staatlichen Gestüten und 20 542 in der Landeszucht. Von den letzten gehörten 4996 der Wielkopolska Rasse, 4099 der Malopolska Rasse, 1787 der Slaska Rasse und weitere 223 verschiedenen Zuchtrichtungen an.

Als eine wichtige Warmblutrasse ist das direkt auf Trakehner zurückgehende *Wielkopolska*-Pferd zu nennen, bei dem man zunächst zwei Typen unterschieden hat, das masurische und das Posener Pferd. Das erste stammt unmittelbar von ostpreußischen Pferden ab und wird im Norden Polens, teils in den vormals deutschen Gebieten, gezüchtet. Unabhängig davon hat man seit etwa 100 Jahren die Posener Pferdezucht entwickelt, in der aber auch das ostpreußische Blut dominiert. Infolgedessen besteht heute typmäßig kein großer Unterschied mehr. Es handelt sich wohl mehr um eine lokale Differenzierung. Grundsätzlich wird großer Wert darauf gelegt, die alten ostpreußischen Stämme systematisch weiterzuentwickeln. Je nach Bedarf werden Vollbluthengste, Vollblutaraber oder Angloaraber eingesetzt. Für den masurischen Typ bestehen neben 2 Landgestüten 5 Hauptgestüte: Liski (143 Mutterstuten), Rzeczna (75 Mutterstuten), Plenkity (83 Mutterstuten), Kadyny (73 Mutterstuten) und Kroplewo (50 Mutterstuten), ferner für den Posener Typ neben 2 Landgestüten 6 Hauptgestüte: Racot (144 Mutterstuten), Posadowo (120 Mutterstuten), Pepowo (98 Mutterstuten), Stall Ivno = Dobrzyniewo (23 Mutterstuten), Stall Zolednica = Golejewko (43 Mutterstuten,) und Mieczownica (40 Mutterstuten). Für beide Gebiete gibt es außerdem je eine Trainieranstalt für Junghengste. Beide Typrichtungen werden nebeneinander in den Gestüten Nowa Wioska (60 Mutterstuten) und Nowielice (43 Mutterstuten) gezüchtet.

Es wird bei Pferden der Wielkopolska Rasse eine Größe von 165–170 cm Widerristhöhe (Stockmaß) in den Hauptgestüten und 160–165 cm in der Landeszucht angestrebt. Während man früher zur Veredlung nur auf Araberhengste zurückgriff, werden heute bevorzugt Englische Vollblüter und auch vereinzelt Hengste der Malopolska Rasse verwendet.

Die *Malopolska Rasse* ist entwickelt aus den einheimischen polnischen Pferden, primitiven, vom Tarpan stammenden Typen, die zunächst mit Orientalen veredelt wurden. Dadurch entstanden Pferde mit großer Widerstandskraft, hoher Anspruchslosigkeit, guter Futterverwertung, Härte und guter Anpassungsfähigkeit. Das orientalische Blut sorgte außerdem für eine gewisse Schönheit. Heute werden in der Malopolska Rasse vor allem Anglo-Araber als Veredlerhengste eingesetzt, die sich aufgrund ihrer Herkunft in drei Typrichtungen aufgliedern lassen:

1. Angloaraber, die vorwiegend Radautzer Blut (Shagya) führen, im Gebiet von Lublin und Kielce, wesentlich beeinflußt durch das Hauptgestüt Janów Podlaski.
2. Angloaraber der Gebiete Nowy Sacz und Tarnów, entwickelt unter Einfluß österreichisch-ungarischer Stämme (Furioso, Przedswit und Gidran). Hauptgestüte Chyszów (Gidrangrundlage), Stubno (Furiosogrundlage) und Walewice. Diese Pferde sind nicht so schön wie die der 1. Gruppe, aber sehr vielseitig einsetzbar.
3. Angloaraber aus Frankreich, die nach dem Zweiten Weltkrieg eingeführt wurden und sich sehr gut akklimatisiert, sogar an Kaliber zugenommen haben. Eine Elitezucht befindet sich im Hauptgestüt Pruchna. Heute sind diese regionalen Typunterschiede, die durch die Verwendung unterschiedlicher Blutströme entstanden waren, weitgehend verschwunden.

Die Pferde der Malopolskarasse sind in der Regel mittelgroß, erreichen aber gelegentlich in den Gestüten um 163 cm und in der Landeszucht Widerristhöhen um 160 cm Stockmaß. Sie haben sich sportlich sehr bewährt und sind auch im Ausland zu beachtlichen Erfolgen gekommen. Der in Deutschland, in Westfalen und Holstein als Leistungsvererber bekanntgewordene *Ramzes* gehört dieser Rasse an. Sie hat ihr Verteilungsgebiet vorwiegend im Südosten des Landes.

Bei der Entstehung der *Slaska Rasse* (Schlesische Rasse) haben weitgehend die Oldenburger Pferde mitgewirkt, zumal Schlesien, wie bereits ausgeführt, früher zu den renommiertesten Nachzuchtgebieten Oldenburgs gehörte. Die Vertreter der Slaska Rasse stehen auch heute noch weitgehend im Oldenburger Typ, sind aber leichter und gängiger und werden vorwiegend zu Gespannzwecken eingesetzt. Sie werden bisweilen aber auch zu Kreuzungszwecken mit Englischen Vollblütern und Hengsten der Wielkopolska Rasse zur Erzeugung von Sportpferden verwendet. Ihre Heimat ist der Südwesten Polens. Ihre Größe schwankt zwischen 155–160 cm Stockmaß.

Die Stutbücher der Vollblutaraber, der Englischen Vollblüter und der reinen Angloaraber werden beim Direktorium für Rennen geführt, die Stutbücher der ande-

Abb. 57. Hengst Neptun, braun – geb. 1982 v. Narvik a. d. Watra. Vertreter der Slaska-Rasse.
160 cm Widerristhöhe.

ren Rassen, einschließlich der Koniks und der Huzulen, bei den Pferdezuchtver-
bänden.

Großer Wert wird in Polen auf das Leistungsvermögen gelegt. So werden alle
Araber seit Jahrzehnten auf der Rennbahn geprüft. Die Warmbluthengste werden in
den Hengstprüfungsanstalten einer strengen Selektion unterzogen. So erfolgt die
Remontierung der Hauptbeschäler in erster Linie nach den Eindrücken in den
Hengstprüfungsanstalten. Hier schälen sich die Auserwählten nicht zuletzt nach Leistungsbereitschaft und Leistungsvermögen heraus. Ihre Gesamtbewertung muß über
80 Punkten (von 100 erreichbaren) liegen. Ein bis zwei Jahre gehen sie dann ins
Gestüt, um ihre Vererbung unter Beweis zu stellen, dann teilweise in den Sport, um
sich hier zu qualifizieren. Erst dann erhalten die Besten einen endgültigen Ruf in eines
der Hauptgestüte, um dort den Zuchtfortschritt zu beeinflussen.

4.3.6.3 Tschechoslowakei

Die Pferdezucht in der Tschechoslowakei besitzt eine jahrhundertealte Tradition.
Böhmen und Mähren waren z. Z. der Habsburger Monarchie bevorzugte Gebiete für
eine edle Warmblutzucht. Selbstverständlich hat sich im Verlaufe der Jahrhunderte
der Typ des Pferdes aufgrund der militärischen und wirtschaftlichen Bedingungen
gewandelt und wandeln müssen. Von großer Bedeutung für die böhmische und
mährische Pferdezucht war im Rahmen der Bedarfsdeckung für die Armee im 18.
Jahrhundert die Einführung der Stutenregistrierung. Damals wurden Mindestanforde-

Abb. 58. Hengst Nonius XXXVI – geb. 1949 v. Nonius XXV a. d. 40 Nonius XVI–12. Vertreter der Nonius-Rasse.

rungen an bestimmte Exterieurmerkmale vorgeschrieben. Eine Folge dieser Registrierung war die Gründung von Züchterorganisationen. Diese versuchten, in der zweiten Hälfte des 19. Jahrhundert die einheimische Zucht durch zweckdienliche Importe zu verbessern. Die eingeführten Zuchttiere stammten vorwiegend aus Deutschland. Zweck und Ziel dieser Importe war, die zu edel gewordene Warmblutzucht zu verstärken. Selbstverständlich beschränkte man sich nicht nur auf eine, sondern importierte Hengste verschiedener Rassen, von denen einige nur kurzfristig wirkten und demzufolge kaum Einfluß gewannen, während der Einfluß anderer wiederum von lang anhaltener Dauer blieb. Zum Verstärken der heimischen Warmblutpferde wurden zunächst Hengste mit geringerem Vollblutanteil ausgewählt, wie z. B. Nonius.

In der zweiten Welle der Verstärkung kommt es im Jahre 1871 zu Importen von anglonormannischen Hengsten und ein Jahr später von Oldenburger und ostfriesischen Hengsten. Der Einfluß der Hengste dieser drei Rassen gewann in der Landeszucht an ständiger Bedeutung. Besonders begehrt war das Oldenburger und das ostfriesische Blut; aber auch Mecklenburger und Brandenburger Hengste trugen zur Verstärkung bei. In geringem Umfang wirkten in der Landeszucht auch Kladruber Hengste. Unter dem wachsenden Einfluß von Oldenburger und ostfriesischen Hengsten entstand allmählich ein neuer Typ, das sog. *böhmische Warmblutpferd,* das unter den gegebenen Umweltbedingungen leichter war als die importierten Oldenburger und Ostfriesen. Jedoch entsprach der Typ dieses Pferdes geradezu in idealer Weise den speziellen Bedürfnissen der landwirtschaftlichen Betriebe dieser Region.

Das böhmische Warmblutpferd wurde hauptsächlich im Einzugsgebiet des Gestüts *Nemosice* gezüchtet. Dabei kristallisierten sich drei Blutlinien heraus. Am verbreite-

Abb. 59. Hengst Furioso XL – geb. 1959 v. Furioso XXIII a. d. Furioso XV 537. Vertreter der Furioso-Rasse.

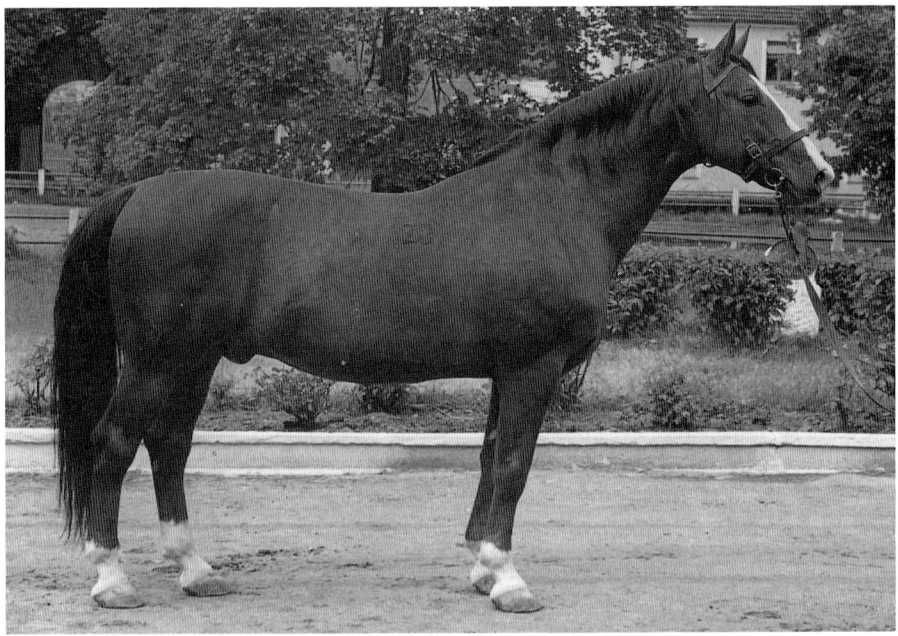

Abb. 60. Hengst Alarm III – geb. 1962 v. Alarm (Hannoveraner) a. d. 734 Gidran VI. Vertreter der neuen Zuchtrichtung zwischen Hannoveranern und der Gidran-Rasse.

sten war die Bystrý-Linie, die weitgehend durch englisches Blut geprägt war, gefolgt von der Genius-Linie mit vorwiegend anglonormannischen Blutanteilen und der Rexius-Linie, die nicht ganz die Bedeutung der beiden erstgenannten Blutlinien erlangte.

In Nordmähren entstanden unter dem Einfluß Englischer Vollbluthengste die bekannten Warmblutschläge Furioso und Przedswit, in Südmähren, mehr von orientalischen Halbblütern geprägt, die Stämme: Shagia, Gidran und Dahomen. Das mährische Warmblut war demzufolge edler und leichter als das böhmische Warmblutpferd.

Im südlichen und westlichen Teil der Slowakei war besonders der schwere Nonius-Typ neben einigen Englischen Halbblütern beheimatet, im mittleren Teil dagegen die Zucht von mittelschweren Nonius-Pferden und Lipizzanern zu finden. In den Vorgebirgsregionen fand man neben Lipizzanern auch orientalische Halbblüter, während in den Gebirgsgebieten das Huzulenpferd zu Hause war und ist.

Nach dem Zweiten Weltkrieg, besonders aber in den 60er Jahren kommt es zu einer bemerkenswerten Veränderung des Zuchtzieles. Die Zucht orientiert sich auf den modernen Typ des vielseitigen Warmblutpferdes. Diese Zuchtzieländerung wurde bestimmt durch die veränderten Verhältnisse in der Wirtschaft und im Fuhrgewerbe, die auch eine starke Reduzierung des Pferdebestandes bewirkten. Während der Durchschnitt des Pferdebestandes in den Jahren 1920–1938 in der Tschechoslowakei bei 666 000 Pferden lag, setzte vom Jahre 1947 ab ein starker Rückgang ein. 1984 wurden noch 44 504 Pferde gezählt.

Die Modernisierung der vorhandenen Warmblutrassen wird weitgehend mit importierten hannoverschen Hengsten durchgeführt, die vorwiegend aus Hannover selbst, aber auch aus der auf hannoverscher Grundlage züchtenden DDR eingeführt werden.

Die sogenannte Elitezucht konzentriert sich auf die staatlichen Gestüte sowie auf einzelne verstreut im Land liegende landwirtschaftliche Betriebe, die sich auf Pferdezucht spezialisiert haben. In den Gestüten wie auch in den ausgewählten Zuchten des Landes wird eine Frühjahrs- und Herbsteinstufung sowohl der Fohlen wie auch des Zuchtmaterials vorgenommen. Ein in langen Jaren unter der Federführung von DR. DUŠEK entwickeltes Leistungsprüfungssystem sorgt für das Erkennen und die Auswahl der geeigneten Hengste und Stuten für die nächste Zuchtgeneration. Exterieur und Leistung bestimmen die Selektion.

Durch die Lieferung von Prunkpferden für den kaiserlichen Hof wurde das 1572 gegründete Hofgestüt Kladrub in Böhmen bekannt. Die Kladruber Rasse war neapolitanisch-andalusischen Ursprungs. *Kladrub a. d. Elbe* ist nicht nur das älteste Gestüt der Tschechoslowakei, sondern es gehört zu den ältesten Gestüten der Welt überhaupt. Hier züchtet man die historische autochthone Rasse des Kladruber Pferdes, und zwar den Kladruber Schimmel in den Linien: Generale, Generalissimus und Favory. Für Pferde dieser Rasse sind typisch der große Rahmen, der Ramskopf, der Schwanenhals und die hohe Knieaktion. Es sind sehr imposante Kutschpferde, finden jedoch auch als Reitpferde Verwendung. Neben dem Kladruber werden im Gestüt Kladrub auch das böhmische Warmblut und das Englische Halbblut für Rennzwecke – Steeplechase – gezüchtet. Der Ort Kladrub liegt verhältnismäßig nahe der Stadt Pardubice, die durch ihre Rennbahn mit ihrer Steeplechase „Velká Pardubická" berühmt ist. In der Nähe von Pardubice befindet sich noch ein zweites Gestüt – die Forschungsanstalt „Slatinany" –, in dem heute wieder die Kladruber Rappen gezüchtet werden. Die Zucht dieser Rappen wurde in den dreißiger Jahren beendet. Mit den sehr bescheidenen Resten wurde Ende der vierziger Jahre durch Hineinnahme von Lipizzanerblut versucht, eine Regeneration zu erreichen. Der Versuch gelang und zur Zeit stellt

Abb. 61. Kladruber Schimmelhengst Generalissimus XXV – geb. 1945 v. Generalissimus XXIII a. d. Shagia VI. Standort: Hauptgestüt Kladrub.

diese Zucht eine weitgehend homogene Population dar, die anderen alten Populationen durchaus äquivalent ist. Der Kladruber Rappe wird in zwei Linien gezüchtet, und zwar „Sacramoso" und „Solo". Zur Zeit ist die Blutbasis durch Nachkommen des aus Holland importierten friesischen Hengstes Romke erweitert worden. Diesen Hengst importierte man mit Rücksicht auf die genetische Verwandschaft des friesischen und des Kladruber Pferdes. Beide Rassen sind von altspanischer Herkunft, wenn auch der Anteil spanischen Blutes in der friesischen Rasse wesentlich geringer ist.

Die Zucht des böhmischen Warmbluts wird heute sehr intensiv in dem Hauptgestüt *Netolice* betrieben. Hengste dieser Warmblutrasse sind vorwiegend in den Hengstdepots Tlumačov und Písek stationiert. Im letzten werden auch alle im Lande erworbenen Hengstfohlen des böhmischen Warmbluts zentral aufgezogen. Dasselbe geschieht in Tlumačov mit den Hengstfohlen aus der Mährisch-Schlesischen Landeszucht. Zum Hengstdepot Tlumačov gehört auch das in der Nähe liegende Gestüt *Napajedla*, das als Vollblutgestüt eine lange Traditon besitzt und einen guten Ruf genießt.

Als weitere bekannte Hauptgestüte für die Warmblutzucht sind das in Mähren gelegene Zuchtinstitut *Albertovece*, in dem neben einer großen warmblütigen Zuchtherde auch eine kleinere spezielle Zucht des Trakehner Pferdes und des Englischen Vollblüters stationiert sind, sowie *Netrolice*, wo die Zucht weitgehend auf hannoverscher Grundlage betrieben wird, zu erwähnen.

In der Slowakei verdient das bekannte Gestüt *Topolcianky* Erwähnung, in welchem das slowakische Warmblutpferd neben Arabern und Lipizzanern gehalten wird.

Die in den Gestüten und in der Landeszucht eingesetzten Hengste werden jährlich beurteilt und mit einer Zuchterlaubnis für die nächste Deckperiode versehen, und

Abb. 62. Kladruber Rapphengst Solo VII – geb. 1975 v. Solo IV a. d. Magnifica 184. Standort: Hauptgestüt Slatinany.

zwar aufgrund der Qualität ihrer Nachkommen und selbstverständlich im Hinblick auf ihr Exterieur.

Alle Gestüte unterstehen der Generaldirektion der staatlichen Pferdezucht. Über die Gestüte und Hengstdepots wird dann die Landeszucht zentral gelenkt, wobei diese wiederum für die Landespferdezucht in ihrem Wirkungskreis zuständig ist.

In den letzten Jahren ist ein verstärktes Interesse am Reit- und Fahrsport festzustellen. Im Vordergrund steht jedoch der Springsport, während die Dressur und die Military noch ein gewisses Schattendasein führen.

4.3.6.4 Ungarn

Dieses Land besitzt mit seinen ausgedehnten Weideflächen (Pußta) in der ungarischen Tiefebene und den landwirtschaftlichen Großbetrieben ideale Voraussetzungen für die Pferdezucht. Es hat auf dem Gebiet der Warmblutzucht sehr gestaltend und formend gewirkt. Die großen züchterischen Stützen waren die drei weltbekannten Staatsgestüte: *Mezöhegyes, Kisbêr* und *Bábolna*. Das im besonders fruchtbaren ungarischen Schwarzerdegebiet gelegene Mezöhegys wurde 1785 gegründet mit dem Auftrag, Remonten für die schwere Kavallerie zu züchten. Man begann die Zucht mit einer bunten Vielzahl der damals verbreiteten Rassen. In der Konsolidierungsphase hatten sich dann jedoch vier Stämme herauskristallisiert: Die Noniusse in der *großen* und der *kleinen* Typrichtung, die Gidrans und die Furioso-Northstars z. T. mit Przedswit-Blut.

Abb. 63. Hengst Nonius C XXIII v. 274 Nonius II-2 a. d. 524 Nonius XLIII. Vertreter der Nonius-Rasse in Ungarn.

Abb. 64. Hengst North Star A XVII v. 12 North Star XXV-2 a. d. 64 Fenek IV. Vertreter der North Star-Rasse.

Die *Nonius-Rasse* geht zurück auf den 1810 in Frankreich geborenen und in Zweibrücken erbeuteten Anglonormannen Nonius aus dem Gestüt Rossières. Er wurde zunächst mit spanisch-neapolitanischen Stuten angepaart. In der zweiten Generation wurde dann arabisches Blut verwendet, um Härte und Ausdauer zu erhöhen. Als der gewünschte Typ erreicht war, wurde diese „Rasse" durch Inzucht konsolidiert. Nonius hat 79 Hengste und 137 Mutterstuten hinterlassen. Er schuf ein mittelschweres bis schweres Warmblutpferd mit einem Ramskopf, hochaufgesetztem mittellangem Hals, langem Rücken, breiter Brust und Kruppe mit betonter Bemuskelung und klarem, trockenem Fundament. Bisweilen waren die Pferde zu grob im Kopf und zu lang in der Flanke ohne den gewünschten Schluß. Sie fanden sowohl im Zug wie auch im Reitdienst Verwendung und waren im Südostraum Europas stark verbreitet.

Um gewisse Inzuchtschäden auszugleichen, wurden ab 1860 tropfenweise Englische Vollblüter eingesetzt. Die dunkle Farbe (Braune, Rappen) war vorherrschend. Man teilte die Noniusse in zwei Typrichtungen, den Großnonius (über 160 cm) und den Kleinnonius (unter 160 cm).

Heute gibt es diese Einteilung nicht mehr. Man spricht allgemein nur noch von der Noniusrasse, die weiterhin ihre beste Zuchtbasis in Mezöhegyes hat. Dort wird sie rein weitergezüchtet und dient als Mutterbasis für die Erzeugung von Reitpferden mit Englischen Vollbluthengsten.

Neben der Noniusrasse wurde Mitte des 20. Jahrhunderts in Mezöhegyes auch eine sogenannte *Halbblutrasse* gezüchtet, der zwei miteinander verwandte Englische Vollbluthengste ihr Gepräge gaben. Es waren der 1836 geborene *Furioso* und der 1844 geborene *North Star*. Beide gründeten zunächst ihre eigenen Stämme. Später vereinigte man diese Stämme zum Mezöhegyeser Halbblut. Diese Halbblüter waren harte und vielseitig verwendbare Pferde im großen Rahmen und mit bemerkenswerter Ausdauer.

Hengste dieser Zuchtrichtung waren über die Grenzen Ungarns hinaus gesuchte Vererber, und sie haben in anderen europäischen Ländern die dortigen Landrassen maßgeblich beeinflußt. Sie waren von brauner oder dunkelbrauner Farbe.

Aufgrund seiner vortrefflichen reiterlichen Eigenschaften sowie seiner Härte und Einsatzbereitschaft erlitt diese Zuchtrichtung während des Zweiten Weltkrieges starke Verluste, nach dem Zweiten Weltkrieg wurde die Mezöhegyner Herde verstreut. Zur Zeit bemüht sich die kiskunsager Staatswirtschaft, diese Halbblüter wiederum im alten Typ weiterzuzüchten.

Als dritte Zuchtrichtung hat Mezöhegyes die *Gidrans* Mitte des 19. Jahrhunderts hervorgebracht. Sie sind ihrem Entstehen nach Angloaraber und lassen sich auf den aus Arabien importierten Vollblutarabern *Gidran* und dessen Sohn *Gidran II* (geb 1820) zurückführen. Dieser stammt aus einer Stute spanischen Ursprungs von dem Araber Gidran Senior (Siglavy-Stamm) und hat auf einem sehr heterogenen Stutenmaterial den arabischen Typ gefestigt. Innerhalb dieser Zuchtrichtung wurden regelmäßig Englische Vollblüter und ab und zu Araber eingesetzt. In Mezöhegyes waren es ausschließlich Füchse, während es in Radautz bei dieser Rasse auch Braune und Schimmel gab. Die Gidrans waren zu jener Zeit elegante Reit- und hübsche Wagenpferde. Was Härte und Ausdauer anbelangt, waren sie unübertrefflich. Während des Zweiten Weltkrieges wurden sie zahlenmäßig stark reduziert, und das Gestüt wurde letztlich nach dem Staatsgut Dalmand verlegt. Zur Zeit werden auch in Szántódpuszta Gidrans gezüchtet.

Mit der Entwicklung dieser drei Rassen hat sich Mezöhegyes für die Pferdezucht des gesamten europäischen Südostraumes ein unauslöschliches Denkmal gesetzt. Ein

Besuch in diesem Gestüt mit seinen weiträumigen Anlagen und den auf Luzernefeldern weidenden Stutenherden gehört zu den besonderen hippologischen Erlebnissen.

Im Gestüt Kisbêr (gegründet 1853) züchtete man mit gutem Erfolg Englische Vollblüter. Es sei hier nur an die in 54 Rennen ungeschlagene Wunderstute Kinscem erinnert. Daneben wurde in größerem Umfange eine Halbblutzucht betrieben, und zwar weitgehend mit von der Rennbahn kommenden Vollbluthengsten, die nicht unmittelbar in der Landeszucht eingesetzt werden sollten, sondern mehr über die aus sehr hoch im Blute stehenden Halbblutstuten gefallenen Söhne. Man schaltete also einen Zuchtfilter vor und überließ die Selektion geeigneter Veredlerhengste für die Landespferdezucht erfahrenen Zuchtexperten.

Verschiedene Englische Vollbluthengste gründeten in der Kisbêrer Zucht eigene Hengstlinien, so unter anderen Dunure, Fenék, Filou, Kezma, Maxim und Shannen.

Zwischen den beiden Weltkriegen wurden zur Verstärkung des Kalibers und Verbesserung der Nutzungseigenschaften auch Furioso, North Star und Trakehner Hengste eingesetzt.

Die Kisbêrer Halbblüter waren bereits herausragende Sportpferde, als der Pferdesport noch kein allgemein verbreiteter Volkssport war.

Während und nach dem Zweiten Weltkrieg wurden die Kisbêrer Halbblüter im Lande verstreut. Heute werden die noch verbliebenen Exemplare dieser sehr wertvollen, aber zahlenmäßig stark reduzierten Rasse wieder in dem Sárvárer und Dalmander Gestüt gesammelt, um mit ihnen weiterzuzüchten.

Das Staatsgestüt Bábolna wurde 1789 angekauft. Es war zunächst eine Filiale von Mezőhegyes. Ab 1816 betrieb es dann eine arabische Vollblut- und Halbblutzucht. Original-Araber kamen durch viele ostländische Expeditionen nach Bábolna, so daß allmählich Bábolna zum Mekka des reinrassigen Araberpferdes wurde. Bábolnaer Araber, vor allem die etwas großrahmigen Halbblutaraber, haben auch andere europäische Araberzuchten und zahlreiche Warmblutzuchten befruchtet.

Heute wird in Bábolna der Araber in zwei Varianten gezüchtet, einmal der sehr edle Vollblutaraber und zum anderen der massigere Shagya, in dem die alten Bábolnaer Araber-Stämme in Reinkultur vereinigt sind.

Die Lipizzaner werden auch heute noch in Ungarn reinrassig gezüchtet, und zwar speziell in dem im Bükk-Gebirge gelegenen Staatsgestüt Szilvásvárad. Dort sind auch weiterhin die seit langem konsolidierten acht Stämme in der züchterischen Betreuung. Wertvolle Wagen- und Sportpferde kommen aus dieser alten Rasse.

Die hier genannten Zuchtrichtungen des Warmblutpferdes sind auch heute noch Grundlage der ungarischen Landespferdezucht. In den Staatsgestüten standen Anfang 1985 150 Nóniuszstuten, 150 Kisbêrer Halbblutstuten, 150 mezőhegyeser Halbblutstuten und 50 Gidránstuten.

Die Beschäler für die Landespferdezucht kommen hauptsächlich aus diesen Gestüten. Im Lande selbst spricht man von „ungarischen Halbblutpferden", ohne eine Spezifizierung in die verschiedenen Zuchtrichtungen vorzunehmen.

Der Pferdebestand in Ungarn betrug 1938 790 000 Tiere, sank bis 1958 auf 720 000 und belief sich Ende des Jahres 1983 auf 110 000 Pferde.

Die in Ungarn entwickelten Warmblutrassen sind auch für die Warmblutzuchten in den Ländern Rumänien, Jugoslawien, Bulgarien und der Tschechoslowakei bestimmend gewesen.

In jüngerer Zeit ist man bemüht, unter Verwendung einzelner Hengste anderer Rassen, wie Hannoveraner, Holsteiner und Westfalen, noch mehr an das heute geforderte vielseitige Leistungsmodell heranzuführen.

Abb. 65. Hengst Koheilan X v. 840 Koheilan VII-2 a. d. 29 Siglavy Bagdady III. Vertreter der Araberzucht (Bábolna).

4.3.6.5 UdSSR

In der UdSSR wird der Pferdebestand mit ca. 5,6 Milionen angegeben. Das ist ein absoluter Tiefpunkt, der – wie in vielen anderen Ländern auch – eine Folge der Motorisierung ist. Von diesen 5,6 Millionen Pferden sind etwa 70% Arbeitspferde, davon werden mehr als 0,5 Millionen als Hirtenpferde eingesetzt. Rund 20% werden der Fleischnutzung zugeführt und nur 10% für Sport und Tourismus genutzt.

In der UdSSR ist die Leistungsprüfung von jeher ein herausragendes Prinzip in der Tierzucht gewesen, so auch in der Pferdezucht. Die Leistungsprüfungen sind jedoch nach wie vor geprägt von den Anforderungen der Kavallerie im Ersten und Zweiten Weltkrieg und weniger angepaßt den Anforderungen des Reitsports. Sämtliche Hengste, die den Reitpferderassen, den Vollblütern oder den Trabern zuzurechnen sind, kommen im Alter von 2½–3 Jahren auf eine Rennbahn. Hier werden sie über 2 Jahre lang ausgebildet und im Rennen geprüft. Während vor dem Krieg die Rennen über lange Distanzen geritten wurden, sind die Distanzen heute kürzer geworden und gleichen sich etwa denen der Vollblutzucht an. Die Rennen der Reitpferde werden nicht gemeinsam mit Vollblütern ausgetragen

Als wichtigste sowjetische Reitpferderassen können hervorgehoben werden:
1. Das Ukrainische Pferd
Das Ukrainische Pferd ist eine der Hauptpferderassen in der UdSSR. Es ist aus einer Landrasse mit zahlreichen Einkreuzungen entstanden. Die Konsolidierung innerhalb dieser Population erfolgte durch zwei Orlow-Traberhengste, die zu Stammvätern dieser Rasse wurden. Nach dem Zweiten Weltkrieg hat eine Veredlung dieser Rasse durch den Einsatz von Englischen Vollblütern und Trakehnern stattgefunden.

2. Das Don-Pferd

Das Don-Pferd ist aus dem ursprünglichen Kosakenpferd hervorgegangen. Die Kosaken brachten ihre eigenen Pferde mit in das Regiment, in dem sie dienten. Da diese Pferde in den Friedenszeiten auch auf dem Acker arbeiten mußten, waren sie im äußeren Erscheinungsbild recht rumpfig und gedrungen. Ihr Stockmaß lag bei ungefähr 160 cm. Es handelte sich um sehr harte und ausdauernde Pferde, die sehr genügsam waren und vielseitig eingesetzt werden konnten.

Aus dieser Rasse, die heute noch besteht, ist

3. der Budjonny

entwickelt worden. Der Feldmarschall Budjonny züchtete aus Don-Stuten mit Vollbluthengsten die Rasse Budjonny. Pferde dieser Rasse wurden zunächst ausschließlich als Offizierspferde verwendet. Durch eine extrem scharfe Selektion (5%) und eine Beschränkung des Vollbluteinsatzes auf ca. 50% ist der heutige Typ entwickelt worden. In Halsung, Schulter, Sattellage und Fundament ist der Einfluß des Vollblüters unverkennbar. Temperamentsmäßig sind Pferde dieser Rasse nicht immer leicht zu handhaben. Der Budjonny zählt heute zu den wichtigsten Pferderassen der UdSSR. Ca. 80% dieser Pferde, deren heutige Größe zwischen 165–170 cm liegt, sind Füchse. Sie werden vorwiegend im Süden der UdSSR gehalten.

4. Der Achal-Tekkiner

Die Heimat des Achal-Tekkiners ist Turkmenistan. Diese Rasse gehört zu den ältesten Pferderassen der Welt und stammt aus den Ebenen Vorder- und Mittelasiens. Der Name wird zurückgeführt auf einen Volksstamm der Tekke. Nach HECK soll es sich aufgrund von Grubenfunden um eine Rasse handeln, die auf 2500 Jahre v. Chr. zurückgeht. Kennzeichnend für die Pferde dieser Rasse sind der hohe Wuchs, die kurze Mähne, ein langer, sich verjüngender Hals und ein trockener Kopf. Sie zeichnen sich durch Ausdauer, Genügsamkeit und Schnelligkeit aus. Die Farben sind vorwiegend Schwarz, Braun und Goldfalben. In den Adern der Achal-Tekkiner fließt mit Sicherheit arabisches Blut. Durch den Hengst Byerley Turk hat diese Rasse entscheidend zur Entwicklung des Englischen Vollbluts beigetragen, denn Byerley Turk ist einer der drei Stammväter des Englischen Vollbluts. Heute werden die Achal-Tekkiner neben Turkmenistan auch in Kasachstan gehalten. Ein international bekannter Vertreter dieser Rasse ist der Hengst Absint, der unter Filatov in der Dressur eine Goldmedaille bei den Olympischen Spielen in Rom gewann.

5. Kabardiner

Bei dieser Rasse handelt es sich um kleinere Bergpferde um 150 cm, die als Reit- und Hirtenpferde im Kaukasus gehalten wurden. Sie verfügen über trockene Köpfe und harte Beine. Ihre Trittsicherheit ist sprichwörtlich. Sie waren über lange Zeit die Hauptpferderasse des Kaukasus. In jüngster Zeit wurden sie durch Englisches Vollblut veredelt und führen nach dieser Veredlungsperiode den Namen Anglokabardiner. Sie weisen heute eine Widerristhöhe von 160 cm auf und werden als Renn-, Dressur- und Springpferde verwendet. Sehr beliebt sind sie auch als Zirkuspferde.

4.3.7 Benelux-Staaten

4.3.7.1 Belgien – Luxemburg

Neben der weltweit bekannten Zucht der Ardenner und des Brabanter Kaltblutpferdes hat es in Belgien und Luxemburg schon immer Warmblutpferde gegeben, und zwar *Groninger* und *Gelderländer* als Wagenpferde und für Reitzwecke. Daneben wurde auch versucht, durch Kreuzungen von Englischen Vollbluthengsten und Trekpaard-Stuten (Kaltblutstuten) ein als Wagen- und Reitpferd geeignetes Modell zu erstellen. Diese Versuche schlugen fehl, und so ging man wiederum dazu über, fertige Warmblutpferde aus den benachbarten Zuchtgebieten zu importieren und mit ihnen reiterliche Wettkämpfe zu bestreiten. Erst allmählich setzte sich der Gedanke durch, daß man diese Pferde auch selbst züchten könne. Es wurden sodann auch Zuchthengste und Zuchtstuten ins Land geholt, um die Grundlage für eine eigenständige Zucht zu schaffen. Diese stand aber über lange Jahre im Schatten der bedeutenderen Kaltblutzucht. Erst nach dem Zweiten Weltkrieg gelang es ihr, im Zuge der Motorisierung der Landwirtschaft aus dem Schattendasein hervorzutreten und an Bedeutung zu gewinnen. Ihre heutige Bedeutung verdankt die belgische Warmblutzucht weitgehend ihrem langjährigen Geschäftsführer Kanonikus de Meý und die luxemburgische Warmblutzucht ihrem Vorsitzenden Prof. Dr. Weyrich. Beide haben unabhängig voneinander erkannt, daß es an der Zeit sei, die Zucht auf *ein* Ziel auszurichten und sich auf einen bestimmten Typ bzw. eine bestimmte Rasse zu einigen. Nach eingehendem Studium der verschiedenen infrage kommenden Rassen entschied man sich für den Standardtyp Hannover. Original hann. Stuten kamen ins Land und der Erwerb von geeigneten Hengsten wurde in die Wege geleitet.

In Belgien wurde die Nationale Fokverenigung Warmbloed Paard (NFWP) 1955 gegründet; in Luxemburg das Stud-Book Luxemburgois du Cheval de Sang ins Leben gerufen. Die zuständigen Landwirtschaftsministerien erkannten diese Züchtervereinigungen an.

Die ersten nach Belgien importierten hannoverschen Hengste waren der Gong-Sohn Gladiator und der Firnis-Sohn Flügel. Letzterer hat in Belgien viele gute Zuchtstuten und Leistungspferde hinterlassen, unter ihnen das Olympiapferd Gai Luron. Flügel ist 1985 im Alter von 28 Jahren eingegangen. Sein Nachfolger Lugano – ein Lugano-Sohn – hat sogar drei international bekannte Turnierpferde Porsche, Pluco und Cyano hinterlassen. Als weitere bedeutende Vererber verdienen die Hengste Wöhler (v. Wunsch II) sowie Feinschnitt I und II (v. Wendekreis) erwähnt zu werden.

Belgien und Luxemburg haben das in Hannover seit langem praktizierte Schausystem für Zuchtstuten und das Prinzip der Hengstleistungsprüfung – wenn auch in abgewandelter Form – übernommen. Die ersten Stutenschauen in Belgien wurden 1954 ins Leben gerufen. Leistungsprüfungen für Zuchthengste sind in Belgien obligatorisch, und zwar mit geteilten Prüfungsanforderungen im 4. und 5. Lebensjahr.

1984 waren 6040 Stuten in Belgien eingetragen. Für die Deckzeit 1985 stehen 142 Hengste zur Verfügung. Sowohl in Belgien als auch in Luxemburg werden die Hengste vorwiegend zu den Stuten gefahren (Hengstreiterei). Die heutige Zuchtbasis in Belgien wie in Luxemburg besteht zu fast 60% aus hannoverschem Blut; an den restlichen ca. 40% sind Anglo-Normannen, Holländer, Trakehner, Westfalen, Oldenburger, Holsteiner und einige wenige Englische Vollblüter beteiligt.

Die Anglo-Normannen haben neben den Hannoveranern wohl den größten Einfluß auf die heutige Gestaltung des belgischen Reitpferdes gehabt. Hengste wie Fantastique, Ibrahim und Almé haben besonders die Springveranlagung entscheident mit beeinflußt.

4.3.7.2 Niederlande

Die Entwicklung der Pferdezucht in den Niederlanden ist ähnlich wie in Belgien verlaufen. In der Ritterzeit gab es hier den verhältnismäßig schweren Streithengst im Typ des im Flamland gezüchteten Flamländer Pferdes, das sich damals einer großen Beliebtheit erfreute. In der Folgezeit stand das holländische Pferd in hohem Ansehen, als man aus Paarungen zwischen Landstuten und spanischen Hengsten ein Pferd mit

Abb. 66. Holländisches Reitpferd Utah, WPN, Stute v. Jurriaan WPN – Jagermeester WPN (ex Idol Trak).

Trabeigenschaften entwickelt hatte, so daß Holland eigentlich sogar als die Wiege des Trabrennsportes bezeichnet werden kann.

Diese sogenannten holländischen Harddraver gab es, bevor der Orlowtraber und der Amerikanische Traber erzüchtet wurde. Eine der Stammstuten der Orlows war sogar eine holländische Harddraver-Stute. Wie weit bei den heutigen Warmblutschlägen die Eigenschaften etwa blutmäßig Verbindung zu diesem Pferd besitzen, bleibe dahingestellt.

Holland ist auch heute noch ein Land, in dem eine Vielzahl von Rassen gehalten wird und nach wie vor die Pferdezucht eine relativ große Bedeutung besitzt. Die Zucht der Pferde wird durch Boden und Klima sehr günstig beeinflußt, da $^9/_{10}$ der landwirtschaftlich genutzten Fläche Grünland sind. Insgesamt gibt es 15 Stutbuchorganisationen (Züchterverbände) für Großpferde und Ponys, davon allein 9 für die letzteren.

Im Gegensatz zu anderen Ländern hat jede Rasse ihre eigene Züchterorganisation, während z. B. in Deutschland in einem Ponyzuchtverband ein Stutbuch mit speziellen Abteilungen für die verschiedenen Rassen geführt wird. Alle Stutbuchorganisationen in Holland sind zusammengefaßt in der Pferdezuchtabteilung des „Landbouwschap". Die Stutbuchbestimmungen sind seit 1939 gesetzlich festgelegt. Danach dürfen Hengste nur decken, wenn sie in einer Stutbuchorganisation eingetragen und seitens dieser Organisation für den Zuchteinsatz anerkannt sind. Die Zahl der Pferde in Holland wird für 1984 mit 170 000 angegeben.

Die zahlenmäßige Entwicklung der Bestände ist der nachfolgenden Tabelle zu entnehmen:

Tab. 33. Zahl der Pferde in den Niederlanden (geschätzt in 1000 Stück)

Jahr	Zahl der Großpferde	Zahl der Ponys	insgesamt
1946	310	–	310
1950	250	–	250
1954	225	–	225
1958	190	10	200
1962	120	40	160
1966	90	55	145
1970	60	80	140
1974	105	120	225
1978	110	90	200
1982	100	70	170
1984	100	70	170

Über die Entwicklung der Bedeckungen gibt die folgende Tabelle Auskunft.

Tab. 34. Zahl der Bedeckungen in den Niederlanden

Zucht	1963	1973	1983
Zugpferde	7635	1740	1207
Arabische Vollblüter	146	6005	485
Arabische Halbblüter	–		1474
Englische Vollblüter	102	215	139
Reitpferde	13573	18670	9738
Wagenpferde			2227
Traber	973	1193	1210
Friesen	877	689	1212
Hackneys	46	392	486
Haflinger	319	946	1004
Fjordpferde	668	923	890
Shetlandponys	8892	8803	5405
Welshponys	373	7630	2412
New Forest Ponys	354	2659	995
Connemara Ponys	–	115	97
Dartmoor Ponys	–	245	34
Islandpferde	83	154	53
Appalooser	–	246	198
Insgesamt	34041	50625	29266

Im Jahre 1984 waren 1035 Hengste der verschiedenen Rassen im Zuchteinsatz. Mit Ausnahme von 3 Hengsten befanden sich alle anderen im Privatbesitz.

Die Zucht der Reit- und Wagenpferde wird repräsentiert durch 3 Rassen:
Der *Gelderländer,* der wie viele andere Rassen ursprünglich auf andalusisches und neapolitanisches Blut zurückgeht, hat sein verhältnismäßig einheitliches Rassebild durch die Benutzung von Hackneys, Anglonormannen und Holsteinern erhalten. Besonderen Einfluß gewann der Holsteiner Domberg. Der Gelderländer war in der

Abb. 67. Holländisches Wagenpferd Zusan, WPN, Stute v. Proloog WPN – Gloriant Sgldt.

Abb. 68. Gelderländer Hengst Goudsmid Sgldt v. Norman Sgldt (ex Norman Holst) – L'Invasion Sgldt (ex Ultimatum SF)

Abb. 69. Groninger Hengst Bazalt, GP v. Baldewijn NWP – Verdi NWP.

Provinz Gelderland ein sehr beliebtes Arbeits- und Wagenpferd mit trockenerem Gepräge und hohen Gängen. In neuerer Zeit wird der Gelderländer mit edleren Hengsten, z.T. aus Deutschland, auf den heute gefragten Reitpferdetyp eingestellt.

Ein etwas schwereres Modell des Wirtschafts- und Wagenpferdes verkörpert der Groninger in der Provinz Groningen, der vorwiegend auf oldenburgisch-ostfriesischer Grundlage gezüchtet ist. Auf viel Ausdruck und raumgreifende Gänge wurde stets Wert gelegt. Zwischen dem Gelderländer und dem Groninger hat ein gewisser Zuchtaustausch stattgefunden. Heute wird der Groninger gleichfalls mit geeigneten Hengsten edler gezüchtet.

Beide Zuchten sind seit 1970 vereinigt in dem „Warmbloed Paardenstamboek in Nederland" (WPN) mit dem Sitz in Bilthoven.

1983 gehörten dieser Züchtervereinigung 23 380 Mitglieder an, in demselben Jahr wurden 2322 Stuten neu ins Stutbuch aufgenommen und die Zahl der registrierten Fohlen belief sich auf 7717. Der Brand auf dem linken Hinterschenkel ist der weltbekannte Holländische Löwe.

Neben diesen beiden Rassen verdient besondere Erwähnung das *Friesische Pferd*, eine alte, bekannte und bewährte Zucht. Die Züchtervereinigung dieser Rasse wurde 1879 gegründet. Das Friesische Pferd – in der Regel sind es Rappen – war und ist nicht nur als Zugpferd zu verwenden, sondern eignet sich auch für Reitzwecke. Es verfügt über sehr schwungvolle Gänge mit hoher Knieaktion und hat sowohl bei der Entwicklung der amerikanischen Morgan Traber, des englischen Norfolk Trotters wie auch bei den russischen Orlowtrabern Pate gestanden.

In neuerer Zeit ist – wie bereits erwähnt – ein friesischer Hengst (Romke) zur Blutauffrischung in der Kladruber Rappenzucht (CSSR) eingesetzt worden.

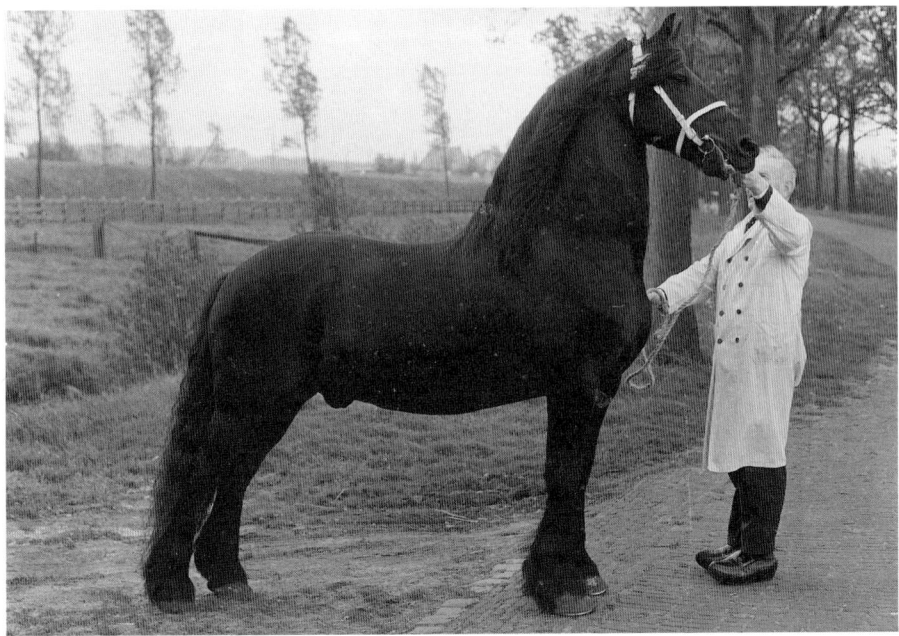

Abb. 70. Friesen-Hengst Ritske 202 – Spezifischer Vertreter der Holländischen Friesenzucht.

Das friesische Pferd zeichnet sich durch einen idealen Charakter aus, ist intelligent und gutmütig und besitzt viel Nerv und Leistungswillen. Es besticht durch seine tiefschwarze Farbe, seine starke Mähne und seinen dichtbehaarten Schweif. Die Hengste müssen mit 4 Jahren mindestens 160 cm groß sein, andernfalls werden sie nicht in das Stutbuch eingetragen. Bei den Stuten liegt die Mindesthöhe bei 150 cm. Für die sogenannten Sternstuten werden 155 cm, für Modell-Stuten sogar 158 cm gefordert. Von 23 Hengsten wurden in den letzten Jahren ca. 1200 Stuten gedeckt. Ca. 250 3jährige Stuten stehen jährlich zur Stutbucheintragung an. Vor ihrem Zuchteinsatz haben die Hengste eine Leistungsprüfung über 50 Tage in einer Station abzulegen. Nach einem starken Rückgang dieser Rasse bis hinaus in die 60er Jahre dieses Jahrhunderts nimmt heute die Zahl der Züchter und der eingetragenen Zuchtstuten wieder zahlenmäßig stark zu.

Aus einem Lot von 400–500 3jährigen Junghengsten werden jährlich im Januar ca. 30–40 Hengste ausgewählt, die im Februar in der Hengstprüfungsanstalt Ermelo für einen 100-Tage-Test zusammengezogen werden. Erst nach diesem erfolgreich bestandenen Test werden sie gekört und zum Decken aufgestellt. Im Gegensatz zu Deutschland, mit Ausnahme des Landgestüts Celle, wo die jungen 3jährigen Hengste erst nach der ersten Deckperiode (1.8.) in die Hengstleistungsprüfungsanstalt kommen, erfolgt die Leistungsprüfung in Holland vor dem ersten Deckeinsatz. Trotzdem decken sie auch mit drei Jahren, denn sie können von Mai–Juli noch züchterisch genutzt werden.

5   Kaltblut

Unter dieser deutschen Bezeichnung werden Pferde jener Rassen zusammengefaßt, die sich durch üppigere Körperformen, höheres Körpergewicht, vermehrter Bemuskelung in der Hinterhand, häufig stärker geneigter Kruppe, starkem Fundament mit mehr oder weniger Behang, kürzerem dicken Hals und meistens verdecktem Widerrist auszeichnen. Da diese Pferde in erster Linie für den Zugdienst bestimmt sind, werden sie in anderen Ländern vielfach als „Zugpferde" deklariert. Die deutsche Begriffsbestimmung „Kaltblut" bezieht sich auf das Temperament, da Kaltblutpferde in der Regel ein ruhigeres Temperament besitzen als das wesentlich lebhaftere „Warmblut" oder „Vollblut"

Die wirtschaftliche Bedeutung dieser Pferde wuchs im vorigen Jahrhundert mit der rapiden Entwicklung der Industrie und der Intensivierung der Landwirtschaft durch Übergang von der Dreifelderwirtschaft zur Fruchtwechsel-Wirtschaft. Die Beförderung schwerer Lasten zu den Bahnhöfen nach Schaffung der Eisenbahn und zu den Handelszentren machte genauso ein Pferd mit größerem Kaliber erforderlich wie die Vertiefung der Pflugfurche als Voraussetzung für Ausdehnung des Hackfruchtbaues und damit der gesteigerten Intensität der landwirtschaftlichen Betriebe. Die Kaltblutrassen sind somit vorwiegend der intensiven Ackerkultur gefolgt und infolgedessen nach dem Zweiten Weltkrieg besonders in die Konkurrenz zu der sich sprunghaft ausweitenden Motorisierung geraten. In den meisten Ländern sind daher die Bestände an Kaltblutpferden stark zusammengeschrumpft.

GUSTAV RAU hat gelegentlich zum Ausdruck gebracht, daß es zu den geradezu erstaunlichen Erfolgen der Pferdezucht gehöre, im Kaltblüter nicht nur ein Pferd mit hohem Zugleistungsvermögen, sondern auch mit vorzüglichem Temperament und guter Umgänglichkeit geschaffen zu haben.

5.1   Deutschland

Die große Bedeutung, die das Kaltblut in Deutschland seit der Jahrhundertwende infolge der einleitend gekennzeichneten allgemeinen Entwicklung von Industrie und Landwirtschaft erlangt hatte, ergibt sich aus folgender Gegenüberstellung des prozentualen Anteils von Warmblut und Kaltblut (Tab. 35).

Diese Zahlen, die sich auf den Anteil an deckberechtigten Hengsten beziehen, können durchaus als ein echtes Spiegelbild der Rassenverteilung angesehen werden. Der Anteil der Kaltbluthengste, der kurz nach dem Zweiten Weltkrieg auf über 60% angestiegen war, ist in den letzten 30 Jahren rapide gefallen. Es ist für die Kaltblutzucht eine gewisse Tragik, daß die augenfälligen Erfolge, die dank großer Opferwilligkeit im Interesse eines schnellen züchterischen Fortschrittes (Einfuhr qualitätsvoller Vatertiere aus dem Ausland) zu verzeichnen waren, ziemlich abrupt ihr Ende fanden. Auch eine züchterische Typumstellung von schweren auf mittelschwere Modelle konnte das Schicksal nicht mehr wenden. Das Zeitalter des Zugpferdes scheint besonders für die weiten Flachlandgebiete infolge der Motorisierung, die durch Änderung der landwirtschaftlichen Betriebsstrukturen weiterhin noch begünstigt wird, zu Ende gehen. Im Gebirge und bei der Holzabfuhr in den Wäldern gibt es noch Einsatzmöglichkeiten, die jedoch relativ begrenzt sind.

Schon zwischen den beiden Weltkriegen ist man bemüht gewesen, unter Führung des damaligen Reichsverbandes für Zucht und Prüfung deutschen Kaltblutes die

Abb. 71. Stute Pamina v. Heros a. d. Leuchen v. Fähnrich. DLG-Siegerstute 1980.

Tab. 35. Prozentuales Verhältnis des Warm- und Kaltblutbestandes in Deutschland

	Warmblut	Kaltblut
1898	72%	28%
1911	51%	49%
1934	41%	59%
1958	65%	35%
1977	95%	5%
1984	97%	3%

züchterische Selektion durch Leistungsprüfung zu unterstützen. Diese fanden als Kurz-, Mittel- und Langenstreckenprüfung zweispännig vor dem Wagen statt. Auch Höchstzugkraftleistungsprüfungen wurden mit einem in Amerika entwickelten Zugkraftmeßwagen durchgeführt. Zu dem Ausbau einer Prüfung, die eine systematische Selektion nach Leistung ermöglichte, kam es auf diese Weise jedoch nicht.

Nach dem Zweiten Weltkrieg wurde dann die in der 4. DVO zum Tierzuchtgesetz festgelegte Prüfung für Zuchthengste und Hengstmütter einspännig vor dem Zugschlitten eingeführt. In den niedersächsischen Landgestüten kam auch noch eine Zusatzprüfung vor der Traberkarre in Schritt und Trab zur Anwendung. Dabei zeigte sich, daß im Landgestüt Osnabrück die Kaltbluthengste diese Prüfung genauso gut bewältigten wie die Oldenburger Hengste.

Die züchterische Entwicklung der Kaltblutzucht in Deutschland hat im letzten Drittel des vorigen Jahrhunderts auf der Grundlage einheimischer Landschläge mit Percherons, englischen, dänischen und Schleswiger Hengsten begonnen, bis in der west- und norddeutschen Tiefebene der Belgier seine dominierende Rolle übernahm. In Sachsen-Anhalt haben sich Clydesdales und Shires bis zum Ersten Weltkrieg gehalten. Die Kreuzungen dieser beiden englischen Rassen mit den einheimischen Landschlägen hatten sich jedoch nicht bewährt; vor allem störte der starke Beinbehang und vielfach eine gewisse Schwerfuttrigkeit infolge zu flacher und zu kurzer Hinterrippe. Die belgischen Pferde wiesen demgegenüber eine größere Rundrippigkeit auf und waren daher leichtfuttriger. Sie waren infolgedessen für die Kreuzungen geeigneter. Da das Rheinland die erste Provinz war, die sich ganz auf dieses Pferd einstellte, gab man nach dem Ersten Weltkrieg dieser Rasse die Bezeichnung „Rheinisch-deutsches Pferd". Die überragende Stellung des Rheinisch-Deutschen Kaltblutes innerhalb der deutschen Kaltblutzucht wird durch folgende Aufgliederungen aus dem Jahre 1938 gekennzeichnet:

Rheinisch-Deutsches Kaltblut 82,2%, Süddeutsches Kaltblut 13,5%, Schleswiger 4,3%. Diese Zahlen haben sich inzwischen völlig verschoben. Nunmehr liegt das Süddeutsche Kaltblut mit etwa 78,5% an der Spitze vor dem Rheinisch-Deutschen Kaltblut mit 13,7% und den Schleswigern mit 6,5%.

5.1.1 Der Schleswiger

Das Schleswiger Pferd wird in dem nordöstlichen Teil Deutschlands, im Land Schleswig-Holstein gezüchtet. Es geht auf das Jütische Pferd aus Dänemark zurück. Infolge seiner Willigkeit und Beweglichkeit wurde dieses mittelschwere Kaltblutpferd früher vielfach für Omnibusse und Straßenbahnen benutzt. Nachdem 1888 die Zuchtrichtung anerkannt worden war, erfolgte 1891 die Gründung des Verbandes Schleswiger Pferdezuchtvereine, der die Förderung der Zucht übernahm. In den ersten 50 Jahren hat man immer wieder auf dänisches Blut zurückgegriffen, so daß die Hengstlinien die gleichen sind wie beim Jütischen Pferd. Seit 1938 wurde aber kein dänischer Hengst mehr benutzt. Züchterisch hatte man im vorigen Jahrhundert zuerst Yorkshires und sogar Vollblüter zur Verbesserung benutzt, aber seit 1860 doch vorwiegend Selektion betrieben. Entscheidend hat dann der aus England 1862 nach Jütland eingeführte Hengst *Oppenheim* über seinen Nachkommen *Aldrup Munkedal*, der auf Oppenheim stark ingezüchtet war, die Zucht beeinflußt. Der vom Pferdehändler Oppenheimer geholte und nach ihm benannte Hengst wird in der Literatur als Suffolk angegeben. Zweifel an dieser Angabe dürften jedoch berechtigt sein. Der Typ des Schleswigers und die ihm eigene starke Behaarung sprechen vielmehr dafür, daß es sich bei Oppenheim um einen Shire-Hengst gehandelt hat, den man in England vielleicht wegen seiner Fuchsfarbe abgab. „Hövding" und „Prinz of Jülland" sind die beiden Aldrup-Munkedal-Söhne, die als Linienbegründer bis in die Neuzeit die Schleswiger Zucht beeinflußt haben.

Man ist in Schleswig mit Erfolg bemüht gewesen, die flache Hinterrippe, das etwas lange Mittelstück, ferner die vielfach flachen Hufe zu verbessern. Außerdem hat man immer das Gangvermögen besonders beachtet und stets einem mittleren Rahmen (Größe 156–162 cm) den Vorzug gegeben. Wie bei den Jüten wirkte sich der starke Behang für den Absatz dieser Pferde nachteilig aus. Um mit der daher angestrebten Typverbesserung schneller zum Ziel zu kommen, wurden nach dem Zweiten Weltkrieg 2 französische Kaltbluthengste (ein Boulonnais und ein Bretone) eingeführt. Von diesen ist der Bretone nicht eingeschlagen. Jedoch hat der Boulonnais sich recht gut bewährt. Wie beim Jütischen Pferd ist auch beim Schleswiger die Fuchsfarbe vorherrschend. Durch den Boulonnais waren auch Schimmel häufiger geworden. Die Hengsthaltung erfolgt vorwiegend auf privater und genossenschaftlicher Grundlage. Vorübergehend waren auch einige Hengste in dem 1960 aufgelösten Landgestüt Traventhal aufgestellt worden. – Das Schleswiger Pferd hat sich von seinem Heimatzuchtgebiet aus zunächst auch in Nord- und Ostdeutschland ausgedehnt. Es hatte dort gleichsam die Rolle des Wegbereiters für die Kaltblutzucht übernommen, wurde dann aber überall vom Belgischen Pferd abgelöst, als dessen große Vorteile in Deutschland näher bekannt geworden waren.

1975 wurde der Verband Schleswiger Pferdezuchtvereine aufgelöst und in das „Pferdestammbuch Schleswig-Holstein, Hamburg" mit dem Sitz in Kiel überführt.

Als Zuchtzentren sind heute besonders die Kreise Nordfriesland, Schleswig-Flensburg sowie als bedeutende Einzelzuchtstätte das Gut Kamp im Kreis Segeberg zu nennen. Am 31. 12. 1985 waren 10 Hengste und 81 Stuten eingetragen.

5.1.2   Das Rheinisch-Deutsche Kaltblutpferd

Das Rheinland, Westfalen und die Provinz Sachsen, die Provinzen mit der intensivsten Ackerkultur, bildeten bis zum Zweiten Weltkrieg für diese Rasse die Gruppe der sog. alten Zuchtgebiete, die ein besonders schweres Pferd bevorzugten. (Hengste bis 1000 kg schwer und 160–170 cm groß.) Von hier aus fand dieses Pferd dank seiner vorzüglichen wirtschaftlichen Eigenschaft fast in allen Gegenden Deutschlands Einlaß. Es wurde gezüchtet in Baden, Brandenburg, Braunschweig, Hannover, Hessen, Mecklenburg, Pommern, Ostpreußen, Freistaat Sachsen, Schlesien, Schleswig-Holstein (Lübeck) und Thüringen. In diesen Gebieten bevorzugte man mehr ein mittelschweres Pferd. Die berühmte „Warmblutprovinz" Ostpreußen hatte interessanterweise gleichzeitig in Deutschland auch die meisten Kaltbluthengste (über 600!) und übertraf damit zahlenmäßig sogar das Rheinland. Für den größten Teil der genannten Zuchtgebiete war besonders das Rheinland der Lieferant des benötigten Zuchtmaterials, soweit man nicht direkt auf das Mutterland Belgien oder später auf Westfalen und Sachsen-Anhalt zurückgriff. Nach dem Zweiten Weltkrieg rissen die Verbindungen zwangsläufig leider vielfach ab.

Innerhalb des Bundesgebietes hatte neben dem Rheinland und Westfalen vor allem Niedersachsen allgemein beachtete züchterische Erfolge aufzuweisen, die in erster Linie durch Anlehnung an die Zucht in Sachsen-Anhalt erzielt wurden. Aber auch einige Vertreter des Albion-Blutes aus Rheinland und Westfalen, vor allem aber aus dem Mutterlande Belgien selbst brachten so erhebliche Qualitätsfortschritte, daß für Niedersachsen auf den DLG-Ausstellungen eine Konkurrenz mit den beiden alten Zuchtgebieten möglich wurde. Von den schweren Typen war man allmählich immer mehr abgegangen und gab einem Pferd im Typ des mittelschweren trockenen Ardenners den Vorzug.

Jede Provinz oder jedes Land besaß einen eigenen Pferdezuchtverband. Die bei diesem in das Zuchtbuch eingetragenen Pferde wurden durch einen speziellen Brand (Schenkel- oder Halsbrand) gekennzeichnet. Innerhalb dieser großen züchterischen Zusammenschlüsse haben örtliche Pferdezuchtvereine und Zuchtgenossenschaften, Privathengsthalter und Hengsthaltungsvereine gemeinsam mit der staatlichen Hengsthaltung an dem Fortschritt der Zuchten gearbeitet. Von den staatlichen Gestüten, die für die Kaltblutzucht besondere Bedeutung erlangt hatten, sind in erster

Abb. 72. Westf. Kaltbluthengst Maßstab, Ldb. Warendorf, v. Marquis de Breedhout.

Linie zu nennen: Wickrath (Rheinland), das inzwischen aufgelöst ist, Warendorf (Westfalen) und Kreuz (Sachsen-Anhalt).

Als guter Vererber hatte sich nach dem Ersten Weltkrieg im Rheinland Lothar III erwiesen, dessen Nachzucht eine große Verbreitung erfahren hat, aber qualitätsmäßig der Konkurrenz des hochgeschätzten belgischen Albion-Blutes nicht gewachsen war. Der aus Belgien eingeführte Espoir de Quaregnon-Sohn Gamin du Onze und später Costaud de Marche haben dem Albion-Typ im Rheinland nachhaltig Geltung verschafft. In Westfalen bewährten sich züchterisch besonders Avenir de Salmonsart, Tapageur de Jonquoi, ein Sohn von Gaston de Calloo. In der Provinz Sachsen wurden zu tragenden Säulen vor allen Dingen Beau Fils de Naast und Gaulois du Monceau.

Die Zuchtbestände dieser Rassengruppe in den verschiedenen Bundesländern betrugen am 1. 1. 1985: Hessen 6 Hengste, 29 Stuten; Niedersachsen 13 Hengste, 95 Stuten; Pfalz-Saar 13 Hengste, 33 Stuten; Rheinland 8 Hengste, 66 Stuten und Westfalen 15 Hengste, 178 Stuten.

5.1.3 Das Süddeutsche Kaltblut (Noriker)

Das Süddeutsche Kaltblut wird in erster Linie in Bayern, außerdem noch in den Ländern Württemberg und Baden gezüchtet. Aus Überlieferungen ist zu entnehmen, daß in Bayern schon in früheren Jahrhunderten ein schweres Pferd gezüchtet wurde, dessen Grundlage auf die Pferde der alten römischen Provinz Noricum zurückgehen. Ursprünglich war die Zucht besonders durch die Klöster gefördert worden. Man hat

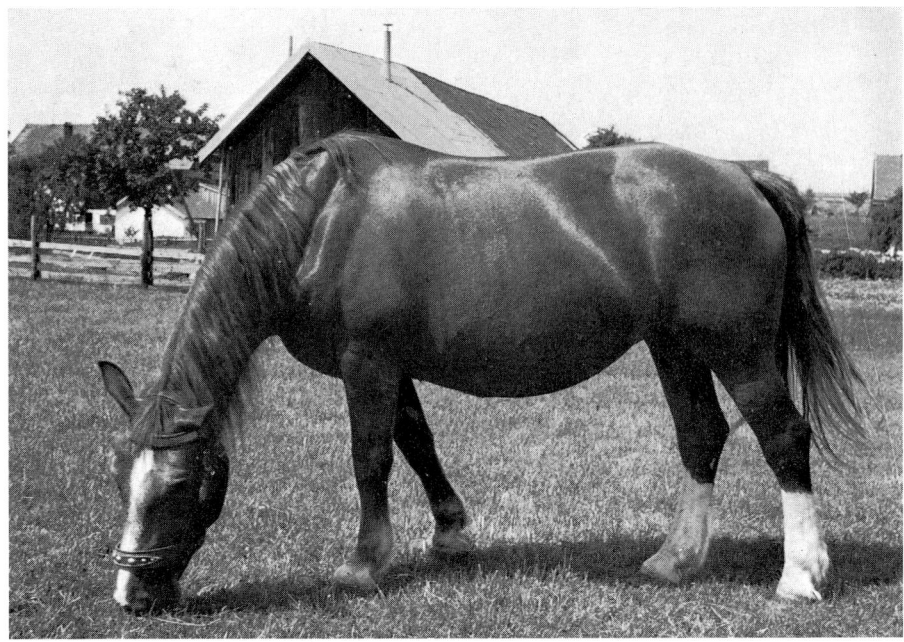

Abb. 73. Bayerische Kaltblutstute Goldmaid 4629 v. 288/58 Gothe Vulkan V.

dann im vorigen Jahrhundert versucht, dieses Pferd mit Normannen, Cleveländern, Oldenburgern, Holsteinern, Ungarn, Clydesdales u. a. Rassen zu verbessern. Auf diese Weise hatte man im bayrischen Oberland einen leichteren Typ geschaffen, der als „Oberländer" bezeichnet wurde, während man im Chiemgau in Form des „Pinzgauers" einen schwereren Typ züchtete. In den letzten Jahrzehnten ging dann das Bestreben dahin, durch Benutzung von Hengsten aus den benachbarten österreichischen Alpenländern allgemein das Pferd zu verstärken und den Typ zu vereinheitlichen. Nachdem dieses Ziel als erreicht anzusehen war, wurde dieses in den drei oben genannten Ländern gezüchtete Pferd einheitlich in „Süddeutsches Kaltblut" (Noriker) umbenannt. In Bayern machte es ungefähr %10 des dortigen Pferdebestandes aus.

Das Zuchtziel ist auf ein mittelgroßes, hartes, möglichst trockenes und wendiges Kaltblutpferd mit klaren Beinen abgestellt, das sowohl in bergigem Gelände wie in der Ebene für die landwirtschaftlichen Arbeiten und zum Holzfahren gut einsetzbar ist. Die Blutlinien, die sich in der Zeit der Kreuzungen mit verschiedenen Rassen entwickelt hatten (Normann-Ertl-Linie, Cleveland-Linie und Clydesdale-Linie), sind allmählich wieder zurückgedrängt und durch solche ersetzt worden, die auf norischer Grundlage entstanden waren. Am stärksten ist in neuerer Zeit die Gothe-Vulkan-Linie verbreitet.

Ein Schwerpunkt für die Förderung der Kaltblutzucht war und ist das Haupt- und Landgestüt Schwaiganger, das u. a. dazu dienen soll, den erforderlichen Hengstnachwuchs sowohl durch eigene Zucht als auch durch die Aufzucht geeigneter Hengstfohlen zu sichern und der Landeszucht die entsprechenden Hengste zur Verfügung zu stellen. Das gleiche trifft für das Haupt- und Landgestüt Marbach in Württemberg zu.

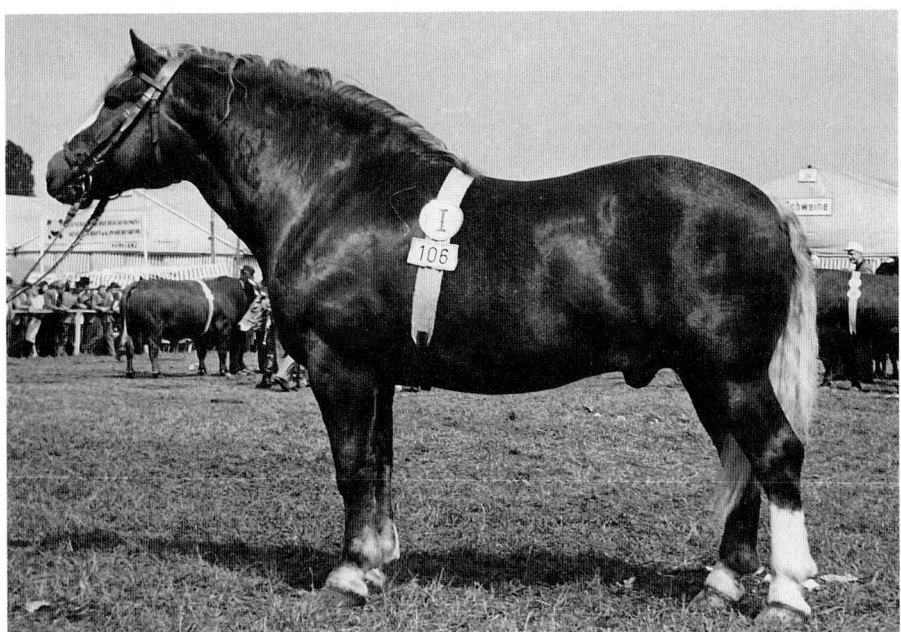

Abb. 74. Vertreter der Schwarzwälder Füchse – Hengst Müller 116 geb. 1953 v. Mizzler B 65 a. d. Oreia H. 4112. DLG Frankfurt 1959 – I. Preis.

Der derzeitige Hengstbestand belief sich in Bayern auf 60, von denen 1195 Stuten 1985 gedeckt worden sind. In Baden-Württemberg betrug der Hengstbestand 16, davon 10 Schwarzwälder Füchse. Die Zahl der gedeckten Stuten belief sich auf 266, davon 250 Schwarzwälder Füchse.

Die Züchter sind im Landesverband bayrischer Pferdezüchter zusammengefaßt, während die Züchter Württembergs und Badens im Pferdezuchtverband Baden-Württemberg zusammengeschlossen sind.

5.1.4 Schwarzwälder Füchse

Die dominierende Kaltblutrasse in Baden-Württemberg ist der „Schwarzwälder". Vom Süddeutschen Kaltblut auf norischer Grundlage sind nur noch wenige Stuten vorhanden.

Das Wälderpferd ist eine regionale Rasse, Schwarzwälder Füchse genannt, obwohl es nicht nur Füchse gibt, ein Kaltblutpferd, anspruchslos, langlebig, fruchtbar, den Anforderungen der bäuerlichen Betriebe in der gebirgigen, waldreichen Region mit kalkarmen Böden angepaßt. Zuchtziel ist: Ein gutmütiges, zugstarkes Kaltblutpferd im mittleren Rahmen, das sich besonders für die Land- und Forstwirtschaft und zum Freizeitsport eignet.

Adel, ein kurzer, kräftiger Hals, eine kurze Mittelhand, eine breite Kruppe, voll bemuskelt, ein kräftiges, trockenes Fundament mit nur geringem Körtenbehang, kurze Schienen und kurze Fesseln sowie harte Hufe sind die Merkmale dieser Rasse. Ein Stockmaß von 152–155 cm wird angestrebt.

Stammbuch für Kaltblutpferde
Niedersachsen e.V.

V.S.P.
Pferdestammbuch Schleswig-
Holstein/Hamburg e.V.

Westfälisches Pferdestammbuch
e.V.

Landesverband Bayerischer
Pferdezüchter e.V.

Rheinisches Pferdestammbuch
e.V.

Verband Hessischer
Pferdezüchter e.V.

Pferdezuchtverband
Baden-Württemberg e.V

Landesverband der Pferde-
züchter Pfalz-Saar

Entnommen dem Jahrbuch der FN 1985.

Abb. 75. Brandzeichen der anerkannten deutschen Kaltblutzuchtverbände. Entnommen aus
dem Jahrbuch der FN 1985.

Schon 1896 haben sich die Züchter des Hochschwarzwaldes zur Schwarzwälder Pferdezuchtgenossenschaft zusammengeschlossen. Im Jahre 1935 schlossen sie sich auf Anordnung der Landesbauernschaft mit den anderen badischen Pferdezuchtgenossenschaften zum Badischen Pferdestammbuch zusammen. Entsprechend der Anordnung des Reichsministers für Ernährung und Landwirtschaft vom 15. November 1938 über die Festlegung von Reinzuchtgebieten wurde das Gebiet des Schwarzwaldes zum Zuchtgebiet des Schwarzwälder Kaltblutes erklärt und wurde in diesen Grenzen bis heute erhalten.

Die bedeutendsten Hengstlinienbegründer sind Milan B 41, Noriker, geb 1927 in Osttirol, über seinen Sohn Mittler, B 65, und besonders dessen Söhne Müller Ldb. 116 und Militär Ldb. 162.

Es gibt heute kaum ein Wälderpferd, welches nicht Mittler B 65 über irgendeinen seiner Nachkommen im Pedigree hat. Diese Hengstlinie, Inzucht auf Mittler, hat die heutige Population stark geprägt. Bester Charakter, Adel, Trockenheit, sind das Kennzeichen der M-Linie, zum Teil aber auch wenig Stockmaß.

Nicht weniger ist die D-Linie verbreitet; Wuchs, Kaliber und Nerv zeichnen sie aus. Deutschritter, geb. 1936, belgischer Abstammung, hat über seinen Sohn Deutobert, geb. 1930, und dessen Sohn Deuto, geb. 1940, die Linie begründet. Die M- und D-Linien sind letztendlich von den Wälderstuten als bewahrendes Element dieser Zucht geprägt.

Für die etwa 250 Stuten, die zur Zucht verwendet werden, stehen 10 Hengste im Wäldertyp zur Verfügung. Die Hengste werden vom Haupt- und Landgestüt Marbach/ L. gehalten. Sie werden als Fohlen angekauft, mit den Warmblutjunghengsten aufgezogen und nach Körung und bestandener Zugleistungsprüfung in der Zucht eingesetzt.

Um in der Blutführung nicht zu eng zu werden, wurden zwei norisch gezogene Fuchshengste mit in der Zucht eingesetzt. Sie haben die R- und die W-Linie begründet, Fremdblut kann nur mit größter Vorsicht in diese kleine Population gebracht werden. Die überwiegend rein gezogenen Hengste sichern den Fortbestand und die Sonderstellung des Schwarzwälders unter den Kaltblutrassen. Der Fuchs mit der hellen Mähne ist gefragt.

Die zur Zeit in der Bundesrepublik Deutschland verwendeten Brände in den einzelnen Kaltblutzuchtgebieten sind in Abbildung 75 zusammengestellt.

5.2   Europa

Zur besseren Orientierung sind die in den verschiedenen Europäischen Ländern gehaltenen Kaltblutrassen in der Tabelle 35 zusammengefaßt.

5.2.1   Österreich

Der Kaltblüter Österreichs ist der Noriker, der seinen Namen der einstigen römischen Provinz Noricum verdankt. Früher wurde er hauptsächlich im Juvavum (Salzburg) gezüchtet. Im Mittelalter erhielt sich die Zucht besonders im Gebiet des Großglockners. Hierzu gehört auch der Pinzgau, dem ein besonderer Typ dieses Pferdes seinen Namen (Pinzgauer) verdankt. Die Zucht wurde in der Zeit von 1565–1803 weitgehend von den Erzbischöfen von Salzburg beeinflußt, später von den Kurfürsten bzw. der kaiserlichen Regierung. Kreuzungen mit spanischen und neapolitanischen (1652–1688) sowie Burgunder Hengsten (1834–1855) haben unter dem Einfluß des

Abb. 76. Noriker Tigerhengst 788 Jang Elmar X, geb. 1963. Beschäler in Stadl-Paura.

Gebirgsklimas die Grundlage für den heutigen Noriker geschaffen. Im Pinzgau wurde früher ein etwas schwererer Typ, in der Steiermark ein leichterer Typ (Oberländer) gezüchtet. Angestrebt wird: Ein stark knochiges gängiges Arbeitspferd mit ergiebigem Schritt und praktischer Mechanik. Auf Fruchtbarkeit, einwandfreien Charakter und gutartiges Temperament wird neben problemloser Zugfestigkeit besonders Wert gelegt.

Widerristhöhe 156–160 cm Körpergewicht 600–700 kg. Schwerste Hengste haben früher annähernd 900 kg gewogen. Die für den Noriker vielfach charakteristische Tigerfarbe hat erheblich an Verbreitung verloren, ist aber immer noch vorhanden. Wichtigste Blutlinien sind die Vulkan-Linie mit den Hengsten Gothe-Vulkan IV, Gothe-Vulkan V und Schrempf-Vulkan VII, die Diamant-Linie mit den Hengsten Max-Diamant III und Vulkan-Diamant IV, ferner die Nero-Linie mit den Hengsten Stoissen-Nero IV und Stoissen-Nero V. Die Hengsthaltung liegt überwiegend in staatlicher Hand. Die staatlichen Beschäler sind z. T. in der Bundesanstalt für Pferdezucht Stadl-Paura bei Lambach (Oberösterreich) aufgestellt, z. T. ganzjährig gegen Haltungsvertrag bäuerlichen Hengsthaltern überlassen. Die Bundesanstalt Stadl-Paura besetzt heute insgesamt 34 Deckstationen in allen Bundesländern. Noriker-Hengste machen derzeit etwa 44% des Hengstbestandes aus neben Warmblütern und Haflingern.

Abb. 77. Noriker Hengst Renee Vulkan XIV, geb. 1981 v. Renee Vulkan XIII a. d. Empire/
Mira v. Mailing Vulkan XI. Landbeschäler Stadl-Paura.

Leistungsprüfungen werden nach dem „Reglement für die Durchführung von Leistungsprüfungen bei norischen Zuchtpferden" durchgeführt. Sie zerfallen in Pflicht-
und freiwillige Prüfungen und bestehen aus einer Zugleistungsprüfung mit gleichbleibendem Zugwiderstand über 1500 m, einer Zugwilligkeitsprüfung in Form von 3
Anzugsproben über je 10 m, einer Schrittprüfung über 500 m und einer Trabprüfung
über 1000 m. Die Durchführung der Leistungsprüfung obliegt den Züchterverbänden.

Der Noriker versteht sich heute nur noch als eine Restpferdezucht. Er hat sich
jedoch konsolidiert und damit behauptet. Er ist die beste Alternative zu anderen
Sparten der Landwirtschaft in jenen Gegenden, in welchen die betriebswirtschaftlichen Voraussetzungen gegeben sind. Der Markt ist im In- und Ausland gesichert,
nachdem durch das Gesundschrumpfen der Norikerzucht der Großteil der Absatzschwierigkeiten abgebaut wurde. Außerdem steigert die doppelte Nutzung die Zuchtaussichten für diese schwer bedrängte Rasse, die, heute in Österreich beheimatet, das
größte geschlossene Kaltblutzuchtgebiet Europas darstellt.

Die Zuchtbasis belief sich im Jahr 1985 auf 40 im Landgestüt Stadl-Paura untergebrachten Kaltbluthengste und 2621 eingetragenen Stuten.

Kaltblutrassen in Europa:

Land	Rasse
Österreich	Noriker
Schweiz	Freiberger
Frankreich	Boulonnais
	Percheron
	Ardenner
	Trait du Nord
	Bretone
	Trait Comtois
	Mulassier
Großbritannien	Shire
	Clydesdale
	Suffolk
	Percheron
Dänemark	Jütländer
	Belgier
Schweden	Schwedisches Kaltblut (Südschweden)
	Kaltblut Traber (Nordschweden)
Belgien-Luxemburg	Ardenner
	Brabanter
Niederlande	Ardenner
	Brabanter
Jugoslawien	Slowenisches Kaltblut
	Kroatisches Kaltblut
Tschechoslowakei	Böhmisches Kaltblut
	Mährisches Kaltblut

5.2.2 Schweiz

Der Freiberger

Der Freiberger ist wohl der kleinste Kaltblüter. Er ist dank seines guten Charakters, seiner Umgänglichkeit und Unkompliziertheit sowie seiner vielseitigen Einsatzmöglichkeiten das ideale Zug-, Trag- und Freizeit-Reitpferd für die Bedürfnisse der Landwirtschaft im hügeligen Gelände, der Trainformation im Gebirge und der Hobby- und Freizeitreiterei. Auch wenig Erfahrene können sich rasch mit dem Freiberger vertraut machen und mit ihm umgehen. Der Freiberger ist, wie bereits betont, ein Kaltblüter. Er wurde aber immer wieder veredelt, indem innerhalb der Rasse die leichteren und edleren Vertreter zur Weiterzucht selektiert wurden. Da man feststellen mußte, daß die Größe im Laufe der Jahrzehnte unter 150 cm Stockmaß kam, hat man vor 10 Jahren einen Einkreuzungsversuch mit einem großen schwedischen Warmbluthengst *(Aladin)* versucht. Der Grundgedanke dieses Versuches war, nichts vom typischen Freiberger zu verlieren, dafür aber an Größe, Gang und Widerrist zu gewinnen. Mit Freibergerstuten, die in ihrem Blutaufbau nur edles, reines Freibergerblut aufweisen und keinen Anteil an schwerem gemeinem Blut haben, ist der Versuch durchaus gelungen. Heute stehen bereits 7 Großenkel und 3 Urgroßenkel von Aladin als Hengste in der Zucht.

1984 waren 3604 Stuten in den Zuchtbüchern erfaßt, 111 Freiberger Hengste befanden sich im Zuchteinsatz.

Zuchtziel Freiberger
Das Zuchtziel ist ein edles, frühreifes, genügsames und umgängliches, vielseitig verwendbares Pferd mit tragfähigem Rücken, kräftigen, trockenen Gliedmaßen und korrekten, trittsicheren Gängen. Es eignet sich aufgrund des Körperbaus, seines Charakters und seiner Leistungsfähigkeit als Zug-, Trag- und Freizeitreitpferd.

Größe: Stuten mindestens 150 cm Widerristhöhe,
Hengste mindestens 152 cm mit 3 Jahren.
Gewicht: 550–600 kg.
Leistungsprüfung: für Hengste mit 5 Jahren obligatorisch.
Fahrprüfung: für alle 3jährigen mit Beurteilung von Exterieur und Fahren. 1984 haben 720 3jährige Freiberger Pferde die Fahrprüfung abgelegt.

Die jedes Jahr durchgeführten Pferdeschauen zeigen einen hohen Grad an Ausgeglichenheit dieser Zuchttiere. Trotzdem besteht zwischen den verschiedenen Blutlinien noch genügend Variationsbreite, welche die Wünsche nach einem schweren, mittleren oder leichten Typ zu befriedigen vermag.
Die Haltung einer Zuchtstute ist dann, wenn diese auch noch zur Arbeit eingespannt wird, sehr interessant. Sie amortisiert sich, wenn möglich, jährlich mit einem geborenen Fohlen. Dank Halte- und Abfohlprämie bleibt der Bestand erhalten.
In der Zucht ist eine Verlagerung vom ursprünglichen Hochzuchtgebiet des Jura ins Emmental, Amt Seftigen und Schwarzenburg zu bemerken. Diese Verlagerung der Freiberger-Zucht ist eine Folge der guten Zuchtprämien und der Beiträge an die Fahrprüfung im Kanton Bern.
Die Aufzucht der Spitzenqualität an Stutfohlen und Hengstanwärter bleibt im Jura. Der Absatz ist dank Armeeankäufen, Handel und Zucht befriedigend für gut ausgebildete Jungtiere.

5.2.3 Frankreich

Zu den Zugpferderassen Frankreichs, die auf die Entwicklung der deutschen Kaltblutzucht mit geringen Ausnahmen (Boulonnais) ohne Einfluß geblieben sind, gehören der Percheron, der Ardenner, der Trait du Nord, der Bretone, der Boulonnais, der Trait Comtois und die besonders für die Maultierzucht in Poitou eingesetzte Mulassier-Rasse. Bei dem Postier handelt es sich vorwiegend um einen durch Kreuzung entstandenen Gebrauchstyp.
Eine Aufteilung der Zugpferderassen (einschl. Esel und Maultiere) ist der Tabelle 36 zu entnehmen.
Angesichts der fast ausschließlichen Erzeugung von Schlachtpferden haben sich die traditionellen Zuchtregionen des schweren Pferdes, die früher vornehmlich im Norden Frankreichs zu finden waren, nun auch mehr zum Zentralmassiv und den Pyrenäen hin ausgeweitet, wo die Pferde in kleineren Herden auf halb extensive Weise die wenig fruchtbaren Weiden ausnutzen. Die Züchter haben sich in Erzeugergemeinschaften zusammengeschlossen (33 Erzeugergemeinschaften produzierten 1984 40% der Gesamterzeugung). Dabei ist es zu einer Arbeitsteilung zwischen Züchtern und Aufzüchtern (Fettgräser) gekommen.
Die schweren französischen Pferde waren 1980 nur noch mit 12% am Gesamtpferdefleischverzehr (ca. 1,7 kg je Jahr und Einwohner) beteiligt. Sie haben Konkurrenz

Tab. 36. Gliederung der Zugpferderassen 1983 (nach Roth)

Rasse	Hengste (1)	Stuten (2)
Ardenner	358	4919
Boulogner	54	1346
Bretonen	683	15381
Cob	74	1580
Comtois	337	9102
Percheron	210	4859
Verschiedene	108	1442
Poitevin (Race Mulassière)	21	304
Poitou-Esel	25	321

(1) Hengste der jeweiligen Rasse; (2) Zahl der Stuten, die von den Hengsten unter (1) gedeckt wurden, doch verschiedenen Rassen angehören können.

in den Warmblütern (8%), den Lebendimporten (19%) und den Pferdefleischimporten (61%) bekommen. Das Außenhandelsdefizit in Pferdefleisch erreichte 1982 den Betrag von 1131 Mill. Franc. Aus diesem Grunde sah sich die Regierung veranlaßt, durch geeignete Förderungsmaßnahmen die Anzahl der Zuchten zu vermehren und die Produktion von Schlachtfohlen zu erweitern.

5.2.4 Großbritannien

Großbritannien gehört zu den Ländern, in denen unter dem günstigen Einfluß des maritimen Klimas in Anpassung an die veränderten Bedürfnisse der Wirtschaft eigene Zugpferderassen zum Teil schwersten Kalibers entwickelt wurden.

Das bedeutendste Kaltblutpferd Englands war der *Shire*. Im Mittelalter wird er schon als „großes" Pferd erwähnt. Über seinen Ursprung gibt es viele Argumente und unterschiedliche Meinungen. Einige behaupten, daß sein Ursprung auf Pferde, die Wilhelm der Eroberer, nach England gebracht hat, zurückgeht. Wahrscheinlicher ist jedoch die These, daß sie von Großpferden und altenglischen Schwarzpferden des Mittelalters abstammen, die die Ritter in den Schlachten ritten. Ursprünglich auf Kriegszwecke eingestellt, mußte das Pferd später im Hinblick auf die zunehmende Kultivierung des Landes und die wachsenden Ansprüche an ein schweres Transportpferd massiger gezüchtet werden.

Zur Förderung der Zucht wurde 1878 die Shire Horse Society gegründet, durch deren Einfluß der heutige Typ des Shire-Pferdes, das lange Zeit das Modepferd Englands war, entwickelt worden ist. Ein charakteristisches Merkmal der Shires ist der starke Beinbehang. Diese Eigenart soll durch eine Anpassung der Züchter an eine bestimmte Mode geprägt und durch Bodenverhältnisse begünstigt sein. Da sie besondere Haltungs- und Pflegemaßnahmen verursachte, ist man bestrebt gewesen, durch die Züchtung eine Verbesserung zu schaffen. Heute ist das Haar feiner und der Behang dementsprechend seidiger. Die durchschnittlichen Maße betragen 162,5 cm. Hengste sollten mindestens 164,5 cm erreichen, möglichst jedoch 173 cm. Damit ist das Shire das größte und schwerste Pferd unter den Kaltblütern. Sein Gewicht liegt zwischen 860 und 1120 kg. Seine Hauptvorteile sind das ruhige Temperament und seine Zugkraft (5 Tonnen). Sein schnelles Wachstum begünstigt die Frühreife. Während es in früheren Jahren seinen Einsatz in Industrie, Landwirtschaft und im Transportgewerbe hatte, dient der Shire heute praktisch nur noch zu Schauzwecken und für die Werbung von Brauereiunternehmen.

Die hauptsächlich vorkommenden Farben sind in erster Linie Schwarz, Braun und Hellbraun. Die Schimmelfarbe ist selten. Dagegen sind häufiger – wenn auch nicht sehr erwünscht – weiße Abzeichen zu finden. Beim Export waren früher USA, Kanada und Südamerika die Hauptkunden.

Die Heimat des *Clydesdale-Pferdes* ist Lanark, eine Grafschaft im Süden Schottlands. Große und schwere Pferde, die vermutlich aus flandrischen Einkreuzungen in die schottischen Landstuten entstanden waren, hat es dort schon vor Jahrhunderten gegeben. Auch edleres Blut und Clevelands sollen später Verwendung gefunden haben. Wiederholt ist für die schottischen Landstuten auch Shire-Blut benutzt worden. Es ist anzunehmen, daß man auf diese Weise das Pferd schwerer machen wollte. Diese züchterischen Kombinationen haben im Laufe der Zeit jenen seit nahezu 150 Jahren als ein ausgezeichnetes Zugpferd bekanntgewordenen Typ entstehen lassen, der gegenüber dem Shire etwas leichter ist. Besonderer Wert ist von jeher auf die Qualität der Beine gelegt worden. Der auch beim Clydesdale vorhandene kräftige Beinbehang ist im Vergleich zum Shire schon immer etwas feiner und damit das Fundament trockener gewesen. Die Fesselung wirkt ähnlich wie beim Shire weich. Bis 1945 fand eine rege Ausfuhr von Pferden statt. Die Empfangsländer waren, außer den Dominien, USA, Südamerika, Rußland, Italien und Österreich. In neuerer Zeit waren ferner Ausfuhren nach Australien und Südafrika erfolgt, wo eine eigene Zuchtgesellschaft für die Clydesdales errichtet wurde.

Die Geschichte des *Suffolk-Pferdes,* das vermutlich durch Kreuzungen von normannischen Hengsten mit einheimischen Landstuten entstanden ist, soll sich bis zum Jahre 1506 zurückverfolgen lassen. Alle Suffolks sollen in direkter Linie auf eine Stute zurückgehen, die 1760 fohlte. Vorübergehend wurden dann Einkreuzungen von Yorkshire- und flämischen Hengsten vorgenommen. Zur Erzeugung kräftiger, gängiger Wagenpferde soll im 18. Jahrhundert außerdem ein Traberhengst benutzt worden sein. Die Bedeutung, die dieses Pferd, das vielfach das Pferd der Postkutsche war, in der Mitte des vorigen Jahrhunderts bereits erlangt hatte, geht u. a. daraus hervor, daß auf den königlichen Schauen die Suffolks in Konkurrenz mit den beiden anderen Kaltblutrassen in 23 Jahren 14mal die Spitze erringen konnten. Im Vergleich zu diesen wirkt der Suffolk im Fundament leichter, zumal er kaum Beinbehang aufweist, und im ganzen kurzbeiniger mit guter Rumpftiefe. Der Suffolk soll außerdem eine gute Grundlage für Kreuzungen bieten. Bei Paarungen mit Vollblütern lieferte er gute Hunter. Ein weiteres Charakteristikum ist das Vorherrschen der Fuchsfarbe. Das Suffolk-Pferd wird auch im Irischen Freistaat gezüchtet und ist früher nach Nord- und Südamerika, Australien und Südafrika exportiert worden.

Im Jahre 1985 waren in England 75 Stuten und 25 Hengste eingetragen.

In Ergänzungen zu den 3 alten englischen Kaltblutrassen wurden während des Ersten Weltkrieges *Percherons* aus Frankreich eingeführt. Nach mehreren Importen dehnte sich die Zucht sehr bald in fast allen Teilen Englands und Wales' sowie auch nach Schottland aus. Dank seiner vorzüglichen Eigenschaften hat sich dieses sehr bewegliche Zugpferd neben den alten einheimischen Rassen einen sicheren Platz erobern können.

In *Irland* wird neben den 3 genannten englischen Rassen als landwirtschaftliches Arbeitspferd das aus dem alten einheimischen Landschlag hervorgegangene irische Zugpferd gezüchtet, das vielfach auch zur Hunterproduktion benutzt wurde.

Abb. 79. Percheron. Typischer Vertreter seiner Rasse.

5.2.5   Skandinavische Länder

5.2.5.1   Dänemark

Dänemark, das ursprünglich über einen großen Pferdebestand verfügte, hat in Europa die stärkste Pferdeabnahme zur verzeichnen. An den vorhandenen Rassen sind 2 Kaltblutschläge beteiligt: das Jütische und das Belgische Pferd. Infolge der Motorisierung haben beide Rassen nach dem letzten Krieg erheblich abgenommen. 1954 war das Belgische Pferd mit einem Anteil von 24,5% noch die am stärksten verbreitete Rasse, während auf die Jüten 22,1% entfielen.

Die *Jütische Rasse* stellt das alte heimische Kaltblutpferd dar. Sie wurde schon im 12. Jahrhundert erwähnt. Deutschland, Frankreich und England haben früher dieses Pferd importiert. Nach 1824 hat man Hengste der englischen Yorshire-Rasse zu planlosen Kreuzungen benutzt. Für die weitere Entwicklung der Zucht wurde dann der aus England stammende Hengst Oppenheim, ein Dunkelfuchs mit Blässe und weißen Hinterfesseln, bedeutsam. Der Fortschritt in der Zucht wurde ab 1888 in Verbindung mit den landwirtschaftlichen Vereinen, besonders durch die zusammenwirkenden jütischen Pferdezuchtvereine, erreicht. Das Zuchtzentrum liegt auf der Halbinsel Jütland. In den letzten Jahrzehnten hatte man versucht, bei diesem Pferd das lange Mittelstück und die Tiefe zu verbessern und es kurzbeiniger und frühreifer zu züchten. Infolge der üppigen Futtergrundlage in den Gebieten der Seemarschen wirkte es vielfach in seiner Textur nicht trocken genug. Im Gegensatz zu früheren Zeiten ist die Fuchsfarbe vorherrschend. Bei den schweren Typen wurden Gewichte zwischen 750 kg und 900 kg erreicht. Auf die züchterische Bedeutung von Aldrup Munkedal und seiner Nachkommen wurde bereits beim Schleswiger Pferd hingewiesen. Zur Zeit stehen ca. 26 Hengste im Zuchteinsatz, von denen 186 Stuten gedeckt wurden.

Das *Belgische Pferd,* das zuerst auf Seeland und dann auf Fünen gezüchtet wurde, hat sich dann über das ganze Land verbreitet. 1896 wurde als erster Hengst der 10jährige belgische Champion Brillant in die Gegend von Slagelse eingeführt; viele belgische Stuten folgten. 1906 kam der erste Hengst nach Fünen. Wegen seiner guten Eignung im Hackfruchtbau und für Kreuzungen mit jütischen und abstammungslosen Kaltblutrassen nahm das Belgische Pferd ständig an Beliebtheit zu. Die Hengsthaltung lag ausschließlich in der Hand privater Hengsthalter oder Hengsthaltungsvereine. Ca. 40 Hengste stehen noch im Zuchteinsatz, die 271 Stuten belegten.

5.2.5.2 Schweden

Während in Schweden früher etwa 95% des Pferdebestandes dem Kaltblut angehörten, weist der derzeitige Hengstbestand nur noch etwa 18% auf. Ursprünglich gab es in Schweden mehr oder weniger Kreuzungsprodukte. Später wurden in Nordschweden nur norwegisches Zuchtmaterial und im südlichen Schweden hauptsächlich Ardenner zugelassen, nachdem mit Clydesdale- und Shirehengsten aus England, Pinzgauer aus Österreich und Jutsk aus Dänemark die züchterischen Erwartungen nicht erfüllt worden sind.

Der Anteil der *Ardenner* am schwedischen Pferdebestand, der früher annähernd 75% ausmachte, ist auf 8% – gemessen am Hengstbestand – zurückgegangen. Dem entspricht auch der Anteil der von Ardenner-Hengsten belegten Stuten. Diese Rásse wurde aus Einfuhren Belgischer Pferde, die erstmalig 1873/74 erfolgte, entwickelt. Der Hengstbestand wird vorwiegend aus der heimischen Zucht ergänzt. Gelegentlich wurden auch später noch Hengste aus Belgien eingeführt. Angestrebt wird ein mittelschweres Kaltblutpferd mit möglichst großer Trockenheit und wenig Beinbehang, das für alle land- und forstwirtschaftlichen Arbeiten gut geeignet ist. Dieses Zuchtziel ist seit Jahrzehnten mit Konsequenz verfolgt worden, so daß der schwedische Ardenner als ein Pferd mit besonderem Gepräge gilt (Größe 158 bis 162 cm, Gewicht 600–800 kg). Hierzu hat wesentlich beigetragen, daß seit 1935 alle zur Zucht eingesetzten Hengste auf Mauke und Hufknorpelverknöcherung untersucht und die Merkmalsträger konsequent eliminiert worden sind. Die so u. a. auf ein gesundes Fundament gezüchteten Pferde waren stark nachgefragt und Exporte größeren Umfangs wurden nach Rußland, West- und Ostdeutschland sowie Polen getätigt.

Das *Nordschwedische Pferd* (Anteil ca. 8%), das den Typ eines leichten Kaltblutpferdes besitzt, ist aus dem alten skandinavischen Pferd hervorgegangen. Die Rasse war gegen Ende des 19. Jahrhunderts infolge zahlreicher Kreuzungen fast verschwunden. Um 1890 begann wieder die Reinzucht. Es bestehen starke verwandschaftliche Beziehungen zum norwegischen Döle-Pferd, einer leichten und mit gutem Trabvermögen ausgestatteten Kaltblutrasse, die in Norwegen annähernd ⅔ des Gesamtbestandes ausgemacht hat. Das beste Zuchtmaterial ist in Jämtland, Dalekarlien, Värmland und Küstenstrichen von Verbotten zu finden. Wenn es sich bei diesem Pferd nach seinem Äußeren auch um ein Kaltblutpferd handelt, so entsprechen seine charakteristischen Eigenschaften – Trockenheit, Härte, Ausdauer, lebhaftes Temperament – eigentlich mehr dem Warmblutpferd. Infolge seines ausgezeichneten Gangvermögens wird es wie das norwegische Döle-Pferd auch zu Trabrennen benutzt (Widerristhöhe bei Hengsten 156 cm, bei Stuten 154 cm; Gewicht der Hengste 650 bis 750 kg, der Stuten 550–700 kg).

5.2.6 Benelux-Staaten

5.2.6.1 Belgien–Luxemburg

Belgien ist seit dem Mittelalter ein Land der Pferdezucht. Schon damals erfreute sich das kräftige und temperamentvolle belgische Pferd eines guten Rufes. Vom 15.–19. Jahrhundert wurde es z. T. mit edlen Hengsten gekreuzt, um den Bedürfnissen des Heeres nach schnelleren und leichteren Pferden gerecht zu werden. Die Produkte eigneten sich jedoch nicht für die Landwirtschaft. Unter der französischen Herrschaft wurde 1806 in Tervueren ein Gestüt gegründet, das 65 Hengste besaß. Darunter waren Vollblüter, Kaltblüter, Araber, Percheron, Boulonnais und Shire. Dieses Gestüt, das 1850 nach Gembloux verlegt worden war, wurde 1864 aufgelöst. Damit war auch die Epoche der Kreuzungen beendet, welche das eigentliche Gepräge der belgischen Zugpferderassen nicht verändert hatten. Diese Periode fiel zeitlich zusammen mit der Erfindung der Dampfmaschine und der Eisenbahn sowie der Verbesserung der Verkehrswege. Durch diese Entwicklung war die Befürchtung ausgelöst worden, daß schwere Pferde zum Bewegen hoher Lasten nicht mehr nötig sein würden, genau das Gegenteil trat aber ein. Für die Entstehung des heutigen belgischen Zugpferdes sind 3 Schläge von Bedeutung: das Flamländer Pferd, der Ardenner und der Brabanter.

Das *Flamländer* oder auch *Flamänder Pferd*, das in Flandern beheimatet gewesen ist, war zur Ritterzeit sehr beliebt. Es war dem Friesischen Pferd der damaligen Zeit ähnlich. Stark muskulös und doch leichtfüßig entbehrte dieses Pferd nicht einer gewissen Eleganz. Infolge der Erfindung des Schießpulvers und der dadurch veränderten Kriegstaktik verschwand die ursprüngliche Bedeutung des Flamänder Pferdes, die es einmal als Ritterpferd gehabt hat. Es hat wesentlich zur Bildung französischer und englischer Rassen beigetragen. In gewissem Umfange ist es sicher auch an der Entstehung des heutigen belgischen Pferdes beteiligt.

Das Flamländer Pferd war als Zugpferd größer als der Brabanter und der Ardenner. Er war häufig überbaut, verfügte aber über einen kleinen hübschen Kopf, der häufig auch noch heute bei den schweren Arbeitspferden zu finden ist. Ende des 18. Jahrhunderts wurden bis zu 10 000 Flamländer Fohlen in die Normandie verkauft, dort aufgezogen und als fertige Pferde unter der Bezeichnung Normannen weiterverkauft. Das Flamländer Pferd war auch bei der Herauszüchtung des Shire und des Clydesdale beteiligt.

Das *Ardenner Pferd* existiert seit urerdenklichen Zeiten im Gebiet der Maas. Schon Cäsar, später Marschall Turenne und auch Napoleon haben den Ardenner sehr geschätzt. In der ersten Hälfte des vorigen Jahrhunderts wurden seitens des damals bestehenden belgischen Gestüts auch 2 Araber-Hengste aufgestellt, so daß auch das Arabische Pferd einen Einfluß auf die Typgestaltung gehabt hat. 1825 hatte der Ardenner eine Widerristhöhe, die zwischen 142 und 152 cm lag. 100 Jahre später (1905) wurde bei dem Ardenner eine Widerristhöhe von 148–158 cm gemessen. Heute ist das Pferd in dem alten Typ in den Ardennen nicht mehr vorhanden. Es hat einem Pferd Platz gemacht, dessen Gepräge sehr wesentlich von dem modernen Belgischen Pferd beeinflußt worden ist, von dem es sich in erster Linie in Schwere und Größe unterscheidet. Der mittelgroße Ardenner ist frühreif und stellt keine hohen Futteransprüche. Bei gutartigem Charakter, lebhaftem Temperament und gutem Gangvermögen stellt er einen vielseitig verwendbaren Typ dar. Das Schwergewicht der Zucht liegt in der Provinz Luxemburg sowie in Teilen der Provinzen Lüttich und Namur. Der Ardenner wird außerdem gezüchtet in Frankreich, Österreich, Schweden, Ungarn, Argentinien, Chile und Rußland. Zur Förderung der Zucht hat man 1926 in Libra-

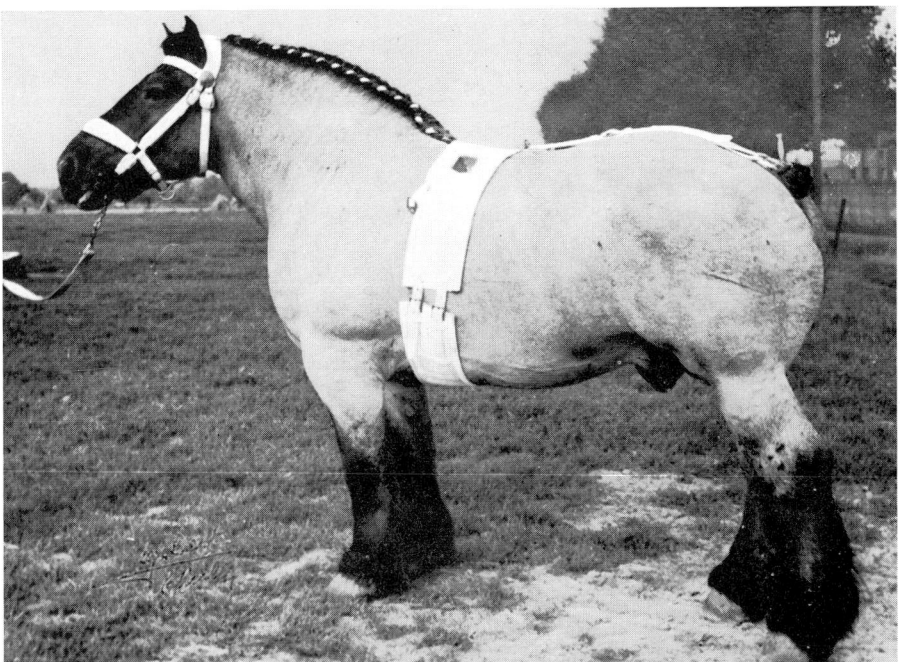

Abb. 80. Belgischer Champion-Hengst Wallon de Libenne.

mont eine eigene Züchtervereinigung (La Société Royale du Cheval de Trait Arden-
nais) gegründet.

Der *Brabanter* verkörpert den Typ, der heute im ganzen Land vorherrschend ist
und als das belgische Zugpferd bezeichnet wird. Der Ardenner ist zweifellos an der
Entstehung des Brabanters erheblich beteiligt gewesen. Dieser hat sich in den
fruchtbaren Gegenden jedoch allmählich wesentlich massiger entwickelt und bei
seinem Vordringen nach Westen auch das Flamländer Pferd verdrängt. Bei der
Entstehung des Brabanter hat auch der Haspengouwer eine bedeutende Rolle
gespielt. Er war sehr groß und schwer, jedoch im Mittelstück sehr lang. Während
ursprünglich noch drei verschiedene Gruppen unterschieden wurden, waren diese
gegen Ende des vorigen Jahrhunderts immer mehr verschmolzen worden. Die
Entwicklung ist vor allem unter dem Einfluß der 1866 gegründeten königlichen
Zuchtgesellschaft „Le Cheval de Trait Belge" gesteuert worden, die das Stutbuch
herausgibt und die jährlich stattfindende nationale Ausstellung in Brüssel organisiert.
Staatliche Gestüte gibt es nicht. Der Staat fördert die Zucht lediglich durch großzügige
Bereitstellung von Prämien.

Die Vorteile des *Belgischen Pferdes* liegen in der guten Harmonie der Körperproportionen, der großen Geschlossenheit seines Mittelstücks, seiner Tiefe und Breite
sowie seiner üppigen Muskulatur, die in der Kruppenpartie besonders kräftig ausgebildet ist. Große Leichtfutterigkeit und Frühreife, gutartiges Temperament, hervorragende Arbeitsleistung, leichter Umgang und im Vergleich zu seinem Gewicht vielfach
bewundernswerte Trableistungen gehören zu den hervorstechenden Eigenschaften.
Der ausgewachsene Hengst wiegt heute zwischen 1100–1300 kg. Seine Widerristhöhe
schwankt zwischen 158–172 cm.

Der über den Ardenner ausgeübte arabische Einfluß ist noch heute vielfach wahrzunehmen (gute Trockenheit, ausdrucksvolle Köpfe). Der Typ des modernen Belgischen Pferdes ist vor allem durch den Hengst Albion d'Hor geprägt worden. Dank
seiner guten Akklimatisationsfähigkeit hat das Belgische Pferd von allen Kaltblutrassen die größte Verbreitung erlangt. Es wurde gezüchtet in Dänemark, Deutschland,
Frankreich, Holland, Italien, Polen, Rumänien, Schweden, Schweiz, Tschechoslowakei, Ungarn, USA, Kanada, Argentinien und Chile (Tab. 37).

Tab. 37. Stutbucheintragungen

Jahr	männlich	weiblich	total
1914	58 298	80 199	138 497
1924	5 061	9 747	14 808
1936	3 061	7 307	10 368
1947	2 670	5 530	8 200
1955	612	1 500	2 112
1964	307	823	1 130
1983	250	590	840

Im Jahre 1919 hat das Stutbuch für das Belgische Pferd bereits einen Bestand von 1854
Mitgliedern, der fast bis zum heutigen Tag gehalten werden konnte.
   Seit Gründung des Stammbuches hat die Farbverteilung sich stark gewandelt, wie
die folgende Tabelle zeigt.

Tab. 38. Farbverteilung in der belgischen Kaltblutzucht

% Pferde	braun	Fuchs	Rappe	Schimmel	Rotschimmel	Fuchsschimmel
in 1886	44,0	13,5	17,5	17,5	13,0	5,5
1904	43,5	35,5	3,5	5,0	9,0	3,5
1932	30,5	29,0	0	2,5	30,0	8,0
1943	29,5	28,5	0	1,0	30,0	11,0
1963	26,0	2,0	0	4,0	65,0	3,0
1984	22,0	0,25	0	0,35	69,0	0,4

In Belgien wird das Zuchtgebiet in 3 Zonen eingeteilt. Jede Zone bringt mehr oder
weniger ihren eigenen Typ hervor.
Zone 1: Kempen (Antwerpen und Limburg)
          vorwiegend Sandboden
Zone 2: Alle anderen Gebiete Belgiens (Lehm und andere Böden)
Zone 3: Ardennen
   Die Selektion erfolgt auf Masse, Abstammung und Typ unter besonderer Berück-
sichtigung eines nicht zu engen Inzuchtgrades.

5.2.6.2 Niederlande
Die niederländische Kaltblutzucht ist weitgehend mit der Belgiens und Luxemburgs
gleichzusetzen. Die Kaltblutzüchter sind zusammengefaßt in der königlichen Züchtervereinigung für „Hel Nederlandsche Trekpaard", die 1914 gegründet wurde. In ihr

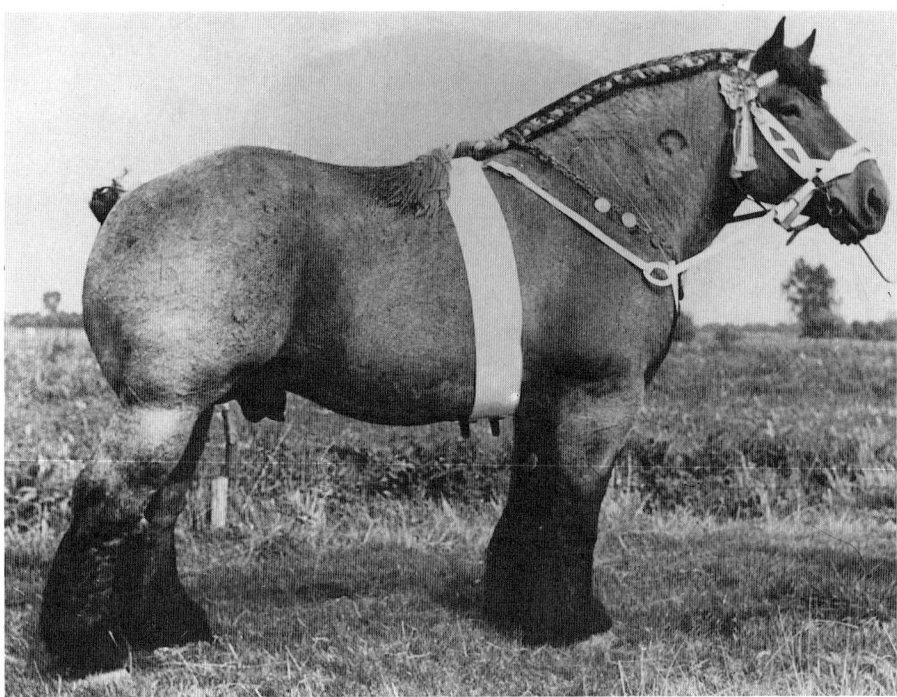

Abb. 81. Holländischer Kaltbluthengst Eduard v. Koppushoen 2262 – National-Champion –.

sind z.Z. ca. 2050 Mitglieder registriert. Das Zuchtziel ist ein schweres, starkes Zugpferd mit guter Brusttiefe, üppiger Hinterhandbemuskelung, korrekt gestellten und gut bemuskelten Beinen sowie geräumigen und leichtfüßigen Bewegungen. Ca. 1200 Stuten wurden durchschnittlich in den letzten 3 Jahren von 38 Hengsten gedeckt und 100 Stuten im Alter von 3 Jahren ins Stutbuch eingetragen. Auf regionalen und nationalen Schauen werden aufgrund des Exterieurs die Prämiierungen vorgenommen.

5.2.7 Jugoslawien

Die *Kaltblutzucht,* die in Jugoslawien noch immer sehr bedeutend ist, wird nur in Slowenien und Kroatien betrieben. Der Grund dafür liegt im zwar begrenzten Einsatz der Pferde in der Landwirtschaft, viel mehr aber in der Forstwirtschaft wie auch im Export von Schlachtfohlen und -pferden für die Ernährungswirtschaft Westeuropas, vor allem nach Italien und Frankreich.

Außer dem westlichen, alpinen Teil Sloweniens, wo der *Noriker* praktisch immer in Reinzucht gezüchtet wurde, züchteten der östliche Teil Sloweniens und ganz Kroatien früher den weltberühmten *Murinsulaner.* Er entstand auf warmblütiger Basis, die Stuten führten meist angloarabisches Blut und wurden zuerst mit Norikerhengsten, seit der Jahrhundertwende mit Hengsten belgischen Blutes gepaart. Meist fuchsfarben war das ein trockenes und gängiges Kaltblupferd, zum Ziehen der Omnibusse bevorzugt.

Während des Zweiten Weltkrieges und danach verwendet Slowenien nur Hengste norischer Blutführung und importiert jährlich aus Österreich ein bis zwei Original-Norikerhengste. Somit steht die Kaltblutzucht Sloweniens ganz auf norischer Grundlage mit Vertretern aller Blutlinien (Vulkan, Nero, Diamant, Schaunitz und Elmar).

Es wird ein mittelschweres, trockenes und vor allem gängiges Pferd mit einem gewissen Kaltblutadel angestrebt, bei einer Widerristhöhe von 154 bis 160 cm Stockmaß, das Gewicht der Stuten liegt bei 600 bis 700 kg, von vorwiegend brauner Farbe. Diese Zuchtrichtung wird als *slowenisches Kaltblutpferd* bezeichnet.

In Kroatien dagegen ist man bei Hengsten belgischen Blutes geblieben. In der Kriegszeit waren es vorwiegend rheinisch-deutsche Kaltbluthengste, danach Ardenner, einige Belgier und Percherons, in letzter Zeit auch mehrere Murinsulaner ungarischer Zucht (Murakosi), die in stärkerem Maße die Fuchs- und Braunschimmelfarbe in die Zucht brachten.

In der Zucht des *kroatischen Kaltblutpferdes* steht die Produktion von Schlachtfohlen im Vordergrund, auch sind die Pferde bei weitem nicht so gängig wie die slowenischen, auf norischer Grundlage gezogenen Kaltblüter.

5.2.8 Tschechoslowakei

Anfang des 20. Jahrhunderts wurde in Böhmen und Mähren die Zucht von Kaltblutpferden stark vorangetrieben. Das geschah durch den Import von Brabanter-Hengsten für Böhmen und Ardenner-Hengsten für Mähren. Anfangs wurden sie häufig mit Warmblutstuten angepaart. So entstand durch Verdrängungskreuzung nach und nach der Typ des sog. *böhmischen* bzw. *mährischen Kaltbluts*, eines sehr trockenen und gängigen Pferdes. Man sprach hier sogar vom Typ des kontinentalen Kaltblutpferdes.

Neben dieser auf belgischer Grundlage in Böhmen und Mähren betriebenen Kaltblutzucht war in beiden Gebietsteilen, besonders aber in den Vorgebirgsbereichen, auch die Kaltblutzucht auf norischer Basis zu Hause. Aber auch hier bestanden zwischen Böhmen und Mähren gewisse Typdifferenzen.

Das Verhältnis zwischen Warmblut und Kaltblut war in der Tschechoslowakei und hier wiederum in Böhmen und Mähren großen Schwankungen unterworfen, wie am Beispiel von Böhmen, das sich aber in der Tendenz auch auf Mähren übertragen läßt, demonstriert werden kann. Im Jahre 1900 war in Böhmen das Verhältnis von Warmblut zu Kaltblut 92:8; im Laufe der Jahre veränderte es sich und betrug 1920 48:52 und 1940 sogar 42:58. Z. Z. dominieren in beiden Regionen wiederum die Warmblüter mit weiter ansteigender Tendenz in Richtung Reitpferd.

6 Ponys

Der Vorteil der Ponys liegt dank ihrer hohen Leistungsfähigkeit in der vielseitigen Verwendungsmöglichkeit. Je nach dem für die Rasse typischen Format werden sie genutzt zum Reitdienst als Kinderreitpferde, in der Landwirtschaft, in landwirtschaftlichen Spezialkulturen, in der Forstwirtschaft, in kleinen Fuhrbetrieben, in Gebirgen als Tragtiere oder früher auch als Grubenpferde in den Blei- und Kohlenbergwerken u. dgl. Die Rassen, die nach ihrem Typ mehr dem Wirtschaftspferd entsprechen, haben durch die Motorisierung in den letzten beiden Jahrzehnten erhebliche Einbußen erlitten. Beachtlich ist die diesen Pferden eigene Energie, die sie zu verhältnismäßig hohen Leistungen befähigt. In der Zugleistung haben sie im Vergleich zum

Körpergewicht ein geradezu erstaunliches Anzugsvermögen bewiesen. Die für die meisten Ponyrassen charakteristischen Eigenschaften – Härte, Anspruchslosigkeit, Widerstandskraft und Ausdauer – können jedoch auf die Dauer nur bei einer dem Rassetyp entsprechenden, möglichst harten Aufzucht und Haltung gewahrt bleiben. Etwaige Einkreuzungen mit Großpferden bieten die Gefahr einer Beeinträchtigung gerade dieser Eigenschaften. Bei keiner anderen Pferdegruppe ist im übrigen die Spanne in den Größenunterschieden so weit wie bei den Ponys. Sie schwankt zwischen 80 cm (Shetlands) und 148 cm (z. B. Fjord-Pferde, Connemaras). In Europa hat man sich nach englischem Vorschlag dahingehend geeinigt, daß die höchstzulässige Größe bei etwa 148 cm Stockmaß liegen soll. Eine Unterscheidung nach Ponys und größeren Doppelponys wird in den nachfolgenden Betrachtungen nicht vorgenommen. Berücksichtigt werden nur Rassen, deren Größe 148 cm nicht übersteigt. Die für Deutschland bestehende Sonderregelung wird im nächsten Abschnitt erläutert.

6.1 Deutschland

In Deutschland hat es vor dem Zweiten Weltkrieg nur wenig Ponyzuchten gegeben. Erst nach Kriegsende trat verstärkt das Bedürfnis auf, dieser Pferdegruppe mehr Aufmerksamkeit zu schenken. Vor allem waren wirtschaftliche Erwägungen und die Tatsache, daß die früher zu billigen Preisen getätigten Einfuhren aus dem Osten (Panjes) hinfällig geworden waren, Anlaß, geeignete Pferde selbst zu züchten. Das führte im norddeutschen Raum zur Einführung des norwegischen Fjord-Pferdes, da die Nachkommen einiger Fjord-Hengste, die durch die Kriegsereignisse nach Deutschland geraten waren, sich großer Beliebtheit erfreuten. Durch die inzwischen veränderten wirtschaftlichen Verhältnisse (Vordringen der Motorisierung) und den im letzten Jahrzehnt erheblich ausgedehnten Reitsport haben sich die Erfordernisse völlig gewandelt. Es sind für die Reiterei geeignete Ponyrassen stärker in den Mittelpunkt des Interesses gerückt, zumal gerade in der Jugend die Vorliebe für das Reiten ständig wächst. Welches Ausmaß inzwischen die Nutzung von Ponyrassen angenommen hat, beweisen die Zahlen über den Umfang der Stutenbedeckungen, aus denen hervorgeht, daß im Bundesgebiet 1984 etwa 25% der belegten Stuten Ponyhengsten zugeführt wurden. Das Rassenmosaik ist einem ständigen Wandel unterworfen, wie die Anteile der eingetragenen Stuten in den Jahren 1977 und 1985 zeigen (Tab. 39). Die Liebhaberfrage spielt hierbei eine bedeutende Rolle.

Tab. 39. Eingetragene Stuten (in %)

Rasse	1977	1985
Deutsches Reitpony	35,5	27,4
Haflinger	18,2	33,9
Welsh	12,6	10,2
Shetland	14,8	7,2
Fjord	6,9	5,3
Isländer	6,4	10,9
New Forest	2,4	2,6
Connemara	1,1	1,8
Dartmoor	0,2	0,3
Sonstige		0,4

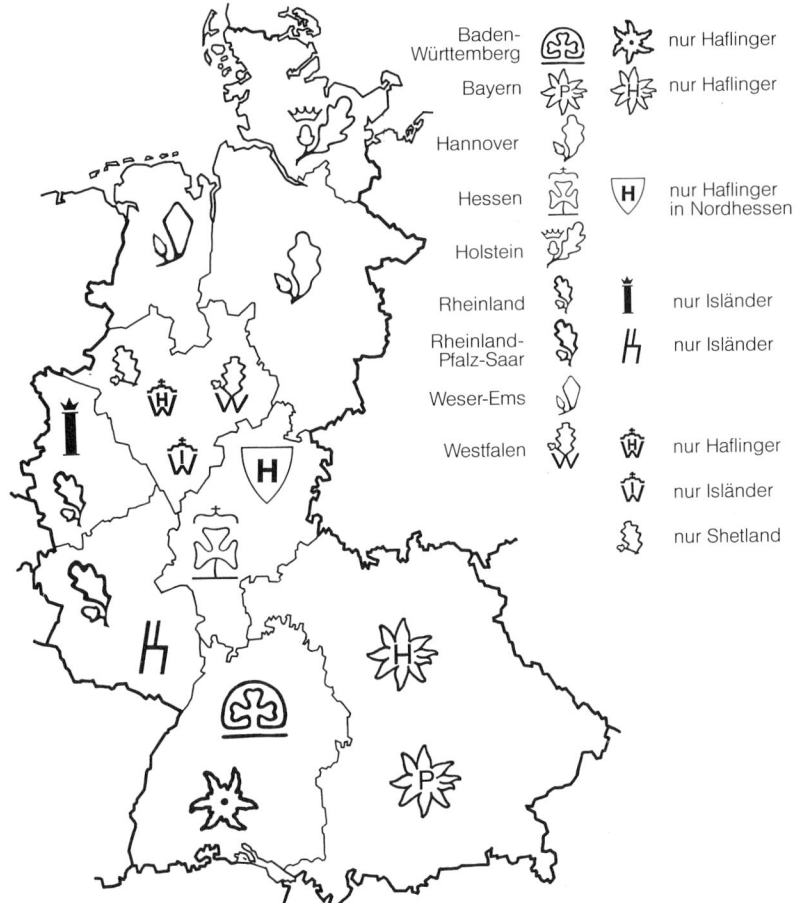

Abb. 82. Brandzeichen der anerkannten deutschen Pony- und Kleinpferdezuchtverbände.
Entnommen dem Jahrbuch der FN 1985.

In Deutschland wurde diese Pferdegruppe früher unterschieden nach Ponys (unter 120 cm Stockmaß) und nach Kleinpferden (über 120 cm Stockmaß). Man lehnte sich hierbei an eine während des Krieges getroffene Regelung an. Diese Unterteilung hat man seit längerem bereits fallengelassen und unter der Bezeichnung „Kleinpferde" die Isländer, Fjord-Pferde und Connemaras zusammengefaßt. In Deutschland ist nun seit 1985 eine neue Systematik geschaffen worden. Sie sieht 3 Gruppierungen vor:

1. *Shetland*   – Ponys (einschl. Mini-Ponys)
2. *Reitponys*   – New Forest, Deutsches Reitpony, Connemara, Welsh (Sektion A, B, C u. D) und Dartmoor
3. *Kleinpferde*   – Haflinger, Fjord, Isländer

Die obere Grenze für Ponys ist bei 148 cm festgelegt worden. Es ist unschwer zu erkennen, daß sich innerhalb der verschiedenen Rassen die größeren Typen im Hinblick auf den Turniersport steigender Beliebtheit erfreuen. Die in den einzelnen

Bundesländern bestehenden Zuchtverbände für die Pony- und Kleinpferdezucht sind auf Bundesebene in der Arbeitsgemeinschaft der Ponyzuchtverbände zusammengefaßt. Die von den deutschen Ponyzuchtverbänden verwendeten Brandzeichen sind in der Abbildung 82 zusammengestellt.

Die Entwicklung der Ponyzucht ist anhand der eingetragenen Stuten den nachfolgenden Tabellen 40 und 41 zu entnehmen.

Tab. 40. Entwicklung des Bestandes an eingetragenen Zuchtstuten (Ponys) in der Bundesrepublik Deutschland

Jahr	Anzahl
1965	6578
1966	7555
1967	8956
1968	9747
1969	12230
1970	12893
1971	13914
1972	16949
1973	17038
1974	19017
1975	20260
1976	20892
1977	21059
1978	19912
1979	19709
1980	19816
1981	19647
1982	18462
1983	18436
1984	18803
1985	18766

Tab. 41. Verteilung der Ponyrassen in der Bundesrepublik Deutschland

Haflinger	32,9%
Deutsches Reitpony	26,6%
Isländer	10,8%
Welsh	10,7%
Shetland	7,8%
Fjord	5,3%
New Forest	2,7%
Connemara	1,9%
Dartmoor	0,4%
Sonstige Ponys	0,5%
Araber f. Ponyzucht	0,4%

6.1.1 Das Dülmener Pony

Das Dülmener Pony ist wohl die einzige Ponyzucht, die seit langer Zeit – erstmals wurden sie 1316 urkundlich erwähnt – in Deutschland innerhalb eines Wildgatters, dem Meerfelder Bruch des Herzogs von Croy – westlich Dülmen/Westfalen – also unweit der holländischen Grenze, völlig frei gehalten wird.

Hengste verschiedener Rassen, vorwiegend aus England, aber auch aus Polen, kamen im Laufe der Jahre zum Einsatz. In jüngerer Zeit wurde mit Arabern eingekreuzt, um die Pferde für Reitzwecke größer zu züchten. Es kann wegen des Einsatzes der verschiedenen fremdblütigen Hengste für diese Pferde nur bedingt der Begriff „Rasse" verwendet werden.

Der Bestand beläuft sich auf ca. 100 Stuten; die Größe liegt um 130 cm und entspricht etwa der des Island-Ponys. Eine größere Bedeutung für die deutsche Pferdezucht konnten die Dülmener jedoch bisher nicht erlangen.

6.1.2 Das Shetland-Pony

Das Shetland-Pony (Entstehungsgeschichte siehe Großbritannien) ist die kleinste in Deutschland gehaltene Ponyrasse. In diese Rassengruppe fallen auch die sogenannten auf Shetlandbasis gezogenen Miniponys. Die Shetland-Pony-Zucht wurde in Deutschland aus kleinsten Anfängen heraus aufgebaut. Ursprünglich gab es diese Pferde nur im Zirkus und in einigen Liebhaberzuchten des Gartenbaus und der Landwirtschaft. Alle in Deutschland gehaltenen Ponys lassen sich entweder direkt oder über den Umweg Holland auf das Originalzuchtgebiet – die Shetland-Inseln – zurückführen.

Das Shetland-Pony hatte in Deutschland eine große Verbreitung. 1977 waren 3100 Zuchtstuten (14,8%) in das 1942 gegründete Stutbuch eingetragen. Diese Zahl verringerte sich bis 1985 auf 1357 (7,2%).

Dieses kleine Pferd, dessen Größe zwischen 95 cm und 105 cm schwankt, kann sehr dazu beitragen, die Kinder schon im jungen Alter an den Umgang mit Pferden zu gewöhnen. Bedenken sollte man jedoch, daß hier und da vorkommende Schwierigkeiten im Charakter die Einsatzmöglichkeiten für die Kinderreiterei bisweilen beeinträchtigen können. Hengste sind wegen ihrer meist stark ausgebildeten Geschlechtsmanieren als Kinderreitpferde weniger geeignet.

Seit der Gründung des englischen Stutbuchs für Shetland-Ponys im Jahre 1890 wird diese Rasse rein weitergezüchtet. Davor hat es vereinzelt Einsätze fremdrassiger Hengste gegeben. Deshalb ist der Rassetyp nicht immer einheitlich, zumal auch in den verschiedenen Nachzuchtgebieten bestimmte Nutzungsrichtungen im Vordergrund des Interesses standen, und somit die Bevorzugung des einen oder anderen Typs bewirkten. In Holland wurde z. B. mehr der robuste, derbe, starke, kurzbeinige Typ bevorzugt; während man in Deutschland lange Zeit nach dem Zweiten Weltkrieg vorwiegend den original Englischen Typ anstrebte, haben die Amerikaner eine auffallend edle Zuchtrichtung herausgebracht, die eleganter und trockener wirkt und sehr schwungvolle Bewegungen besitzt. Diese Ausprägung steht mehr im orientalischen Typ und scheint für den Fahr- und Kinderreitdienst geeignet zu sein. Seit ca. 15 Jahren hat diese Typrichtung, ausgehend von einigen nach Niedersachsen importierten Tieren, auch in Deutschland Freunde gefunden und zu einer gewissen Umformung des Rassentyps beigetragen.

Die Shetland-Ponys weisen hinsichtlich der Größe, wie vorstehend bereits angeführt, eine große Variation auf. Im Interesse der Kinderreiterei wird jedoch mehr und

Abb. 83. Shetlandponyhengst Rappo, geb. 14. 4. 1974, v. Rauhbautz u. Dohle v. Fabian. Siegerhengst 1980 DLG Hannover.

Abb. 84. Shetland-Stute Mona II, geb. 1961, v. Blücher und Mädi. Siegerstute der DLG-Ausstellung Hannover 1972.

mehr die obere Grenze von 105 cm angestrebt. Die Haltung von Shetland-Ponys ist über das ganze Bundesgebiet verbreitet.

6.1.3   Reitponys

6.1.3.1   Deutsches Reitpony

Infolge der starken Ausweitung des Pony-Turniersports konnte eine starke Nachfrage nach geeigneten Reitponys verzeichnet werden. So hat seit etwa 1965 diese Gruppe von Jahr zu Jahr in fast allen Bundesländern einen geradezu sprunghaften Aufstieg erfahren. Neben dem Import bereits bewährter Reitponyrassen aus England, die nachfolgend behandelt werden, setzte auch in Deutschland die Zucht auf Reitponys ein, wobei die englischen Reitponyrassen als Vorbild dienten. Diese deutsche Zucht-richtung – als eigenständige Rasse kann sie z. Z. noch nicht bezeichnet werden – war auf der DLG 1972 erstmalig als selbständige Gruppe vertreten. Selbst bei den stark vorselektierten Spitzentieren waren seinerzeit noch erhebliche Typunterschiede zu verzeichnen. Das nimmt nicht wunder, denn in der Bundesrepublik werden auch alle Kreuzungsprodukte, die nicht einer speziellen Rasse zuzuordnen sind, aber den Typ eines Reitponys erkennen lassen, als „Deutsches Reitpony" bezeichnet. Ob diese Bezeichnung sehr glücklich ist, mag dahingestellt bleiben. Immerhin zeigt sie den im Vordergrund liegenden Nutzungstyp an.

Beim Deutschen Reitpony wird eine Widerristhöhe von 140 bis 148 cm angestrebt, wobei die Nachfrage nach den größten Varianten stärker ist. Hinsichtlich der Zucht-konzeption gehen die deutschen Zuchtbetriebe unterschiedliche Wege. Alle streben aber als Zuchtziel ein „Reitpony" mit ausgesprochen gutem Charakter, auffallenden Reitpferdepoints, elastischen, raumgreifenden Bewegungen und guter Rittigkeitsver-anlagung an. Um dieses Ziel zu erreichen, werden in einigen Zuchtgebieten auch Araber, Angloaraber und Englische Vollbluthengste sowie kleinere Hengste aus Warmblutrassen eingesetzt. Oberster Grundsatz bei der Formung dieser Zuchtrich-tung hat aber eine strenge und konsequente Selektion zu sein, um allmählich zu einer Konsolidierung zu kommen. Hierbei dürften entsprechende Leistungsprüfungen – vor allem bei den Hengsten – von entscheidendem Wert sein, will man dem Prinzip der Rittigkeitsveranlagung sowie dem Temperament und dem Charakter die entspre-chenden Stellenwerte einräumen.

Im Jahre 1985 waren 292 Hengste und 5140 Stuten eingetragen. Im Jahr 1977 lagen diese Zahlen bei 357 und 7538. Auch diese Zuchtrichtung scheint sich auf ein gesundes Mittelmaß einzupendeln. Stärkstes Zuchtgebiet ist Westfalen mit 2526 eingetragenen Stuten (1985), gefolgt von Hannover und Weser-Ems.

6.1.3.2   Connemara-Pony

Das Connemara-Pony, an der Westküste Irlands, der Landschaft „Connemara", beheimatet, gehört zu den größten Reitponyrassen. Seine Widerristhöhe liegt zwischen 140 und 148 cm. Bei sehr üppiger Aufzucht – die heimische Landschaft ist ein karges, hügeliges Gebiet – kann es auch vereinzelt über das Ponymaß herauswachsen. Ur-sprünglich war es ein örtlich begrenzter Landschlag, der im Mittelalter mit verschiede-nen Rassen, so auch orientalischen und andalusischen Hengsten gekreuzt wurde. Durch züchterische Selektion einerseits und durch Einflüsse der kargen Umwelt andererseits wurde ein Typ geschaffen, der für die Turnierreiterei der größeren Kinder gute Voraussetzungen mitbrachte. Durch eine in den letzten Jahrzehnten begrenzte Veredelung durch Araber- und Vollbluthengste sollten die Reitpferdeeigenschaften dieser Rasse weiter verbessert werden. Die Connemara-Ponys zeichnen sich im

Abb. 85. Deutsches Reitpony, Stute Valesca H 440341078, geb. 3. 5. 1978 v. Valentino u. Nike, v. Nijm ox. Ia-Preis u. Siegerstute DLG Hannover 1980.

Abb. 86. Connemara-Pony.

Abb. 87. New-Forest-Stute Bernina H 846000377, geb. 6. 3. 1977 v. Palento u. Warren Berry, v. Blaze. DLG München 1982 – Ia-Preis, Siegerstute New Forest.

allgemeinen durch gute Halsung und Sattellagen sowie leichtfüßige Gänge aus. 1985 waren 39 Hengste und 345 Stuten dieser Rasse in den Stutbüchern der deutschen Verbände eingetragen. Die zahlenmäßig stärksten Bestände weisen Hessen und Bayern auf.

6.1.3.3 New-Forest-Pony

Mit 62 eingetragenen Hengsten und 488 Stuten (1985) verfügt die Rasse der New-Forest-Ponys in Deutschland über eine größere Zuchtbasis als die der Connemaras. Dieses mit 135–140 cm Widerristhöhe mittelgroße Reitpony stammt aus dem im königlichen Besitz befindlichen „New Forest", einem Waldgebiet in Hampshire (Südengland). Es bildet mit seinem guten Charakter und seinen starken Nerven bei durchaus brauchbarer Halsformation, aber nicht immer idealer Sattellage, dafür aber elastischen Reitpferdebewegungen den Prototyp eines vielseitigen Leistungspferdes für 10–14 Jahre alte Kinder. Nach einer Kreuzungsperiode mit Hengsten der Rassen Dartmoor, Exmoor, Highland und Welsh in der zweiten Hälfte des letzten Jahrhunderts setzte etwa ab 1910 (Gründung des Stutbuches) eine planmäßige Reinzucht ein. Die meisten der eingetragenen Zuchtstuten befinden sich in den Ländern Schleswig-Holstein, Bayern und Niedersachsen (Hannover).

6.1.3.4 Welsh-Pony

Das Welsh-Pony hat seit uralten Zeiten seine Heimat in dem bergigen Weidegebiet mit karger Futtergrundlage in der Grafschaft Wales. Beeinflußt durch Hengste unterschiedlicher Zuchtrichtungen wurde es je nach Größe früher sowohl zum Reiten als auch zum Fahren als auch für landwirtschaftliche Arbeiten verwendet oder als

Abb. 88. Dartmoorpony-Stute Tipsy 220001577, geb. 20. 5. 1977 v. Helen Lancer u. Hisley Tango, v. Rambler. Ia-Preis u. Klassensiegerin DLG Hannover 1980.

Grubenpferd bzw. Tragtier eingesetzt. Eine spezifizierte Zucht auf bestimmte Nutzungsrichtungen setzte etwa vor 100 Jahren ein. Nach Gründung des Stutbuches im Jahre 1901 wurde die Welsh-Zucht in verschiedene Zuchtrichtungen gegliedert:

Sektion A: Welsh-Mountain-Pony (117–122 cm)
Sektion B: Welsh–Pony (122–137 cm)
Sektion C: Welsh-Pony in Cob-Typ (122–137 cm)
Sektion D: Welsh-Cob (137–155 cm)

Der Welsh-Cob kann heute bereits als Übergangsform zu den Großpferden angesehen werden.

Die für die Sektion A, B und C angegebenen Größenmaße sind nicht in jedem Fall für alle deutschen Ponyzuchtverbände als verbindlich anzusehen. So werden Pferde in der Sektion B auch schon mit Widerristhöhen von 123–135 cm aufgenommen. Diese kleineren bis mittelgroßen im Rechteckformat stehenden Pferde der Sektion A und B sind vielseitig verwendbar und besonders für Kinder von 6–10 Jahren (Sektion A) und 8–12 Jahren (Sektion B) geeignet, zumal die Halsformation, die Sattellage und die Kruppenpartie gut für den Reitgebrauch geeignet und auch die Bewegungen elastisch und raumgreifend bei leichter Knieaktion sind.

Pferde der Sektion C – sie bilden zahlenmäßig die kleinste Gruppe der Zuchtrichtung Welsh – sind etwas größer als die der Sektion B und sind eine Mischung zwischen Vertretern der Sektionen A und B einerseits und der Sektion C andererseits.

Die Welsh-Cob – durch Kreuzung zwischen Welsh-Mountain und Vertretern von Kaltblut- bzw. Kutschpferderassen entstanden ist ein sogenanntes Groß- oder Doppelpony, das sowohl für Reitzwecke als auch zum Fahren eingesetzt werden kann und ebenso in der Landwirtschaft für mittelschwere Arbeiten zu verwenden ist. Es entstand in der Zeit, als die Intensivierung der Landwirtschaft einsetzte und hatte eine schwere Krise durchzumachen, als die verstärkte Motorisierung im landwirtschaftlichen Betrieb begann. In Deutschland ist es zahlenmäßig nicht so stark verbreitet, sondern mehr auf Einzelzuchten beschränkt. 1985 waren 275 Hengste und 1905 Stuten der 4 verschiedenen Sektionen stutbuchmäßig erfaßt. Zahlenmäßig sehr stark wird die Zucht in den Gebieten Hannover, Weser-Ems, Westfalen und Schleswig-Holstein betrieben.

6.1.3.5 Dartmoor-Pony

Diese Pferderasse, die ursprünglich aus der Grafschaft Devon in Süd-England stammt und dort seit alters her lebt, ist mit ca. 116–125 cm Widerristhöhe etwas größer als das Welsh-Mountain-Pony (Sektion A), vielleicht aber im ganzen etwas robuster und derber als dieses. Besonders bekannt wurde sie in England dadurch, daß aus Kreuzungen mit Englischen Vollbluthengsten und Dartmoor-Stuten größere und leistungsmäßig hoch veranlagte Kinder-Reitponys entstanden. Zahlenmäßig ist diese Rasse in Deutschland nicht stark vertreten, 1985 waren insgesamt 11 Hengste und 65 Stuten eingetragen, die vor allem in den Ländern Schleswig-Holstein, Rheinland-Pfalz-Saar, Bayern und Baden-Württemberg ihren Standort haben.

6.1.4 Kleinpferde

6.1.4.1 Das norwegische Fjordpferd

Das norwegische Fjordpferd (s. Norwegen) hat seit 1950 im Bundesgebiet Eingang gefunden. Die Entwicklung und Ausbreitung dieser Rasse setzte in Westdeutschland ein, als bei allen Großpferderassen infolge der Motorisierung der Rückgang begann. Gerade in den Moorgebieten Nordwestdeutschlands wurden von jeher für die dortigen Kleinbetriebe verschiedenartige Kleinpferde verwendet, die aus Polen und Litauen als sog. Panjes so preisgünstig eingeführt wurden, daß eine eigene Zucht nicht lohnte. Als 1945 diese Bezugsquelle versiegte, stand man vor dem Problem, eine eigene Zucht aufzubauen. Das spärlich vorhandene, häufig rasselose Material schien dafür wenig geeignet. Unter den zunächst verwendeten Hengsten verschiedenster Typen fiel sehr bald die gute Eignung der Nachzucht einiger Fjordhengste auf. Das führte 1950 zur Einfuhr des ersten Fjordhengstes aus Dänemark. In den anschließenden Jahren des Zuchtaufbaues wurden dann etwa 750 Zuchttiere (Stuten und Hengste) durch die deutschen Zuchtverbände aus Dänemark und Norwegen eingeführt. Die hohe Qualität dieser besonders ausgesuchten Zuchttiere, das auffallend gutartige Temperament und die vorzügliche Eignung für den landwirtschaftlichen Bereich bewirkten eine starke Nachfrage, so daß später der Handel auch Gebrauchspferde importierte.

Das Fjordpferd hatte sich im gesamten nordwestdeutschen Raum vor allem in Schleswig-Holstein und Niedersachsen, in Hessen und Rheinland-Pfalz, durchgesetzt. Es schränkte im Kleinbetrieb der Gebirgsgegenden die Kuhanspannung ein, bewährte sich in den Moorbetrieben und als Ergänzung zum Schlepper bei leichteren Böden auch in größeren Betrieben. Den Weinbauern sind die Fjordpferde eine besonders wertvolle Zugkraft mit großem Anpassungsvermögen an die hier vorliegenden speziellen Aufgaben geworden.

Zuchtziel und Blutlinienführung entsprechen den Verhältnissen im norwegischen Ursprungsgebiet. Eine Typveränderung konnte bei konsequenter Reinzucht und entsprechender Selektion unter den deutschen Umweltbedingungen nicht festgestellt werden. In Hessen hat man von jeher trockeneren Typen den Vorzug gegeben, die

Abb. 89. Fjordstute Biene, geb. 1973, v. Heino und Bärbel v. Björgar. Ia-Preis auf der DLG-Ausstellung 1978.

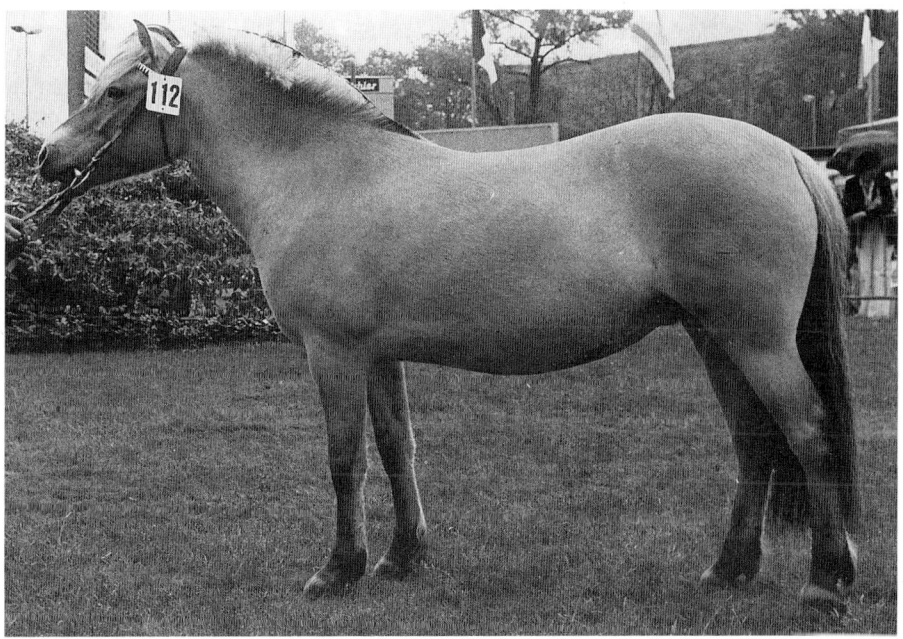

Abb. 90. Fjordstute Fiede F., geb. 8. 4. 1977 v. Heino (Hessen) u. Flocke, v. Leif. Ia-Preis u. Siegerstute-Fjordpferde DLG Frankfurt 1984.

Abb. 91. Isländer-Stute H-Dis, geb. 24. 5. 1979 v. Hrafn v. Kröggolfasst u. Drottning, v. Neisti Skollagrof Ia-Preis u. Siegerstute DLG Frankfurt 1984.

sich auch für die Reiterei eignen, obwohl der verhältnismäßig starke Hals des Fjord-pferdes diesem Verwendungszweck etwas entgegensteht, denn die ursprüngliche Nutzungsrichtung war auf die reine landwirtschaftliche Verwendung ausgerichtet, teils als ausschließliche Zugkraft in den kleinbäuerlichen Betrieben, teils als Ergän-zung zum Traktor. Mit der Zunahme der Vollmotorisierung für fast alle landwirt-schaftlichen Betriebsgrößen und auch der meisten Gärtnereien geriet die deutsche Fjordpferdezucht in eine Absatzkrise, so daß sich die Zuchtverbände gezwungen sahen, den edleren und trockeneren Typ verstärkt in den Vordergrund der Züchtung zu stellen und den „Norweger" mehr als Freizeitpferd anzubieten. Um in der Veredelung schneller voranzukommen, sind auch mit Vollblütern, Arabern und Anglo-Arabern Gebrauchskreuzungen erstellt worden. In Hessen hat man die von jeher trockenere Zuchtrichtung mit einem Connemara-Falbhengst versucht, weiter in die „Reitpferderichtung" umzustellen.

Als erwünschte Größe werden 136–146 cm Widerristhöhe angestrebt. 1985 waren 994 Stuten eingetragen, davon 621 in den Ländern Hessen und Baden-Württemberg. Es hat also eine gewisse Verlagerung vom norddeutschen Raum in den Mittel- und süd-westlichen Bereich der Bundesrepublik stattgefunden.

6.1.4.2 Der Isländer

In Deutschland gab es bereits vor dem Zweiten Weltkrieg einige Zuchtstätten. Eine größere Ausbreitung erfuhr die Isländerzucht jedoch erst vor ca. 25 Jahren. Leitmotiv eines verstärkten Imports an Isländern war wohl im weitesten Sinne der Gedanke, helfend eingreifen zu müssen, um Tiere vor der seit alters her üblichen Schlachtung zu bewahren. Eine jährliche Verringerung des Bestandes ist wirtschaftlich notwendig,

Abb. 92. Haflinger Stute Hanni H. 758, geb. 1972, v. Hoferbe H. 413 und Marga H. 327.
Siegerstute auf der DLG-Ausstellung 1978.

um ein zahlenmäßiges Überhandnehmen zu verhindern, weil die spärliche Weide nur
für eine begrenzte Anzahl ausreicht.

Die Isländerzucht wird auch in Deutschland weitgehend als Reinzucht betrieben.
Im Laufe der Jahre haben sich eigene Clubs für das Island-Pony gegründet, denen
spezielle Ausbildungsstätten für Island-Pferde angeschlossen sind, um die Ausbildung
des Tölt und des Rennpasses zu fördern. Eine Anhäufung der Zuchten gibt es im
Rheinland und in Rheinland-Pfalz-Saar. Hier stehen 784 Stuten der insgesamt 2037
eingetragenen Stuten des Jahres 1985. Das Größenmaß schwankt bei den Isländern
erheblich. Bisher wurde ein Mindestmaß von 130 cm angestrebt. Neuerdings werden
jedoch 135 cm als Durchschnittsmaß ins Auge gefaßt, die obere Grenze sollte 138 cm
nicht überschreiten.

6.1.4.3 Der Haflinger

Auch diese in ihrem Erscheinungstyp sympathische Rasse soll infolge ihrer Größe
(135–140 cm Stckm.) in dieser Pferdegruppe Berücksichtigung finden, obwohl sie
früher, und aufgrund ihrer Entstehung sicherlich mit Recht, nicht zu den typischen
Ponyrassen gerechnet wurde. Vielmehr nimmt der Haflinger eine gewisse Sonderstellung ein. Seine Deklarierung als Bergpferd, die auch österreichischerseits immer
vertreten wurde, wird dem speziellen Rassecharakter sicherlich etwas gerechter. Der
Haflinger ist von der ursprünglichen Verbreitung her gesehen im Alpengebiet zu
Hause. Seine Herkunft läßt sich nicht einwandfrei nachweisen. Jedoch wurde Mitte
des letzten Jahrhunderts erstmals auf einen Landschlag verwiesen, der zwischen
Etsch und Sarntal seine angestammte Heimat haben und bei dem es sich um kleine,
leichtfüßige Pferde handeln sollte. Wahrscheinlich läßt sich dieser Landschlag auf eine

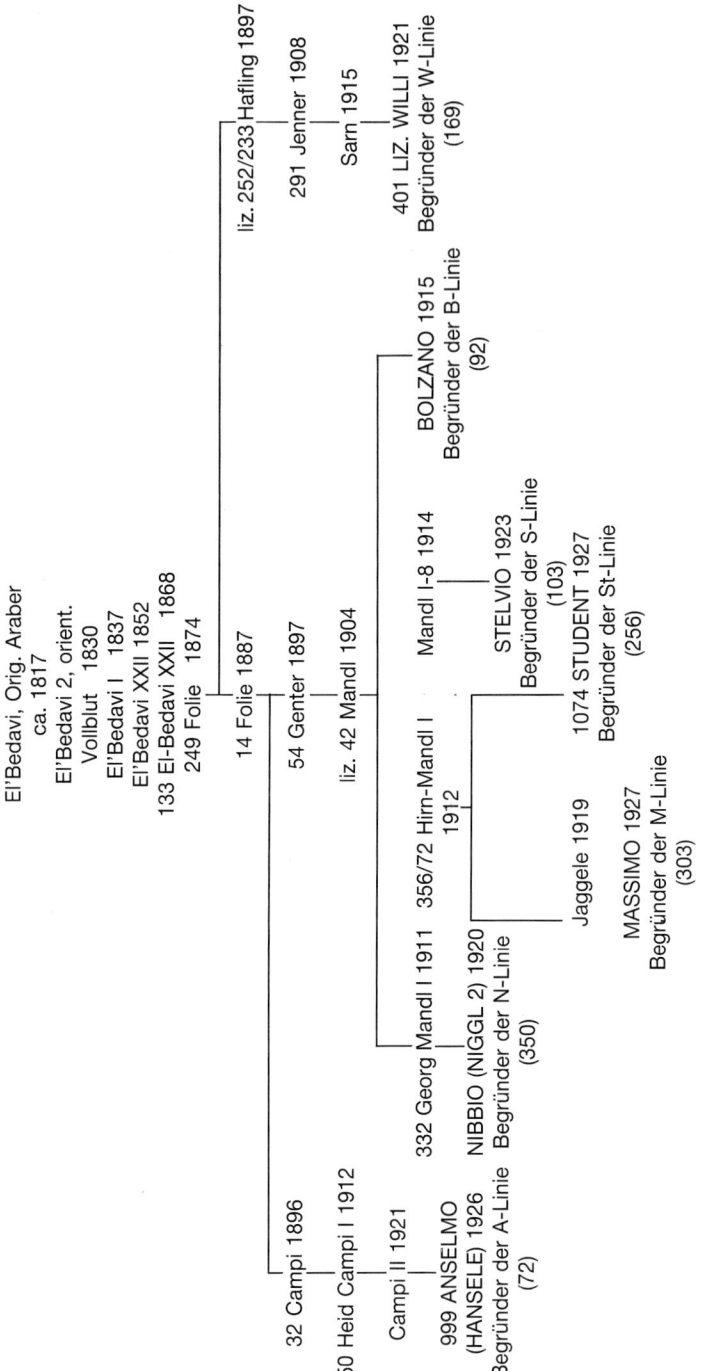

Abb. 93. Blutlinienübersicht der Haflinger-Zucht. Die Zahlen in Klammern weisen die Gesamtzahl der Hengste aus (nach SCHWEISGUT).

Abb. 94. Perle H 4156, geb. 1970, v. Akif ox und Printe H 2933, Kombinationstyp Haflinger x
Araber. Ia-Preis und Reservesiegerin auf der DLG-Ausstellung 1978.

Subpopulation des im alpinen Gebiet ansässigen Kaltblutpferdes zurückführen, die von
der Umwelt geformt und entsprechend ihrem Verwendungszweck selektiert worden
ist und bei deren Weiterentwicklung sowohl Noriker als auch Pferde orientalischen
Ursprungs mitgewirkt haben. Auf den orientalischen Einfluß lassen sich die beim
Haflinger auch heute noch hoch geschätzten Eigenschaften wie Härte, Genügsamkeit,
Trittsicherheit und gute Charaktereigenschaften sowie eine gewisse Reiteignung
zurückführen. Sämtliche heute bestehenden Hengstlinien lassen sich auf den Stammvater 249 Folie, einen Sohn des 1868 geborenen Araber-Hengstes 133 El'Bedavi XXII
zurückführen. Einen Überblick über die Hengstlinien hat SCHWEISGUT zusammenge-
stellt (s. Abb. 93).
    Nach dem in Südtirol liegenden Bergdorf Hafling hat der Haflinger seinen Namen.
Im Jahre 1904 wurde die erste Zuchtgenossenschaft gegründet. Eine planmäßige
Zuchtarbeit läßt sich auf dieses Jahr zurückführen. In Deutschland, und zwar zuerst in
Oberbayern, fand der Haflinger etwa ab 1935 Eingang. Der Bedarf der Gebirgstrup-
pen gab damals die Anregung für die Zucht und zur erstmaligen Einfuhr von etwa 100
Original-Haflinger-Stuten aus Südtirol. In Heeresfohlenhöfen wurde die Aufzucht der
Haflinger sichergestellt, die sich sowohl als Tragtiere im Gebirge wie auch als
Zugpferde der Gebirgsbauern vorzüglich bewährten. Die Zucht blühte schnell auf,
mußte jedoch nach 1945 vorübergehend eine empfindliche Krise durchmachen, als die
bäuerlichen Züchter nach dem Ausfall des Heeres auf sich selbst gestellt waren. Der
Bestand an eingetragenen Stuten stieg seitdem jedoch stetig an, so daß der Gesamtbestand an eingetragenen Zuchtstuten in Bayern 1985 bei 2666 lag. Die Zucht hat sich
von Bayern aus auch über die gesamte Bundesrepublik ausgedehnt. Größere Zuchten
sind, wie aus der Zahl der 1985 eingetragenen Stuten zu ersehen, in Westfalen
(1312), Baden-Württemberg (529), Hannover (350), Hessen (553) und im Rheinland
(315) zu finden. Insgesamt waren 1985 348 Hengste (davon 12 Landbeschäler) und

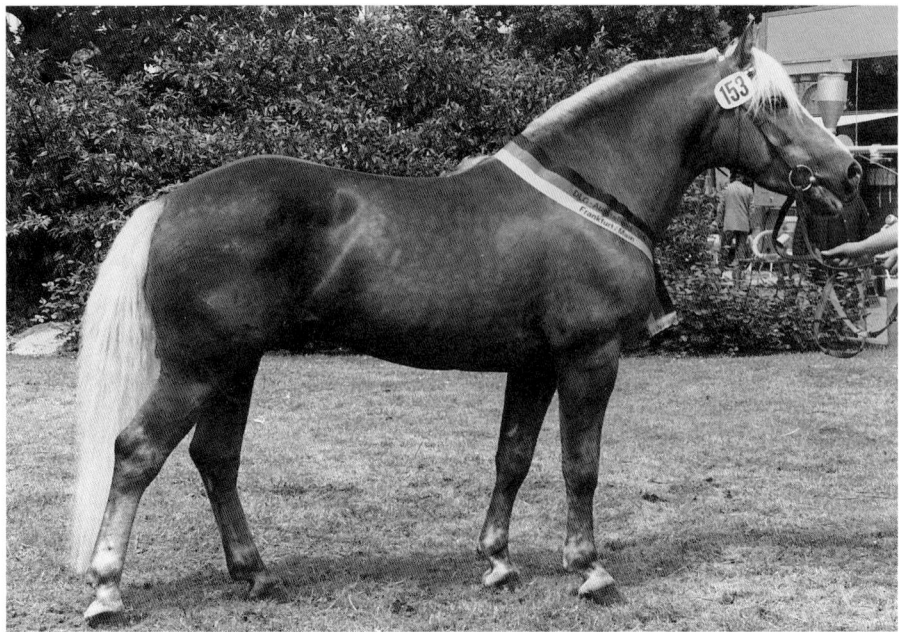

Abb. 95. Haflinger-Hengst Hegemeister, geb. 7. 6. 1979 v. Hoferbe u. Steffi, v. Stroch. Ia-Preis u. Siegerhengst Haflinger DLG Frankfurt 1984.

6357 Stuten bei den verschiedenen Verbänden eingetragen. Ob die Haltung in völlig veränderten Umweltverhältnissen ohne Almaufzucht im westdeutschen Flachland die Erhaltung des Bergpferdetyps gewährleistet, kann heute noch nicht abschließend beurteilt werden, scheint aber sicher zu sein, obwohl bayerische Züchter gelegentlich die Auffassung vertreten, daß der Haflinger seinen speziellen Typ nur bei Aufzucht auf den Almen halten könne.

Zuchtziel und Kaliber entsprechen den in Südtirol und Österreich gezüchteten Haflingern. Von den Blutlinien erlangte die 401/liz-Willi-Linie in Bayern besonders über Wieland eine hervorragende Bedeutung. Gerade die Nachzucht dieses Hengstes fiel genau wie er selbst auf allen großen Ausstellungen nach dem letzten Weltkrieg durch ihren vorzüglichen Typ auf. Die Haflinger Züchter werden in der Regel von den jeweiligen Pony- und Kleinpferdezuchtverbänden betreut. Die Hengsthaltung ist vorwiegend privat. Seit einigen Jahren ist man bemüht, durch erneute Einkreuzung von Araberhengsten die Trockenheit und besonders die Reitpferdeeignungen zu erhöhen (siehe auch Italien und Österreich). Ob man jedoch durch diese Veredelungs-kreuzung die dem ursprünglichen Bergpferd eigenen rassespezifischen Eigenschaften auch weiterhin erhalten kann, wird die Zukunft lehren. Man strebt zuchtzielmäßig ein 135–140 cm großes Pferd mit trockenem ausdrucksvollem Kopf und großem Auge, gut bemuskeltem Rücken und gut bemuskelter Hinterhand, guter Rumpfigkeit, mittelschwerem trockenem Bein, festen Hufen und elastischen und schwungvollen Bewegungen an. Die Farbe des Haflingers ist ausschließlich Fuchs in allen Schattie-rungen mit hellem Langhaar.

6.2 Europa

Die Abhandlung beschränkt sich auf die wesentlichsten europäischen Rassen, die in der Tabelle 42 zusammengefaßt sind.

Tab. 42. Ponyrassen in Europa

Land	Rasse
1. Österreich	Haflinger
2. Schweiz	Haflinger
3. Frankreich	1. Camargue-Pferd
	2. Merens
	3. Francais de Selle (Franz. Reitpony)
	4. Pottok
	5. Landais
4. Großbritannien	1. Dales-Pony
	2. Dartmoor-Pony
	3. Exmoor-Pony
	4. Fell-Pony
	5. Highland-Pony
	6. New-Forest-Pony
	7. Polo-Pony
	8. Shetland-Pony
	9. Welsh-Mountain-Pony (verschiedene Sektionen)
5. Island	Isländer
6. Dänemark	Norwegisches Fjordpferd
7. Schweden	Gotland-Pony
8. Norwegen	Norwegisches Fjordpferd
9. Irland	Connemara-Pony
10. Jugoslawien	Bosnisches Gebirgspferd
11. Italien	Haflinger

6.2.1 Österreich

Die Einfuhr von *Haflinger*-Zuchtmaterial (siehe Italien) nach Nordtirol erfolgte erstmalig nach dem Ersten Weltkrieg. Vor allem in der Gegend von Zams bei Landeck gelang es, eine gute Ausgangsbasis für die Zucht zu entwickeln. Es wurden Zuchtgenossenschaften gegründet, die sich später zum „Haflinger Pferdezuchtverband Tirol, Innsbruck" zusammenschlossen. In den Jahren 1934–1940 brachte der Bedarf der Gebirgstruppen an Tragtieren einen wesentlichen Aufschwung für die Zucht, wobei zunächst ein leichtes und besonders edles Modell zuchterisch bevorzugt wurde, das nach 1955 auf die Bedürfnisse der Gebirgsbauern und damit auf einen etwas derberen Typ umgestellt werden mußte. Auch in anderen Gebieten Österreichs gewann der Haflinger an Boden. Die Organisationen der Bundesländer sind in einer „Arbeitsgemeinschaft der Haflinger Zuchtverbände" zusammengeschlossen. Heute ist der Haflinger verbreitet in Tirol, Salzburg, Ober- und Niederösterreich, Steiermark, Kärnten und Vorarlberg. Der Anteil des Haflingers am Gesamtpferdebestand Österreichs, der 1938 noch bei 6,4% lag, hat nach dem letzten Kriege ständig zugenommen und sich mehr als verdoppelt. In Hengstaufzuchthöfen wird mit staatlicher Förderung der Hengstnachwuchs sichergestellt. Die Hengsthaltung liegt überwiegend in der Hand des Staates (79,3%). Mehr als ⅓ des staatlichen Hengstbestandes in der Bundesanstalt für Pferdezucht Stadl-Paura entfällt z. Z. auf Haflinger. Die wichtigsten Blutlinienzweige wurden durch die Hengste 1074 Student, Massimo, Nibbio, Anzio und 401/liz Willi gebildet. Auch Zugleistungsprüfungen werden nach einem besonderen Reglement durchgeführt.

Die Umzüchtung des Haflingers durch Selektion und nicht durch Einkreuzen von Fremdblut vom ehemaligen Gebirgspferd zum Freizeitpferd ist noch voll im Gange, wobei den Merkmalen des Typs und der Schönheit unter Berücksichtigung der speziellen Reitpferdepoints besondere Bedeutung zukommen.

Als Zuchtziel wird angestrebt: Ein Kleinpferd mit einer Widerristhöhe von 138–145 cm, zu dessen besonderen Rassekennzeichen die Fuchsfarbe mit lichtem oder weißem Langhaar zählt, mit hübschem Kopf, leicht eingedrücktem Nasenrücken (auf Araber zurückgehend) und großen, lebhaften Augen. Zu seinen inneren Werten zählen die Robustheit, Anspruchslosigkeit, Ausdauer, der einwandfreie Charakter sowie die Langlebigkeit und Fruchtbarkeit.

Österreich stellt das anerkannte Hauptzuchtgebiet des Haflingers dar. Die Zuchtprodukte werden in 27 Länder der Erde exportiert. Ein anspruchsloses Kleinpferd für den Freizeitreiter, speziell im bergigen Land.

1985 waren in Österreich 4852 Stuten eingetragen. An Hengsten standen im Landgestüt Stadl-Paura 43 zur Verfügung, an Privathengsten waren weiter 40 im Einsatz.

6.2.2 Schweiz

Die in der Schweiz 1952 auf private Initiative hin gegründete Zucht des Haflingerpferdes wird heute ebenfalls mit staatlicher Förderung in 7 Haflingerpferdezuchtgenossenschaften, welche über das ganze Land verteilt sind, betrieben.

Der Haflinger hat sich in der Schweiz einen festen Platz erobert. Der Zuchtbestand ist groß genug, um züchterisch sinnvoll wirken zu können. Für Pferde guter Qualität ist der Absatz immer noch zufriedenstellend.

Ursprünglich war der Haflinger ein Arbeitspferd für das Berggebiet. Mit der Ausbreitung der Zucht fand er auch Liebhaber, die keine Landwirte sind. Sie möchten eher ein leichtes, kleines Reitpferd mit attraktiver Farbe (weiße Mähne). Da der Haflinger aber bis jetzt auch ein diensttaugliches Trainpferd ist, darf seitens der Zucht nur streng dosiert die sogenannte „Modernisierung" vorangetrieben werden und nur in kleinen Schritten erfolgen. Solides Fundament, korrekte Stellung und Gang sind für den Armeeeinsatz Voraussetzung. Das Problem der Hengstbeschaffung konnte in den letzten Jahren dadurch gemildert werden, daß man vermehrt versuchte, aus der eigenen Zucht Hengstanwärter herauszuselektieren, anstatt teure und teilweise im Gangwerk fehlerhafte Hengste aus dem Ausland zu importieren.

Sehr interessant und für die Zuchtleitung überaus wichtig sind die sogenannten zentralen Schauen, die die Haflinger-Zuchtgenossenschaften gesamtschweizerisch gemeinsam durchführen. Dadurch läßt sich das Zuchtmaterial besser vergleichen.

Die *Leistungsprüfung* der 5jährigen Hengste ist analog der Prüfung für Freiberger. Zusätzlich absolvieren die Haflingerstuten eine Leistungsprüfung für Stuten, die alle 2 Jahre in St. Luziensteig durchgeführt wird.

Zuchtziel Haflinger
Das Zuchtziel ist ein kleines, fuchsfarbenes, edles, genügsames, vielseitig verwendbares Zug-, Trag- und Freizeitreitpferd mit langem, hellem Schutzhaar, ohne allzuviele

Abzeichen und solidem, trockenem Fundament, ausgeprägter Muskulatur und korrektem Gang.

Größe: Stuten mindestens 135 cm Widerrist,
Hengste mindestens 137 cm Widerrist.
1984 waren 28 Hengste und 544 Stuten eingetragen.

6.2.3 Frankreich

Frankreich besitzt in dem Pferde der *Camargue* eine Pony-Rasse, deren äußeres Gepräge sicherlich mit auf die armen, silikathaltigen und sumpfigen Böden zurückzuführen ist, auf denen es aufwächst. Der reinblütige Camarguais wird gleichsam als das lebende Vorbild prähistorischer Vorfahren (Quartärpferde) angesehen. Seiner Entstehung nach ist es ein Steppenpferd mit Anklängen an den Przewalski-Typ, aber einer langen, eigenen Entwicklung unter den speziellen Umweltverhältnissen. Es wurde zu einem Pferd der salzhaltigen Steppen und Sümpfe im Rhône-Delta mit einer starken Abneigung gegen bewaldete Gebiete. Im 19. Jahrhundert hatte man im Interesse von Remonte-Ankäufen Kreuzungen empfohlen. Berber, Araber und Englische Vollblüter wurden zur Verbesserung der Reiteignung verwendet. Pferde mit dunklen Farben sind die Folge dieser Kreuzungsversuche gewesen, während bei dem alten Camargue-Pferd die Schimmelfarbe vorherrschend ist. Dieses Pferd wurde ein beliebtes Wagenpferd, außerdem wichtig für die landwirtschaftlichen Betriebe, dort auch zum Ausstampfen der Getreidekörner. Die Technisierung hat auch für dieses Pferd die Daseinsberechtigung eingeschränkt. Geblieben ist die gute Verwendbarkeit als Treiberpferd für die großen Tierzuchtfarmen. Trotz der nach dem Zweiten Weltkrieg einsetzenden Einfuhren arabischer Pferde ist die Nachfrage nach reinen Camargue-Pferden wieder gestiegen. Es ist zweifellos das große Verdienst von de Baroncelli, dem reinblütigen Camarguais wieder größere Bedeutung verschafft zu haben und dadurch die Kreuzungstypen wieder mehr zu verdrängen.

Die Größe des Camargue-Pferdes schwankt zwischen 135 und 145 cm bei einem Gewicht von 350–450 kg. Der Kopf ist relativ schwer, mit breiter Stirn und leichtkonkavem Profil. Ein besonderes Charakteristikum ist das struppige Haarkleid (Unterlippenbart und lange Behaarung zwischen Nabel und Schlauch). Geritten werden nur Wallache, Stuten und Hengste nicht. Die Pferde sind zunächst schwer für den Reitdienst einzubrechen, aber wenn das gelungen ist, beliebte Reitpferde des Gardians (Viehhirten). Es sind Pferde der Freiheit mit wunderbar ausgestatteten Naturinstinkten, die den Stall nicht lieben.

Das Stutbuch wurde 1977 gegründet. 1983 waren 230 Tiere eingetragen und 416 Stuten wurden von 51 Hengsten gedeckt, das waren 38% mehr als im Durchschnitt der Jahre 1977–1980.

Außer den Shetlands (12 500 in Frankreich 1977), die eine unabhängige Stutbuchführung haben, sind die 12 der in Frankreich anerkannten Pony-Rassen den gleichen Identifikationspflichten unterworfen wie die Blutpferderassen.

Die Bezeichnung „Pony" gilt für die, welche aufgrund ihrer Abstammung bei keiner Rasse eingetragen werden können. 1983 und im Mittel der Jahre 1977–1980 sind die Fohlengeburten bei den „Ponys" um 29% bei den im Stutbuch eingetragenen und um 26% bei den nicht eingetragenen gewachsen.

Die im Jahre 1983 vorhandenen Rassen sind:
a) Französische Rassen:
  Merens und Francais de Selle (Franz. Reitpony) – jede mit 240 Fohlengeburten –,
  Pottok – 80 Fohlengeburten – und Landais – 60 Fohlengeburten.

b) Fremde Rassen:
Connemara – 300 Fohlengeburten –, Welsh und New Forest – jede 220 Fohlengeburten –, Haflinger und Fjord – jede 200 Fohlengeburten – Isländer – 100 Fohlengeburten – Dartmoor – 75 Fohlengeburten – und Highlands – 15 Fohlengeburten.

c) „Ponys" – bei keiner Rasse eingetragen, aber züchterisch kontrolliert – 1050 Fohlengeburten.

Die Zucht ist gut verteilt über das ganze Land, wobei 3920 Züchter 1983 die Dienste von 578 Ponyhengsten in Anspruch genommen haben, von denen nur 63 dem Staat gehörten. Man muß hinzufügen, daß bei der Bedeckung der Rassen Franz. Reitpony, Pottok, Landais und der „Ponys" die Araberhengste einen bedeutenden Anteil stellen. Im ganzen sind 6600 Stuten zur Produktion von Ponys gedeckt worden.

6.2.4 Großbritannien

Wohl kein anderes Land verfügt über so viele selbständige Ponyrassen wie Großbritannien. Früher hat man vielfach Kreuzungen mit Großpferden vorgenommen. Heute sucht man jedoch durch Selektion innerhalb der Rassen den Urtyp möglichst zu erhalten.

In Nordengland, den Tälern von Tyne, Allen, Wear und Tees, ist das *Dales-Pony* beheimatet. Dieses Gebiet war einst das Zentrum von Bleigruben. Die Dales-Ponys wurden in dem hügeligen Gelände als Tragtiere zur Beförderung des Bleies benutzt und waren berühmt durch ihre Härte, Gangsicherheit und Schnelligkeit. Um sie auch für den Einsatz in den bäuerlichen Betrieben geeignet zu machen, wurden Kreuzungen mit dem Clydesdale vorgenommen, ohne daß dadurch die Genügsamkeit und die Härte beeinträchtigt wurden. Auf feinen, seidigen Behang an den Beinen wird Wert gelegt. Seine Größe beträgt etwa 142 cm. Die häufigsten Farben sind schwarz und braun, gelegentlich kommen Schimmel vor.

In Devon, im Südwesten von England, existiert das *Dartmoor-Pony*. Die Umgebung ist vielfach durch kahle Felsen und ziemlich karge Futterverhältnisse charakterisiert. Diese Ponys haben hier seit Jahrhunderten wild gelebt. Zum ersten Mal wurden sie im Jahre 1012 erwähnt. In der Zeit der Zinkgewinnung wurden sie als Lasttiere verwendet. Zu Anfang dieses Jahrhunderts bemühte man sich, ein Zuchtregister aufzustellen und die Rasse rein zu halten. 1920 jedoch wurde ein Halbblutaraberhengst, der wie ein Dartmoor-Pony aussah, zum Decken verwandt. Dieser Hengst hatte einen so großen Erfolg, daß die meisten Dartmoor-Ponys von heute von ihm abstammen. Dartmoors stellen wenig Ansprüche an die Haltung, haben ein ruhiges, verläßliches Temperament und ein gutes Fundament. Sie sind als Kinderponys ausgezeichnet geeignet, haben maximal Maße von 127 cm und kommen hauptsächlich in den Farben Braun, Schwarz und Schimmel vor.

Dem Dartmoor-Pony nahe verwandt ist das *Exmoor-Pony,* das in dem bergigen und moorigen Gebiet von Exmoor im Südwesten Englands zuhause ist. Große Strecken öden Landes stehen den Ponys zur Verfügung. Nur die wirklich gesunden und anspruchslosen Tiere überleben in der harten Umwelt. Das Exmoor-Pony gilt als die älteste Ponyrasse Englands, die schon vor 100 000 Jahren vorhanden gewesen sein und sich am reinsten in seinem Urtyp erhalten haben soll. Diese Ponys wurden lange Zeit von den Schafhirten als Lasttiere benutzt. Bei guter Ausbildung sind sie aber auch für Kinder als Reit- und Fahrponys geeignet. Ferner eignen sie sich als Basiszucht zum Einkreuzen mit anderen Ponys. Maximalmaße von 127 cm werden erreicht. Die Farbe ist braun ohne Abzeichen. Besondere Merkmale sind das hell umränderte Maul und die helle Augenumrandung (Krötenaugen). Eine breite Stirn, kurze dicke Ohren und große, weit auseinander stehende Augen kennzeichnen diese kurzbeinige, primitive Pony-Rasse.

Auf den kalten, rauhen Fells Nordenglands (Westmooreland, Cumberland) ist die Heimat des *Fell-Ponys*. Vor 50 Jahren wurde es noch im Gebiet des Tyne als Tragtier in Bleibergwerken benutzt. In Herden von 20 Tieren und beladen mit etwa 100 kg Blei mußten diese Ponys reichlich 240 Meilen zurücklegen. Ursprünglich bestand kein Unterschied zum Dales-Pony. Heute wird in den westlichen Gebieten das Fell-Pony und in den östlichen das Dales-Pony gehalten. Das Fell-Pony ist ein typisches Bergpony, kraftvoll, lebendig und genügsam. Ersten Einfluß auf die Fell-Ponyzucht übten die friesischen Pferde aus, die in der Römerzeit nach Britannien kamen, als Arbeitskräfte aus der Provinz Friesland zum Bau des Hadrians Wall zwischen England und Schottland angeheuert wurden. Trotz verschiedener Einkreuzungen hat sich dieses Pony wie kaum eine andere Rasse – mit Ausnahme des Exmoor – typtreu vererbt. Ursprünglich war es in erster Linie Packtier, eignet sich in dem heutigen Modell aber vorzüglich zum Reiten und Fahren. Rappen ohne Abzeichen stellen die beliebteste Farbe dar. Die Größe soll heute zwischen 137 und 143 cm schwanken.

Das *Highland-Pony* ist der größte und stärkste Typ der Moor- und Berggegenden des schottischen Hochlandes; es kommt außerdem auch auf den westlichen Inseln vor. Man kann bei diesem auch „Garron" genannten Pony 3 Typen unterscheiden: die kleinen Ponys von Barra und anderen Inseln, Größe 122–132 cm, die Reitponys, Größe 132–140 cm und die größten, stärksten Typen, die auch als „Mainland-Ponys" bekannt sind, Größe etwa 142 cm. Die Nutzung erfolgt als Trag-, Reit- oder Arbeitspferd. Als Packtier beim Heer soll es unübertroffen sein. Mit arabischen und Clydesdale-Hengsten wurden Kreuzungen durchgeführt. Es kommen alle Farben vor.

In einem etwa 243 km^2 großen Waldgelände in Hampshire, das aus Buchen- und Eichenwäldern, offenen Mooren und Grasflächen besteht, wird meistens im Freien das *New-Forest-Pony* gehalten. Hafer kennen die Tiere nicht. Man unterscheidet nach der Haltung 2 Gruppen: eine bleibt das ganze Jahr über im Wald, die andere verbringt dort nur den Sommer und wird im Winter aufgestallt. Die Abstammung ist nicht genau bekannt. Vor dem Ersten Weltkrieg sind Araber-, Waliser, Hochland-, Exmoor- und Dartmoorhengste zum Belegen der Stuten in die Wälder gebracht worden. Die Größen liegen zwischen 120 und 140 cm. Es gibt alle Farben, jedoch werden Schwarz- und Braunschecken als untypisch angesehen und nicht eingetragen.

Das *Polopony* ist nicht als Ponyrasse im engeren Sinne anzusehen. Vielmehr handelt es sich hierbei in erster Linie um einen Typbegriff, der aus der speziellen Nutzung entstanden ist. Seit es Polo gibt, existiert dieses Pony, das im 16. Jahrhundert 120–130 cm groß war. Ursprünglich ist es vermutlich aus den Bergponys des Himalaja gezüchtet, den Manizuris von Assam. Der Polosport ist aus Asien übernommen. Das erste Spiel in England fand 1873 in Haunslow statt. Die Bezeichnung Polo stammt von dem tibetanischen „pulu", der Ball. Viele Polo-Ponys werden von England aus Argentinien importiert. Die Argentinier sind ausgezeichnete und begeisterte Polospieler und haben für diese Zwecke einen guten Ponytyp aus Pferden entwickelt, die zum Rindertreiben verwandt wurden. Sie sind zäh, stark, leichtführig und schnell. Die Ponys, die in England gezüchtet werden, sind meist Kreuzungen von argentinischen, Welsh-Ponys, Vollblütern usw. Nach den Regeln des Polo-Ponystutbuchverbandes sollten die Pferde nicht größer als 147 cm sein. Trotzdem kommen Maße über 150 cm vor.

Auf den Shetland- und Orkney-(=Pferde)Inseln, ganz im Norden Englands, ist das kleine *Shetland-Pony* als eine der ältesten Ponyrassen Englands beheimatet. Es ist das kleinste aller britischen Ponys. Seine winzige Größe kommt nicht von dem bitterkalten Wetter seiner nördlichen Heimat, der schottischen Shetlandinsel. Dies wird dadurch bewiesen, daß es unter Haltungsbedingungen im warmen Klima genauso klein bleibt. Man nimmt an, daß das Shetland auf eine Zwergponyart des Exmoor-Typs zurückzuführen ist, die mit den ersten Menschen, die das Meer nach Britannien überquert haben, nach England gebracht worden ist. Es ist sicher, daß Zeichnungen in Höhlen aus der Steinzeit entlang des Golfs von Biskaya in Frankreich und Spanien typische Shetland-Darstellungen sind. Keine bestehende Zuchtart hat ähnliche Charakteristiken wie das Shetlandpony. Es ist einzigartig. Viele hundert Jahre lang ist es von der Bevölkerung von Shetland als Lastpony verwandt worden. Im Verhältnis zu seiner Größe kann es mehr Gewicht tragen als jedes andere Pferd oder Pony in der Welt. Dieser Vorteil wurde im letzten Jahrhundert dadurch genutzt, daß viele Shetlands zur Hauptinsel, nämlich Großbritannien, exportiert wurden, um in den Bergwerken zu arbeiten. Das führte jedoch dazu, daß man auf Menge züchtete, was wiederum zu einer Verschlechterung der Qualität führte. Im Jahre 1870 gründete Lord Londonderry in Bressay und Noss Gestüte und trug durch selektive Zucht dazu bei, einen guten Shetlandtyp zu züchten. Hier wurden zu bedeutenden Stammvätern die Hengste *Jack* und *Prince of Thule*.

Kurzbeinigkeit und Tiefe sind besonders ausgeprägt. Die Kruppe ist häufig abschüssig und wirkt daher meist rund. Der Kopf soll möglichst gerade sein, ohne Neigung zur Ramsköpfigkeit, mit lebhaftem Ausdruck und weitstehenden, kleinen Ohren. Allerdings sieht man trotzdem oft schmale Köpfe. Die kräftigen Beine sollen korrekt gestellt sein und nicht zehenweit, wie vielfach fälschlicherweise angenommen wird. Im Winter bilden die Tiere ein sehr langes Haarkleid mit viel Unterhaar. Als Farbe war früher der Rappe sehr beliebt. Auch Braune mit Aalstrich und Schimmel waren gern gesehen, dagegen Füchse verhältnismäßig selten. Um in neuerer Zeit der stärkeren Nachfrage nach Schecken gerecht zu werden, wurden Isländer eingeführt, die zwar die gewünschte Farbe lieferten, aber den Typ nicht verbesserten. Die Widerristhöhe darf im Alter von 4 Jahren 107 cm nicht übersteigen und liegt häufig unter 100 cm. Die Kleinsten erreichen sogar kaum 90 cm. Für diese Ausprägung ist jedoch der Absatz gering. Die Nutzung erfolgt sowohl als Reitpferde für Kinder wie auch als Zugpferde für leichtere Arbeiten. Bei sehr geringen Futteransprüchen sind die Shetlands unermüdlich und recht vielseitig in ihrer Verwendung.

In neuerer Zeit hat das *Welsh-Mountain-Pony* (Sektion A) als geeignetes Reitpony große Bedeutung bekommen. Es stammt aus den Bergen und Mooren von Wales und kommt in vielfach frei gehaltenen Herden in dem dortigen Hügelgebiet und den anschließenden Grenzländern vor. Man nimmt an, daß die Ursprünge dieses Ponys auf das keltische Pony zurückgehen und daß diese Ponyrasse seit über 1000 Jahren in den Bergen von Wales beheimatet ist. Seine Schönheit mit seinem eleganten Kopf und gutproportionierten Körperbau wird auf einen gewissen Einfluß vom Araber (wahrscheinlich während der Römerzeit) und Vollblut zurückgeführt. Mit Sicherheit ist das Welsh-Mountain-Pony auch die Zuchtbasis für andere Rassen wie Hackney, Welsh-Pony und Cob. Auch hat es zur Kreuzung von Polo-Ponys, Reitponys, Freizeitponys und Hunter gedient. Da es schon seit Jahrhunderten im Gebirge von Wales beheimatet ist, sind seine Eigenschaften wie Mut, Gesundheit, Zähigkeit und Intelligenz hervorzuheben.

Das Welsh-Pony (Sektion B) ist größer und stellt eine moderne Version des Welsh-Mountain-Ponys dar. Es entwickelte sich durch Einkreuzungen mit Arabern und Vollblütern. Das aus Kreuzungen mit Welsh-Mountain-Stuten und andalusischen und Cobhengsten entstandene Welsh-Pony (Sektion C) steht im Cob-Typ. Es ist ein sehr

Abb. 96. Dartmoor-Pony Hengst (England).

gedrungenes, aktives, starkes und trittsicheres Pony, ein Vielzweckpferd, das für zahlreiche Aufgaben verwandt werden kann.

Außer Schecken sind bei den Welsh-Ponys alle Farben erlaubt. Schimmel, Dunkelbraune und Füchse sind vorherrschend. Neben einer guten Eignung als Reitpferd soll es auch gute Zugpferdeeigenschaften besitzen.

Zur Typerhaltung benötigen die Zuchten des Flachlandes vielfach im Gebirge gezüchtete Hengste. Im letzten Jahrzehnt hat das Welsh-Mountain in vielen Ländern Europas und auch in den USA, in Südamerika, Kanada, Südafrika, Australien, Indien und Japan Verbreitung gefunden.

Eine eigene Typrichtung stellt das *Welsh-Cob* dar, das aus dem Welsh-Mountain unter Benutzung von Großpferde-Hengsten entstanden ist. Es soll großen Einfluß auf die Traber und die Hackneys gewonnen haben. An der Entwicklung des Fell-Ponys soll es stark beteiligt gewesen sein. Es hat viel Ähnlichkeit mit dem Bergpony, ist aber größer, breiter und rumpfiger; außerdem weist es mehr Kötenbehang auf. Die Größe schwankt bis zu einem Höchstmaß von 151 cm, so daß sie teilweise das Ponymaß übersteigt. Dieser Cob-Typ ist demnach auch vielseitiger in den Verwendungsmöglichkeiten. Die besten Zuchten gibt es in dem Gebiet von Cardiganshire an der Südwestküste von Wales. Der Cob ist ein gutes Reitpferd mit hervorragenden Springanlagen. Sehr geländegängige Jagdpferde sind aus Kreuzungen mit Englischen Vollblütern entstanden.

Die „Welshpony and Cob Society" unterscheidet heute folgende 4 Klassen: Sektion A bis 12 h = 122 cm Stckm., Kinderreitpferd, alle Farben außer Schecken; Sektion B bis 13,2 h = 137 cm Stckm., Gebrauchs- und Jagdpferd en miniature, früher auch zum Hüten von Schafen; Sektion C, Welsh Cob bis 13,2 h − 137 cm Stckm., geeignetes Jagd- und Wagenpferd mit hervorragenden Springanlagen; Sektion D Welsh Cob über 13,2 h = 137 cm Stckm.

6.2.5 Irland

Im *Connemara-Pony* besitzt Irland eine Pony-Rasse mit guten Reiteigenschaften. Die Landschaft Connemara liegt an der Westküste Irlands, wo diese Pferde schon im 14. Jahrhundert erwähnt worden sind. Bis vor wenigen Jahrzehnten lebten sie noch völlig im Freien. Die Abstammung ist nicht genau bekannt. 1928 wurde eine Züchtervereinigung gegründet. Es besteht die Vermutung, daß die Connemaras, ähnlich wie andere Ponyrassen auf keltischen Ursprung zurückgehen. Spanisches und arabisches Blut ist außerdem in den Connemaras enthalten, die zu den ältesten Ponys der britischen Insel gehören. – Größe 132–143 cm. Freie Bewegung und trockenes Fundament verbinden sich mit Intelligenz, Härte und Ausdauer. Die wichtigsten Farben sind Schimmel (über 50%), Rappen, Braune und Füchse. Die Falbfarbe, früher die typische Originalfarbe der Connemaras, ist sehr selten geworden.

6.2.6 Skandinavische Länder

6.2.6.1 Dänemark
Seit Beginn dieses Jahrhunderts ist in Jütland zur Befriedigung des in Kleinbetrieben vorhandenen Bedarfs das *Norwegische Fjordpferd* eingeführt worden, da dieses die Eigenschaften besitzt, die es für Siedlerbetriebe besonders geeignet macht (s. Norwegen). Infolgedessen konnte es sich gegenüber anderer Ponyrassen (Isländer) durchsetzen, wobei eine festgefügte Erbmasse den Fjord-Hengsten auch bei Anwendung von Verdrängungskreuzungen zu durchschlagenden Erfolgen verhalf. Mit 4740 Pferden wurde 1914 die größte Anzahl in einem Jahr aus Norwegen eingeführt. Infolge des Preissturzes auf den Pferdemärkten gelangte dann in den Jahren 1921 und 1924 noch einmal eine große Anzahl von Fjord-Pferden nach Jütland. Von da ab nahm die Einfuhr ab, jedoch wurden gute Zuchthengste immer wieder importiert. Insgesamt sollen etwa 16 000 Fjord-Pferde nach Dänemark eingeführt worden sein. Die Rasse umfaßt etwa ¹⁄₁₀ des dänischen Gesamtpferdebestands. Das Hauptzuchtgebiet liegt im nördlichen Jütland, beiderseits des Limfjordes. Aber auch im übrigen Dänemark hat es Verbreitung gefunden. Durch die Motorisierung ist inzwischen ein erheblicher Rückgang verursacht worden. Dänemark hat für die in Deutschland aufgebaute Fjord-Pferdezucht sehr qualitätsvolles Zuchtmaterial geliefert. Zuchtziel und Blutlinien sind die gleichen wie in Norwegen. Eine Veränderung des Rasse-Types gegenüber Norwegen konnte nicht beobachtet werden.

Zukünftig sollen jedoch verstärkt die Typen herausselektiert werden, die mehr im Reitpferdetyp stehen. 1983 wurden von 81 Fjordhengsten noch 1599 Fjordstuten gedeckt, von 27 Islandhengsten 468 Islandstuten und von 3 Haflinger Hengsten 33 Haflinger Stuten. Im Vergleich dazu deckten 190 Ponyhengste der verschiedenen Rassen nur 998 Stuten, davon gehörten 327 zu den Shetlandponys.

6.2.6.2 Schweden
Auf der Insel Gotland besitzt Schweden eine eigene Ponyrasse, das *Waldroß* (Skogsrusset, Gotlandrusset), auch „Buschklepper" genannt. Größe 122–125 cm. Man nimmt an, daß es sich hierbei um Reste eines uralten, kleinen Pferdes handelt, das ursprünglich frei in den Wäldern lebte. Im 19. Jahrhundert bestand ein großer Absatz dafür. Erfreulicherweise ist ein kleiner Stamm, der sich am reinsten auf den Waldweiden der Lojsta-Heide im großen Waldgebiet im Süden des mittleren Gotlandes erhalten hat, vor dem Ausverkauf bewahrt worden. Ein berühmter Zuchthengst wurde *Olle,* der 1880 aus der Paarung einer Gotlandstute mit einem syrischen

Ponyhengst des Zoologischen Gartens Berlin hervorgegangen war und die früher unbekannte Falbfarbe etwas verbreitet hat. Zur gleichen Zeit wurde im Gestüt Klintebys der orientalische Hengst *Khediven* benutzt, dessen Nachkommen meist größer wurden und vielfach Schimmelfarbe trugen. Das Blut ist noch heute vorhanden.

Die im Jahr 1954 gegründete Vereinigung der Freunde des Waldrosses auf Gotland („Gotlandrussets vänner") und die Landwirtschaftskammer der Provinz Gotland sorgen für die Erhaltung und Förderung der Zucht. Staatliche Gestüte oder Hengsthaltungsvereine gibt es nicht.

Seit 1957 werden in Schweden auch andere Ponyrassen gezüchtet: Shetland, Welsh, New Forest, Fjordpferde und Connemara. Der Anteil der in Schweden von Ponyhengsten gedeckten Stuten machte 1984 annähernd 16% aus. Dieser Anteil lag mit 28% im Jahre 1977 schon einmal wesentlich höher. Innerhalb der schwedischen Ponygruppe lagen 132 Gotlandhengste mit 666 gedeckten Stuten an zweiter Stelle hinter 128 Shetlandhengsten mit 928 gedeckten Stuten. Erstaunlicherweise haben die Fjordpferde eine starke Ausdehnung erfahren. So deckten 87 Fjordhengste 1036 Stuten. Am geringsten war die Gruppe der von den 10 Islandhengsten gedeckten 70 Stuten. Auch die Connemaras – 37 Hengste – lagen mit 160 Bedeckungen am Ende der Skala. Die Anzahl aller gekörten Ponyhengste, die 1962 noch bei 77 lag, hat sich auf 273 im Jahre 1971, 455 im Jahre 1977 und 522 im Jahr 1984 erhöht – eine kaum zu glaubende Steigerung.

6.2.6.3 Norwegen

Das *Fjordpferd,* auch „Westlandpferd" genannt, umfaßt etwa ⅓ des norwegischen Gesamtpferdebestandes und wird hauptsächlich in den 4 westlichen Provinzen Rogaland, Hordaland, Sogn og Fjordane und Möre og Romsdal gezüchtet. Es ist anzunehmen, daß diese Rasse eine ziemlich gradlinige Entwicklung von der Urzeit bis in die Gegenwart in steter Anlehnung an die Bedürfnisse des bäuerlichen Betriebes durchgemacht hat. Vermutlich gehen die Fjordpferde auf das Przewalski-Pferd zurück, dem sie in Farbe und Größe ähneln. Jedoch haben Typ, Temperament und Körperproportionen im Laufe der Jahrhunderte eine starke Wandlung durchgemacht. Die Eigenschaften eines robusten Naturpferdes – Härte, Langlebigkeit, Anspruchslosigkeit und Fruchtbarkeit – sind neben der Farbe allerdings erhalten geblieben. Durch systematische Reinzucht und Zuchtbuchführung wurde das Fjordpferd stärker, breiter, tiefer und größer. Die Widerristhöhe schwankt zwischen 135 cm und 145 cm Stckm. Das Gewicht der Stuten beträgt etwa 450–500 kg und das der Hengste 500–550 kg. Der Kopf ist klein und markant, mit breiter Stirn, großen Augenbogen, dunklen, klaren und ruhigen Augen, etwas eingesatteltem Nasenrücken, großen Nüstern und kräftigen Ganaschen. Gerade auf die Ausbildung dieser typischen Kopfform wird in der Zucht großer Wert gelegt. Charakteristisch ist weiter die aufrechtstehende dunkle Mähne mit weißem Seitenhaar. Das Rechteckformat, die große Kurzbeinigkeit und Tiefrumpfigkeit mit kräftiger, langer Kruppe verschaffen dem Fjordpferd Eigenschaften, die es besonders für den Tragdienst und für sonstigen Arbeitseinsatz geeignet macht. Gerade für die vielseitige Leistungsbeanspruchung im Gebirge wird im Interesse einer größeren Trittsicherheit eine gewisse Körperlänge als zweckdienlich erachtet. Der außergewöhnlich gute Charakter, verbunden mit höchster Energie und Leistungsbereitschaft, bedingen leichte Umgangsmöglichkeiten und eine sehr hohe Zugkraftentfaltung.

Alle Blutlinien (Oyarblakken N 819 – Dyre N 1059, Bergfast N 635, Hakon Jarl N 645) gehen auf den großen Linienbegründer Njal N 166 (geb. 1891) zurück. Die

Abb. 97. Norwegischer Fjordhengst Dyre N 1059, v. Øyerblakken und Selma N 2423. Bedeutender Vererber.

Einheitlichkeit der Blutlinienführung erklärt vermutlich auch die ausgeglichene Erbsicherheit der Rasse. Etwa 85% des Pferdbestandes trägt die Farbe Hellbraunfalb. Abzeichen werden nicht gern gesehen.

Die Zuchtbuchführung ist staatlich und für alle Pferderassen gemeinsam in einer Zentrale in Oslo geregelt. Die auf privater Basis organisierten Hengsthaltungsvereine müssen staatlich anerkannt sein. Die zuständige Züchtervereinigung ist „Norges Fjordhestlag", Os. pr. Bergen.

6.2.7 Island

Das *Island-Pony* ist auf der Insel die einzige Pferderasse, die vermutlich aus Kreuzungen zwischen keltischen und skandinavischen Ponys entstanden ist. Hauptsächlich norwegische Ansiedler waren es, die ab 874 die ersten Pferde nach Island brachten; Skelettfunde zeigen, daß diese Pferde etwas größer waren als die heutigen Island-Ponys. Die ungewöhnlich harten Umweltbedingungen verursachten eine scharfe, natürliche Auslese, die in besonders harten Wintern zu einem Verlust von 50% der Ponyherden führte. In den letzten 800 Jahren sind keine Pferde mehr nach Island gebracht worden. 60% des Bestands werden noch heute in halbwilden Herden gehalten. Unter diesen Umweltbedingungen bildet sich eine Rasse heraus mit ungewöhnlicher Genügsamkeit, Widerstandskraft, Langlebigkeit und Fruchtbarkeit. Von diesen Ponys werden enorme Leistungen verlangt, zumal sie als Trag- und Reittiere bis in die jüngste Zeit einziges Transport- und Verkehrsmittel der Insel waren.

Tagesleistungen von 80 km mit einer Belastung von 100 kg sind nicht außergewöhnlich. Die Gesamtzahl der Ponys liegt etwa bei 40 000. Von den geborenen Fohlen wird
im Herbst ein ziemlich hoher Anteil geschlachtet. Eine Größe von 133 cm Stckm. wird
angestrebt, jedoch nicht immer erreicht. Das Gewicht schwankt um 380 kg. Die
Rasse hat typische Ponymerkmale: muskelarme Hinterhand, kräftiges Fundament
und meist rauhes Haarkleid. Alle Farben kommen vor, jedoch überwiegend Füchse,
Rappen und Braune. Der Isländer verfügt über 5 verschiedene Gangarten, die allerdings nicht bei allen Ponys vorkommen: Schritt, Trab, Galopp, Paßgang und Tölt
(s. Seite 247).

Züchterisch beachtet man stark die weibliche Familie. Die frei in der Herde
laufenden Hengste werden privat gehalten. Bei der Bewertung entfallen von der
vergebenen Gesamtpunktzahl 40% auf Abstammung und Exterieur, während 60%
durch die Richter im Sattel ermittelt werden. Die Zuchtbuchführung in Reykjavik ist
staatlich organisiert.

6.2.8 Jugoslawien

Die Rassegruppe der *Kleinpferde* wurde in Jugoslawien fast ausschließlich durch das
Bosnische Gebirgspferd vertreten, das ungefähr ein Drittel des jugoslawischen Gesamtpferdebestandes ausmacht und zu den markantesten Repräsentanten der Ge-
birgspferderassen zählt. Es ist ein kleines, eisernes Saumpferd, das im unwegsamen
Gelände und unter schwersten Bedingungen Unwahrscheinliches zu leisten vermag.
Es ist ein ideales Soldatentragpferd. Durch den Ausbau von Straßen und durch die
Modernisierung des Verkehrs hat dieses Pferd viel von seiner einstigen Bedeutung
verloren. Zwischen 130 und 135 cm Stockmaß groß ist es immer noch ein sehr
ausdauerndes, meist edles Kleinpferd, das die jahrhundertelange Einkreuzung des
Orientalen nicht verleugnen kann.

Die Zucht liegt vor allem in den Volksrepubliken Bosnien, Herzegowina, Montene-
gro, Mazedonien und einem kleinen Teil Serbiens. Es ist anzunehmen, daß dieses
Pferd sowohl auf Tarpan- wie Przewalzki-Typen zurückgeht und mit Orientalen
gekreuzt wurde. Das Gewicht dieses Pferdes liegt bei ca. 380 kg. Die Farbe ist
meistens Braun, Schimmel, Rappen und Füchse kommen vor, seltener dagegen
Falben.

Das bosnische Gebirgspferd wird in zwei Hauptgestüten gezüchtet, und zwar in
Borike und in Han Pijesak. Große Sorgen bereitet der immer größere Grad der
Inzucht, da nur mit zwei Hengstlinien, *Miško* und *Barut,* gezüchtet wird. Die erneute
Einkreuzung des Arabers brachte bisher keine nennenswerten Erfolge. Das in der
Landeszucht meistens noch heute sehr naturnah lebende Gebirgspferd hat nicht
immer einen menschenfreundlichen Charakter, weshalb es sich als Kinderreitpony in
größerem Maße nicht durchsetzen konnte.

Slowenien züchtet in Gebirgsgegenden seit dem Jahre 1955 den *Haflinger.* Die
Zucht wurde nur mit importiertem, reinrassigem Material aufgebaut. Hengste dieser
Zucht wirken seit einigen Jahren auch in anderen Teilen Jugoslawiens, wo kleinere
Pferdetypen gezüchtet werden und die entsprechenden Hengste fehlen.

Sloweniens Haflingerzucht wird nur in strikter Reinzucht betrieben. Die „Veredelung" mit dem Araber ist nicht beabsichtigt.

6.2.9 Italien

In der heutigen italienischen Provinz Bozen (Südtirol) gilt die Salten-Mölten-Platte im
Hochetschgebiet (Tschöggelberg) als die Heimat des *Haflingers,* der seinen Namen

dem Orte Hafling verdankt. Die eigentliche Heimat liegt jedoch im Sarntal (Penstal, Durnholztal), im Eisacktal, Grödental, Enneberg- und Oberpustertal sowie im Obervintschgau. Das Gepräge des Haflingers ist das eines Bergpferdes. Es ist wohl anzunehmen, daß in den unwirtlichen Gebirgstälern dieses Pferd norischer Herkunft als kleines Saumpferd gehalten wurde. Aus diesem Pferd ist dann mit Hilfe orientalischen Blutes der heutige Haflinger entstanden. Der Halbblut-Araber El-Bedavi XXII (geb. 1868 in Radautz) und dessen Sohn 249 Folie (geb. 1874) der aus einer arabisch veredelten Tiroler Landstute gezüchtet worden war, sind als die Stammväter des heutigen Haflingers anzusehen. Fast die gesamte Haflinger Zucht Südtirols geht auf den 249-Folie-Sohn *14 Folie I* (geb. 1887) und dessen Enkel *liz. 42 Mandl* zurück. Ferner hat noch der 249-Folie-Sohn *252/233 Hafling* (geb.1897) züchterisch eine bedeutende Rolle gespielt. Die erwähnten Hengste bilden die Grundlage für die gesamte Haflinger Zucht. Durch die Zusammenführung von Noriker- und Araberblut konnte das Rassebild anfangs kaum ausgeglichen sein. Aufspaltungen in Richtung der beiden Ausgangsrassen waren unausbleiblich. Obwohl durch systematische Selektion unter Einschluß der Inzucht eine wesentliche Typvereinheitlichung erreicht worden ist, kann man immer wieder auf Anklänge an die beiden Ausgangstypen stoßen. Angestrebt wird ein nicht zu großes, edles und kräftiges Gebirgspferd, das sowohl als Zug- und Tragtier wie auch als Reitpferd verwendet werden kann. Der Kopf ist in der Regel trocken und ausdrucksvoll mit kleinen beweglichen Ohren, die vielfach den arabischen Blutanteil widerspiegeln. Im allgemeinen steht das Pferd im Rechteckmodell mit genügender Breiten- und Tiefenentwicklung bei gut bemuskelter, aber leicht gespaltener Kruppe. Die Größe beträgt 135–140 cm, das Gewicht der Stuten etwa 450 kg und das der Hengste 500 kg. Ausdauer, Genügsamkeit, Gutartigkeit, Gesundheit und Bergsicherheit sind hervorragend. Die typische Farbe ist die Fuchsfarbe mit lichtem Mähnenhaar und vielfach mit Aalstrich.

6.2.10 UdSSR

Die *Mongolischen Pferde* haben sich im Verlaufe von ca. 900 Jahren aus den in früheren Zeiten im Postdienst eingesetzten Pferden entwickelt. Diese Postpferde mußten ohne Ruhepause die Entfernung von ungefähr 30 km zwischen den einzelnen Poststationen zurücklegen. Ca. 100 000 Pferde standen für diesen Zweck laufend zur Verfügung. Sie waren Temperaturen von $-50°$ im Winter bis zu $+40°$ im Sommer ausgesetzt. Die heutige Population beträgt rund 2 Millionen Pferde. Die häufigsten Farben sind Füchse, Braune und Schimmel. Die Widerristhöhe beträgt bei den Hengsten 133 cm, bei den Stuten 125 cm, das Gewicht beläuft sich bei Hengsten auf 360 kg und bei Stuten auf 340 kg im Durchschnitt. Die oben angegebene Distanz von 30 km wird in einer Zeit von 1:31 Min/km – 1:50 Min/km zurückgelegt.

Bei den mongolischen Pferden werden 4 Typen unterschieden: Der Wald-, der Steppen-, der Mittelgebirgs- und der Wüstentyp. Der Waldtyp ist mit 130–133 cm der größte, der Wüstentyp mit 122 cm der kleinste. In seiner äußeren Erscheinung ist der Waldtyp einem kleinen Kaltblüter sehr ähnlich. Der Mittelgebirgstyp ist dem Altaipferd gleichzusetzen. Die Pferde aus der Wüste Gobi sind klein und hellen in der Farbe auf. Teilweise werden Kreuzungstiere für Reitzwecke erstellt mit Hilfe von Don- und Budjonnyhengsten.

Die Population der *Huzulen* im Gebiet der ukrainischen Karpaten betrug 1964 noch 40 800. Sie nahm laufend ab bis zum Jahre 1980, wo 21 500 Vertreter dieser Rasse gezählt wurden. Die gegenwärtige Anzahl von eingetragenen Stuten beträgt 4169. Bei den Hengsten wird eine durchschnittliche Widerristhöhe von 137 cm, bei den Stuten von 133 cm angegeben. Der Huzule ist ein eisenhartes, vielseitig zu verwendendes Kleinpferd, das sowohl als Tragtier, als auch als Reit- und Wagenpferd Verwendung findet.

7   Spezialrassen in Deutschland

Neben den vorstehend beschriebenen Rassen, die sich in die Nutzungsrichtungen Rennpferde, Reitpferde, Zugpferde sowie Pony- und Kleinpferde zusammenfassen lassen und die in anerkannten Züchtervereinigungen zusammengeschlossen sind und von diesen betreut werden, gibt es seit einigen Jahren noch weitere, ausschließlich aus dem Ausland importierte Rassen, die nicht in geschlossenen Regionen, sondern in Einzelzuchten über das ganze Bundesgebiet verteilt sind. Sie lassen sich unterteilen in die Gruppen Reitpferde (Sportpferde) und Ponys.

Der Gruppe der Reitpferde können folgende Rassen zugeordnet werden:

Andalusier
Achal-Tekkiner
Appaloosa
Budjonni
Friesen
Kladruber
Knapstruper
Lipizzaner
Lusitano
Paint-Horse
Palomino
Pinto
Quarter-Horse

Den Ponys sind zuzurechnen das Exmoor und das Highland-Pony aus England, der Bosniake aus Jugoslawien, das Camargue-Pferd aus Frankreich sowie die kleinsten der Kleinen, die Zwergponys.

Alle diese Ponyrassen, mit Ausnahme der letzteren, sind bereits eingehend in den Abschnitten über die europäischen Rassen beschrieben worden. Deshalb soll auf eine erneute Vorstellung verzichtet werden.

Auch aus der Gruppe der Reitpferde sind einige Rassen bereits erwähnt worden (Friesen, Lipizzaner, Kladruber), andere dagegen nicht. Die wichtigsten von ihnen sollen nachfolgend kurz behandelt werden.

1. *Andalusier*
Seine Heimat ist Andalusien, der südliche Teil Spaniens. Es scheint sich bei dem Andalusier um eine eigenständige Rasse zu handeln, in die in bestimmten Zeitabläufen Araber- und Berberblut eingeflossen ist. Die Blütezeit dieser Rasse, die mehr oder weniger alle europäischen Rassen entweder direkt oder indirekt, z.B. über die Neapolitaner, beeinflußt hat, liegt im 15. Jahrhundert.

Im Ursprungsland Andalusien sind heute noch 2000 Stuten eingetragen. Die Größe schwankt zwischen 150 und 165 cm. Die Schimmelfarbe herrscht vor, gefolgt von den Braunen. Rappen sind seltener, Füchse und Tigerschecken werden nicht mehr in das Stutbuch eingetragen.

Abb. 98. Lusitano Hengst V'Janou, 6 Jahre, barocker Typ.

Abb. 99. Quarter Horse Hengst. Typvoller Vertreter seiner Rasse.

Die Deutschen Zuchten – es wurden 1984 (nach Heck) 10 Hengste und 10 Stuten eingetragen – werden direkt aus Spanien betreut. Die hier geborenen Pferde erhalten spanische Papiere.

Der Andalusier ist ein ausgesprochenes Dressurpferd. Auffallend ist seine angeborene hohe Knieaktion.

2. *Der Lusitano*

In Portugal beheimatet. Andalusier und Lusitanos gehen mit hoher Sicherheit auf dieselben Vorfahren zurück. Später, ab dem Mittelalter, haben sie sich in verschiedenen Richtungen, je nach dem Grad des Einflusses anderer Rassen, entwickelt, wobei der Lusitano weniger Fremdblut führt. Er hat wesentlich die südamerikanischen Pferderassen beeinflußt. Sowohl Vertreter der Andalusier wie auch der Lusitanos werden nach strenger Auslese (ca. 5 Pferde von 1000) im Stierkampf eingesetzt.

Beim Lusitano handelt es sich um ein gedrungenes tiefes Pferd im Quadratformat mit trockenen Beinen und auffallend kurzen Röhren. Die Größe schwankt zwischen 155 und 165 cm. Er wird bevorzugt als Dressurpferd verwendet und ist sehr gelehrig.

In Deutschland ist er erst vereinzelt zu finden. Die Betreuung der deutschen Züchter erfolgt von Portugal aus.

3. *Appaloosa*

Eine von den Indianern entwickelte Pferderasse im Westen bzw. Nordwesten der USA, die sich durch die eigenartige Tigerscheckung auszeichnet. Sie wird seit ca. 150 Jahren in sich rein weitergezüchtet. Heute sind in den USA über 300 000 Tiere in dem Stutbuch des 1938 gegründeten „Appaloosa-Horse-Club's" eingetragen, die rund 40 000 Züchtern gehören. Von den USA aus hat sich diese Rasse nach Südamerika, Australien und Europa verbreitet. Nach HECK unterscheidet man drei Richtungen: Das *Stock-Horse* (den schweren Typ durch Quarter-Horse stark beeinflußt), das *Performance-Pferd*, das eigentliche vielseitige Leistungspferd, und den *Renn-Appaloosa*, der weitgehend durch Englisches Vollblut beeinflußt worden ist.

Seit rund 10 Jahren werden diese Pferde auch in Deutschland gezüchtet. Seit 1981 wird diese Spezialrasse in einer gesonderten Abteilung des Rheinischen Pferdestammbuches geführt und von diesem Verband im gesamten Bundesgebiet betreut. Es handelt sich z. Z. um einige 100 Pferde.

4. *Das Quarter-Horse*

Ist in den USA und Kanada das Western-Pferd schlechthin. Diese Rasse stellt die größte Pferderasse auf der Welt überhaupt dar. Auch die Appaloosa und die Palominos sind auf der Blutbasis des Quarter-Horses entstanden. Im Zuchtbuch der Quarter-Horse-Vereinigung sind über 2 Millionen Pferde eingetragen, davon allein 100 000 in den USA. Der Name dieser Rasse ist abgeleitet von: „A horse for a quarter of a mile"; daraus entstand das „Quarter-Horse", ein Pferd für eine Viertelmeile. Die Größe schwankt zwischen 146 und 158 cm. 160 cm werden als Obergrenze angesehen. Man vermeidet ein Größerwerden, weil dadurch die Wendigkeit beeinflußt wird. Neben der Western-Reiterei wird es seiner hervorragenden Charaktereigenschaften und seiner Ausdauer wegen auch viel in der Freizeitreiterei verwendet. Typisch für ihn wie auch für die auf Quarter-Horse-Basis gezogenen anderen Western-Schläge sind die sehr stark bemuskelte Hinterhand und der kurze Rücken. Das Quarter-Horse ist unter den Exoten in Deutschland wohl die am stärksten vertretene Rasse mit rund 1000 Vertretern.

Abb. 100. Vertreter der Paint Rasse.

5. *Der Paint*

Stammt aus den USA. Es ist ein geschecktes Quarter-Horse, das in sich rein weitergezüchtet wurde. Die Scheckfärbung wird auf die starke Verbreitung von gescheckten Mustangs zurückgeführt, und diese gehen wiederum auf aus Europa eingeführte Schecken zurück. Es sollen unter den 16 Pferden, die Hernando Cortez 1519 einführte, nachweislich zwei Schecken gewesen sein. Auch der 1752 aus England importierte Janus wird als Schecke bezeichnet. Das Quarter-Horse bzw. der Paint trat seinen Zug durch Amerika von Osten nach dem Westen an. Auch die Indianer bevorzugten den Paint und sorgten für dessen Verbreitung. Da die Quarter-Horse-Züchter Schecken nicht mehr eintragen, ist in den USA ein eigenes Stutbuch für Paints, die gescheckten Quarter-Horses, geschaffen worden.

Die Größe schwankt zwischen 142 und 155 cm. Der Paint ist für jede Cowboy-Arbeit geeignet und kann in allen Disziplinen des Westernreitens eingesetzt werden. In Deutschland werden diese Pferde zum Westernreiten verwendet bzw. als Freizeitpferde genutzt. Sie verteilen sich über ganz Deutschland mit Schwerpunkt im Westen.

Der *Pinto* gleicht dem Paint farblich sehr. Jedoch stellt der Pinto keine eigene Rasse dar, sondern mehr eine Typenzucht, in der fünf Typen unterschieden werden. Der *Pleasure Typ*, der *Stock-Typ*, der *Hunter Typ*, der *Saddle Typ* und der *Pony Typ*.

Die ersteren vier liegen in ihrer Größe zwischen 150 und 155 cm, die letztere zwischen 118 und 142 cm. Auch der Pinto ist ein Freizeitpferd. In Deutschland leben ca. 120 Pferde.

6. Der Knapstruper

In Dänemark ist dieser Tigerschecke, der sehr dem Appaloosa ähnelt, zu Hause und dort wird er, der auf der Frederiksborger Rasse basiert, seit Anfang des 19. Jahrhunderts gezüchtet. Während der Appaloosa mehr im Typ des gut bemuskelten „Arbeitspferdes" steht, zeigt der Knapstruper weit mehr Adel. Man sieht ihm an, daß er durch Araber und Englische Vollblüter veredelt worden ist, jedoch in seinem ganzen Gepräge auch heute noch mehr als Freizeitpferd anzusprechen ist, während der Frederiksborger zu einem modernen vielseitigen Reitpferd weiterentwickelt wurde. Neben Tigerschecken gibt es bei den Knapstrupern aber auch einfarbige Pferde. Seine Größe schwankt zwischen 150 und 165 cm. Im Mittelmaß ist es 160 cm groß. Er ist einfach im Umgang und sehr gelehrig. Deshalb war und ist er ein erstklassiges Zirkuspferd. In Deutschland, besonders aber im Norden, wird er auch häufig als Freizeitpferd eingesetzt.

7. Der Achal-Tekkiner (siehe UdSSR)

In Deutschland soll es nach Schätzungen einige Hundert von dieser Rasse geben. Ein erstes Flachrennen mit Pferden dieser Rasse hat 1985 in Mannheim stattgefunden.

8   Verteilung der Rassen in Deutschland

Als Abschluß des Abschnittes über die Pferderassen erscheint es zweckmäßig, noch eine kurze Übersicht über den Anteil der einzelnen Rassen innerhalb des deutschen Bundesgebietes zu geben.

Obwohl es genaue Unterlagen über die rassenmäßige Aufteilung des deutschen Gesamtpferdebestanden nicht gibt, lassen sich doch aus der Statistik über die Zahl der bei den einzelnen Zuchtverbänden eingetragenen Zuchtpferde ziemlich sichere Anhaltspunkte über die derzeitige Rassenverteilung gewinnen. Aufgrund des von der Deutschen Reiterlichen Vereinigung (FN) für 1985 herausgegebenen Jahresberichtes ergaben sich für die Rassengruppen mit einer Gesamtzahl von 83 683 eingetragenen Zuchtstuten folgende Anteile: Warmblut 65,9 %, Ponys 22,4 %, Traber 4,1 %, Vollblut 2,6 %, Araber 2,3 %, Kaltblut 2,2 % und Sonstige 0,5 %.

Die klare Überlegenheit des Warmblutes wird daraus ganz deutlich, während das Kaltblut, die stärkste Gruppe der Vorkriegszeit, auf ein Minimum abgesunken ist. Dagegen hat sich in den letzten 20 Jahren die Ponygruppe einen beachtlichen Platz erobert. Das gleiche ging schon aus der Entwicklung der Deckziffern hervor. Noch einmal zeigt sich außerdem, daß man im Hinblick auf den Einfluß, den die deutsche Vollblutzucht heute auf die Warmblutgruppe besitzt, gerade dieser Rasse eine erheblich größere Ausdehnung wünschen möchte, um dadurch noch bessere Auswahlmöglichkeiten zu schaffen.

Von Interesse ist weiter die Verteilung innerhalb der einzelnen Rassengruppen. Für die Reitpferderassen würde sich bei 57 117 eingetragenen Zuchtpferden nachstehende prozentuale Aufteilung ergeben:

Hannover	26,6
Westfalen	19,3
Baden-Württemberg	10,4
Bayern	6,7
Holstein	6,4
Oldenburg	6,4
Hessen	6,0
Trakehner	5,9
Rheinland	4,6
Rheinland-Pfalz-Saar	4,0
Araber	3,3
ZV f. deutsche Pferde	0,4

Die Übersicht bedarf keiner näheren Erklärung. Hannover liegt klar an der Spitze und hält gemeinsam mit Westfalen für die in ähnlichem Typ stehenden Pferde 45,9%. Das Bild wird sich vermutlich im Laufe der nächsten Jahre durch eine weitere Ausdehnung der Zuchten in anderen Zuchtgebieten zahlenmäßig etwas verschieben. Andererseits werden sich die Typen immer mehr angleichen, so daß dann voraussichtlich nicht mehr von Rassen, sondern nur noch vom deutschen Warmblut im Reitpferdetyp mit verschiedenen Herkünften gesprochen werden kann.

Beim Kaltblut steht heute das Süddeutsche Kaltblut mit 1298 eingetragenen Stuten auf der norischen Grundlage obenan. Der Rheinisch-Deutsche Kaltblüter hat seine einstmals beherrschende Stellung eingebüßt. Die Zuchtgebiete, die Nachkommen dieses Pferdes züchten, haben zusammen noch 431 eingetragene Zuchtstuten. Die Schleswiger sind auf 81 eingetragene Zuchtstuten zusammengeschmolzen.

E   Die Beurteilung des Pferdes

1   Nutzungsrichtung und Typ verschiedener Pferderassen

Die Nutzungsrichtung des Pferdes ist im Laufe der Jahrtausende einem ständigen Wandel unterworfen gewesen. Das erste Interesse am Pferd ergab sich aus dem Nahrungsbedürfnis des Menschen. Das Pferd wurde daher zu einem begehrten Jagdtier; welche Ausmaße das annahm, beweisen zahlreiche Funde. Ein eindrucksvolles Beispiel dieser Art bietet die bei Solutré, nördlich Lyon, entdeckte 5–10 m dicke Schicht fossilierter Pferdeknochen – Überreste von vielleicht 100 000 Pferden. Die aufgeschlagenen Knochen, die man im Zusammenhang mit 18 × 9 m großen Feuerstellen gefunden hat, beweisen, daß offensichtlich das Knochenmark mit zu den begehrten Speisen gehört hat. Weiter ist bekannt, daß das alte Gallien das Pferd als Symbol der Sonne verehrt hat und es daher zum wichtigsten Opfer auf dem Altar des Sonnengottes wurde. Vom Jagd- und Opfertier wurde das Pferd dann aber Freund und Gehilfe des Menschen im Kriegsdienst (Streitwagen, Reiterei), im Sport (Zirkusspiele), als Trag- und Zugpferd.

Neben dem manchmal kriegsentscheidenden Einsatz hat vor allem seine friedliche Nutzung unter dem Reiter und vor dem Pfluge bei steigender Intensivierung der Ackerwirtschaft das Pferd in besonders enge Verbindung zum Menschen gebracht. So haben denn auch letztlich die verschiedenen Anforderungen in der Reiterei, vor dem Wagen und im schweren Zugdienst das große Rassenmosaik entstehen lassen, das vom Menschen unter Anlehnung an das jeweilige Milieu mit beeinflußt worden ist. Es ist ohne weiteres einleuchtend, daß die arabische Wüste und die asiatische Steppe ein anderes Pferd entstehen lassen als das Schottische Hochland, die Felseneilande Islands und Norwegens oder die fruchtbaren Niederungen Westeuropas mit ihrem maritimen Klima.

Allerdings ist der Mensch immer wieder bemüht gewesen, die von der Natur gezogenen Grenzen aufzulockern oder gar zu überspringen. Je nach dem angestrebten Nutzungszweck sind dann die Rassen geformt worden. Die beim Englischen Vollblüter und Traber geforderte Schnelligkeit bedingt leichtere Pferde mit einer durch regen Stoffumsatz gekennzeichneten trockeneren Textur als die Leistung im schweren Zuge, bei der das Körpergewicht und eine üppige Muskulatur entscheidende Leistungsvoraussetzungen bilden. Frühreife und Futteraufnahmefähigkeit sind in Verbindung mit größerer Kurzbeinigkeit und Rumpftiefe bei den Wirtschaftsrassen in der Regel erheblich stärker ausgeprägt als bei den edlen, bei denen für die Reitnutzung eine größere Geschmeidigkeit vorhanden sein muß. Im übrigen ist bei dem schweren Zugpferd eine schrägere Beckenlage und damit eine kürzer wirkende Kruppe mit kräftiger Muskelauflage günstig für die Übertragung der in der hinteren Extremität erzeugten gewaltigen Schubkräfte auf die anderen Körperteile. Auch für den Reitdienst hat man gerade für höhere Anforderungen und den Einsatz im Gelände heute die Bedeutung eines schräger liegenden Beckens im Gegensatz zur horizontalen Lage erkannt. Man spricht in dem Zusammenhang gern von einer Leistungskruppe. Voraussetzung für die gute Funktionsfähigkeit dieser Kruppenformation ist aber, daß die Hebel (Darmbein, Sitzbein und Oberschenkel) lang genug sind.

Es bestehen somit Rassenunterschiede durch die skelettmäßig gegebene Form des Pferdekörpers mit den durch die jeweilige Nutzungsrichtung bedingten Varianten. Hervorgehoben seien in diesem Zusammenhang nur folgende Merkmale: Größe, Kopfform, Länge der Halsung, Stärke und Struktur des Fundaments, Ausbildung des Widerristes, Breite der Brust, Lage und Breite des Beckens als wichtige Grundlage für die Formation der Kruppe, Länge und Winkelung der Extremitäten. Aber nicht allein diese Unterschiede in den Einzelmerkmalen sind bei diesem Problem zu beachten, sondern auch die Gesamtgestaltung des Körperbaus, soweit sie Rückschlüsse auf den physiologischen Komplex zuläßt, der als Konstitution bezeichnet wird und somit eine starke Beziehung zur Leistung besitzt. Duerst (1922) hat seinerzeit vorgeschlagen, die für den Menschen festgelegten Konstitutionstypen auch auf das Pferd anzuwenden. Als Grundtypen kämen vor allem in Betracht der Typus respiratorius (Atmungstyp) und der Typus digestivus (Freß- und Masttyp). Der vorwiegend durch lange Halsung, langen Brustkorb bei schräg, aber flacher, gestellten Rippen sowie hohe Lungen- und Herzkapazität ausgezeichnete Atmungstyp wäre eigentümlich für die Rennpferde, dagegen der digestive Typus mit kurzem Hals, breitem, aber kurzem Brustkorb, stark gewölbten, jedoch steiler stehenden Rippen und weiten Flanken charakteristisch für die schweren Zugpferde. Gemeinsam mit diesen beiden Grundtypen können sowohl der Typus cerebralis (Nerventyp) und der Typus muscularis (Muskeltyp) vorkommen. Eine Verbindung des respiratorischen Types mit dem cerebralen Typ sah Duerst (1922) im Araber und Berber gegeben, die Vereinigung von Respirations- und Muskeltyp im Englischen Vollblüter und vom Typus digestivus mit dem Typus muscularis im englischen Shire-Pferd. Auch das Belgische Pferd würde zweifellos zu dem letzten Typ gehören. Das Typproblem, das hier zunächst kurz auf die Rassen bezogen wurde, muß später für die Beurteilung des Einzeltiers noch eine besondere Würdigung erfahren. Es sei jedoch ausdrücklich darauf hingewiesen, daß es die verschiedenen von Duerst einst herausgestellten Typen und ihre Beziehungen zur Leistung in der reinen Form beim Pferd kaum gibt. Trotzdem kann die Kenntnis dieser Problematik bei der Typbeurteilung des Einzeltieres gelegentlich Rückschlüsse erleichtern.

2 Die Beurteilung des Einzeltieres

Trotz der großen Bedeutung, die auch in der Pferdezucht systematischen Leistungsprüfungen zur Ergründung der Leistungsveranlagung zuzubilligen ist, bleibt als Grundlage für die Beurteilung des Einzeltieres eine sachgemäße Bewertung des Skelettaufbaues nach statischen und mechanischen Gesichtspunkten in Verbindung mit dem Verhältnis der einzelnen Körperproportionen zueinander. Man kommt in der Pferdezucht ohne eine sachlich ausreichend fundierte Kenntnis des Exterieurs nicht aus, denn die durch das Skelett bedingte Körperform ist als die notwendige Voraussetzung für das Wirksamwerden leistungsverursachender Kräfte anzusehen. Nur wer imstande ist, am lebenden Modell Länge, Lage und Form der einzelnen Skelettpartien genau zu erkennen, wird auch die innere Begründung für das Zustandekommen dieser Formen des Knochengerüstes finden und zu einer richtigen Bewertung der zu erwartenden Mechanik kommen können, durch die bereits weitgehend der mögliche Grad der Leistung vorauszusehen ist, soweit dieser von einer vorteilhaften oder fehlerhaften Gestaltung des Skeletts abhängig ist. Besondere Beachtung verdienen hierbei die von den Extremitäten gebildeten Winkel, durch deren Streckung und Kontraktion

Fortbewegung erzeugt wird. Gerade weil es sich beim Pferd um eine *Bewegungsleistung* handelt, dürfen mechanisch-physikalische Zusammenhänge nicht außer acht gelassen werden, wenn auch ein wesentlicher Teil der Leistung durch die physiologische Veranlagung, die Funktion des Organ- und Drüsensystems sowie des Nervenapparates bestimmt wird.

Aber selbst bei günstigen Voraussetzungen in diesem physiologischen Gesamtkomplex können Mängel in der Leistung durch fehlerhafte Skelettbildungen verursacht werden, die es zu erkennen gilt. Ohne exakte Vorstellungen über die Skelettanatomie und die zweckmäßige Gestaltung des Gesamtkörpers kann man daher nicht ein wirklicher Pferdekenner werden. Leider kann man immer wieder erleben, daß ein günstiges oder auch ein abwertendes Urteil über bestimmte Körperteile nicht genau begründet werden kann, weil die Kenntnis über das Skelett nicht ausreicht. Es ist infolgedessen wichtig, sich mit dem nötigen Verständnis in ein Pferd hineinzusehen. Dazu gehört, daß man es zunächst im Stand genau mustert. Die Auffassung, auf diesen Teil der Beurteilung verzichten und sich allein mit einer Bewertung in der Bewegung begnügen zu können, birgt die Gefahr in sich, daß ein solches Vorgehen zu einer gewissen Oberflächlichkeit führt. Selbstverständlich muß der Musterung im Stand eine solche in der Bewegung folgen.

Auch der Reiter sollte dazu angehalten werden, sich genauer mit der Materie zu befassen, um zu einem fachlich genügend fundierten Urteil über sein Pferd zu gelangen und seine reiterlichen Hilfen darauf einzustellen. Er wird dadurch letztlich eine größere innere Befriedigung an der Beschäftigung mit seinem Pferde empfinden. Die folgenden Ausführungen sollen dazu beitragen, die Urteilsfindung zu erleichtern. Jeder Pferdezüchter und Reiter muß in der Lage sein, am lebenden Modell durch alle Muskulatur und etwaigen Fettauflagerungen hindurch das Knochengerüst zu sehen, als ob es sich ihm auf einem Röntgenschirm darböte. Grundsätzlich kann es sich bei der Bewertung des Skeletts jedoch immer nur um eine, in ihrer Bedeutung allerdings nicht zu unterschätzende Komponente des Gesamtkomplexes „Leistung" handeln.

Hüten sollte man sich, bei der Beurteilung eines Pferdes einzelne Körperpartien für sich allein zu bewerten und daraus Rückschlüsse zu ziehen. Das birgt die Gefahr in sich, zum Fehlersucher und schließlich zum Fehlerkenner zu werden. Davon gibt es allgemein genug.

Es gilt aber, nicht nur Fehler zu suchen und letztendlich zu finden, sondern Menschen so heranzubilden, daß sie imstande sind, das Pferd als Ganzes zu erfassen und an dem Pferde die voraussichtliche Leistungsfähigkeit zu erkennen, denn nur diese macht den Wert des Pferdes aus. Exterieur und Interieur sind gemeinsam am Erfolg beteiligt und somit kommt es darauf an, die „allgemeine" Qualität eines Pferdes zu erkennen und nicht Bruchstücke.

GUSTAV RAU hat einmal geschrieben, daß das Hauptgewicht der ganzen Pferdekunde darin liegt, beurteilen zu können, wie weit die Gesamtqualität des Pferdes und einzelne besonders gute Körperpartien offensichtlich größere und kleinere Fehler im Bau des Pferdes ausgleichen können.

2.1 Die Körperproportionen

Bei der Beurteilung von Pferden kann man immer wieder erleben, daß die Beschauer mit einer gewissen Befriedigung sofort einen allgemein ins Auge fallenden Fehler registrieren, ohne sich vorher ein Urteil über den Gesamteindruck gebildet zu haben. Gerade dieser ist aber in der Regel viel wichtiger als der einzelne Fehler, der zwar

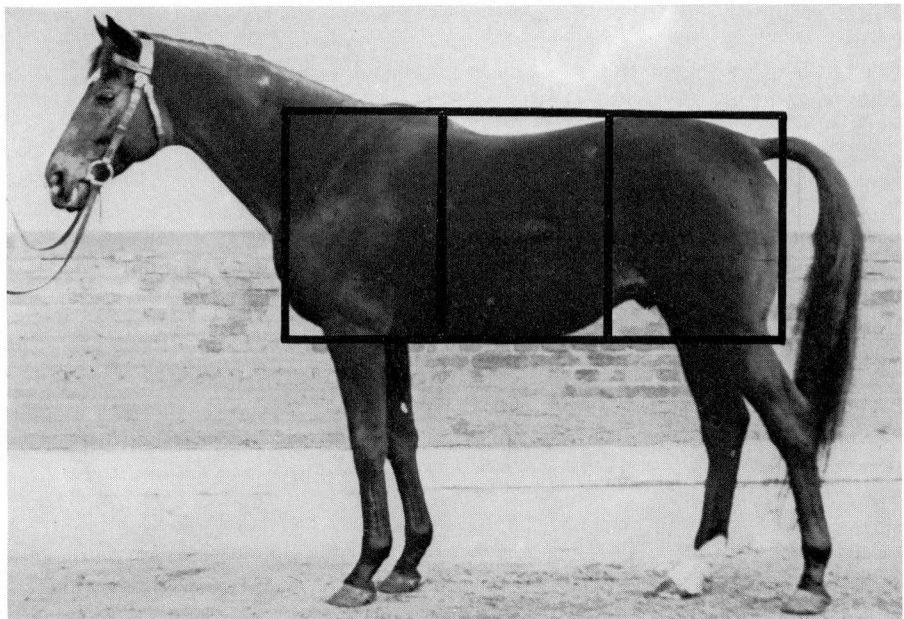

Abb. 101. Vollbluthengst Der Löwe xx.

keineswegs übersehen, grundsätzlich jedoch nicht an den Anfang der Urteilsbildung gesetzt werden sollte. Zuerst kommt es bei der Vorstellung eines Pferdes darauf an, sich einen Überblick über das *Ganze* und die vorhandenen Körperproportionen zu verschaffen. Richtige Maßstäbe wird man dabei nur dann gewinnen können, wenn man das Pferd in angemessener Entfernung aufstellen läßt (5–7 m) und erst dann näher herantritt, wenn es darum geht, auch Einzelheiten der äußeren Merkmale genauer zu erfassen, z.B. die Hufbildung, die Stellung des Fundamentes usw.

Für die Beurteilung der Körperproportionen kommen vor allem zwei Beziehungen infrage: die Längenverhältnisse der einzelnen Abschnitte des Oberkörpers zueinander und das Verhältnis von Rumpftiefe zur Länge der Extremitäten (der Beine). Um sich einen Überblick über die Längenverhältnisse zu erleichtern, hat SETTEGAST schon vor längerer Zeit vorgeschlagen, den Oberkörper durch 4 gedachte senkrechte Linien in 3 Teile – Vorhand, Mittelhand, Hinterhand – aufzugliedern, wie aus der Abb. 101 ersichtlich ist.

Nach den damaligen Vorstellungen galt die Form des Oberkörpers für die zu erwartende Leistung dann als zweckmäßig, wenn die 3 bezeichneten Abschnitte weitestgehend die gleiche Länge aufwiesen. In der Grundtendenz trifft das auch heute noch zu, obwohl infolge erhöhter Anforderungen an die Leistungsfähigkeit die Modelle als solche bedeutender geworden sind und die heutigen Pferde größere Partien und mehr Linie aufweisen. Große Linien kommen zustande aus bedeutenden Points wie langer Hals, schräge Schulter, langer Widerrist, genügend langer Rücken und lange Kruppe. Diese Forderungen finden ihren Niederschlag im Rechteckformat, das nicht durch eine lange Mittelhand zustande kommen soll, sondern – wie die Abbildung des Hengstes Der Löwe xx zeigt – durch eine gleichgroße Ausdehnung der drei Körperteile, wozu wesentlich eine schräg liegende lange, breite Schulter und eine lange

Abb. 102. Quadratmodell.   Abb. 103. Rechteckmodell.

Kruppenpartie beitragen. Hier kann man dann von einer guten „Körperharmonie" sprechen, die dann wiederum als eine willkommene Voraussetzung für die Bewährung in verschiedenen reiterlichen Disziplinen angesehen werden kann. Der Löwe xx wird zu den guten Leistungsvererbern in Niedersachsen gerechnet.

Bei dem Verhältnis der *Rumpftiefe zur Beinlänge* interessiert in erster Linie der senkrechte Durchmesser des Brustkorbes von der Spitze des höchsten Dornfortsatzes im Widerrist bis zur unteren Kante des Brustbeines und der Abstand von der unteren Kante des Brustbeines bis zum Erdboden (Beinlänge). Es wurde früher die Auffassung vertreten, daß die dadurch zum Ausdruck kommende Brusttiefe dann als besonders befriedigend gelten kann, wenn die beiden Abstände einander etwa gleich sind. Wohl konnte man bei sehr kurzbeinigen Rassen (Kaltblut) Annäherungswerte an ein solches Verhältnis feststellen. Aber am Warmblut vorgenommene Messungen haben gezeigt, daß bei Hengsten der Anteil der Brusttiefe im Mittel zwischen 46% und 47% und bei Stuten zwischen 47% und 48% lag. Wird dieses Verhältnis noch ungünstiger und damit die Beinlänge größer, dann spricht man von hochgestellten Pferden (Hochbeinigkeit). Der deutlich sichtbare Ellenbogenhöcker des Vorderbeines gerät bei solchen Pferden mehr an die untere Kante des Brustbeines, während er umgekehrt bei Pferden, die genügend Brusttiefe aufweisen, weit darüber liegt.

Im Gegensatz zu den geschilderten Beziehungen an der Vorhand hat das Verhältnis Rumpftiefe zur Extremitätenlänge bei der Hinterhand weniger Bedeutung. Im wesentlichen geht es dabei um eine genügende Tiefenausbildung der Flanke. Je näher die hintere Bauchlinie an das Kniegelenk herantritt, um so günstiger ist dieses Merkmal im Hinblick auf die Futterverwertung anzusehen, denn bei aufgezogenem Leib und damit mangelhafter Ausdehnung der hinteren Flanke besteht die Gefahr, daß der Dickdarm in seiner Entwicklung beeinträchtigt ist und derartige Pferde mehr Futter benötigen, was ihre Haltung unnötig verteuert. Für die Richtigkeit dieser Feststellung gibt es in der Pferdehaltung immer wieder Beispiele. Dabei muß es allerdings jedem überlassen bleiben, wie gravierend er solchen Mangel einschätzt.

Im Zusammenhang mit der Betrachtung der Hinterhand spielt auch das *Überbautsein* (größere Kruppen- als Widerristhöhe) eine Rolle wegen der damit verbundenen Schwergewichtsverlagerung nach vorn. Das kann beim Reitpferd je nach dem Grad der Ausprägung zu einer Beeinträchtigung des normalen Gleichgewichts führen. Die Ursache dafür kann in zu steil stehenden Hinterbeinen oder auch zu kurzen Vorderbeinen bzw. einem zu flachen und knappen Widerrist liegen. Kaltblüter neigen mehr zum Überbautsein, weil bei ihnen der Brustkorb, wie bereits erwähnt, tiefer zwischen den Schulterblättern aufgehängt ist und die Kruppe eine stärkere Muskelauflage besitzt. Rennpferde sollen besser bergauf gehen, d. h. im Widerrist höher sein. Andererseits ist bekannt, daß einige bedeutende Rennpferde überbaut gewesen sein sollen. Es wird demnach auch bei diesem Merkmal regelmäßig darauf ankommen, die Ursache zu ergründen und sich ein Bild darüber zu machen, wie weit etwa das übrige körperliche Gefüge irgendwie beeinträchtigt ist. Darauf hinzuweisen ist in diesem Zusammenhange, daß Fohlen zunächst grundsätzlich überbaut sind, da der Widerrist sich erst im Laufe der Entwicklung anzuheben pflegt. Bei starkem Wachstum kann man diese Erscheinung auch bei Jährlingen und Zweijährigen beobachten und sie sogar als Zeichen einer gewissen Entwicklungsfreudigkeit werten. Im 3. Lebensjahr gleicht sich dann in der Regel der Unterschied zwischen Kruppen- und Widerristhöhe endgültig aus.

Allgemein Eingang in die hippologischen Beurteilungsmethoden hat auch ein Vorschlag von DUERST (1922) gefunden, dadurch Anhaltspunkte über die zweckmäßige Gestaltung des Gesamtpferdekörpers zu gewinnen, daß man sich ein Viereck um das Pferd gelegt denkt. Für die beiden Waagerechten bilden die Standfläche und der höchste Punkt der Kruppe die Markierungsstellen und für die beiden Senkrechten die Bugspitze und das Ende des Sitzbeinhöckers. Das auf diese Weise zustandekommende Viereck entspricht einem Quadrat, wenn die Entfernung der beiden Senkrechten voneinander dem Abstand der beiden Waagerechten gleicht. Solchen Pferden fehlt es an der heute gewünschten Langlinigkeit. In dieses Format paßt vor allem der Araber. Andererseits entsteht ein Rechteck im Querformat, wenn der Abstand von Bugspitze bis Sitzbeinhöcker, also der beiden dort angelegten Senkrechten, größer ist als die Kruppenhöhe, der Abstand der beiden Waagerechten voneinander. Diese Rechteckpferde decken gleichzeitig viel Boden, weil Vorderbeine und Hinterbeine weit voneinander stehen. Solche Rechteckmodelle sind dann für die Leistung als besonders wertvoll anzusehen, wenn die angestrebte möglichst große Entfernung zwischen Bugspitze und Sitzbeinhöcker nicht etwa in erster Linie durch ein längeres Mittelstück, sondern durch eine lange Hinterhand mit entsprechenden Hebeln an der Kruppe und eine breitwirkende Vorhand mit langer, schrägliegender Schulter erreicht wird. Am klarsten ist dieses Format bei Pferden, die im Oberkörper langlinig und gleichzeitig kurzbeinig sind. Es ist typisch für die Kaltblutpferde und das norwegische Fjordpferd. Aber auch beim modernen Warmblutpferd verdient dieses Rechteckmodell wegen der damit verbundenen größeren Mechanik den Vorzug, obwohl man früher beim Heer das Quadratpferd wegen der besseren Tragfähigkeit des kürzeren Rückens mehr schätzte.

Die Abb. 102 und 103 können das Quadrat- und Rechteckmodell sehr gut veranschaulichen. Leider fehlen Untersuchungen darüber, ob das für viele Araber typische Quadratmodell sichere Anhaltspunkte für Härte, Genügsamkeit und Ausdauer bietet, während das Rechteckmodell ein gewisser Garant für höhere Leistungsfähigkeit im Hinblick auf die heutigen Anforderungen ist. Die Munighis unter den Arabern, der Englische Vollblüter und zahlreiche gute Leistungspferde unter den Warmblütern bestätigen diese Auffassung.

2.2 Das Skelett

Es kann gar keinem Zweifel unterliegen, daß man nur dann zu einem richtigen Urteil über ein Pferd kommen kann, wenn man ganz klare Vorstellungen von seinem Skelettaufbau hat, wie er aus Abb. 104 zu ersehen ist.

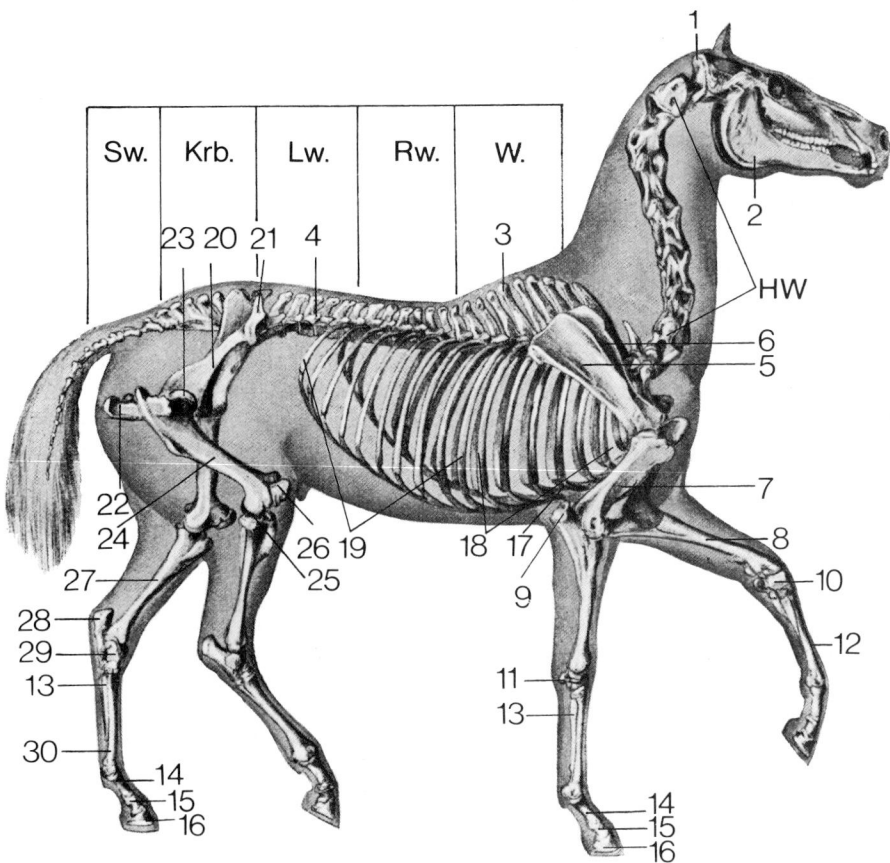

Abb. 104. Skelett. W. Widerrist, Rw Rückenwirbelsäule, Lw Lendenwirbelsäule, Krb Kreuzbein, Sw Schweifwirbelsäule, Hw Halswirbelsäule. 1 Hinterhauptbein, 2 Ganasche, 3 Dornfortsätze, 4 Querfortsatz, 5 Schulterblatt, 6 Schulterblattgräte, 7 Armbein, 8 Vorarm, 9 Ellenbogenhöcker, 10 Vorderfußwurzelgelenk, 11 Erbsenbein, 12 Vordermittelfuß (Röhre), 13 Griffelbein, 14 Fesselbein, 15 Kronbein, 16 Hufbein, 17 Brustbein, 18 Wahre Rippen, 19 Falsche Rippen, 20 Darmbein, 21 Darmbeinschaufel, 22 Sitzbein, 23 Pfannengelenk, 24 Oberschenkel, 25 Kniegelenk, 26 Kniescheibe, 27 Unterschenkel, 28 Sprungbein, 29 Sprunggelenk, 30 Hintermittelfuß (Röhre).

2.2.1 Die Wirbelsäule

Die Wirbelsäule kann man sich als die knöcherne, mit dem lebenswichtigen Rückenmark ausgefüllte Körperachse vorstellen, deren Einzelglieder – die Wirbel – in fast allen Teilen gelenkig und durch elastische Bänder miteinander verbunden sind, wodurch gleichzeitig eine gewisse Beweglichkeit gegeben ist. Der einzelne Wirbel weist neben dem Wirbelbogen 3 Arten von Fortsätzen auf: Dorn- und Stachelfortsätze (nach oben gerichtet), Querfortsätze (seitlich gerichtet) und Gelenkfortsätze. Je nach der Funktion des betreffenden Wirbelsäulenabschnittes sind diese Fortsätze verschieden lang oder fehlen ganz. So gibt es keine Dornfortsätze an der Hals- und der

Schweifwirbelsäule, und die Querfortsätze haben eine besondere Bedeutung nur im Bereich der Lendenwirbelsäule.

Für die von den Extremitäten, vor allem der Hinterhand, auf den Gesamtkörper übertragene Leistung bildet die Wirbelsäule die stabile Grundlage. An ihrem vorderen Ende trägt sie den Schädel mittels eines über die Halswirbelsäule zu den Dornfortsätzen des Widerristes verlaufenden elastischen Nackenbandes, das ohne Aufwand von Muskelkräften, die bald nachlassen würden, die Beweglichkeit und Dehnbarkeit gewährleistet. Insgesamt teilt man die Wirbelsäule in 5 Abschnitte ein: Hals-, Rücken-, Lendenwirbelsäule, Kreuzbein und Schweifwirbelsäule.

Die *Halswirbelsäule* besteht wie bei allen Säugetieren aus 7 Wirbeln, von denen der erste (Atlas) die Nickbewegung und der zweite (Epistropheus) mittels eines Zahnfortsatzes die Drehbewegungen des Kopfes ermöglicht. Unterschiede in der Halslänge werden durch verschiedene Längen der Halswirbel bedingt. Man vergegenwärtige sich in diesem Zusammenhang nur einmal die Länge der Hälse bei der Giraffe und der Spitzmaus. Unterschiede in der Halslänge der Pferde können ähnlich bedingt sein.

Die anschließende *Rückenwirbelsäule* besteht aus 18 Wirbeln, die nach unten mit Rippen verbunden sind und nach oben als wichtige Muskelansatzpunkte Dornfortsätze verschiedener Länge aufweisen. Diese Dornfortsätze sind besonders lang im ersten Teil der Rückenwirbelsäule und bilden dort den äußerlich deutlich sichtbaren Widerrist, dessen höchster Punkt i. a. beim 5. Dornfortsatz liegt. Von großer Bedeutung ist aber nicht nur ihre Länge, sondern auch die Schräglage. Je weiter die Dornfortsätze nach hinten gerichtet sind, um so mehr werden sie aus statischen Gesichtspunkten dazu beitragen können, bei einer starken Belastung der Wirbelsäule, z. B. durch den Reiter, ein Durchbiegen nach unten gleichsam durch ein Aufeinanderlegen zu verhindern. Diese Bildung, die äußerlich am Pferd durch einen lang in den Rücken hereinreichenden Widerrist zu erkennen ist, muß als besonders günstig gelten, wenn die Rückwärtsrichtung der Dornfortsätze bis zu dem steilstehenden 16. Dornfortsatz reicht, der dann sozusagen als Stütze für die davor liegenden Fortsätze angesehen werden kann. Bei steilstehenden Dornfortsätzen, die sich im Äußeren zwar als hoher, aber zu kurzer Widerrist dokumentieren, entsteht die Gefahr, daß die Wirbelsäule bei Belastung nicht genügend Stabilität besitzt, weil das Durchbiegen nach unten nicht verhindert werden kann. Infolgedessen ist ein gut markierter, langer und weit in den Rücken reichender Widerrist zur Absicherung der Leistung wesentlich wichtiger als ein sehr hoch erscheinender, aber nach hinten scharf abfallend wirkender Widerrist. Der 17. und 18. Dornfortsatz sind im Gegensatz zu dem 1.–15. nach vorn gerichtet. Übrigens sollen bei Pferden aus dem polnischen und russischen Raum auch Pferde mit 19 und 20 Rippenpaaren festgestellt worden sein. Daraus würde sich eine große Tragfähigkeit des Rückens ergeben. Ergänzend dazu ist noch hervorzuheben, daß für Pferde, die im Reitdienst Verwendung finden, die gute *Sattellage* zu den wichtigsten Merkmalen gehört. Diese ist in der Regel dann gegeben, wenn der Widerrist weit in den Rücken reicht und der Rücken dahinter selbst eine leichte Vertiefung aufweist. Bei gleichzeitig schrägliegender Schulter und langer Halsung hat dann der Reiter auch „viel vor sich".

Von den Rippen sind 8 am unteren Ende unmittelbar mit dem Brustbein verbunden (Wahre Rippen), während die 10 nach hinten kürzer werdenden „Falschen" Rippen unten durch lange Knorpel miteinander verbunden sind. Der auf diese Weise oben von der Wirbelsäule, unten vom Brustbein und seitlich beiderseits von den Rippen umgrenzte *Brustkorb* ist in seiner Breiten- und Längenausdehnung sehr bedeutungsvoll für die Entfaltungsmöglichkeiten der inneren Organe. Für die Kapazität der Atmungsorgane ist ein weit nach hinten reichender Brustkorb mit schräggestellten

Rippen und einem möglichst geringen Zwischenraum zwischen letzter Rippe und äußerem Darmbeinwinkel (Hüfte) wesentlich (Typus respiratorius). Es ist ohne weiteres einleuchtend, daß bei gleicher Länge und steiler Lage der Rippen die seitliche Wölbung und damit der Querdurchmesser des Brustkorbes auf Kosten des Längsdurchmessers zunehmen muß. Solche Pferde mit guter Rippenwölbung sind in der Regel etwas frühreifer und leichtfuttriger, während für die sportliche Leistung im Atmungstyp stehende Pferde mit längerem Brustkorb den Vorzug verdienen, die dann allerdings bei extremer Ausbildung der gekennzeichneten Merkmale etwas spätreifer erscheinen können. Die höhere Atmungskapazität bei derartigen Pferden müßte zu einer günstigen Beeinflussung des Blutkreislaufes und einer für die Leistung sehr wesentlichen Sauerstoffbereicherung beitragen. Im übrigen sind heute in der Reiterei sehr rundrippige Pferde im Hinblick auf die Schenkeleinwirkung des Menschen nicht beliebt.

Die Rückenwirbelsäule geht über in die *Lendenwirbelsäule,* die beim Pferd und Maultier aus 6, beim Esel und Maulesel aus 5 Wirbeln besteht. Beim Araber sollen teilweise auch 5 Wirbel vorkommen und damit eine kurze Lendenpartie bedingen. Die Dornfortsätze dieses Teiles der Wirbelsäule sind gleich lang und zur Unterstützung der Festigkeit leicht nach vorn geneigt. Anstelle der Rippen tragen diese Wirbel frei in den Raum ragende Querfortsätze (verkümmerte Rippenreste), die wie die Dornfortsätze einarmige Hebel darstellen, an denen die Rückenmuskeln und von unten her auch die Lendenmuskeln angreifen. Daher können sie ihrer Aufgabe dann am besten gerecht werden, wenn sie im einzelnen möglichst breit und seitlich lang sind. Wenn das der Fall ist, wird die ganze Lendenpartie breit und trägt somit zu einem guten „Schluß" zwischen der Mittel- und Hinterhand bei, der gleichzeitig durch schrägstehende Hinterrippen mit geprägt wird – für ein Reitpferd eine gute Empfehlung. Da die Lendenwirbelsäule skelettmäßig als eine freitragende Brücke zwischen der durch Rippen abgestützten Rückenwirbelsäule und dem im Hüftgelenk fest verankerten Kreuzbein angesehen werden kann, wird sie ihren Anteil am Tragen der Belastung dann am besten erfüllen können, wenn sie möglichst kurz und, von der Seite gesehen, fest erscheint. Das wird vor allem dann zutreffen, wenn die Wirbelsäule hier nicht genau horizontal verläuft, sondern gemeinsam mit dem hinteren Teil der Rückenwirbelsäule einen leicht aufwärts gerichteten Bogen bildet, ohne etwa nach oben aufgekrümmt zu erscheinen (Karpfenrücken). Eine derartige Bildung würde eine Beeinträchtigung der Rückenelastizität bedeuten. Die wesentlichen Merkmale der Lendenwirbelsäule (Nierenpartie) sind am lebenden Pferde ohne Schwierigkeiten zu ergründen. Die Länge der Querfortsätze, die als Muskelansatzfläche und zur Muskelauflagerung dienen, ist durch die Breite der Lendenpartie unschwer zu fixieren und die längenmäßige Begrenzung der gesamten Lendenwirbelsäule durch die ohne weiteres erkennbare letzte Rippe sowie den vorderen Darmbeinrand leicht festzustellen. Zu kurze Querfortsätze lassen in Verbindung mit einer langen Lendenwirbelsäule und zu steil stehenden Hinterrippen eine „offene" Lende (Hungergrube) entstehen.

Für die Leistung des Pferdes besitzt dann das nach hinten anschließende *Kreuzbein,* das aus 5 fest miteinander verwachsenen und somit keine gelenkige Verbindung untereinander aufweisenden Wirbeln besteht, eine nicht zu übersehende Bedeutung. Die Querfortsätze sind zu einer festen Knochenleiste verschmolzen und leicht nach vorn gerichtet. Die Dornfortsätze sind als bedeutsame Ansatzpunkte für die Kruppenmuskulatur kräftig entwickelt. An dem vorderen Teil verfügt das Kreuzbein über 2 seitwärts lang herausragende Flügel, die durch ein ohrmuschelförmiges Gelenk fest mit der unteren Seite des inneren Darmbeinwinkels verankert sind. Dieses Gelenk bekommt dadurch ungeheure Bedeutung, daß hier die in der Hinterhand erzeugten gewaltigen Schubkräfte auf den übrigen Organismus, vor allem die Wirbelsäule, übertragen werden. Damit wird auch klar, warum die Natur hier vorgebeugt hat und zur Verhinderung einer etwaigen Zersplitterung dieser Kräfte die Kreuzbeinwirbel zusammenwachsen ließ. Außerdem steht das Kreuzbein mit dem letzten Wirbel der Lendenwirbelsäule (mit Körper und Querfortsätzen) in fester Verbindung. Das Kreuzbein kann seiner Funktion gleichsam als Göpel für die Kräfteübertragung aus der Hinterhand dann am zweckmäßigsten dienen, wenn es möglichst lang und nicht horizontal, sondern etwas schräg nach unten gelagert ist. Äußerlich ergibt sich die Länge aus dem Abstand der oberen Begrenzungslinie der Kruppe zwischen den Darmbeinwinkeln und dem Schweifansatz. Ein zu hoch liegender Schweifansatz ist ein Zeichen für eine zu waagerechte Lage des Kreuzbeines. Ein zu kurzes oder zu tief liegendes Kreuzbein kann den Eindruck eines eingesteckten Schweifes entstehen lassen.

Der letzte Teil der Wirbelsäule umfaßt schließlich die Schweifwirbelsäule, die aus 18, bei orientalischen Pferden aus 16 Wirbeln besteht. Die einzelnen Wirbel besitzen keine Dornfortsätze und verkümmern nach dem Ende zu. Die ersten 4 Wirbel können skelettmechanisch noch zum Kreuzbein gerechnet werden, zumal an diesen noch Rumpf- und Schenkelmuskeln ansetzen. Die Richtung folgt regelmäßig der des Kreuzbeines. Für die Leistung ist die Schweifwirbelsäule von untergeordneter Bedeutung. Sie dient allerdings mit zur Steuerung. Gemeinsam mit dem Kreuzbein bilden die ersten Schweifwirbel die obere Begrenzung der Kruppe.

Insgesamt ist noch zu bedenken, daß die Wirbelsäule ihrer Aufgabe, die Tragfähigkeit zu sichern, dann am besten gerecht wird, wenn sie in ihrem wichtigsten Teil, der Rücken- und Lendenpartie, nicht waagerecht verläuft, sondern ein leichtes Ansteigen nach hinten aufweist. Diese Bildung wird dann am zweckmäßigsten erreicht, wenn die untere Krümmung der Halswirbelsäule weit genug nach unten verläuft. Bei hoch angesetzten Hälsen, die äußerlich meist als schön empfunden werden, besteht die Gefahr, daß auch die untere Halskrümmung zu hoch liegt und die Rückenwirbelsäule sich zwangsläufig ziemlich waagerecht anschließt. Solche Rücken werden äußerlich zwar fest erscheinen, in der Regel aber wenig Tragfähigkeit und Elastizität besitzen und somit prellend wirken.

2.2.2 Die Hinterhand

Dieser Körperteil hat in der Pferdebeurteilung besondere Bedeutung, denn man muß sich immer wieder klarmachen, daß skelettmechanisch *die Leistung von der Hinterhand ausgeht.* Das Versammeln des Pferdes auf der Hinterhand in der Reiterei und der Nachschub aus der Hinterhand wird dann am besten gewährleistet sein, wenn in Ergänzung zu dem möglichst langen Hebel der Kraft an der Wirbelsäule – Kreuzbein und erste Schweifwirbel – die übrigen Skeletteile der hinteren Extremität nach Länge und Lage zueinander den nach mechanisch-physikalischen Gesichtspunkten zu fordernden Leistungsvoraussetzungen entsprechen.

Dabei interessiert zunächst die *Kruppe,* die oben vom Kreuzbein und vom ersten Schweifwirbel begrenzt wird und ihre knöcherne Grundlage außerdem durch das Becken erhält mit seinen 3 Teilen: Darmbein, Sitzbein, Schambein. Das vom Pfannengelenk nach vorn reichende Darmbein läuft in einer breiten Schaufel aus, die auf ihrer unteren Seite fest mit den darunter liegenden Kreuzbeinflügeln verbunden ist. Diese Verbindungsstelle bildet den Punkt, in dem die in der hinteren Extremität mittels starker Muskulatur wirksam werdenden Schubkräfte über die Wirbelsäule auf den übrigen Organismus übertragen werden. Die nach beiden Seiten stark ausladende

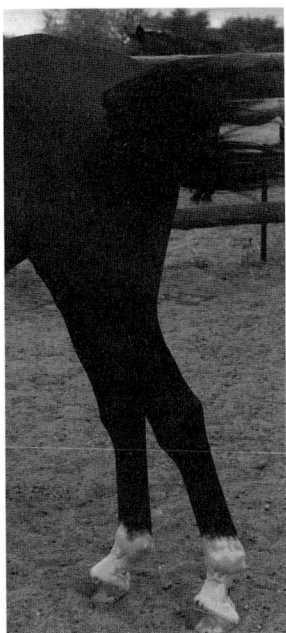 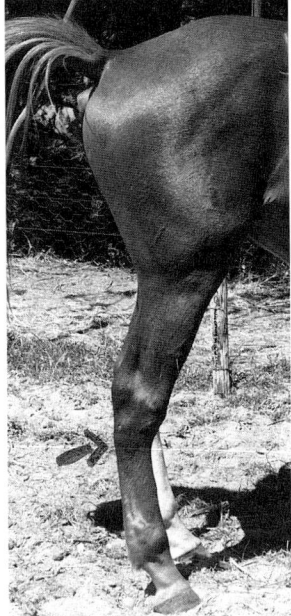 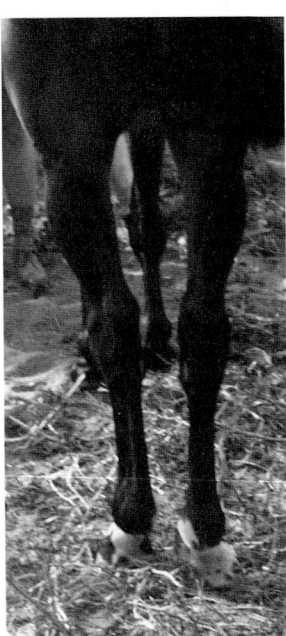

Abb. 105. Gerader Hinterfuß (fast stuhlbeinig) mit kurzem, abgesetztem Gelenk.
Abb. 106. Schlecht eingeschientes schmales Gelenk mit Hasenhacke.
Abb. 107. Kuhhessige Stellung der Hinterfüße.

Darmbeinschaufel formiert nach außen den deutlich sichtbaren äußeren Darmbein-winkel (Hüfte) und nach innen den inneren Darmbeinwinkel. Zu hoch liegende Darmbeinwinkel geben der Kruppe ein häßliches Aussehen und bedingen die sog. Hüftigkeit. Als Hebel der Kraft ist dann aber das vom Pfannengelenk nach hinten ragende *Sitzbein* besonders bedeutungsvoll. Das äußerste Ende, der Sitzbeinhöcker, ist an jedem Pferde ohne weiteres zu erkennen und aus seinem Abstand zum äußeren Darmbeinwinkel gleichzeitig die Länge sowie die Lage des Beckens festzustellen. Weiter bedarf es der Betonung, daß das Sitzbein als bedeutsame Muskelansatzstelle dann seiner Aufgabe am meisten gerecht werden kann, wenn es möglichst lang und sehr deutlich nach hinten markiert ist. Darmbein und Sitzbein treffen sich im Pfannengelenk mit dem Schambein, wo alle 3 Knochenteile erst im 2. Lebensjahr fest miteinander verschmelzen. Das Schambein ist für die Leistung eigentlich ohne Bedeu-tung. Je breiter es jedoch als Verbindungsstelle zwischen den Pfannengelenken ausgebildet ist, um so weiter liegen die Pfannengelenke auseinander. Damit erhält das Becken dann auch eine größere Breitenausbildung, die bei Stuten besonders wichtig ist. Darüber kann man sich ein Urteil bilden, wenn man hinter das Pferd tritt und die Entfernung zwischen den äußeren Umdrehern ins Auge faßt. Präsentieren diese sich in deutlicher Markanz nach außen, dann sind sie eine gewisse Garantie dafür, daß das Becken sich nach hinten nicht zu stark verjüngt.

Das schon mehrfach erwähnte *Pfannengelenk*, in dem der Oberschenkel in das Becken eingreift, verdient deswegen besondere Beachtung, weil es sich bei diesem Gelenk um den Drehpunkt des Pferdes handelt (innerer Umdreher), wenn man sich an dieser Stelle eine Achse durch die beiderseitigen Gelenke gelegt denkt. Die Lage dieses Gelenkes ist am lebenden Pferd leicht festzustellen, da der Oberschenkel, der mit dem Gelenkkopf in die Beckenpfanne einfaßt, nach außen etwa auf der gleichen Höhe einen starken Knochenvorsprung besitzt, den äußeren Umdreher, der als Muskelansatzpunkt deutlich erkennbar ist. Sollte eine genaue Bestimmung der Stelle bei üppiger Muskelbildung einmal schwerfallen, kann man durch einen kräftigen Druck mit den Fingern die Lage genau ermitteln. Infolge der großen Bedeutung dieses Gelenkes für die Leistung ist es mit starker Muskulatur umgeben; außerdem wird der Oberschenkelkopf durch ein besonderes Band der gelben Bauchhaut fest in das Pfannengelenk hineingezogen, so daß es äußerst selten zu einer Beschädigung kommt. Die „gelbe Bauchhaut" ist eine elastische Platte, die vom Brustbein bis zum Beckenrande verläuft und als wichtige Stütze für die Intestina dient. Ihre Spannkraft wirkt somit auch einem Durchbiegen der Wirbelsäule entgegen.

Nach den bisherigen Ausführungen ist es einleuchtend, daß die lange Kruppe für die Leistungen die günstigsten Voraussetzungen bietet, wobei das Becken zweckmäßigerweise eine Schräglage mit leichter Neigung nach hinten aufweist. Gerade dadurch wird eine möglichst günstige Übertragung der Schubkraft auf den gesamten Organismus gewährleistet. Allgemein sieht man daher heute sicherlich zu Recht ein schrägliegendes Becken als einen Vorteil an (Leistungskruppe). Es muß aber in diesem Zusammenhang betont werden, daß sich die erwarteten Vorzüge nur dann einstellen werden, wenn die einzelnen Beckenabschnitte lang genug sind und die Winkel an der gesamten hinteren Extremität stimmen. Die schräge Kruppe sollte gerade beim edlen Pferd aber nicht zu einer abschüssigen Kruppe werden mit zu tief liegendem Sitzbein und zu kurzer Schenkelmuskulatur. Diese Kruppenform gab es häufiger beim Kaltblutpferd – für den schweren Zugdienst mit einer gewissen Berechtigung.

Die *Eselskruppe* ist gekennzeichnet durch ein gebogenes Kreuzbein mit nach den Seiten abfallenden Linien (dachförmig). Die Dornfortsätze sind in der Regel lang und somit für die Leistung durchaus günstig trotz des äußerlich unschönen Aussehens. Dieser Form ähnlich ist die hohe, spitze Kruppe mit hervorragendem inneren Darmbeinwinkel und hohen Dornfortsätzen des Kreuzbeins. Die *horizontale* Kruppe ist besonders dann für die Leistung unvorteilhaft, wenn das Kreuzbein nicht nur in einer horizontalen Ebene liegt, sondern im hinteren Teil sogar nach oben ansteigt mit hochliegendem Schweifansatz. Wenn dann auch das Becken der gleichen Richtung folgt, sind derartige Pferde nicht gut auf der Hinterhand zu versammeln. Die *ovale* oder *melonenförmige* Kruppe stellt eine Kruppenform dar, die heute besonders bevorzugt wird, weil sie dem Pferd an diesem Körperteil neben den günstigen Voraussetzungen für die Mechanik gleichzeitig ein schönes Aussehen verleiht. Die weit nach vorn reichenden äußeren Darmbeinwinkel sind dabei seitlich abgerundet. Die *gespaltene* Kruppe, die man bei vielen Kaltblutschlägen findet, ist gekennzeichnet durch eine Vertiefung (Rille) mitten zwischen den beiden Hüften, die durch kurze Dornfortsätze des Kreuzbeines zustandekommen kann oder durch reichlich üppige Kruppenmuskulatur hervorgerufen wird.

Da für die Dynamik des Pferdes die Hinterhandfunktion von großer Bedeutung ist, müssen Form und Lage der Hintergliedmaßen genauestens beachtet werden. Wie schon erwähnt, faßt in das für die Bewegungsmechanik so wichtige Pfannengelenk des Beckens der nach vorn gerichtete *Oberschenkel,* der stärkste Knochen des Pferdeskelettes, der von den gewaltigen Muskeln der Hinterbacke umgeben ist. Seine Lage ist auch am lebenden Objekt leicht zu ermitteln, da er oben bei dem äußeren Umdreher beginnt und unten im deutlich sichtbaren Kniegelenk endet. Je länger dieses Oberschenkelbein ist, um so günstiger ist es für die Leistung. Wissenschaftliche Untersuchungen haben ergeben, daß mit längerem Oberschenkel auch eine größere Schrittlänge verbunden ist. Die Länge wird vor allem dann als ausreichend angesehen werden können, wenn das Kniegelenk senkrecht unter der Hüfte liegt. In dem Falle wird auch der zwischen Darmbein und Oberschenkel gebildete Winkel einem rechten oder gar spitzen Winkel entsprechen. Das aber ist für die Übertragung der Leistung auf den übrigen Körper bei Streckung des Winkels von großem Wert. Bei einem zu offenen Winkel, der durch einen zu kurzen oder zu steil stehenden Oberschenkel zustande kommt, kann die Wirkung nicht so vorteilhaft sein. Am unteren Ende des Oberschenkels gleitet in einer Rolle die *Kniescheibe,* die durch die Kniescheibenbänder mit dem Unterschenkel verbunden ist. Wenn die Kniescheibe festhakt oder aus anderen Gründen in ihrer Beweglichkeit gehindert wird, schleppt das Pferd die hintere Extremität steif hinter sich her. Innerhalb des Kniegelenkes ist zwischen Ober- und Unterschenkelbein ein Faserknorpel eingeschoben, der zur Abpufferung einfallender Stöße dient. Auch der *Unterschenkel,* der aus dem Unterschenkelbein (Tibia) und dem ziemlich verkümmerten Wadenbein besteht, kann seiner leistungsmäßigen Aufgabe dann am besten gerecht werden, wenn er möglichst lang ist und zum Oberschenkel einen Winkel von etwa 90° bis höchstens 100° bildet. Auch diese Winkelung ist dann am besten gewährleistet, wenn das Kniegelenk weit genug vorn liegt.

Der Unterschenkel endet in dem für die Schnellkraft des Pferdes außerordentlich wichtigen *Sprunggelenk* (Tarsus), das aus 6 Knochen besteht, die an der Außenseite des Gelenkes in 2 und an der Innenseite in 3 Reihen übereinander liegen. Alle Knochen besitzen einen starken Knorpelüberzug, der dazu beiträgt, die einfallenden Stöße erheblich abzumildern. Im oberen Teil stellt das Rollbein mit einer deutlichen Furche die gelenkige Verbindung mit dem Unterschenkel her. Die seitlichen Kämme dieser Furche stehen schräg zur Mittelachse, wodurch in der Bewegung das Vorbeigreifen der Hinterbeine an den Vorderbeinen ermöglicht wird. Erhebliche Bedeutung besitzt ferner das Sprung- oder Fersenbein mit seinem nach hinten herausragenden Höcker, der als Ansatzpunkt für die Achillessehne als Ausläuferin der starken Wadenmuskeln dient. Die Hebelwirkung des Sprungbeinhöckers wird um so stärker sein, je länger er ist und je weiter er nach hinten heraus steht, wodurch ein möglichst offener Winkel zur Achse des Unterschenkelbeines gegeben wäre. In dem Falle verfügt das Pferd über eine „gut markierte" Hacke. Eine matte oder runde Hacke ist ein Zeichen für ein zu kurzes oder zu stark angedrücktes Sprungbein mit zu geringem Abstand zum unteren Ende des Unterschenkels. Die Haltbarkeit und die Funktion des Sprunggelenkes können durch verschiedene Anormalitäten beeinträchtigt werden. Einmal kann eine Verschiebung der untersten Knochenschicht nach hinten vorkommen, so daß die hintere Begrenzungslinie des Gelenkes nicht mehr ganz gerade verläuft, sondern eine geringfügige Wölbung nach hinten erkennen läßt. Man spricht dann von „verletzter Linie". Noch ungünstiger zu werten ist das gleiche Merkmal, wenn es gröbere Formen annimmt und die Ausbuchtung Haselnuß- oder gar Walnußgröße besitzt. Diese als *Hasenhacke* (Curbe) bezeichnete Form, die mit mangelhafter Einschienung gleichbedeutend ist, läßt dann an der vorderen Seite des Gelenkes regelmäßig eine Aussparung erkennen, weil die ganze untere Knochenschicht nach hinten verschoben ist. Wenn auch in der Vollblutzucht Beispiele dafür vorliegen, daß Pferde mit einem derartigen Mangel gute Rennleistungen aufweisen, sollte die nachteilige Wirkung auf die Dauerleistung, vor allem bei stark im Leistungssport eingesetzten Pferden, nicht übersehen werden. Hengste mit diesem Mangel sollten grundsätzlich von der Zucht ausgeschaltet werden.

Eine weitere Beeinträchtigung der Funktionsfähigkeit des Sprunggelenkes kann durch das Auftreten von *Spat* entstehen. Hierbei handelt es sich um Knochenwucherungen, die im Bereich der beiden unteren Knochenschichten an der Innenseite des Gelenkes auftreten, die Gelenkknorpel zerstören und bei Ausdehnung auf die vordere Fläche (deutlich erkennbare Verdickung, Spatknochen) zu Lahmheit führen. Bei Unklarheit über das Vorhandensein von Spat kann man sich durch die einfache Spatprobe helfen, die darin besteht, daß man das betreffende Hinterbein möglichst bis an den Rand der hinteren Flanke anhebt, in der Haltung 3 Minuten verharrt und anschließend das Pferd sofort in Trab setzt. Die dann zu beobachtende Lahmheit kann als sicheres Zeichen für Spat angesehen werden. Das Leiden ist unheilbar und gilt außerdem als erblich, da man Spat-Familien beobachtet hat. Ob das jedoch in jedem Falle zutrifft, müßte sorgfältig geprüft werden. Neben diesem „inneren" oder „vorderen" Spat gibt es auch den „äußeren" als Folge von Bänderzerrungen durch falsche Stellungen und ungleichmäßige Belastungen. Wenn auch der Gelenkspalt selbst in diesem Falle freibleibt, so ist auch diese Form des Spats, trotz möglicher Lahmheitslinderung bei entsprechender Behandlung, letzten Endes nicht heilbar.

Schließlich können auch *Gallen,* mit Flüssigkeit angefüllte Ausbuchtungen, die durch plötzliche Überlastung des Gelenkes oder auch durch zu einseitige eiweißreiche Fütterung entstehen, die Haltbarkeit des Sprunggelenkes ungünstig beeinflussen, vor allem, wenn sie schon bei jungen Pferden auftreten und nicht rechtzeitig genug behandelt werden. Am schlimmsten ist die durch das Gelenk hindurchgehende und somit sowohl an der Innen- wie der Außenseite des Gelenkes sichtbare *Kreuzgalle* zu bewerten. Daneben kommt auch die vorn auf der Innenfläche des Sprunggelenkes liegende *Pfannengalle* vor. In jedem Falle sollte man Gallen sofort behandeln lassen und die Pferde möglichst trocken sowie eiweißarm ernähren. Die als Piephacke bekannte Gallenbildung hinten auf dem Sprungbeinhöcker infolge Stoßens oder Schlagens an die Stallwände und die Wände etwaiger Transportmittel führt kaum zu einer Beeinträchtigung der Leistung. Sie ist mehr als ein Schönheitsfehler anzusehen.

Im ganzen sollte das Sprunggelenk in seitlicher Betrachtung möglichst breit und lang, ferner gut modelliert und trocken sein. Nur dann kann die Haltbarkeit auf die Dauer sichergestellt sein. Leider kann man in letzter Zeit immer wieder beobachten, daß in diesem Merkmal zu viel Konzessionen gemacht werden. Eine richtige Winkelung (135°) muß im übrigen die optimale Schnellkraft gewährleisten. Das ist in der Regel nicht der Fall bei zu steil stehenden Hinterbeinen mit zu offenem Sprunggelenkswinkel. Auch im umgekehrten Falle, einem zu spitzen Winkel (Säbelbeinigkeit), verursacht die notwendige Streckung des Gelenkes eine besondere Belastung. Außerdem vergegenwärtige man sich in diesem Zusammenhang einmal die Stellung der Hinterbeine beim Wild. Die hier besonders notwendige Schnellkraft ist offensichtlich von der Natur durch einen entsprechenden Winkel im Sprunggelenk sichergestellt. Es gibt kein Reh- oder Rotwild mit steil stehenden Hinterbeinen. Im übrigen beleuchtet gerade das Vorhandensein des Sprunggelenkwinkels die große Bedeutung der Hinterhand für die Fortbewegungsmechanik und damit für die Leistung. Die einzelnen Knochen der hinteren Extremität sind länger als die der vorderen, und ferner ist zur Erhöhung der Schubkraft durch die Natur hinten ein Winkel mehr eingebaut. Das Äquivalent zum Sprunggelenkswinkel fehlt vorn, denn das Vorderfußwurzelgelenk steht völlig senkrecht. Wäre der Sprunggelenkswinkel nicht vorhanden, müßte das Pferd infolge der längeren Knochenpartien der Hinterhand stark überbaut erscheinen.

An das Sprunggelenk schließt dann nach unten der *Hintermittelfuß,* die *Röhre* (Metatarsus) an. Im Gegensatz zu der oval geformten Vorderröhre besitzt der Querschnitt der Hinterröhre eine zylindrische Form mit dickeren Wandungen. Auch hierin kommt wieder die besondere Aufgabe der Hinterhand zum Ausdruck, die zum Versammeln, Abschnellen und Nachschub kräftigerer Knochen bedarf als die Vor-

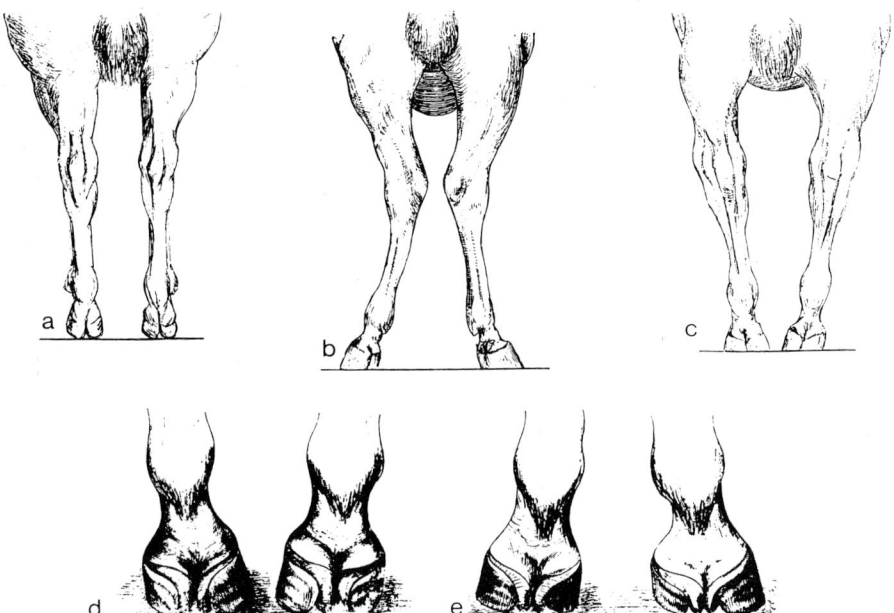

Abb. 108. Hinterbeinstellungen. a normal, b kuhhessig, c faßbeinig, d bodenenge und e bodenweite Stellung der Füße.

hand, die lediglich die Last aufzufangen hat. Da sich an der Röhre keine Muskelansatzpunkte mehr befinden, braucht sie im Gegensatz zu den Schenkelknochen nicht so lang zu sein. Zu bedenken bleibt jedoch, daß die Hinterröhre ⅓ länger ist als die Vorderröhre, gleichfalls ein Zeichen für den von der Natur zugedachten funktionellen Unterschied zwischen Hinterhand und Vorhand. Eine genügende Stärke des Mittelfußknochens gewährleistet ferner eine kräftige Ausbildung der an seiner Rückseite verlaufenden Beugesehnen. Darauf hinzuweisen ist außerdem noch, daß an den beiden Seiten der Röhre die Überreste der 2. und 4. Zehe der paläontologischen Zeit, die Griffelbeine, rudimentär vorhanden sind. An den dicht unter dem Sprunggelenk liegenden Griffelbeinköpfen können Auftreibungen *(Leisten, Rehbein)* vorkommen, die nicht mit der Hasenhacke verwechselt werden dürfen; denn es handelt sich um seitliche Verdickungen, die man genau ausmachen kann, wenn man hinter das Pferd tritt. Dagegen kann die Hasenhacke nur im Seitenbild einwandfrei definiert werden.

Der Hintermittelfuß greift dann unten mit einer Gelenkrolle in die gleichartige Vertiefung des *Fesselbeines* ein und bildet hier somit ein Schraubengelenk, daß die Elastizität sicherstellt, sofern zwischen Röhre und Fesselbein im Fesselgelenk eine ausreichende Winkelung (135°) vorhanden ist. Das ist in der Regel bei genügender Länge des Fesselbeines gegeben. Diese ist dann als optimal anzusehen, wenn bei gerade gestelltem Hinterbein eine an Sitzbeinhöcker und Fersenbeinhöcker angelegte Vertikale am hinteren Röhrenende weiter verläuft und schließlich hinten auf den äußersten Kronenrand des Hufes treffen würde. Bei einer zu langen oder zu weichen Fessel würde diese Vertikale einige Fingerbreit hinter dem Kronenrand verlaufen. Das würde in noch stärkerem Maße zutreffen bei stark gewinkelten Sprunggelenken. Häufig kann man beobachten, daß die durch ein zu gerades, steil gestelltes Sprunggelenk beeinträchtigte Elastizität der hinteren Extremität etwas ausgeglichen wird durch eine längere und weichere Fessel. Umgekehrt wird die Beweglichkeit des Fesselgelenkes (Kötengelenkes) nach vorn. Kronenbein und Hufbein bilden sodann den Abschluß der hinteren Extremität nach unten. Der Hinterhuf, der im Gegensatz zum Vorderhuf nicht zum Auffangen der Last, sondern zum Eingreifen in den Boden bestimmt ist, hat aus diesem Grunde mehr eine Dreiecksform mit etwas spitzerer Zehe und höheren Trachten.

Abschließend sei noch auf einige *fehlerhafte Stellungen* der Hinterbeine hingewiesen. Von hinten betrachtet sollen bei normaler Stellung die Hinterbeine genau in der vertikalen Ebene stehen. Bei der „kuhhessigen" Stellung sind jedoch die Sprunggelenke nach innen gerichtet, während die Zehen gleichzeitig nach außen zeigen. Das Gegenteil ist der Fall bei der „faßbeinigen" Stellung (weit voneinander entfernte Sprunggelenke bei gleichzeitiger bodenenger Stellung). Als ungünstig für die Entwicklung des nötigen Nachschubs muß auch das zu weit nach hinten herausgestellte Hinterbein angesehen werden, bei dem die an den Sitzbeinhöckern angelegte Vertikalen nicht den hinteren Rand der Hacke, sondern den vorderen Rand der Hinterröhre treffen würde.

2.2.3   Die Vorhand

In Ergänzung zu der von der Hinterhand ausgehenden Dynamik soll die Vorhand die Raumweite der Bewegungen unterstützen und dabei außerdem als Auffangapparat für die Last dienen. Bei den schweren Zugpferden bekommt die Breite der Brust und die Ummuskelung der Vorhand besondere Bedeutung, weil das Gewicht für den erreichbaren Zugeffekt eine große Rolle spielt. Zur optimalen Bewältigung ihrer Aufgaben müssen genau wie bei der Hinterhand die einzelnen Knochen die nötige Länge und Lage zueinander sowie eine genügende Haltbarkeit aufweisen. Im Gegensatz zur Hinterhand fehlt der vorderen Extremität eine knöcherne Verbindung mit der Wirbelsäule. Sie wirkt gleichsam eingesteckt in die sie umgebende Muskulatur. Das trifft in erster Linie auf das *Schulterblatt* zu, das möglichst lang sein soll und um einen gedachten Punkt pendelt, der etwa zwischen dem oberen und mittleren Drittel liegt. Je länger dann der untere Hebelarm des Schulterblattes ist, um so weiter kommt das Buggelenk nach vorn als günstige Voraussetzung für die Raumgewinnung. Ein an einem tiefen Brustkorb angelehntes langes und gleichzeitig genügend schräg gelagertes Schulterblatt bietet auch genügend Raum für eine kraftvolle Muskulatur, die sowohl die der Rippenwand aufliegende untere Grube des Schulterblattes ausgefüllt wie auch in den beiden durch die Schulterblattgräte gebildeten oberen Gruben ansetzt. Durch die äußerlich sichtbare Schulterblattgräte ist die Lage des Schulterblatts vor allem in der Bewegung genau zu fixieren. Je schräger das Schulterblatt liegt, um so breiter erscheint die Vorhand, und um so weiter wird in der Regel der Raumgriff nach vorn in der Bewegung.

Diese Formation wird noch vorteilhaft unterstützt durch ein langgeratenes *Armbeim,* das mit dem Schulterblatt in einer flachen Gelenkpfanne verbunden ist und außen eine starke Knochenleiste für den Muskelansatz aufweist. Der in das Schulterblatt einfassende Gelenkkopf besitzt eine verhältnismäßig große Gleitfläche, damit die Verschiedenheit der einfallenden Stöße entsprechend aufgefangen und immer zu einer senkrechten Belastung der vorderen Extremität umfunktioniert werden kann. Am hinteren Ende ist das Armbein tief eingeschnitten, um in dieser Vertiefung den Fortsatz des *Ellenbogenbeines* des Vorarmes aufnehmen zu können. Länge und Lage des Armbeines sind durch Bugspitze und Ellenbogenhöcker leicht zu bestimmen. Je

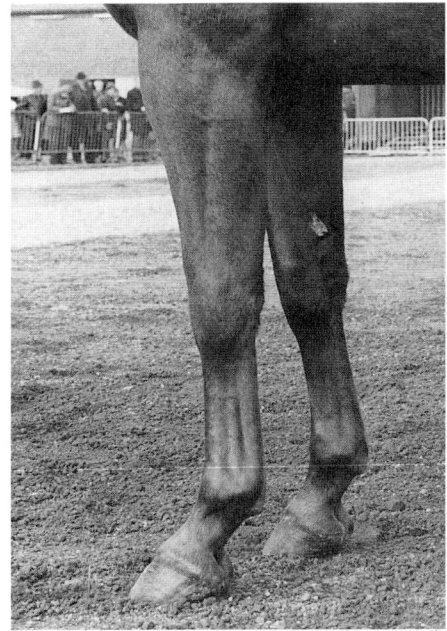 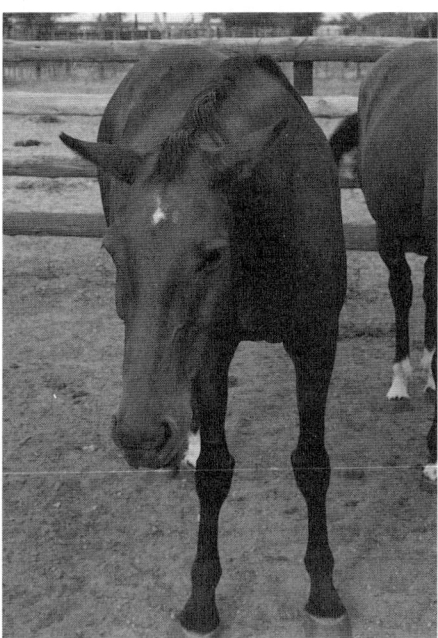

Abb. 109. Ideal formierter Vorderfuß.

Abb. 110. Beide Vorderbeine sind außen eingeschient, bodenweite und knieweite Stellung.

länger es ist und je horizontaler es liegt, um so weiter wird es bei der Bewegung nach vorn ausschlagen können. Auch in diesem Falle bieten sich günstige Voraussetzungen für die Mechanik, wenn der Schulter-Armbein-Winkel annähernd 90° groß ist. Ein genügend langes und waagerecht liegendes Armbein kann auch bei steilerer Stellung des Schulterblattes einen ausreichenden Raumgriff nach vorn sichern. Derartige Beispiele kann man immer wieder beobachten. In neuerer Zeit hört man für das Armbein gelegentlich auch die anatomisch nicht übliche Bezeichnung „Querbein".

In dem Ellenbogengelenk ist das Armbein mit dem „Vorarm" verbunden, dessen wesentlicher Bestandteil die Speiche ist. Das Ellenbogenbein ist dagegen verkümmert, besitzt aber am oberen Ende den Ellenbogenhöcker als wichtigen Ansatzpunkt für die Muskelmasse des Vorarmstreckers. Je länger dieser ist und je offener sich der Winkel zwischen ihm und der Achse des Vorarmes darstellt, um so günstiger wird seine Hebelwirkung sein. Nach innen oder außen abgedrehte Ellenbogenhöcker sind immer die Folge einer falschen Vorderbeinstellung. An den Brustkorb angedrückte Ellenbogen müssen die Bewegungsfreiheit behindern. Man sollte daher beim lebenden Pferd immer bequem die flache Hand zwischen Ellenbogenhöcker und Brustkorb legen können. Im übrigen dient auch das Ellenbogengelenk zur Brechung der einfallenden Stöße. Das wird am besten erreicht bei senkrecht gestelltem Vorarm. Der Winkel zwischen Armbein und Vorarm (135°) wird dagegen zu groß bei Unterständigkeit der Vorderbeine. In dem Falle sind die Vorderbeine etwas schräg nach hinten gestellt.

Hinzuweisen ist hier auch noch darauf, daß sich durch Reizeinwirkung auf den Schleimbeutel, der auf dem Kopf des Ellenbogenhöckers liegt, die sog. Stollbeule entwickeln kann. Diese verdankt ihren Namen der Tatsache, daß mit Stollen versehene Vordereisen beim Liegen des Pferdes auf diesen Punkt drücken und eine Entzündung verursachen können, die auf die Leistung keinen unmittelbaren Einfluß hat.

Der Vorarm soll ähnlich wie der Unterschenkel möglichst lang sein, damit er weit nach vorn ausgreifen kann. Kurze Vorarme bedingen einen hohen, steilen Gang (hohe Knieaktion). Diese stampfenden Gänge sind für ein Reitpferd aber keine Empfehlung. Bedeutungsvoll als Maßstab für Muskel- und Sehnenansatz ist auch die Breite des Vorarmes, die im oberen Teil von der Länge des Ellenbogenhöckers wie der Stellung des Armbeines abhängt und am unteren Ende mit durch die Länge des am Vorderfußwurzelgelenk nach hinten herausragende „Erbsenbeines" bestimmt wird.

Das *Vorderfußwurzelgelenk,* das vielfach fälschlicherweise auch Vorderknie genannt wird, ist aus 7 kleinen Knochen zusammengesetzt, die in 2 Reihen übereinander liegen und durch kurze Bänder straff miteinander verbunden sind. Man bedenke in diesem Zusammenhang, daß es sich bei diesem Gelenk um eine Homologie des menschlichen Handgelenkes handelt und daher die Bezeichnung „Knie" nicht am Platze ist. Die Streckung und Beugung des Gelenkes vollzieht sich ausschließlich zwischen der oberen Knochenreihe und dem Vorarm. Von besonderem Interesse ist unter den einzelnen Knochen lediglich das bereits erwähnte „Erbsen"- oder „Hakenbein", das nach hinten herausragt und als Ansatzpunkt für den inneren und äußeren Beugemuskel des Vorderfußwurzelgelenkes Hebelwirkung ausübt. Die Länge des Erbsenbeines ist außerdem noch deswegen recht bedeutsam, weil sich von ihm zum inneren Griffelbeinkopf eine breite Bandmasse, der „Kniebogen", zieht, der hinter dem Gelenk einen Tunnel entstehen läßt, durch den die Beugesehnen laufen. Ist das Erbsenbein zu kurz und infolgedessen der Tunnel zu eng (eingeschnürte Vorderfußwurzel), geraten die Beugesehnen in Reibung. Es kann sich Narbengewebe bilden, das zur Verkürzung der Sehnen und vorbiegiger Stellung der Vorderbeine führt.

Das Vorderfußwurzelgelenk muß aber auch in seiner Breitenausbildung und in seiner *Vorwölbung* nach vorn beachtet werden. Leider sieht man im letzten Punkt eine gute Ausprägung dieses Gelenkes nicht häufig. Darauf haben schon alte erfahrene Hippologen hingewiesen. Gerade die flache Vorderfußwurzel, bei der in Seitenansicht die über Vorarm und Röhre verlaufende Vorderlinie im Bereich des Gelenkes keinerlei Vorwölbung erkennen läßt, gehört bedauerlicherweise zu den vielfach zu beobachtenden und negativ zu wertenden Merkmalen. Unverzeihlich wird jedoch die mangelhafte Ausbildung an dieser Stelle dann, wenn die Vertikale hier sogar einen nach hinten gerichteten Bogen aufweist und damit das Gelenk *rückbiegig* macht.

Für den *Vordermittelfuß* (Röhre) gilt hinsichtlich seiner Länge und seiner Stärke das gleiche wie für die Hinterröhre. Auf das Grundsätzliche ist bereits hingewiesen worden, so daß hier darauf verzichtet werden kann. Eine lange Röhre bei kurzem Vorarm ist Anlaß für hohe Aktion im Gang. Auf die Gefahren einer zu starken Verfeinerung des Fundaments mit seinen Gelenken haben schon GRAF LEHNDORFF (1925) und v. OETTINGEN (1918) nachdrücklich aufmerksam gemacht. Das sollte auch in der heutigen Zeit berücksichtigt werden, wenn auch der sog. Knochenstärke lange Zeit eine zu große Bedeutung beigelegt worden ist. Bei den zu diesem Zweck vorgenommenen Umfangmessungen des Röhrbeines ist häufig nicht genügend bedacht worden, daß dabei Sehnenapparat und Haut regelmäßig mitgemessen werden und infolgedessen kein echter Maßstab für Knochenstärke gewonnen werden kann, zumal gerade eine dickere, lymphatischere Haut zu einem größeren Röhrbeinumfang führen muß. Wichtiger erscheint es mir heute, die Breite und Stärke des Vorderfußwurzelgelenkes und eine breit genug daraus hervorgehende Röhre sorgfältig zu beachten.

Zu erwähnen bleibt noch das Vorkommen von *Überbeinen,* kleinen walnußgroßen Verdickungen an der Innenseite der Röhre, die durch mechanische Einwirkungen und

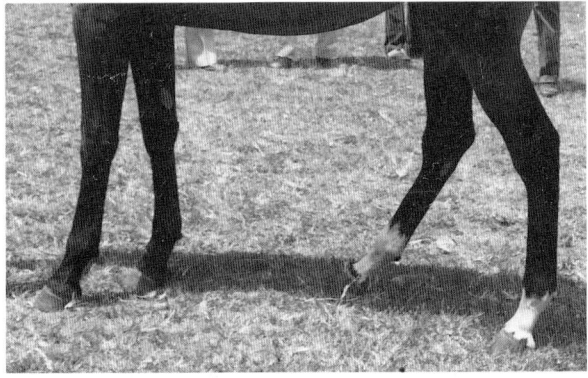

Abb. 111. Herausgestelltes, schmales und stark abgesetztes Sprunggelenk, flache, rückbiegige Vorderfüße.

Abb. 112. Knieweite und zehenenge Stellung der Vorderfüße.

auch als Begleiterscheinungen von unregelmäßigem Gang sowie bodenenger Stellung entstehen. Sie kommen auch bei jungen, noch nicht ausgereiften Pferden vor. Durch rechtzeitige Behandlung können sie zum Verschwinden gebracht werden. Auf die Dauer kommt es jedoch zur Auflagerung und nicht mehr zu beseitigendem neugebildeten Knochengewebe.

Die Bedeutung des *Fesselgelenkes* für die Erhaltung der Elastizität der vorderen Extremität kann man sich besonders vergegenwärtigen, wenn man seine Federung einmal beim Landen des Pferdes nach einem Sprung oder auch bei den Pferden in der Galoppade genau betrachtet. Das Fernsehen erleichtert heute derartige Beobachtungen. Die Stellung der Vorderfessel ist dann als zweckmäßig anzusehen, wenn eine in der Mitte von Vorarm und Vordermittelfuß verlaufende Vertikale den hinteren Kronenrand außen trifft.

Der *Vorderhuf* hat infolge seiner Auffangfunktion für die Last eine rundere Form als der Hinterhuf und etwas flachere Trachten. Er ist einer besonders starken Belastung bei Springpferden ausgesetzt, denn nach dem Sprung landet das Pferd jeweils nur auf einem Bein. Ein gut gebauter Huf soll ein hartes Wandhorn und eine gewölbte Sohle besitzen. Fehlt die Wölbung, wie das bei flachen Hufen (Platthufen) der Fall ist, sind Quetschungen der Sohle mit Steingallenbildungen und Lahmheiten möglich, wie man sie früher bei viel auf Pflaster gehenden Pferden gelegentlich beobachten konnte. Diese Gefahr besteht weniger bei der Nutzung auf weichem Boden. Bei flachen Hufen ist außerdem vielfach das Horn bröckelig. Infolge der Gebrauchsweise der Vorderhufe sind diese leichter Schädigungen ausgesetzt als die Hinterhufe.

Langwierige Beeinträchtigungen können durch *Hornspalten* entstehen, vor allem dann, wenn sie an der inneren Trachtenwand auftreten und bis auf die Huflederhaut durchgehen. Dabei ist zu bedenken, daß die Trachtenwände im Gegensatz zur Zehenwand in den inneren Hufmechanismus einbezogen sind, der beim Fußen zu einer ständigen Dehnung der Trachtenwände gerade an der Innenseite führt. Das Eintreten von Schmutz kann zu Entzündungen und Lahmheit führen.

Zu beachten sind ferner die häufig vorkommenden *Hufringe*. Verlaufen diese um den ganzen Huf herum parallel, handelt es sich um Wachstumsringe, die auch durch Futterwechsel ausgelöst werden können und bei Weidepferden besonders deutlich in

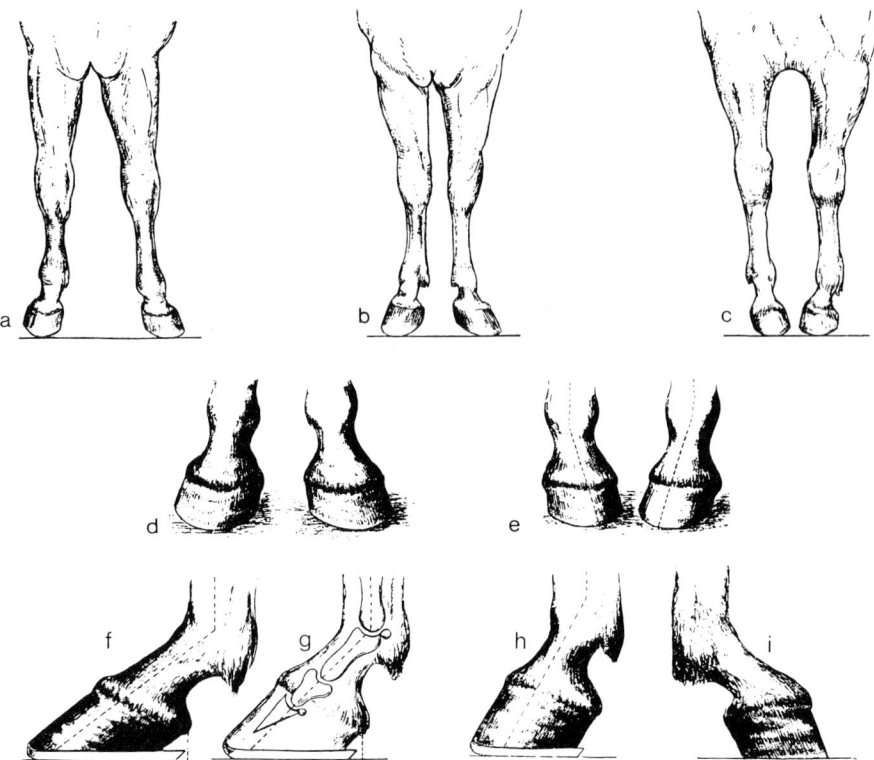

Abb. 113. Vorderbeinstellungen. a breitbeinig, zugleich bodenweit, b zehenweit, sonst eng, c zeheneng (bodeneng), d zehenweit, e zeheneng, f weich gefesselt, g normale Stellung der Fußachse, h steil gefesselt, i weiche Fessel mit Bockhuf.

Erscheinung treten. Sie sind völlig unschädlich. Divergieren derartige Ringe aber nach hinten, dann sind sie als Auswirkungen einer überstandenen „Hufrehe" anzusehen und können die Gebrauchsfähigkeit des Pferdes herabsetzen. Bei der Hufsohle ist vor allem auf eine gute Entwicklung des Hornstrahles zu achten, da dieser beim Fußen den Boden berühren soll, damit auf diese Weise die Hufmechanik (Erweiterung des hinteren Hufabschnittes) gefördert wird und nicht etwa Strahlfäule oder gar Zwanghuf (verengte Hufwände) entstehen. Ein Beschlag mit Stollen, der im Winter bei Glätte unvermeidbar sein kann, sollte immer nur auf den unbedingt notwendigen Zeitraum beschränkt werden, weil er sich auf die Hufmechanik äußerst ungünstig auswirken muß.

Zu erwähnen ist außerdem die Bildung von *Bockhufen,* die im Gegensatz zum Flachhuf durch steile Trachten und Zehenwände gekennzeichnet ist, mit einer am Kronenrand gebrochenen Fußachse. Sofern nicht erbliche Voraussetzungen dafür vorliegen, können trockene Weiden schon bei Saugfohlen durch das starke Abnutzen der Zehe zu frühzeitiger Bockhufbildung führen. Nur durch sorgfältige Beobachtung und rechtzeitiges Kürzen der Trachten kann dem Übel vorgebeugt werden. Leichte Halbmondeisen an der Zehe können deren Abnutzung verhindern. Diese Maßnahme erscheint schon bei Saugfohlen geboten, wenn der nachwachsende Huf erkennen läßt, daß bei ihm die Zehenwand steiler steht als bei dem ersten, bereits bei der Geburt vorhandenen Huf. In schlimmen Fällen muß man Fohlen sogar ein Bügeleisen auflegen lassen, das allmählich den Huf wieder einer normalen Lage zuführt.

Verstellungen der Vorder- und Hinterbeine nach innen oder außen lassen sich im Fohlenalter relativ leicht korrigieren. Dabei besitzt die alte Regel immer noch ihre Bedeutung: Dort wegnehmen, wohin der Huf abgewichen ist, und dort beschlagen, wohin er soll (halbmondförmiges Eisen).

Im ganzen ist die *Beinstellung* als normal anzusehen, wenn beide Vorderbeine bei der Betrachtung von vorn genau senkrecht stehen. Ist der Abstand zwischen den Beinen unten größer als oben zwischen den Vorarmen, spricht man von bodenweiter, im umgekehrten Falle von bodenenger Stellung. Sind die Hufe nach innen verdreht, entsteht die zehenenge und bei einer Richtung nach außen die zehenweite (französische) Stellung. In *Seitenansicht* ist das Bein vorbiegig, wenn das Vorderfußwurzelgelenk über die vertikale Linie nach vorn verlagert ist (verkürzte Beugesehnen). Das Gegenteil führt zu der bereits erwähnten rückbiegigen Stellung.

Gallenbildung (Entzündung der Schleimbeutel und Sehnenscheiden) gibt es auch am Vorderbein, allerdings nicht so häufig wie am Hinterbein. Sie kommen sowohl auf der Vorderseite des Fußwurzelgelenkes (hier allerdings selten) wie vor allem an der Vorderseite der Fesselköpfe vor.

Zusammenfassend soll noch einmal festgestellt werden, daß eine genügende Länge der einzelnen Teile der vorderen Extremität (Schulter, Armbein, Vorarm, Fessel) sich in allen Fällen für die Leistung als günstig erweist. Ein zu kurzes Armbein bringt immer schlechte Ergebnisse in der Vorwärtsbewegung.

2.3 Das äußere Erscheinungsbild

In Ergänzung zu den rein skelettmäßig bedingten Zusammenhängen bedarf die Gesamtgestaltung des Körperbaues noch einer zusätzlichen Erörterung. Dabei interessiert zunächst die Frage, wie weit aus dem äußeren Erscheinungsbild gewisse Rückschlüsse auf den physiologischen Leistungskomplex, der als Konstitution bezeichnet wird, gezogen werden können. Auf den Vorschlag von DUERST (1922), die für den Menschen entwickelten Konstitutionstypen auch auf das Pferd anzuwenden, wurde bereits eingegangen (s. Seite 214). Trotz der bestehenden Schwierigkeit, derartige Typen etwa noch in reiner Form analysieren zu können – da es sich heute meist um Kombinationstypen handelt –, ergibt sich auf diese Weise aber vielleicht doch die Möglichkeit, einige zusätzliche Anhaltspunkte für eine sachgemäße Pferdebeurteilung zu gewinnen. Jede Anregung zur Vertiefung der Kenntnisse und damit zur Absicherung der Urteilsfähigkeit sollte genutzt werden. Gewiß kann es auch in diesem Falle immer nur um die Ermittlung von Voraussetzungen für eine bestimmte Leistungsfähigkeit gehen. Die tatsächliche Funktionsfähigkeit der Organe in ihrem Zusammenwirken kann nur durch entsprechende Leistungsprüfungen getestet werden.

2.3.1 Rasse und Geschlechtstyp

Damit ist das *Typproblem* in den Mittelpunkt der Betrachtung gerückt, dem in der Pferdebeurteilung große Bedeutung beizumessen ist. Leider kann man immer wieder beobachten, daß gerade in diesem Faktor nicht genügend klare Vorstellungen vorhanden sind. Mit dem Typ sollen all jene Merkmale bei der Bewertung des Einzelpferdes in den Vordergrund treten, die durch das skelettmäßig bedingte Exterieur nicht ausreichend oder gar nicht erfaßt werden und den Gesamtausdruck eines Pferdes ausmachen. Es ist nicht ganz einfach, dafür eine möglichst kurze und eindeutige Definition zu finden. Gewiß läßt sich der Typbegriff nicht völlig von der Form trennen, denn zum Typ gehören auch bestimmte, bereits durch das Skelett bedingte Formen des Kopfes, des Halses, der Kruppe, des Fundamentes usw., wie auch die Form, die durch Rasse und Geschlecht geprägt ist. Andererseits beinhaltet er vor allem die Reaktionsfähigkeit des Organismus auf die Wirksamkeit bestimmter physiologischer Faktoren. Er wird somit zu einem Ausdruck des gesamten konstitutionellen Verhaltens in Verbindung mit den Äußerungen des Temperamentes und der Energie. Dabei handelt es sich somit um Begriffe, die auch weitgehend das *Wesen* eines Pferdes ausmachen. Zusätzlich sind in diesem Zusammenhange in das Kalkül mit einzubeziehen der durch Gestalt, Auge und Ohrenspiel zustande kommende Ausdruck des Kopfes, die Trockenheit der gesamten Textur der Körpergewebe und die Manieren (les allures), das Verhalten in Verbindung mit dem Gangvermögen. Hierzu gehört auch der Begriff des *Adels* als Ausdruck einer bestimmten Konstitution mit einer entsprechenden Textur von Haut und Haar sowie einer bestimmten Gestaltung von Kopf und Hals als erkennbares Zeichen einer feinzelligen Struktur des gesamten Körpergewebes, die einen energischen Stoffumsatz in den Körperzellen gewährleistet. Adel wird somit in erster Linie zu einem individuellen Typbegriff innerhalb einer Rasse, ist andererseits aber auch auf Rassen anwendbar (Araber, Vollblüter). Selbst bei den schweren Wirtschaftsrassen, die im allgemeinen über eine gröbere Konstitution verfügen, gibt es Typen mit einem trockeneren, edleren Gepräge, die vom Leistungsstandpunkt höher zu bewerten sind als lymphatische Typen mit trägerem Stoffumsatz. Adel wird in Verbindung mit einer harmonischen und ausdrucksvollen Gestaltung von Kopf und Hals außerdem zum Charakteristikum der *Schönheit* eines Pferdes.

In diesem Zusammenhange ist auch auf das *Auge* als Spiegel wertvoller Eigenschaften hinzuweisen (Temperament, Charakter, Leistungsbereitschaft). Ebenso manifestiert sich auch eine Neigung zur Bösartigkeit durchaus im Auge. Wünschenswert sind große, klare und klug wirkende Augen mit nicht zu wulstigen Augenlidern, die vielfach gerade bei Typen mit grobem Körpergewebe vorkommen. Grundsätzlich soll der Hengst in seinem Augenausdruck mehr Energie und die Stute mehr Sanftmut ausstrahlen. Das Streben nach einem möglichst lebendigen Auge als Zeichen einer großen Aufgeschlossenheit für die leistungsmäßige Aufgabe findet dort seine Grenze, wo eine zu große Lebendigkeit etwa zu einem Temperaments- oder gar Charaktermangel wird, wie das bei Pferden der Fall sein kann, die zuviel „Weiß" im Auge zeigen. Diese meist nur vorübergehend sichtbar werdende Eigenart ist nicht zu verwechseln mit einem anderen Merkmal des Auges, der anormal gefärbten Iris: *Glasauge* (weißliche bis hellgraue Iris), *Birkauge* (hellbraune Iris), *Kakerlaken* (durchscheinende, rote Iris). Im übrigen sichern die quergestellte Pupille und die große Beweglichkeit des Augapfels dem Pferd die Sehmöglichkeit auch bei schwacher Beleuchtung.

In Ergänzung zum Auge verdienen ferner Form und Stellung der *Ohren, Ohrenspiel* und Gestaltung der *Nüstern* Beachtung. Gern gesehen werden normal gestellte und möglichst große Ohren als Äquivalent zu einer ausreichenden Wachstumsfreudigkeit bei jungen Pferden. Zu breit stehende und Bammelohren (Hängeohren) entsprechen weniger dem Schönheitsideal. Für die gelegentlich vertretene Auffassung, daß Bammelohren in erster Linie bei guten Leistungspferden zu finden sind, gibt es keine stichhaltigen Beweise. Das Ohrenspiel wird in Verbindung mit dem Ausdruck des Auges zu einem wesentlichen Typmerkmal. Der kluge Ausdruck eines mit klaren

Abb. 114. Harmonische, edle Stute der Reitpferderassen mit großer Sattellage und idealer Leistungskruppe.

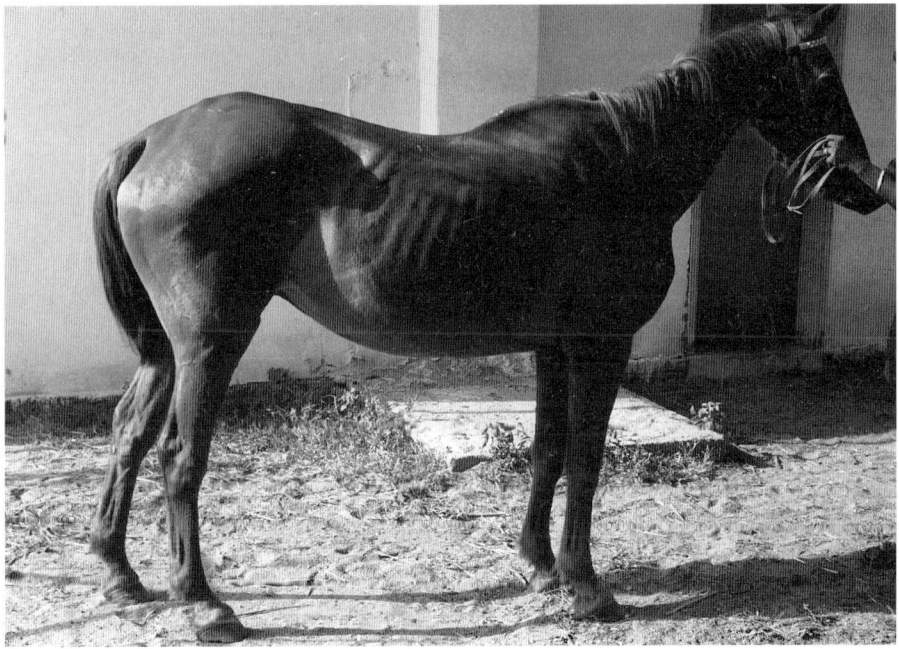

Abb. 115. Typlose Stute mit kurzem Hals, Axthieb, weichem Rücken, flacher Niere, kurzer hoher Kruppe, geradem Hinterfuß mit schmalem Gelenk.

Abb. 116. Trockener Warmbluthengst mit Ausdruck und Adel, Rechteckmodell, guter Zuchttyp.

Abb. 117. Warmbluthengst ohne Adel mit verschwommener Textur und zu kleinem Auge. Nicht mehr erwünschter Zuchttyp.

Augen, breiter Stirn und einem nicht zu langen Nasenteil versehenen Kopfes ohne verschwommene Konturen wird in seiner Wirkung noch erhöht durch große, weitgeöffnete Nüstern, die das Einströmen großer Luftmengen ermöglichen (das Pferd kann bekanntlich nur durch die Nase und nicht durch das Maul atmen). Nicht zu verwechseln mit aufgeblähten Nüstern bei Roarern, die unter Luftmangel bei großer Anstrengung leiden. Zu einem trockenen, ausdrucksvollen Gesicht muß besonders bei solchen Pferden, die für den Reitdienst in Frage kommen, auch eine möglichst lange, sich nach vorn erheblich verjüngende *Halsung* (langes Genick) passen, die beim Hengst eine stärkere Muskulatur und eine deutlichere Aufbiegung nach oben (Geschlechtscharakter) aufweisen sollte als bei der Stute, deren Hals mit nur geringer Aufkrümmung nach oben sanft ansteigend verlaufen sollte.

Für die Züchtung hat die Beachtung des *Zuchttypes* bei der Beurteilung des Einzeltieres vorrangige Bedeutung. Dazu muß zunächst das Exterieur eine weitgehende Korrektheit und Harmonie der einzelnen Körperpartien, zum anderen aber das oben skizzierte Typmerkmalsgefüge in möglichst hoher Vollkommenheit erkennen lassen. Es gehören hierzu alle jene äußeren Merkmale, die nach den Darlegungen über den zweckmäßigen Skelettaufbau als wichtige Leistungsvoraussetzungen angesehen werden müssen. Weiter muß als ein wesentlicher Bestandteil der Zuchttypsbewertung der *Geschlechtstyp* gelten. Das bedeutet, daß das Pferd in seinem äußeren Gepräge einwandfrei sein Geschlecht widerspiegeln muß. Ein Pferd besitzt dann einen vorzüglichen Geschlechtstyp, wenn man sein Geschlecht schon auf größere Entfernung allein aus seinem äußeren Erscheinungsbild feststellen kann. Ein Hengst, der mehr das Aussehen einer Stute hat, wird aufgrund der vorliegenden Erfahrungen in der Vererbung nicht voll befriedigen. Dasselbe trifft auf die Stute zu, die in ihrem Ausdruck mehr einem Wallach oder gar einem Hengst ähnelt (Fruchtbarkeitsschwierigkeiten). Pferde, die aufgrund der Korrektheit ihres Körperbaues durchaus die nötigen Zucht- und Leistungsvoraussetzungen bieten, sind trotzdem für die züchterische Aufgabe ungeeignet, wenn sie in ihrem Geschlechtstyp mangelhaft sind. Der Zuchttyp kann grundsätzlich nur dann als zweckmäßig angesehen werden, wenn er gleichzeitig alle jene Merkmale mit einschließt, die für einen bestimmten Gebrauchszweck wichtig sind. Insofern muß der Zuchttyp auch immer die jeweilige Nutzungsrichtung in ihren wesentlichen Merkmalen mit repräsentieren – Renntyp, Reittyp, Wagenpferdtyp (Karossiertyp), Wirtschaftstyp.

Derartige Typbezeichnungen können charakteristisch sein für eine ganze Rasse und werden dann zum *Rassetyp,* z. B. Renntyp für das Englische Vollblut und den Traber, Reitpferdetyp für den edlen Warmblüter, Wirtschaftstyp für die schweren Zugpferde usw. Bei vielseitiger Leistungsrichtung können auch Typkombinationen rassetypisch sein wie das früher auf zahlreiche Warmblutrassen zutraf. Man hat in der Vergangenheit den Rassetyp, der an spezielle Formen des Exterieurs und des Types gebunden ist, als ziemlich feststehendes charakteristisches Erscheinungsbild für jede Rasse betrachtet. Das kann aber nur so lange Gültigkeit haben, wie eine Rasse in weitgehender Reinzucht gehalten wird. Araber, Englische Vollblüter, verschiedene Kaltblutrassen, das norwegische Fjordpferd u. a. sind Beispiele dafür. Andererseits hat aber gerade das letzte Jahrzehnt gelehrt, daß auch der Rassetyp einem mehr oder weniger starken Wandel unterworfen sein kann. Zahlreiche Warmblutrassen liefern Beispiele dafür. Auch beim Lipizzaner trifft das zu, ähnlich wie beim Shetland-Pony. Änderungen in der Nutzungsrichtung einer Rasse müssen eben zwangsläufig auch zu einer gewissen Verschiebung des Rassetypes führen, die je nach dem Grad der Umzüchtung bis zu einem völligen Verschwinden des alten Typbildes gehen kann. Das kann sowohl durch entsprechende Selektion innerhalb der Rasse wie auch durch Einkreuzungen

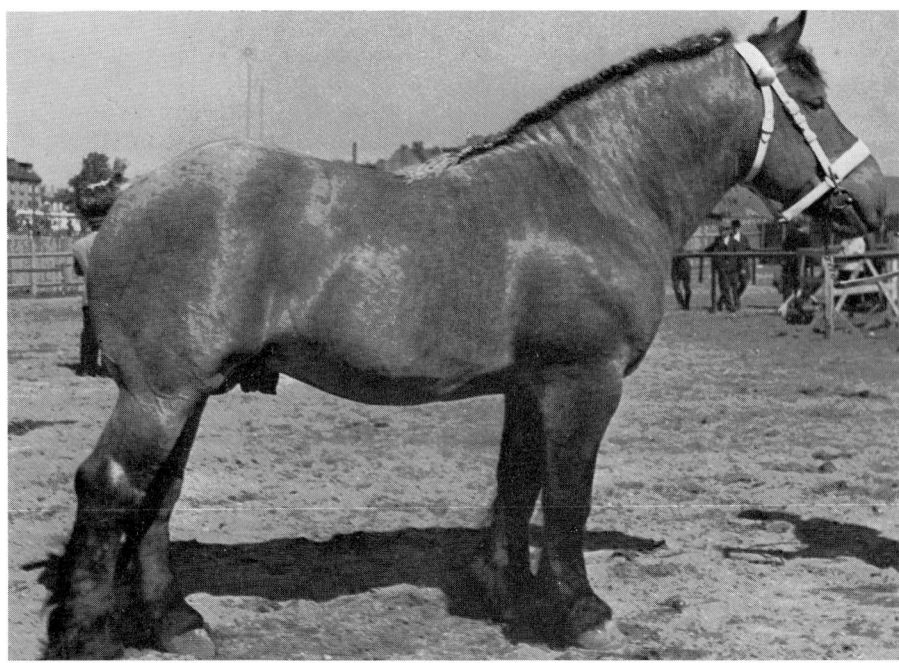

Abb. 118. Trockener rheinisch-deutscher Kaltbluthengst mit Harmonie und Adel. Feiner Beinbehang.

anderer Rassen erfolgen. Kleinere Abweichungen im äußeren Gepräge einer Rasse können auch auf besonderen Merkmalen bestimmter Familien beruhen, so daß sich innerhalb einer Rasse auch gewisse *Familientypen* herausschälen lassen, die sowohl an männliche Linien wie an weibliche Familien gebunden sein können.

Festzuhalten bleibt, daß untrennbare Beziehungen zwischen dem Zuchttyp und der angestrebten Nutzungsrichtung bestehen. Für die Pferde, die der Zucht dienen sollen, müssen aber grundsätzlich höhere Anforderungen an das Exterieur, an Form und Typ gestellt werden. Daher muß der Zuchttyp eines Pferdes immer einen möglichst hohen Grad der Vollkommenheit all jener Eigenschaften darstellen, die für den Erfolg in der Zucht und in der Nutzung von Bedeutung sind. Pferden im „Gebrauchstyp" fehlen dagegen die hervorstechenden Merkmale eines Zuchttypes, und sie können auch in der Modellierung gewisse Mängel aufweisen, die einem Zuchtpferd nicht zu vergeben wären. Gebrauchstypen können sowohl innerhalb einer Rasse wie auch durch Rassenkreuzungen entstehen. Hunter und Postiers sind aus derartigen Kreuzungen entwickelte Gebrauchstypen. Im übrigen hat die deutsche Vollblutzucht ein überzeugendes Beispiel dafür geliefert, daß offensichtlich zwischen Exterieur, Typ und Leistung deutliche Wechselbeziehungen bestehen; denn seit Jahren kann auf den veranstalteten Vollbluthengstschauen beobachtet werden, daß in der Gruppe mit den höchsten nachgewiesenen Rennleistungen auch die Hengste mit dem besten Exterieur stehen.

Darauf hinzuweisen ist außerdem noch, daß man Pferde, bei denen die als zweckmäßig angesehenen Merkmale besonders markant ausgebildet sind, als Pferde mit *Points* (mit guten Punkten) bezeichnet. Das kann sich sowohl auf die Ausformung

Abb. 119. Zu grober rheinisch-deutscher Kaltbluthengst ohne Adel. Zu kurze Fesselung, zu starker und wolliger Beinbehang.

des Skelettes wie auch des Types beziehen, wobei auch die Muskulatur mit zu berücksichtigen ist.

Auch die *Muskelbildung* ist bei der Beurteilung des äußeren Erscheinungsbildes mit in Betracht zu ziehen. Deutliche Unterschiede zwischen den Einzeltieren sind regelmäßig wahrzunehmen. Sie können alle wichtigen Körperpartien betreffen. Besonders bedeutungsvoll ist aus den mehrfach dargelegten Gründen zunächst die Muskulatur der Hinterhand. Sie wird im Seitenbild „langgeschnitten" wirken, wenn sie vom weit nach hinten reichenden Sitzbein lang auf den Unterschenkel herab reicht, möglichst mit geringer Ausbuchtung nach hinten. Dann wird auch die Hinterhand genügend breit sein und die den Unterschenkel umgebende Muskulatur eine gute „Behosung" widerspiegeln. Das gleiche trifft auf die Betrachtung von hinten zu, wenn bei breitem Becken und weit nach außen liegenden Umdrehern eine kräftige Muskulatur von der oberen Kruppenpartie nach unten verläuft. Sie wird dann auch breit über das Sitzbein führen und sowohl außen (äußere Behosung) wie auch zwischen den Unterschenkeln (innere Behosung) gut entwickelte Muskelpartien in Erscheinung treten lassen. Bei guter Ausbildung sollte die äußere Kante der Muskulatur eine im äußeren Darmbeinwinkel nach unten angelegte Senkrechte erreichen, nach Möglichkeit in der Unterschenkelpartie sogar etwas darüber hinausragen. Bei schwacher Schenkelmuskulatur ergibt sich bei dem Blick von hinten ein sich nach unten verjüngender Verlauf der äußeren Begrenzungslinien (mangelhafte Behosung). Man achte auch auf einseitigen Muskelschwund der oberen Kruppenmuskulatur, die dann eine Inkorrektheit des

Abb. 120. Warmblutstute des schweren Wirtschaftstyps. Zu derb, ohne Adel, steile Schulter, kurzer Hals, gerade Kruppe, fester Rücken.

Abb. 121. Sehr edle, trockene Warmblutstute mit langen Linien und guten Gelenken.

Abb. 122. Derbe Zuchtstute mit nicht genügend weiblichem Ausdruck, kurzer Halsung und steiler Schulter, schlechtem (flachem) Vorderfuß und herausgestellter Hinterhand.

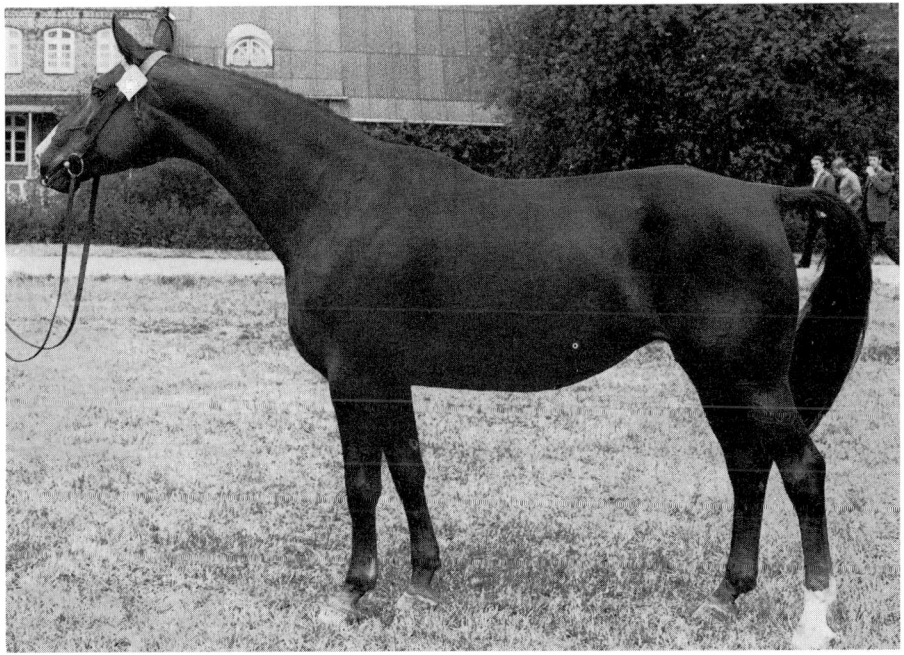

Abb. 123. Mutterstute mit hervorragendem weiblichem Typ und Adel. Lange Halsung, guter Widerrist, zu kurze Kruppe. Gleichzeitig gute Reitpferdpoints.

Ganges nach sich ziehen kann. Bei Springpferden ist auf eine gut bemuskelte Hinterhand besonders Wert zu legen (Simona, Gladstone).

Die Rückenmuskulatur, die in der Lendenpartie auf langen Querfortsätzen der Wirbelsäule ruht und dem äußeren Eindruck diese Stelle bei guter Ausbildung ein breites Aussehen verleiht, im anderen Falle aber eine „arme" Lende (Niere) bedingt, ist besonders wichtig für die Übertragung der in der Hinterhand entwickelten Dynamik auf die übrigen Körperteile. Auf ihre gute Ausprägung und ihre Elastizität in der Bewegung sollte man stets besonders achten. Gute Muskulatur der Vorhand um Schulter und Armbein wird zu einer besonderen Plastik dieser Körperpartie beitragen und sie sowohl seitlich wie auch bei der Betrachtung von vorn breit erscheinen lassen. Desgleichen ist auf gut bemuskelte, breite Unterschenkel und Vorarme zu achten.

Im Zusammenhang mit der Typfrage muß auch das *Temperament* des Pferdes beachtet werden. Vor allen Dingen müssen die Äußerungen des Temperaments, die in dem Verhalten der Pferde zum Ausdruck kommen, beachtet werden, da sie sehr wichtige Rückschlüsse auf das Wesen, den Charakter des Pferdes liefern können. Darauf kommt es heute, gerade bei der Erzeugung von Reitpferden, in erhöhtem Maße an.

Als weiteres Typmerkmal kann auch die Beschaffenheit von *Haut* und *Haar* gewertet werden, sofern deren Textur Rückschlüsse auf ein trockenes oder lymphatisches Gewebe und damit auf die Art des gesamten Stoffwechsels zuläßt. Außerdem liefern Glanz und Stellung des Haares wichtige Anhaltspunkte für den jeweiligen Gesundheitszustand. Stumpfes und nicht glatt anliegendes Haar muß immer Anlaß zu Bedenken sein. Zu dünne Behaarung um Auge und Maul herum kann, sofern dafür keine Krankheitsursachen vorliegen, als ein Zeichen einer überfeinerten Konstitution gedeutet werden. Feinheit und seidenartiger Glanz der Mähnen- und Schweifhaare sowie des Kötenbehanges verdienen gleichfalls Beachtung. Beim Kaltblutpferd, das von Natur aus einen stärkeren Kötenbehang besitzt, ist wichtig, daß die Haare des Behanges möglichst dünn sind und leicht herabfallen, im Gegensatz zu der derberen und wolligeren Struktur mit starrem abstehendem Haar. Gerade die letzte Form ist prädestiniert für den Befall mit Mauke.

2.3.2 Farbe und Abzeichen

Selbst die Farbe sollte man nicht ganz unbeachtet lassen, wenn sie auch bei den heute meist üblichen Haltungsformen weniger von Bedeutung ist. Je mehr jedoch die Pferde im Freien gehalten und den Unbilden des Klimas ausgesetzt werden, desto mehr Beachtung verdient auch dieser Faktor. Sicherlich sind die älteren Anschauungen über die Beziehungen zwischen Haarfarbe und Leistung (Konstitution, Temperament) als überwunden anzusehen. Andererseits hat die Erfahrung gezeigt, daß beispielsweise bei den Pferden, die im Meerfelder Bruch über das ganze Jahr völlig ohne Stallschutz gehalten werden, die Füchse die geringste Widerstandskraft besitzen. Das wird in erster Linie auf die helleren Farbtöne zutreffen. Dadurch werden die Untersuchungen bestätigt, nach denen Füchse die geringste Pigmenteinlagerung in Haut und Haar besitzen. Da das Pigment auch bei den Pferden zweifellos eine gewisse Schutzeinrichtung darstellt, verdienen grundsätzlich die dunkleren Farbtöne – Dunkelbraune und Dunkelfüchse und Pferde mit geringen Abzeichen – den Vorzug. Zu bedenken ist, daß die Stellen mit weißen Abzeichen in Haut und Haar pigmentlos sind. Infolgedessen sind sie auch anfälliger gegen schädigende äußere Einwirkungen, z. B. Maukeanfälligkeit der weißen Fesseln bei Schmutzeinwirkungen. Die in Verbindung mit weißen Fesseln außerdem häufig vorkommenden hellen Hufe sind wegen ihrer Pigmentlosigkeit erheblich weicher, weshalb bestimmte Regionen, wie z. B. Süd- und Süd-West-Afrika, in denen harter Boden vorherrschend ist, nur Pferde mit dunklen Hufen importieren. Sie sind daher wenig erstrebenswert und sollten eigentlich in jede Signatur über das Pferd mit einbezogen werden. Schimmel haben im Gegensatz zu den weißen Abzeichen keine pigmentlose, sondern pigmentierte Haut mit teilweise pigmentlosem Haar.

In diesem Zusammenhang sind die Untersuchungen von DUERST (1922), ADAL-STEINSSON (1977), CASTLE (1953), GEURTS (1973), GREEN (1974), DE HAAN (1934), KLEMOLA (1930), LEHMANN (1941 und 1951) und WIERSEMA (1961 und 1977) über die Pigmentierung beim Pferd von Interesse, von denen hier nur die wichtigsten Ergebnisse kurz angeführt werden sollen. Danach können als Ursache für die Entstehung der Farbe angesehen werden: Das Pigment, die Faktoren der Lichtbrechung und Beleuchtung, die Beschaffenheit von Mark und Rindenschicht des Haarschaftes und die Lufteinlagerung in deren Hohlräumen. Die für das menschliche Auge vorhandenen Farbunterschiede kommen zustande durch eine verschiedenartige Pigmenteinlagerung in Mark und Rinde des Haares. Es bestehen somit keine qualitativen, sondern nur quantitative Verschiedenheiten. Für die 3 wichtigsten Farben ergeben sich nachstehende Grundlagen: *Braune:* breite Marksäule mit dunklem Pigment, Farbabstufungen des Brauns (dunkel – hell) durch Pigmentgehalt der Rinde; *Rappen:* Rinde tief dunkel gefärbt, Mark z.T. reduziert; *Füchse:* schlankes Mark, breite Rindenschicht, Mark löst sich bei helleren Füchsen ganz auf, nur Rinde enthält noch Pigmentkörner. Im einzelnen kommen bei den Farben verschiedene Abstufungen vor. *Braune:* Deckhaare braun, Mähne, Schweif und untere Teile der Füße schwarz mit folgenden Tönen: hellbraun (Füße vielfach gelbbraun, „grüne Beine"), kastanienbraun, dunkelbraun (Kopf und Flanken rötlichbraun), schwarzbraun (Flanken und Maul bräunlich aufgehellte Partien). *Füchse:* rotes Haar, Mähne und Schweif gleichfalls rot (hell bis dunkel) mit folgenden Tönungen: Hellfuchs (hellrotes Deckhaar, Mähne und Schweif meist heller), Lehmfuchs (Deckhaar, Mähne und Schweif lehmfarben), Goldfuchs (Deckhaar gelbrot mit starkem Metallglanz, Mähne und Schweif meist dunkel), Dunkelfuchs (Deckhaar dunkel rotbraun, Mähne und Schweif schmutzigbraun), Kohlfuchs (Deckhaar schwärzlich braunrot, Mähne und Schweif dunkel). *Falben:* bei Kulturrassen selten, jedoch typisch für die wilden Pferde, ferner für das norwegische Fjordpferd. Auf dem Rücken befindet sich meist ein dunkler Streifen (Aalstrich), hier und da an den Beinen eine kurze Querstreifung. Farbabtönungen: graufalb (Deckhaar grau, Mähne und Schweif dunkel), gelbfalb, rotfalb (Deckhaar gelb bis rot, Mähne und Schweif ebenfalls), braunfalb (Deckhaar rot, Mähne und Schweif schwarzweiß meliert). *Rappen:* Glanzrappe (tiefschwarz mit besonderem Glanz), Sommerrappe (Deckhaar mattschwarz mit rötlichem Farbton im Winter, im Sommer intensiver schwarz, die Schwarzfärbung am Maul und Flanken unterscheidet ihn vom Schwarzbraunen). *Schimmel:* Deckhaar dunkle und weiße Haare gemischt, Haut dunkel. Hier ist zu unterscheiden zwischen dem unveränderlichen und dem veränderlichen Schimmelhaar. Bei den unveränderlichen Schimmeln tragen Kopf und Beine kein Schimmelhaar. Die in einer der Grundfarben geborenen Fohlen färben bereits bei dem ersten Haarwechsel wenige Monate nach der Geburt in die Schimmelfarbe um, die dann bis zum Lebensende erhalten bleibt. Es gibt folgende Unterschiede: Blauschimmel: Kopf, Beine, Mähne und Schweif schwarz; Braunschimmel: Grundhaar und Kopf braun, Mähne, Schweif und Beine schwarz; Fuchsschimmel: Grundhaar, Mähne, Schweif und Beine wie bei Füchsen. Bei den Pferden mit veränderlichem Schimmelhaar erstreckt sich die Beimischung der weißen Haare auch auf Kopf, Mähne, Schweif und Beine. Auch diese Fohlen werden dunkel geboren, färben aber nicht schon beim ersten Haarwechsel, sondern erst allmählich um. In den mittleren Lebensjahren sind diese Pferde häufig geäpfelt und werden mit zunehmendem Alter schließlich ganz weiß. Im Gegensatz zu den unveränderlichen Schimmeln ist bei ihnen die Schweifspitze immer heller. Schwarzschimmel sind als Rappen geboren und färben im Laufe der Jahre über Blau- und Apfelschimmel auf die reine Schimmelfarbe um. Der Muskatschimmel wird als Brauner oder Fuchs geboren und trägt zunächst diese Grundfarbe gemischt mit dem Schimmelhaar. Fliegenschimmel besitzen besonders im Vorderteil kleine rotbraune oder schwarzbraune Flecken, während beim Forellenschimmel diese kleineren Flecken über den ganzen Körper verbreitet sind. Tigerschecken weisen größere und kleinere rötliche, braune und schwarze Flecken in unterschiedlicher Intensität am Körper auf. Ähnlich verhält es sich bei den Schecken, bei denen größere Platten mit weißem Haar auf heller Haut und dunklere mit dunkler Haut abwechseln. Nach der Farbe der dunklen Flecken werden unterschieden: Gelb-, Rot-, Braun- und Schwarzschecken. Bei den Porzellanschecken nehmen die zunächst mit gemischtem Haar dunkelgefärbten Flecke allmählich eine helle (weiße) Farbe mit bläulichem Schimmer an.

Hervorzuheben seien abschließend noch die 3 verschiedenen Haartypen: *Deckhaare,* die den Hauptteil des Haarkleides ausmachen und im Frühjahr gewechselt werden. Im Herbst erfolgt je nach Art der Haltung eine Verlängerung und Verdichtung des Haarkleides, das nicht zu einem Fehlschluß über den Gesundheitszustand verleiten darf. Es handelt sich hierbei um einen natürlichen Wärmeschutz gerade bei der erstrebenswerten luftigen Winterhaltung, vor allem bei Fohlen. Der Grad der Haarkleidverdichtung ist bei den Pferden unterschiedlich. Ältere, in der Nutzung stehende Pferde, die zu einem stark verdichteten Winterhaar neigen, sollten regelmäßig geschoren werden, um ein zu starkes Schwitzen und damit unnötigen Kräfteverschleiß zu verhindern, wobei allerdings die Lendenpartie stets ungeschoren bleiben sollte, um einer etwaigen Erkältung der Nierenpartie vorzubeugen. Auch die Kruppe sollte vor dem Scheren bewahrt bleiben. Im Frühjahr (März/April) fallen die längeren Haare wieder aus und werden durch kürzere ersetzt. Das kürzere Sommerhaar hat in der Regel auch einen höheren Glanz. Ein schneller Haarwechsel läßt auf einen guten Gesundheitszustand schließen. Bei den *Schutzhaaren* handelt es sich um die längeren und dickeren Mähnen- und Schweifhaare ohne Haarwechsel. *Tasthaare* sind einzelstehende und tiefer in die Haut eingebettete Haare an Nüstern, Maul und Augen, in Verbindung mit sensorischen Nerven zur Weiterleitung von Berührungsreizen. Interessant ist auch die immer wieder einmal zu beobachtende Bartbildung auf der Oberlippe.

2.3.3 Bewegungsablauf und Gangmanier

Das alte Sprichwort „Das Pferd geht, wie es steht" knüpft zweifellos an das Erkennen der Voraussetzungen für die Fortbewegung, die sich aus dem Skelettaufbau ergeben, an. Diese genügen für ein endgültiges Urteil aber nicht, da man im Stand etwaige Unregelmäßigkeiten im Gang und die vom Temperament her stark beeinflußte Dynamik (Energie) sowie die unbedingt zu fordernde Elastizität nicht zu erfassen vermag. Die Bewertung des Ganges bildet daher im Hinblick auf die Nutzung ein sehr wichtiges Kriterium in der Gesamtbeurteilung des Pferdes. Pferde ohne Bewegung lassen sich nur sehr schwer verkaufen, auch wenn sie noch so hübsch sind und eine ungewöhnliche Ausstrahlung besitzen. Von den 3 Grundgangarten – Schritt, Trab und Galopp – können die beiden ersten bereits durch geeignetes Vorführen an der Hand, wofür sich Dreiecksbahnen besonders bewährt haben, beurteilt werden, während die

Abb. 124. Starker Trab in der Schwebephase.

Galoppade nur unter dem Reiter oder in freier Bewegung zu ermitteln ist. Grundsätzlich muß auch noch einmal darauf hingewiesen werden, daß die Leistung von der Hinterhand ausgeht und daher der aus dieser Körperpartie entwickelte Bewegungsablauf vorrangige Bedeutung hat. Im übrigen sichert eine korrekte Stellung der Gliedmaßen in der Regel auch korrekte Bewegungen, während zehenenge Stellung der Vorderbeine häufig zu einem fuchtelnden, bügelnden Gang führt. Schwerwiegende Fehler im Gang sind durch keine anderen Faktoren auszugleichen. Das Pferd geht sein ganzes Leben hindurch auf seinen Füßen. Krankheiten an den Extremitäten bedingen stets eine Unbrauchbarkeit.

Der *Schritt* wird dann besonders raumgreifend sein, wenn bei normaler, freier Schrittbewegung die Hinterhufe mindestens in die Fußstapfen der Vorderhufe treffen oder sogar über diese hinaus greifen (großer Schub). Setzen die Hinterhufe deutlich hinter den Spuren der Vorderhufe auf den Boden auf, ist der Schritt zu kurz. Je nach Rasse und Individualität liegt die Länge des Pferdeschrittes zwischen 1,40 m und 2,20 m, im Mittel bei 1,80 m. Schrittlänge und Ganggeschwindigkeit sind offenbar vom Temperament abhängig. Beim Schritt, den man als eine gleitende Gangart bezeichnen kann, erfolgt die Fußung im Viertakt in folgender Reihenfolge: hinten rechts, vorn rechts, hinten links, vorn links, wobei 4mal eine Dreibeinstütze, 2mal eine diagonale und 2mal eine laterale Stütze erfolgt (gleichzeitig, aber nicht gleichseitig). Man beachte beim Vorführen auch den Fleiß, die natürliche Gehlust des Pferdes. Ob Pferde mit raumgreifenden Schrittbewegungen regelmäßig auch im Galopp sehr befriedigen, wie teilweise behauptet wird, müßte durch umfangreiche Untersuchungen noch näher geklärt werden.

Der *Trab* oder *Trott,* eine in der Domestikation besonders unterstützte Gangart des Pferdes, ist eine Beschleunigung des Schrittes, eine schwunghafte Gangart, bei der

Abb. 125. Islandhengst Eldjarn im Paß. Reiter W. Feldmann jr.

die diagonalen Füße gleichzeitig bewegt werden, so daß nur 2 Hufschläge zu hören sind. Beim Wechsel der diagonalen Beinpaare gibt es sogar eine kurze Phase, in der das Pferd ohne eine Beinstütze am Boden zu haben, frei in der Luft schwebt. Rücken- und Schenkelmuskulatur treten dabei stark in Tätigkeit und sorgen nicht nur für den Schub, die Dynamik aus der Hinterhand, sondern auch für die nötige Elastizität in dem gesamten Bewegungsablauf und das gerade für ein Reitpferd so notwendige Abfedern. Die Trittlänge beträgt je nach Rasse und Individualität 2 m bis 3,50 m und mehr. Bei hoher Knieaktion der Vorderbeine im Trab spricht man von einem stechenden und bei weit vorgestreckten Vorderbeinen von einem steppenden Trab.

Beim *Paßgang* werden die gleichseitigen Beine (linkes Vorderbein und linkes Hinterbein) gleichzeitig angehoben und niedergesetzt. Da der Körper von der einen auf die andere Seite geworfen wird, wird die Bewegung schaukelnd. Obwohl diese Gangart gewisse Bequemlichkeit bieten soll, wenn man daran gewöhnt ist, wird sie für die allgemeine Reiterei heute doch als unrein angesehen und verworfen. Er kommt u. a. häufig beim Islandpferd vor. Bei den Trabern führt in Rennen auftretender Paßgang zur Disqualifizierung des betreffenden Pferdes. Eine weitere Abart, die ebenfalls beim Isländer beobachtet werden kann, ist der *Tölt*. Dieser ähnelt einem sehr stark beschleunigten Schritt mit außerordentlich schneller Fußfolge und einer Geschwindigkeitsentwicklung wie im starken Trab. Er soll dem Pferd eine große Trittsicherheit und Beweglichkeit im schwierigen Gelände vermitteln.

Der *Galopp*, die schnellste Gangart des Pferdes, ist dadurch gekennzeichnet, daß ein gleichseitiges Beinpaar regelmäßig mehr nach vorn geworfen wird. Danach unterscheidet man den Rechts- und den Linksgalopp. Die Schubkraft geht dabei in erster Linie von dem äußeren Hinterbein, das in Richtung des Schwerpunktes fußt, aus. Bei der Fußfolge setzt zuerst das äußere Hinterbein auf, dann ein diagonales

Abb. 126. Islandwallach Silfri im Tölt, Reiter Klaus Bense.

Beinpaar und schließlich das innere Vorderbein. Normalerweise beträgt der Galoppsprung etwa 3,5–4,00 m, aber auch erheblich größere Weiten kommen vor. In der Hengstprüfungsanstalt in Adelheidsdorf benötigte 1977 der beste Hengst auf 100 m nur 15 Galoppsprünge; der Durchschnitt betrug ca. 19 Galoppsprünge.

Eine Abnormität des Ganges, der *Hahnentritt,* besteht in einem ruckartigen und hohen Abheben eines der beiden Hinterbeine infolge gesteigerter Zusammenziehung der Hinterschenkelmuskulatur bei starker Beugung der Knie- und Sprunggelenke. Ursache sind schmerzhafte Zustände im Bereich der Schenkel (z. B. Verkürzung der Schenkelfaszien, Spat).

Abschließend ist noch besonders herauszustellen, daß es bei allen Gangarten neben dem wünschenswerten Raumgriff und einer ausreichenden Elastizität in hohem Maße noch auf den nötigen *Antrittswillen* ankommt, wodurch dem gesamten Bewegungsablauf von vornherein die nötige energiegeladene Dynamik verliehen wird. Pferde, die von sich aus bereitwillig sofort die gewünschte Gangart aufnehmen und dabei eine auffallende Gehlust erkennen lassen, verdienen für Züchter und Reiter unbedingt einen Vorzug.

3 Die Altersbestimmung

Zu einer sachgemäßen Bewertung des Pferdes gehört als erstes eine klare Vorstellung über das Alter. Sofern darüber keine einwandfreien Angaben vorliegen oder gar Zweifel an deren Richtigkeit bestehen, ist man darauf angewiesen, sich auf andere

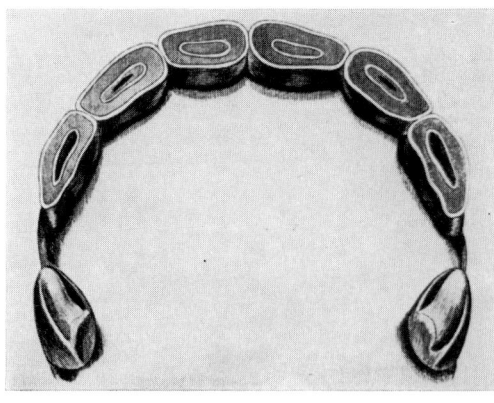

Abb. 127. Gebiß eines fünfjährigen Pferdes. Der Zahnwechsel ist vollzogen, die Kundengrube der Zangenzähne seicht, die der Eckzähne etwas tiefer (Unterkiefer).

Weise Gewißheit zu verschaffen. Äußere Anzeichen, wie etwa graue Haare an den Augenbögen oder die eingefallenen Augengruben oberhalb der Augenbögen, die angeblich erst vom 11. Lebensjahr an auftreten sollen, sind immer ungenau und noch dazu unsicher, zumal man eingefallene Augengruben auch schon bei jüngeren Pferden beobachten kann. Die einzige Möglichkeit zu einer Fixierung des Alters liefert das Gebiß, wenn auch alle auf diesem Gebiete vorliegenden Untersuchungen immer wieder gewisse Abweichungen von der Norm bestätigt haben. Mit individuellen Unterschieden muß daher gerechnet werden.

Das Pferd besitzt im Ober- und Unterkiefer je 6 Schneidezähne, und zwar von der Mitte aus je 2 Zangen. 2 Mittelzähne und 2 Eckzähne. Ferner sind in den beiden Kiefern je 12 Backenzähne vorhanden, so daß das Pferdegebiß insgesamt aus 36 Zähnen besteht. Bei dem männlichen Geschlecht entwickeln sich in dem zwischen Schneide- und Backenzähnen liegenden zahnfreien Raum die Hakenzähne. Gelegentlich kommen diese auch bei Stuten vor; sie werden dort nicht gern gesehen, weil sie als eine Anlehnung an den männlichen Geschlechtscharakter gelten und infolgedessen zu Unsicherheit in der Fruchtbarkeit beitragen können. Ob das allerdings zu verallgemeinern ist, bleibe dahingestellt. Interessanterweise konnte BRÖMLER (1954) in der Gruppe Pony- und Kleinpferdestuten 22,5% Hakenzähne feststellen, mit einem höheren Anteil bei den Ponys; auf die Kleinpferde entfielen nur 10%.

Die Schneidezähne erscheinen zunächst kurz nach der Geburt als Milchzähne, und zwar die Zangen innerhalb der ersten 14 Tage, soweit sie nicht schon bei der Geburt vorhanden sind, die Mittelzähne nach 3–6 Wochen und die Eckzähne nach 5–9 Monaten. Für diese 3 Zahngruppen kann man vielleicht als durchschnittlichen Erscheinungstermin 6 Tage, 6 Wochen und 6 Monate annehmen. Das Fohlen besitzt bei der Geburt bereits die 3 ersten Backenzähne in jedem Kieferast (Prämolaren), während die 3 hinteren Backenzähne (Molaren), die später nicht mehr gewechselt werden, von vorn nach hinten im Alter von 1, 2 und 4–5 Jahren durchbrechen.

Entscheidend für die Altersbestimmung sind 2 Faktoren: der *Zahnwechsel* und das *Abschleifen der Kunden* (bohnenförmige, dunkel gefärbte Vertiefungen in der Mitte der Zähne). Der Zahnwechsel der Milchschneidezähne – kleiner Zähne mit scharf markiertem Absatz zwischen Zahnkrone und der verhältnismäßig schmalen Zahnwurzel – erfolgt in nachstehenden Zeitabständen: Zangen mit 2½ Jahren, Mittelzähne mit 3½ Jahren, Eckzähne mit 4½ Jahren. Die Prämolaren werden im Alter von 2½ und 3½ Jahren gewechselt. Durch die Beobachtung des Zahnwechsels läßt sich somit das Alter bis zum 5. Lebensjahr unschwer ermitteln.

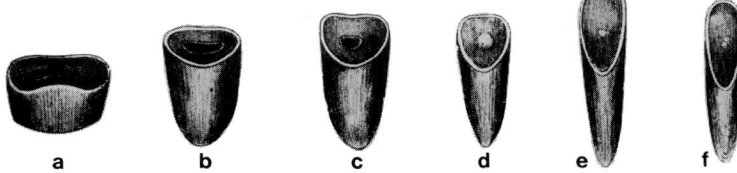

a   b   c   d   e   f

Abb. 128. Schneidezähne des Pferdes. Die Kauflächen zeigen verschiedene Querschnittsbilder, die von sechs zu sechs Jahren entstehen (nach Günther, aus Löwe 1940). a Fohlenzahn, b–f Pferdezähne, b mit Kunde, querovale Form (v. 6.–12. Jahr), c Kunde geschwunden, rundliche Form (v. 12.–18. Jahr), d Kunde geschwunden, umgekehrt-oval Form (v. 18.–24. Jahr). e Kunde kaum mehr angedeutet, dreieckige Form (v. 24.–30. Jahr), f Altersform (v. 30. Jahr aufwärts).

Von diesem Zeitpunkt an kann das Abschleifen der mit einer scharf konturierten Schmelzleiste umgebenen Kunden wesentliche Hilfe leisten. Ihre Tiefe beträgt in den Zähnen des Unterkiefers 3 Linien (7 mm) und im Oberkiefer 6 Linien (14 mm). Infolge dieses Unterschiedes benötigen die Kunden des Oberkiefers für den durch den Kauakt bedingten Abschleifungsprozeß bis zu ihrem Verschwinden die doppelte Zeit. Da in jedem Jahr eine Linie abgerieben wird, dauert es bei den Zähnen des Unterkiefers 3 Jahre und im Oberkiefer 6 Jahre, bis die Kunde verschwunden ist. Danach ergibt sich für die Altersbestimmung folgende Regel: Unterkiefer – bei Kundenfreiheit der Zangen 6 Jahre, der Mittelzähne 7 Jahre und der Eckzähne 8 Jahre alt. Oberkiefer – bei Kundenfreiheit der Zangen 9 Jahre, der Mittelzähne 10 Jahre und der Eckzähne 11 Jahre. Von diesem Alter an wird eine genaue Fixierung wesentlich schwieriger.

Zu bedenken bleibt, daß je nach dem Härtegrad des Zahnschmelzes und des verabreichten Futters die Abreibung der Kunden zeitliche Verschiebungen erfahren kann, so daß die Pferde dann zu alt oder zu jung geschätzt werden.

Nach dem 11. Lebensjahr bietet nur noch das alle 6 Jahre durch Abreibung weiterhin veränderte Querschnittsbild der Zähne gewisse Anhaltspunkte (Abb. 133)

Hinzuweisen ist noch auf die Untersuchungen von Brömler (1954), die zu dem Ergebnis führten, daß bei den Kleinpferden die Milchzähne später durchbrechen und die Abreibung der Kunden langsamer vor sich geht , so daß diese Pferde vor allem im Oberkiefer erst einige Jahre später die Kunden ganz verlieren. Infolgedessen bestehe die Gefahr, daß diese Pferde bei Anlegung der normalen Maßstäbe jünger geschätzt werden. Diese Angaben konnten durch Untersuchungen an ostischen Beuteklein-pferden jedoch nicht bestätigt werden.

Vielfach wird auch der am Eckzahn des Oberkiefers zu beobachtende sog. Einbiß als ein Altersmerkmal angesehen, das im Alter von 9 Jahren eintritt und nach einigen Jahren wieder verschwindet. Es muß aber ausdrücklich darauf hingewiesen werden, daß man den Einbiß auch schon bei jüngeren Pferden feststellen kann. Auch Brömler (1954) konnte für die Ponys und Kleinpferde ermitteln, daß nach vollendetem Zahnwechsel der Einbiß in allen Altersklassen vorkommen kann.

Schwierig, wenn nicht unmöglich wird die Altersbestimmung bei bestimmten Ge-bißanomalien, z. B. bei dem Überbeißergebiß, wenn die Schneidezähne des Oberkie-fers über die des Unterkiefers greifen (Karpfengebiß). Andererseits kann es zu erheblichen anormalen Abnutzungen der Schneidezähne, vor allem am vorderen Rand kommen, durch das *Krippensetzen* (Koppen), eine Untugend, die durch Angewöhnung entstehen, aber offenbar auch eine erhebliche Grundlage haben kann.

F Züchtung

1 Die natürlichen Voraussetzungen

Die Züchtung muß grundsätzlich darauf abgestellt sein, die durch die Vererbung einem Pferd mitgegebenen Anlagen möglichst günstig zur Entfaltung gelangen zu lassen. Das wird dann in befriedigendem Umfange zu erreichen sein, wenn man bemüht ist, alle Umwelteinflüsse optimal zu gestalten. Dabei verdienen zunächst die gegebenen natürlichen Voraussetzungen besondere Beachtung, denn bis zu einem gewissen Grade ist auch das Pferd ein „Produkt der Scholle", vor allem wenn man diesen Begriff weit faßt und hierzu rechnet: Beschaffenheit des Bodens, Futterwachstum und Klima mit seinen Einflüssen durch Luftfeuchtigkeitsgehalt. Niederschläge, Luftdruck, Wind, Licht und Sonne. Es wurde schon an anderer Stelle betont, daß die arabische Wüste andere Pferde entstehen läßt als die westeuropäische Tiefebene mit ihrem vielfach maritim beeinflußten Klima oder das salzige Sumpfgelände der Camargue. Unter trockenerem Klima wird daher auch ein edleres, feinzelligeres Pferd entstehen als bei feuchterem Klima mit üppigerem Futterwuchs. Bekannt ist ferner, daß mineralstoffhaltige Weiden mit günstigem Kalk-Phosphorsäure-Verhältnis das Knochenwachstum fördern und hochgelegene sowie trockene Weiden eine harte Hufbildung bedingen, während Moor- oder tiefliegende Marschweiden eine Ursache für weichere, bröckligere und größere Hufe bilden können. Je extremer die natürlichen Bedingungen variieren, um so stärker kann auch ihr Einfluß auf die Form- und Typgestaltung beim Pferd sein. Jedoch ist nicht zu übersehen, daß diese von der Natur fixierten Unterschiede durch die heutige Form der Pferdehaltung, kombinierte Stall- und Weidehaltung oder gar überwiegende Stallhaltung und die Möglichkeiten zur Vereinheitlichung der Fütterung stark kompensiert werden, zumal auch die künstliche Düngung der Futterflächen in erheblichem Umfange ausgleichend wirken kann. Hinzu kommen die stark modifizierenden Einflüsse durch den züchtenden Genius des Menschen. Richtig vorgenommene züchterische Selektion kann in Verbindung mit zweckmäßiger Haltung und Ernährung zu einem weitgehenden Ausgleich natürlicher Varietäten führen. So hat die Züchtung die Unterschiede zwischen Geest und Marsch praktisch überwunden. Man sollte daher innerhalb eines Zuchtgebietes für etwa nicht eingetretene züchterische Erfolge keineswegs in erster Linie die Ursache in einem besonderen Milieu suchen, sondern mehr in der Handhabung der Züchtung. Andererseits kann in speziell gelagerten Fällen der Grund dafür durchaus in anormalen natürlichen Verhältnissen liegen.

Im übrigen besitzt das Pferd ein großes Anpassungsvermögen an veränderte Umweltbedingungen. Es ist immer wieder erstaunlich, daß beispielsweise der Araber seinen Typ auch im Klima anderer Kontinente hält. Desgleichen erscheint der Englische Vollblüter äußerst anpassungsfähig, wozu allerdings die Tatsache mit beitragen wird, daß man ihm allenthalben ziemlich gleichartige Haltungsmethoden angedeihen läßt. Ferner wurde schon beim ostpreußischen Pferd Trakehner Abstammung betont, daß die Verlagerung der Heimat dieses Pferdes von Ost- nach Westdeutschland keine wesentlichen Typveränderungen gebracht hat.

Wenn somit heute der Mensch offenbar weitgehend das züchterische Instrument beherrscht, so ist der Erfolg seiner Arbeit mit davon abhängig, daß er die Möglichkeiten für eine gesunde Aufzucht hat. Dazu gehören vor allen Dingen ausreichende *Weideflächen* und *geeignete Stallungen,* die den Zuchttieren genügend Behaglichkeit sichern. Wer keine Weide zur Verfügung hat, sollte gar nicht erst mit der Zucht beginnen, denn das Pferd ist ursprünglich ein Steppentier, ein Fluchttier, und hat sich über weite Gebiete sein Futter suchen müssen. Es muß also als „Bewegungstier" auch die Möglichkeit der Bewegung haben. Richtig gepflegte, nicht zu stickstoffreiche, aber mineralstoffhaltige und möglichst weiträumige Weiden bilden nicht nur die günstigste Ernährungsgrundlage, sondern müssen gleichzeitig auch die besten Voraussetzungen für genügend Bewegungsfreiheit sichern. Man kann später von den Pferden nur dann Leistungen verlangen, wenn sie bereits im Laufe der gesamten Jugendentwicklung Herz und Lungen, Sehnen und Muskeln durch ausreichende Bewegung unter allen Witterungseinflüssen genügend kräftigen konnten. Auch auf die Haltung der Mutterstute wirkt sich eine gute Weide fördernd aus. So konnte festgestellt werden, daß im Verlaufe des Winters an den Eierstöcken gebildete Zysten, die deren Funktionsfähigkeit grundlegend behindern, ohne besondere Behandlung, allein durch Weidegang, nach einiger Zeit wieder verschwanden. Die natürliche Haltung im Freien bietet somit die besten Voraussetzungen für die Erhaltung der Fruchtbarkeit der Zuchtstuten und damit die Wirtschaftlichkeit einer Zucht. Da heute die Mutterstuten meist nicht mehr zu landwirtschaftlichen Arbeiten eingesetzt werden, hängt die Rentabilität ihrer Haltung ausschließlich von der Anzahl der gelieferten Fohlen ab.

In Ergänzung dazu muß auch im Winter eine möglichst natürliche, harte Haltung in luftigen Ställen mit Auslaufgelegenheiten erfolgen. Es ist nicht verwunderlich, daß man in alten Schafställen mit Fachwerk und Lehmschlagwänden oder in leerstehenden Scheunenfächern besonders gute Aufzuchterfahrungen gemacht hat. Die Kälte braucht man nicht zu fürchten, wenn nur das Lager bei ausreichend Einstreu genügend warm und die Luft trocken ist. Schlecht gelüftete und zu warme Stallungen mit hoher Luftfeuchtigkeit oder gar vom Stalldunst tropfende Decken sind der Gesundheit von Fohlen und Mutterstuten besonders abträglich.

Neben der optimalen Gestaltung aller natürlichen Voraussetzungen bildet aber, wie bereits betont wurde, der *Mensch* selbst den wichtigsten Faktor für den Erfolg einer Zucht. Dazu gehört außer einer vielfach angeborenen Passion für das Pferd ein gewisser Erfahrungsschatz, den man sich nur durch ständigen Umgang mit den Pferden und durch Beobachten ihrer Eigenarten erwerben kann.

2 Merkmale und Merkmalserfassung

2.1 Farbe und Abzeichen

Zu den Merkmalen, die in Verbindung mit der äußeren Form in der Züchtung gelegentlich auch Beachtung erfahren, gehören gleichfalls die Farbe und die Abzeichen.

Wenn auch das Sprichwort „Ein gutes Pferd hat keine Farbe" den Hinweis enthält, daß für den Nutzungszweck unabhängig von der Farbe allein die Qualität des Pferdes den entscheidenden Gesichtspunkt bilden kann, so darf andererseits nicht übersehen werden, daß im Hinblick auf die großen Farbvariationen die Züchtung noch immer geneigt ist, die Farbe gerade beim Vaterpferd nicht ganz außer acht zu lassen. Man sieht für Hengste verwaschene, unreine Farben – z. B. helle, lehmige Füchse, Braune mit „grünen" Beinen ohne ausreichende Schwarzfärbung und glanzloses Haar (Gesundheitsfaktor) – nicht gern; dunklere, satte Farben werden in der Regel bevorzugt. Über die Zusammenhänge zwischen Farbe und Pigmentierung wurde bereits berichtet. Auch sollte man den Abzeichen eine gewisse Beachtung schenken, da es sich bei den in Frage kommenden Stellen immer um pigmentlose Körperregionen handelt, die gegenüber äußeren Einflüssen empfindlicher sind. Immer wieder einmal auftauchende Behauptungen über unterschiedliche Eigenschaften von Füchsen und Braunen bei den Nachkommen des gleichen Vaters sind zweifellos mit gewisser Vorsicht zu werten, zumal früher vielfach angenommene Zusammenhänge zwischen Farbe und bestimmten Charakter- oder Temperamentseigenschaften heute keineswegs noch als gültig angesehen werden können. Im übrigen spielt der Faktor „Farbe" unter den heutigen Haltungsformen unserer Kulturrassen keine besondere Rolle mehr, während andererseits die Schutzwirkung des in Haut und Haar eingelagerten Pigments bei überwiegender Haltung im Freien nicht ganz unbeachtet bleiben sollte (s. Dülmener Pony).

Bekannt ist, daß sowohl die Farbe wie deren Verteilung auf den Körper zu charakteristischen Rassemerkmalen werden kann, wie das beispielsweise für die Fuchsfarbe bei den Gidrans und den heutigen Frederiksborgern, den Kladruber Schimmeln und Rappen, den Knapstrupern (Tigerschecken), den Paints (Plattenschecken) und den Palominos zutrifft. Das Bestreben, in der Züchtung möglichst den durch stärkere Pigmentierung gekennzeichneten dunkleren Farben den Vorrang einzuräumen, hat sicherlich eine gewisse Berechtigung.

Für die äußere Eigenschaft des Pferdes, die *Farbe*, kennt man erfreulicherweise den Erbgang. Es ist das große Verdienst von WALTHER (1912), die Zusammenhänge weitgehend geklärt zu haben. Die genaue Kenntnis hierüber kann gelegentlich bei der Ermittlung der Identität eines Pferdes gute Dienste leisten, sofern man aus dem gleichen Grunde nicht einen Blutgruppentest durchführen läßt, der allerdings Kosten verursacht, in seinem Ergebnis aber als sehr sicher anzusehen ist.

Nachstehend sei zunächst die von WALTHER erarbeitete Methode über die Vererbung der Pferdefarben an einigen Beispielen erläutert. Es wurden grundsätzlich folgende an der Vererbung beteiligten Faktorenpaare herausgestellt:

Grundfarben	– A gelb (Isabell, Falbe)	: a rot (Fuchs, Brauner)
Schwarzfaktor	– B schwarz vorhanden	: b schwarz fehlt
Verteilungsfaktor für B	– C schwarz bedeckt den Körper teilweise (Brauner, Falbe)	: c schwarz bedeckt den Körper ganz (Rappe)
Schimmelung	– D Schimmelung vorhanden	: d Schimmelung fehlt
Scheckung	– E Scheckung vorhanden	: e Scheckung fehlt
Tigerung	– F Tigerung vorhanden	: f Tigerung fehlt

Die großen Buchstaben zeigen an, daß der betreffende Faktor dominant ist gegenüber dem mit einem kleinen Buchstaben bezeichneten antagonistischen Faktor. Weiter ist zu bedenken, daß D epistatisch ist zu den 3 vorgenannten Faktorenpaaren, d. h. diese überdeckt. Somit trägt ein Pferd, bei dem der Faktor D in der Erbmasse auftritt, immer die Schimmelfarbe. Füchse, Braune und Rappen können daher immer nur den Faktor d besitzen. Das gleiche wie für die Entstehung der Schimmelung trifft auch auf die Scheckung und Tigerung zu. Da für jedes Merkmal von Vater- und Mutterseite je ein Faktor zusammentrifft, muß bei dem Produkt regelmäßig ein Faktorenpaar auftreten, z. B. AA, aa oder Aa, BB, bb oder Bb usw. Zu beachten bleibt außerdem, daß gemäß den MENDELschen Regeln die einzelnen Faktorenpaare voneinander vererbt werden.

Weiter ist zu bedenken, daß die Faktoren C und c erst dann wirksam werden, wenn gleichzeitig der Schwarzfaktor B entweder homozygot = reinerbig (BB) oder heterozygot = gemischterbig (Bb) vorhanden ist. Nur in diesem Falle verursachen sie die Farbe Braun oder Rappe. Fehlt B, entsteht regelmäßig ein Fuchs. Infolgedessen gibt es für den Fuchs folgende Möglichkeiten der Faktorenkombination: aabbCC, aabbCc oder aabbcc. Der Faktor A kann nicht vorkommen, da dann infolge der Dominanz von A über a das Pferd ein Isabell wäre. Obwohl somit beim Fuchs der Schwarzfaktor B nicht auftreten kann, ist es andererseits möglich, daß er die Faktoren C und c entweder in homozygoter (CC,cc) oder heterozygoter (Cc) Form trägt. Das Vorhandensein von C beim Fuchs läßt sich durch Paarung mit Rappen nachweisen, wie aus nachfolgenden Beispielen zu ersehen ist. Dabei kann das Grundfaktorenpaar aa außer Betracht bleiben, da es für die Ausgangstiere immer in gleicher Form angenommen werden muß, wenn man einmal von Isabellen und Falben absieht. Es bestehen 4 verschiedene Paarungsmöglichkeiten:

1. bbCC Fuchs × BBcc (Rappe) = BbCc (alle Nachkommen sind braun)
2. bbCC Fuchs × Bbcc (Rappe) = BbCc, bbCc (50% Braune, 50% Füchse)
3. bbCc Fuchs × BBcc (Rappe) = BbCc, Bbcc (50% Braune, 50% Rappen)
4. bbCc Fuchs × Bbcc (Rappe) = BbCc, Bbcc, bbCc, bbcc (25% Braune, 25% Rappen, 50% Füchse)

Wenn bei einer solchen Paarung ein Brauner entsteht, ist das ein Beweis dafür, daß der zu seiner Determinierung notwendige Faktor C nur vom Fuchs gekommen sein kann, weil der Rappe ausschließlich cc aufweisen muß.

Für die braune Farbe ist darauf hinzuweisen, daß von einem braunen Hengst bei Paarung mit Füchsen, Rappen und Braunen nur braune Nachkommen fallen, wenn dieser in den beiden Faktorenpaaren, die für die Braunfärbung entscheidend sind, homozygot (BBCC) veranlagt ist, wie aus den folgenden Kombinationsmöglichkeiten ersichtlich ist: BBCC × bbcc (Fuchs) = BbCc (braun), BBCC × bbCC (Fuchs) = BbCC (braun), BBCC × bbCc (Fuchs) = 50% BbCC (braun) und 50% BbCc (braun) oder BBCC × BBcc (Rappe) = BBCc (braun), BBCC × Bbcc (Rappe) = 50% BBCc (braun) und 50% BbCc (braun) oder BBCC × BbCC (braun) = 50% BBCC (braun) und 50% BbCC (braun), BBCC × BBCc (braun) = 50% BBCC (braun) und 50% BBCc (braun), BBCC × BbCc (braun) = 50% BBCC (braun) und 50% BbCc (braun).

Etwas schwieriger gestaltet sich die Übersicht bei der Paarung von 2 diheterozygoten (in 2 Faktorenpaaren gemischterbigen) Braunen mit der Faktorenkombination BbCc untereinander. Durch das Auftreten von 2 heterozygoten Faktorenpaaren ergibt sich das Schema einer dihybriden Kreuzung. Die bei den beiden Eltern mögliche Bildung von Erbfaktoren (Gameten) ist nachstehend in waagerechter Form über dem Strich und in senkrechter Form vor dem Strich angegeben. Dadurch lassen sich die für jedes Faktorenpaar entstehenden 4 verschiedenen Möglichkeiten des Zusammentretens ohne weiteres ermitteln.

Gameten →	BC	Bc	bC	bc	Ergebnis:
↓					
BC	BBCC braun	BBCc braun	BbCC braun	BbCc braun	*9 Braune* = 56%, davon 1 homozygoter (BBCC), 2 monoheterozygote (BBCc), 2 monoheterozygote (BbCC), 4 diheterozygote (BbCc)
Bc	BBCc braun	BBcc Rappe	BbCc braun	Bbcc Rappe	
bC	BbCC braun	BbCc braun	bbCC Fuchs	bbCc Fuchs	*4 Füchse* = 25%, davon 1 homozygoter (bbCC), 1 homozygoter (bbcc), 2 monoheterozygote (bbCc)
bc	BbCc braun	Bbcc Rappe	bbCc Fuchs	bbcc Fuchs	*3 Rappen* = 19%, davon 1 homozygoter (Bbcc), 2 heterozygote (Bbcc)

Auf die Darstellung anderer Beispiele soll hier verzichtet werden, da sie sich bei Anwendung der angegebenen Faktoren leicht entwickeln lassen. Jedoch sollen einige Folgerungen noch besonders herausgestellt werden. Bei dem entscheidenden Faktor für das Auftreten der Fuchsfarbe (bb) handelt es sich um einen rezessiven Erbgang. Es kann daher diese Farbe nur in Erscheinung treten, wenn von beiden Eltern der gleiche Erbfaktor (b) kommt. Der Fuchs ist somit für seinen Hauptfaktor immer homozygot (bb). Infolgedessen können aus der Paarung von Füchsen untereinander nur Füchse entstehen.

Andererseits ist aufgrund der erwähnten Farbfaktoren festzuhalten, daß Füchse, Braune und Rappen niemals verdeckt die Anlage für Schimmelung, Scheckung und Tigerung besitzen können. Demnach kann bei der Paarung der dunklen Farben untereinander nie ein Schimmel, Schecke oder Tiger entstehen. Daraus ergibt sich weiterhin die praktische Folgerung, daß ein Schimmelfohlen immer nur dann erwartet werden kann, wenn einer der Eltern Schimmel ist. Dabei ist es gleichgültig, ob bei diesem Schimmel eine rein- oder gemischterbige Veranlagung vorliegt. Diese hat jedoch Einfluß auf die Häufigkeit des Auftretens von Schimmelnachkommen. Ist der Schimmelelter gemischterbig, tragen nur 50% der Nachkommen die Schimmelfarbe, ist er jedoch reinerbig, gibt es ausschließlich Schimmelnachkommen. Ein früher viel zitiertes Beispiel dieser Art war der in der hannoverschen Zucht eingesetzte Araber Amurath ox, der nur Schimmelfohlen geliefert hat. Inzwischen sind wiederholt andere ähnliche Fälle bekannt geworden, z. B. Gazal in der ostfriesischen Zucht. Paart man gemischterbige Schimmel, entstehen 75% Schimmel und 25% Nichtschimmel. Grundsätzlich trifft das gleiche auf die Scheckung und Tigerung zu. Allerdings scheint es biologisch verschiedene Formen der Scheckung mit unterschiedlichem Erbgang zu geben.

Zu erwähnen bleibt noch, daß die *Abzeichen* unabhängig von den Hautfarben vererbt werden.

Sehr eingehend hat sich in neuerer Zeit der Holländer J. K. Wiersema mit der Farbvererbung beim Pferd beschäftigt. Er unterscheidet für die verschiedenen Farbfaktoren folgende Symbole:

A Rappe
a Fuchs
B Braun
(Schwarz-Beschränkung)
D Farbverdünnung

W Wildfärbung
R unveränderliche Schimmelung
P Plattenscheckung
S Schimmel (veränderlich, mit dem Alter immer weißer werdend).

Im Gegensatz zu WALTHER geht WIERSEMA von zwei Grundfarben, nämlich den Rappen und dem Fuchs, aus. Die Erbanlage für Rappfarbe kann einfach oder doppelt vorhanden sein. Sie ist gegenüber Fuchs dominant, sonst rezessiv. Ist sie nur in einfacher Form vorhanden, ist sie mit dem Fuchsfaktor gekoppelt. So ist es zu erklären, daß bei der Paarung gemischterbiger Rappen 25% Füchse fallen können.

Diese beiden Grundfarben können durch zahlreiche Faktoren beeinflußt bzw. verändert werden (Veränderungsfaktoren), wobei diese Faktoren unabhängig voneinander vererbt und bereits in einfacher Dosis wirksam werden.

WIERSEMA hat ferner nachgewiesen, daß die verschiedenen Farbschattierungen (z.B. vom Dunkelfuchs bis zum Isabellen) durch einen Farbverdünnungsfaktor hervorgerufen werden, den er mit D bezeichnet (abgeleitet von dem englischen Wort „dilution"). Auch für die Wildfärbung nimmt er einen speziellen Faktor W an, desgleichen führt er die unveränderliche Schimmelung auf einen eigenen Faktor zurück, den er mit R (englisch „roan") bezeichnet.

2.2 Körperform und Bewegung

Abgesehen von der Vollblut- und Traberzucht, für die in erster Linie die Ergebnisse der Leistungsprüfungen die Zuchtwahl steuern, hat in den anderen Rassengruppen bisher die Berücksichtigung der Form überwiegend das züchterische Geschehen bestimmt, wenn man hier auch die Typgestaltung mit einbezieht. Der Bau des Pferdekörpers, die Stärke, Stellung und Winkelung seiner Gliedmaßen, die Ausbildung und Prägnanz seiner Gelenke, die Form der Hufe, die Härte der Sehnen und Bänder sowie die gesamte Ausprägung der Muskulatur sind schlechthin die Grundlage für die Bewegung – in welcher Gangart auch immer. Abweichungen von der normalen Bauart bringen Unregelmäßigkeiten in der Belastung mit sich und als Folge davon Erkrankungen der Knochen, Sehnen und Bänder.

Selbstverständlich wurde und wird die Leistung des Pferdes nicht außer acht gelassen. Sie besitzt heute allenthalben die größte Gewichtung. Ihre objektive Erfassung und ihre Bewertung bereiten aber nach wie vor gewisse Schwierigkeiten und setzten somit die Grenzen fest. Andererseits sollte nicht übersehen werden, daß trotz der überwiegenden Zuchtwahl nach dem äußeren Erscheinungsbild gerade die Warmblutzuchten Pferde mit ansehnlichem Leistungsvermögen erzeugt haben. Das muß bis zu einem gewissen Grade die Überzeugung bestärken, daß bestimmte Abhängigkeiten zwischen Form und Leistung, zwischen Exterieur und Intcricur bestehen, vor allem dann, wenn man die in dem Abschnitt über die Beurteilung des Pferdes und speziell den Skelettaufbau dargelegten Grundsätze beachtet, auf die in diesem Zusammenhang nochmals besonders hingewiesen sei. Diese Auffassung wird indirekt auch durch die Tatsache bestärkt, daß auf den Vollblut-Hengstschauen in Köln die Hengste der höchsten Leistungsklasse in der Regel das beste Exterieur erkennen lassen.

Man hat zur Absicherung des Urteils in früheren Jahrzehnten genauere Messungen der verschiedenen Körperpartien empfohlen. Bereits S. v. NATHUSIUS (1902) hat umfangreiche Messungen dieser Art durchführen lassen und damit für die damalige Zeit zur Erweiterung der Kenntnisse auf diesem Gebiet der Pferdebeurteilung beigetragen. Als Einzelmerkmale wurden erfaßt: Widerristhöhe mit Brusttiefe und

Abb. 129. Muster für das Bewertungsverfahren für Pferde mit Zeichenerklärung.

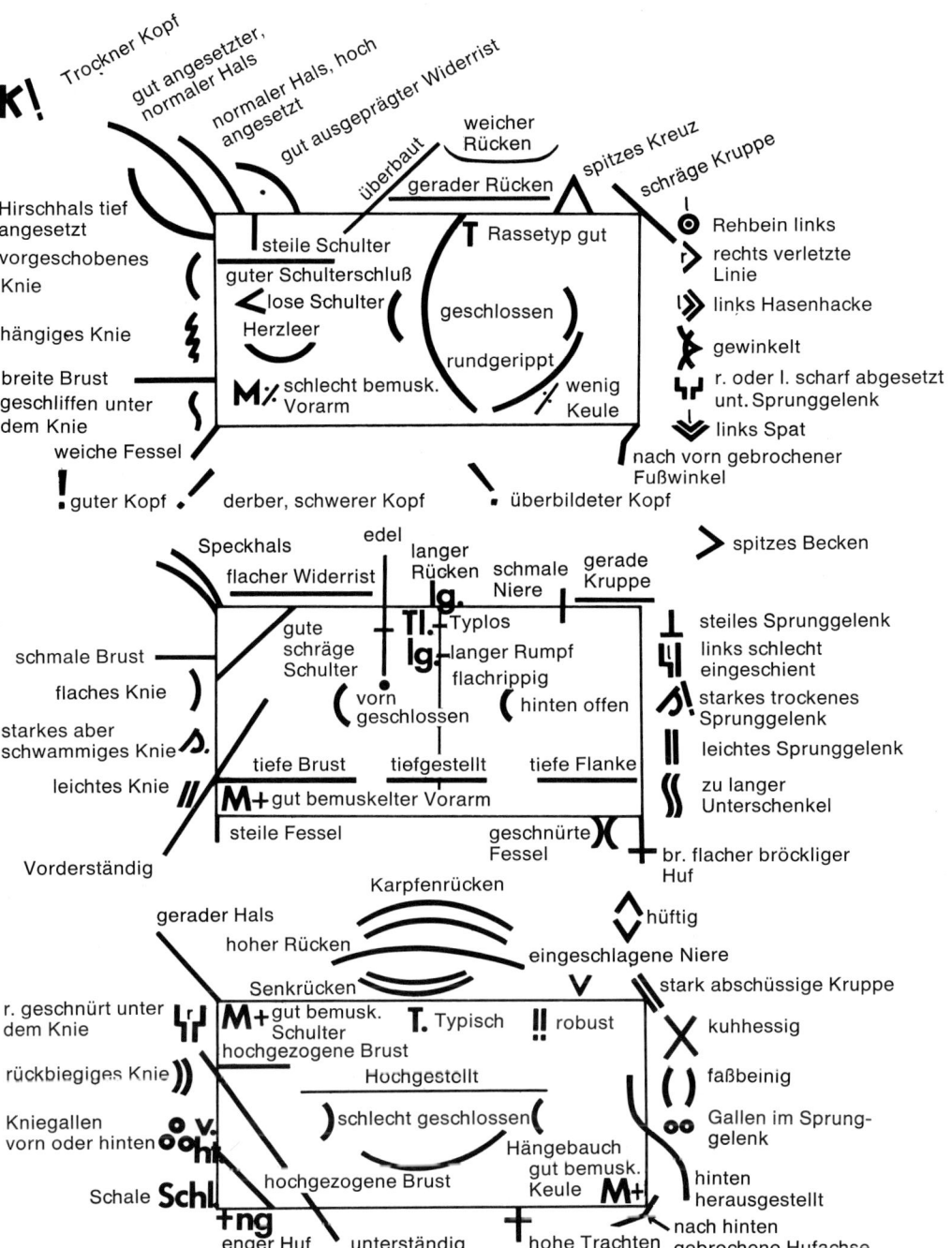

K!
Trockner Kopf
gut angesetzter, normaler Hals
normaler Hals, hoch angesetzt
gut ausgeprägter Widerrist
überbaut
weicher Rücken
spitzes Kreuz
schräge Kruppe
gerader Rücken

Hirschhals tief angesetzt
vorgeschobenes Knie
steile Schulter
Rassetyp gut
Rehbein links
guter Schulterschluß
rechts verletzte Linie
lose Schulter
geschlossen
links Hasenhacke
Herzleer
gewinkelt
hängiges Knie
rundgerippt
r. oder l. scharf abgesetzt unt. Sprunggelenk
breite Brust
M%
schlecht bemusk. Vorarm
wenig Keule
links Spat
geschliffen unter dem Knie
weiche Fessel
nach vorn gebrochener Fußwinkel
! guter Kopf
derber, schwerer Kopf
überbildeter Kopf

edel
Speckhals
langer Rücken
schmale Niere
gerade Kruppe
spitzes Becken
flacher Widerrist
lg.
schmale Brust
gute schräge Schulter
Tl.
Typlos
steiles Sprunggelenk
lg.
langer Rumpf
links schlecht eingeschient
flaches Knie
flachrippig
starkes trockenes Sprunggelenk
vorn geschlossen
hinten offen
starkes aber schwammiges Knie
leichtes Sprunggelenk
leichtes Knie
M+ gut bemuskelter Vorarm
zu langer Unterschenkel
steile Fessel
geschnürte Fessel
br. flacher bröckliger Huf
Vorderständig

Karpfenrücken
gerader Hals
hüftig
hoher Rücken
eingeschlagene Niere
Senkrücken
stark abschüssige Kruppe
r. geschnürt unter dem Knie
M+ gut bemusk. Schulter
T. Typisch
!! robust
kuhhessig
hochgezogene Brust
rückbiegiges Knie
Hochgestellt
faßbeinig
schlecht geschlossen
Kniegallen vorn oder hinten
o v. o hi.
Hängebauch
Gallen im Sprunggelenk
gut bemusk. Keule
M+
hinten herausgestellt
Schale Schl
hochgezogene Brust
+ng
enger Huf
unterständig
hohe Trachten
nach hinten gebrochene Hufachse

Abb. 130. Cher xx. Korrekter mittelrahmiger Vollbluthengst, geeignet zur Verbesserung von Typ und Adel.

Beinlänge, Hüfthöhe, Rückenhöhe, Rumpflänge, Vorderbrustbreite (Entfernung der Bugspitzen voneinander), Rippenbrustbreite (hinter der Schulter), Hüftbreite, Bekkenbodenbreite (Entfernung der äußeren Umdreher), Brustumfang und Röhrbeinumfang. In Spezialuntersuchungen wurden auch noch andere Körperteile mit einbezogen. Inzwischen hat man sich meist darauf beschränkt, die Widerristhöhe und den Röhrbeinumfang zu messen und sich im übrigen auf das Augenmaß zu verlassen. Die Größe wird entweder mit dem Stockmaß oder mit dem Bandmaß am höchsten Punkt des Widerristes gemessen. Der mit dem Bandmaß festgestellte Wert, der je nach Rasse, Rippenwölbung und Schultermuskulatur schwankt und somit ungenau ist, liegt 5–8% höher als der Stockmaßwert. Die mit dem Stockmaß ermittelte Widerristhöhe findet in der Züchtung von allen Körpermaßen die meiste Beachtung. Teilweise hat man sogar Höchstmaße (Ponys) oder Mindestmaße (Trakehner Verband) festgelegt.

Heute wird in der Züchtung, sofern es sich nicht um Vollblüter oder Traber handelt, ein erster Bewertungsmaßstab für das einzelne Pferd ausschließlich durch ein Urteil über die äußere Form gesucht, denn dieses erfolgt bereits in jugendlichem Alter, in dem es noch keine sicheren Anhaltspunkte über das Leistungsvermögen geben kann. Man braucht aber möglichst frühzeitig einen Gradmesser für die Vererbung der Hengste. Dieser ist zunächst nur zu finden durch eine Beurteilung von Skelettaufbau und Typ der Nachkommen in jungem Alter. Beide Gesichtspunkte können, richtig bewertet, schon gewisse Anhaltspunkte über die Qualität und für den späteren Leistungseinsatz liefern, besonders wenn man dazu auch noch den Gang in seinen verschiedenen Variationsmöglichkeiten, vor allem in seiner Dynamik und als Aus-

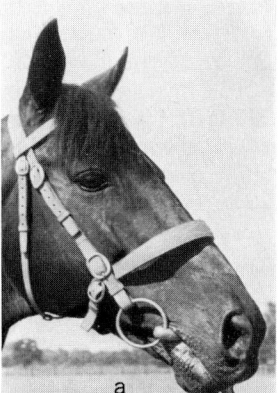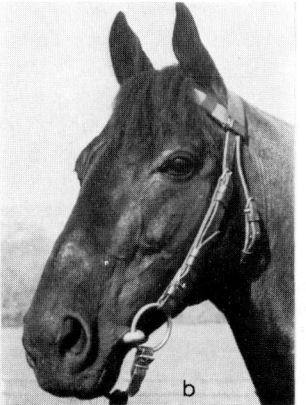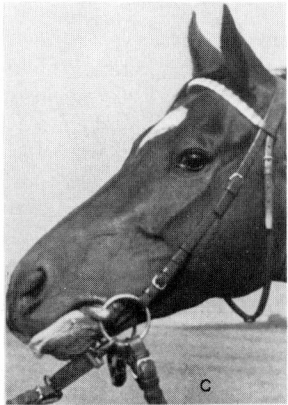

Abb. 131. Drei nach Form, Ausdruck und Adel verschiedene Köpfe bekannter deutscher Vollbluthengste zeigen die für die Zuchtwahl zu beachtende Variabilität, a Neckar xx, b Orsini xx, c Cher xx.

druck des Antrittwillens, mit einbezieht. Gerade die beiden letzten Merkmale bleiben bedeutsame Leistungskriterien für die gesamte Nutzungsdauer einer Pferdes. Somit muß eine mit dem nötigen Sachverstand vorgenommene frühzeitige Wertung nach dem äußeren Erscheinungsbild, wobei man sich der in der Abb. 129 aufgeführten Bewertungsverfahren bedienen kann, nach wie vor als voll gerechtfertigt erscheinen.

Zweckmäßig wäre es, die Zurschaustellung junger Jahrgänge bereits im Saugfohlenalter zu beginnen, wie heute in zahlreichen Verbänden bereits praktiziert, da dann die Chance besteht, in beiden Geschlechtern eine möglichst große unvorselektierte Population vorgestellt zu bekommen, während bei den üblichen Schauen für zweijährige und ältere immer nur die Stuten gezeigt werden, die meistens schon vorselektiert sind. Grundsätzlich sollte wenigstens der erste Fohlenjahrgang aller neu in die Zucht eingestellten Hengste auf diese Weise eine möglichst exakte Begutachtung erfahren, wie das im Zuchtgebiet Hannover seit Jahren gehandhabt wird. Wegen der Einheitlichkeit der Bewertung geschieht die Beurteilung nur durch eine Person, wobei das nachfolgend aufgeführte einfache Beurteilungsverfahren angewendet wird.

Bewertet werden: Wüchsigkeit, Korrektheit bezüglich Stellung und Ausbildung des Fundaments, Bewegungsablauf und Gesamteindruck von Fohlen und Müttern.

Für jedes Kriterium gibt es 3 Noten mit folgender Bedeutung:
1. Wüchsigkeit: Groß 3, Mittelgroß 2, Klein 1
2. Korrektheit: Normal 3, Unkorrekt 2, Anomalien 1
3. Bewegungsablauf: Überdurchschnittlich 3, Mittel 2, Nicht ausreichend 1
4. Gesamteindruck: Überdurchschnittlich 3, Mittel 2, Gering 1.

Wenn dann noch auf das eine oder andere häufiger auftretende gute oder schlechte Merkmal gesondert hingewiesen wird, sollte man es damit genug sein lassen.

Wenn auch die Beurteilung junger Jahrgänge zunächst nur nach der Form und dem Gang erfolgen kann, so bedarf diese dort der Ergänzung durch Leistungsprüfungen, wo die Zucht von Leistungspferden im Vordergrund des Interesses steht, damit diese nach und nach auf eine stärker abgesicherte Grundlage gestellt werden kann (s. Seite 283).

Innerhalb der deutschen Warmblutzuchten, die sich zuchtzielmäßig auf den gleichen Nutzungszweck ausgerichtet haben, taucht bei den daraus entstehenden züchterischen Problemen stets von neuem die Frage auf, durch welche Zuchtmethode man am schnellsten die angestrebte Form- und Typverbesserung erreicht, entweder allein durch Selektion innerhalb der Rasse oder durch Verwendung veredelnder Hengste aus anderen Rassen. Für die Wahl der Methode in diesem Umzüchtungsprozeß kann es keine allgemeingültige Entscheidungshilfe geben; diese Frage muß je nach der bisherigen Zuchtgrundlage unterschiedlich beantwortet werden. Für Warmblutrassen, bei denen der Wirtschaftstyp stark betont war, müssen andere züchterische Wege eingeschlagen werden als bei solchen Rassen, bei denen es nur auf eine Modifizierung des bisherigen Types ankommt. Für Rassen, deren Typ bislang weiter von dem angestrebten Zuchtziel entfernt lag, würde der Weg der Selektion zu lange dauern. Hier empfiehlt es sich, zunächst in stärkerem Ausmaße Hengste der edleren Rassen zu verwenden, ohne allerdings in dieser Methode ausschließlich eine sichere Zukunft garantiert zu sehen. Für Rassen, die dem heute vorschwebenden Reitpferdetyp schon näher gestanden haben, empfehlen sich beide Wege nebeneinander. Sie haben auf diese Weise dann die Chance, von ihrem alten Rassegepräge wertvolle Bestandteile in Typ und Leistung auch für die Zukunft zu erhalten. Wesentlich ist in jedem Falle eine sehr sorgfältige Auswahl der Zuchthengste. Wenn Vollbluthengste zur Erhöhung des Adels und der Schönheit eingesetzt werden, müssen sie auf jeden Fall die entsprechenden Merkmale selbst in hohem Maße besitzen, auch wenn man im Hinblick auf das Format Konzessionen machen muß.

2.3 Leistungsprüfungen

Schnelligkeit

a) Englischer Vollblüter
Die subjektive Beurteilung eines Pferdes besitzt zwar einen gewissen Stellenwert. Sie ist aber nur eine unter mehreren zur Anwendung kommenden Beurteilungsverfahren, von denen die Leistungsprüfung in der heutigen Zeit im Hinblick auf die züchterische Selektion wohl mit die größte Bedeutung besitzt.

Hier sollen nunmehr einige Angaben über die Arten der Leistungsprüfungen, die dazu getroffenen Bestimmungen und die Erfassung und Bewertung einiger Merkmale gemacht werden. Mit Recht kann die Pferdezucht für sich in Anspruch nehmen, als erste Nutztierart innerhalb der gesamten Tierzucht Leistungsprüfungen aufgebaut und deren Ergebnisse zum Selektionsmaßstab gemacht zu haben.

So haben bereits lange vor unserer Zeitrechnung gewisse Formen von Leistungsprüfungen stattgefunden, wie ca. 1000 v. Chr. Kampfritte in China, 900 v. Chr. Reit- und Zugprüfungen in Karthago, 648 v. Chr. Galopprennen mit Pferden als olympischer Wettkampf oder ca. 550 v. Chr. Einführung der Pferdepost im Persischen Reich. Nach Christi Geburt sind es dann die Ritterturniere, die als eine Art Leistungsprüfung ebenfalls anzusehen sind, und schließlich im Jahre 1309 die erste Schnelligkeitsprüfung in Form eines Galopprennens in Newmarket (England). Anfang des 17. Jahrhunderts wurden dann feste Bahnen für Wettrennen geschaffen sowie bestimmte Reitergewichte, Distanzen und das Alter der Pferde festgelegt. Als Anreiz wurden Ehrenpreise (silberne Glöckchen) und später die sog. königlichen Preise (King's Plates) vergeben. Das erfolgte aber alles nur sporadisch und ohne System. Der systematische Ausbau der Leistungsprüfung begann mit der Entwicklung der Vollblut- und Traberzucht im 18. bzw. 19. Jahrhundert. Die wichtigste Vorbedingung für die züchterische Auswertung der erzielten Leistungen war die offizielle Aufzeichnung

Abb. 132. Finish in einem Galopprennen.

der Rennergebnisse ab 1709 und die Herausgabe des ersten Rennkalenders 1727. Auf diese Weise wurden dann auch die Unterlagen für die Herausgabe des 1. General Stud Books (1793) geschaffen.

Ursprünglich wurden die Rennen über 4–6 Meilen (6400–9600 m), teilweise sogar über 10–12 Meilen gelaufen. Die Reitergewichte betrugen 8–12 stones (1 stones = 6,15 kg). Im Hinblick auf die langen Strecken war außerdem ein Mindestalter der Pferde von 6 Jahren festgesetzt. Erst allmählich wurden Rennstrecken, Gewichte und Alter herabgesetzt. Das erste Rennen für 5jährige (York) wurde 1712 gelaufen, für 4jährige 1728 (Hambledon), für 3jährige 1756 (New-Market) und für 2jährige 1773 (New-Market). Auf dieser Grundlage entwickelten sich dann auch die sog. klassischen Rennen für 3jährige, die in erster Linie als Zuchtrennen gedacht waren, so daß nur Hengste und Stuten zugelassen wurden. Zu diesen klassischen Rennen gehören in England: St. Leger (1776) 2900 m, Oaks (1779) 2400 m für Stuten, Derby (1780) 2400 m, 2000 Guineen (1809) 1600 m, 1000 Guineen (1814) 1600 m für Stuten. Diese Rennen sind Vorbild geworden für alle Vollblutzucht treibenden Länder. Als die ideale Strecke wird das nach Lord Derby benannte Rennen über 2400 m angesehen, das von den Pferden Ausdauer und Speed (Fähigkeit, das Rennen zu steigern) verlangt. Derbyrennen werden als wichtigste *Leistungsmarke* für Dreijährige in allen Ländern veranstaltet.

Man unterscheidet grundsätzlich 2 Arten von Rennen. Flachrennen, die nur über flache Bahnen führen, und Hindernisrennen, die entweder als Hürdenrennen (mit verstellbaren Hindernissen) oder als Jagdrennen (mit festen Hindernissen) ausgeschrieben werden. Erfaßt und bewertet werden u. a. an Merkmalen die Schnelligkeit, das Verhalten im Feld, das Stehvermögen (Ausdauer), die Plazierungen unter Berücksichtigung der Qualität der an demselben Rennen teilgenommenen Pferde, der Kampfgeist (Siegeswillen), Temperament, Charakter und das Gewicht. Für letzteres bildet die Grundlage das Generalausgleichsgewicht (GAG), das nach Abschluß der Rennsaison für jedes gelaufene Pferd ermittelt und im Rennkalender veröffentlicht wird. Das GAG bildet somit gleichsam die Leistungsmarke. Beim GAG handelt es sich um das Gewicht, das ein Pferd rein theoretisch dank seiner gezeigten Leistungen im Vergleich zu den übrigen Pferden zu tragen hätte. In der Regel schwankt das GAG zwischen 40 und 100 kg. Spitzenpferde liegen auch z. T. über 100 kg. Der Generalausgleich eines Pferdes ist nichts Starres. Er unterliegt dauernden Wandlungen. Entsprechend ändern sich auch die von den Pferden tatsächlich zu tragenden rennmäßigen Gewichte, die zwischen 47 kg und 62 kg liegen und nach dem GAG ausgerichtet werden. Ein bestimmtes Mindest-GAG ist Voraussetzung für die Körung und damit den zuchtmäßigen Einsatz der Vollbluthengste. Hier wird näher unter dem Absatz „Maßnahmen zur Förderung der Pferdezucht" zu berichten sein.

BORMANN hat 1966 nachgewiesen, daß das GAG eine genauere Erfassung des Leistungsvermögens erlaubt als dies mit Hilfe der Zeitmessung der Fall ist. Bei Dreijährigen errechnet er Heritabilitätskoeffizienten für das Generalausgleichsgewicht zwischen 0,09–0,51.

Die wichtigsten deutschen Zuchtrennen zur Erfassung der für die Selektion erforderlichen Merkmale sind: Henckelrennen (1600 m), Union (2200 m), Derby (2400 m), St. Leger (2800 m), außerdem für Stuten das Schwarzgoldrennen (1600 m), der Preis der Diana (2200 m) und der Deutsche Stutenpreis (2400 m). Die Galopprennen werden in Deutschland und den meisten anderen Ländern auf Grasbahnen ausgetragen.

b) Traber

Für die Traberzucht ist allein die Merkmalserfassung der in Trabrennen erzielten Leistungen maßgeblich. Die Rennen konnten sowohl unter dem Sattel wie im Sulky gelaufen werden. Während die Galopprennen und damit die Vollblutzucht in England bereits im 18. Jahrhundert die entscheidende Entwicklungsphase durchmachten, hat der für das heutige Trabrennsystem maßgebliche amerikanische Trabrennsport erst im 19. Jahrhundert begonnen. 1806 wurde in Amerika das erste Rennen gelaufen. In Deutschland fand das erste von einem Orlowtraber gewonnene Trabreiten 1856 beim Oktoberfest in München statt. Am gleichen Ort erfolgte 1867 das erste Trabfahren. Die ersten offiziellen Rennen wurden jedoch erst 1874 in Hamburg veranstaltet. Bereits in dem Abschnitt „Der Traber" sind einige wesentliche Angaben über die Leistungsanforderungen enthalten. Dort wurde schon darauf hingewiesen, daß in Deutschland nicht die englische Meile, sondern die Kilometerstrecke den Leistungsmaßstab bildet. Eine wichtige Etappe für den Traberrennsport bedeutete 1912 die Einführung des Geldpönalitätensystems, wonach die Zulassung zu bestimmten Rennen sowie die Streckenzulagen oder -vorgaben nach den erzielten Geldgewinnen ausgerichtet werden. Dadurch ist die Bemessungsgrundlage gegenüber dem alten System zweifellos objektiviert worden. Vorher war das Rekordsystem maßgebend, wonach die erzielte Rekordzeit, die ein Traber als Sieger in einem öffentlichen Rennen aufzuweisen hatte, die Streckenzulagen bestimmte. Das verführte gelegentlich dazu, die Pferde nicht voll auszufahren, um keine zu hohen Streckenzulagen zu erhalten. In den Galopprennen sucht man die Chancengleichheit durch Erhöhung der Reitergewichte zu erreichen und in den Trabrennen durch Änderung der Rennstrecke für die einzelnen Pferde (Streckenzulage oder -vorgabe). Die Rennen werden im Trab, einspännig im Rennwagen gelaufen. Der Trab ist eine Grundgangart des Pferdes, bei der die Vorwärtsbewegung im Zweitakt bei diagonaler Fußfolge ausgeführt werden muß. Die Rennen können auch unter dem Reiter durchgeführt werden. Die Rennbahnen müssen ordnungsgemäß angelegt und vermessen sein.

Die Trabrennen werden in Leistungsgruppen gelaufen, die durch die Ausschreibung festgelegt sind. Sie werden unter Berücksichtigung folgender Eigenschaften der Pferde gebildet: Alter, Geschlecht, Gewinnsumme, Rekord. Die durch diese Prüfungen zu erfassenden Merkmale sind vom Grundsatz denen der englischen Vollblut-

Abb. 133. Finish in einem Trabrennen.

zucht gleichzusetzen, jedoch in einer anderen Grundgangart. Als wichtigster Bewegungsmaßstab kann auch hier die Schnelligkeit herausgestellt werden.
Als wichtigste Rennen auf deutschen Bahnen sind zu erwähnen:

Zweijährige
Gold-Pokal
Preis d. Winterfavoriten
Rennen Nr. 4
Deutscher Zweijährigen-Preis
Bayerischer Jugend-Preis

Dreijährige
Traber St. Leger
Deutsches Traber-Derby
Adbell Toddington-Rennen
Buddenbrock-Rennen
Goldenes Pferd
Bayern-Pokal

Vierjährige und älter
Deutsches Criterium der 4jährigen
Deutsches Traberchampionat
Stern-Pils-Pokal
Elite-Rennen
Preis der Besten
Großer Preis von Beyen   International

2.4   Gesundheit und Fruchtbarkeit

Es sollte eigentlich zu den Selbstverständlichkeiten gehören, daß nur wirklich *gesunde Pferde* für die Zucht Verwendung finden. Bei den Hengsten dienen diesem Zweck die Bestimmungen zum Tierzuchtgesetz und in den Körordnungen, daß eine Freiheit von Gewährsmängeln, die Gesundheit der Geschlechtsorgane und die Korrektheit des Gebisses testiert sein müssen. Einer besonderen Beachtung bedürfen dabei regelmäßig die Atmungswege. Dämpfigkeit und Roaren konnten bisher aus der Pferdezucht leider noch nicht ausgemerzt werden. Eine erhebliche Disposition kann im einzelnen nicht ausgeschlossen werden, obwohl sie nicht immer leicht zu ermitteln ist, zumal Dämpfigkeit auch bei ursprünglich gesunden Pferden als Nachwirkung einer schweren Erkältungskrankheit (Druse) auftritt. Die normale Zahl der Atemzüge (8–16, bei Fohlen 24–30 je Minute) steigt nach einer Trabbewegung von 5–10 Minuten auf 25–35 je Minute und bei Dämpfigkeit auf 50–70. Die Zahl der Pulsschläge, die normalerweise bei 30–40 je Minute liegt, steigt je nach dem Ausmaß der geforderten Leistung erheblich an, in Rennen bis zu 250. (Fohlen 60–68, Jährlinge 40–48, Zweijährige 34–40 Pulsschläge je Minute.)

Auch alle anderen Faktoren, die die Gesundheit beeinträchtigen können, sollten ständig genügend Beachtung finden, z.B. nicht genügend durchlüftete, zu warme Stallungen mit zu hohem Luftfeuchtigkeitsgehalt, nicht ausreichende oder zu mineralienarme, zu einseitige Ernährung.

Verändertes Verhalten der Pferde sowie Glanz und Stellung der Haare können regelmäßig als ein wichtiges Indiz für den Gesundheitszustand angesehen werden. Nötigenfalls müssen Fiebermessungen Klarheit schaffen. Dabei ist davon auszugehen, daß die normale Temperatur beim ausgewachsenen Pferd 37,5–38,2 °C, bei Fohlen 37,5–39,0 °C beträgt und das Fieber eine bedenkliche Höhe erreicht, wenn es 40,5 °C übersteigt.

Grundsätzlich muß man von der Annahme ausgehen, daß für alle Eigenschaften eine bestimmte Veranlagung vorliegt. Wie weit und in welcher graduellen Ausprägung diese dann in Erscheinung treten, hängt sowohl von äußeren Einwirkungen wie von der Frage ab, ob die in Frage kommenden Anlagen von beiden Eltern in gleicher Form zusammentreten. Das trifft vor allem auf die sog. *Erbfehler* zu (Roaren, periodische Augenentzündung u.a.m.). Auch *Letalfaktoren* kommen in verschiedener Form beim Pferd vor. Dabei handelt es sich um rezessiv (verdeckt) auftretende Faktoren, die tödlich wirken können, wenn sie von beiden Eltern gleichzeitig auf die Nachkommen übertragen werden. In diese Kategorie gehört das Nasenbluten bei Rennpferden (zu dünne Wandung der Blutgefäße in der Nase), ferner der Zwergwuchs, das Fehlen eines Grimmdarmstückes, Föten ohne Vorderbeine sowie erbliche Hautdefekte (Epitelogenesis imperfekta), wobei die Haut neugeborener Fohlen an verschiedenen Körperstellen nicht zusammengewachsen ist, mit unmittelbarer Todesfolge, ein Defekt, der in der rheinisch-deutschen Kaltblutzucht mehrfach aufgetreten ist, aber auch sonst vorgekommen sein soll.

Hengste wie auch Stuten, die selbst Merkmalsträger der sogenannten Erbfehler sind oder Anomalien des Gebisses oder wertmindernde Untugenden aufweisen bzw. von Jahr zu Jahr einen bestimmten – wenn auch nur geringen – Prozentsatz an lebensschwachen Fohlen bringen oder aber Nachkommen haben, die mit Fehlern behaftet sind, die entweder die Entwicklung hemmen oder den späteren Verwendungszweck stark beeinträchtigen, sind aus der Zucht zu eliminieren. Die Pferdezucht als solche ist kostspielig geworden. Man sollte sie deshalb von vornherein nur mit gesunden bzw. gesund vererbenden Eltern betreiben.

In Verbindung mit der Gesundheit verlangt die Fruchtbarkeit gebührende Beachtung, denn eine normale Funktion des gesamten Genitalapparates kann nur beim völlig gesunden Tier erwartet werden. Nach GRAVERT ist unter Fruchtbarkeit zu verstehen: Die Befruchtungsfähigkeit des Spermas, die Konzeptionsbereitschaft der Stute und die normale Entwicklung des Embryos zu einem vitalen Fohlen, das ohne Komplikationen geboren wird.

Zuchthygienische Erkrankungen, die früher stark verbreitet waren, können heute erfreulicherweise durch entsprechende Mittel in Grenzen gehalten werden. Neue Überwachungsverfahren im Rahmen des Stutengesundheitsdienstes (Tupferprobe bei der Stute, Spermauntersuchung beim Hengst vor jeder neuen Decksaison, Stutenuntersuchungen während der Deckzeit und Desinfektion der Geschlechtsorgane des Hengstes vor und nach dem Deckakt, Follikelkontrolle) haben wesentlich zur Erhaltung bzw. Verbesserung der Fruchtbarkeit beigetragen. Als eine günstige Voraussetzung überhaupt ist eine möglichst natürliche Haltung und Fütterung anzusehen. Im Rahmen der Landespferdezucht rechnete man früher im Vergleich zu der Zahl der gedeckten Stuten mit etwa 50% lebendgeborener Fohlen (siehe Tab. 43), eine Zahl, die bei den Ponys wesentlich höher anzusetzen ist.

Tab. 43. Abfohlergebnisse, die durch die Hengste eines norddeutschen Landgestütes von 1815 bis 1973 erzielt wurden (JACOBS 1977)

Jahr	ged. Stuten	gef. Fohlen	Abfohlhundertsatz
1815–1820	4419	2460	55,7
1821–1830	24641	13381	54,3
1831–1840	65019	37731	58,0
1841–1850	186691	51349	59,2
1851–1860	116151	66110	56,9
1861–1870	97741	55576	56,9
1871–1880	109793	64050	58,3
1881–1890	112162	67035	59,8
1891–1900	125198	75791	60,5
1901–1910	157316	88082	56,0
1911–1920*	274141	130843	47,7
1921–1930	199451	110899	55,6
1931–1940	232786	123024	52,8
1941–1950*	352058	151784	43,1
1951–1960	82899	42535	51,3
1961–1970	70619	38347	54,3
1971–1973	30085	15675	52,1

* = Jahrzehnte, die gekennzeichnet sind durch Kriegs- bzw. Nachkriegsjahre

Nach erheblicher Einschränkung der Landespferdezucht und dem starken Rückgang der Kaltblutzucht, in der gegenüber den edleren Rassen der Befruchtungssatz etwas niedriger liegt, ist im letzten Jahrzehnt die Befruchtungsquote deutlich angestiegen. Die an sich erstrebenswerte Zahl von etwa 60% lebendgeborener Fohlen wird heute bereits häufig erreicht. Sie lag beispielsweise bei den Hengsten des Landgestüts Celle im letzten Jahrzehnt bei 62%. Zu bedenken bleibt jedoch, daß die Zahl der Befruchtungen zunächst regelmäßig höher liegt, denn es kann mit Frühaborten oder Fruchtresorptionen bis zu einer Höhe von 10% gerechnet werden. Systematisch durchgeführte Trächtigkeitsuntersuchungen in Verbindung mit notwendig werdenden

Abfohl-
hundertsatz

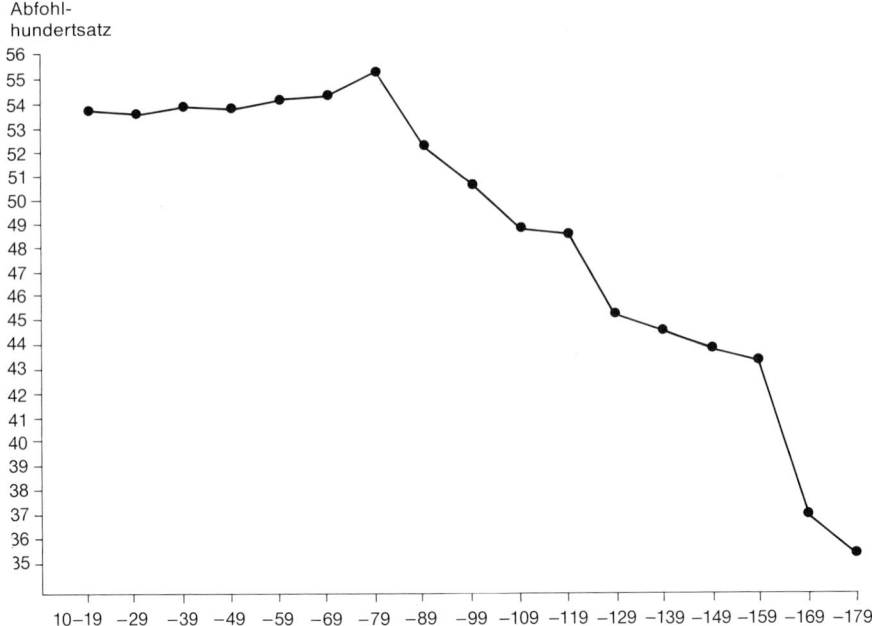

Abb. 134. Darstellung des Abfohlhundertsatzes in Beziehung zu der Anzahl der gedeckten Stuten pro Hengst (aus Jacobs 1977).

Krankheitsbehandlungen in Zusammenarbeit mit den Tiergesundheitsämtern sollten grundsätzlich in das Programm der Zuchtverbände aufgenommen werden.

Wesentlich ist in diesem Zusammenhang, daß immer wieder Fruchtbarkeitsunterschiede sowohl bei Einzeltieren wie auch in Familien und über viele Generationen zu beobachten sind, die zwangsläufig auch auf eine gewisse, wenn auch auf Grund neuerer Untersuchungen nicht hohe erbliche Disposition schließen lassen. Das trifft sowohl auf den Hengst wie auf die Stute zu, zumal zwischen dem Befruchtungsvermögen des Hengstes und der Fruchtbarkeit der Stute gewisse genetische Beziehungen bestehen. Der Züchter ist geneigt, für die nicht eingetretene Befruchtung in erster Linie den Hengst verantwortlich zu machen. Das ist insofern verständlich, als das Befruchtungsvermögen der Hengste stärker ins Auge fällt und tatsächlich unterschiedlich ist, wobei allerdings von Jahr zu Jahr Schwankungen vorkommen und andererseits auch ein deutlicher Einfluß der Ernährung, des Alters und der Zahl der gedeckten Stuten gegeben ist (Abb. 134).

Bis zu einer Bedeckung von ca. 90 Stuten in der Deckzeit bei guter Verteilung ist kein Abgleiten der Befruchtung zu beobachten. Hengste, die schon im jungen Alter im Befruchtungssatz unter dem Durchschnitt liegen, sollten sorgfältig daraufhin beobachtet und gegebenenfalls rechtzeitig aus der Zucht ausgeschieden werden. Einschlägige Untersuchungen über die Spermaqualität haben grundlegende Unterschiede bestätigt. Ob allerdings auf diese Weise die Befruchtungsfähigkeit des Spermas in jedem Falle genau definiert werden kann, bleibe dahingestellt.

Genauere Beobachtungen über die Fruchtbarkeit der Hengste werden laufend in der deutschen Vollblutzucht gemacht, auf deren Ergebnis bereits hingewiesen worden ist (s. Seite 51). Im übrigen sind Fälle bekannt, in denen die Deckträgheit von

Hengsten sich bei den weiblichen Nachkommen offenbar in Form einer Beeinträchtigung des Brunstrhythmus niederschlug. Es war auffallend, daß die Töchter im Dreijährigenalter sehr unregelmäßig und vielfach nur nach Hormonbehandlung mit der Rosse einsetzten.

Man sollte daher bei nicht zufriedenstellender Befruchtung nicht nur an einen Einfluß des Hengstes denken, da vielfach die Ursache bei der Stute liegt. Es gibt auch in der Großpferdezucht Beispiele dafür, daß Stuten bis in ihr hohes Alter in jedem Jahr trotz der Paarung mit verschiedenen Hengsten tragend geworden sind. So sind genügend Fälle bekannt geworden, in denen Warmblutstuten von ihrem 3. Lebensjahr an 19 und 20 Jahre hintereinander tragend wurden, ohne ihre züchterische Laufbahn damit schon beendet zu haben. Derartige Stuten sind für die Zucht besonders wertvoll, da neben dem züchterischen Erfolg das wirtschaftliche Ergebnis in der Pferdezucht heute wesentlich von der Anzahl der gelieferten Fohlen abhängt. Andererseits gibt es bekanntlich Stuten, die nur jedes 2. Jahr ein Fohlen bringen, da sie als Fohlenstute im Stadium des Säugens nicht aufnehmen oder gar noch häufiger güst bleiben. Nach neueren Untersuchungen von MERKT UND MITARBEITER nimmt bei der Stute mit zunehmenden Alter die Konzeptionsrate in der Fohlenrosse ab dem 8.–9. Lebensjahr ab. Als Grund wird angesehen, daß die Reinigung der Stute mit zunehmendem Alter langsamer vor sich geht. Deshalb ältere Stuten nicht schon in der Fohlenrosse dem Hengst zuführen. Stuten, bei denen ohne erkennbare Krankheitsursachen auch nach einem Wechsel des Paarungspartners die Befruchtung ausbleibt, sollte man aus der Zucht ausscheiden, vor allem dann, wenn eine solche Erscheinung für die weibliche Familie typisch ist. Dieses Moment der Zuchtsicherheit sollte wegen seiner unmittelbaren Beziehung zur Wirtschaftlichkeit in der Züchtung noch stärker beachtet werden. Daher sollte jeder Kör-, Ausstellungs- und Auktionskatalog für Zuchtpferde bei allen in der Abstammung angegebenen Stuten regelmäßig auch die Zahl der Zuchtjahre und der gefallenen Fohlen enthalten. Immerhin bleibt zu bedenken, daß selbst innerhalb fruchtbarer Familien ohne erkennbare Ursache auch Stuten mit geringerer Fohlenzahl vorkommen. Manchmal mußte bei Nachprüfung derartiger Fälle der Eindruck entstehen, daß solche Stuten vielleicht dadurch etwas aus ihrem Rhythmus gebracht worden waren, daß sie mehrere Jahre nicht gedeckt wurden, wie das in dem abgelaufenen Jahrzehnt infolge der ungünstigen Lage der Pferdezucht immer wieder vorgekommen ist.

Eine andere Schwierigkeit für die Befruchtung der Stuten scheint in neuerer Zeit innerhalb der Landespferdezucht auch dadurch zu entstehen, daß man die Stuten im Auto über längere Strecken transportiert. Der Deckakt soll dann möglichst schnell ausgeführt und die Stute anschließend sofort wieder zurückgefahren werden, ohne daß sie vorher und hinterher die nötige Ruhe bekommt. Es ist durchaus vorstellbar, daß gerade bei sensiblen Stuten dadurch die Brunstfunktion beeinträchtigt wird. Gelegentlich kann auch beobachtet werden, daß nach einem längeren Transport die im heimatlichen Stall festgestellte Rosse plötzlich ausbleibt. Bekannt ist weiterhin, daß es Stuten gibt, deren Brunstzyklus (Dauer der Rosse 5–9 Tage, Wiederkehr nach 21 Tagen) nur durch Hormonbehandlung zu einem normalen Ablauf gebracht werden kann, während andere Stuten unter gleichen Haltungsverhältnissen eine solche Behandlung nicht nötig haben. Falls ein derartiges Stimulans bei einer Stute in jedem Jahr nötig wird, weil die natürliche Funktion ohne erkennbare Ursachen gestört ist, sollte man sich entschließen, sie aus der Zucht auszuscheiden, um damit den Faktor Zuchtunsicherheit, der durchaus erblich sein kann, zu bannen.

Da es zweifellos zahlreiche Faktoren gibt, welche die Fruchtbarkeit beeinflussen und eine an sich befriedigende Veranlagung im Einzelfalle verschleiern können, bereitet eine systematische Zuchtwahl auf Fruchtbarkeit gewisse Schwierigkeiten, trotzdem sollte diese Eigenschaft (zuchtsichere Familien) stärker beachtet werden.

2.5   Verhalten

Gerade diese Komponente der Charaktereigenschaften des Pferdes soll hier gesondert herausgestellt werden, da sie in der Züchtung nicht immer genügend beachtet worden ist. Sie spielt aber speziell für den Umgang mit Pferden eine wesentliche Rolle und hat in neuerer Zeit dadurch an Bedeutung gewonnen, daß immer mehr Bevölkerungskreise über die Reiterei zu einer Beschäftigung mit dem Pferd stoßen, ohne gewisse Grundkenntnisse über die zweckmäßige Behandlung von Pferden zu besitzen. Ferner kommt hinzu, daß bei dem stark ausgeweiteten Turnierwesen und der heutigen Motorisierung der Pferdebesitzer die Pferde fast jeden Sonntag auf Turnieren sind. Sie erleben fortlaufend eine neue Umgebung. Sind hier in Zelten, dort in Kuhställen oder Reithallen untergebracht, werden als ehemaliges Steppentier neben dem Pferdeanhänger mit dem Schiff oder dem Flugzeug widernatürlich transportiert. Das Wasser und das Futter wechseln. Herausgerissen aus einer gewohnten Umgebung haben sie sich stets von neuem zurechtzufinden und sollen dabei noch Hoch- und Höchstleistungen vollbringen. Mit einem labilen Nervenkostüm ausgestattete Pferde stehen derartige Strapazen nicht durch. Entweder werden sie nervös, sind in den verschiedenen Prüfungen nicht mehr bei der Sache oder stecken ganz auf. Hier sind ein gutartiger Charakter, eine gewisse Gelassenheit und Unkompliziertheit und ein unbedingtes Vertrauen zum Menschen gefordert. Auch muß ein hohes Maß an Kontaktfreudigkeit vorhanden sein. Pferde, die sich schwer anschließen, die sich in sich verkriechen, also nicht auf den Menschen zugehen, und die sich stets abwartend und in Abwehrstellung zeigen, werden den heutigen Anforderungen nicht mehr gerecht.

Andererseits dürfen diese erwünschten Eigenschaften nicht verwechselt werden mit Trägheit, Lustlosigkeit, übertriebenem Phlegma, widerwilliger Arbeitserledigung, Stumpfheit oder sogar Dummheit. Nur intelligente Pferde lernen schnell und behalten auch, besitzen einen gewissen Grad an Feinfühligkeit, sind leistungsbereit und wollen lernen. Nur sie besitzen eine gewisse Lebendigkeit, eine ausreichende Aufgeschlossenheit für die an sie gestellten Aufgaben und einen Vorwärtsdrang. Wenn auch beim Araber diese vorteilhafte Synthese besonders ausgeprägt war und ist, so findet man sie durch die gezielte Selektion in den letzten beiden Jahrzehnten auch verstärkt in den anderen, besonders aber den Reitpferdepopulationen. Eine Selektion hinsichtlich des Verhaltens ist nicht in eine Formel zu kleiden. Langjährige Beobachtungen und viel Fingerspitzengefühl sind hierfür erforderlich. Es muß daher heute mehr denn je neben der Berücksichtigung von Exterieur, Typ und Leistung unbedingt das Verhalten als besonders vorteilhafter Wesenszug zu einem festen Bestandteil der züchterischen Selektion werden. Man sollte vor allen Dingen bei Hengsten, die auf diesem Gebiet besondere Schwierigkeiten aufweisen, kompromißlos werden. Hier liegt auch eine dankbare Aufgabe für die Hengstleistungsprüfungen.

3 Zuchtwahl

3.1 Allgemeine Grundsätze

Unter dem Begriff des Züchtens ist die überlegte Auswahl der Paarungspartner und
eine anschließende Selektion unter den gefallenen Nachkommen im Hinblick auf das
von der Züchterschaft festgelegte Zuchtziel zu verstehen, in welchem festgelegt
werden muß, welche Eigenschaften Gegenstand der Zuchtwahl zu sein haben und wie
diese Eigenschaften gegeneinander abgewogen werden sollen. Mit Sicherheit kommt
man leichter zu einem Zuchterfolg, wenn man nicht zu viele Eigenschaften gleichzeitig verbessern will, sondern sich auf einzelne wichtige beschränkt. Den Typ der Tiere
durch Zuchtwahl hinsichtlich einer erwünschten Produktionsrichtung zu verbessern
oder einer neuen Produktionsrichtung zu verändern, ist kurzfristig nicht zu realisieren. Man muß derartige züchterische Planungen über Generationen auslegen, was in
der Großtierzucht einen langen Zeitraum erfordert.

Von einem Zuchtziel, wie die Fachwelt heute diesen Ausdruck versteht, wird
eigentlich erst gesprochen, seitdem die organisierte Zucht besteht, seitdem es also
Züchterorganisationen gibt. Unter dem Begriff des Zuchtziels versteht man eine
genaue Formulierung dessen, was man sich unter dem Idealtyp innerhalb einer
Population bzw. einer Subpopulation vorstellt. Aber schon bevor die Züchtervereinigungen in der Mitte des letzten Jahrhunderts gegründet worden waren, hat es gewisse
Ziele bei der Haltung von Pferden gegeben (und natürlich von anderen Tieren), als
diese durch den Menschen zu Haustieren gemacht wurden, denn mit der Domestikation verfolgte der Mensch bestimmte Zwecke. Einmal sollte das Pferd als Nahrungs-
mittel dienen, zum anderen Helfer bei der Jagd sein bzw. nach dem Seßhaftwerden
der Völker zur Ackerbearbeitung verwendet werden oder letztendlich bei Raubzügen
oder Kriegen seinen Einsatz finden. Vielleicht haben diese Nutzungszwecke auch bei
der Paarung schon eine Rolle gespielt, soweit diese vom Menschen gelenkt wurde.
Ein Zuchtziel in heutigem Sinne war dies jedoch sicherlich noch nicht.

Eine Art züchterischer Planung setzte innerhalb der Pferdezucht sicherlich zu dem
Zeitpunkt ein, als die Gestüte gegründet wurden in der Absicht, die zusammengeführ-
ten Blutströme auf züchterischem Wege zu konsolidieren und auf das jeweilig bestimmte Ziel auszurichten. Dieses Ziel (Zuchtziel) konnte einmal in einer gerade in
Mode stehenden Farbkomposition bestehen oder aber durch militärische oder wirtschaftliche Belange bestimmt sein. Heute ist durch die Bestimmungen des Tierzuchtgesetzes sogar vorgeschrieben, daß jede anerkannte Züchtervereinigung ein „offiziel-
les" Zuchtziel in seiner Satzung niederzulegen hat. Allerdings ist diese meist sehr
sorgfältig durchdachte Formulierung nicht das Leitbild allen züchterischen Planens
schlechthin, denn der Züchter denkt bei seinen züchterischen Paarungsüberlegungen
an das offizielle Zuchtziel seines Verbandes wenig oder überhaupt nicht – wie SCHLIE
und LÖWE richtig feststellten. Er hat auch kaum dessen Wortlaut im Kopf. Nun
braucht das in den heutigen Zuchtgebieten auch nicht vorrangig zu sein, denn durch
die Eintragung der Hengste in das Zuchtbuch und damit deren Verbandsanerken-
nung wird der Beschälerbestand dem Zuchtziel in seiner zeitbedingten Auslegung
durch die jeweiligen Zuchtleitungen angepaßt. In den deutschen Warmblutzuchtgebieten hat man die regionalen Zuchtziele zugunsten eines für alle Warmblutzuchten
verbindlichen Zuchtziels abgeändert. Dabei bleibt es jedem Verband überlassen, in
seinem Zuchtprogramm festzulegen, auf welchem Wege und mit welchen Mitteln er
dieses Ziel erreichen will.

Nachdem das Zuchtziel feststeht und beim Richten auf den Schauen die diesem Ziel am nächsten kommenden Tiere als Leitbilder herausgestellt worden sind, muß der Züchter bei seinen eigenen Tieren Bestandsaufnahme machen, d. h. eine Erfassung der vorhandenen Merkmale vornehmen und gleichzeitig festlegen, was im Sinne des Zuchtziels verbessert werden muß. Das bezieht sich einmal auf die äußere Form bzw. den Bewegungsablauf, zum anderen auf die speziellen Veranlagungen und zum dritten auf die allgemeinen Leistungsfaktoren wie Fruchtbarkeit, Resistenz gegen Krankheiten, schnelle Verschleißerscheinungen bei bestimmten Körperteilen, charakterliche Veranlagung, Temperament, Einsatzbereitschaft, Futterverwertung, Konstitution und manches andere. Er hat aber nicht nur die zu paarenden Tiere einer Merkmalserfassung zu unterziehen, sondern auch Informationen über Vorfahren, Geschwister und Nachkommen der Probanden einzuholen und in die Überlegungen einfließen zu lassen. Von Wichtigkeit ist ferner die Frage, ob nur *ein* bestimmtes Merkmal verbessert werden soll oder gleichzeitig mehrere oder ob sogar eine Kombination verschiedener Merkmale ins Auge gefaßt ist. Bei diesen Planungen ist daher von Wichtigkeit, über die Erbgänge der einzelnen Merkmale genaue Kenntnis zu besitzen, was von wenigen Merkmalen abgesehen, die später zu erläutern sein werden, nach wie vor schwierig ist. Insofern ist also bei den züchterischen Planungen von Wichtigkeit, über die vermeintliche Veranlagung des Hengstes und der Mutterstute so viele Informationen wie möglich zu bekommen, um daraus bereits Anhaltspunkte für die zu erwartende Qualität der Nachzucht zu gewinnen. Jeder Züchter weiß aber, daß trotz sorgfältiger Überlegungen Enttäuschungen nicht ausbleiben. Die Erklärung dafür ist nicht schwierig, seit die biologische Forschung uns genauere Kenntnis über die Erbvorgänge vermittelt hat.

Es muß hier jedoch darauf verzichtet werden, die in Anlehnung an die Mendelschen Regeln weiter entwickelten Grundsätze der Genetik, vor allem der für die Vererbungsforschung unerläßlichen modernen Populationsgenetik, im einzelnen zu erläutern. Näheres z. B. G. COMBERG „Tierzüchtungslehre", 1971.

Wesentlich ist die Erkenntnis, daß die Anlagen an die sog. Chromosomen gebunden sind. Das Pferd besitzt in der Regel 32 Chromosomenpaare, also 64 Einzelchromosomen, die wiederum zahlreiche Gene, Anlagen für einzelne Merkmale, enthalten. Da nach jeder Befruchtung sich die Chromosomen der beiden unterschiedlich veranlagten Eltern mit ihren Genen nach den Gesetzen des Zufalls vereinigen, entsteht eine Vielzahl von vorher nicht zu übersehenden Kombinationsmöglichkeiten. Insofern ergibt in der Tierzucht Gleiches mit Gleichem gepaart nicht Gleiches, sondern nur Ähnliches. Die Formel hierfür ist 2^n, beim Pferd also: 2^{32}. Daraus erklärt sich auch die Verschiedenartigkeit von Vollgeschwistern. Lediglich bei eineiigen Zwillingen gibt es eine völlige Gleichartigkeit des Anlagenkomplexes. Infolge der großen Zahl von Erbfaktoren ist auch beim Pferd Reinerbigkeit (Homozygotie) so gut wie ausgeschlossen. Aber gerade in der Verschiedenartigkeit (Heterozygotie) liegt die Chance zu neuen Erbfaktorenkombinationen und damit zum Fortschritt in der Zucht. Festzuhalten bleibt in diesem Zusammenhang noch die Tatsache, daß die Anlagen für die unzähligen einzelnen Merkmale unabhängig voneinander vererbt werden. Daher ist theoretisch durchaus der Fall denkbar, daß beispielsweise für ein Körpermerkmal (Beckenlage, Schulterlage, Ramsnase), vor allem wenn es nur durch wenige Gene erblich beeinflußt wird, gelegentlich Homozygotie auftritt, die dann allerdings durch den neuen Paarungspartner wieder unterbrochen wird. Immerhin besteht durchaus die Möglichkeit, daß auf diese Weise Fälle deutlich werden, in denen ein Elter ein bestimmtes Merkmal weitgehend auf seine Nachkommen überträgt. Das kann sich züchterisch sowohl im positiven wie im negativen Sinne auswirken, je nachdem, ob ein wünschenswertes oder ein weniger erwünschtes Merkmal beeinflußt ist. An sich wäre es sehr zu begrüßen, wenn man über den Erbgang im einzelnen Genaueres wüßte, wobei auch jedesmal zu prüfen wäre, ob dieser intermediären oder dominanten Charakter hat. Im ersten Fall würde es sich um die Möglichkeit handeln, daß gegenüber den beiden Eltern Zwischenformen auftreten, während im anderen Falle das dominante Merkmal eines Elters bei den Nachkommen wieder im gleichen Maße in Erscheinung tritt. Das entsprechende antagonistische Merkmal des anderen Elter wäre dann rezessiv und tritt somit trotz Vorhandensein in der Erbmasse äußerlich nicht in Erscheinung, weil es durch das dominante Merkmal verdeckt wird. Bisherige Untersuchungen auf diesem Gebiete scheinen darauf hinzudeuten, daß beispielsweise für die Brusttiefe, den Röhrbeinumfang, die Länge des Unterschenkels und die Steilheit des Hinterbeines ein intermediärer Erbgang anzunehmen ist und andererseits für die abschüssige Kruppe oder die Ramsnase eine unvollständige Dominanz. Außerdem soll Paßgang dominant sein über normalen Gang. Unser Wissen auf diesem Gebiet ist aber leider noch sehr lückenhaft. Dasselbe trifft auch auf die Leistungen zu. Obwohl kein Zweifel daran bestehen kann, daß es spezielle Veranlagungen für Renn-, Spring- und Dressurleistung gibt, ist es gerade im Hinblick auf die starke Umweltabhängigkeit (Einfluß des Reiters) ziemlich schwierig, für die Eignung in den genannten Disziplinen die Heritabilität, den Erblichkeitsanteil (h^2-Wert), einwandfrei zu ermitteln. Trotz der nicht zu übersehenden Schwierigkeiten gehört es zu den vordringlichen Aufgaben für die Zukunft, nach Wegen zu suchen, die eine bessere Determinierung der Leistungsveranlagung ermöglichen, als es bisher der Fall gewesen ist. Nur wenn das allmählich gelingt, kann für die Züchtung eine sicherere Planungsgrundlage geschaffen werden.

Durch systematischen Ausbau der Eigenleistungsprüfungen für Hengste und möglichst auch für Stuten, ferner durch geeignete Auswertung der allgemeinen Turnierergebnisse muß erreicht werden, brauchbare Aussagewerte über die Leistungsveranlagung der Einzeltiere, vor allem der zur Zucht eingesetzten Hengste zu erhalten. In diesem Zusammenhang ist besonders auf den nachfolgenden Abschnitt G zu verweisen, wo BRUNS über die Objektivierung der Auswertung von Pferdeleistungsprüfungen auf populationsgenetischem Wege berichtet.

Aufgrund des eingangs Gesagten lassen sich also abschließend für die Zuchtwahl folgende Gesichtspunkte zusammenfassen:

Erfassung der hinsichtlich der Zuchtziele wichtigsten Merkmale wie:

Spezielle Leistungsveranlagung, Exterieur, Bewegungsablauf, Temperament, Fruchtbarkeit bei

1. den Paarungspartnern selbst,
2. ihren Vorfahren,
3. den Geschwistern und
4. den Nachkommen.

3.2 Abstammung

In der züchterischen Planung innerhalb der Pferdezucht wird zweifellos der Abstammung eine erhebliche Bedeutung beigemessen, weil eine richtige Wertung der Veranlagung der Vorfahren den Züchtungsvorgang absichern hilft. Diese Art der Zuchtwahl steht so lange im Vordergrund, als man über die züchterische Bewährung der Paarungspartner selbst noch keine klaren Aussagen hat. Jedoch die Kenntnis über die Eltern und weiterer Vorfahren besagt noch nicht viel. Sie vermag nur Aufschluß über die verwandtschaftlichen Beziehungen zu geben. Hier soll jedoch nicht unerwähnt bleiben, daß es auch heute noch Zuchtrichtungen gibt, die eine ausschließliche „Pedigree-Zucht" betreiben. Dabei spielt die wichtigste Rolle die lückenlose Rückführung auf berühmte Vorfahren. Phäno- oder genotypische Gesichtspunkte bleiben dabei vollkommen unberücksichtigt. Die Beachtung der Abstammung ist unentbehrlich für Entscheide über Inzucht oder Fremdzucht bei der Auswahl der Paarungspartner. Von größerer Aussagekraft, ja, von einer gewissen Unentbehrlichkeit für die Zuchtwahl wird sie aber erst dann, wenn von den Ahnen umfassende Angaben über Körperbau, Charakter, Temperament, Leistungsbereitschaft, Leistungsvermögen (der Einzeltiere selbst bzw. seiner Nachkommen), Decklust, Fruchtbarkeit, Langlebigkeit, Gesundheit usw. bekannt sind. Dabei müssen die vom Vater, der Mutter und von Mutters Vater bekannten Werte mit einer höheren Gewichtung in die züchterischen Planungen einfließen als die der weiter zurückliegender Vorfahren, deren genetischer Einfluß um so mehr abnimmt, je weiter sie von den Probanden entfernt sind. Dabei ist es klar, daß die nachgewiesenen Formen und Leistungen nur besagen, was die betreffenden Vorfahren selbst unter dem Einfluß der jeweiligen Umweltfaktoren züchterisch geleistet haben. Diese Ergebnisse bieten jedoch keine Sicherheit dafür, daß sie auch bei den nachkommenden Zuchtprodukten und unter anderen Zeit- und Umweltverhältnissen in gleicher Weise erbracht worden wären. Dabei sind jedoch die erfaßten Werte der männlichen Vorfahren höher zu bewerten als die der weiblichen, da Hengste stets eine größere Zahl an Nachkommen haben als Stuten und somit ihre vorhandenen Zuchtwerte eine höhere Sicherheit und damit bessere Aussage besitzen. Zu einer derartigen Einstellung hat auch die Beobachtung mit beigetragen, daß einzelne Vatertiere in ihrer Vererbung im Vergleich zu anderen eine besondere Durchschlagskraft hinsichtlich des z. Z. angestrebten Zuchtziels besaßen und eine Vielzahl von geeigneten Söhnen für die Zucht stellten. Auf diese Weise entwickelten sich die sogenannten Blutlinien, die in der züchterischen Praxis lange Zeit das Denken maßgeblich beeinflußt haben. Es ist nicht zu verkennen, daß derartige Linien vielfach Generationen hindurch die sie charakterisierenden speziellen Eigenschaften in Erscheinung treten lassen. Vielfach kommt der Zucht dabei der Zufall zu Hilfe, aber auch systematische Paarungen können zu dem gewünschten Erfolg, der Schaffung von erbtreuen Biotypen innerhalb einer Rasse, führen. Nach theoretischen Gesichtspunkten könnten solche Fälle vor allem dann eintreten, wenn es einmal gelänge, eine möglichst weitgehende Homozygotie zu erreichen. Eine solche Reinerbigkeit ist aber bei dem vielfältigen Anlagenkomplex des Pferdes nicht zu erwarten, wenn man an das gesamte Erscheinungsbild eines Zuchttieres und nicht nur an einzelne Eigenschaften denkt, die, wie erwähnt, in ihrem Erbgang selbständig laufen.

Die *Inzucht* hat für die Entwicklung bestimmter Blutlinien in der Pferdezucht durchaus Bedeutung gehabt. Gewiß riskiert man bei wiederholter engster Inzucht, daß ein Teil von Individuen, und zwar diejenigen, in denen ungünstige Merkmalsanlagen zusammentreffen, für die Weiterzucht ausfällt und man sich nur der Tiere, die die gewünschten Eigenschaften besitzen, bedienen kann. Das hohe wirtschaftliche Risiko, das mit einer solchen Methode für die einzelnen Züchter verbunden ist, hat in der Großtierzucht daher auch immer wieder zu Warnungen vor übertriebener Inzucht geführt. Andererseits sind jedoch Beispiele dafür vorhanden, daß durch Verwandtschaftszuchten Linien gebildet oder gefestigt worden sind. Als Beispiele seien angeführt der aus einer Halbgeschwisterpaarung hervorgegangene holsteinische Blutlinienbegründer Achill 1265, der ebenfalls aus einer Halbgeschwisterpaarung stammende Avenir d'Herse in der belgischen Kaltblutzucht oder der in der sächsischen Kaltblutzucht so bekannte Blutlinienbegründer Beau Fils de Naast, der aus einer

Vater-Tochter-Paarung hervorgegangen ist. Es gibt somit auch in der Pferdezucht bis in die jüngste Zeit immer wieder Beispiele für einen positiven Ausfall engster Inzucht. Der charakteristischste Fall dieser Art, der sogar zur Bildung einer neuen Rasse geführt hat, ist zweifellos die Entstehung des russischen Orlow-Trabers im 18. Jahrhundert (s. Seite 57). Aufgrund dieser Beispiele erscheint es daher auch überflüssig, nach dem günstigsten Inzuchtgrad zu suchen. Am ungefährlichsten für etwa schädliche Auswirkungen sah man vielfach den gemeinsamen Ahnen in der II. und III. Ahnenreihe an. Je gesünder das Tier ist, auf das die Inzucht erfolgt ist, um so risikoloser wird auch dieses Verfahren sein.

Andererseits sind auch hinreichende Beispiele dafür vorhanden, daß gezielt angesetzte Inzuchten nicht den erhofften Erfolg brachten, dagegen Hengste, bei denen man überhaupt keine Inzucht fand, allein aufgrund günstiger Erbfaktorenkombination zu Linienbegründern wurden. Selbst bei vorgenommenen Rassenkreuzungen haben sich vielfach hochveranlagte Väter herausgeschält, die den Typ der Rasse, in die sie eingekreuzt wurden, wesentlich modifiziert haben. Man denke beispielsweise nur an den Anglonormannen Faust in der württembergischen Warmblutzucht oder an die Bewährung verschiedener Vollbluthengste in den deutschen Warmblutzuchten, z. B. Adeptus xx in Hannover, Perfektionist xx in Ostpreußen usw. In allen Zuchten sind derartige „Stammhengste" zu finden, die einer ganzen Zuchtepoche ihren Stempel aufgedrückt haben. Das beste Beispiel dafür bietet die Vollblutzucht, wo drei bereits im 18. Jahrhundert entstandene männliche Linien bedeutend geworden sind und sich bis heute erhalten haben.

Alle Zuchtgebiete haben daher ihre Hengstbestände nach *Linien* geordnet. Diese Methode trägt zu einer gewissen Übersicht bei und läßt zweifellos auch gewisse Rückschlüsse auf das Anlagepotential zu, besitzt aber keinen ausreichenden Aussagewert über die züchterische Bedeutung eines Vatertieres innerhalb einer Linie, vor allem, je weiter ein Nachkomme generationsmäßig von dem Stammvater entfernt ist. Sicherlich ist nicht zu leugnen, daß sich charakteristische Typ- und Leistungsmerkmale längere Zeit in einer Linie halten können. Darauf konnte beispielsweise auch bei der Lipizzanerzucht hingewiesen werden. Aber je älter die Linien werden, um so weniger sind die dieser Linie eigenen Merkmale zu finden, bis sie schließlich gänzlich verschwinden und an ihre Stelle neue Blutlinien treten. Vielfach verleiht die Kombination von zwei begehrten Linien neue züchterische Impulse. Ein typisches Beispiel dafür ist der Trakehner Pythagoras, eine Verbindung der Dingo-Dampfroß-Linie mit der Perfektionist-Tempelhüter-Linie.

Die abstammungsmäßige Zugehörigkeit eines Vatertieres zu einer bestimmten Linie sagt – im Gegensatz zu früherer Auffassung – über seinen Zucht- und Leistungswert nur wenig aus. Eine Linie wird sich nur dann über längere Zeiträume erhalten können, wenn es bei den Nachkommen immer wieder gelingt, durch zweckmäßige Paarungen erneut Vererber mit überdurchschnittlichem Zuchtwert zu erzeugen. Für deren Zustandekommen ist dann aber nicht mehr allein die männliche Blutlinie verantwortlich zu machen, sondern im gleichen Maße auch die Veranlagung der mütterlichen Seite. Der sog. Passereffekt spielt gerade beim Pferd eine wichtige Rolle wie über Jahrhunderte an unzähligen Beispielen nachgewiesen werden kann. Als typisches Beispiel dafür seien der bereits erwähnte Holsteiner Achill und der Hannoveraner Gotthard, der erst im vorgerückten Alter die zu ihm passende Stutengrundlage fand, zu erwähnen. Obwohl aufgrund der Abstammung und der Eigenleistung die besten Informationen vorliegen, ist die Nachzucht bestimmter Hengste unbefriedigend. Man bricht häufig zu früh über sie den Stab, gibt ihnen immer weniger und immer schlechtere Stuten. Sie werden in der Züchterschaft „zerredet" und wechseln häufig

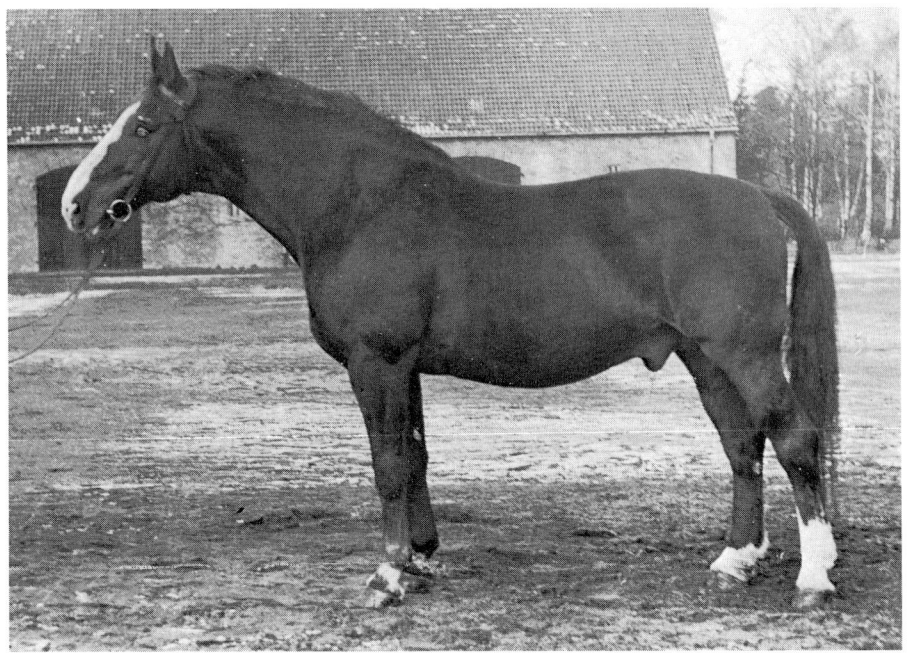

Abb. 135. Astflug, Ldb. Osnabrück, v. Astral. Derber Wirtschaftstyp.

Abb. 136. Eindruck II, v. Astflug, Ldb. Osnabrück und Celle. Vielseitiger Leistungstyp.

ihren züchterischen Standort. Manche finden nie ihre richtigen Partnerinnen, manche erst im vorgeschrittenen Alter, wie z. B. Gotthard. Die Gewichtung der Abstammung und der Leistungsveranlagung finden also dort ihre Grenzen, wo der Passereffekt gleich null ist.

Wesentlich für die züchterische Bedeutung eines Vatertieres ist ferner die weibliche Familie, die selbst bei einer zunächst durchschlagenden männlichen Linie regelmäßig modifizierend mitwirkt. Vielfach trägt gerade die weibliche Linie mit zu dem Ansehen einer männlichen bei; denn häufig werden solchen Hengsten, die sich als hervorragende Leistungspferde oder gute Vererber prädestiniert haben, auch typ- und leistungsmäßig besonders hochwertige Stuten zugeführt, wie es besonders in der Vollblutzucht, aber auch in vielen anderen Populationen, der Fall ist. Wenn auch in solchen Fällen die züchterischen Erwartungen nicht immer in Erfüllung zu gehen pflegen, so kann diese Methode, Bestes mit Bestem zu paaren, andererseits doch erheblich die züchterische Festigung einer Linie beeinflussen. Innerhalb einer Linie werden auf diese Weise immer wieder einzelne Vatertiere zu besonderer Bedeutung gelangen, andere dagegen in den Hintergrund treten.

Wie schnell sich das Gepräge einer Linie unter dem Einfluß der weiblichen Linie wandeln kann, soll kurz an einem Beispiel aus der hannoverschen Zucht dargelegt werden. Innerhalb der von Adeptus xx gegründeten und vor allem über Alderman I weiterverbreiteten Linie hat der Althof-Zweig eine gewisse Bedeutung erlangt. Dazu gehört auch der frühere Osnabrücker Ldb. Astflug (s. Abb. 135), der stark den Wirtschaftstyp verkörpert, an den auch sein Vater Astral in seinem Erscheinungsbild deutliche Anklänge zeigte. Während Astflug das tiefrumpfige, kurzbeinige Wirtschaftsmodell mit starker Halsung und wenig Reitpferdepoints erkennen läßt, ist bei seinem Sohn Eindruck II (s. Abb. 136) das Bild völlig verändert in Richtung des heute angestrebten Vielseitigkeitstypes.

Vergleicht man hierzu den Hengst Denksport (s. Abb. 137), den Großvater mütterlicherseits, dem die Erzeugung bildschöner Stuten nachgesagt wird, dann ergibt sich aus der Ähnlichkeit ohne weiteres, daß Eindruck II sein vorteilhaftes Äußeres über die Mutter vorwiegend seinem Großvater, dem Detektiv-Sohn Denksport, verdankt. Die typmäßige Wandlung ist fortgesetzt bei den beiden Eindruck-II-Söhnen Eislauf und Einblick, zwei ausgesprochen edlen Modellen, die sich vom Typ des Großvaters sehr weit entfernt haben (s. Abb. 138 und 139). Beide führen auf der mütterlichen Seite Jason ox-Blut, außerdem stammt Einblick aus einer Poet xx-Tochter. Das mehrfach in der Mutter vorhandene veredelnde Blut hat bei Einblick den Adel besonders ausgeprägt in Erscheinung treten lassen. Da er außerdem bei der Hengstleistungsprüfung in Westercelle Spitzenhengst seines Jahrganges geworden ist, war auch in leistungsmäßiger Hinsicht der Einfluß des Großvaters offensichtlich ausgeschaltet, anders dagegen bei Eislauf. In diesem Falle war es gut, daß man den Großvater kannte; denn bei diesem war sicher der Grund dafür zu suchen, daß Eislauf trotz hervorragenden Typs in der Leistung die gehegten Erwartungen nicht erfüllte, obwohl einige Jahre zuvor ein aus der gleichen Mutter, aber von einem anderen Vater stammender Halbbruder auch Leistungssieger in Westercelle war. Man ersieht aus diesem Beispiel, daß man allein aus der abstammungsmäßigen Zuordnung nicht immer sichere züchterische Prognosen stellen, andererseits aber durchaus eine Erklärung für das Auftreten bestimmter Eigenschaften finden kann. Auf keinen Fall sollte der Aussagewert einer Blutlinie für die züchterische Einzelplanung überschätzt werden.

Durch das angeführte Beispiel wird die große Bedeutung der Mutter und somit der *weiblichen Familie* veranschaulicht, die als ein die Züchtung stark absicherndes Element anzusehen ist. Die genügend fruchtbare und ferner durch gleichmäßig gute

Abb. 137. Denksport, v. Detektiv-Sportanzeiger II, geb. 1929 Ldb. Osnabrück.

Abb. 138. Eislauf, v. Eindruck II-Frühsport, geb. 1968. Trocken und edel.

Vererbung ausgezeichnete Familie liefert einmal dem Züchter die nötige wirtschaftliche Grundlage, ohne die sich auf Dauer kein Zuchtbetrieb halten kann, zum anderen bieten derartige gut durchzüchtete Stutenstämme für die Hengste eine in ihrer Auswirkung nicht zu unterschätzende züchterische Unterlage, denn die Stute ist nun einmal mit 50% an der Vererbung beteiligt. Daher sollte auch bei allen Schauen die Bewertung von weiblichen Familien vorrangige Bedeutung haben, denn die fruchtbare und sicher vererbende Mutterstute ist für das züchterische Kalkül wesentlich wertvoller als eine Siegerstute, die trotz hervorragenden Exterieurs kaum Fohlen bringt oder in der Qualität der Nachzucht nicht befriedigt. Dabei sollte bei den Nachkommen neben dem Typ künftig die Leistung immer stärker zur Bewertung herangezogen werden. Beachtlich ist die früher einmal geäußerte Auffassung von MOMMSEN, die Geschichte der weiblichen Familie könnte eigentlich nur vom Züchter selbst geschrieben werden, da nur er allein alle zu berücksichtigenden Eigenarten, vor allem auch das Verhalten der Pferde, richtig beurteilen kann. Gerade das Wesen des Pferdes, auf das damit auch hingedeutet wurde, spielt für seine Nutzung eine erheblich bedeutsamere Rolle, als das bei allen anderen landwirtschaftlichen Nutztierarten der Fall ist. Dabei handelt es sich um eine Komponente, die sich kaum durch Maß und Zahl in mathematisch faßbare Werte einordnen läßt.

Der Einfluß der weiblichen Seite sei weiterhin durch die bildlich dargestellte Serie des Hannoveraners Flügeladjutant und seiner männlichen Nachfahren noch einmal anschaulich demonstriert (siehe Abb. 140–145).

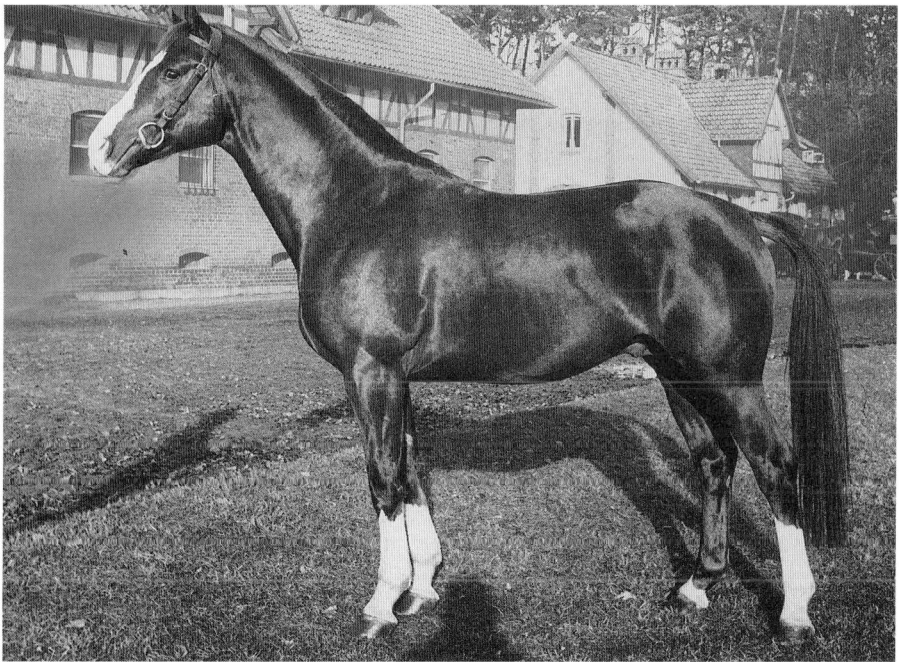

Abb. 139. Einblick, v. Eindruck II Poet xx, geb. 1969, Ldb. Celle. Edler Leistungstyp, Jahrgangssieger in Westercelle.

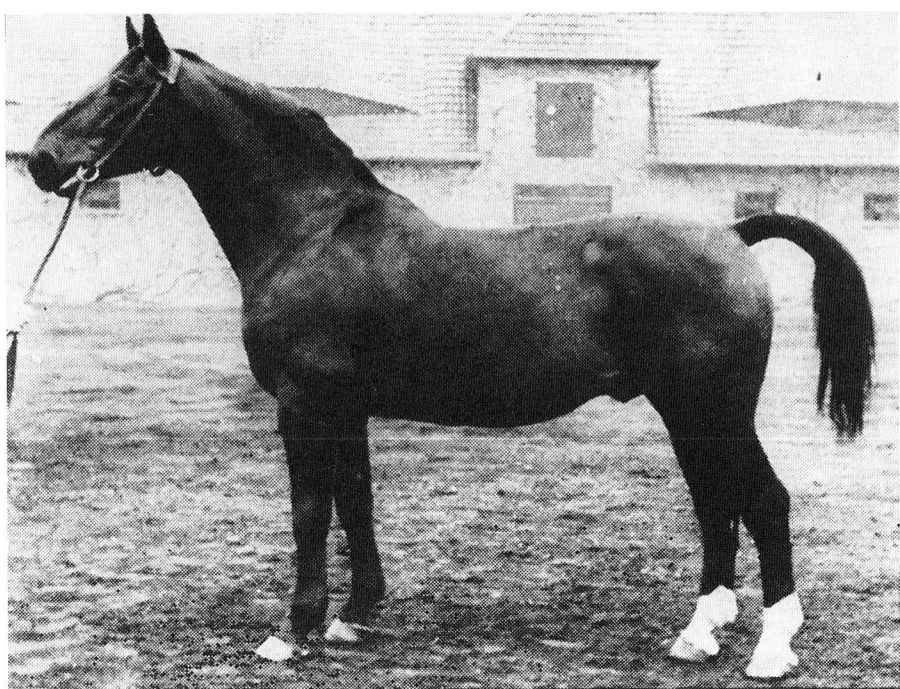

Abb. 140. Flügeladjutant, geb. 1938, v. Flügelmann I – Albeck – Anakreon.

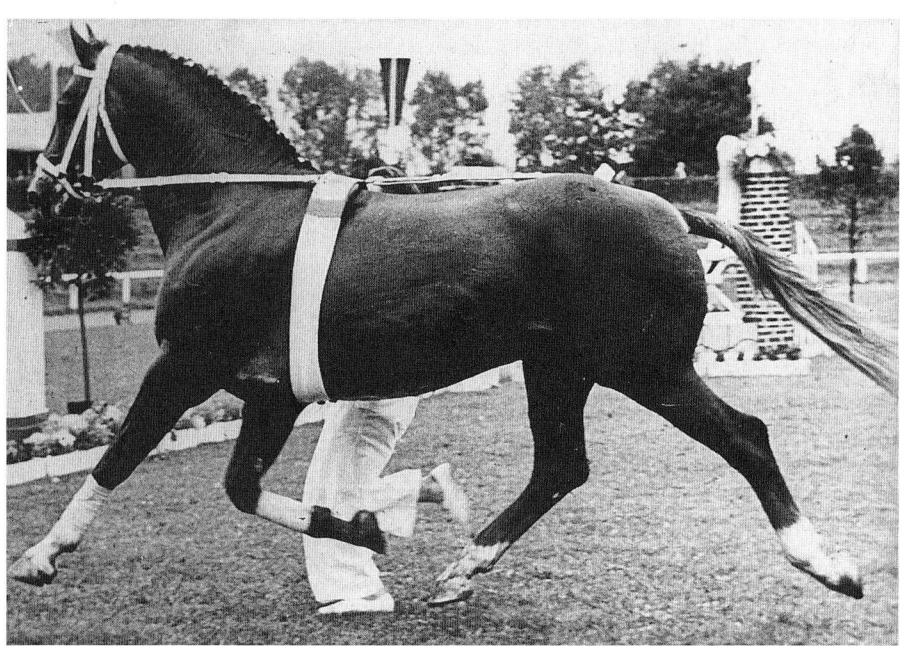

Abb. 141. Wöhler, geb. 1950, v. Flügeladjutant – Flotow – Joho.

Abb. 142. Woermann, geb. 1971, v. Wöhler – Marabou xx – Abendsport.

Abb. 143. Wenzel, geb. 1976, v. Woermann – Matador – Don Carlos.

Abb. 144. World Cup, geb. 1977, v. Woermann – Sender – Lugano I.

Die Ausführungen sollten ferner erkennen lassen, daß bei der züchterischen Planung die Berücksichtigung der einen oder anderen Blutlinie allein keineswegs genügt, sondern die Ahnentafel insgesamt stärkere Beachtung verdient. Gewiß kann man sich dabei auf die ersten beiden Vorfahrengenerationen beschränken, da der Einfluß von Ahnen aus weiter zurückliegenden Generationen kaum noch eine Aussage besitzt. Aber keinesfalls kommt man allein mit den Eltern aus, denn es ist nicht zu leugnen, daß ähnlich wie in der menschlichen Familie auch beim Tier immer wieder Merkmale auftreten, die bei den Eltern in ihrem Äußeren nicht wirksam geworden waren, aber bei einem der früheren Vorfahren zu finden sind.

Zusätzliche Angaben zu einer etwa 3 Generationen enthaltenden Ahnentafel über außerdem noch in den Zuchtbüchern eingetragene Vorfahrengenerationen, die einen Hinweis auf eine größere Zuchtsicherheit geben sollen, sind zwar interessant, besitzen aber keinen Aussagewert über die züchterische Bedeutung des betreffenden Pferdes.

Das Studium der Ahnentafel hat aber nur dann Sinn, wenn für jedes darin enthaltene Tier Angaben über die Qualität und möglichst auch die Leistungen vorhanden sind. Je mehr Vorfahren der am nächsten liegenden Ahnenreihe der beiden Paarungspartner über günstige Eigenschaften nach Typ und Leistung verfügen, um so mehr wird man einen guten züchterischen Erfolg erwarten können.

In letzter Zeit haben die Ergebnisse der Blutgruppenforschung auch für die Pferdezucht erhöhte Bedeutung bekommen. Bei den Blutgruppen handelt es sich um kompliziert ausgebaute, spezifische, strukturgebundene Substanzen der Oberflächenmembran roter Blutkörperchen (Mucopolysacharide, Lipoproteine), die ausschließlich serologisch nachgewiesen werden können. Zusätzlich verdienen auch bestimmte membrangebundene Substanzen der weißen Blutkörperchen in diesem Zusammen-

Abb. 145. Western Star, geb. 1981, v. Wenzel I – Valentino xx – Lateran.

hange Beachtung. Wesentlich ist dabei die erbliche Determinierung nach den Mendelschen Gesetzen. Man kennt bisher beim Pferd etwa 30 verschiedene Blutgruppenfaktoren. Der große Vorteil liegt weiterhin darin, daß der Erbgang dominant ist. Diese Tatsache bedingt, daß bei den einzelnen Nachkommen nur solche Blutgruppenfaktoren auftreten können, die auch schon bei den Eltern vorhanden sind.

Infolgedessen können die Blutgruppen sehr gut zur Absicherung der Abstammung in auftretenden Zweifelsfällen herangezogen werden. Das erfolgt durch das sog. Ausschlußverfahren, bei dem festgestellt wird, welcher der vermeintlichen Eltern aufgrund der divergierenden Blutgruppenkonstellation zu dem betreffenden Nachkommen nicht für eine Vater- oder Mutterschaft in Frage kommen kann. Gewiß ist nicht auszuschließen, daß es unaufklärbare Fälle gibt, z.B. wenn sowohl der Nachkomme als auch die verschiedenen möglichen Eltern die gleichen Blutgruppenfaktoren aufweisen, wie es gelegentlich bereits beobachtet werden konnte. Die Erreichung eines Sicherheitsquotienten von etwa 90% wird angestrebt.

Von der hier gegebenen Möglichkeit zur einwandfreien Identifizierung der Abstammung machen nahezu alle Zuchtverbände in Deutschland und auch weitgehend im Ausland Gebrauch. Man ist bereits grundsätzlich dazu übergegangen, bei allen zur Zucht eingesetzten Hengsten Blutgruppenbestimmungen durchführen zu lassen und eine Blutgruppenkartei anzulegen. Das erleichtert die Aufklärung eintretender Zweifelsfälle. Verschiedene Verbände verlangen sogar die routinemäßige Identitätsbestimmung durch Blutgruppentest (Traber). Andere haben verfügt, daß nur bei den aus der künstlichen Besamung stammenden Fohlen grundsätzlich eine Blutgruppenbestimmung vorliegen muß, ehe ein Abstammungsnachweis ausgestellt wird. Die stichprobeartige Blutgruppenbestimmung bei jedem neu geborenen Fohlenjahrgang wird jedoch bei allen Verbänden bereits obligatorisch gefordert. Derartige Untersuchungen können im übrigen auch entwicklungsgeschichtlich zur Aufhellung verwandtschaftlicher Beziehungen zwischen verschiedenen Rassen benutzt werden. Zu erwähnen wäre ferner noch, daß die Blutgruppenforschung auch zur Bekämpfung der tödlichen Gelbsucht der Fohlen (Rhesusverträglichkeit), des hämolytischen Ikterus der Neugeborenen, erfolgreich beitragen kann. Es sei in diesem Zusammenhang u. a. auf eine Studie von O. SCHMID (1976) über die einschlägige Problematik verwiesen.

3.3 Eigenleistung

Die spezielle Nutzungsrichtung der einzelnen Rassegruppen muß maßgeblich die Zuchtwahl bestimmen. Für Vollblüter und Traber ist somit die Methode klar vorgezeichnet. Rennen sind die ältesten und am konsequentesten durchgeführten Eigenleistungsprüfungen auf dem Gebiete der Tierzuchten. Eigenleistungsprüfungen bieten einerseits hohe Genauigkeitswerte, andererseits ist zu berücksichtigen, daß gerade in der Pferdezucht die Rennleistung und die Turniersportergebnisse in besonderem Maße durch exogene Faktoren beeinflußt werden, unter denen das Klima, das Training, der Boden, die Anordnung der Hindernisse und die reiterliche Einwirkung eine entscheidende Rolle spielen. Die für Englische Vollblüter und Traber durchgeführten Leistungsprüfungen bilden allein die Grundlage für die Selektion. Für die Zuchtauslese in der Vollblutzucht haben die Flachrennen im Vergleich zu den Hindernisrennen wegen der wesentlich höheren Ansprüche, die sie an die Gesamtkonstitution der Tiere stellen, die weit größere Bedeutung.

Für Hengste der Zuchtrichtung Reitpferd ist die Prüfung auf Station vorgesehen, Hengste anderer Zuchtrichtungen legen sie in der Regel im Felde ab, wozu in diesem Falle auch die Rennbahnen zu zählen sind.

Die objektive Erfassung und Bewertung von Leistungseigenschaften beim Pferd gestalten sich relativ schwierig, da die Leistungseigenschaften nach BRUNS, DUŠEK u. a. nur eine geringe bis mittelgradige Heritabilität aufweisen, was im Hinblick auf den starken Einfluß des Reiters kaum verwunderlich erscheint.

Die Tatsache, daß trotz der nicht zu verkennenden Schwierigkeiten sich im Leistungssport immer wieder Hengste als besonders erfolgreiche Väter von Leistungspferden herausschälen, ermutigt andererseits dazu, ein geeignetes System von vor allem Eigenleistungsprüfungen auszubauen, um möglichst frühzeitig einerseits die Minusvarianten zu erfassen, andererseits Spezialbegabungen oder Allroundveranlagungen zu erkennen.

Die Zahl der Reitervereinsmitglieder in der Bundesrepublik Deutschland, die 1970 195076 und 1977 387328 betrug, ist 1985 auf 510948 (+160,9%) gestiegen. Da Zuchthengste an derartigen Leistungsprüfungen, die vorwiegend von Gebrauchspferden bestritten werden, in der Regel nicht beteiligt sind, andererseits aber gerade für sie die Ermittlung ihrer Leistungsfähigkeit im Hinblick auf die Zuchtauslese besonders wichtig erscheint, war man in verschiedenen Ländern dazu übergegangen, für Junghengste vor oder kurz nach Beginn ihres züchterischen Einsatzes Eigenleistungsprüfungen durchzuführen, wie sie bereits 1926 in Zwion für die ostpreußische Zucht und 1928 in Westercelle für die hannoversche Zucht begonnen wurden.

Da der Begriff „Leistung" ein sehr vielseitig zusammengesetztes Mosaik aus den verschiedensten Ursachen und Merkmalen darstellt, bedarf es zweifellos auch entsprechend vielschichtiger Methoden zur Bewertung dieses Komplexes. Grundsätzlich können derartige Leistungsprüfungen jedoch nur dann zu einer für die Selektion brauchbaren Methode werden, wenn es gelingt, die Umweltbedingungen möglichst gleichartig zu gestalten. Aus diesem Grund sind auch durch die verschiedenen Bundesländer die Hengstleistungsprüfungsanstalten eingerichtet worden. Die Hauptschwierigkeit liegt hier zweifellos in der Reiterfrage, die insofern eine erhebliche Bedeutung besitzt, als die Leistung des Reitpferdes aus einer Synthese von Reiter und Pferd besteht. Die Reiterei liefert bekanntlich laufend Beispiele dafür, daß unter verschiedenen Reitern auch die Leistungen der Pferde wesentlich variieren können. Sicherlich bleiben Pferde mit guter Leistungsveranlagung teilweise unerkannt, weil sie nicht in die Hand talentierter Reiter geraten sind. Selbst unter anerkannten Reitern des Hochleistungssportes gehen durchaus qualifizierte Leistungspferde verschieden. Eine wichtige Voraussetzung für den Wert der bei Leistungsprüfungen erzielten Ergebnisse und die Zuchtwahl ist die Vergleichbarkeit. Dazu müssen vor allem Alter, Haltung (Fütterung) und Ausbildung der zu prüfenden Pferde möglichst gleichartig sein. Da man leider nicht einen Reiter auf alle Prüfungspferde setzen kann, muß weiterhin zum mindesten sichergestellt sein, daß auch die Reiter nach gleicher Methode ausgebildet sind und ihre Zahl möglichst gering gehalten wird. Diese Gesichtspunkte können aber nur zu der Auffassung führen, daß wirklich gleichartige Voraussetzungen vorwiegend in zentralen Anstalten zu erreichen sind, um die jungen Hengste im gleichen Alter einer geeigneten Eigenleistungsprüfung zu unterziehen.

Eine wesentliche Frage besteht noch darin, wie lange für solche Eigenleistungsprüfungen das Training ausgedehnt werden muß, um zu aussagefähigen Ergebnissen zu gelangen. Früher auf diesem Gebiet auf freiwilliger Grundlage seitens der Warmblutzuchtverbände durchgeführte Hengstleistungsprüfungen hatten verschiedene Ausbildungszeiten – 3 oder 11 Monate. Da die im hannoverschen Zuchtgebiet anfangs in Westercelle und nunmehr in Adelheidsdorf durchgeführten Leistungsprüfungen immer wieder Beispiele dafür lieferten, daß das Urteil über die einzelnen Hengste sich vielfach nach der ½jährigen Grundausbildung bei steigenden Anforderungen erheblich ändern kann, müssen gewisse Bedenken gegen die 100-Tage-Prüfung ins Feld geführt werden, obwohl nach neueren Untersuchungen von Bruns bestimmte Leistungskriterien bereits während des 100-Tage-Tests einen hohen Aussagewert besitzen und im Vergleich zu den Ergebnissen der 11monatigen Ausbildung keine signifikanten Unterschiede festzustellen sind. Das kann aber durchaus auch damit zusammenhängen, daß die für den 100-Tage-Test anstehenden Hengste von ihren Besitzern bereits entsprechend reiterlich vorgebildet werden, also praktisch auch länger als 3 Monate unter dem Sattel sind. Hier liegt nun bezüglich des unterschiedlichen Ausbildungsstandes bei den zum 100-Tage-Test angelieferten Hengsten ein gewisses Problem, das nicht auftritt bei den Hengsten, die roh und ohne Vorbildung mit 2½ Jahren die 11monatige Prüfung durchlaufen, also vor ihrem ersten Deckeinsatz leistungsmäßig getestet sind. Die meisten Hengste gehen jedoch mit 3 Jahren erst auf Station, um nach der Deckzeit – in der Regel zum 1. August – für den 100-Tage-Test bereitgestellt zu werden.

Einen ungeheuren Fortschritt würde es letzten Endes bedeuten, wenn die Zuchtgebiete die Möglichkeit bekämen, jährlich den größten Teil des zur Körung anstehenden Hengstjahrganges zunächst in eine Leistungsprüfungsanstalt zu schicken und die erste Körung erst nach der Eigenleistungsprüfung stattfinden zu lassen. Damit würde die Zuchtwahl von vornherein auf eine wesentlich verbesserte Grundlage gestellt werden können. Aufgrund der dafür notwendigen finanziellen Aufwendungen lassen sich solche Pläne aber vorläufig nicht realisieren. Immerhin bedeutet der von Bade, Stenglin und Rappen (1973) für das hannoversche Zuchtgebiet aufgestellte Zuchtplan einen beachtlichen Schritt in diese Richtung. Dabei käme es in erster Linie darauf an, die bei der Auswertung der Ergebnisse am Schluß liegenden Hengste, die Minusvarianten, von der Zucht auszuschließen. Bei den übrigen sollte man sich nicht zu stark an die ermittelte Reihenfolge halten, da nie genau festzustellen ist, wie weit tatsächlich der Reiter und die Tageskondition des Hengstes das Endergebnis beeinflußt haben. Man sollte aber immer eine „Spitzengruppe" züchterisch besonders ins Auge fassen, zumal bisherige Nachprüfungen ergeben haben, daß die Nachkommen von Hengsten, die in Westercelle und Adelheidsdorf zu dieser Gruppe gehört haben, in ihren Leistungen auch wieder herausragten.

Grundsätzlich können derartige Prüfungen nicht auf die Erzielung von Höchstleistungen eingestellt sein, da diese nach verhältnismäßig kurzem Training und im Hinblick auf das Alter der zu prüfenden Hengste noch nicht zu erzielen sind. Vielmehr kann es sich dabei im wesentlichen nur um die einwandfreie Beurteilung der Grundgangarten und die Ermittlung einer befriedigenden Rittigkeit sowie einer möglichst vielseitigen Leistungsbereitschaft handeln. Unerbittlich sollte man jedoch hinsichtlich der z. Z. gegebenen Lage in der Reiterei gegenüber auftretenden Mängeln im Verhalten (Charakter, Temperament) der Hengste sein, denn gerade die Freizeitreiterei, die heute bei weitem die größte Ausdehnung (etwa 55%) innerhalb des Reitsportes hat, muß auf leicht umgängliche Pferde besonderen Wert legen. Mit einer züchterischen Planung auf dieser Basis würde man allgemein das Leistungsniveau heben. Eine Auslese, die unmittelbar auch dem Hochleistungssport zugute käme, ist durch derartige Methoden allerdings nicht ohne weiteres zu erreichen. Da nur etwa 5% der Reiter wirklich Hochleistungssport betreiben, liegt auch keine unmittelbare Aufgabe dafür vor. Neben der vielseitigen Leistungsbereitschaft und der für den Breitensport erforderlichen Umgänglichkeit für das „Jedermannspferd" sollte man aber bei der Selektion aufgrund der Eigenleistungsprüfung herausragende Spezialveranlagungen nicht außer acht lassen. Zu denken ist hier besonders an herausragendes Springvermögen oder bestechende natürliche Dressurveranlagung, an auffallenden Leistungswillen oder bemerkenswerten Ehrgeiz. Liegt dieses Spezialkönnen vor, so kann man Mängel und bestimmte Schönheitsfehler in dem einen oder anderen Exterieurbereich durchaus verzeihen oder sogar nur mittelmäßige Grundgangarten in Kauf nehmen. Das Können und die Zweckmäßigkeit sollten stets im Vordergrund stehen und vor der Schönheit rangieren. Wichtig ist aber nicht nur das Erkennen von Spezialveranlagungen, sondern auch deren geeignete Veröffentlichung, damit der einzelne Züchter sie auch bei der Zuchtwahl des Hengstes berücksichtigen kann. Will er nur reiterlich durchschnittlich veranlagte Pferde züchten, wird er eine andere Zuchtwahl treffen, als wenn er Spezialveranlagung in der einen oder anderen Richtung im Auge hat. Nach Abschluß der Eigenleistungsprüfung erfolgt eine Rangierung der Hengste aufgrund einer aus den Einzelnoten errechneten Gesamtnote (Index). Dabei erfolgt aber die Bekanntgabe der gesonderten Einzelnoten, um den Züchter oder der Züchterschaft Entscheidungshilfen für ihre Zuchtplanung an die Hand zu geben. (Siehe Abschlußbericht von Adelheidsdorf, Abb. 146 und 147.) Der Mittelwert liegt bei 100. Die Prüfung gilt als bestanden, wenn die Gesamtnote nicht mehr als 1½ Standardabweichungen unter dem Mittelwert liegt (70 Punkte). Die meisten Züchterverbände haben aber diese gesetzliche Untergrenze von sich aus heraufgesetzt. Einzelne Verbände tragen nur Hengste in ihr Zuchtbuch ein, die über 100 Punkte liegen müssen. Die Prüfungsrichtlinien für die 100-Tage- und 11monatige Prüfung der Reitpferdehengste auf Station sind am Schluß dieses Abschnittes abgedruckt.

Nun sollte die Eigenleistungsprüfung aber nicht nur auf die Vatertiere beschränkt bleiben, sondern sich auch auf die Stuten, vor allem die potentiellen Hengstmütter erstrecken. An und für sich werden seit langem Leistungsprüfungen auch für Zuchtstu-

Ergebnis der HENGSTEIGENLEISTUNGSPRÜFUNG
vom 26 November 1984 bis 25 Oktober 1985 in Adelheidsdorf.

Name des Hengstes: GALVANO 31 44029 82 Prog.Nr. 32.

von Grande 310403258 und StPr Loreley H 317400373
Farbe: Fuchs Geburtsdatum: 07.03.82

Besitzer: Landgestüt Celle

Züchtervereinigung: Verband hannoverscher Warmblutzüchter

Anzahl der Prüfungsteilnehmer: 34

	Leistung d.Hengstes	Vergleichs-wert	Ab-weichung	Gewichtg. (%)	Wert-punkte
Charakter	9	7.74	1.26	5.0	1.53
Temperament	8	6.60	1.40	5.0	1.71
Leistungsbereitschaft	9	6.89	2.11	7.5	3.36
Allg.Leistungsfähigkeit	9	6.60	2.40	5.0	2.55
Rittigkeit (Train.)	9	6.34	2.66	15.0	8.75
Rittigkeit (Sachvers.)	8.75	5.51	3.24	15.0	8.69
Springanlage (Train.)	9	6.74	2.26	5.0	2.44
Springanlage (Parcours)	8.00	6.52	1.48	5.0	1.45
Springanlage (Freispr.)	8.00	6.22	1.78	5.0	1.98
Trab (Train.)	8	6.71	1.29	2.5	0.71
Trab (Sachverst.)	9.67	7.12	2.55	2.5	1.41
Galopp (Train.)	9	6.77	2.23	2.5	1.27
Galopp (Sachverst.)	8.33	6.91	1.42	2.5	0.81
Schritt (Train.)	8	7.11	0.89	2.5	0.48
Schritt (Sachverst.)	8.67	6.32	2.34	2.5	1.26
Geländeprüfung	8.33	6.45	1.88	10.0	3.58
Jagdgaloppzeit (sec.)	182	181.59	-0.02	7.5	-0.00

Altershandikap 0.00

Zuschlag, damit der Mittelwert =100 wird. + 99.65

NIEDERSÄCHSISCHES LANDGESTÜT CELLE

- 5. Nov. 1985

Gesamtindex 141.63
(TI Ritt. 143.20/ 1)
(TI Spri. 133.37/ 1)

Placierung 1

Leistungsklasse 1

Abb. 146. Ergebnis der Hengsteigenleistungsprüfung vom 25. November 1984 bis 25. Oktober 1985 in Adelheidsdorf.

Ergebnis der HENGSTEIGENLEISTUNGSPRÜFUNG
vom 29 Juli 1985 bis 07 November 1985 in Adelheidsdorf.

Name des Hengstes: SAN CARLOS 31 40122 82 Prog.Nr. 8 .

von San Fernando 310077571 und Donaulob H 317044696
Farbe: Fuchs Geburtsdatum: 26.03.82

Besitzer: Gisela Schockemöhle, Lohne/Hopen

Züchtervereinigung: Verband der Züchter des Oldenburger Pferdes

Anzahl der Prüfungsteilnehmer: 56

	Leistung d.Hengstes	Vergleichswert	Abweichung	Gewichtg. (%)	Wertpunkte
Charakter	7	7.95	-0.95	5.0	-2.28
Temperament	8	7.35	0.65	5.0	1.56
Leistungsbereitschaft	8	7.61	0.39	7.5	1.18
Allg.Leistungsfähigkeit	8	7.28	0.72	5.0	1.51
Rittigkeit (Train.)	8	6.91	1.09	15.0	6.31
Rittigkeit (Sachvers.)	8.00	5.76	2.24	15.0	8.62
Springanlage (Train.)	9	7.19	1.81	5.0	3.43
Springanlage (Parcours)	8.00	6.23	1.77	5.0	2.69
Springanlage (Freispr.)	9.50	5.93	3.57	5.0	5.42
Trab (Train.)	8	6.96	1.04	2.5	0.73
Trab (Sachverst.)	7.33	6.85	0.49	2.5	0.34
Galopp (Train.)	7	7.14	-0.14	2.5	-0.11
Galopp (Sachverst.)	8.00	6.79	1.21	2.5	0.91
Schritt (Train.)	8	7.63	0.37	2.5	0.26
Schritt (Sachverst.)	7.33	6.50	0.83	2.5	0.58
Geländeprüfung	8.67	6.34	2.33	10.0	7.23
Jagdgaloppzeit (sec.)	80	89.80	10.27	7.5	2.77

Altershandikap 0.00

Zuschlag, damit der Mittelwert =100 wird. + 100.46

Gesamtindex 141.62
(TI Ritt. 129.20/ 5)
(TI Spri. 148.56/ 1)

13. Nov. 1985

NIEDERSÄCHSISCHES LANDGESTÜT CELLE
i.V.

Placierung 1

Leistungsklasse 1

Abb. 147. Ergebnis der Hengsteigenleistungsprüfung vom 29. Juli 1985 bis 7. November 1985 in Adelheidsdorf.

ten durchgeführt, und zwar in den verschiedensten Arten. Sie beruhen aber in der Regel auf freiwilliger Basis. Prüfungen vor dem Wagen im schweren Zug auf kurzen Strecken oder Dauerfahrten auf längeren Distanzen bzw. Prüfungen vor dem Zugkraftschlitten oder Distanzritte sind nur einige dieser Prüfungsmodalitäten, die für Zuchtstuten Anwendung fanden. Daneben hat es im Renn- und im Reitsport schon immer Stuten gegeben, die sich durch überragende Leistungen auszeichneten. Erinnert sei hier nur an die Vollblutstuten Nereide und Schwarzgold, die Springpferde Halla und Simona, die Dressursiegerin Doublette und die Military-Olympiasiegerin Prinzess.

Im Gegensatz zu den Hengstleistungsprüfungen, die auf Bundesebene einheitlich geregelt sind, werden bei den Stuten innerhalb der Zuchtverbände und zwischen den Bundesländern unterschiedliche Verfahren angewandt. Zu erwähnen sind die Zugleistungsprüfung vor dem Zugkraftschlitten (20% des eigenen Körpergewichts als Zugwiderstand über 1500 m in 19 Minuten oder 25% des eigenen Körpergewichts über 1000 m in 12½ Minuten), die Ablegung der Mindestanforderungen für Materialprüfungen unter dem Reiter (750 m Trab, 1500 m Galopp und 300 m im Schritt in jeweils 3 Minuten), eine spezielle Eigenleistungsprüfung für Zuchtstuten gemäß § 340ff LPO, wobei die Grundgangarten sowie Gebäude, Rittigkeit und Springen bewertet werden, oder aber zeitlich kurzfristige Stationsprüfungen für Zuchtstuten vor der ersten Zuchtbenutzung (Schleswig-Holstein) oder auch im späteren Alter, wobei die Rittigkeit sowie die Charakter- und Temperamentseigenschaften geprüft werden. Ein seitens der Landwirtschaftskammer Hannover in Verbindung mit dem Verband Hannoverscher Warmblutzüchter entwickeltes neues Prüfungsverfahren für Staatsprä-

Tab. 44. Feldprüfung für Hengste und Stuten 1985

Verband	auf Mindestleistung geprüfte Zuchtpferde		Eigenleistungs-prüfung f. Zucht-	Zugleistungs-prüfung	
	Hengste	Stuten	stuten (LStB)	Hengste	Stuten
Baden-Württemberg	6	–	161	5	–
Bayern	8	73	153	1	69
Hannover	24	406	123	–	214
Hessen	–	11	27	2	–
Holstein	–	–	6	–	–
Oldenburg	–	106	–	–	–
Rheinland	15	2	11	6	–
Rhld.-Pfalz-Saar	19	6	20	4	–
Trakehner	–	4	12		
Westfalen	63	2	3	19	6
Araber[1]	11	–	–	–	–
Niedersachsen (K)	–	–	–	–	–
Schl.-Holst./HH	22	–	4	5	–
Bayern (P)	3	6	7	–	–
Hannover (P)	20	–	4	–	
Hessen (P)	18	13	–	1	2
Weser-Ems[2]	10	1	–	2	–
ZV f. dt. Pferde	–	–	–	–	–
insgesamt:	219	630	531	45	291

1) Weitere 5 Hengste bestanden die Eigenleistungsprüfung durch Rennerfolge.
2) Weitere 8 Hengste bestanden die Stationsprüfung (30-Tage-Test) für Ponyhengste.

mienstuten und Hengstmütter (die Hannoversche Zuchtstutenprüfung) ist im Anschluß an die Prüfungsrichtlinien der Hengste zusammengestellt. Selbstverständlich werden auch Turniersportprüfungen zur Bewertung der Stuten herangezogen. Diese vielgestaltig ermittelten Werte lassen sich größtenteils nur innerhalb der Probanden eines Zuchtgebietes in Relation setzen, zuchtgebietsübergreifende Vergleiche lassen sich jedoch kaum ziehen, zumal in ein und demselben Zuchtgebiet alternativ sogar mehrere Prüfungsarten angeboten werden. In der Regel werden mit diesen Prüfungsverfahren weitgehend nur die Minusvarianten erkannt und selektiert, während es kaum möglich ist, größere graduelle Abstufungen vorzunehmen und damit eine gezielte Züchtung einzuleiten. Man ist jedoch allenthalben bemüht, auch der maternalen Selektion weit mehr Beachtung zu schenken als das früher der Fall war.

In welchem Umfang neben der Stationsprüfung für Hengste auch Feldprüfungen für Hengste und Stuten im Jahre 1985 vorgenommen wurden, kann aus Tabelle 44 ersehen werden.

Prüfungsrichtlinien
(Trainingsdauer 11 Monate)
Zur Durchführung der Vorprüfung und des abschließenden Leistungstestes sowie zur Ermittlung der Gesamtleistung der Junghengste in Niedersachsen.

1. *Vorprüfung – Trainingsbeurteilung*
Aufgrund der Beobachtungen und Feststellungen während der Vorprüfung (Training) werden die Hengste *vor* Beginn des abschließenden Leistungstestes vom Leiter der Prüfungsanstalt in folgenden Merkmalen bewertet und benotet:
– Charakter
– Temperament (Umgänglichkeit)
– Leistungsbereitschaft
– Allg. Leistungsfähigkeit (Gesundheit, Härte usw.)
– Springanlage (Freispringen, Parcours, Gelände)
– Rittigkeit
– Schritt – Trab – Galopp
  Bei der Festlegung der einzelnen Wertnoten ist sinngemäß nach Ziff. 3 – Allgemeine Beurteilungsrichtlinien – zu verfahren. Sofern sich während der Trainingszeit Beobachtungen ergeben sollten, die auf erhebliche Mängel in den Grundgangarten hinweisen (Note $\leq 2,0$), so sind die dafür zuständigen Sachverständigen im abschließenden Leistungstest darauf aufmerksam zu machen.

2. *Leistungstest*
Der abschließende Leistungstest wird von Sachverständigen abgenommen, denen die vom Trainingsleiter vergebenen Noten aus der Vorprüfung mit Ausnahme der Bestimmung in Nr. 1 Satz 3 nicht bekannt sind.
  Die Sachverständigen werden von der für die Durchführung der Leistungsprüfung zuständigen Behörde berufen (vgl. § 1 der VO zur Übertragung von Aufgaben und Ermächtigungen nach dem TierZG vom 23. 12. 1976, Nds. GVBl S. 336).
  Im einzelnen werden folgende Teilprüfungen bzw. Tests durchgeführt:

2.1 *Rittigkeitsprüfung*
– Die Hengste werden von mind. 3 Sachverständigen nacheinander geritten und unabhängig voneinander hinsichtlich der Rittigkeit entsprechend den technischen Anforderungen mind. der Klasse A der Dressur durch Wertnoten (siehe Ziff. 3) beurteilt.
– Die Gesamtnote des einzelnen Hengstes in diesem Prüfungsteil ergibt sich aus:
  Summe der Einzelnoten: Anzahl der Sachverständigen

2.2 Springanlage (Freispringen)
- Die Hengste werden von mind. 2 unabhängig voneinander urteilenden Sachverständigen hinsichtlich der Manier und des Vermögens im Freispringen durch Wertnoten (siehe Ziff. 3) beurteilt.
- Die Gesamtnote des einzelnen Hengstes in diesem Prüfungsteil ergibt sich aus:
  Summe der Einzelnoten: (2 × Anzahl der Sachverständigen)

2.3 Springanlage (Parcoursspringen)
- Beurteilung der Springveranlagung bei der Überwindung eines Springparcours (Klasse L) durch mind. 3 unabhängig voneinander urteilende Sachverständige durch Wertnoten (siehe Ziff. 3).
- Die Gesamtnote des einzelnen Hengstes in diesem Prüfungsteil ergibt sich aus:
  Summe der Einzelnoten: Anzahl der Sachverständigen

2.4 Prüfung der Grundgangarten
Die Beurteilung der 3 Grundgangarten der Hengste unter dem Reiter erfolgt durch mind. 3 unabhängig voneinander urteilende Sachverständige durch Wertnoten (siehe Ziff. 3).
In den einzelnen Grundgangarten sind folgende Strecken in dem angegebenen Tempo zu reiten:

300 m Schritt	Tempo 100 m/min
750 m Trab	Tempo 250 m/min
1500 m Galopp	Tempo 500 m/min

- Die Gesamtnote des einzelnen Hengstes in den *einzelnen* Grundgangarten ergibt sich aus:
  Summe der Einzelnoten: Anzahl der Sachverständigen
  Hengste, die in einer der 3 Grundgangarten in Übereinstimmung mit der Trainingsbeurteilung die Note „2" oder weniger erhalten, haben die Prüfung nicht bestanden.

2.5 Geländeprüfung
Die Reiter sind mit einer einheitlichen Reitanweisung zu versehen, die ihnen zugleich eine Zeitkontrolle ermöglicht.
Länge: 6000 m
Anzahl feste Sprünge: 12
Tempo: 450 m/min
- Die Erfassung der Zeit dient lediglich Auswertungszwecken und soll eine möglichst einheitliche Belastung aller Hengste sicherstellen.
- Beurteilt wird die Manier des Galoppierens während der Teilstrecke, die auf dem Trainingsplatz zurückgelegt wird, unter besonderer Berücksichtigung der Springmanier durch mind. 3 voneinander unabhängig urteilende Sachverständige.
- Die Gesamtnote des einzelnen Hengstes in diesem Prüfungsteil ergibt sich aus:
  Summe der Einzelnoten: Anzahl der Sachverständigen

2.6 Jagdgalopp (2000 m)
Im unmittelbaren Anschluß an den Gelanderitt sind die Hengste über eine Strecke von 2000 m auszureiten.
Die benötigte Zeit wird in Sekunden gemessen.
Unabhängig davon ist zu Auswertungszwecken die Zahl der Galoppsprünge über eine abgesteckte Strecke von 100 m zu ermitteln.

2.7 Tierärztliche Verfassungsprüfung
Regelmäßige Überprüfung der Puls- und Atemfrequenz sowie der Regenerationsfähigkeit nach Absolvierung der Jagdgaloppstrecke durch einen Tierarzt – Attest –
- Hengste, die veterinärmedizinisch festgestellte erhebliche Kreislaufstörungen und/oder Herzfehler aufweisen, sind vom weiteren Training sowie von der Prüfung auszuschließen.

3.   *Allgemeine Beurteilungsrichtlinien*
Die Sachverständigen und der Trainingsleiter bewerten die dafür vorgesehenen Einzelkriterien auf vorgeschriebenen Formularen in sinnvoller Anpassung an die Normalverteilung nach dem folgenden Notensystem:

10 = ausgezeichnet	5 = ausreichend
9 = sehr gut	4 = mangelhaft
8 = gut	3 = ziemlich schlecht
7 = ziemlich gut	2 = schlecht
6 = befriedigend	1 = sehr schlecht oder
	nicht ausgeführt

Dezimalstellen sind nicht zulässig.

4.   *Wirtschaftliche Gewichtung der Prüfungsteile*
Bei der Ermittlung des Gesamtergebnisses jedes einzelnen Hengstes werden die nachfolgenden Merkmale mit dem angegebenen relativen wirtschaftlichen Gewicht berücksichtigt:

Merkmale	Ökonom. Gew. bei Beurteilung durch		Ökonom. Gew. Ges. (%)
	Sachverständige (%)	Trainingsleiter (%)	
Charakter	–	5	5
Temperament	–	5	5
Leistungsbereitschaft	–	7,5	7,5
Allg. Leistungsfähigkeit	–	5	5
Springanlage (Freispr.)	5	5	15
Springanlage (Parcours)	5		
Rittigkeit	15	15	30
Schritt	2,5	2,5	5
Trab	2,5	2,5	5
Galopp	2,5	2,5	5
Geländeprüfung	10	–	10
Jagdgaloppzeit	7,5	–	7,5
Gesamt:	50	50	100

5.   Der Index für die Ermittlung der Gesamtpunktzahl wird vom Institut für Tierzucht und Haustiergenetik in Göttingen errechnet.
Für die Berechnung der Gesamtpunktzahl werden die Abweichungen der jeweiligen Leistungen vom Jahrgangsmittel in den Einheiten der angegebenen Bewertungskriterien verwendet. Bei 4jährigen und älteren Hengsten wird ein Altershandicap in Höhe von 5% der von den 3jährigen Hengsten der Prüfungsgruppe erzielten Durchschnittspunktzahl in Abzug gebracht. – Hengste, die am 1. 11. eines Jahres und später geboren sind, zählen dabei zum Geburtsjahrgang des darauffolgenden Jahres.
Das so ermittelte Prüfungsergebnis für jeden einzelnen Hengst ist endgültig und abgesehen von evtl. Rechenfehlern nicht revidierbar.

6.   *Einstufung der Hengste in Leistungsklassen*
Aus den Gesamtergebnissen der Hengste wird der Mittelwert der Prüfungsgruppen x̄ und die Standardabweichung s errechnet. Nach ihren jeweiligen Gesamtergebnissen werden die Hengste in die folgenden Leistungsklassen eingeteilt:

Leistungsklassen	Gesamtergebnis
1	120 Punkte und besser
2	100 Punkte bis weniger als 120 Punkte
3	70 Punkte bis weniger als 100 Punkte
Nicht bestanden	unter 70 Punkte

7. *Bekanntgabe der Prüfungsergebnisse*

Nach Beendigung des abschließenden Leistungstestes und Vorlage der Ergebnisse erfolgt eine öffentliche Bekanntgabe der Prüfungsergebnisse.

Der Eigentümer jeden Hengstes erhält ein Zeugnis über das erzielte Gesamtergebnis, aus dem die Leistungen und Bewertungen des Hengstes in den einzelnen Prüfungsteilen, die Placierung des Hengstes, die Durchschnittsleistung der zugehörigen Prüfungsgruppe, Mittelwert und Standardabweichung der Gesamtergebnisse der Prüfungsgruppe sowie die Einstufung in die Leistungsklassen nach Nr. 6 ersichtlich sind.

Neben dem Gesamtindex, der bei den tierzuchtrechtlichen Anforderungen hinsichtlich des Zuchtwertes des Hengstes zugrunde gelegt wird, können zur allgemeinen züchterischen Information noch zusätzlich die Teilindizes „Rittigkeit" und „Springen" veröffentlicht werden. Die Gewichtung der einzelnen Merkmale in diesen Teilindizes wird vom Institut für Tierzucht und Haustiergenetik in Göttingen in Zusammenarbeit mit der Deutschen Reiterlichen Vereinigung in Warendorf vorgenommen.

Die für den Standort des Hengstes zuständige Körbehörde erhält eine Durchschrift des o. g. Zeugnisses.

Prüfungsrichtlinien

(Trainingsdauer 100 Tage)

Zur Durchführung der Vorprüfung und des abschließenden Leistungstestes sowie zur Ermittlung der Gesamtleistung der Junghengste in Niedersachsen.

1. *Vorprüfung – Trainingsbeurteilung*

Aufgrund der Beobachtungen und Feststellungen während der Vorprüfung (Training) werden die Hengste *vor* Beginn des abschließenden Leistungstestes vom Leiter der Prüfungsanstalt in folgenden Merkmalen bewertet und benotet:

– Charakter
– Temperament (Umgänglichkeit)
– Leistungsbereitschaft
– Allg. Leistungsfähigkeit (Gesundheit, Härte usw.)
– Springanlage (Freispringen, Parcours, Gelände)
– Rittigkeit
– Schritt – Trab – Galopp

Bei der Festlegung der einzelnen Wertnoten ist sinngemäß nach Ziff. 3 – Allgemeine Beurteilungsrichtlinien – zu verfahren. Sofern sich während der Trainingszeit Beobachtungen ergeben sollten, die auf erhebliche Mängel in den Grundgangarten hinweisen (Note ≤ 2,0), so sind die dafür zuständigen Sachverständigen im abschließenden Leistungstest darauf aufmerksam zu machen.

2. *Leistungstest*

Der abschließende Leistungstest wird von Sachverständigen abgenommen, denen die vom Trainingsleiter vergebenen Noten aus der Vorprüfung mit Ausnahme der Bestimmung in Nr. 1 Satz 3 nicht bekannt sind.

Die Sachverständigen werden von der für die Durchführung der Leistungsprüfung zuständigen Behörde berufen (vgl. § 1 der VO zur Übertragung von Aufgaben und Ermächtigungen nach dem TierZG vom 23. 12. 1976, Nds. GVBl S. 336).

Im einzelnen werden folgende Teilprüfungen bzw. Tests durchgeführt:

2.1 Rittigkeitsprüfung
– Die Hengste werden von mind. 3 Sachverständigen nacheinander geritten und unabhängig voneinander hinsichtlich der Rittigkeit entsprechend den technischen Anforderungen mind. der Klasse A der Dressur durch Wertnoten (siehe Ziff. 3) beurteilt.
– Die Gesamtnote des einzelnen Hengstes in diesem Prüfungsteil ergibt sich aus:
  Summe der Einzelnoten: Anzahl der Sachverständigen

2.2 Springanlage (Freispringen)
– Die Hengste werden von mind. 2 unabhängig voneinander urteilenden Sachverständigen hinsichtlich der Manier und des Vermögens im Freispringen durch Wertnoten (siehe Ziff. 3) beurteilt.
– Die Gesamtnote des einzelnen Hengstes in diesem Prüfungsteil ergibt sich aus:
  Summe der Einzelnoten: (2 × Anzahl der Sachverständigen)

2.3 Springanlage (Parcoursspringen)
– Beurteilung der Springveranlagung bei der Überwindung eines Springparcours (Klasse A) durch mind. 3 unabhängig voneinander urteilende Sachverständige durch Wertnoten (siehe Ziff. 3).
– Die Gesamtnote des einzelnen Hengstes in diesem Prüfungsteil ergibt sich aus:
  Summe der Einzelnoten: Anzahl der Sachverständigen

2.4 Prüfung der Grundgangarten
Die Beurteilung der 3 Grundgangarten der Hengste unter dem Reiter erfolgt durch mind. 3 unabhängig voneinander urteilende Sachverständige durch Wertnoten (siehe Ziff. 3).
  In den einzelnen Grundgangarten sind folgende Strecken in dem angegebenen Tempo zu reiten:
  300 m Schritt　　　　Tempo 100 m/min
  750 m Trab　　　　　Tempo 250 m/min
  1500 m Galopp　　　 Tempo 500 m/min
– Die Gesamtnote des einzelnen Hengstes in den *einzelnen* Grundgangarten ergibt sich aus:
  Summe der Einzelnoten: Anzahl der Sachverständigen
  Hengste, die in einer der 3 Grundgangarten in Übereinstimmung mit der Trainingsbeurteilung die Note „2" oder weniger erhalten, haben die Prüfung nicht bestanden.

2.5 Geländeprüfung
Die Reiter sind mit einer einheitlichen Reitanweisung zu versehen, die ihnen zugleich eine Zeitkontrolle ermöglicht.
Länge: 4000 m
Anzahl feste Sprünge: 10
Tempo: 450 m/min
– Die Erfassung der Zeit dient lediglich Auswertungszwecken und soll eine möglichst einheitliche Belastung aller Hengste sicherstellen.
– Beurteilt wird die Manier des Galoppierens während der Teilstrecke, die auf dem Trainingsplatz zurückgelegt wird, unter besonderer Berücksichtigung der Springmanier durch mind. 3 voneinander unabhängig urteilende Sachverständige.
– Die Gesamtnote des einzelnen Hengstes in diesem Prüfungsteil ergibt sich aus:
  Summe der Einzelnoten: Anzahl der Sachverständigen

2.6 Jagdgalopp (1000 m)
Im unmittelbaren Anschluß an den Geländeritt sind die Hengste über eine Strecke von 1000 m auszureiten.
  Die benötigte Zeit wird in Sekunden gemessen.
  Unabhängig davon ist zu Auswertungszwecken die Zahl der Galoppsprünge über eine abgesteckte Strecke von 100 m zu ermitteln.

2.7 Tierärztliche Verfassungsprüfung

Regelmäßige Überprüfung der Puls- und Atemfrequenz sowie der Regenerationsfähigkeit nach Absolvierung der Jagdgaloppstrecke durch einen Tierarzt – Attest –
– Hengste, die veterinärmedizinisch festgestellte erhebliche Kreislaufstörungen und/oder Herzfehler aufweisen, sind vom weiteren Training sowie von der Prüfung auszuschließen.

3. Allgemeine Beurteilungsrichtlinien

Die Sachverständigen und der Trainingsleiter bewerten die dafür vorgesehenen Einzelkriterien auf vorgeschriebenen Formularen in sinnvoller Anpassung an die Normalverteilung nach dem folgenden Notensystem:

10 = ausgezeichnet   5 = ausreichend
9 = sehr gut   4 = mangelhaft
8 = gut   3 = ziemlich schlecht
7 = ziemlich gut   2 = schlecht
6 = befriedigend   1 = sehr schlecht oder
                            nicht ausgeführt

Dezimalstellen sind nicht zulässig.

4. Wirtschaftliche Gewichtung der Prüfungsteile

Bei der Ermittlung des Gesamtergebnisses jedes einzelnen Hengstes werden die nachfolgenden Merkmale mit dem angegebenen relativen wirtschaftlichen Gewicht berücksichtigt:

| Merkmale | Ökonom. Gew. bei Beurteilung durch | | Ökonom. Gew. Ges. |
	Sachverständige (%)	Trainingsleiter (%)	(%)
Charakter	–	5	5
Temperament	–	5	5
Leistungsbereitschaft	–	7,5	7,5
Allg. Leistungsfähigkeit	–	5	5
Springanlage (Freispr.)	5	5	15
Springanlage (Parcours)	5		
Rittigkeit	15	15	30
Schritt	2,5	2,5	5
Trab	2,5	2,5	5
Galopp	2,5	2,5	5
Geländeprüfung	10	–	10
Jagdgaloppzeit	7,5	–	7,5
Gesamt:	50	50	100

5. Der Index für die Ermittlung der Gesamtpunktzahl wird vom Institut für Tierzucht und Haustiergenetik in Göttingen errechnet.

Für die Berechnung der Gesamtpunktzahl werden die Abweichungen der jeweiligen Leistungen vom Jahrgangsmittel in den Einheiten der angegebenen Bewertungskriterien verwendet. Bei 4jährigen und älteren Hengsten wird ein Altershandicap in Höhe von 5% der von den 3jährigen Hengsten der Prüfungsgruppe erzielten Durchschnittspunktzahl in Abzug gebracht. – Hengste, die am 1. 11. eines Jahres und später geboren sind, zählen dabei zum Geburtsjahrgang des darauffolgenden Jahres.

Das so ermittelte Prüfungsergebnis für jeden einzelnen Hengst ist endgültig und abgesehen von evtl. Rechenfehlern nicht revidierbar.

6. *Einstufung der Hengste in Leistungsklassen*
Aus den Gesamtergebnissen der Hengste wird der Mittelwert der Prüfungsgruppen x̄ und die Standardabweichung s errechnet. Nach ihren jeweiligen Gesamtergebnissen werden die Hengste in die folgenden Leistungsklassen eingeteilt:

Leistungsklassen	Gesamtergebnis
1	120 Punkte und besser
2	100 Punkte bis weniger als 120 Punkte
3	70 Punkte bis weniger als 100 Punkte
Nicht bestanden	unter 70 Punkte

7. *Bekanntgabe der Prüfungsergebnisse*
Nach Beendigung des abschließenden Leistungstestes und Vorlage der Ergebnisse erfolgt eine öffentliche Bekanntgabe der Prüfungsergebnisse.

Der Eigentümer jeden Hengstes erhält ein Zeugnis über das erzielte Gesamtergebnis, aus dem die Leistungen und Bewertungen des Hengstes in den einzelnen Prüfungsteilen, die Placierung des Hengstes, die Durchschnittsleistung der zugehörigen Prüfungsgruppe, Mittelwert und Standardabweichung der Gesamtergebnisse der Prüfungsgruppe sowie die Einstufung in die Leistungsklassen nach Nr. 6 ersichtlich sind.

Neben dem Gesamtindex, der bei den tierzuchtrechtlichen Anforderungen hinsichtlich des Zuchtwertes des Hengstes zugrunde gelegt wird, können zur allgemeinen züchterischen Information noch zusätzlich die Teilindizes „Rittigkeit" und „Springen" veröffentlicht werden. Die Gewichtung der einzelnen Merkmale in diesen Teilindizes wird vom Institut für Tierzucht und Haustiergenetik in Göttingen in Zusammenarbeit mit der Deutschen Reiterlichen Vereinigung in Warendorf vorgenommen.

Die für den Standort des Hengstes zuständige Körbehörde erhält eine Durchschrift des o. g. Zeugnisses.

Prüfung für Zuchtstuten

(Hannoversche Zuchtstutenprüfung)
Ziel: Frühzeitige Erkennung von Rittigkeit und Leistungsbereitschaft von Zuchtstuten.
Zugelassen: 3jährige Stuten, die hauptstutbuchfähig sind.
Beurteilung: Beurteilt werden:
– das Material, die drei Grundgangarten und das Gebäude im Verhältnis 1:1:1:1
– die Rittigkeit einschl. Temperament
– das Springen (Freispringen und Springen unter dem Reiter)
Wertung von Material zu Rittigkeit zu Springen wie 1:1:1
Maßgebend für die Beurteilung ist die Eignung als Zuchtstute im Hinblick auf die Verbesserung der Population.
Anforderungen und Bewertung:
1.   Prüfung: Vorstellen der Stuten unter dem Reiter, an der Hand und freilaufend.
2.   Bewertung gem. § 58, 3 LPO (Noten 0–10).
2.1   Für die Teilprüfung Material werden die Stuten außerhalb des Vierecks auf einer ca. 300 m langen Bahn nach Weisung der Richter vorgestellt.
2.2   Für die Teilprüfung Rittigkeit nach Weisung der Richter in Anlehnung an Dressur Kl. A auf dem Viereck.

Veranstaltungsort:

Tag:

Wertnoten: 10 = ausgezeichnet, 9 sehr gut, 8 = gut, 7 = ziemlich gut, 6 = befriedigend, 5 = genügend, 6 = mangelhaft, 3 = ziemlich schlecht, 2 = schlecht, 1 = sehr schlecht, 0 = nicht ausgeführt.

Programm-Nr.:

Trab

Galopp

Schritt

Gebäude

Sa. f. Material

1 geteilt durch 4 = Werknote

2 Rittigkeit einschl. Temperament

Springen unter dem Reiter

Frei

Sa. f. Springen

3 geteilt durch 2 = Wertnote

Summe durch 3 = Wertnote

Plazierung

Unterschrift der Richter:

Abb. 148. Richterkarte: Prüfung für Zuchtstuten (als Voraussetzung für die Vergabe von Staatsprämien).

2.3 Für die Teilprüfung Springen
2.3.1 unter dem Reiter einzelnes Überwinden von *3–4 leichten Hindernissen,* ca. 70 cm hoch und bis zu 80 cm breit.
2.3.2 Teilprüfung Freispringen nach Weisung der Richter.

Vorschlag für Prüfungsablauf
1.1 Unter dem Reiter: (in Gruppen zu ca. 4 Pferden)
a) Bewertung der Grundgangarten in der Reihenfolge: Trab, Galopp, Schritt (ohne Gebäude)
b) Rittigkeitstest auf dem 20 × 40 (60)m Viereck
c) Auf dem Viereck können die 3–4 ca. 70 cm hohen Hindernisse aufgebaut sein. Somit kann unmittelbar an den Rittigkeitstest der Springtest unter dem Reiter anschließen.
1.2 An der Hand und freilaufend:
Nach dem Testen an 1. a, b und c wird die gesamte Prüfungsgruppe einzeln zur Gebäudebewertung und zum Freispringen vorgestellt bzw. vorgeführt.
2. Es ist auch ein Ablauf in umgekehrter Reihenfolge denkbar:

– Freispringen
– Gebäudebewertung   blank an der Hand

– Grundgangarten
– Rittigkeitstest
– Springtest   unter dem Reiter

Vorteile:	Nachteile:
Version 1: – Gebäude rückt mehr in den Hintergrund – Ablauf kommt den jungen Pferden entgegen (Aufwärmphase während des Grundgangartentests)	– Man sieht als Richter zunächst nur Teilgruppen
Version 2: Man sieht erst *alle* Pferde nacheinander und braucht nur zwei weniger bedeutende Noten festzulegen	– Gefahr: Gebäudenote als erste zu vergeben – unbewußte Bevorzugung (bewegungsschwächerer) „Denkmale".

3.4 Geschwister, Nachkommen

Nach der Zuchtwahl aufgrund der Vorfahren – und später der Eigenleistung – kann als letzte Stufe der Zuchtwahl die Auslese aufgrund der Leistungen der Geschwister bzw. der eigenen Nachkommen angesehen werden. Dieses Verfahren bietet insofern eine erhöhte Sicherheit, weil nunmehr feststeht, was tatsächlich vererbt wird, wenn für die Erfassung des Zuchtwertes eines Hengstes oder einer Stute konsequent alle verfügbaren Nachkommen und nicht nur die erfolgreichen herangezogen werden. Es erfolgt also nicht nur eine Merkmalserfassung in vertikaler Richtung, sondern auch auf horizontaler Ebene, d.h. es werden sowohl die Voll- oder Halbgeschwister der Eltern, wie auch die Voll- und Halbgeschwister der Probanden selbst erfaßt, wobei alle Nachkommen eines Vaters auch gleichzeitig die Halbgeschwister eines Probanden sind.

Die Bewertung der Nachzucht eines Hengstes sollte aber so früh wie möglich, d. h. bereits mit dem ersten Fohlenjahrgang beginnen, und nicht erst, wenn die Nachkommen zwei oder drei Jahre alt sind. Die vielerorts durchgeführten Fohlenschauen sind eine wirklich zu begrüßende Einrichtung. Man kann bereits sehr früh beurteilen, wie sich die Fohlen eines Hengstes typ- und gangmäßig zeigen, kann erkennen, welche Farbe ein Hengst vorwiegend vererbt, und ob er wenig oder viel Abzeichen mitgibt. Bereits während der Aufzucht sind allgemeine Leistungsfaktoren wie Temperament, Charakter, Verträglichkeit, Resistenz gegen Krankheiten, Futterverwertung, Wachstumsrhythmus und viele andere Merkmale und Eigenschaften zu erkennen. Will der Züchter einen jüngeren Hengst benutzen, von dem er selbst noch keine Nachzucht hat, ist er auf die Informationen anderer Züchter oder der Zuchtleitung angewiesen. Dabei ist Voraussetzung, daß entsprechende objektive Aufzeichnungen vorliegen, und zwar über die ganze Bandbreite des ersten Fohlenjahrganges und nicht nur über ein zufällig gutes oder zufällig schlechtes Fohlen. Einfacher gestaltet sich die Zuchtwahl schon, wenn 2jährige Töchter oder Söhne auf Rennen oder auf Zuchtschauen zu sehen sind bzw. Erfahrungen mit dem Anreiten junger Reitpferde vorliegen. Zwischen den Nachzuchten verschiedener Hengste kann es beim Anreiten (Einbrechen) bzw. Einspannen ganz erhebliche Unterschiede geben. Die einen nehmen Gebiß und Sattel ohne viel Aufhebens an, die anderen bereiten erhebliche Schwierigkeiten und sind an ihre zukünftige Aufgabe nur mit viel Feingefühl heranzuführen. Verschiedene haben Vertrauen zum Menschen, andere sind ängstlich und versuchen, sich jeder Hilfe und Einwirkung zu entziehen. Sie sitzen demzufolge voller Spannungen und bedürfen längerer Longenarbeit als andere, die sich gelöst ihrer neuen Aufgabe stellen. Bei den speziellen Leistungseigenschaften zeigt sich, daß die einen eine natürliche Gehlust unter dem Reiter bzw. im Sulky besitzen oder von Jugend an Freude am Springen haben, die anderen dagegen mit Widerwillen und voller Furcht an ein Hindernis herangehen. Diese Unterschiede gibt es aber nicht nur zwischen den Nachzuchten, sondern auch innerhalb der Nachzucht eines Hengstes. Eine gewisse spezielle Tendenz frühzeitig zu erkennen, muß das Bestreben eines jeden Züchters sein, um später von negativen Auswirkungen nicht überrascht zu werden. Voraussetzung dabei ist jedoch, daß er sein eigenes Zuchtmaterial genau einschätzen kann, um dann den passenden Hengst auszusuchen.

Bevor nun die Pferde der späteren Nutzung zugeführt werden, sei es der Freizeitreiterei, dem Reit- bzw. dem Fahrsport, dem Rennsport oder der Verwendung als Zugpferd oder als Kinderreitpferd, sollten bereits Informationen gesammelt werden, um sie stichwortartig der Züchterkartei anzuvertrauen, in der auch Bemerkungen über Decklust oder Deckverhalten bzw. Fruchtbarkeit des Hengstes bzw. der Stute aufgenommen werden sollten. Jede spezielle Leistung wird registriert, und man kann sie nach Jahrzehnten noch wiederfinden. Allgemeine Beobachtungen, die über viele interessante Details Auskunft geben könnten und manches in einem anderen Licht erscheinen lassen würden, werden aber kaum irgendwo niedergeschrieben.

Bei den Rennpferden und bei den Reitpferden, die auf Turnieren starten, werden dann die Erfolge registriert und am Ende eines Jahres ausgewertet. Darüber hinaus erhalten die Jahrbücher der FN u. a. die Ergebnisse der Eigenleistungsprüfung des jeweiligen Hengstjahrganges sowie die Zusammenfassung der Plazierungen für alle Hengstnachzuchten, getrennt aufgeführt für die einzelnen Disziplinen. Die Rangordnung der Väter wird nach den Gewinnsummen der Nachkommen aufgestellt. Diese Form der Rangierung birgt mit Sicherheit eine Reihe von Unzulänglichkeiten in sich und kann keineswegs als „vollkommen" bezeichnet werden. Wer sich aber mit der Materie eingehend beschäftigt, kann bei aller gebotenen Vorsicht doch gewisse

Tab. 45. Bewertung der Hengste aufgrund der Turnierleistungen der Nachkommen Deckeinsatz 1965 und früher

		Mat/Eig				Dressur/ Dressurpferde			
		NK	PL	GEW DM	RF	NK	PL	GEW DM	RF
Diskant 31 0401257 Hann						3	5	293	199
v. Dwinger 310325738 Hann	61/12/72								
Grande 31 0403258 Hann		14	45	2460	1	41	242	47058	1
v. Graf 310343541 Hann	62/23/–								
Marion xx 0640013 58		8	19	960	4	45	254	36985	3
v. Tameriane xx 064032852	65/17/–								
Wahnfried 21 0384462 Holst						2	14	2250	93
v. Waldenser xx 060012951	65/09/73								
Ladykiller xx 06 4000861		2	2	355	13	11	32	1695	109
v. Sailing Light xx 990094000	65/15/79								
Servus 31 0408161 Hann		2	4	260	19	21	108	7977	21
v. Sesam 310398655 Hann	65/20/–								
Absatz 31 0405260 Hann		12	18	900	5	84	538	40916	2
v. Abglanz 310353442 Trak.	64/21/–								
Domspatz 31 0391052 Hann						8	51	2445	83
v. Doemitz I 310357444 Hann	56/23/78								
Gotthard 31 0383849 Hann						3	13	600	166
v. Goldfisch II 3103 13735 Hann	53/25/78								
Aarstein 41 0159760 Westf		2	3	110	31	10	44	2615	81
v. Aar 410149055 Westf	63/19/81								
Adlerorden 41 0164662 Hann		4	15	725	7	12	86	4622	50
v. Adlerhorst 310388251 Hann	65/20/–								
Vierzehnenderxx 06 0030656						16	80	5089	46
v. Neckar xx 060010848	63/20/–								
Frühling 41 0159860 Westf		5	9	480	9	55	339	25513	6
v. Frühschein 410152256 Hann	63/19/–								
Roman 21 0381460 Holst						18	99	6488	27
v. Ramzes 210365437 Aav/X	63/16/–								
Lotse 61 0023060 Hann						25	148	29478	4
v. Lugano 310396354 Hann	63/15/79								
Weingau 31 0396754 Hann		3	4	190	22	20	121	10604	14
v. Weiler 310381048 Hann	58/27/–								
Lugano I 31 0396354 Hann						19	197	24757	7
v. Der Loewe xx 310379145	58/23/80								
Wicht 31 0406360 Hann		1	1	70	39	10	58	3030	74
v. Freischärler 310361943 Hann	64/15/78								
Damhirsch 41 0163362 Hann		9	28	1170	3	49	276	18156	9
v. Duft 310401457 Hann	65/16/82								
Efendi 31 0407261 Hann						3	6	220	211
v. Agram 310329439 Hann	65/12/76								

Zeichenerklärung:	NK	= Nachkommen	RF	= Rangfolge
	PL	– Plazierungen	JGS	= Jahresgewinnsumme
	GEW	= Gewinnsumme	JRF	= Jahresrangfolge

Tab. 45 (Fortsetzung)

Spring./Springpferde				Viels./Geländepferde				Fahren/Fahrpferde				Summe					
NK	PL	GEW DM	RF	NK	PL	GEW DM	RF	NK	PL	GEW DM	RF	NK	RF	JGS DM	JRF	LGS DM	LRF
9	116	126535	1									11	119	126828	1	1122150	3
123	848	67483	7	3	4	430	39					160	1	117755	2	1205222	2
49	407	58580	9	7	17	3015	2					95	4	99550	3	685272	12
26	305	86564	2	1	1	90	87	1	3	105	51	29	59	89063	4	604174	14
65	430	80319	3	10	19	2135	6	1	30	2129	3	78	11	87228	5	878730	6
96	879	68747	6	1	1	90	87					114	3	77139	6	867599	7
80	593	32648	15	5	6	1520	12					157	2	76002	7	737475	11
46	403	70643	4					1	4	164	41	54	25	73297	8	777518	8
56	504	69370	5									59	19	69970	9	1838871	1
73	560	64537	8	3	7	493	36					80	10	67813	10	583580	16
81	741	57962	10	3	5	268	58					87	8	63968	11	536888	19
31	287	31056	16	5	11	998	16	19	197	16114	1	61	15	56151	12	399594	33
57	501	28017	18									95	4	54234	13	569333	17
74	660	42877	11					1	2	35	71	87	8	49450	14	488227	21
36	233	17747	36	1	1	52	108	1	2	55	63	58	20	47332	15	436362	27
51	452	34745	13	5	9	765	25					69	14	46304	16	566415	18
27	251	15145	39	2	3	530	33					46	31	40432	17	603665	15
38	314	34418	14	2	5	1560	11					46	31	39108	18	417808	29
53	364	18817	33	3	3	160	71	1	7	355	25	93	6	39025	19	467316	22
32	328	35390	12	3	8	793	24					34	46	36533	20	314469	48

LGS — Lebensgewinnsumme
LRF = Lebensrangfolge

Tab. 46. Leistungshengste geordnet nach der Lebensgewinnsumme aller Nachkommen bis 1985

Name	Kennziffer	Gruppe	JGS	LGS	Name	Kennziffer	Gruppe	JGS	LGS
Gotthard	310383849	12	69970	1838871	Vollkorn xx	060042061	11	68226	612260
Furioso II	330433665	11	206587	1533419	Wahnfried	210384462	12	89063	604174
Grande	310403258	12	117755	1205222	Lugano I	310396354	12	40432	603665
Diskant	310401257	12	126828	1122150	Bariton	410178367	10	86260	602470
Paradox I	410169764	11	180889	1111377	Aarstein	410159760	12	67813	583580
Ferdinand	310340641	12	800	1068236	Frühling	410159860	12	54234	569333
Der Loewe xx	060029744	12	29563	944369	Löwen-As	310063766	11	87718	567738
Ladykiller xx	064000861	12	87228	878730	Weingau	310396754	12	46304	566415
Cor D. L. Bryere	210398168	10	152799	875691	Milan	410176966	11	107109	548952
Servus	310408161	12	77139	867599	Adlerorden	410164662	12	63968	536888
Lord	210394067	10	213575	840977	Salut	310060666	11	106842	531712
Don Carlos	310408862	11	83475	821795	Futuro	330435266	11	60533	494179
Goldlack	410183068	10	91146	798839	Agram	310329439	12	60	490737
Domspatz	310391052	12	73297	777518	Graphit	310412264	11	72955	490714
Sender	310398355	12	31096	769516	Roman	210381460	12	49450	488227
Landgraf I	210391966	11	262278	766738	Fantus	210387664	11	28088	486428
Angelo xx	060006562	11	92194	747127	Saloniki	310410963	11	177846	469397
Perser xx	060027952	12	23838	745497	Damhirsch	410163362	12	39025	467316
Absatz	310405260	12	76002	737475	Pik As xx	060042749	12	80	466588
Marion xx	064001358	12	99550	685272	Remus I	410154758	12	35693	459833
Ramiro	210389565	11	96241	662105	Watzmann	316419168	10	154551	450550
Ehrenschild	310399756	12	2392	659629	Goldberg	410169563	11	1436	445268
Frühlingstr. II	410183268	10	76135	636165	Goetz	310407461	12	27158	445158
Cardinal xx	062061564	10	136766	630423					

Tab. 46. (Fortsetzung)

Name	Kennziffer	Gruppe	JGS	LGS	Name	Kennziffer	Gruppe	JGS	LGS
Sendbote	310415166	10	54495	444784	Radetzky	410141251	12	1416	369132
Waidmannsdank xx	060034759	12	32876	440716	Waidmannsheil	310062567	10	54277	361300
Lotse	610023060	12	47332	436362	Adonis xx	060038052	12	25077	360910
Inschallah	330440468	10	78027	433942	Pik König	310418768	10	73302	352592
Abhang III	310407061	12	29120	430043	Sinus xx	060001049	12	3964	345378
Wohlklang	310409862	11	19715	427302	Wolfsburg	310411263	11	30475	345319
Makuba xx	060041556	11	17551	421205	Domänenrat	310386050	12	2475	338212
Lucius xx	060036459	11	39006	418682	Steinpilz xx	060017950	12	9495	337822
Wicht	310406360	12	39108	417808	Fernjäger	310360143	12	1100	332409
Roderich	210388664	11	46365	417350	Diplomat	310410663	11	31059	332099
Aar	410149055	12	23351	416359	Renaldo	410182068	10	78592	331141
Grünschnabel	410146154	12	34280	413477	Hartung	090008462	12	14042	331062
Wendekreis	310416967	10	70392	401781	Wedekind	310415466	10	32046	330074
Papayer xx	062021554	12	2472	400734	Sacrament Song	065190167	10	83878	325471
Argentan I	310415867	10	73985	400427	Frivol xx	060001946	12	1090	325334
Vierzehnender xx	060030656	12	56151	389594	Marcio xx	060048247	12		320405
Romadour I	410179367	10	11182	383344	Remus II	410167063	11	21163	314740
Frühlingsball	410188870	10	170146	383063	Efendi	310407261	12	36533	314469
Sesam I	310398655	12	13616	380341	Wiesenbaum xx	060046663	10	49758	313028
Durban	310386250	12	1050	389835	Reinald xx	060003043	12		311355
Romadour II	410184869	10	78944	388838	Archimedes	310410363	11	31355	310466
Valentino xx	060030450	12	9168	385346	Lavendel	310405760	12		308186
Welf	310381148	12	15010	385037	Zeus	330448672	8	151201	300529
Thor	090022359	12	20624	377905					

Die Lebensgewinnsumme entsteht durch die Addition aller Nachkommengewinnsummen, soweit sie in den Jahrbüchern bzw. Beiheften zu den Jahrbüchern erfaßt sind, damit eine Vergleichbarkeit zwischen den Hengsten aller Zuchtgebiete gewährleistet ist.

Entscheidungshilfen für seine Zuchtwahl bekommen. Die Art der Veröffentlichung mögen die Tabellen 45 und 46 verdeutlichen, die über eine Computerbearbeitung erfolgt sind.

4 Zuchtmethode

4.1 Selektion in geschlossenen Populationen

Die Zucht innerhalb einer Rasse wird traditionell als „Reinzucht" verstanden. Der Begriff der „Rasse" wird neuerdings immer mehr durch den Begriff der „Zuchtpopulation" ersetzt, und das auch wohl zu Recht. Nach GLODEK ist eine Zuchtpopulation eine Gruppe von Tieren, die eine Paarungsgemeinschaft bildet, d. h. daß im Rahmen des vorgesehenen Zuchtprogramms alle Mitglieder einer Zuchtpopulation eine Chance haben, miteinander angepaart zu werden. In diesem Zusammenhang sei erwähnt, daß die großen züchterischen Erfolge in der deutschen Pferdezucht teilweise der Tatsache mit zu verdanken sind, daß „Reinzucht" betrieben und auf diese Weise das Erbgefüge innerhalb der Rassen einheitlich gestaltet wurde. Reinzucht in klassischer Form wäre eine Selektion innerhalb einer über zahlreiche Generationen in sich geschlossenen Zuchtpopulation. Das bedeutet, daß Gene aus anderen Populationen nicht hineingenommen werden. Somit verfügt man über gefestigte Erbanlagen (Eigenschaften), die nur in einer bestimmten Varianz auftreten. Das hat den Vorteil, daß z. B. bei einer züchterisch notwendig werdenden Neuorientierung die Selektion des hierfür geeigneten Typs innerhalb einer geschlossenen Population relativ schnell und erfolgreich betrieben werden kann. Andererseits wirkt sich aber nachteilig aus, daß die in bestimmten Grenzen erblich festgelegten Anlagen kaum spektakuläre Leistungssteigerungen zulassen, wie später am Beispiel der englischen Vollblutzucht noch näher auszuführen sein wird.

Es ist aber jeder Züchtervereinigung freigestellt, in ihrer Zuchtbuchordnung festzulegen, nach welcher Zuchtmethode sie zu arbeiten gedenkt, und ob sie der Selektion in der geschlossenen oder der offenen Zuchtpopulation aufgrund ihrer speziellen Verhältnisse den Vorzug gibt.

Die Gefahr, daß in einer geschlossenen Population Inzuchtschäden auftreten können, ist natürlich gegeben, hängt aber sehr von der zahlenmäßigen Größe der Population ab. Kleinere Populationen mit nur einigen 100 Tieren können hier schon in Gefahr geraten. Es seien als Beispiele nur die Kladruber und die Lipizzaner sowie in neuerer Zeit auch einige Kaltblutrassen angeführt. Ist die Population dagegen groß genug und verteilt sie sich zudem weltweit in viele Subpopulationen, sind Inzuchtschäden kaum zu befürchten, weil sich bedingt durch Boden und Klima einerseits und durch die ganz unterschiedliche Bevorzugung bestimmter Typrichtungen innerhalb der Subpopulationen andererseits eigene Genpotentiale gebildet haben. Ein Blutaustausch im Weltmaßstab ist heute bereits bei mehreren Populationen gang und gäbe.

Auch lassen sich Inzuchtschäden – sollten sie doch einmal auftreten – dadurch relativ schnell erkennen und die Merkmalsträger eliminieren, indem vor der Zuchtbenutzung durch geeignete Verfahren, z. B. die Rennen in der englischen Vollblutzucht, die Tiere auf Herz und Nieren geprüft werden, und das Generation für Generation, ganz gleich in welchem Erdteil auch immer. Die gesundheitliche Kontrolle der Vollblüter gestaltet sich zudem dadurch wesentlich einfacher, da sie vorwiegend in Gestüten gehalten werden, während im Gegensatz dazu die Warmblüter, Kaltblüter oder Ponys auf vielen Betrieben im Lande verteilt, gezüchtet und aufgezogen werden und es somit schwieriger ist, gesundheitliche Schäden und Anomalien jeder Art festzustellen. Erst wenn größere wirtschaftliche Verluste eingetreten sind, dringt das eine oder andere an die Öffentlichkeit.

Das beste Beispiel für die Selektion in einer geschlossenen Population bieten sowohl das arabische wie auch das Englische Vollblut. Bereits im Jahre 1793 wurde das „General Stud Book" für die Englischen Vollblüter geschlossen. Es blieb auch in Deutschland geschlossen bis 1973. Erst dann wurden die Eintragungsbestimmungen gemäß Zuchtbuchordnung etwas erweitert, wie unter Abs. 3 Ziffer 11b der Zuchtbuchordnung nachzulesen und auf Seite 45 zu finden ist. Bisher wurde von dieser Ausnahmeregelung noch kein Gebrauch gemacht.

Der Englische Vollblüter ist heute – wie bereits angeführt – über die ganze Welt in zahlreichen Subpopulationen zu finden. Seine Registrierung und Identifizierung erfolgt in den Stutbüchern der jeweiligen Länder. Neue Gene aus anderen Populationen wurden grundsätzlich nicht hereingenommen. Somit ist in dieser „geschlossenen" Population die Varianz der Erbanlage festgelegt. Hierzu gehört u. a. auch die Schnelligkeit im Rennen. Es ist daher durchaus einleuchtend, daß größere Geschwindigkeitsverbesserungen im Verlaufe der Jahrhunderte nicht zu verzeichnen sind. Leider sind aus der gesamten Literatur kaum präzise Angaben über den Verlauf der Rennzeiten in den frühesten Jahrzehnten bekannt. Es wird von verschiedenen Autoren nur sehr allgemein behauptet, daß sich die Rennzeiten je 1000 m in den letzten 150 Jahren nicht wesentlich verändert hätten, obwohl über lange Zeiträume stets das Beste (Schnellste) mit dem Besten gepaart worden ist. Es ist also im Verlaufe der Zeit zu einer Einengung der Varianz für Schnelligkeit und Ausdauer gekommen, so daß zwangsläufig die Spitzenzeiten auf engstem Raum zusammengedrängt worden sind. Auch die Umweltbedingungen und äußeren Einflüsse wie Fütterung, Aufzucht, Trainingsmethoden und Beschaffenheit der Rennbahnen – um nur einige Faktoren zu erwähnen – haben nur unwesentlich die Rennzeiten verbessern helfen.

Andererseits scheint bei den Rennpferden mit 250 Herzschlägen pro Minute das physiologische Maximum erreicht zu sein, so daß die Zeiten allein vom physiologischen Standpunkt aus sich kaum verbessern lassen. Wenn in neuerer Zeit auf einzelnen Rennbahnen durch Kurvenüberhöhungen und ähnliche Veränderungen der Umwelt kleine Zeitverbesserungen erreicht werden, so ist das sicherlich beachtenswert, aber nicht von ausschlaggebender Bedeutung, vor allem nicht im Hinblick auf eine genetische Verbesserung.

Exakte objektive Zahlen über die Rennzeiten zu bringen, ist tatsächlich schwer. Auf den deutschen Bahnen wurden bis ungefähr zur Jahrhundertwende keine Zeiten genommen. Später erfolgte die Zeitnahme mit der Stoppuhr durch Menschenhand, wobei die Reaktionsschnelligkeit der verschiedenen Zeitnehmer durchaus unterschiedlich sein kann. Streng genommen lassen sich die einzelnen Rekordzeiten erst dann exakt miteinander vergleichen, wenn sie einheitlich überall mit Auslösen, d. h. öffnen der Startmaschine, mit einer elektronischen Stoppuhr gekoppelt werden. Auch spielt der Zustand des Geläufs, das von Jahr zu Jahr infolge der Witterungsbedingungen unterschiedlich beschaffen sein kann, eine entscheidende Rolle. Trotzdem soll anhand der Rennzeiten des Deutschen Galoppderbys mit Beginn des Jahres 1900 und im Abstand von jeweils 5 Jahren die Entwicklung der Schnelligkeit – in diesem Fall über eine Distanz von 2400 m – aufgeführt werden.

Die Zeit der Stute Nereide, die 1936 mit 2:28,8 durchs Ziel ging, ist in den vergangen 50 Jahren nur noch einmal erreicht worden durch Athenagoras v. Nasram – Avenida im Jahre 1973. Die Schwankungsgrenze liegt also zwischen 2:28,8 und 2:48,1. Eine

Tab. 47. Rennzeiten des Deutschen Galoppderbys seit 1900

Jahr	Name des Pferdes	Abstammung	Zeit
1900	Hagen	v. Charibert – Hyères	2:44,5
1905	Patience	v. Bona Vista – Podagra	2:37,1
1910	Orient	v. Bona Vista – Olly	2:36,6
1915	Pontresina	v. Biniou – Princess Margaret	2:42,2
1920	Herold	v. Dark Ronald – Hornisse	2:35,3
1925	Roland	v. Traum – Rosanna	2:32,2
1930	Alba	v. Wallenstein – Arabis	2:32,4
1935	Sturmvogel	v. Oleander – Schwarze Kutte	2:32,6
1936	Nereide*)	v. Graf Isolani od. Laland – Nella da Gubbio	2:28,8
1940	Schwarzgold	v. Alchimist – Schwarzliesel	2:32,8
1944	Nordlicht**)	v. Oleander – Nereide	2:31,6
1950	Niederländer	v. Ticino – Najade	2:29,9
1955	Lustige	v. Ticino – Lapis	2:38,4
1960	Alarich	v. Mangon – Alma mater	2:35,5
1965	Waidwerk	v. Neckar – Windstille	2:33,0
1970	Alpenkönig	v. Tamerlane – Alpenlerche	2:32,3
1975	Königsee	v. Soderini – Königsbirke	2:29,8
1980	Navarino	v. Madruzzo – Nachtviole	2:48,1
1981	Orofino	v. Dschingis Khan – Ordinale	2:42,0
1982	Ako	v. Riboprince – Arietta	2:40,6
1983	Ordos	v. Frontal – Ordinale	2:32,5
1984	Lagunas	v. Ile de Bourbon – Liranga	2:40,2
1985	Acatenango	v. Sŭrŭmŭ – Aggravate	2:29,5

*) die schnellste Zeit
**) 1945 fiel das Derby aus

stetig ansteigende Verbesserung hinsichtlich der Schnelligkeit ist nach den hier vorliegenden Werten in den letzten 85 Jahren nicht erreicht worden. Dagegen soll es in England offenbar gelungen sein, innerhalb von 100 Jahren die Schnelligkeit in den klassischen Rennen um 16,3 sec zu steigern.

Wichtig in der Vollblutpopulation ist jedoch – und darauf soll noch einmal hingewiesen werden –, daß jede Generation stets von neuem über bestimmte Distanzen geprüft wird und ihre Härte beweisen muß. Was versagt, wurde und wird eliminiert. Nur durch dieses Auswahlverfahren, in dem jede Generation sich von neuem bewähren muß, ist es gelungen, die Leistungsfähigkeit des Vollblüters innerhalb einer geschlossenen Population zumindest zu erhalten.

Diese Art von Selektionsverfahren scheint auch bewirkt zu haben, daß der Englische Vollblüter bei seiner Verbreitung über die gesamte Welt kaum Akklimatisationsschwierigkeiten kennt. Man findet ihn in den nordischen Klimazonen Skandinaviens, wie auch in den heißen Regionen Australiens, Südafrikas oder Südamerikas. Dabei ist auffällig, daß er seinen Typ kaum verändert hat. Er ist „Vollblüter" geblieben. Sicherlich hat die Umwelt innerhalb der genetischen Varianz auf den kalkhaltigen Weidegründen Neuseelands einen etwas schwereren Typ hervorgebracht als auf den ärmeren Böden von Süd-West-Afrika oder bestimmten Gebieten Europas oder Kanadas. Mit Bestimmtheit werden in den verschiedenen Regionen der Welt auch unterschiedliche Zeiten gelaufen. Die Rennen bleiben aber überall das allein aussagefähige Selektionskriterium, und die Devise lautet: Nur vorne gibt's Geld.

Ähnlich wie beim Englischen Vollblut ist die Zucht des Arabischen Vollbluts gelagert. Sie ist wohl die älteste „geschlossene Zuchtpopulation" überhaupt. Es sind im Verlaufe der Jahrhunderte viele Subpopulationen weltweit entstanden. In der World Arabian Horse Organization (WAHO) sind die Vollblutaraber von 43 Staaten dieser Erde zusammengefaßt. Als Vollblut-Araber gelten nur solche Pferde, die in den Stutbüchern dieser ordentlichen Mitgliedsorganisationen der WAHO geführt werden und über einen entsprechenden Abstammungsnachweis verfügen. Die Idee der Reinzucht wird in dieser Zuchtrichtung streng gehütet, insofern spricht man auch bei den Vollblut-Arabern von einer Pedigreezucht, wobei die Abstammung und der Typ einen weit höheren Stellenwert besitzen als z. B. die Leistung oder das Exterieur.

Aber auch in der Warmblutzucht gibt es Beispiele dafür, daß eine Selektion in geschlossenen Populationen erfolgreich betrieben wurde. Erwähnt seien hier die Zuchtgebiete Oldenburg, Ostfriesland und Holstein, wo nach der Entstehungsphase über lange Zeiträume keine fremden Gene hineingenommen worden sind. Erst nach dem Zweiten Weltkrieg hat man sich wieder bei der Ausrichtung auf das „Nur-Reitpferd" bestimmter Veredlerrassen bedient.

4.2 Selektion in offenen Populationen

Ob durch Veredlungs-, Kombinations- oder Verdränungskreuzung entstanden, sind alle unsere heutigen Rassen ursprünglich aus einem heterogenen Material hervorgegangen und entsprechend dem jeweiligen Zuchtziel mit Hilfe der Selektion gefiltert und typmäßig geprägt worden. An der Entstehung der deutschen wie auch vieler ausländischer Pferderassen haben eine Reihe von regionalen Landschlägen wie auch Vererber des arabischen und Englischen Vollbluts mitgewirkt, wie eingangs bei der Beschreibung der Rassen bereits näher ausgeführt wurde. Als typisches Beispiel für die Entstehung einer Rasse sei hier noch einmal der Hannoveraner angeführt. An seiner Entstehung haben Mitte des 18. Jahrhunderts und auch noch später Holsteiner, Dänen, Ostpreußen, Mecklenburger, Neapolitaner, Andalusier und Engländer mitgewirkt. Letztere waren wohl weitgehend Vollblüter, aber auch einige Halbblüter wie Yorshire-Coachhorses und Cleveland-Bays haben auf hannoverschen Stationen gedeckt.

Offene Populationen lassen grundsätzlich die Hereinnahme fremder Gene zu. Jedoch ist darunter keine wilde Kreuzungszucht zu verstehen, wo alles mit jedem wahllos gepaart werden kann. Auch hier gelten genau überlegte und in der Zuchtbuchordnung festgeschriebene Regeln und, je nachdem, welches Ziel angestrebt und welches Zuchtverfahren (Veredlungs- bzw. Kombinations- oder Verdrängungskreuzung) angewandt werden soll, werden die Rassen ausgewählt, mit denen man das gesteckte Ziel erreichen will und aus diesen Rassen (Populationen) werden wiederum die Vertreter benannt, die man für geeignet hält. In der Regel erfolgt die Hereinnahme fremder Gene über die Hengste, nur in Ausnahmefällen wird auch mit weiblichem Material gearbeitet. Ganz gleich, welchen Kreuzungsverfahrens man sich bedient, in einer offenen Population besitzt mit die höchste Priorität die konsequent durchgeführte Selektion in den folgenden Generationen. Nur sie garantiert ein relativ schnelles Erreichen des gesteckten Zieles. Es ist eine bekannte Tatsache, daß bereits in der 1. Kreuzungsgeneration (F1-Generation) Vertreter in dem gewünschten Typ und auch sogar überragende Leistungspferde zu finden sind. Genetisch sind sie aber keineswegs gefestigt und es fehlt ihnen die nötige Konsolidierung des Anlagenkomplexes, so daß keine züchterische Sicherheit gegeben ist. Soll eine Kreuzung in Form einer Einfachkreuzung lediglich zur Erzeugung von Gebrauchspferden dienen (z. B. Hunter, Postier), so kann man das als eine auf den Augenblick abgestellte Pferdeproduktion gelten lassen. Beabsichtigt man jedoch z. B. die züchterische Verankerung eines Veredlungseffektes und plant man, mit den daraus hervorgegangenen Nachkommen weiterzuzüchten, dann empfiehlt sich eine sorgfältig abgewogene Rückpaarung mit geeigneten Rassevertretern und eine rücksichtslose Selektion über mehrere Generationen. Man hat es also mit einer auf längere Sicht eingestellten Züchtungsmethode zu tun. Gewiß gibt es immer wieder Beispiele, daß in Kreuzungsprogrammen züchterisch hochwertige Produkte schon in den ersten Generationen entstehen können, aber in der Regel muß man in den Nachfolgegenerationen mit größeren Aufspaltungen in den Merkmalsveranlagungen rechnen. Auch wird man in offenen Populationen im Gegensatz zu den geschlossenen Populationen nicht immer einen „einheitlichen" Typ vorfinden. Das war besonders in einigen deutschen Warmblutzuchten zu beobachten, die sich nach dem Zweiten Weltkrieg gezwungen sahen, ihre Population auf ein „Nur-Reitpferd" umzustellen. Sie setzten im Rahmen dieses Umzüchtungsprozesses Veredlerhengste (Englische Vollblüter, Araber, Trakehner) ein. Dabei waren sie sich von vornherein der Tatsache bewußt, daß Jahre vergehen würden, ehe wieder die Festigung eines bestimmten Typs zu erreichen sein würde. So konnte immer wieder beobachtet werden, daß die Nachkommen eines in der Warmblutzucht eingesetzten Araberhengsten in der ersten, vielleicht auch sogar in der zweiten Generation im Format wesentlich kleiner und kurzliniger ausfallen und hinsichtlich Sattellage sowie Hals- und Kruppenformation Wünsche offen lassen. Die Nachkommen eines Englischen Vollblüters werden in der Regel kleiner, schmaler, in der Rippe flacher und im Fundament leichter sein.

Diese Nachteile, die in den nachfolgenden Generationen bei richtiger Selektion und Anpaarung verhältnismäßig schnell wieder auszugleichen sind, müssen zunächst hingenommen werden, da es hier einzig darum geht, der betreffenden Rasse ganz bestimmte wertvolle reiterliche Merkmalsanlagen wie Rittigkeit, Schönheit, Härte, Genügsamkeit, Trockenheit, Geschmeidigkeit usw. zufließen zu lassen. Das Endziel kann erst nach einigen Generationen züchterisch erreicht und genetisch ausreichend verankert sein. Das schließt nicht aus, daß – wie bereits betont – in der ersten Generation schon hervorragende Leistungspferde anfallen, die aber trotzdem züchterischen Ansprüchen nach Modell und Typ noch keineswegs genügen können. Eine größere züchterische Sicherheit ist in der Regel erst nach einigen Generationen zu erwarten. Man muß eben in der Züchtung Geduld haben, besonders dann, wenn über lange Zeiträume geschlossene Populationen, bedingt durch die Ansprüche des Marktes, von heute auf morgen geöffnet werden, und es zur Kombination zwischen extremen Rassen kommt, wie z. B. nach dem Zweiten Weltkrieg zwischen dem schweren Warmblutpferd und dem Araber in Ostfriesland oder dem in sich so konsolidierten Holsteiner Karossiertyp und dem Englischen Vollblüter. Hier kann man von einer ausgesprochenen Kreuzung sprechen, die bewirkte, daß der Typ der vorhandenen Populationen gänzlich umgestaltet wurde und somit von einer Einheitlichkeit keine Rede mehr sein konnte. In beiden Zuchtgebieten wurde aber hart und konsequent selektiert und die Zuchtbasis wieder allmählich in ruhiges Fahrwasser gebracht.

Andererseits hat es Zuchtgebiete gegeben, die über Jahrhunderte hinweg stets einen bestimmten Anteil an Veredlerhengsten benutzten, also eine vorsichtige Veredlungskreuzung als sogenannte „Blutauffrischung" betrieben, wie z. B. Ostpreußen und Hannover. Dabei kam in Ostpreußen das Veredlerblut weitgehend filtriert über das Hauptgestüt Trakehnen in die sogenannte Landeszucht, während Hannover

Veredlerhengste über das Landgestüt Celle direkt der breiten Landeszucht zuführte. Je nach der jeweiligen züchterischen Konzeption kamen mal mehr, mal weniger Veredlerhengste zum Einsatz. Diese beiden genannten Zuchtgebiete, deren sogenannte Blutlinienbegründer in der Regel Veredlerhengste waren, hatten als sogenannte „Hauptzuchtgebiete" eine Reihe von „Nachzuchtgebieten", die sie wiederum mit neuen Blutlinien versorgen mußten. Diese Blutlinien schafften sie sich u. a. auch durch den Einsatz von Veredlerhengsten. Welchen Schwankungen die Verwendung von Veredlerhengsten unterworfen war, mag an dem folgenden Beispiel der in Celle verwendeten Englischen Vollbluthengste veranschaulicht werden.

Tab. 48. Einsatz von Englischen Vollbluthengsten in der hannoverschen Warmblutzucht

1840–1945	über 30 %
1841	35,3%
1900	3,1%
1930	5,7%
1939	3,0%
1949	1,3%
1960	8,0%
1970	10,7%
1975	12,3%
1980	8,6%
1985	6,9%

Andere deutsche Zuchtgebiete haben die Umstellung ihrer Zuchtbasis auf das „Nur"-Reitpferd zunächst mit Hilfe von Warmbluthengsten, die aus nur einer Veredlerrasse kamen, in Form der Verdrängungskreuzungen versucht, wie z. B. Bayern und Hessen mit Hannoveranern und Westfalen bzw. Baden-Württemberg mit Trakehnern, um dann nach einer Konsolidierungsperiode auf Kombinationskurs zu gehen mit dem Ziel, die genetische Varianz zu erweitern, ein Vorteil, den die offene Population bietet. Die Pferdezucht in den verschiedenen deutschen und auch europäischen Gebieten ist, abgesehen von einigen wenigen Ausnahmen, immer eine Selektion in offenen Zuchtpopulationen gewesen. Je nach der Überlegenheit der zur Einkreuzung verwendeten Partner kann von einer Blutauffrischung, einer Veredlungskreuzung oder einer Kombinations- bzw. Verdrängungskreuzung gesprochen werden, wobei die einzelnen Zuchtverfahren in unterschiedlicher Reihenfolge angewandt worden sind. Es wurde aber nach den Kreuzungsperioden immer wieder nach der Methode der „Reinzucht" weitergezüchtet. Eine einfache Zweirassenkreuzung zwecks Ausnutzung des Heterosiseffektes hat es eigentlich nur bei irischen Huntern (Englischer Vollblutvater x Draughthorsemutter) gegeben.

G Zuchtplanung auf populationsgenetischer Grundlage

1 Einführung

Die Züchtung nach populationsgenetischen Methoden konzentriert sich vorrangig auf die möglichst rasche genetische Verbesserung des mittleren Leistungsniveaus ganzer Populationen. Sie interessiert sich daher weniger für die Auswahl und „passende" Anpaarung einzelner Tiere als vielmehr für Programme, welche sicherstellen, daß alle zur Weiterzucht erforderlichen Tiere der genetisch besten Fraktion der Population entnommen werden.

Die Pferdezüchter haben in jüngster Zeit ihr Interesse an populationsgenetisch orientierten Zuchtmethoden bekundet, obwohl sie, zumindest in der Zucht von Rennpferden, schon seit langem intensiv nach solchen Methoden gearbeitet haben. Dennoch haben es besonders die Reitpferdezüchter viel schwerer, die Prinzipien der Populationsgenetik anzuwenden, als beispielsweise die Geflügel-, Schweine- oder Rinderzüchter. Dafür gibt es eine Reihe sachlicher Gründe:

1. Biologisch betrachtet ist das Pferd mit seiner geringen Fortpflanzungsrate und seinem langen Generationsintervall für die populationsgenetische Bearbeitung weniger gut geeignet als die meisten anderen Nutztierarten.
2. Die geringe Populationsgröße und die ungünstige Zuchtstruktur (d. h. vor allem die kleine Herdengröße) erschweren die Umsetzung populationsgenetischer Prinzipien.
3. Besonders beim Reitsport ist die Definition der züchterisch interessanten Leistungskriterien problematisch. Die Reiteignung und die meisten anderen wertbestimmenden Eigenschaften können nur subjektiv und daher kaum zuverlässig erfaßt werden.

Einige grundlegende Ausführungen über die Möglichkeiten einer populationsgenetisch ausgerichteten Pferdezucht basieren vor allem auf den in den letzten Jahren durchgeführten genetischen Untersuchungen. Deren Genauigkeit ist aber wegen des weniger umfangreichen Datenmaterials deutlich niedriger als bei anderen Tierarten.

2 Aufstellung des Zuchtziels

2.1 Allgemeines

In der Nutztierzüchtung versteht man unter einem Zuchtziel heute nicht mehr eine wohlformulierte mehrseitige Beschreibung, sondern eine ganz nüchterne mathematische Funktion. In dieser Funktion sind wesentliche Selektionsmerkmale entsprechend ihrer relativen ökonomischen Bedeutung gewichtet und als Abweichung vom

Mittel der Zeitgefährten in der Population ausgedrückt enthalten. Als Selektionsmerkmale kommen bei strenger Auslegung jedoch nur solche Kriterien in Frage, die

- objektiv und genau feststellbar,
- erblich bedingt und
- von wirtschaftlicher Bedeutung sind.

Nach diesen Prinzipien gestaltet sich die Beschreibung des Zuchtziels in der Rennpferdezucht sehr einfach, kompliziert wird sie für die Reitpferde – und die gesamte übrige Liebhaberpferdezucht.

2.2   Rennpferdezucht (Vollblut- und Traberzucht)

Das dominierende Leistungs- und Wertkriterium für Vollblut- und Traberpferde ist ihre Rennleistung, d.h. die anhand von objektiven Zeitmessungen in Rennen bestimmter Länge ermittelte Renngeschwindigkeit. Dabei kann als Zuchtziel die eigentliche Rennzeit entweder als Bestzeit oder als Durchschnittszeit (wobei die phänotypische Messung des Merkmals in einem oder über eine bestimmte Zahl von Rennen erfolgen kann), der für ein Rennjahr berechnete Ausgleich (z.B. Generalausgleich bei Vollblütern), die Gewinnsumme und auch die relative Häufigkeit bestimmter Placierungen (1., 1.–3. Platz) definiert werden. Auch kann eine Kombination einiger dieser Merkmale als Gesamtzuchtwert angesehen werden.

2.3   Reitpferdezucht

Ein vielseitig veranlagtes Pferd, das auch vom wenig ausgebildeten Freizeitreiter problemlos beherrscht werden kann, wird heute als das gemeinsame Zuchtziel aller Zuchtgebiete des „Deutschen Reitpferdes" in der Bundesrepublik angesehen. Aufgrund dieser Definition lassen sich die im Zuchtziel zusammengefaßten Merkmale in zwei Gruppen einteilen, nämlich in Merkmale des Interieurs und des Exterieurs. Den Interieurmerkmalen kommt in der züchterischen Arbeit eine besondere Bedeutung zu, da nach DOHN (1969) nur etwa 5% aller Reiter Leistungssport betreiben und der überwiegende Teil der Kategorie der Freizeitreiter zuzuordnen ist. Daraus ergibt sich die Notwendigkeit, in der Selektion solche Eigenschaften wie Rittigkeit, Temperament, Umgänglichkeit und Leistungsbereitschaft besonders zu beachten, die allesamt nicht objektiv und nur im Rahmen von Leistungsprüfungen unter vergleichbaren Umweltverhältnissen einigermaßen zuverlässig abschätzbar sind.

Von ebenso großer Bedeutung sind Exterieurmerkmale wie Kriterien des Schwunges und der Manier in den Grundgangarten, Trab und Galopp, für die z.Z. noch keine objektiven Maßstäbe vorhanden sind und die daher von eingearbeiteten Fachleuten subjektiv beurteilt werden müssen. Die Schwierigkeit bei der Aufstellung eines Reitpferdezuchtzieles besteht in der Auswahl geeigneter Zuchtwertmerkmale für die erwünschten Eigenschaften und in ihrer relativen wirtschaftlichen Gewichtung gegeneinander. GLODEK und BADE (1975) haben zum Beispiel die Ergebnisse der Hengstleistungsprüfung in Westercelle analysiert und die vier Merkmale Trainingsnote, Galoppsprungzahl, Schrittzahl im Sulky und Hindernisstilnote mit empirisch gewählten Gewichten in einem Gesamtzuchtwert kombiniert, der mit der von der Anstaltsleitung aus allen Prüfungskriterien berechneten Gesamtwertzahl in erstaunlich hoher

Beziehung stand. Untersuchungen von BRUNS et al. (1978) über die Zusammenhänge zwischen internen Bewertungsnoten der Auktionsleitung und den später erzielten Preisen auf den Reitpferdeauktionen in Verden und Vechta haben sehr interessante Hinweise gegeben. Die Rangierung der verschiedenen Beurteilungsnoten nach ihren prozentualen Anteilen an der gesamten erklärbaren Varianz der Auktionserlöse war

a) im Mittel über 2 Auktionen in Verden mit 327 Tieren:
    1. innere Werte   22%
    2. Konstitution   18%
    3. Rittigkeit, Grundgangart,
       Springen, Dressur   je 15%

b) im Mittel über 6 Auktionen in Vechta mit 223 Tieren:
    1. Trab   42%
    2. Galopp   26%
    3. Springen   21%
    4. Exterieur   7%
    5. Schritt   4%

Derartige Untersuchungen, die in regelmäßigen Zeitabständen auf breiterer Basis wiederholt werden sollten, können wertvolle Hinweise für die Eignung und relative Gewichtung verschiedener Merkmale in der Reitpferdezucht liefern. Ein wichtiges Ziel solcher Untersuchungen ist das Auffinden einer minimalen Anzahl von Kriterien aus der großen Zahl von erwünschten Eigenschaften, die aufgrund der genetischen und ökonomischen Parameter einen Selektionsfortschritt garantiert. Denn je mehr Merkmale das Zuchtziel enthält, je kleiner sind die Selektionsfortschritte in den Einzelmerkmalen.

2.4   Andere Zuchtrichtungen

Systematische Zuchtarbeit mit Leistungsprüfung und Selektion wird in der Gruppe der übrigen Pferde (Zugpferde, Ponys etc.) kaum betrieben. Die Zuchtziele in diesen Zuchten haben meistens mit Wirtschaftlichkeit wenig zu tun, sie orientieren sich an Typ- und Formstandards, welche von den entsprechenden Zuchtvereinen aufgestellt werden. Populationsgenetische Methoden werden von vielen Kleinpferde- und Ponyzüchtern nicht ernst genommen, deshalb betreiben viele die Zucht als Hobby und stehen nicht unter Erfolgszwang.

3   Zuchtwertschätzung

3.1   Allgemeines

Wenn das anzustrebende Zuchtziel möglichst in Form einer Funktion als kombinierter Zuchtwert definiert ist, gilt es, mit Hilfe der Leistungsprüfung Merkmale zu erheben, mit denen der Zuchtwert der einzelnen Hengste und Stuten geschätzt werden kann. Die verschiedenen Formen der Leistungsprüfung bei Rennpferden und Reitpferden wurden (s. Seite 282) bereits beschrieben, so daß hier die Verwendung von

Prüfungsinformationen in der Zuchtwertschätzung diskutiert werden kann. Ganz allgemein kann man den zu schätzenden Zuchtwert T_i eines Tieres mit folgender Funktion bezeichnen:

$$T_i = a_1 G_{i1} + a_2 G_{i2} + \ldots a_m G_{im} \quad (1).$$

Darin stellen die G_{ij} die im Gesamtzuchtwert enthaltenen Teilzuchtwerte in den j Eigenschaften (j = 1, ... m) des Zuchtziels und die a_j deren relative ökonomische Gewichte dar.

Das Ziel der Zuchtwertschätzung besteht nun darin, aus den in der Leistungsprüfung erhobenen phänotypischen Meß- und Beurteilungskriterien P_{ik} eines Pferdes i oder seiner Verwandten eine Schätzfunktion oder einen Index I_i zu konstruieren, der den kombinierten Zuchtwert T_i mit möglichst hoher Genauigkeit (r_{TI}) abzuschätzen in der Lage ist:

$$I_i = b_1 P_{i1} + b_2 P_{i2} + \ldots b_n P_{in} \quad (2).$$

Darin stellen die P_{ik} (k = 1, ... n) die phänotypisch ermittelten Prüfungsleistungen dar und die b_k sind die sogenannten Indexgewichte, die unter Verwendung genetischer und ökonomischer Populationsparameter so berechnet werden, daß die Korrelation zwischen Index und Zuchtwert (die Schätzgenauigkeit) maximiert wird. Je mehr sinnvolle Prüfungsinformationen für ein Tier verfügbar sind, desto genauer kann sein Zuchtwert geschätzt werden. Je weniger Leistungseigenschaften andererseits im Zuchtziel enthalten sind, desto weniger Prüfungsinformationen sind erforderlich, um eine genaue Zuchtwertschätzung durchzuführen.

3.2 Rennpferdezucht (Vollblut- und Traberzucht)

Sowohl bei Vollblütern als auch bei Trabern gestaltet sich die Zuchtwertschätzung verhältnismäßig einfach, da der Zuchtwert nur die Rennleistung enthält, die durch verschiedene objektiv meßbare Leistungskriterien wie die Rennzeit über eine gegebene Strecke, den Generalausgleich, Gewinnsummen oder Placierungen recht zuverlässig geschätzt werden kann. In den Tabellen 49 und 50 sind die Ergebnisse von mehreren genetischen Analysen für Vollblüter und Traber zusammengestellt, aus denen der Erblichkeitsgrad verschiedener Rennleistungskriterien hervorgeht. Es zeigt sich dabei, daß die geschätzten Heritabilitäten für die einbezogenen Leistungskriterien stärker variieren als aufgrund des zufälligen Schätzfehlers erwartet, bedingt durch Unterschiede im Datenumfang, in der Datenstruktur und der angewendeten Schätzmethode. Dennoch kann aus der Zusammenstellung abgeleitet werden, daß Rennzeiten und Gewinnsummen etwas niedriger erblich sind ($h^2 = 0.2 - 0.4$) als Ausgleichsgewichte oder Distanzen ($h^2 = 0.3 - 0.5$). Die relative Höhe der additiv genetischen Varianz aller aufgeführten Rennleistungskriterien garantiert, daß diese Kriterien für eine Zuchtwertschätzung herangezogen werden können.

Während BORMANN (1966) wegen der größeren Heritabilität in dem Generalausgleichsgewicht das bessere Selektionskriterium für Vollblüter sieht als in der Rennzeit, wird von MINKEMA (1975) für Traber die Gewinnsumme gegenüber der Rennzeit als das optimale Selektionskriterium herausgestellt, weil bei der Gewinnsumme die Zahl der Nicht-Starts mitberücksichtigt werden kann. Hingegen sehen OJALA und VAN VLECK (1981) die Bestzeit als das geeignetere Merkmal an, weil es nach ihren Schätzungen die höheren Heritabilitäten aufweist und weniger von Umwelteffekten beeinflußt ist. Die Schwierigkeit in der Zuchtwertschätzung auf Rennleistung liegt darin, daß

Tab. 49. Schätzwerte der Heritabilität für Merkmale der Rennleistung (Vollblut)

Merkmal	Schätzmethode	h^2-Schätzwert	Autor
Rennzeit	MNR	0.24	ARTZ, W. (1961)
	HGK	0.19	ARTZ, W. (1961)
	HGK	0.06–0.14	BORMANN, P. (1966)
	MNR	0.06	OSCAG, I., TOTH, I. (1959)
	HGK	0.12	WATANABE, Y. (1969)
Gewicht	HGK	0.35	MORE O'FERRAL, G. J., CUNNINGHAM, E. P. (1974)
	VNR	0.56	MORE O'FERRAL, G. J., CUNNINGHAM, E. P. (1974)
	MNR	0.36	MORE O'FERRAL, G. J., CUNNINGHAM, E. P. (1974)
	ENR	0.34	MORE O'FERRAL, G. J., CUNNINGHAM, E. P. (1974)
	MNR	0.25–0.45	DUSEK, J. (1963)
	HGK	0.19–0.25	DUSEK, J. (1963)
	MNR	0.29–0.51	BORMANN, P. (1966)
	MNR	0.60	NEISSER, E. (1967)
	HGK	0.09–0.23	SCHULZE-SCHLEPPINGHOFF et al. (1985)
Distanz	HGK	0.68	FOYE, D. B. et al. (1972)
	VGK	0.36	FOYE, D. B. et al. (1972)
	HGK	0.64	WATANABE, Y. (1974)
	HGK	0.39–0.68	KIEFFER, N. M. (1973)
Gewinnsumme	HGK	0.60	PIRRI, J. u. STEELE, D. J. (1952)
	HGK	0.13–0.17	LANGLOIS, B. (1975)
	ENR	0.30	LANGLOIS, B. (1975
Gewinnsumme pro Start	HGK	0.21–0.26	LANGLOIS, B. (1975)

HGK, VGK, MNR, VNR, ENR s. Tab. 50

zwischen verschiedenen Rennen, Renntagen, Rennplätzen und Jahrgängen große systematische Unterschiede bestehen, so daß unter Umständen die gemessene Rennleistung eines Pferdes davon abhängt, in welchen Rennen es gelaufen ist. SCHULZE-SCHLEPPINGHOFF et al. (1985) unterstreichen den besonderen Einfluß des Trainers und Züchters auf die Rennleistung. Am besten geeignet für Leistungsprüfungen sind die sogenannten Zuchtrennen, in denen nur Pferde des gleichen Jahrganges ohne weitere Handicaps starten. Wenn in solchen Rennen jeweils eine für die Population repräsentative Stichprobe von Pferden startete, würde die Rennzeit eines Pferdes i, ausgedrückt als Abweichung vom Rennmittel und multipliziert mit dem Erblichkeitsgrad (h^2), einen unverzerrten Schätzwert für den Zuchtwert dieses im Rennen eigenleistungsgeprüften Pferdes ergeben:

$$I_i = h^2 \cdot (Z_i - \bar{Z}_i) \quad (3).$$

Darin sind:

I_i = geschätzter Zuchtwert (Index) für das Pferd i
h^2 = Erblichkeitsgrad für die Rennzeit in der Population (entspricht b_1 in Gleichung 2)

Tab. 50. Schätzwerte der Heritabilität für Merkmale der Rennleistung (Traber)

Merkmal	Schätzmethode	h^2-Schätzwerte	Autor
Durchschnitts-	HGK	0.14–0.21	Freund, H. (1974)
zeit	HGK	0.21	Linner, M.-T. (1973)
	HGK	0.14–0.40	Katona, Ö., Distl, O. (1985)
	HGK	0.30	Katona, Ö. (1979)
	HGK	0.16–0.31	Tolley, E. A. (1982)
	HGK	0.27–0.45	Ojala, M. J., van Vleck (1981)
	MNR	0.28–0.41	Minkema, D. (1975)
	MNR	0.32–0.48	Gopka, B. M. (1971)
	HGK	0.04–0.13	Gopka, B. M. (1971)
Bestzeit	MNR	0.26–0.46	Minkema, D. (1975)
	HGK	0.12	Ronningen, K. (1975)
	HGK	0.35–0.53	Varo, M. (1965)
	HGK	0.06–0.27	Katona, Ö., Distl, O. (1985)
	HGK	0.26–0.45	Bendroth, M. et al. (1985)
	HGK	0.25	Langlois, B. (1984)
	HGK	0.28–0.33	Ojala, M. J., van Vleck (1981)
Gewinnsumme	HGK	0.00	Linner, M.-T. (1973)
pro Start	HGK	0.27	Ronningen, K. (1975)
	HGK	0.25	Katona, Ö. (1979)
	HGK	0.30	Langlois, B. (1984)
	HGK	0.18–0.38	Bendroth, M. et al. (1985)
	HGK	−0.04–0.20	Ojala, M. J., van Vleck (1981)
Gewinnsumme	HGK	0.14	Ronningen, K. (1975)
pro Jahr	HGK	0.11	Katona, Ö. (1979)
	HGK	0.22–0.36	Bendroth, M. et al. (1985)
	HGK	0.20	Langlois, B. (1984)
	HGK	−0.10–0.75	Ojala, M. J., van Vleck (1981)
Gewinnsumme	MNR	0.22–0.46	Minkema, D. (1975)
Relative Sieg-häufigkeit	HGK	0.19	Ronningen, K. (1975)
Relative Häufig-keit der Nicht-placierung	HGK	0.27	Ronningen, K. (1975)
Relative Häufig-keit der		0.15–0.32	
		0.04–0.27	
Placierung (1–3)	HGK	0.05–0.09	Bendroth, M. et al. (1985)
Zahl der Starts	HGK		Bendroth, M. et al. (1985)
Starthäufigkeit	HGK		Klemetsdal, G. et al. (1985)

HGK = Halbgeschwisterkorrelation;
VGK – Vollgeschwisterkorrelation;   VNR = Vater-Nachkommen-Regression;
MNR = Mutter-Nachkommen-Regression;   ENR = Eltern-Nachkommen-Regression.

$(Z_i - \bar{Z}_i)$ = Abweichung der Rennzeit des Pferdes i vom Mittel der Rennzeiten aller im gleichen Rennen gestarteten Pferde (entspricht P_{i1} in Gleichung 2).

Tab. 51. Schätzwerte der Heritabilität und Wiederholbarkeit für ausgewählte Merkmale bei Reitpferden

Merkmal	Schätz-methode	h²-Schätzwert	w-Schätzwert	Autor
Trittlänge (Sulky)	HGK	0.31		BADE, B. (1974)
Schrittlänge (Sulky)	HGK	0.22		BADE, B. (1974)
Galoppsprungzahl	HGK	0.45		BADE, B. (1974)
Trab	HGK	0.54	0.57–0.54	BRUNS, E. (1985)
Schritt	HGK	0.48	0.50–0.55	BRUNS, E. (1985)
Galopp	HGK	0.28	0.43–0.53	BRUNS, E. (1985)
Dressur			0.65–0.68	BADE, B. (1978)
Rittigkeit			0.49–0.71	BADE, B. (1978)
Rittigkeit (Reiter)	HGK	0.37	0.68–0.72	BRUNS, E. (1985)
Rittigkeit (Training)	HGK	0.36		BRUNS, E. (1985)
Freispringen, Manier	HGK	0.56		BRUNS, E. (1985)
Freispringen, Vermögen	HGK	0.76		BRUNS, E. (1985)
Springparcours	HGK	0.70		BRUNS, E. (1985)
Springanlage (Training)	HGK	0.84		BRUNS, E. (1985)
Geländestilnote	HGK	0.33		BRUNS, E. (1985)
Geländerittzeit	HGK	0.65		BADE, B. (1974)
Jagdgaloppzeit	HGK	0.53		BRUNS, E. (1985)
Temperament/Charakter			0.87–0.90	RAUE, TH. (1977)
Temperament/Charakter	HGK	0.05		BRUNS, E. (1985)
Leistungsbereitschaft	HGK	0.32		BRUNS, E. (1985)
allgemeine Leistungsfähigkeit	HGK	0.38		BRUNS, E. (1985)
Gewinnsumme (log.)				
– Dressur	HGK	0.12–0.05	0.46–0.53	LANGLOIS, B. (1980)
	HGK	0.15–0.18		KLATT, M. (1979)
– Springen	HGK	0.15–0.19	0.46–0.53	LANGLOIS, B. (1980)
	HGK	0.13–0.23		BADE, B. (1974)
	HGK	0.14–0.19		KLATT, M. (1979)
– Vielseitigkeit	HGK	0.16–0.18	0.56–0.54	LANGLOIS, B. (1980
Zahl der Placierungen	HGK	0.24		PHILIPSSON, J. (1975)

Schwierig wird die Zuchtwertschätzung aber, wenn in bestimmten Rennen nur die guten und in anderen nur die weniger guten Pferde starten, wie das wegen der unterschiedlichen Dotierungen in der Praxis leider die Regel ist. Dann bestehen zwischen den Vergleichswerten (den Rennmittelwerten $\bar{Z}_i$) auch genetische Unterschiede, die nicht herauskorrigiert werden dürfen, wenn man die Zuchtwerte unverzerrt schätzen will. Es ist daher zu fragen, ob für die Leistungsprüfung und Zuchtwertschätzung von Rennpferden die weniger prominenten Ausgleichsrennen, an denen alle Pferde teilnehmen können, nicht besser geeignet sind als die großen klassischen Zuchtrennen.

Als erste systematische Anwendung eines Selektionsindexes in der Rennpferdezucht kann die Selektion von Traberhengsten in den Niederlanden aufgrund von Nachkommenleistungen, wie von MINKEMA (1976) entwickelt, angesehen werden. Als phänotypische Leistung geht die jährliche Gewinnsumme eines jeden Nachkommen ein, die für Jahres- und Geschlechtseinflüsse korrigiert wird. Zusätzlich sieht der von MINKEMA (1976) entwickelte Index eine Korrektur für das genetische Leistungs-potential der Mütter der Nachkommen vor, sofern die phänotypische Leistung der Mütter bekannt ist.

Interessante Vorschläge für die Zuchtwertschätzung von Rennpferden unter gleich-zeitiger Ausschaltung mehrerer systematischer Störeffekte mit Hilfe der von HENDER-SON (1973, 1974, 1975) entwickelten Blup-Methode wurden von VAN VLECK und HINTZ (1975) gemacht. Diese Methode, die breite Anwendung in der Rinderzucht gefunden hat, wird seit 1984 vom Hauptverband für Traberzucht und -rennen für die Zuchtwertschätzung beim deutschen Traber herangezogen. Dabei kommt ein soge-nanntes Wiederholbarkeitsmodell zur Anwendung, bei dem die Leistungen eines Pferdes (Rennzeit, Gewinnsumme) als wiederholte Messungen aufgefaßt werden. Systematische Störeffekte der Rennzeit wie Rennbahn, Bahnqualität, Rennlänge und Startart werden neben dem Einfluß des Alters, Geschlechts und Rennpreisniveaus gleichzeitig mit den zufälligen Einflußgrößen der Nachkommen und der Väter berück-sichtigt. Hinzu kommt eine Gruppierung der Väter nach ihrer Herkunft (Deutsch-land, USA, Frankreich, sonstige) und nach ihrem Alter, die eine bessere Vergleich-barkeit der Väter über die Gruppen hinweg ermöglicht. Damit ergibt sich eine deutliche Überlegenheit der Blup-Methode gegenüber dem bisherigen Zeitgefährten-vergleich insbesondere bei kleinen Nachkommengruppengrößen (DISTL et al., 1982; KATONA 1984). In der schwedischen Traberzucht wird die Zuchtwertschätzung der Hengste ebenfalls nach der Blup-Methode vorgenommen (ARNASON et al. 1984), wobei die Verwandtschaft der Hengste und der Zuchtwert der Mütter berücksichtigt werden. Es werden ferner die Zuchtwerte für vier verschiedene Merkmale gleichzeitig geschätzt, und zwar für die beste Rennzeit, Gewinnsumme, % Rennen placiert 1–3, Gewinnsumme pro Start. Zur Berücksichtigung des Effektes der assortativen Paarung von Hengsten und Stuten schlagen KATONA und DISTL (1984) die Hereinnahme des zufälligen Effektes der Stuten als Mütter der Nachkommen vor. Die Blup-Methode, die insgesamt zu einer korrekteren Rangierung der Hengste und der Stuten als der Zeitgefährtenvergleich führt, wird derzeit hinsichtlich der Eignung in der Zuchtwert-schätzung beim deutschen Vollblüter untersucht (SCHULZE-SCHLEPPINGHOFF 1985).

3.3   Reitpferdezucht

3.3.1   Eigenleistungsprüfung von Hengsten

Im Gegensatz zu den Rennpferden gestaltet sich die Zuchtwertschätzung bei Reitpfer-den sehr kompliziert, bedingt vor allem durch die Komplexität des Zuchtziels, das verschiedene Merkmale des Interieurs und Exterieurs beinhaltet. Während bei Renn-pferden objektiv meßbare Leistungskritierien vorhanden sind, können die wichtigsten Merkmale beim Reitpferd nur subjektiv und nur im Rahmen von stationären Lei-stungsprüfungen erfaßt werden. Daraus ergibt sich zwangsläufig die geringe Zahl von genetischen Analysen beim Reitpferd. Die Analysen von BADE (1974), RAUE (1977) und BRUNS et al. (1985) am Datenmaterial aus der Hengstleistungsprüfung (Tabelle 51) zeigen, daß bei den untersuchten Leistungskriterien offenbar genügend genetische Varianz für eine aussichtsreiche Selektion vorhanden ist. Andererseits werden auch große Schwankungen zwischen den Schätzwerten deutlich, die teilweise auf den geringen Datenumfang und die ungünstige Struktur des Materials zurückzuführen sind.

An den Prüfungsanstalten, die eine Hengsteigenleistungsprüfung durchführen, sind in den letzten Jahren verstärkte Anstrengungen unternommen worden, objektivere

Prüfungsmethoden zur Beurteilung der für die Reitpferdezucht entscheidenden Merkmale wie Grundgangarten, Rittigkeit, Springvermögen u. a. zu entwickeln. Dabei sollte vor allem durch wiederholte Beurteilung der Prüfungshengste mit Hilfe mehrerer unabhängiger Richter und erfahrener Testreiter die Aussagefähigkeit subjektiver Bewertungskriterien gesteigert werden, so daß genetische Unterschiede zwischen den Hengsten zuverlässig erkannt und dargestellt werden können. Die Ergebnisse von BRUNS et al. (1980, 1985 – vgl. Tabelle 51) machen deutlich, daß das Merkmal Rittigkeit objektiver durch Reiter als durch abseits stehende Richter beurteilt werden kann, wobei wegen der relativ hohen Wiederholbarkeit drei bis vier Testreiter ausreichend sind.

Die Ausschaltung des individuellen Reiters bei der Bewertung des Springvermögens führte zu dem sogenannten Freispringen, das als ein objektiverer Maßstab erscheint als die Leistung im Springparcours. Dennoch sollte das Freispringen nur in Verbindung mit der Springleistung, die unter Parcoursbedingungen erbracht wird, zur Beurteilung des Springvermögens herangezogen werden. Die Grundgangarten lassen sich noch nicht mit Hilfe objektiver Meßmethoden bewerten, die einfachen Längenmessungen der Tritte führen nicht zu dem eigentlichen Zuchtziel. Deshalb ist die subjektive Bewertung der Grundgangarten zur Zeit die einzige Möglichkeit; wegen der niedrigen Wiederholbarkeit sollten aber vier Richter eine voneinander unabhängige Bewertung vornehmen.

Die genetische Analyse von BRUNS et al. (1985) des Datenmaterials aus der stationären Hengstleistungsprüfung hat zu den in Tabelle 51 aufgeführten genetischen Parametern geführt. Daraus wurden Selektionsindices konstruiert zur Gesamtbewertung der Prüfhengste. Dabei stellte sich als nachteilig heraus, daß relative ökonomische Gewichte nicht exakt bekannt sind und eine Vielzahl von Selektionsmerkmalen zu berücksichtigen war. Die Ableitung optimaler Selektionsindices führte zu einigen negativen Indexgewichten, möglicherweise bedingt durch Schätzfehler bei den genetischen Parametern. Inwieweit die sogenannte Bending-Methode zur Modifikation der phänotypischen und genetischen Parameter (HAYES und HILL, 1981; ARNASON, 1984) nützlich sein kann, wurde bisher nicht untersucht. Statt dessen wurden die relativen Indexgewichte so gewählt, daß bestimmte Zuchtfortschritte in den Einzelmerkmalen erzielt werden. Dieses Verfahren führte zu der auf Seite 317 angegebenen Gewichtung der Merkmale aus der Hengstleistungsprüfung. Damit ist zwar nicht der maximale genetische Fortschritt erreicht, aber damit kann die Reitpferdezucht in eine vorher bestimmte Richtung genetisch verändert werden.

Als schwierig dabei erwies sich die antagonistische Beziehung zwischen der Springanlage einerseits und der Rittigkeit und den Grundgangarten andererseits. Diese negative genetische Beziehung führte zu der Entwicklung von spezialisierten Selektionsindices, wie sie von GLODEK et al. (1975) und SCHWARK et al. (1977) für Spring- und Dressurpferde angesprochen wurden. Dabei wurde wie bei dem o. g. allgemeinen Selektionsindex verfahren, daß die Gewichtung der Einzelmerkmale in Abhängigkeit von den gewünschten Selektionserfolgen vorgenommen wurde. In Tabelle 52 sind zum Vergleich der allgemeine Index und die beiden spezialisierten Selektionsindices mit ihren Indexgewichten und den relativen erwarteten Zuchtfortschritten dargestellt. Mit Hilfe solcher Spezialindices kann vor allem dem Züchter eine wertvolle Information für gezielte Paarungen an die Hand gegeben werden, wofür eine entsprechende Stutenprüfung Voraussetzung wäre.

Vor der Bewertung der Hengste in den o. g. Reitpferdeeigenschaften, die am besten in einer stationären Eigenleistungsprüfung erfaßt werden können, steht die Bewertung des Exterieurs einzelner Körpermerkmale auf den sogenannten Hengstkö-

Tab. 52. Relative Gewichte der Indexmerkmale (b_i) und erwarteter Selektionserfolg in jedem Merkmal ($\triangle G_i$)[1] (Basisindex)

Variable/Merkmal		Allgemeiner Index b_i (%)	$\triangle G_i$ (%)		Rittigkeits-Index b_i (%)	$\triangle G_i$ (%)		Spring-Index b_i (%)	$\triangle G_i$ (%)	
Rittigkeit		15,0	33,6		31,0	43,2		0	8,6	
Rittigkeit	(T)	15,0	40,0	19,5	26,0	43,8	26,2	0	20,2	7,1
Freispringen – Manier		2,5	9,5		0	– 4,8		7,5	48,1	
Freispringen – Vermögen		2,5	3,6		0	– 9,6		7,5	41,1	
Springparcours		5,0	37,1		0	24,6		20,0	59,5	
Springvermögen	(T)	5,0	12,2	16,5	0	– 6,4	1,1	20,0	55,8	50,4
Gelände		5,0	34,8		2,0	26,5		10,0	45,5	
Jagdgaloppzeit	(sec)	–5,0	–16,7	13,6	–2,0	–15,2	12,6	–5,0	– 5,7	12,6
Trab		5,0	27,9		5,0	31,2		0	6,5	
Galopp		5,0	30,7		5,0	35,2		0	8,1	
Schritt		5,0	28,7	23,1	5,0	32,5	29,8	0	9,7	6,0
Charakter/Temperament	(T)	10,0	27,5		8,0	26,7		10,0	23,4	
Leistungsbereitschaft	(T)	10,0	37,9		8,0	37,2		10,0	32,9	
allgemeine Leistungs-fähigkeit	(T)	10,0	38,9	27,6	8,0	37,4	30,4	10,0	40,4	23,8
Summe			379,0	100,0		332,7	100,0		405,6	100,0

[1] $\triangle G_i$ (in Einheiten der Standardabweichung * 100; Selektionsintensität = 1;
T = Bewertung durch den Trainingsleiter)

Tab. 53. Züchterische Kennzahlen von Exterieurmerkmalen

Merkmal	Hengste (Hannover)			Stuten (Hannover)			Stuten (Oldenburg)		
	$\bar{x}$	s	h^2	$\bar{x}$	s	h^2	$\bar{x}$	s	h^2
Rasse und Geschlecht	6,69	1,34	0,36	6,40	0,96	0,30	7,02	0,84	0,47
Körperbau	6,26	1,33	0,32	6,38	0,82	0,26	6,57	0,65	0,43
Korrektheit des Ganges	6,28	1,20	0,23	6,16	0,96	0,14	6,28	0,79	0,15
Schwung und Elastizität	7,07	1,48	0,16	6,51	1,05	0,22	6,80	0,86	0,35
Gesamteindruck	6,28	1,55	0,24	6,17	0,96	0,27	6,59	0,73	0,37
Kopf	6,99	1,12	0,21	6,62	1,02	0,36	6,98	0,88	0,31
Hals	6,92	1,01	0,26	6,49	0,93	0,28	6,81	0,86	0,42
Sattellage	6,80	1,09	0,65	6,56	0,92	0,40	6,54	0,92	0,32
Rahmen	6,97	1,09	0,20	6,58	0,95	0,24	6,69	1,06	0,22
Vordergliedmaßen	6,34	1,25	0,41	6,17	1,00	0,19	5,86	0,77	0,21
Hintergliedmaßen	5,83	1,17	0,20	5,93	0,93	0,23	6,02	0,77	0,37
Anzahl Tiere/Väter	680/116			11963/338			959/36		

$\bar{x}$ = Mittelwert; s = Standardabweichung; h^2 = Heritabilität (Erblichkeitsgrad); nur Väter mit mindestens 6–10 Nachkommen berücksichtigt.

rungen. Diesen Eigenschaften wurde von jeher ein großes Gewicht in der Pferdezucht beigemessen; zukünftig wird deren Bedeutung eher etwas sinken, da durch den Ausbau der stationären Leistungsprüfung die Möglichkeit einer effektiven Selektion auf Reitpferdeeigenschaften geschaffen wurde. Seit 1978 wurden Exterieurbewertungen bei Hengsten und Stuten in Niedersachsen nach einem einheitlichen Bewertungsschema (Noten von 1 bis 10) vorgenommen. Die Ergebnisse der genetischen Analyse dieser Daten von SCHIERHÖLTER und BRUNS (1984) sowie von WULFF (1986) sind in Tabelle 53 zusammengestellt. Danach bietet die Exterieurbeurteilung der Hengste auf einer zentralen Körung gute Vergleichsmöglichkeiten und sichert eine exakte Bewertung der Merkmale, so daß genetische Unterschiede nutzbar gemacht werden können. Zukünftig sollten die Exterieurmerkmale mit den Leistungseigenschaften aus der Leistungsprüfung zu einem Gesamtzuchtwert zusammengefaßt werden, so daß vor der Zuchtbenutzung eines Junghengstes dessen Teilzuchtwerte im Exterieur und in der Leistung vorliegen.

3.3.2 Nachkommenprüfung von Hengsten

Gerade wegen der Unsicherheit der Eigenleistungsprüfung von Reitpferdehengsten wurde immer wieder versucht, ihren Zuchtwert anhand der Qualität ihrer Nachkommen zu beurteilen. Hinsichtlich der äußeren Erscheinung geschieht dies in speziellen Nachzuchtbesichtigungen bzw. über die Bewertung von Hengsten und Stuten, deren Ergebnisse zur Nachkommenbewertung herangezogen werden können. Eine systematische Darstellung und züchterische Nutzung, etwa in Form eines Nachkommenselektionsindexes, liegt aber zur Zeit noch nicht vor, vielmehr werden diese Informationen auf informelle Weise genutzt.

Hinsichtlich der eigentlichen Reitpferdeeigenschaften können für eine Nachkommenprüfung von Hengsten die Turniererfolge der im Reitsport eingesetzten Nachkommen herangezogen werden. Die Untersuchungen von BADE et al. (1975) und KLATT (1979) ergaben Heritabilitäten für die Gewinnsumme aus Dressur- und Springprüfungen von 0.14 und 0.20. LANGLOIS (1980) schätzt ähnliche Heritabilitäten für die Springleistungen, findet aber keine genetische Varianz für die Gewinnsumme aus den Dressurprüfungen. In Vielseitigkeitsprüfungen sind von LANGLOIS (1980) Heritabilitäten zwischen 0.16 und 0.18 geschätzt worden; hingegen findet KLATT (1979) für die Gewinnsumme in Materialprüfungen keine genetische Varianz. Insgesamt sind die Heritabilitäten für die Turniererfolge, gemessen über die Gesamtgewinnsumme oder die jährliche Gewinnsumme, deutlich niedriger als für Leistungen aus der stationären Hengsteigenleistungsprüfung. Eine Ursache dafür wird von BRUNS et al. (1982) u. a. in der Definition des Leistungsmerkmals gesehen, das besser unabhängig von der Größe einer Hengstnachkommenschaft sein sollte – zum Beispiel die Gewinnsumme pro eingetragenem Turnierpferd. Zur Zeit werden weitere Untersuchungen an solchem Datenmaterial aus dem Turniersport vorgenommen mit dem Ziel, für eine Nachkommenbewertung geeignete Leistungsmerkmale zu finden und eine praktikable Methode der Zuchtwertschätzung von Hengsten zu entwickeln. Damit soll dann das Ergebnis aus der stationären Hengsteigenleistungsprüfung überprüft werden. In den meisten Fällen wird dieses Ergebnis erst im Alter von 10–12 Jahren eines Hengstes vorliegen und hätte kaum einen Einfluß auf die Selektion der Hengste, wohl aber auf die Auswahl der zukünftigen Hengstväter zur Anpaarung an die besten Stuten einer Zuchtpopulation.

3.3.3 Stutenprüfung

Um die hinsichtlich ihrer Reitveranlagung besten Stuten in einer Zuchtpopulation zu erkennen, bedarf es einer geeigneten Leistungsprüfung möglichst aller Zuchtstuten. Wegen ihrer großen Zahl verbietet sich im allgemeinen eine Stationsprüfung wie bei den Hengsten, so daß nur eine Feldprüfung bzw. eine zeitlich stark verkürzte Stationsprüfung übrig bleibt. Das Problem der Stationsprüfung liegt in dem sehr unterschiedlichen Vorbereitungsstand der Stuten und in der möglichen Trächtigkeit der Stute zum Zeitpunkt der Prüfung. Bisher konzentrierte sich die Bewertung der Stuten fast nur auf das Exterieur, wobei in Niedersachsen die in Tabelle 53 aufgezeigten Körpermerkmale bewertet werden. In jüngster Zeit laufen Versuche, auch die Reitpferdeeigenschaften der Stuten zu testen. KALM et al. (1983) berichten über eine Stationsprüfung für Stuten des Verbandes der Züchter des Holsteiner Warmblutpferdes, deren Dauer mit 14 Tagen als ausreichend angesehen wird. Auch hier hat sich das unterschiedliche Vorbereitungsniveau als deutliche Störgröße herausgestellt. Nach NISSEN et al. (1984) läßt sich der unterschiedliche Konditionszustand über Blutparameter, z. B. den Blutlaktatwert, bestimmen, der unterschiedliche Ausbildungsgrad läßt sich aber nur subjektiv feststellen. Der züchterische Erfolg einer solchen Leistungsprüfung hängt aber immer davon ab, welche Selektionsmöglichkeiten bestehen. Eine Leistungsprüfung, die nur der Dokumentation von Leistungen dient, ist ein kostspieliges Unterfangen für einen Zuchtverband. Viele Zuchtverbände werden keine Möglichkeit haben, eine Stationsprüfung nach dem „Holsteiner Modell" durchzuführen. Für diese bleibt nur die Möglichkeit einer Feldprüfung, die eine Rittigkeitsprüfung unter fremden Reitern und eine leichte Springprüfung beinhalten sollte. Eine solche Feldprüfung als Ergänzung zur Exterieurbewertung, durchgeführt an einer großen Zahl von Zuchtstuten, kann trotz der geringeren Genauigkeit einen höheren Selektionserfolg bringen als eine stationäre Prüfung weniger Stuten. Derzeit laufen noch Untersuchungen zu diesem Komplex und deren Ergebnisse sollten vorher abgewartet werden.

Abschließend sollen die Möglichkeiten der Bildung von Gesamtzuchtwerten für Hengste und Stuten und deren Informationsquellen dargestellt werden:

Gesamtzuchtwert für	Teilzuchtwert	
	Exterieur	Reitpferdeeigenschaften
Hengste	Eigenleistung (Feld) Nachkommen- leistung (Feld)	Eigenleistung (Station) Geschwister-/Nachkommen- leistung (Turniersport)
Stuten	Eigenleistung (Feld)	Eigenleistung (Feld/Station) Vorfahrenleistung (Station) Geschwisterleistung (Turniersport)

Die Zusammenfassung der verschiedenen Leistungskomplexe setzt die Kenntnis der genetischen Parameter voraus. In bisherigen Untersuchungen haben sich die Beziehungen zwischen dem Exterieur und den Reitpferdeeigenschaften als nicht sehr eng erwiesen. Für die relative Bedeutung der aufgezeigten Informationsquellen ist aber vor allem die Beziehung zwischen der stationären Hengsteigenleistungsprüfung und der Turniersportprüfung entscheidend. Sobald die z. Z. laufenden genetischen Untersuchungen abgeschlossen sind, kann über die Zusammenfassung der Teilzuchtwerte und die Bedeutung der Informationsquellen näheres gesagt werden. In jedem Fall werden bei der Bildung von Gesamtzuchtwerten die Teilzuchtwerte nicht zu vernachlässigen sein, sie stellen vielmehr wertvolle Informationen für die Züchter zur Planung gezielter Anpaarungen dar.

4 Zuchtplanung

4.1 Wahl der Zuchtmethode

Auf dem gegenwärtigen Stand des genetischen und ökonomischen Wissens in der Pferdezucht gibt es keine Veranlassung, der breiten Zuchtpraxis andere als die einfachsten Zuchtmethoden zu empfehlen. Trotz der internationalen Erfolge des irischen Hunters, der bekanntesten Gebrauchskreuzung in der Pferdezucht, kommt für alle deutschen Renn- und Reitpferdezüchter heute nur die Reinzucht oder, genetisch ausgedrückt, die Intra-Populations-Selektion als Zuchtmethode in Frage. Zur Begriffsklärung sei allerdings angemerkt, daß darunter nicht etwa die strenge Reinzucht innerhalb von geschlossenen Populationen, wie sie beim Englischen Vollblutpferd praktiziert wird, verstanden wird, sondern sehr wohl auch die Selektion innerhalb von offenen Populationen, in die jederzeit gewisse erwünschte Gene aus anderen sogenannten Veredlungspopulationen eingeführt werden können. Solche „Immigrationen" können zeitweise ein ganz erhebliches Ausmaß annehmen, wenn man beispielsweise die Umzüchtungsphase des schweren Warmbluts zu einem wettbewerbsfähigen Reitpferd mit Hilfe von Englischen Vollblütern, Anglo-Normannen, Trakehnern und Arabern betrachtet. Im genetischen Sinne münden aber auch sie wieder in eine Reinzucht innerhalb einer durch Einkreuzungen „genetisch aufgelokkerten" Population ein, wenn alle zur Weiterzucht benutzten Einkreuzungsnachkommen aufgrund einer einheitlichen Leistungsprüfung selektiert werden. Derartige „Blutauffrischungen" oder „Veredlungskreuzungen" sind lediglich vorübergehende Maßnahmen zur Steigerung des Erfolges der anschließenden Reinzuchtphase, sie bewirken daher nur etwas, wenn ihnen eine konsequente Leistungsselektion folgt.

4.2 Steigerung des Zuchtfortschritts

Der Zuchtfortschritt in der Pferdezucht entspricht also unmittelbar dem Selektionserfolg, der sich innerhalb einer Population in der Zeiteinheit erzielen läßt. Dieser Selektionserfolg ist von vier wesentlichen Parametern abhängig, die wie folgt miteinander in Beziehung stehen:

$$\Delta T = \frac{i \times r_{TI} \times \sigma_T}{t}$$

(5).

Darin bedeuten:

ΔT = Selektionserfolg pro Jahr
i = Selektionsintensität, abhängig von der Remontierungsrate (R), das Maß der Selektionsschärfe in der Population
r_{TI} = Genauigkeit der Zuchtwertschätzung
σ_T = Standardabweichung des kombinierten Zuchtwertes T
t = mittleres Generationsintervall in Jahren.

Die Übertragung des Zuchtfortschrittes bei der Zucht von Pferden vollzieht sich analog zu der Zucht bei anderen Tierarten über folgende vier Genpfade:

Hengstväter HV   = Hengste zur Nachzucht von Hengsten
Hengstmütter HM   = Stuten zur Nachzucht von Hengsten
Stutenväter SV   = Hengste zur Nachzucht von Stuten
Stutenmütter SM   = Stuten zur Nachzucht von Stuten.

Der relative Anteil der Genpfade am Gesamtzuchtfortschritt wird wie bei anderen Tierarten unterschiedlich groß sein. Bei Pferden liegen bisher keine exakten Angaben darüber vor, aber sicherlich ist der Anteil der Hengstväter und Hengstmütter am höchsten, der Einfluß der Stutenmütter am niedrigsten. Die Maßnahmen zur Steigerung des Zuchtfortschrittes haben demnach in erster Linie bei der Selektion der Hengstväter und Hengstmütter anzusetzen. Unter Berücksichtigung der vier am Zuchtfortschritt unterschiedlich stark beteiligten Genpfade ist die Schätzgleichung für den Zuchtfortschritt (5) zu folgender Gleichung nach Rendel und Robertson (1950) zu erweitern:

$$\Delta T = \frac{\Delta G_{HV} + \Delta G_{HM} + \Delta G_{SV} + \Delta G_{SM}}{t_{HV} + t_{HM} + t_{SV} + t_{SM}},$$

wobei

G_{AB} = Zuchtfortschritt des Genpfades AB ($i_{AB} \times r_{TI} \times \sigma_{T}$)
t_{AB} = Generationsintervall des jeweiligen Genpfades darstellen.

Durch gezielte Beeinflussung der in Gleichung (5) genannten Parameter kann der genetische Fortschritt in einer Population gesteigert werden. Da jedoch die einzelnen Paramter z. T. einander entgegenwirken, kommt es meistens darauf an, die optimale Kombination der vier Paramter zur Maximierung des Zuchtfortschrittes zu finden, was letztlich die zentrale Aufgabe der Zuchtplanung ist.

Die *Selektionsintensität* (i) mißt die Selektionsschärfe in einer Population, d. h. die Überlegenheit der zur Weiterzucht ausgewählten Tiere in Einheiten der Standardabweichung des Selektionskriteriums. Bei gerichteter Selektion ist die Selektionsintensität eine direkte Funktion der *Remontierungsrate,* also des relativen Anteils selektierter Tiere an der Gesamtzahl der Tiere in der Population. Eine lineare Abnahme in der Remontierungsrate bewirkt eine kurvilineare Zunahme in der Selektionsintensität.

Der Selektionserfolg wird also um so größer sein, je weniger geprüfte Tiere zur Weiterzucht verwendet werden. Am Beispiel der gegebenen Kapazität der Hengstleistungsprüfungsanstalt in Adelheidsdorf soll gezeigt werden, welche wesentlichen Möglichkeiten zur Steigerung des Selektionserfolges über eine höhere Selektionsintensität in der Reitpferdezucht vorhanden sind (vgl. Tab. 54).

Die vorhandene Prüfungskapazität von 100 Plätzen wird z. Z. nur von 40 Prüfhengsten genutzt. Sollte die Prüfkapazität voll genutzt werden, müßte damit aus organisatorischen Gründen eine Verkürzung der Prüfungsdauer einhergehen. Gleichzeitig verringert sich damit die Genauigkeit der Zuchtwertschätzung gegenüber dem 11-Monate-Test (Bruns et al., 1979). Bei einem jährlichen Bedarf von 20 Hengsten würde der erwartete Zuchterfolg maximiert werden, bei einer Prüfdauer von 8 Monaten, d. h. der Verlust an Genauigkeit wird durch einen deutlich höheren Gewinn an Selektionsschärfe mehr als ausgeglichen. Entscheidend ist also nicht die Selektionsintensität für

Tab. 54. Einfluß der Prüfungskapazität und des jährlichen Bedarfs an Hengsten auf die Genauigkeit der Zuchtwertschätzung, die Selektionsintensität (i) und den erwarteten Selektionserfolg (ΔG, %)

Prüf-dauer (Mon.)	Anzahl Prüf-plätze	Genauigkeit der Zuchtwertschätzung (%)	jährlicher Bedarf an Hengsten			
			20		5	
			i	ΔG (%)	i	ΔG (%)
11.0	40	100	0.80	100	1.64	205
8.0	100	80	1.41	141	2.06	206
5.5	200	60	1.76	132	2.34	175

sich allein, sondern das Produkt aus Selektionsintensität (i) und der Genauigkeit der Zuchtwertschätzung (r_{TI}).

Eine andere Möglichkeit, die Selektionsintensität drastisch zu steigern, besteht darin, weniger geprüfte Hengste in die Zucht einzustellen und sie z. B. über die künstliche Besamung stärker auszunutzen, wie es in der Rinderzucht mit großem Erfolg praktiziert wird. So würde eine Viertelung des jährlichen Bedarfs an Junghengsten für den Bereich des Niedersächsischen Landgestüts Celle eine Steigerung der Selektionsintensität und damit des Zuchtfortschrittes um 30–100% bedeuten (vgl. Tab. 54). Damit wird deutlich, welche züchterischen Reserven gerade in dieser biologischen Maßnahme liegen.

Als weitere Maßnahme zur Erhöhung der Selektionsintensität wäre das System von gezielten Paarungen zu nennen, das Paarungen nur zwischen den allerbesten Hengsten und Stuten einer Population zur Erzeugung der nächsten Hengstgeneration vorsieht. Dies würde eine Erhöhung der Selektionsintensität für die Genpfade Hengstväter und Hengstmütter bedeuten.

Die *Genauigkeit der Zuchtwertschätzung* (r_{TI}) ist von der Art der Prüfung abhängig. Je sicherer die Leistung in einer Prüfung beurteilt werden kann, desto höher ist r_{TI}. Eine Stationsprüfung von Reitpferdehengsten gestattet beispielsweise eine genauere Zuchtwertschätzung als eine Feldprüfung ohne stationäre Vorbereitungsperiode. Ob damit aber auch der Zuchtfortschritt erhöht wird, ist sehr fraglich, da eine genauere, d. h. längere Stationsprüfung nur an erheblich weniger Hengsten durchgeführt werden kann und damit die Selektionsintensität einschränkt. Entsprechendes gilt für die Leistungsprüfung von Stuten auf Stationen oder im Feld.

Für den Bereich der Rennpferdezucht stellt sich die Frage, wieviele Rennleistungen pro Prüftier aus einem oder auch aus mehreren Rennjahren zur Zuchtwertschätzung herangezogen werden sollen, sofern die optimale Prüfungsmethode eine Eigenleistungsprüfung ist. Bei einer Nachkommenprüfung muß die optimale Zahl von Nachkommen pro Prüftier und die optimale Anzahl von Rennleistungen pro Nachkommen bestimmt werden. Im allgemeinen gilt, daß mehr Informationen die Genauigkeit der Zuchtwertschätzung steigern, aber der Gewinn an Genauigkeit muß gegenüber dem Verlust an Selektionsintensität und vor allem gegenüber einer Verlängerung des Generationsintervalls abgewogen werden. Bei der Einbeziehung von Rennleistungen muß zudem beachtet werden, daß der Erblichkeitsgrad der Rennleistung mit steigendem Alter sinken kann (KATONA und DISTL, 1985), was auf eine Selektion der Rennpferde im Laufe der Prüfung hindeutet und den zusätzlichen Gewinn an Genauigkeit reduzieren wird.

Die Standardabweichung des kombinierten Zuchtwertes (o_T) ist im allgemeinen als Konstante anzusehen und vom Züchter nicht zu beeinflussen. Allenfalls kann sie durch sinnvolle Veredlungskreuzung in einer Population leicht erhöht werden.

Das *Generationsintervall* (t) ist das mittlere Alter der Eltern zum Zeitpunkt, an dem die sie in der Zucht ersetzenden Nachkommen geboren werden. Es wird vom Züchter durch die Nutzungsdauer seiner Zuchttiere und auch durch die Wahl der Prüfungsmethode bestimmt. Findet z. B. die Hengstleistungsprüfung vor der Zuchtbenutzung mit 3½ Jahren statt, so können die ersten Nachkommen der besten Hengste geboren werden, wenn diese 5 Jahre alt sind. Wird dagegen eine Überprüfung der Hengste anhand ihrer Nachkommen im Turniersport abgewartet, so sind sie mindestens 10 Jahre alt, d. h. das Generationsintervall wäre zweimal so lang. Gerechtfertigt wäre das nur, wenn die Genauigkeit der Zuchtwertschätzung durch die Nachkommenprüfung auf das Doppelte gesteigert werden könnte, was allerdings nur bei einer relativ niedrigen Genauigkeit der Eigenleistungsprüfung möglich wäre. Zu ähnlichen Ergebnissen kommen STRÖM und PHILIPSSON (1976) in einer Modellkalkulation, wobei sie eine Einbeziehung von Nachkommenleistungen aus dem Turniersport nur dann für vorteilhaft halten, wenn die genetische Korrelation zwischen den Leistungen im Turniersport und der Eigenleistung auf Station kleiner als 0.8 ist. Welche Generationsintervalle in der Reitpferdezucht optimal sind, wird sich entscheiden lassen, wenn die genetischen Parameter für beide Prüfungsformen bekannt sind und verglichen werden können. Für die Zucht von Trabern kommen STRÖM und PHILIPSSON (1976) zu dem Ergebnis, daß eine zusätzliche Berücksichtigung von Nachkommenleistungen sich nur für Selektionskriterien lohnt, deren Erblichkeitsgrad kleiner als 0.3 ist. Diese Modellberechnungen lassen sich wohl auch auf die Vollblutzucht übertragen, so daß für das Merkmal Rennleistung eine Eigenleistungsprüfung mit dem kürzesten Generationsintervall die optimale Prüfungsform darstellt.

Entscheidende Zuchtfortschritte werden in dem oben diskutierten System der gezielten Paarungen nur über eine leistungsbedingte Selektion, vor allem der Hengstväter und Hengstmütter, erzielt. Um aber eine sinnvolle Hengstmütterselektion betreiben zu können, sind bezüglich der Populationsgröße gewisse Mindestanforderungen zu erfüllen, wobei 5000 Zuchtstuten als Mindestpopulationsgröße angesehen werden (GLODEK, 1973). Wie aus Tabelle 55 hervorgeht, erfüllen die meisten Zuchtverbände

Tab. 55. Zahl der Stuten nach Zuchtgebieten des „Deutschen Reitpferdes" (FN-Jahresbericht 1977/1985)

Zuchtgebiet	1977	1985
Hannover	16 179	15 204
Westfalen	9 684	10 990
Trakehner	4 283	3 344
Württemberg	4 165	5 938
Rheinland	3 833	2 652
Hessen	3 660	3 445
Oldenburg	3 552	3 634
Holstein	2 890	3 681
Bayern	2 622	3 798
Rheinland-Pfalz-Saar	1 777	2 305
Gesamt	52 735	54 991

des „Deutschen Reitpferdes" diese Anforderungen nicht. Damit entsteht für die Zuchtverbände der Zwang zu einer engeren Zusammenarbeit, für die kleinen Zuchtgebiete sogar zu Fusionen. In Anbetracht des gemeinsamen Zuchtzieles aller Zuchtverbände sollten entsprechende Konzentrationen nicht als unmöglich erscheinen. Für die Aufstellung von populationsgenetisch begründeten Zuchtprogrammen sind sie unbedingte Voraussetzung.

4.3 Schwerpunkte der Zuchtplanug

Zuchtplanung ist nur auf die Maximierung des mittleren Zuchtfortschritts in einer Population gerichtet und insofern eindeutig die Aufgabe der Zuchtleistung, die nicht selten sogar gegen die Interessen von einzelnen Züchtern durchgesetzt werden muß. Ein typisches Beispiel hierfür ist die Benutzung der besten Leistungshengste in einer Population. Während jeder Züchter gern Fohlen von diesen Hengsten mit seinen Stuten erzeugen möchte, muß die Zuchtleitung darauf bedacht sein, die Spitzenhengste zur gezielten Anpaarung an die besten Stuten der Population zur Erzeugung der nächsten Hengstgeneration zu reservieren. Die Fesselung der Hengstfohlen aus solchen gezielten Paarungen für die Eigenleistungsprüfung und der besten geprüften Junghengste für den Einsatz im eigenen Zuchtgebiet erfordern eine starke Zuchtleitung, da für die Einzelzüchter oft sehr große Summen auf dem Spiel stehen. Eine konsequente Zuchtpolitik der Zuchtleitung kommt andererseits allen Züchtern zugute, da die zukünftige Wettbewerbsfähigkeit einer Zuchtorganisation von ihrem mittleren Zuchtfortschritt abhängt und auch Spitzenprodukte in gut geführten Zuchtprogrammen häufiger erzielt werden als in Vereinen, die anstelle eines zentralen Zuchtprogrammes den atomistischen Wettbewerb zwischen ihren Mitgliedern bevorzugen.

Die wesentlichen Aufgaben der Zuchtplanung in einer erfolgversprechenden Pferdezuchtorganisation sind:

1. Optimierung der Leistungsprüfung und Zuchtwertschätzung für Hengste und Zuchtstuten,
2. Festlegung von Selektionsgrenzen für Hengstväter und -mütter und Organisation von gezielten Paarungen zur Erzeugung der nächsten Hengst- und Hengstmüttergeneration.
3. Bestimmung des optimalen Generationsintervalls, d. h. der jährlichen Remontierungsraten von Zuchthengsten und -stuten, insbesondere zur Erzeugung von Hengsten und Hengstmüttern.
4. Schaffung eines gerechten Ausgleichs zwischen Züchtungsaufwendungen und -erträgen unter den aktiven Züchtern, wobei ein ausreichender materieller Anreiz für langfristige züchterische Anstrengungen gewährleistet werden muß.

Diese Planungsfunktionen beziehen sich vornehmlich auf Einzelzüchtervereinigungen, wie sie in der bäuerlichen Reitpferdezucht üblich sind. In einigen Zuchtgebieten liegt die „Hengstpolitik" in der Hand staatlicher Gestütsverwaltungen, doch sind auch diese für optimale Entscheidungen auf die uneingeschränkte Mitarbeit der Zuchtorganisation der Stutenhalter angewiesen. Ein typisches Beispiel ist das von BADE et al. (1973) beschriebene Zuchtprogramm der niedersächsischen Gestütsverwaltung, dessen züchterische Effizienz in den letzten Jahren wesentlich gesteigert werden konnte dadurch, daß mehr Hengste geprüft und damit stärker auf Reitleistung unter den geprüften Hengsten selektiert wurde.

In der Rennpferdezucht der westlichen Welt wird die züchterische Arbeit vornehmlich von miteinander konkurrierenden Privatgestüten übernommen. Derartige Zuchtunternehmen sind zwar in ihren züchterischen Entscheidungen viel flexibler als Züchtervereinigungen, da sie aber meistens für eigenständige Zuchtarbeit viel zu kleine Zuchtpopulationen besitzen, sind sie in starkem Maße gezwungen, ihren Zuchtfortschritt auf dem Weltmarkt zuzukaufen. Über die tatsächlichen Zuchtfortschritte, die mit diesem System in den letzten Jahrzehnten noch erzielt wurden, gehen die Meinungen sehr auseinander, da es verläßliche Messungen nicht gibt (ROBERTSON, 1975).

Die Verwirklichung von Zuchtprogrammen in der Pferdezucht auf populationsgenetischer Grundlage, wie sie beispielsweise für die Rinderzucht vorhanden sind, wird wegen teilweise fehlender genetischer Parameter und ungünstiger Populationsstruktur noch einige Zeit auf sich warten lassen. In jüngster Zeit werden aber verstärkte Anstrengungen unternommen, genetische Parameter zu schätzen, so daß in absehbarer Zeit konkrete Planungsmodelle für die Pferdezucht entwickelt und die entsprechenden organisatorischen Voraussetzungen realisiert werden können.

Literaturverzeichnis

(Zuchtplanung auf populationsgenetischer Grundlage)

ARNASON, TH.: Genetic studies on conformation and performance of Icelandic toelter horses. II. Construction of multitrait selection indices and modification of covariance matrices by the „bending" method. Acta Agric. scand. 34, 428–439, 1984.

ARNASON, TH.; BENDROTH, M.; PHILIPSSON, J.: Genetic evaluation of Swedish trotter stallions by the Blup-Method. EAAP, 1984, The Hague.

ARTZ, W.: Ein Beitrag zur Auswertung der Leistungsprüfungen in der Vollblutzucht. Diss. Gießen, 1961.

BADE, B.: Schätzung genetischer Parameter für Leistungsmerkmale hannoverscher Reitpferde. Diss. Göttingen, 1974.

BADE, B.; V. STENGLIN, C. und RAPPEN, W.: Leistungsprüfung und Zuchtplanung in der Reitpferdezucht. Züchtungskunde 45, 3–12, 1973.

BENDROTH, M.; ARNASON, TH.; PHILIPSSON, J.: Genetic and environmental factors affecting trotting performance of Swedish trotters. EAAP, Saloniki, 1985.

BORMANN, P.: Ein Vergleich zwischen Generalausgleichsgewicht und Zeitmessung als Selektionsmaßstab in der Vollblutzucht. Züchtungskunde 38, 301–310, 1966.

BRUNS, E.: Modellkalkulationen zur optimalen Nutzung der Stationsprüfungskapazität in der Pferdezucht. Vortrag anläßlich der 28. Jahrestagung der Europ. Vereinigung für Tierzucht, Brüssel, 1977.

BRUNS, E.; BIERBAUM, M. und FREESE, D.: Die Entwicklung von Selektionskriterien für die Reitpferdezucht. IV. Schätzung relativer ökonomischer Gewichte anhand von Auktionsergebnissen. Züchtungskunde 50, 93–100, 1978.

BRUNS, E.; BADE, B.: Effect of shortened testing period in performance testing of stallions upon the expected genetic gain. EAPP, Harrogate, 1979.

BRUNS, E.; BADE, B.; HARING, H.: Results on a more objective measurement of performance traits of stallions in performance testing at station. Livestock Production Science 7, 607–614, 1980.

BRUNS, E.; MEINARDUS, H.; HARTWIG, W.; BADE, B.: Fruchtbarkeit hannoverscher Hengste und deren Beziehung zur Nachkommenprüfung im Turniersport. EAAP, Leningrad, 1982.

BRUNS, E.; RAULS, B.; BADE, B.: Die Entwicklung von Selektionskriterien für die Reitpferdezucht. V. Phänotypische und genetische Parameter und Selektionsindices für eigenleistungsgeprüfte Hengste. Züchtungskunde 57, 172–182, 1985.

DISTL, O.; KATONA, Ö.; KRÄUSSLICH, H.: Vergleich der Zuchtwertschätzmethoden Blup und CC beim deutschen Traber. Züchtungskunde 54, 157–164, 1982.

DOHN, H.: Die Züchtung eines marktgerechten Pferdes unter besonderer Berücksichtigung der Nachfrageansprüche sowie der erforderlichen Maßnahmen in Zucht und Organisation. Diss. Bonn., 1972.

DUSEK, J.: Bemerkungen zur Beurteilung der Leistungsfähigkeit von Pferden. Sonderdruck aus der Schriftenreihe des Max-Planck-Instituts für Tierzucht und Tierernährung. Sonderband, 1963.

FOYE, D. B.; DICKEY, H. C. and SNIFFEN, C. J.: Heritability of racing performance and a selection index for breeding potential in the thoroughbred horse. J. Anim. Sci. 35 (6). 1141–1145, 1972.

FREUND, H.: Untersuchungen an der Traberpopulation der DDR. Diss. Leipzig, 1974.

GLODEK, P.: Leistungsprüfung und Zuchtwertschätzung in der Reitpferdezucht. Vortrag anläßlich der 1. Hippologischen Fachtagung der Deutschen Reiterlichen Vereinigung. Abt. Zucht, Göttingen, 1973.

GLODEK, P. und BADE, B.: Die Entwicklung von Selektionskriterien für die Reitpferdezucht. III. Konstruktion von Selektionsindices für eigenleistungsgeprüfte Hengste. Züchtungskunde 47, 164–171, 1975.

GOPKA, B. M.: Heritability of speed in Orlow trotters Genetika i selektsya na Ukraine Ch. 2 Kiew: Nauk. Dumpka p. 8. Animal Breeding Abstracts 42, 19, 1974.

HAYES, J. F.; HILL, W. G.: Modification of estimates of parameters in the construction of genetic selection indices („bending"). Biometrics 37, 483–493, 1981.

HENDERSON, C. R.: Sire evaluation and genetic trends. Proc. Anim. Breeding and Genetics. Symp. in Honour of Dr. J. L. Lush, American Society of Animal Science, 1973.

HENDERSON, C. R.: General flexibility of linear model techniques for sire evaluation. Journal of Dairy Science 57, 963–972, 1974.

KALM, E.; NISSEN, T.; CLAUS, J.; GRAMANN, G.: Entwicklung einer Leistungsprüfung für Stuten. EAAP, Madrid, 1983.

KATONA, Ö.: Genetical-statistical analysis of traits in the German trotter. Livestock Production Science 6, 407–412, 1979.

KATONA, Ö.: Eine neue Methode der Zuchtwertschätzung beim Traber. HVT-Informationsdienst, 1984.

KATONA, Ö.; DISTL, O.: The influence of mating structure on progeny test results in the German trotter population. EAAP, 1984, The Hague.

KATONA, Ö.; DISTL, O.: Ranking of sires by various traits in the German trotter population. EAAP, Saloniki, 1985.

KIEFER, N. M.: Inheritance of racing ability in the thoroughbred. The thoroughbred Record 198, 50–55, 1973.

KLATT, M.: Zuchtwertschätzung von Reitpferdehengsten anhand der Leistungen ihrer Nachkommen auf Turnieren. Diss. Göttingen, 1979.

KLEMETSDAL, G.; SVENDSEN, M.; VANGEN, O,: Preliminary results from genetic studies of racing performance in Norwegian trotters. EAAP, Saloniki, 1985.

LANGLOIS, B.: Analyse statistique et genetique des gains des pur sang anglais de trois ans dans les courses plates francaises. Annales de Genetique et de Selection animale 7 (4), 387–408, 1975.

LANGLOIS, B. et LEGAULT, C.: Estimation de valeur genetique des reproducteurs sur la base de leurs performances individuelles ou de leurs descendants. Vortrag anläßlich der 28. Jahrestagung der Europ. Vereinigung für Tierzucht, Brüssel, 1977.

LINNER, M.-T.: Züchterische Auswertung der Rennleistungen von Trabern der Jahrgänge 1963 und 1964 in der BRD. Diss. München, 1973.

MINKEMA, D.: Studies on the genetics of trotting performance in Dutch trotters. I. The heritability of trotting performance. Annales de Genetique et de Selection Animale 7 (1), 99–121, 1975.

MINKEMA, D.: Studies on the genetics of trotting performance in Dutch trotters. II. A method for the breeding value estimation of trotter stallions. Annales de Genetique et de Selection Animale 8 (0), 511–526, 1976.

MORE O'FERRAL, G. J. and CUNNINGHAM, E. P.: Heritability of racing performance in thoroughbred horses. Livestock Production Science 1, 87–97, 1974.

NEISSER, J.: Untersuchungen zum genealogischen Aufbau der Vollblutzucht in der DDR und zur mütterlichen Einflußnahme auf die Rennleistung des Vollblutpferdes unter besonderer Berücksichtigung der Stutenfamilien. Diss. Jena, 1967.

NISSEN, T.; KALM, E.: Einfluß des Vortrainings auf die Ergebnisse einer Stutenleistungsprüfung. EAAP, Den Haag, 1984.

OCSAG, I. and TOTH, I.: Heritability of speed in horses. Agrartud. egy. Mezogazdas Tud. (Karanak Kozl.) 61–67, 1959. Anim. Breeding Abstracts 30, 1562, 1962.

OJALA, M. J.; VAN VLECK, L. D.: Measures of racetrack performance with regard to breeding evaluation of trotters. Journal of Animal Science 53, 3, 611–619, 1981.

PHILIPSSON, J.: Estimates of heritability of Swedish riding horses. Vortrag anläßlich der 26. Jahrestagung der Europ. Vereinigung für Tierzucht, Warschau, 1975.

PIRRI, J. and STEELE, D. G.: The heritability of racing capacity. The Blood Horse 63, 976, 1952.

RAUE, T.: Untersuchungen über eine Eigenleistungsprüfung von Junghengsten mit Wiederholungsprüfungen. Züchtungskunde 49 (4), 270–281, 1977.

RENDELL, J. and ROBERTSON, A.: Estimation of genetic gain in milk yield by selection in a closed herd of dairy cattle. Journal of Genetics 50, 1–8, 1950.

RONNINGEN, K.: Genetic and evironmental factors for traits in the North-Swedish trotter. Zeitschrift f. Tierzüchtung und Züchtungsbiologie 92, 164–175, 1975.

SCHIERHÖLTER, M.; BRUNS, E.: Züchterische Nutzung der Exterieurbeurteilung von Stuten und Hengsten. Oldenburger Sportpferd 4, 12–13, 1984.

SCHULZE-SCHLEPPINGHOFF, W.: Analyses of the racing performance of thoroughbred horses in the Federal Republic of Germany. EAAP, Saloniki, 1985.

SCHWARCK, H. J.; SCHEIBNER, K. und SASSE, L.: Merkmalskorrelation bei Sportpferden. Vortrag anläßlich der 28. Jahrestagung der Europ. Vereinigung für Tierzucht, Brüssel, 1977.

STRÖM, H. and PHILIPSSON, J.: The relative importance of performance tests and progeny tests in horse breeding. Vortrag anläßlich der 27. Jahrestagung der Europ. Vereinigung für Tierzucht, Zürich, 1976.

TOLLEY, E. A.; NOTTER, D. R.; MARLOWE, T. J.: Heritability and repeatability of speed of 2- and 3-year-old standardbred racehorses. Journal of Animal Science 56, 6, 1294–1305, 1982.

VAN VLECK, L. D. and HINTZ, R. L.: Prediction of genetic value of stallions. Proc. International Symposium on Genetics and Horse-Breeding. Royal Dublin Society, 1975.

VARO, M.: Some coefficients of heritability in horses. Annales Agricultural Fenniae 4, 223–237, 1965.

WATANABE, Y.: Timing as a measure of selection in the thoroughbredding. Ja. J. Zootechn. Sci. 40, 271–276, 1969. Animal Breeding Abstracts 38, 63, 1970.

WATANABE, Y.: Performance rates in thoroughbreds as a criterium of racing ability. Jap. J. Zootechn. Sci. 45, 408–411, 1974.

WULFF, V.: Beziehungen zwischen Exterieur und Leistungseigenschaften bei deutschen Reitpferdehengsten (unveröffentl.), 1986. Internat. Wissenschaftliches Symposium der Sektion Tierproduktion der Universität Leipzig.
  I. Genetische Grundlagen, Selektion und Zuchtverfahren in Sportpferdezüchtung. Leipzig, 10.–11. 9. 1974.
  II. Leistungsprüfungen von Sportpferden. Leipzig, 13.–14. 7. 1976.

FN-Jahresbericht, Deutsche Reiterliche Vereinigung, Warendorf, 1977/1985.

H Organisation der Pferdezucht

1 Züchterorganisationen

Aus alten Überlieferungen ist bekannt, daß die Pferdezucht innerhalb der gesamten landwirtschaftlichen Nutztierzucht als erste schon sehr frühzeitig eine systematische Förderung, vor allem durch die Herrscher der einzelnen Länder, erfahren hat. Im Vordergrund stand dabei in erster Linie das militärische Interesse. Je stärker dann im Laufe der Jahrhunderte die Nahrungsbedürfnisse und damit die Bedeutung der Landwirtschaft stiegen, um so mehr erwuchs von dieser Seite schließlich ein ständig steigender Bedarf an diesem entscheidenden, lebenden Betriebsmittel, dem die Züchtung sich anpassen mußte. Auch heute noch wird das Pferd weltweit mehr im Bereich der Nahrungsmittelproduktion als Zug- oder Tragtier bzw. unter dem Sattel eingesetzt, als für Sport- oder Rennzwecke.

Die Geschichte unserer Kulturrassen beweist, daß am Beginn einer planmäßigen Züchtung häufig das Wirken einzelner, mit besonderer Intuition ausgestatteter Züchter stand. Je stärker jedoch die Pferdezucht an Verbreitung zunahm, je weiter sie sich auf die bäuerlichen Betriebe ausdehnte und je mehr sie damit schließlich den Charakter einer Landespferdezucht annahm, um so dringender erschien ein Zusammenschluß der Züchter, um auf diese Weise ihre besonderen Interessen innerhalb des eigenen Berufsstandes und auch in der Öffentlichkeit besser zur Geltung bringen zu können. Das führte vielfach zunächst zur Gründung von Vereinen auf regionaler Ebene. Da in bäuerlichen Gegenden das Hauptanliegen zuerst meist in der Bereitstellung der nötigen Vatertiere bestand, kam es auf diese Weise zur Bildung von *Hengsthaltungsvereinen* oder *-genossenschaften,* soweit nicht schon vom Staat die Vatertierfrage geregelt war. Vielfach übernahmen diese ersten Organisationen auch die Einrichtung einer Zuchtbuchführung, bis es dann zu den Zusammenschlüssen auf größerer Ebene kam. In der Regel bildeten später die Provinzen oder die Länder, soweit sie kleineren Umfang hatten, die regionale Begrenzung der allmählich entstehenden *Pferdezuchtverbände.* Die Aufgabe dieser größeren Vereinigungen lag zunächst in der Organisation der Stutbuchführung als Grundlage für die weitere Betreuung der Züchter. Diese ist bis heute erhalten geblieben. Die Entwicklung ist in den einzelnen Ländern und Zuchtgebieten je nach den örtlichen Verhältnissen sehr unterschiedlich verlaufen. Meistens ist noch eine Untergliederung auf Bezirks-, Kreis- oder regionaler Ebene (Deckstellenbereich) erfolgt. Zu den wesentlichen Aufgaben der Zuchtverbände gehört ferner eine systematische *Zuchtplanung* zur Sicherstellung des züchterischen Fortschrittes.

Soweit es sich um Zuchtverbände handelt, deren Züchter Reitpferde erzeugen, gehört auch die Einflußnahme auf die Leistungsprüfungen zu dem Aufgabenbereich. Teilweise haben die Zuchtverbände eigene Reit- und Fahrschulen eingerichtet, die dann gleichzeitig der Absatzförderung für Gebrauchspferde dienen (z. B. Bayern: Ansbach, Hannover: Verden, Holstein: Elmshorn, Rheinland: Wülfrath, Westfalen: Münster-Handorf, Oldenburg: Vechta).

In Deutschland unterstanden die Zuchtverbände vor dem Zweiten Weltkrieg der Oberaufsicht der DLG. Nach dem z.Z. gültigen Tierzuchtgesetz werden die Zuchtverbände seitens der Obersten Landesbehörden (Landwirtschaftsminister) offiziell als Züchtervereinigung anerkannt (s. §§ 8–12 des TierZG vom 20. 4. 1976).

Stutbücher und Zuchtverbände sind meist für die einzelnen Rassen eingerichtet worden. Bei einigen Verbänden werden jedoch mehrere Rassen stutbuchmäßig betreut (z.B. beim Rheinischen und Westfälischen Pferdestammbuch). Auch in anderen Ländern bahnen sich solche durchaus als zweckmäßig anzusehenden Regelungen an.

Unabhängig von der Stutbuchführung hatten sich nach dem Zweiten Weltkrieg zunächst die Zuchtverbände der einzelnen Rassengruppen zur Wahrnehmung gemeinsamer Interessen eine übergeordnete Organisation geschaffen: Zentralverband Warmblut, Zentralverband Kaltblut. Auch die Pony- und Kleinpferdezuchtverbände gründeten eine eigene Arbeitsgemeinschaft der Ponyzuchtverbände. Die weitere Entwicklung führte dann über einige Zwischenstufen schließlich zu einem Zusammenschluß aller Pferdezuchtverbände mit den reiterlichen Organisationen. In der heute mit dem Sitz in Warendorf bestehenden Deutschen Reiterlichen Vereinigung (FN), die gleichzeitig auch die alte Bezeichnung „Hauptverband für Zucht- und Prüfung deutscher Pferde e.V." weiterführt, sind alle Pferdezuchtverbände in der Abteilung Zucht vertreten; daneben umfaßt die Abteilung Sport alle Reiterverbände.

1.1   Stutbuchwesen

Es kann keinem Zweifel unterliegen, daß die Züchtung durch genaue Aufzeichnungen über die einzelnen Zuchttiere eine wesentlich sicherere Grundlage erhielt. Daher bedeutet die *Einrichtung von Stutbüchern* einen erheblichen Fortschritt. Das erste seiner Art war das englische General Studbook im Jahre 1793 für die Vollblutzucht. In Deutschland wurde 1842 das Norddeutsche Gestütbuch geschaffen, 1850 das Stutbuch für Hengste in Ostfriesland, 1861 das Oldenburger Stutbuch und 1869 das Ostfriesische Stutbuch.

Im deutschen Bundesgebiet bestanden bis 1976 für die Zuchtbuchführung einheitliche Richtlinien, die seitens der DLG aufgestellt worden waren. In Verbindung mit dem TierZG vom 20. 4. 1976 hat der Bund dann unter dem 16. Dezember 1976 eine Verordnung über Züchtervereinigungen und Zuchtunternehmen erlassen, in der die einzelnen Anforderungen bezüglich der Anerkennung einer Züchtervereinigung, der Zuchtbuchordnung, der Führung des Zuchtbuches, der Kennzeichung der Tiere und des Abstammungsnachweises festgelegt sind. Danach wird eine Zuchtbuchführung grundsätzlich nur dann als ordnungsgemäß angesehen, wenn sie durch eine anerkannte Züchtervereinigung und nicht von einer Einzelzucht eingerichtet ist. Im übrigen sehen die darin für die Zuchtbuchordnung, die Kennzeichung der Tiere und die Führung des Zuchtbuches enthaltene Bestimmungen für die Pferdezucht u.a. folgende Regelungen vor:

Die Aufnahme von Tieren ins Stutbuch darf nur erfolgen, wenn diese bei der Mutter im Stutbuch sowie im Stallbuch (Zuchtbuch) des Züchters ordnungsgemäß registriert sind und ihre Identität wie folgt nachgewiesen ist:

Das zur Aufnahme vorgestellte Pferd muß auf dem Stutbuchblatt der Mutter und im Stallbuch (Zuchtbuch) des Züchters mit Deckdatum der Mutter, Namen und Nr. des Deckhengstes eingetragen sein und den vorgeschriebenen Fohlenbrand tragen.

Bei der Stutbuchaufnahme ist ein Aufnahmeformular auszufüllen. Dieses ist im Stutbuch mindestens 5 Jahre aufzubewahren. Das Formular muß nachstehende Daten enthalten:

Name und Wohnort des Besitzers und Züchters, Angabe über das zur Stutbucheintragung gemeldete Tier:

Name, Stutbuch-Nr., Geburtsdatum, Farbbeschreibung und, soweit vorhanden, Abzeichen, Name und Stutbuch-Nr. des Vater- und Muttertieres ggf. Angaben über bisherige Nachzuchten, Beurteilung des Tieres, Tag der Stutbuchaufnahme, Unterschrift der Aufnahmekommisson.

Nach erfolgter Stutbuchaufnahme hat eine Kennzeichnung durch den entsprechenden Brand zu erfolgen (Eintragungsbrand).

Bei Pferden muß die Kennzeichnung der Nachzucht durch Fohlenbrand und zuzüglich ab 1983 durch dauerhaften Nummernbrand zwecks Identitätssicherung erfolgen. Die in der Geburtsmeldung angegebene Farbe und die Abzeichen sind vor dem Brennen zu überprüfen. Die Ausstellung von Fohlenscheinen darf erst nach erfolgtem Brennen und endgültiger, neutraler Festlegung von Farbe und Abzeichen vorgenommen werden.

Bei Pferden hat die Anmeldung der Nachzucht durch Geburtsmeldekarte zu erfolgen. Diese muß nach 28 Tagen an die Züchtervereinigung eingesandt werden. Die Geburtsmeldekarte (Beschälschein) muß die Möglichkeit bieten, nachstehende Daten zu erfassen:

Deckdaten, Name und Nr. des Vatertieres mit Unterschrift des Hengsthalters, Geburtsdatum sowie genaue Angaben über Farbe und Abzeichen mit Unterschrift des Züchters. Es muß die Möglichkeit bestehen, nötigenfalls mehrere Deckdaten einzutragen.

Die Züchter sind für einwandfreie Festlegung der Identität verantwortlich und tragen auch die volle Verantwortung für die ordnungsgemäße Führung des Stallbuches.

Die Zuchtbücher (Stutbücher) haben somit in erster Linie die Aufgabe, die Identität und Abstammung eines Zuchtpferdes sicherzustellen. Grundsätzlich ist für Stuten eine Aufgliederung des Zuchtbuches nach Hauptstutbuch oder Hauptstammbuch (H), Stutbuch oder Stammbuch (S) und Vorbuch (V) vorgesehen. Die Zuchtverbände legen selbst nach Qualität und Abstammung des Einzeltieres die Richtlinien für die Aufnahme in die einzelnen Abteilungen des Zuchtbuches fest. Nach § 8, Abs. 4 des Tierzuchtgesetzes müssen die Züchtervereinigungen jeden Züchter, der die Voraussetzungen einwandfreier züchterischer Arbeit erfüllt, das Recht auf Mitgliedschaft einräumen. Das bedeutet, daß die Einrichtung eines Vorbuches bei den Züchtervereinigungen vorgeschrieben ist, damit auch dem Züchter, der noch nicht über Stuten mit ausreichender Abstammung verfügt, die Möglichkeit zur Mitarbeit in einer Züchtervereinigung gegeben wird. Im übrigen wird nach dem Tierzuchtgesetz eine Abstammung des Vatertieres als ausreichend angesehen, wenn Vater und Mutter in einem Zuchtbuch eingetragen sind. Die Eintragung erfolgt für Hengste und Stuten unter einer bestimmten Nummer, wodurch das Auffinden sehr erleichtert ist.

Ferner ist die Auflage erteilt, im Stutbuch-Aufnahmeformular auch Aufzeichnungen über die Beurteilung des einzelnen Tieres zu machen. Gerade dieser Punkt ist sehr wichtig, um beispielsweise bei Aufarbeitung nach Familien auch später noch Zusammenhänge ermitteln zu können. Je nach Rasse müssen diese Angaben über das äußere Erscheinungsbild notwendigerweise durch die erzielten Leistungsergebnisse ergänzt werden. Desgleichen müssen die etwa festgestellten Körpermaße und die Prämiierungsergebnisse regelmäßig mit verzeichnet werden. Nur auf diese Weise ist zu erreichen, daß die Zuchtbücher nicht lediglich zu einer etwas einseitigen Informationsquelle über die Abstammung eines Pferdes werden.

Eine wesentliche Bereicherung würde es bedeuten, wenn es außerdem möglich wäre, gute Abbildungen mit einzufügen. Leider stößt das im Hinblick auf die zahlenmäßige Ausdehnung der Zuchten innerhalb der Zuchtverbände auf fast unüberwindliche Schwierigkeiten. Der einzelne Züchter sollte aber bestrebt sein, sein privat geführtes Zuchtbuch (Stallbuch) mit Bildern zu versehen. Auch sollte es keine Schwierigkeiten bereiten, zumindest für die Hengste in jedem Zuchtverband ein Bildarchiv anzulegen.

Die Zuchtbücher werden in der Regel nach Geschlechtern getrennt (Stutbuch, Hengstbuch) geführt. Der Übergang zur Karteiform bedeutet gegenüber der früher allgemein üblichen Buchform eine wesentliche Erleichterung. Eine weitere Vereinfachung erfolgt mit Hilfe der elektronischen Datenverarbeitung, auf die die meisten Verbände und auch die FN umgestellt haben, unter gleichzeitiger Verwendung einer bereits eingeführten Lebens-Nummer für jedes Einzeltier.

Aufgrund der Neufassung des Tierzuchtgesetzes werden den Zuchtverbänden als privatrechtlichen Institutionen größere Kompetenzen in der Handhabung der Züchtung eingeräumt, um die in § 1 des Tierzuchtgesetzes festgeschriebenen Zwecke zu erreichen. Die Zuchtverbände sind daher auch gehalten, einschlägige Zuchtbuchordnungen zu schaffen, in denen auch die Zuchtprogramme enthalten sind.

Um dem Qualitätsgedanken Rechnung zu tragen, ist für die Bewertung der Zuchttiere bei der Eintragung ins Zuchtbuch vielfach ein *Punktierverfahren* zur Anwendung gelangt, wobei für verschiedene Merkmale und auch die Gesamterscheinung eine nach der gütemäßigen Beschaffenheit gestaffelte Punktzahl festgelegt wird. Diese Methode läßt zwar Unterschiede in der Beurteilung ohne weiteres erkennen, besitzt aber keine Aussagekraft über die dafür maßgeblichen Gründe. Wenn beispielsweise die Hinterhand bei einer höchstmöglichen Punktzahl 10 nur mit 5 Punkten oder gar noch darunter bewertet wird, weiß man nicht, welche unbefriedigenden Merkmale zu dieser geringen Bewertung geführt haben. Somit eignet sich das Vergeben von Punkten wenig für vergleichbare Untersuchungen. Besser ist schon die Anwendung des vom Pferdezuchtverband Sachsen-Anhalt eingeführten Rechteckverfahrens, bei dem für jedes Merkmal bestimmte Zeichen in ein Rechteck gesetzt werden. Dadurch können die Eigenheiten jedes Pferdes in seinem Exterieur mit wenigen Zeichen festgehalten werden (siehe S. 257).

1.2   Pferdeschauen

Es kann keinem Zweifel unterliegen, daß aus der Durchführung von Zuchtpferdeschauen in Verbindung mit Prämiierungen die Züchtung von jeher starke Impulse erhalten hat, denn gerade durch die dabei möglich werdenden *Vergleiche* konnte der Züchter seinen eigenen Standort analysieren und den Anreiz zum Fortschritt erhalten. Der auf diese Weise angeregte züchterische Ehrgeiz spornte häufig auch zu größerer Opferbereitschaft im Interesse der Zucht an.

Ein anderer Vorteil war darin zu sehen, daß man durch das Vorstellen der jungen Jahrgänge möglichst frühzeitig ein Urteil über die Vererbung der Hengste gewinnen konnte. Schließlich vermochte sich die Zuchtleitung durch derartige Schauen einen Überblick über den Stand der Zucht und die Erfolge von etwa angeregten züchterischen Maßnahmen zu verschaffen.

1.2.1   Fohlenschauen

Diesem Zwecke können schon Schauen für Saugfohlen innerhalb eines Deckstellenbereiches weitgehend dienen, wenn man auch die endgültige Entwicklung der Fohlen in diesem Alter noch nicht genau übersehen kann. Dem erfahrenen Beurteiler werden sich bei solchen Schauen aber schon wesentliche Erkenntnisse eröffnen. Auf die Möglichkeit, durch systematischen Ausbau derartiger Fohlenbewertungen zu einem ersten Urteil über die Vererbung der Hengste gelangen zu können, wurde schon an anderer Stelle hingewiesen (s. Seite 297).

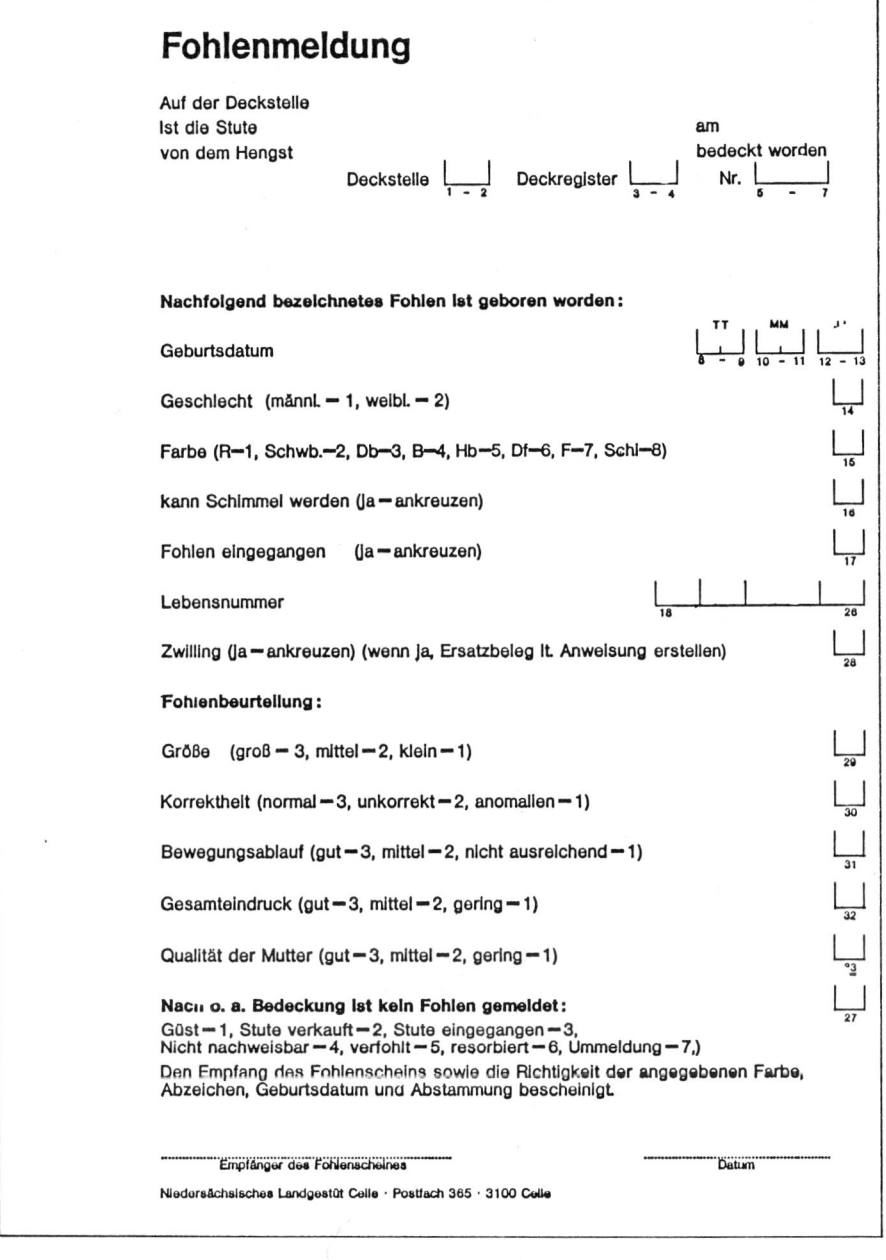

Fohlenmeldung

Auf der Deckstelle
ist die Stute   am
von dem Hengst   bedeckt worden
           Deckstelle ⌊___⌋ Deckregister ⌊___⌋ Nr. ⌊___⌋
                      1 - 2   3 - 4   5 - 7

Nachfolgend bezeichnetes Fohlen ist geboren worden:

                                      TT   MM   J

Geburtsdatum   ⌊___⌋ ⌊___⌋ ⌊___⌋
                                       8 - 9 10 - 11 12 - 13

Geschlecht (männl. — 1, weibl. — 2)   ⌊___⌋
                                            14

Farbe (R—1, Schwb.—2, Db—3, B—4, Hb—5, Df—6, F—7, Schl—8) ⌊___⌋
                                          15

kann Schimmel werden (Ja — ankreuzen)   ⌊___⌋
                                          16

Fohlen eingegangen   (Ja — ankreuzen)   ⌊___⌋
                                          17

Lebensnummer   ⌊___|___|___⌋
                                    18   26

Zwilling (Ja — ankreuzen) (wenn Ja, Ersatzbeleg lt. Anweisung erstellen) ⌊___⌋
                                          28

Fohlenbeurteilung:

Größe   (groß — 3, mittel — 2, klein — 1)   ⌊___⌋
                                          29

Korrektheit (normal — 3, unkorrekt — 2, anomalien — 1)   ⌊___⌋
                                          30

Bewegungsablauf (gut — 3, mittel — 2, nicht ausreichend — 1) ⌊___⌋
                                          31

Gesamteindruck (gut — 3, mittel — 2, gering — 1)   ⌊___⌋
                                          32

Qualität der Mutter (gut — 3, mittel — 2, gering — 1)   ⌊___⌋
                                          °3

Nach o. a. Bedeckung ist kein Fohlen gemeldet: ⌊___⌋
                                          27
Güst — 1, Stute verkauft — 2, Stute eingegangen — 3,
Nicht nachweisbar — 4, verfohlt — 5, resorbiert — 6, Ummeldung — 7,)
Den Empfang des Fohlenscheins sowie die Richtigkeit der angegebenen Farbe,
Abzeichen, Geburtsdatum und Abstammung bescheinigt.

--   ----------------------------
      Empfänger des Fohlenscheines   Datum

Niedersächsisches Landgestüt Celle · Postfach 365 · 3100 Celle

Abb. 149. Fohlenmeldung.

Wenn es jedoch zur Durchführung von Fohlenschauen kommt, sollte aus rein optischen Gründen nicht ein vorselektiertes Material gezeigt werden, sondern zumindest 70% der geborenen Fohlen zur Bewertung, nach Möglichkeit auf einem Platz,

---

Hengst . . . .

Bedeckungszahl 1981: . . . . Stuten

Deckstelle . . . .

vorgestellt wurden
17 Mütter ⌀ 2,71 B.P., 17 Fohlen ⌀ 2,68 B.P. = − 0,03 B.P.

von 17 Müttern waren 5 durchschnittlicher oder geringer Qualität.

ca. 65% der Mütter, ca. 65% der Fohlen – großwüchsig
ca. 76% der Mütter, ca. 76% der Fohlen – korrekt in Stellung und Fundament
ca. 65% der Mütter, ca. 52% der Fohlen – im Bewegungsablauf gut und besser
ca. 76% der Mütter, ca. 71% der Fohlen – Gesamteindruck gut und besser

Allgemein recht wüchsig, sehr häufig nobel in Kopf und Hals, vielfach gute Sprunggelenke, Vorderfuß gelegentlich geschnürt und mit steiler Fessel. Schulter vielfach ausreichend in Breite und Markanz. Gelegentlich kurze Kruppe, öfters stärkerer Winkel im
Hinterbein, gelegentlich zu bunt. Bewegung im Trab zur guten Hälfte weiträumig ohne
besondere Elastizität. Keine Füchse.

Abb. 150. Kurzbeurteilung einer Fohlennachzucht.

zusammengezogen werden. Dabei sollten die Mütter mit zur Vorstellung gelangen
und sie sollten auch mit bewertet werden, um herauszufinden, ob die Qualität der
Fohlen besser oder schlechter als die der Mutter ist. Für die Nachzuchtbewertung
eines Hengstes und dessen zukünftige züchterische Benutzung kann von ausschlaggebender Bedeutung sein, ob ihm nur weitgehend unterdurchschnittliche, mittelmäßige
oder Spitzenstuten zugeführt worden sind. Ist ein hoher Prozentsatz der Mütter klein
und unbedeutend, kann mit einem überdurchschnittlichen Größenwachstum der Fohlen kaum gerechnet werden. Ist der Bewegungsablauf der Mütter gehemmt, kann der
Hengst keine Überflieger liefern.
    Dabei sollte das Bewertungsverfahren aber nicht zu kompliziert sein, weil sich
letzte Erkenntnisse aus einer Fohlenbeurteilung nicht gewinnen lassen, da die Fohlen
unterschiedlich im Alter sind und es ihnen bei langen Transportwegen zum Schauort
oder an heißen Tagen an Frische und Energie mangeln kann. Gute Erfahrungen
werden im hannoverschen Zuchtgebiet, wo der erste Fohlenjahrgang eines jeden
Hengstes zur Bewertung vorgestellt werden muß, mit dem auf Seite 333 abgedruckten
Beurteilungsschema gemacht.
    Es wird einmal die Einzelbeurteilung des Fohlens vorgenommen, die auf dem
Fohlenmeldeformular abgedruckt ist, und zum anderen erfolgt die Gesamtbeurteilung eines ersten Fohlenjahrganges im Vergleich zu den Müttern. Über Jahre hinweg
wird diese Beurteilung der Vergleichbarkeit wegen von einer Person vorgenommen
(Abb. 149 und 150).

1.2.2 Stutenschauen

Wichtig für ein Zuchtgebiet ist die regelmäßige Durchführung von Stutenschauen,
wobei der Beurteilung von 2- und 3jährigen Stuten besondere Bedeutung zukommt,
zumal in diesem Alter schon eine sichere Beurteilung der Jugendentwicklung möglich

ist. Auch werden in vielen Zuchtgebieten gerade in diesen beiden Altersklassen vielfach für die besten Stuten Zuchterhaltungsprämien und, soweit Staatsmittel dafür bereitgestellt werden, sog. Staatsprämien vergeben, die immer mit einer Zuchtverpflichtung für mehrere Jahre verbunden sind. Gerade die Schauen auf der kleinsten Ebene (Deckstellenbereich, Landkreis) verdienen besondere Beachtung, weil sie jedem Züchter die Beteiligung an Pferdeschauen erleichtern, während die auf Bezirks- oder Verbandsebene durchgeführten Veranstaltungen dieser Art immer schon mehr den Charakter von Elite- bzw. auch Repräsentationsschauen tragen. Rückblickend muß das gesamte Schauwesen als eine der bedeutsamsten züchterischen Förderungsmaßnahme angesehen werden. Gewiß konnte die Wertung der Pferde jeden Alters bei solchen Gelgenheiten naturgemäß immer nur nach Form, Typ und Gang erfolgen, sie hat aber ohne Frage gleichzeitig recht positive Auswirkungen in der Leistungszucht gehabt, denn die Grundlage für das vorhandene hochwertige Leistungspotential gerade der deutschen Warmblut-, Kaltblut- und Ponyzuchten ist vorwiegend auf diese Weise erreicht worden.

Diese letzte Feststellung sollte man gebührend beachten, wenn im Hinblick auf den innerhalb der beiden letzten Jahrzehnte eingetretenen grundlegenden Wandel in der Pferdenutzung, der nunmehr das Reitpferd allgemein in den Vordergrund des Interesses treten ließ, gelegentlich die Frage aufkommt, ob Pferdeschauen in der bisherigen Form noch als bedeutendes Förderungsmittel für die Ausrichtung der Pferdezucht auf das heute geforderte Leistungspferd angesehen werden können. Der Wunsch, ähnlich wie in der Vollblut- und Traberzucht, auch in der Reitpferdezucht die züchterische Auswahl möglichst nur aufgrund vorliegender einwandfreier Leistungsergebnisse vorzunehmen, erscheint vorläufig kaum realisierbar. Auf die bestehenden Schwierigkeiten wurde bereits in dem Abschnitt über Zuchtwahl und Leistung hingewiesen. Aber selbst wenn es künftig gelingt, Leistungswerte mit brauchbarer Aussagekraft zu gewinnen, kommt man für das Zuchtpferd nicht darum herum, regelmäßig auch das Exterieur in den Beurteilungsmodus mit einzubeziehen, zumal es kaum überwindbare Hindernisse für eine genaue Fixierung der Faktoren geben wird, welche die Dauer- bzw. Höchstleistungsfähigkeit bestimmen. Außerdem können Leistungsergebnisse von den Pferden immer erst in reiferem Alter erwartet werden. Daher werden die Zuchtpferdeschauen unter Beachtung der bereits gekennzeichneten Gesichtspunkte und im Hinblick auf eine frühzeitige Information über die Vererbung eines Hengstes stets ihre Bedeutung behalten; es handelt sich bei ihnen keineswegs nur um Schönheitskonkurrenzen, sondern um eine sachgemäße Bewertung der Merkmale des Exterieurs, des Types, des Verhaltens und des Ganges, die schon einen Teil des Leistungsvolumens ausmachen und außerdem Eigenschaften betreffen können, die durch Leistungsprüfungen nicht ausreichend erfaßt werden. Hier seien besonders die Bewertungen bestimmter Reitpferdepoints, des Fundaments einschließlich der Hufe und der Korrektheit und Elastizität der Bewegung hervorgehoben. Fundaments- und Gangfehler, die zu einem gewissen Grade bei Gebrauchspferden noch verziehen werden können, müssen bei einem Zuchtpferd mit einem hohen Stellenwert versehen werden. Dabei gibt es in Jahrhunderten erworbene Beurteilungserkenntnisse, die nicht leichtfertig oder überheblich beiseite geschoben werden sollten. Gewiß kann man beim Reitpferd im Hinblick auf eine vollkommene Ausprägung derartiger Körpermerkmale eine gewisse Nachsicht üben, die jedoch beim Zuchtpferd, wie schon gesagt, nicht angebracht erscheint, da dieses auf jeden Fall in seinem Äußeren höheren Ansprüchen genügen muß. Bei allen Pferdeschauen sollten zudem die weiblichen Familien eigentlich immer im Vordergrund des Interesses stehen, um die zuchtsicheren Stämme genau kennenzulernen.

Ferner sollten Schauen grundsätzlich immer mit einer Rangierung oder Prämiierung verbunden werden. Ohne Prämiierung würden derartige Pferdevorstellungen an Reiz verlieren und dadurch letztlich einen wesentlichen Teil des gedachten Zweckes verfehlen. Unterschiedliche Auffassungen über die Rangierung der Einzeltiere, die es zu allen Zeiten gegeben hat, können an der Zweckmäßigkeit dieses Prinzips nichts ändern. Wichtig sollte aber auf allen Schauen eine öffentliche Besprechung der vorgestellten Tiere sein, um die Züchterschaft auf bestimmte erwünschte, anzustrebende oder unerwünschte Merkmale hinzuweisen.

Auch für Hengste empfiehlt es sich, Zuchtschauen durchzuführen. Hengstnachzuchtprämiierungen haben jedoch nur dann einen Sinn, wenn möglichst viele Nachkommen eines Hengstes gezeigt werden. Die Vorstellung von nur wenigen Nachkommen, wie sie teilweise auf zentralen Ausstellungen erfolgt, kann zwar zur Belebung einer Schau beitragen, liefert aber über die Vererbung des betreffenden Vatertieres keinen ausreichenden Aussagewert, zumal es sich dabei ausschließlich um vorselektiertes Material handelt, das keineswegs typisch zu sein braucht für die gesamte Nachkommenpopulation, und ein Vergleich mit den dazugehörigen Müttern fehlt.

2   Die Formen der Hengsthaltung

2.1   Staatliche Haltung

Da das Interesse an der Pferdezucht früher überwiegend durch militärische Gesichtspunkte bestimmt wurde, ist durchaus verständlich, daß die Landesfürsten vielfach bestrebt waren, auf Umfang und Ausrichtung der Züchtung Einfluß zu nehmen. Das konnte am zweckmäßigsten über die Hengsthaltung geschehen. Zunächst wurden im 14.–16. Jahrhundert die Klöster in die Aufgabe eingeschaltet, Pferdezucht zu betreiben und die erforderliche Bereitstellung von Hengsten zu übernehmen, bis die Fürsten dazu übergingen, eigene Gestüte zu errichten, die allerdings vielfach dazu dienen mußten, die Hofhaltungen mit Marstallpferden zu versorgen. So wurden beispielsweise in Bayern 1571 Rohrenfeld bei Neuburg, anschließend in Merseburg und in Württemberg Marbach gegründet sowie in Hannover (Hoya) 1665 Memsen, um nur einige der zahlreichen Einrichtungen dieser Art zu erwähnen.

Im Zuge der Entwicklung entstanden dann die *Haupt-* oder *Stammgestüte* mit der Aufgabe, selbst Pferde für bestimmte Zwecke zu erzeugen, von denen das heute noch bestehende Marbach a. d. Lauter seine Anfänge schon auf das Jahr 1593 zurückführen kann. Bedeutend geworden für die Entwicklung der deutschen Pferdezucht sind weiter das 1722 von August dem Starken gegründete Graditz, ferner das 1732 von Friedrich Wilhelm I. geschaffene Trakehnen, das 1788 von Friedrich Wilhelm II. eingerichtete Neustadt a. d. Dosse, außerdem die ehemals preußischen Hauptgestüte Beberbeck und Altefeld sowie die bayerischen Stammgestüte Achselschwang und Schwaiganger. Heute sind davon innerhalb des deutschen Bundesgebietes nur noch Marbach (Warmblut, Araber) und Schwaiganger (Warmblut, Kaltblut, Haflinger) erhalten. Diesen Hauptgestüten war im letzten Jahrhundert vor allen Dingen die Erzeugung von Beschälern für die Landespferdezucht zugedacht. Einige dieser Gestüte waren gleichzeitig Haupt- und Landgestüte (z. B. Neustadt a. d. Dosse, Marbach a. d. Lauter).

Mit dem Aufblühen der Landespferdezuchten im 18. Jahrhundert, d. h. mit Ausdehnung der Zucht auf einen verhältnismäßig hohen Anteil der landwirtschaftlichen

Betriebe mit meist bäuerlichem Charakter in einem größeren Gebiet (Provinz, Land), entstanden auch neue Aufgaben für den Ausbau der Hengsthaltung, denn eine gedeihliche, züchterische Entwicklung einer Landespferdezucht ist nur bei einer gut durchorganisierten Aufstellung von Vatertieren zu erwarten. Diese Notwendigkeit war und ist in Räumen mit klein- und mittelbäuerlicher Struktur besonders gegeben, in denen meist nur die Voraussetzungen für die Haltung von 1 oder 2 Stuten vorliegen. Der Anteil dieser Züchter innerhalb eines Zuchtgebietes lag vielfach über 70%. Je dichter das Züchternetz ist, um so leichter läßt sich die Organisation der Vatertierhaltung durchführen. Gerade in Gegenden mit klein- und mittelbäuerlichem Besitz, in denen die finanzielle und wirtschaftliche Grundlage für eine private Hengsthaltung vielfach nicht ausreicht, hatte der Staat diese Aufgabe durch Einrichtung von *Landgestüten* übernommen, die ausschließlich als Depots von Beschälern dienen und diese nur in der sog. Marstallzeit, dem zwischen den Deckzeiten gelegenen Zeitraum (Mitte Juli bis Februar), aufnehmen. Von Februar/März–Juli stehen in der Regel die Hengste (Landbeschäler) auf den Deckstationen.

Die älteste, z. Z. bestehende Einrichtung dieser Art ist das 1735 gegründete Landgestüt Celle. Der größte staatliche Hengsthalter mit einem Oberlandstallmeister an der Spitze war bis zum Zweiten Weltkrieg das Land Preußen, das 16 Landgestüte besaß, von denen der größte Teil in den Gebieten östlich der Elbe lag. In Nord- und Westdeutschland bestehen nur noch Celle, Dillenburg und Warendorf. Osnabrück, Traventhal und Wickrath wurden inzwischen aufgelöst. Das gleiche Schicksal traf das frühere braunschweigische Landgestüt Harzburg/Bündheim, das hessische Gestüt Darmstadt und die bayerischen Gestüte Achselschwang und Ansbach. Leiter der Gestüte (Landstallmeister) waren vielfach ehemalige Offiziere. Erst einige Jahre nach Beendigung des Ersten Weltkrieges wurde auch für die Landstallmeister die von dieser Zeit an für jede staatliche Anstellung notwendige staatliche Tierzuchtleiterprüfung (Landwirtschaftsassessor) nach voraufgegangenem Studium der Landwirtschaft gefordert. Es kann keinem Zweifel unterliegen, daß die deutsche Pferdezucht unter fähigen Landstallmeistern eine wesentliche Förderung erfahren hat. Das trifft vor allem auf die Warmblutzucht zu, bei der der Staat lange Zeit auch als Abnehmer der Produkte für Heereszwecke auftrat. Aber auch für die deutsche Kaltblutzucht haben seit Ende des vorigen Jahrhunderts die Landgestüte nachhaltigen Einfluß besessen, vor allem Kreuz (Sachsen-Anhalt), Warendorf (Westfalen) und Wickrath (Rheinland).

Heute bestehen im deutschen Bundesgebiet nach dem Umfang des Beschälerbestandes noch folgende Landgestüte: Celle (Niedersachsen), Warendorf (Nordrhein-

Tab. 56. Für die Deckzeit 1985 in deutschen Landgestüten aufgestellte Beschäler (nach FN-Bericht)

Landgestüt	Warmblut	Vollblut	Araber	Kaltblut	Araber[1]	Haflinger	Dt. Reitpony
Celle	174	11	1	–	–	–	–
Dillenburg	62	2	2	–	–	–	–
Marbach	65	–	3	13	3	1	1
Schwaiganger	44	6	–	8	–	9	–
Warendorf	107	6	–	8	2	2	2
Zweibrücken	22	1	–	–	–	–	–
insgesamt	474	26	6	29	5	12	3

1) Araber sind *nur* in der Ponyzucht eingesetzt.

Westfalen), Marbach a.d.L. (Baden-Württemberg), Dillenburg (Hessen), Schwaiganger (Bayern) und Zweibrücken (Rheinland-Pfalz).

Großen Einfluß auf Umfang und Ausrichtung der Züchtung hat die staatliche Gestütverwaltung auch in Frankreich, der Schweiz, Ungarn, Polen, der Tschechoslowakei und der DDR.

Eine zahlenmäßige Aufteilung der Rassen innerhalb der bundesdeutschen Landgestüte (1985) ist in der Tabelle 56 vorgenommen.

2.2   Private und genossenschaftliche Haltung

Neben dem Einfluß der staatlichen Gestütverwaltungen hat die deutsche Pferdezucht aber gerade durch solche Persönlichkeiten über die Jahrhunderte hinweg starke Impulse erhalten, die auch das wirtschaftliche und züchterische Risiko der Hengsthaltung auf sich genommen haben. Das beweist nicht nur die deutsche Vollblutzucht seit ihrem Beginn Anfang des 19. Jahrhunderts, die nach dem Zweiten Weltkriege wieder ausschließlich auf eigene Initiative der Züchter angewiesen ist, sondern fand in fast allen Zuchten seine Bestätigung, wenn auch mit graduellem Unterschied. Eine besondere Stellung nehmen in diesem Zusammenhange die Zuchtgebiete in Oldenburg und Ostfriesland ein, in denen sich auf großbäuerlicher Grundlage gleichsam Hengsthalterdynastien herausgebildet haben, die vielleicht gelegentlich die Gefahr in sich bergen, daß wirtschaftliche Interessen zu sehr in den Vordergrund treten und die züchterischen Belange etwas überschatten können, obwohl nicht zu übersehen ist, daß wirtschaftlich starke Hengsthaltungen auch die Möglichkeit haben, qualitativ hochwertiges und damit teureres Hengstmaterial zu beschaffen. Aber auch in anderen Warmblutzuchtgebieten hat die private Hengsthaltung früher erheblich zur Steuerung der Zucht beigetragen (Holstein). Selbst in Hannover, dem Zuchtgebiet mit starker staatlicher Hengsthaltung, haben sich in der Mitte des vorigen Jahrhunderts staatliche und private Hengsthaltung die Waage gehalten. Im übrigen ist ohne weiteres verständlich, daß in den ostelbischen Zuchtgebieten, in denen der landwirtschaftliche Großbetrieb stärker verbreitet war als im Westen, auch die Voraussetzungen für das Einrichten privater Hengsthaltungen günstiger waren. Die deutsche Kaltblutzucht ist in ihrer Entwicklung gleichfalls durch viele private Hengsthalter entscheidend gefördert worden. Dasselbe trifft auf die Pony- und Kleinpferdezucht nach dem Zweiten Weltkrieg zu.

Die Kaltblutzucht hatte in einigen Gebieten aber auch noch eine andere Form der Hengsthaltung entwickelt und die Züchter zur Bildung von Hengsthaltungsgenossenschaften oder -vereinen angeregt. So verdankte das Zuchtgebiet Altmark seine großen Fortschritte in der Kaltblutzucht wesentlich dem Wirken starker und gesunder Genossenschaften in jederzeit fairem, züchterischen Wettbewerb untereinander und mit den Stationen des Landgestütes Kreuz. Mir scheint gerade diese Form der Hengsthaltung, die das züchterische und wirtschaftliche Risiko auf alle Mitglieder verteilt und sich dadurch vielfach als starker Motor für das Streben nach züchterischem Fortschritt erwiesen hat, besonders vorteilhaft. Die Pflege des genossenschaftlichen Gedankens auf diesem Gebiete mit all ihren günstigen Auswirkungen war nur möglich dank einem ausgeprägten Gemeinschaftssinn und beugte in der Regel Überspitzungen jeglicher Art vor. Allgemein hat die Entwicklung in diesem Jahrhundert gezeigt, daß in wirtschaftlich günstigen Zeiten für die Pferdezucht immer die Privathengsthaltung nach vorn drängte, während bei schwacher Absatzlage regelmäßig der Staat das Risiko der Hengsthaltung übernehmen sollte.

Das starke Übergewicht, das heute die private Hengsthaltung hat, geht aus nachstehender Tabelle über die Hengstbestände für das Jahr 1985 hervor (nach dem Geschäftsbericht 1985 der FN):

Tab. 57. Eigentumsverhältnisse der 1985 aufgestellten Hengste

	Staatlich	Privat
Warmblut	474	1100
Kaltblut	29	116
Traber	–	323
Englisches Vollblut	26	210
Araber	6	620
Ponys und Kleinpferde	20	1614
insgesamt	555	3983

Nur noch 13,9% der 1985 eingesetzten Hengste befanden sich in staatlichem Besitz. Wenn heute zu den alten im Rahmen der landwirtschaftlichen Betriebe ausgebauten und bewährten Formen der privaten Hengsthaltung neue kapitalstarke Persönlichkeiten aus anderen als landwirtschaftlichen Berufen, geleitet durch eine große Passion für das Pferd, in die Hengsthaltung vorstoßen, dann kann man im Interesse einer gedeihlichen Weiterentwicklung der Zuchten nur wünschen, daß auch in diesen Fällen, wie so häufig, die Passion ein günstiger Steigbügelhalter für das züchterische Verständnis im Dienste an der Allgemeinheit bleibt.

Hengstreiterei, das Umherziehen mit Hengsten zum Decken von Stuten auch über größere Strecken, wie sie früher manchmal üblich waren, z. B. in Süddeutschland in Form des „Gaurittes", ist zwar nach dem Tierzuchtgesetz vom 20. 4. 1976 nicht ausdrücklich verboten, wird aber kaum praktiziert. Die Stuten kommen zur Hengststation und nicht umgekehrt.

I Maßnahmen zur Förderung der Pferdezucht

1 Staatliche Maßnahmen

1.1 Gesetzliche Bestimmungen

1.1.1 Körung

Für die Förderung der Pferdezucht hat sich analog zur übrigen Tierzucht das anfänglich durch die zuständigen Regierungen geregelte Körwesen, das teilweise auch durch die Züchterverbände selbst oder durch die Selbstverwaltungsorgane (Landwirtschaftskammer) entwickelt wurde, sehr günstig ausgewirkt. So wurde bereits 1687 in Württemberg verfügt, daß nur „vom Oberstallmeister als tüchtig befundene Hengste" decken dürfen. In Ostfriesland gab es 1715 die erste Körverordnung für das Harlinger Land. Auf der Grundlage der langen, teilweise bis in das 17. Jahrhundert zurückreichenden Erfahrungen ist am 17. März 1936 das erste deutsche Tierzuchtgesetz, ein Ergebnis der Auswertung alter und bewährter Grundsätze, erlassen worden. Inzwischen ist das Tierzuchtgesetz (TG) den in vieler Beziehung veränderten Verhältnissen angepaßt und in völlig abgeänderter Fassung am 20. April 1976 neu erlassen worden (s. Bundesgesetzblatt, Teil I, Nr. 45 1976). Wesentlich ist aus der Vielzahl der Bestimmungen die Vorschrift der Körung für alle zur Zucht vorgesehenen Vatertiere mit Zwang zur Vorlage eines gültigen Abstammungsnachweises einer anerkannten Züchtervereinigung und eines Leistungsnachweises, ferner der Zwang zur Fixierung eines Zuchtprogrammes und die Regelung der künstlichen Besamung. Zu beachten ist in diesem Zusammenhang weiterhin, daß die Erteilung einer besonderen Deckerlaubnis und die bisher gültige Kastrationsauflage für nicht- oder abgekörte Vatertiere fallengelassen wurden.

In § 1 des Tierzuchtgesetzes ist der Zweck dieses Gesetzes wie folgt definiert worden:

§ 1 Zweck des Gesetzes
Zweck dieses Gesetzes ist es, im züchterischen Bereich die tierische Erzeugung so zu fördern, daß
   1. die Leistungsfähigkeit der Tiere erhalten und verbessert wird,
   2. die Wirtschaftlichkeit der tierischen Erzeugung erhöht wird und
   3. die von den Tieren gewonnenen Erzeugnisse den an sie gestellten qualitativen Anforderungen entsprechen.

Nach § 3 Abs. 1 des Tierzuchtgesetzes darf ein männliches Tier zum Decken nur verwendet werden, wenn es gekört ist. Über die Körung entscheidet nach § 5 die zuständige Körbehörde. Diese befindet sich z. T. bei den betreffenden Landwirtschaftskammern, z. T. bei den Ämtern für Landwirtschaft bzw. sogar bei den Landwirtschaftsministerien selbst.

Die Durchführung der Körung ist von fast allen Länderregierungen durch eine spezielle Verordnung geregelt. In ihr ist auch festgehalten, wie sich u. a. die Körkommission für Hengste zusammensetzt. In der Regel gehören ihr zwei Züchter der betreffenden Tierart, der Zuchtleiter der zuständigen Züchtervereinigung, ein Vertreter der Körbehörde sowie ein Tierarzt an. In den Ländern mit einem staatlichen Landgestüt wird die Körkommission um den Leiter der staatlichen Gestütsverwaltung erweitert.

Im Gegensatz zu den Schweinen und den Rindern finden die Hengstkörungen in der Regel nur einmal im Jahr, und zwar in den Herbstmonaten statt (Oktober–November). Die Hengste sind dann ca. 2½ Jahre. Nach dem Tierzuchtgesetz ist das Mindestalter auf 2 Jahre festgesetzt. Zuständig für die Körung ist die Körbehörde, in deren Bezirk das Tier seinen ständigen Standort hat. Zentrale Körungen auf Bundesebene finden ebenfalls statt. Sie werden aber als solche nur von den Verbänden durchgeführt, die bundesweit arbeiten (Trakehner – Araber).

Wie bereits an anderer Stelle betont, erfolgt bei den Pferden im Gegensatz zu den anderen Tierarten die Körung ohne vollständige Feststellung des Zuchtwertes. Dabei werden nur die Merkmale der äußeren Erscheinung bewertet, wie sie in dem nachfolgenden Schema – erweitert auf der linken Seite um das Merkmal Schritt – aufgeführt sind. Die auf der rechten Seite stehenden Merkmale werden in verschiedenen Körperbereichen als Hilfsnoten noch zusätzlich vergeben und finden sich in der Spalte „Qualität des Körperbaus" als Durchschnittsnote wieder.

Beurteilung (Einstufung 1–10):
1. Spezielle Beurteilungskriterien (Hilfsnoten)

Rasse und Geschlechtstyp	————	Kopf	————
Qualität des Körperbaus	————	Hals	————
Korrektheit des Ganges	————	Sattellage	————
Schwung und Elastizität (Trab)	————	Rahmen	————
Schritt	————	Vordergliedmaßen	————
Gesamteindruck und Entwicklung	————	Hintergliedmaßen	————

2. Gesamtbewertung der
äußeren Erscheinung (Körnote)
Körurteil:
gekört, nicht gekört, vorläufig nicht gekört

Notenschlüssel siehe Punkt 7 der Anlage zur Verordnung über die Körung von Hengsten (S. 346).

Die Körveranstaltung soll so durchgeführt werden, daß die männlichen Tiere mit einer hinreichend großen Anzahl anderer vorgeführter männlicher Tiere verglichen werden können.

Vor dem eigentlichen Körvorgang, der mit der tierärztlichen Untersuchung beginnt, werden die Pferde gemessen. Dabei werden in der Regel die Widerristhöhe (Stockmaß) und der Röhrbeinumfang genommen. An einigen Körplätzen kommt noch der Brustumfang hinzu. Die Vorstellung der Hengste erfolgt an der Hand im Schritt und im Trab. Letzterer wird auf einer Dreiecksbahn bewertet. Neuerdings ist seitens der Verbände auch eine Bewertung der Hengste im Galopp durch Freilaufen in einer gedeckten Bahn wie auch im Freispringen ermöglicht worden. Diese beiden Kriterien werden vor der Körung beurteilt. Der hierbei von der Körkommission gewonnene Eindruck kann mit in die Note Gesamtbewertung einfließen. Die Körentscheidung

Abb. 151. Durchführung der Körung.

lautet: „gekört", „nicht gekört" und „vorläufig nicht gekört". Das Körergebnis wird von der Körbehörde in den Abstammungsnachweis eingetragen.

Die gesetzlich angeordnete Körung bewirkt, daß an den zu körenden Hengst bestimmte Mindestanforderungen hinsichtlich der verschiedenen zu bewertenden Einzelkriterien gestellt werden. Es findet somit bereits eine überdurchschnittlich strenge Selektion statt. Inwieweit gekörte Hengste jedoch in die Zuchtbücher der einzelnen Züchterorganisationen eingetragen werden, hängt von den jeweiligen Anforderungen der Zuchtverbände an Blutführung, Exterieur und Leistung ab. Diese Anforderungen liegen im Interesse des Zuchtfortschritts bei allen Verbänden höher. Gegen diese erhöhten Anforderungen ist geklagt worden. Eine höchstrichterliche Entscheidung hat jedoch bestätigt, daß die Zuchtverbände im Interesse des Zuchtfortschritts erhöhte Anforderungen an den Zuchtwert eines Hengstes stellen dürfen. Über die gesetzliche Körung der Vatertiere schützt der Staat aber auch zusätzlich seine Bürger vor unliebsamen Manipulationen und bewirkt damit einen gewissen Verbraucherschutz.

1.1.2 Leistungsprüfungen und Feststellung des Zuchtwertes

1.1.2.1 Grundsätze für die Durchführung der Leistungsprüfungen und für die Feststellung des Zuchtwertes

In der nachfolgend auszugsweise abgedruckten Verordnung über die Körung von Hengsten vom 20. 8. 1979 und der Anlage zu dieser Verordnung sind die für die jeweilige Zuchtrichtung entsprechenden Leistungsmerkmale und deren Erfassung zur Feststellung des Zuchtwertes aufgeführt, und zwar getrennt für die Zuchtrichtungen Reitpferd, Rennpferd, Traber, Zugpferd sowie Pony und Kleinpferd.

Auszugsweise Wiedergabe der Verordnung über die Körung von Hengsten vom 20. August 1979.

§ 1

Das Mindestalter eines Hengstes für die Körung beträgt zwei Jahre.

§ 2

(1) Der Zuchtwert eines Hengstes wird mit Hilfe wirtschaftlich wichtiger, der Zuchtrichtung entsprechender Leistungsmerkmale unter Berücksichtigung der Merkmale der äußeren Erscheinung festgestellt. Dabei wird je nach der Zuchtrichtung des Hengstes mindestens der Zuchtwertteil Reitleistung, Rennleistung oder Zugleistung oder bei einem Hengst einer Zuchtrichtung nach Nummer 1.5 der Anlage ein entsprechender, sich aus dem Zuchtprogramm ergebender Zuchtwertteil in Leistungsprüfungen festgestellt. Die äußere Erscheinung wird unter besonderer Berücksichtigung des Bewegungsablaufs mit Noten bewertet.

(2) Die Anlage enthält Grundsätze für die Durchführung der Leistungsprüfungen und für die Feststellung des Zuchtwertes.

§ 3

(1) Ein Hengst erfüllt die Anforderungen hinsichtlich seines Zuchtwertes, wenn er
  1. die in der Anlage für seine Zuchtrichtung festgesetzten Leistungen erbringt und
  2. hinsichtlich der äußeren Erscheinung nach dem Notensystem der Nummer 7 der Anlage mindestens die Note 5 erreicht.

(2) Die zuständige Behörde kann im Falle einer Behinderung eines Hengstes, die durch Unfall während der Prüfung verursacht ist, auf die Ablegung des abschließenden Leistungstests ganz oder teilweise verzichten, wenn aus den bis zum Zeitpunkt des Unfalls vorliegenden Teilergebnissen der Vorprüfung mit hinreichender Sicherheit auf eine ausreichende Leistungsfähigkeit des Hengstes geschlossen werden kann.

§ 4

(1) Ein Hengst – ausgenommen ein Hengst der Zuchtrichtung Rennpferd – kann ohne vollständige Feststellung des Zuchtwertes unter der Bedingung gekört werden, daß die vollständige Feststellung des Zuchtwertes in einer Leistungsprüfung nachgeholt wird und der Hengst dabei die für seine Zuchtrichtung festgesetzten Leistungen erbringt. Die Leistungsprüfung ist bis zur Vollendung des vierten Lebensjahres, bei einem Araber- oder Islandhengst bis zur Vollendung des fünften Lebensjahres abzulegen. Die zuständige Behörde kann diese Fristen im Einzelfall auf Grund besonderer Umstände um höchstens 15 Monate verlängern. Erbringt der Hengst in einer nachgeholten Leistungsprüfung die festgesetzten Leistungen nicht, so gilt er fortan als „nicht gekört" (§ 5 Abs. 3 und 8 des Tierzuchtgesetzes). Ein Hengst der Zuchtrichtung Pony und Kleinpferd mit einer Widerristhöhe bis 117 Zentimeter kann auch ohne die Bedingung des Satzes 1 gekört werden.

(2) Soll ein Hengst der Zuchtrichtung Rennpferd in der Zuchtrichtung Reitpferd eingesetzt werden, so kann er abweichend von § 3 Abs. 1 Nr. 1 die Anforderungen auch dadurch erfüllen, daß für ihn ein Generalausgleichgewicht (Nummer 3.1 Satz 2 der Anlage) in Flachrennen von mindestens 80 Kilogramm, in Hindernisrennen von mindestens 85 Kilogramm ermittelt wird.

(3) Bei einem Haflinger- oder Fjordhengst kann die zuständige Behörde auf Antrag gestatten, daß anstelle des Zuchtwertteils Reitleistung nach Nummer 5 der Anlage der Zuchtwertteil Zugleistung nach Nummer 4 der Anlage festgestellt wird.

§ 5

Bei einem eingeführten Hengst kann die zuständige Behörde von der Nachholung der Leistungsprüfung absehen, soweit der Nachweis geführt wird, daß der Hengst außerhalb des Geltungsbereichs dieser Verordnung entsprechende Leistungen erbracht hat.

§ 6

Unberührt bleibt die Befugnis der Landesregierung nach § 6 Abs. 2 Nr. 1 des Tierzuchtgesetzes,

1. weitere wirtschaftlich wichtige Merkmale für die Feststellung des Zuchtwertes zu bestimmen und hierfür Anforderungen an die Hengste festzusetzen,

2. zu bestimmen, daß in der Feststellung des Zuchtwertes eines Hengstes auch Ergebnisse von Vorfahren-, Geschwister- oder Nachkommenprüfungen einbezogen werden.

§ 7

Solange die erforderliche Kapazität zur Stationsprüfung auf Reitpferdeigenschaften nicht ausreicht, längstens bis zum 31. Dezember 1985, kann die zuständige Behörde bestimmen, daß

1. ein Hengst der Zuchtrichtung Reitpferd abweichend von Nummer 2 der Anlage die Anforderungen hinsichtlich des Zuchtwertteils Reitleistung dadurch erfüllt, daß es unter dem Reiter 300 Meter im Schritt, 750 Meter im Trab und 1500 Meter im Galopp in jeweils höchstens 2½ Minuten zurücklegt.

2. die Prüfungsgruppen abweichend von Nummer 2.1.1 Satz 2 der Anlage so gebildet werden können, daß mindestens zwölf Hengste miteinander verglichen werden können.

§ 9

Diese Verordnung tritt am 1. Januar 1980 in Kraft.

Grundsätze für die Durchführung der Leistungsprüfungen und für die Feststellung des Zuchtwertes. Bundesgesetzblatt, Jahrgang 1979, Teil I. (Anlage zu den §§ 2, 3, 4 u. 7)

1 Bei den Leistungsprüfungen werden folgende Zuchtrichtungen unterschieden:

1.1 Reitpferd

1.2 Rennpferd

1.3 Zugpferd

1.4 Pony und Kleinpferd

1.5 andere Zuchtrichtungen

2 Zuchtrichtung Reitpferd

Ein Hengst der Zuchtrichtung Reitpferd kann in einer Stationsprüfung (2.1) oder einer nach den allgemein anerkannten Regeln des Reitsports durchgeführten Turniersportprüfung (2.2), ein Araberhengst statt dessen auch in Zuchtrennen (2.3) geprüft werden.

2.1 Stationsprüfung

2.1.1 Durchführung

Die Stationsprüfung besteht aus einer mindestens 100 Tage dauernden Vorprüfung und einem abschließenden Leistungstest. Sie wird in Gruppen durchgeführt, die so gebildet werden, daß eine möglichst große Anzahl vergleichbarer Hengste – mindestens 15 Hengste – miteinander geprüft werden können. Es ist sicherzustellen, daß der Einfluß des Reiters auf das Prüfungsergebnis soweit wie möglich ausgeschaltet wird. Die Stationsprüfung erstreckt sich insbesondere auf Charakter, Temperament, Leistungsbereitschaft, Rittigkeit, Springanlage, Bewegungsablauf und allgemeines Leistungsvermögen des Hengstes. Im Leistungstest wird der Hengst in den natürlichen Grundgangarten und im Gelände sowie nach den allgemein anerkannten Regeln des Reitsports und den darin gestellten technischen Anforderungen mindestens für Klasse A im Springen und in der Dressur geprüft. Die Ergebnisse der Vorprüfung und des Leistungstests werden zu einem Gesamtergebnis zusammengefaßt. Dabei werden die Ergebnisse der Vorprüfung mit mindestens 40 v. H. und höchstens 60 v. H. gewichtet.

2.1.2 Anforderungen

Ein Hengst der Zuchtrichtung Reitpferd erfüllt die Anforderungen hinsichtlich des Zuchtwertteils Reitleistung, wenn sein Gesamtergebnis um nicht mehr als 1,5 Standardabweichungen unter dem Mittel der Gesamtergebnisse seiner Prüfungsgruppe liegt. Ist ein Hengst mindestens ein Jahr älter als andere Hengste seiner Prüfungsgruppe, so wird für ihn das Prüfungsergebnis nach einer entsprechend dem Alter geschätzten Abweichungskonstante berichtigt.

2.2 Turniersportprüfung
Ein Hengst der Zuchtrichtung Reitpferd erfüllt die Anforderungen hinsichtlich des Zuchtwertteils Reitleistung auch, wenn er

    in Dressur- oder Springprüfungen der Klasse S fünf Plazierungen oder

    in Vielseitigkeitsprüfungen der Klassen M oder S drei Plazierungen

an erster bis dritter Stelle erreicht hat. Die zuständige Behörde kann Ergebnisse von Prüfungen, die außerhalb des Geltungsbereichs dieser Verordnung durchgeführt werden, berücksichtigen.

2.3 Zuchtrennen

2.3.1 Durchführung
Für die Leistungsprüfungen von Vollblut-Araberhengsten werden nur die Plazierungen der zu prüfenden Hengste gewertet. Diese Leistungsprüfungen werden als Flachrennen ohne Aufgewichte durchgeführt. Das Mindestalter eines Hengstes für die Teilnahme beträgt drei Jahre. Ist der Hengst mindestens vier Jahre alt, so muß er ein zusätzliches Gewicht tragen. Die Hengste werden den einzelnen Zuchtrennen nach dem Zufallsprinzip zugeteilt. In die Prüfung werden nur die im ersten Rennjahr in mindestens fünf Rennen erbrachten Leistungen einbezogen. Kann ein Hengst im ersten Rennjahr aus gesundheitlichen oder organisatorischen Gründen nicht an fünf Rennen teilnehmen, so können bis zur Erreichung der Mindestzahl von fünf Rennen die Ergebnisse aus den ersten Rennen des zweiten Jahres zur Zuchtwertfeststellung herangezogen werden. Die Leistung bemißt sich nach den in Zuchtrennen erreichten Plazierungen.

2.3.2 Anforderungen
Ein Araberhengst der Zuchtrichtung Reitpferd erfüllt die Anforderungen hinsichtlich des Zuchtwertteils Reitleistung, wenn sein Gesamtergebnis um nicht mehr als 1,5 Standardabweichungen unter dem Mittel der Gesamtergebnisse seiner Prüfungsgruppe liegt.

3 Zuchtrichtung Rennpferd

3.1 Englische Vollblüter
Ein Vollbluthengst erfüllt die Anforderungen hinsichtlich des Zuchtwertteils Rennleistung, wenn er in nach den allgemein anerkannten Regeln des Galopprennsports durchgeführten Flachrennen ein Generalausgleichgewicht von mindestens 95 Kilogramm erzielt hat. Generalausgleichgewicht ist die auf Grund der Rennleistung ermittelte Gewichtseinstufung der Galopprennpferde als Grundlage für die Gewichtsberechnung in künftigen Prüfungen. Nummer 2.2 Satz 2 gilt entsprechend.

3.2 Traber
Ein Traberhengst erfüllt die Anforderungen hinsichtlich des Zuchtwertteils Rennleistung, wenn er in mindestens drei nach den allgemein anerkannten Regeln des Trabrennsports durchgeführten Rennen

    über 1600 Meter nicht mehr als 1 Minute 19 Sekunden,

    über 2000 Meter nicht mehr als 1 Minute 20 Sekunden oder

    über 2400 Meter nicht mehr als 1 Minute 21 Sekunden

je 1000 Meter gelaufen ist. Nummer 2.2 Satz 2 gilt entsprechend.

4 Zuchtrichtung Zugpferd
Ein Hengst der Zuchtrichtung Zugpferd erfüllt die Anforderungen hinsichtlich des Zuchtwertteils Zugleistung, wenn er in einer Zugwiderstandsprüfung vor einem Zugprüfungsschlitten oder einem entsprechenden Zugprüfungsgerät im Schritt mit dreimaligem Anhalten und sofortigem Anziehen eine Zugleistung

    von 1500 Metern in 19 Minuten bei einem Zugwiderstand von 20 v. H. seines Körpergewichts

oder

    von 1000 Metern in 12½ Minuten bei einem Zugwiderstand von 25 v. H. seines Körpergewichts

erbracht hat.

5   Zugrichtung Pony und Kleinpferd

Ein Hengst der Zuchtrichtung Pony und Kleinpferd erfüllt die Anforderungen hinsichtlich des Zuchtwertteils Reitleistung, wenn er unter dem Reiter 300 Meter im Schritt, 750 Meter im Trab und 1500 Meter im Galopp jeweils in den sich aus folgender Tabelle ergebenden Höchstzeiten zurückgelegt hat:

Widerristhöhe (Stockmaß) cm	Höchstzeit Minuten
117 bis 127	4
über 127 bis 137	3½
über 137	3

Bei einem Islandhengst wird der Trab durch Tölt ersetzt.

6   Andere Zuchtrichtungen

Für Hengste anderer Zuchtrichtungen gelten die Anforderungen derjenigen Prüfung, die nach Feststellung durch die zuständige Behörde ihrer Zuchtrichtung am weitestgehenden entspricht.

7   Äußere Erscheinung

Die Merkmale der äußeren Erscheinung werden nach folgendem Notensystem bewertet:

Note	Bewertung
10	ausgezeichnet
9	sehr gut
8	gut
7	ziemlich gut
6	befriedigend
5	ausreichend
4	mangelhaft
3	ziemlich schlecht
2	schlecht
1	sehr schlecht

Erscheinungen, die auf eine vererbbare Krankheitsdisposition des Hengstes schließen lassen, werden berücksichtigt.

a) Zuchtrichtung Reitpferd

Für die Durchführung der Leistungsprüfungen der Zuchtrichtung Reitpferde auf Station sind die jeweiligen Bundesländer verantwortlich, denn Leistungsprüfungen sind Ländersache. Die Richtlinien, nach denen in der Bundesrepublik Deutschland geprüft wird, sind bereits auf Seite 284 aufgeführt. Nach diesen Richtlinien wird heute in allen Hengstleistungsprüfungsanstalten gearbeitet. Es bestehen folgende Hengstleistungsprüfungsanstalten in der Bundesrepublik:

1. Adelheidsdorf (Niedersachsen)
2. Münster-Handorf (Nordrhein-Westfalen)
3. Marbach (Baden-Württemberg)
4. Medingen (Niedersachsen – privat)
5. München-Riem (Bayern)
6. Warendorf (Nordrhein-Westfalen)

In den o. a. Hengstleistungsprüfungsanstalten legten 1985 folgende Probanden die Prüfung ab:

Station	Anzahl geprüfter Hengste
Adelheidsdorf	90
Marbach	23
Medingen	46
München-Riem	25
Münster-Handorf	25
Warendorf	38
insgesamt:	247

Neben der Prüfung auf Station kann der Zuchtwertteil Reitleistung auch von den Hengsten durch Turniersportprüfungen erbracht werden (2.2). Ferner können für die Feststellung seines Zuchtwertes auch die Leistungen der Vorfahren, Geschwister und Nachkommen herangezogen werden (§ 6 Abs. 2 der VO vom 20. 8. 1979). Die Turniersportprüfungen werden von der Deutschen Reiterlichen Vereinigung (FN) durchgeführt. Hierfür gelten die Bestimmungen der Leistungsprüfungsordnung (LPO). In der Leistungsprüfungsordnung (LPO) sind – je nach Alter des Pferdes – eine Palette von Prüfungen verankert, deren Ergebnisse gespeichert und jährlich ausgewertet werden, wobei für erfolgreiche Pferde bestimmte Handicaps zur Anwendung kommen. Die Reit- und Fahrturniere unterliegen der Genehmigungspflicht der zuständigen Landeskommissionen. Grundsätzlich wird heute unterschieden zwischen Leistungswettbewerb (WB) und Leistungsprüfungen (LP). Ihrer Bedeutung nach werden die Turniere eingeteilt:

1. WB der Kategorie C von lokaler Bedeutung um Geldpreise von 200,– DM oder Ehrenpreise
2. LP der Kategorie B von regionaler Bedeutung mit Geldpreisen von 300,– DM bis 700,– DM
3. LP der Kategorie A von überregionaler Bedeutung mit Geldpreisen von 800,– DM aufwärts.

Auch für Ponys gibt es Leistungsprüfungen in den verschiedenen Disziplinen.

Laut Abschnitt B der LPO sind folgende Prüfungsarten vorgesehen:
B I   Reiter – Fahrer – Schauwettbewerbe
B II   Voltigieren, Ponywettbewerbe und prüfungen
B III   Material-, Reit-, Spring-, Jagdpferde- und Zuchtstutenprüfungen
B IV   Dressurprüfungen
B V   Springprüfungen
B VI   Gelände- und Vielseitigkeitsprüfungen
B VII   Prüfungen für Wagenpferde
B VIII   Kombinierte Prüfungen

Die Prüfungen werden im einzelnen in folgende Klassen eingeteilt:
Klasse A   = Anfängerklasse
Klasse L   = leichte Klasse
Klasse M   = mittelschwere Klasse
Klasse S   = schwere Klasse

zusätzlich bei Springprüfungen
Klasse Sa   = schwere Klasse – langer Parcours
Klasse Sb   = schwere Klasse – kurzer Parcours
Klasse Sc   = schwere Klasse – Barrierenspringprüfung

Durch die Turniersportprüfungen sollen an Merkmalen erfaßt werden: die Grundgangarten (Schritt, Trab, Galopp), die Geschmeidigkeit des Bewegungsablaufs, die
Rittigkeit (Hilfenempfänglichkeit), die Leistungsbereitschaft, die Leistungsfähigkeit,
die Springanlage, das Galoppiervermögen auf langen Strecken sowie Temperament
und Charakter.

Als eine sehr zweckmäßige und die Leistungszucht begünstigende Maßnahme muß
die regelmäßige Auszahlung von Züchterprämien an die Züchter der im Leistungssport
erfolgreichen Pferde angesehen werden (10% des ausgeschütteten Geldpreises für die
ersten 5 Pferde jeder Prüfung). 1985 wurden insgesamt an Züchterprämien DM
2 223 110,– ausgezahlt.

Von allen diesen Prüfungen hat G. RAU die Vielseitigkeitsprüfungen als die schönste
und zweckmäßigste Prüfung für Reiter und Pferd bezeichnet. Diese Prüfungsart erfüllt
in hervorragendem Maße den Zweck der Leistungsprüfungen, die Zusammenhänge
zwischen Form und Leistung sowie die Wirkung jener unsichtbaren Faktoren (Konstitution) zu ergründen, die für Erreichung von Höchstleistungen vielfach den Ausschlag
geben. Gerade die Geländeprüfungen verlangen von den Pferden Aufmerksamkeit,
Ausdauer, Härte, Energie, Schnelligkeit, Sprungkraft und Mut.

Der Zahl nach stehen die Springprüfungen an der Spitze. Nach dem Jahresbericht
der FN ergab sich für 1985 folgende Verteilung bei insgesamt 3495 Veranstaltungen:

	Zahl der Prüfungen	Anteil %	ausgezahlte Geldpreise; DM
Springen	21 617	52,8	14 935 549,50
Dressur	12 284	30,0	5 331 673,—
Springpferdeprüfungen	4 092	10,0	1 194 117,25
Material-, Reit- u. Jagdpferdeprüfungen	1 597	3,9	425 750,25
Fahren	659	1,6	363 930,50
Vielseitigkeit/Gelände	453	1,1	542 369,—
Sonstige	245	0,6	125 718,—
insgesamt	40 947		22 919 107,50
Als Vergleich die Werte von 1977	15 323		9 122 583,–

Hinzuweisen ist in diesem Zusammenhang noch auf das mit Unterstützung des
Bundes in Warendorf unter Obhut des Deutschen Olympischen Komitees für Reiterei
errichtete Leistungszentrum zur Ausbildung von Reitern und Leistungspferden.

Nachstehend sind noch einige Bilder der bedeutendsten Turnierpferde der Nachkriegszeit mit ihren Gewinnsummen abgebildet.

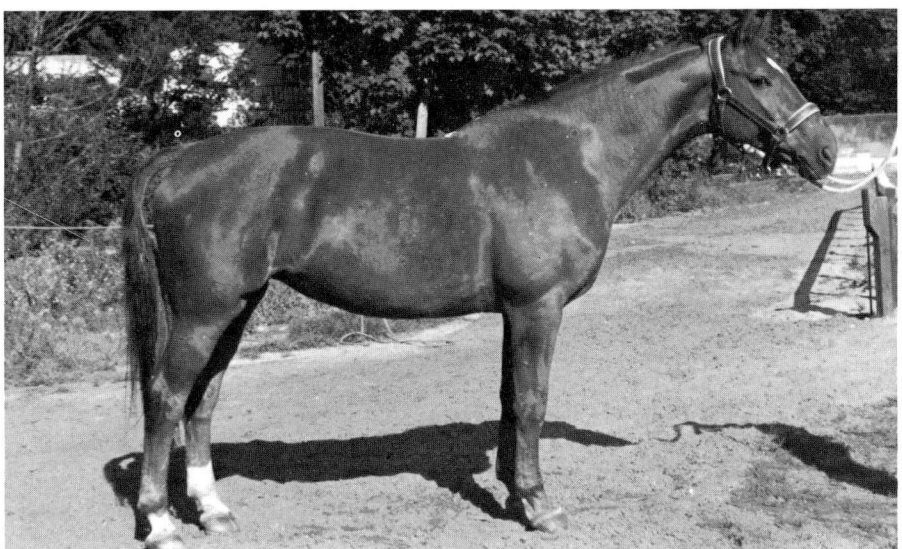

Abb. 152. Hannoveraner Stute Simona, geb. 1958, v. Weingeist und Angola I. Züchter: W. Sander, Gr. Lessen. Bisher gewinnreichstes deutsches Turnierpferd. Mehrmalige Gewinnerin des Deutschen Springderbys, der Europameisterschaft 1971, der Weltmeisterschaft 1974, beteiligt an olymp. Bronze- (1968) und Goldmedaille (1972) in der Mannschaft. LGS 303793,– DM.

Abb. 153. Fire, v. Frühlingstraum II – Romulus II. Züchter: Karl Cummer-Foehrmann, Dellbrück. LGS 357926,– DM, Weltmeister 1982.

b) Zuchtrichtung Rennpferd

Mit der Durchführung der Leistungsprüfungen in der englischen Vollblutzucht ist in der Bundesrepublik das Direktorium für Vollblutzucht und -rennen beauftragt. Alle diesbezüglichen Vorschriften über Leistungsprüfungen in der Vollblutzucht sind in der vom Direktorium für Vollblutzucht und -rennen herausgegebenen Rennordnung (RO) festgelegt, auf die in diesem Zusammenhang ausdrücklich verwiesen sei. Grundsätzlich werden 2 Arten von Rennen unterschieden: Flachrennen, die nur über die flache Bahn führen, und Hindernisrennen, die entweder als Hürdenrennen (mit verstellbaren Hindernissen) oder als Jagdrennen (mit festen Hindernissen) ausgeschrieben werden.

Innerhalb der Flachrennen gibt es Zuchtrennen, Altersgewichtsrennen und Ausgleiche. Zuchtrennen sind Flachrennen, in denen alle Pferde eines Jahrganges das gleiche Gewicht tragen, jedoch bekommen Stuten eine Gewichtserlaubnis von 2 kg und ausländische Pferde ein Aufgewicht. Die wichtigsten Zuchtrennen sind: Henckelrennen (1600 m), Union (2200 m), Derby (2400 m), St. Leger (2800 m), außerdem für Stuten das Schwarzgoldrennen (1600 m), Preis der Diana (2200 m) und Deutscher Stutenpreis (2400 m). Altersgewichtsrennen, in denen 3jährige und ältere Pferde gemeinsam starten können, finden entweder unter klassischen Bedingungen, bei denen das Gewicht ausschließlich durch das Alter bestimmt wird, statt oder als Aufgewichtsrennen (mit Pönalisierungen), bei denen das zu tragende Gewicht nicht nur vom Alter und Geschlecht, sondern auch von den bisher erzielten Renngewinnen abhängt. Ausgleiche sind Rennen, bei denen das von einem Pferd zu tragende Gewicht zur Erzielung gleicher Gewinnchancen von einem Ausgleicher festgesetzt wird. Grundlage dafür bilden die nach Abschluß der Rennsaison für jedes gelaufene Pferd ermittelten und im Jahresrennkalender veröffentlichten Generalausgleichgewichte (GAG). Das GAG, das jährlich für jedes gelaufene Pferd aufgrund der in dem betreffenden Jahr festgestellten Leistungen errechnet wird, bildet gleichsam die Leistungsmarke. Innerhalb des Generalausgleichs werden 4 Klassen gebildet, für die es etwa folgende Schwankungsgrenzen gibt: Ausgleich IV 45–65 kg, Ausgleich III 60–80 kg, Ausgleich II 70–90 kg, Ausgleich I 80 kg und darüber. Der Generalausgleich eines Pferdes unterliegt innerhalb der Rennzeit je nach Jahreszeit, Rennstrecke und Rennform dauernden Wandlungen. Entsprechend ändern sich auch die von den Pferden tatsächlich zu tragenden rennmäßigen Gewichte, die zwischen 47 und 62 kg liegen und nach dem GAG ausgerichtet werden. Danach laufen im Ausgleich I die sehr guten, im Ausgleich II die guten, im Ausgleich III die mittelmäßigen und im Ausgleich IV die geringeren Pferde. Ferner gibt es nach der RO auch in den Hindernisrennen Ausgleiche, und zwar G für die guten, M die mittleren und U die Pferde geringerer Klasse.

Ferner sind Rennen der Klassen A und B vorgesehen. Rennen der Klasse A sind solche Rennen, in denen die Geldpreise im Flachrennen mehr als 2500 DM und im Hindernisrennen mehr als 3000 DM betragen. In Rennen der Klasse B müssen die ausgeworfenen Geldpreise für ein Flachrennen zwischen 100 und 2500 DM und für ein Hindernisrennen unter 3000 DM liegen. Rennen für 2jährige Pferde und Hindernisrennen für 3jährige Pferde dürfen nicht als Rennen der Klasse B ausgeschrieben werden.

Alle wichtigen Angaben für die Rennen werden in den Wochenrennkalendern veröffentlicht, die außerdem Beilagen über die Zuchtergebnisse und die Jahresausgleiche enthalten.

Die Galopprennen werden in Deutschland und den meisten anderen Ländern auf Grasbahnen ausgetragen, während die Trabrennen auf Sandbahnen gelaufen werden.

c) Zuchtrichtung Traber

Alle einschlägigen Vorschriften für die Trabrennen sind seitens des Hauptverbandes für Traber-Zucht und -Rennen e. V. (HVT) in der Trabrennordnung (TRO) vom 13. 5. 1977 in der Fassung vom 31. 1. 1984 festgelegt. Danach werden die Rennen im Trabe einspännig im Rennwagen oder unter dem Sattel unter gleichen Bedingungen (Rennen vom gleichen Start) oder unter ungleichen Bedingungen gelaufen (§ 78 TRO), wobei die teilnehmenden Pferde nach Maßgabe der Ausschreibung im Rahmen der TRO belastet werden. Die Bestimmungen der TRO über das Fahren gelten sinngemäß für das Reiten.

Auch in den Trableistungsprüfungen sind verschiedene Arten von Rennen vorgesehen. Darüber enthält die TRO u. a. folgende Bestimmungen:

§ 30 Definition der Trabrennen
1. Rennen werden im Trab, einspännig im Rennwagen gelaufen.
2. Trab ist eine Grundgangart des Pferdes, bei der die Vorwärtsbewegung im Zweitakt bei diagonaler Fußfolge ausgeführt werden muß.
3. Rennen müssen auf einer ordnungsgemäß angelegten und vermessenen Rennbahn durchgeführt werden.
4. Rennen können auch unter dem Sattel gelaufen werden (Trabreiten). Hierfür gilt die TRO sinngemäß. Erläßt der Hauptverband Sonderbestimmungen für das Trabreiten, gehen diese der TRO vor.

§ 32 Leistungsgruppen
1. Trabrennen werden in Leistungsgruppen gelaufen, die durch die Ausschreibung festgelegt werden.
2. Leistungsgruppen können unter Berücksichtigung folgender Eigenschaften der Pferde gebildet werden:
a) Alter,
b) Geschlecht,
c) Gewinnsumme,
d) Rekord.

§ 40 Einteilung der Rennen
Die Rennen sind unterteilt in:
a) Rennen für Inländer,
b) internationale Rennen,
c) Zuchtrennen.

§ 41 Rennen für Inländer
Teilnahmeberechtigt sind im Rennen für Inländer nur Pferde, die Inländer gem. § 5 ZBO sind.

§ 42 Internationale Rennen
1. Teilnahmeberechtigt sind in internationalen Rennen Inländer und die in das Einfuhrregister des Hauptverbandes eingetragenen ausländischen Pferde (§ 6 ZBO).
2. Internationale Rennen nur für ausländische Pferde auszuschreiben, ist unzulässig.
3. Internationale Rennen werden grundsätzlich mit Bänderstart gelaufen, mit Ausnahme von Zuchtrennen und internationalen Länder- und Städtevergleichsrennen.

§ 43 Zuchtrennen
1. In Zuchtrennen sollen die besten Pferde eines oder mehrerer Jahrgänge ermittelt werden.
2. Rennen mit einer Mindestdotierung von DM 50 000,–, ausgenommen Rennen mit Rennquintett, sind Zuchtrennen.
3. Zuchtrennen können als Rennen für Inländer oder als internationale Rennen ausgeschrieben werden.
4. In Zuchtrennen für 2jährige und 3jährige Pferde sind Wallache nicht startberechtigt.

Abb. 154. Einlauf beim Derby 1983; Sieger Ordos.

Abb. 155. Traber beim Einlauf.

§ 44 Internationale Länder- und Städtevergleichsrennen
1. Bei internationalen Länder- und Städtevergleichsrennen müssen mindestens die Hälfte der Pferde aus dem Vergleichsland oder der Vergleichsstadt kommen.

§ 45 Rennquintett-Rennen
1. Rennquintett-Rennen sind Trabrennen, bei denen Wetten auch nach den Bestimmungen der Lotteriebehörden abgeschlossen werden können.
    2. Für die Durchführung von Rennquintett-Rennen unterliegen die Veranstalter den Sonderbestimmungen des Hauptverbandes für Rennquintett-Rennen.

§ 46 Besondere Austragungsarten
1. Grundsätzlich werden Rennen in einem Lauf entschieden.
    2. Abweichend hiervon können Rennen ausgetragen werden als:
a) Rennen mit Punktwertung.
b) Vorlaufrennen.

§ 47 Rennen mit Punktwertung
1. Rennen mit Punktwertung werden in mehreren Läufen entschieden.
    Die Bewertung der Läufe erfolgt nach einem in der Ausschreibung festgesetzten Punktsystem.

§ 48 Vorlaufrennen
1. Vorlaufrennen bestehen aus mehreren Läufen, und zwar aus:
a) Vorläufen,
b) Entscheidungslauf,
c) ggf. einem Trostlauf.

§ 50 Feststellungsprüfungen
1. Feststellungsprüfungen sind keine Leistungsprüfungen.
    2. Feststellungsprüfungen sind:
a) Qualifikationsrennen,
b) Rennen gegen die Zeit.

§ 52 Rennen gegen die Zeit
In Rennen gegen die Zeit startet ein Pferd, um eine bei der Starterangabe benannte Kilometerzeit zu unterbieten. Die Mindeststrecke beträgt 1600 Meter.

Ferner gibt es feste Vorschriften für Verkaufs-, Verlosungs-, Ausscheidungs- und Wettstreitrennen. Nach § 78, Ziffer 1 werden Rennen entweder mit dem Auto (Autostart) oder aus dem Band (Bänderstart) gestartet.

d) Zuchtrichtung Zugpferd und Pony
Bei den schweren Zugpferden wie auch bei einigen Ponyrassen (Fjord, Shetland) werden zur Erfassung der Leistungsbereitschaft und des Leistungsvermögens Zugleistungsprüfungen entweder durch Ermittlung der Höchstzugkraft über kurze Distanzen oder durch Feststellung der Dauerleistung über längere Strecken durchgeführt. Hierzu bedient man sich entweder eines Zugkraftmeßwagens, einer Schleppe mit zwischengeschaltetem Zugkraftmesser oder eines zwei- oder vierrädrigen Wagens. Da heute kaum noch schwere Lasten über weite Strecken zu transportieren sind, werden diese Prüfungsarten immer weniger angewendet. Man ist vielmehr bestrebt, die Zugwilligkeit zu ermitteln und bedient sich dabei Distanzen von 1500 bzw. 1000 m bei einem Zugwiderstand von 20% bzw. 25% des eigenen Körpergewichtes. Ermittelt werden dabei das Verhalten des Pferdes, seine Zugwilligkeit und Einsatzbereitschaft sowie seine Schrittlänge. Da Zugpferde ihre Arbeit im Schritt erledigen, spielt dessen Raumgriff eine wichtige Rolle.

1.2   Sonstige Förderungsmaßnahmen

Zu erwähnen ist hier zunächst das bereits bei der Vollblutzucht angeführte und heute noch gültige Reichs-Rennwett- und Lotteriegesetz vom 8. 4. 1922 und die dazu erlassenen Ausführungsbestimmungen vom 16. 6. 1922. Dadurch wurde seinerzeit für die Rennen gleichsam ein Wettmonopol geschaffen, das sich für die deutsche Vollblutzucht sehr fördernd ausgewirkt hat. Wenn die aus Kreisen der Vollblutzucht gegen das Fußballtoto und das Zahlenlotto teilweise geübte Kritik durchaus begreiflich erscheint, so wird man andererseits auch Verständnis dafür haben können, daß der Staat bemüht ist, die auch anderwärts gehegte Wettleidenschaft zu befriedigen und sie zur Förderung zahlreicher gemeinnütziger Zwecke zu nutzen.

Abgesehen von der Förderung durch die staatlichen Gestütsverwaltungen und gesetzliche Maßnahmen gibt es auch noch andere Möglichkeiten zur öffentlichen Unterstützung der Pferdezucht. Gewiß ist gelegentlich die Frage aufgetaucht, ob es noch vertretbar ist, Mittel aus den Staatskassen für Pferdezucht und Pferdesport zu Verfügung zu stellen, da es sich bei der derzeitigen Nutzung des Pferdes im wesentlichen um die Pflege einer Sportart handle, die nur von höher bemittelten Bevölkerungskreisen betrieben werden könne. Die Ausbreitung des Pferdesportes in den letzten 20 Jahren und die Zahl von 510 948 Mitgliedern in den Reitsportorganisationen widersprechen inzwischen einer solchen Auffassung. Der Reitsport wird für immer mehr Menschen zu einem festen Bestandteil der Freizeitgestaltung. Die Einkommenslage der Bevölkerung und die heute zu beobachtende Tendenz, die Freizeit immer mehr auszudehnen, wird die Bedeutung des Pferdes künftig noch steigern und als Voraussetzung dafür eine qualitätsvolle Leistungspferdezucht nötig machen. Genauso wie der Staat andere Sportarten und die dazu erforderlichen Einrichtungen unterstützt, kann auch die Pferdezucht und der Pferdeleistungssport das öffentliche Interesse für sich in Anspruch nehmen. In diesem Zusammenhang erscheint interessant, daß das Reiten neuerdings auch in die menschliche Therapie bei bestimmten spastischen Erkrankungen mit einbezogen wird (siehe Seite 27).

Da die Reiterei nicht ohne eine ausreichende Pferdeerzeugung bestehen kann, sind staatliche Mittel vielfach zur Förderung der Zucht eingesetzt worden, besonders dort, wo sie einem möglichst großen Kreis von Züchtern zugute kommen. Hier steht die Hengsthaltung immer wieder im Vordergrund. Deshalb werden in Zuchtgebieten mit mehr privater oder genossenschaftlicher Hengsthaltung, vielfach als Äquivalent zur staatlichen Hengsthaltung, jährlich Hengsthaltungsprämien und in Ergänzung dazu auch Ankaufsbeihilfen gewährt. Daneben besitzt die staatliche Förderung der Hengstleistungsprüfungen und die Unterhaltung der Hengstleistungsprüfungsanstalten eine große Bedeutung.

In Gebieten mit überwiegend kleinbäuerlichem Besitz oder in solchen mit wenig natürlichem Grünland fehlte es gerade im Hinblick auf die früher vielfach bestehende größere Pferdedichte häufig an den für eine gedeihliche Aufzucht nötigen Weideflächen. Daher war man in solchen Gegenden dazu übergegangen, mit und ohne staatliche Unterstützung gemeinnützige Fohlenaufzuchthöfe für Stut- und Hengstfohlen mit ausreichendem Weideareal zu schaffen, wie sie beispielsweise in Württemberg (Maßhalder Bruch, Schindelbach, Scharben), in der Pfalz (Schwarzenbach, Standenbuhl) und anderen Zuchtgebieten errichtet worden waren. Auf diese Weise wurden dem einzelnen Züchter das Aufzuchtrisiko abgenommen und eine weitgehend natürliche Aufzucht sichergestellt. In der Zeit der schweren Absatzkrise innerhalb der fünfziger und sechziger Jahre sind derartige Einrichtungen jedoch meist aufgelöst worden.

Sofern in speziellen Fällen keine ausreichenden Möglichkeiten für Junghengste bei privaten Hengstaufzüchtern vorhanden sind, der Staat aber an einer sachgemäßen Aufzucht von Hengstfohlen als Nachwuchssicherung für den Beschälerbestand der Landgestüte ein besonderes Interesse hat, kann die Einrichtung derartiger Fohlenaufzuchtstationen bedeutsam bleiben. Eine solche Voraussetzung war nach dem Ersten Weltkrieg im hannoverschen Zuchtgebiet gegeben. Eine eigene Hengstaufzucht bei den Züchtern gab es damals noch nicht. Vielmehr wurden die meisten guten Hengstfohlen an mecklenburgische und pommersche Großbetriebe verkauft und dort aufgezogen. Im Alter von 2½ Jahren wurden dann durch die Hannoversche Gestütverwaltung auf dem mecklenburgischen und pommerschen Hengstmarkt die geeigneten Hengste für das Langestüt Celle zurückgekauft. Allmählich entwickelte sich aber die Gefahr, daß für die in Mecklenburg und Pommern aufstrebenden Warmblutzuchten selbst ein hoher Bedarf an Nachwuchshengsten entstand und dadurch die Auswahlmöglichkeiten für das hannoversche Zuchtgebiet eingeengt wurden. Daher entschloß sich die Gestütverwaltung, 1922 auf der Domäne Hunnesrück am Solling ein eigenes Hengstaufzuchtgestüt zu errichten, das dem Landgestüt Celle angegliedert wurde. Dem Landstallmeister oblag die Aufgabe, jährlich die dafür qualitativ geeigneten Absatzfohlen auszuwählen, die von der Domänenverwaltung angekauft und im Alter von 2½ Jahren von der Gestütverwaltung für das Landgestüt Celle nach Ankörung erworben wurden. Diese Maßnahme hat sich sehr gut bewährt und ist auch nach dem Zweiten Weltkriege beibehalten worden, obwohl inzwischen die Aufzucht von Hengstfohlen auch bei zahlreichen hannoverschen Züchtern Fuß gefaßt hatte und dort, wo der Aufzüchter mit Einzelhengsten und geeigneten Weiden Schwierigkeiten hatte, wurde durch Gemeinschaftsweiden (Langer Haken, Lüneburger Elbmarsch) Abhilfe geschaffen. In den letzten Jahrzehnten wurde der Bedarf von Celle etwa zur Hälfte aus Hunnesrück gedeckt. Bei der stark gestiegenen Nachfrage nach hannoverschen Hengsten im In- und Ausland und der immer schwieriger werdenden Preisgestaltung bedeutet Hunnesrück z. Z. zweifellos in steigendem Maße wieder einen sicheren Hort für die Lösung der Nachwuchsfrage.

Weiter sind wichtig die auf besonders gute junge Stuten vergebenen Zuchterhaltungs- und Staatsprämien, wenn diese im Interesse der Förderung der Qualitätszucht grundsätzlich mit einer Zuchtverpflichtung auf mehrere Jahre verbunden werden. Gerade in den letzten Jahrzehnten hat sich diese Maßnahme auf die Qualität der Landespferdezucht sehr vorteilhaft ausgewirkt. Heute werden diese Mittel allerdings nur dann ihren züchterischen Anreiz behalten, wenn der im Einzelfall ausgeworfene Betrag hoch genug ist. In ähnlicher Weise können auch größere Schauen durch finanzielle Zuschüsse und Stiftung von wertvollen Ehrenpreisen unterstützt werden. In der Zeit des Rückganges der Pferdezucht haben die von Bund und Ländern bereitgestellten Fohlenaufzuchtprämien zum Erhalt der Zuchten beigetragen. Obwohl diese Mittel inzwischen wieder fortgefallen sind, werden in einigen Ländern zur Fesselung von Hengstabsatzfohlen für die Aufzucht als Zuchthengst Fesselungsprämien ausgeschüttet; sie sollen verhindern, daß qualitätsvolle Hengstfohlen etwa frühzeitig an Sportinteressenten abgegeben werden und dadurch der Zucht verlorengehen.

Im Hinblick auf die enge Verflechtung von Pferdezucht und Pferdesport können die dem Sport entweder unmittelbar zur Durchführung von Leistungsprüfungen oder für den Bau der dazu nötigen Anlagen zur Verfügung gestellten staatlichen Beihilfen sehr zur Förderung der Reiterei und damit letzten Endes auch der Zucht beitragen.

Als wesentliche Förderungsmittel müssen ferner angesehen werden: die veterinärpolizeilichen Maßnahmen des Staates zur Bekämpfung von Seuchen (Seucheneinschleppung), die Unterhaltung von Pferdekliniken zur Behandlung kranker Pferde, die Tiergesundheitsämter als Untersuchungsstellen für auftretende Krankheiten, Trächtigkeitsermittlungen und Fruchtbarkeitsstörungen. Zu erwähnen sind hier außerdem auch die Hufbeschlagslehrschmieden.

Die Skala der Förderungsmöglichkeiten sowohl aus dem Aufkommen der Zucht- und Reiterverbände wie aus staatlichen Zuschüssen ist somit recht mannigfach. In völliger Abwandlung der früheren Verhältnisse, in denen das Pferd ein wichtiges, wenn nicht das wichtigste Betriebsmittel der Landwirtschaft war, ist heute die Berechtigung einer Förderung aus der Tatsache gegeben, daß der Pferdesport sich immer mehr in Richtung eines Volkssports bewegt und daher die Erzeugung hochwertiger Leistungspferde zu einem breitfundierten Bedürfnis geworden ist. Im übrigen sollte man nicht übersehen, daß der Absatz guter Gebrauchs- und Zuchtpferde für zahlreiche bäuerliche Betriebe zur Sicherung der Existenzgrundlage beitragen kann. Damit erscheint auch für die Zukunft gewährleistet, daß die Pferdezucht ihre wichtigste Stütze in den gesunden landwirtschaftlichen Betrieben behält.

2 Private Maßnahmen

2.1 Zuchtberatung

Mit zu den wichtigsten Aufgaben einer Züchtervereinigung gehört die Beratung der in ihm zusammengeschlossenen Einzelzüchter auf den verschiedensten Gebieten wie z. B. der Zucht, Haltung und Fütterung. Die Beratung ist sicherlich am wirkungsvollsten, wenn sie als Einzelberatung vorgenommen werden kann und vor Ort die hofspezifischen Probleme behandelt werden können. Das wird sich nicht in jedem Fall bewerkstelligen lassen, vor allem dann nicht, wenn die Zahl der Mitglieder groß ist oder das Zuchtgebiet sich über große Entfernungen erstreckt. Man wird vielmehr auf Gruppenberatungen zurückgreifen müssen. Hierzu bieten sich besonders die Winterversammlungen der örtlichen Pferdezuchtvereine an, wo spezielle Probleme durch den Vortragenden selbst angeschnitten werden oder aber sich in der Diskussion ergeben. Auch können aktuelle Fragen, die sowohl den Einzelzüchter interessieren als auch für die Allgemeinheit von Bedeutung sind, in den Fachzeitschriften der einzelnen Pferdezuchtverbände abgehandelt werden.

Auch die örtlichen Stutenschauen bzw. die jährlich wiederkehrenden Stutbucheintragungen geben Gelegenheit, am Tier selbst die eine oder andere Frage der Beurteilung bestimmter Merkmale zu klären oder einen typmäßigen Vergleich bzw. eine wertmäßige Einstufung anhand des vorgestellten Materials vorzunehmen und zu begründen. Hierbei lernt der interessierte Züchter am meisten, zumal auch dann noch, wenn auf die Vererbung der Hengste näher eingegangen wird, die Prämiierungsergebnisse veröffentlicht werden und eine züchterische Interpretation erfahren.

Beispiele, wie man die Prämiierungsergebnisse bewerten kann, zeigen die vom Verband hannoverscher Warmblutzüchter aufgestellten Tabellen, die nachfolgend wiedergegeben werden. Sie sind zwar nicht unbedingt der Weisheit letzter Schluß, geben aber der gesamten Züchterschaft, die ja nicht auf jeder örtlichen Schau vertreten sein kann, gewisse Anhaltspunkte an die Hand. Hierzu kann auch die Zusammenstellung in Tabelle 59 über die Zahl der eingetragenen Turnierpferde je Hengst zugerechnet werden.

Zu jeder Hengstkörung werden dem betreffenden Köramt eine Vielzahl (teilweise zwischen 400 und 500) Junghengste gemeldet. Würden alle Hengste in den Katalog

Tab. 58. Bewertung der Prämiierungsergebnisse auf Stutenschauen

1. Abteilung: Ältere Vererber. Erster Deckeinsatz 1976 und früher

Name	1. Deck-einsatz	Ia u. Staatsprämie	nur Ia	I	Gesamt-punkte*)	Platz
			Anzahl der Stuten mit			
Argentan	1971	10	3	14	50	1.
Wendekreis	1971	7	4	19	48	2.
Absatz	1964	4	7	10	36	3.
Don Carlos	1966	5	2	14	33	4.
Einblick	1973	4	4	12	32	5.
Woermann	1975	2	5	14	30	6.
Eisenherz I	1972	2	4	13	27	7.
Grande	1962	2	3	16	26	8.
Darling	1975	2	4	11	25	9.
Adlerflügel	1970	4	2	8	24	10.

2. Abteilung: Jüngere Vererber. Erster Deckeinsatz 1979 und früher

Name	1. Deck-einsatz	Ia u. staatsprämie	nur Ia	I	Gesamt-punkte*)	Platz
			Anzahl Stuten mit			
Großfürst	1979	4	3	14	32	1.
Akzent II P.B.	1977	2	6	14	32	2.
Bolero	1979	4	6	7	31	3.
Maat II	1979	3	3	14	29	4.
Garibaldi II	1978	2	3	16	28	5.
Grenadier	1978	4	3	10	28	6.
Einklang	1979	3	4	8	25	7.
Don Juan	1979	4	3	5	23	8.
Eiger I	1979	2	5	7	23	9.
Akzent I	1977	1	2	16	23	10.

*) Punktwertung: je Staatsprämienstute = 3, je Ia-Preis ohne Staatsprämie = 2, je 1. Preis = 1

aufgenommen, entstünden jedem Züchter erhebliche Unkosten. Um diese Kosten für eine größere Anzahl von Züchtern zu minimieren, berät der Verband die Züchter, indem er eine Vorbesichtigung vornimmt und den Züchtern, deren Hengste aufgrund des Typs, des Exterieurs und des Bewegungsablaufes keine Aussicht haben, gekört zu werden, von einer Teilnahme an der Körung abrät.

Als eine weitere wichtige Maßnahme der Verbände zur Förderung der Pferdezucht kann die Beratung der Züchter beim Hengstankauf angesehen werden. Diese Hilfestellung kann bei den heute zu zahlenden hohen Preisen für einen Hengst nicht hoch genug eingestuft werden und wird seitens der Züchterschaft auch dankbar entgegengenommen.

In diesem Zusammenhang sei auch die jährliche Information der Züchterschaft über die Deckstellenbesetzung im gesamten Zuchtgebiet, die Anerkennung von privaten Hengsten auch aus anderen Populationen sowie die Herausgabe und laufende Ergänzung eines Hengstbuches hingewiesen. Das Blatt eines solchen Hengstbuches sei nachfolgend zur Kenntnis gebracht (Abb. 156).

Tab. 59. Celler Landbeschäler mit mehr als 20 Turnierpferdeeintragungen

	84	83	82		84	83	82
Wendekreis	58	44	52	Woermann	26	27	31
Waidmannsheil	41			Diplomat	26	26	
Absatz	40	30	38	Waldhorn	26	22	23
Grande	38	44	36	Cavalier	25	34	30
Winnetou	37	37	28	Saloniki	25	20	
Gigant	37	30	23	Traunstein	25	23	29
Gralsritter	36	40	25	Waldmeister	25	23	20
Graphit	36	38	36	Duft II	25		
Argentan	36	37	43	Wolfsburg	25		
Don Carlos	35	34	34	Grunewald	25		
Lombard	35	33	37	Matrose	24	32	25
Wienerwald	35	41	28	Eisenherz I	24	21	
Shogun xx	33	26	35	Aderlass	23	26	
Werther	32	29	28	Azur	23		
Dirk	31	31	25	Weingau	23		
Wedekind	31	29	28	Laibach	23		
Glander	30	27	29	Waidmannsdank xx	22	29	26
Pik König	30	35	28	Toscanini	22	22	
Wiesengrund	29			Karthago	21	20	
Graf Douglas	28	33		Arsenik	21	25	21
Watzmann	28	35	31	Bolero	21		
Leibwächter	27	28	20	Mozart	21		
Pik Bube	27			Pik Junge	21		
Servus	27	34	30	Kadett	21		
Diskus	27	25	26	Saluto	21		
Greenhorn	26	30		Maat I	21		
Wettstreit	26			Traugott	20		
				Akzent	20	26	

Alle diese Maßnahmen, zu denen u. a. auch noch die Organisation von Exkursionen in andere Zuchtgebiete gehört, sind private Maßnahmen der Zuchtförderung, die wesentlich zur planvollen Weiterentwicklung einer Population beigetragen haben.

2.2 Absatz und Auktionswesen

Sobald die Züchterverbände eine bestimmte Intensitätsstufe hinsichtlich der Zahl der Züchter sowie der Qualität und der Quantität des Zuchtmaterials erreicht hatten, trat dann als besonderes Problem häufig die Regelung der Absatzfrage auf. Bis zum Zweiten Weltkrieg stellte sich diese Frage für die Warmblutzucht nicht ganz so eindringlich, da für deren Produkte das Heer den Hauptabnehmer bildete (Remontekommissionen). Die Vollblutzucht dagegen kannte schon lange den Absatz ihrer Produkte auf dem Auktionswege. Erinnert sei hier nur an die jährlich mehrmals und über verschiedene Tage gehenden Versteigerungen in New-Market, wo in verschiedenen Auktionsräumen Pferde aller Altersklassen zum Verkauf ausgeboten werden. Die deutsche Vollblutzucht trat weitgehend mit Jährlingsauktionen in Köln und Baden-Baden an die Öffentlichkeit. Die Kaltblutzuchtverbände veranstalteten früher gleichzeitig Versteigerungen, sowohl für Zucht- wie auch für Gebrauchspferde. Bisweilen

D. Fuchs, gr. St. mit kurz. Str., I. Hf. w.   **World Cup I., 314510477**
geb. Hann. 1977, Maße: 168, * 4 Gen.
Züchter: Hans Eduard Börger, Loxstedt/Neuenlande.
Aufz.: Gestüt Hunnesrück

Woermann 310426571	Wöhler 3880	Flügeladjutant 3269	Flügelmann I 1090 Alexine H 24322
		St. Pr. St. Flozia H 37184	Flotow 1086 Jodlerwelt H 30845
	Mandat H 59881	Marabou xx 3518	Oleander xx Madam xx
		St. Pr. St. Abendfriede H 45642	Abendsport 3109 St. Pr. St. Goldwelle H 24359
Sendernixe H 317098567	Sender 3983	Senator 3898	Semper idem 3658 St. Pr. St. Allerweltskleid H 52134
		St. Pr. St. Abendkleid H 37699	Abendsport 3109 St. Pr. St. Golfkleid H 25501
	Lunenixe H 67099	Lugano I 3963	Der Löwe xx 3791 Altwunder H 56508
		Fliedernixe H 63649	Frustra II 3627 Feldland H 37264

Zuchteinsatz: 1981: Landesbrück. **Nachzucht u. -leistungen: HPrA:** Adelheidsdorf 1980: 137, 65/1/33

Abb. 156. Als Beispiel ein Blatt aus einem Hengstbuch.

wurden im Hinblick auf die Heranführung von Besuchern Zuchtschauen und Absatz-
veranstaltungen gleichzeitig an einem zentralen Ort abgehalten.

Nach dem Zweiten Weltkrieg war zunächst eine starke Nachfrage nach Pferden für
die Landwirtschaft und das Fuhrwesen zu verzeichnen, die aber mit zunehmender
Technisierung nachließ. So sahen sich auch die Warmblutzuchtverbände vor die Frage

gestellt, den Absatz zu intensivieren. Als erster Verband richtete der Verband hannoverscher Warmblutzüchter 1948 Reitpferdeauktionen in Verden ein, die seitdem einen ungeahnten Aufschwung erfahren haben und mehr oder weniger Beispiel für die Einrichtung aller deutschen und sogar einiger ausländischer Auktionsplätze geworden sind. Stuten- und Fohlenauktionen wurden als neue Vermarktungswege ins Leben gerufen und bereicherten die Palette des Angebots an verkäuflichen Pferden. Sinn und Zweck der Entwicklung dieser zentralen Auktionen war, den Käufern ein größeres Angebot zu offerieren, ihnen die Möglichkeit des Vergleichs der Pferde untereinander zu geben, den Einkauf für sie sicherer zu machen, indem die zum Verkauf stehenden Reitpferde vorher 4–6 Wochen lang auf Herz und Nieren getestet werden und unter tierärztlicher Kontrolle stehen. Jeder Kaufinteressent hat zudem die Möglichkeit, die Pferde bei der Arbeit zu beobachten, ja sogar selbst zu reiten, um zu entscheiden, ob ein Pferd ihm liegt oder nicht.

Die zu den Auktionen kommenden Pferde werden durch eine Kommission aus einem größeren Angebot ausgesucht und sind sicherlich als qualitativ überdurchschnittlich zu bezeichnen. Jeder Auktionsplatz stellt einen – in der Regel hervorra-

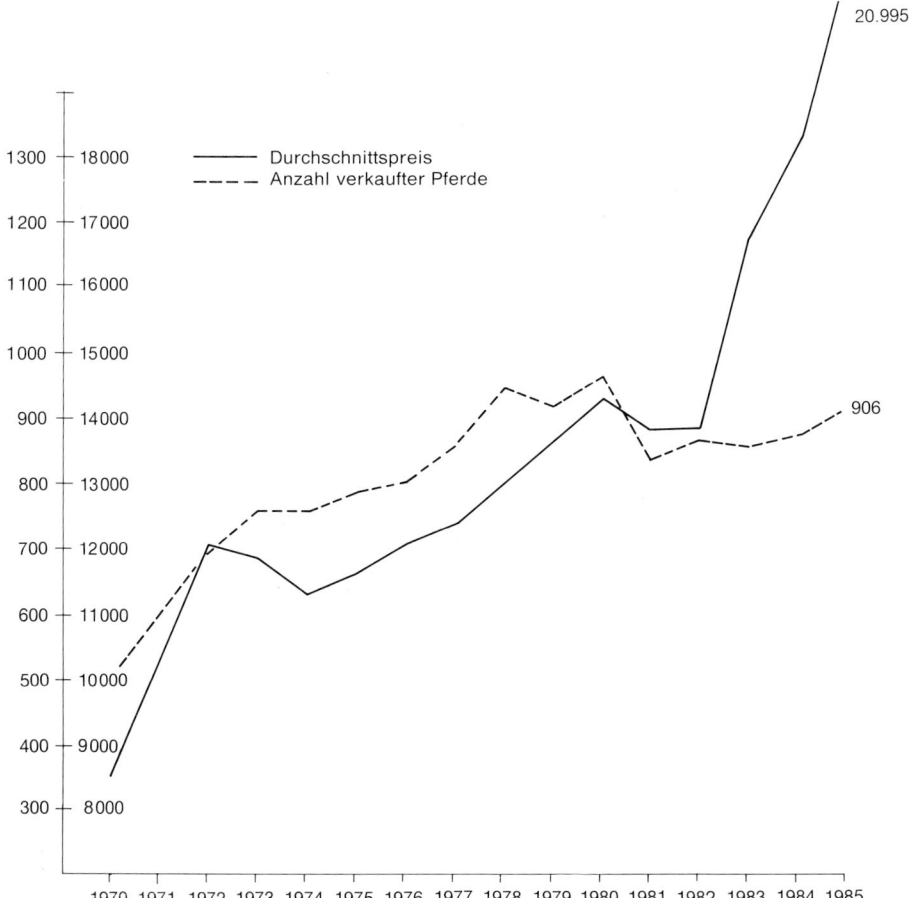

Abb. 157. Entwicklung der Reitpferdeauktionen in der Bundesrepublik (nach FN-Bericht).

gend ausgestatteten – Katalog her, in dem neben einem Bild des Pferdes die Abstammung aufgeführt ist und Angaben über dessen reiterliche Veranlagung sowie sein Temperament und seinen Charakter abgedruckt werden. So werden zweimal im Jahr – im Frühjahr und Herbst – in allen deutschen Zuchtgebieten Auktionen abgehalten. Die Auktionsplätze konkurrieren miteinander, und so wird der Käufer umworben wie nie zuvor und kann unter einer Vielzahl von angebotenen Pferden seine Wahl treffen. Viele Spitzenpferde des deutschen Turniersports wurden auf den Auktionen erworben. Über die Entwicklung der Auktionen geben die Abbildung 157 und die Tabellen 60–62 Auskunft:

Tab. 60. Ergebnis der Reitpferdeauktionen 1985 (FN-Bericht)

Ort, Datum	Verband	verk. Pferde	Höchst- preis	Niedr. Preis	Durchschnitts- preis
Marbach 2. 2.	Baden-Württemberg H. u. L. Marbach	30	40000	7000	13413
Zweibrücken 24. 3.	Rheinl.-Pfalz-Saar	28	22500	7500	12267
München-Riem 30. 3.	Bayern	40	70500	8400	17277
Vechta 30. 3.	Oldenburg	65	200000	9500	27012
Aachen 13. 4.	Rheinland	38	30000	8000	12908
DA-Kranichstein 13./14. 4.	Trakehner	34	66000	8500	20397
Münster 14. 4.	Westfalen	51	90000	12000	27421
Verden 19.–21. 4.	Hannover	124	120000	8500	22935
DA-Kranichstein 4. 5.	Hessen	26	30000	9000	16250
Verden 13. 7.	Hannover	48	20000	5300	9316
Vechta 5. 10.	Oldenburg	70	60000	9000	25171
München-Riem 6. 10.	Bayern	30	31000	8100	14428
Marbach 12. 10.	Baden-Württemberg	37	39000	8000	15648
DA-Kranichstein 13. 10.	Hessen	33	65000	9000	18500
Verden 18.–20. 10.	Hannover	132	150000	9000	25041
Münster 27. 10.	Westfalen	50	92000	10000	25150
Neumünster 27. 10.	Trakehner	9	21000	9000	12610
Neumünster 3. 11.	Holstein	40	75000	10000	29325
Aachen 9. 11.	Rheinland	21	28000	8000	14214

Tab. 61. Zuchtstuten 1985 (FN-Bericht)

Ort, Datum	Verband	verk. Pferde	Höchst- preis	Niedr. Preis	Durchschnitts- preis
DA-Kranichstein 13./14. 4.	Trakehner	8	24 000	7000	12 563
Verden 31. 8.	Hannover	23	26 500	8000	12 300
München-Riem 6. 10.	Bayern	5	20 000	8700	13 320
Neumünster 27. 10.	Trakehner	15	30 000	8000	12 767

Tab. 62. Ergebnis der Fohlenauktionen 1985 (FN-Bericht)

Ort, Datum	Verband	verk. Fohlen		Höchst- preis	Niedr. Preis	Durchschn. Preis
Marbach 24. 8.	Baden-Württemberg	Hengste	19	14 600	2400	5000
		Stuten	12	6000	2500	3458
Riedlingen 29. 8.	Baden-Württemberg	Hengste	23	5000	1800	2489
		Stuten	22	3600	1800	2193
Verden 31. 8.	Hannover		99	21 000	3000	5593
Miesbach 3. 9.	Bayern		61	6650	1100	2263
Ansbach 6. 9.	Bayern		56	6000	1400	2718
Pocking 7. 9.	Bayern		53	13 200	1550	3833
Mertingen 11. 9.	Bayern		43	4350	1550	2110
Kobl.-Mettern. 29. 9.	Rhld.-Pfalz-Saar		12	7000	2300	3866
Vechta 5. 10.	Oldenburg		45	30 000	4000	10 555
DA-Kranichstein 13. 10.	Hessen		20	17 000	2700	5730
Münster 20. 10.	Westfalen		70	25 000	3600	6782
Neumünster 27. 10.	Trakehner		12	25 000	4000	9667
5 Auktionen	Bayern	Hafling.	497	5000	450	1015
5 Auktionen	Bayern	Kaltbl.	251	4050	800	1882
Donaueschingen 5. 10.	Baden-Württemberg	Kaltbl.	14	6100	1700	2539

K Glossar
(englische und französische Fachbegriffe)

I. Rasse, Gebrauchszweck	breeds, types	les races, les types
Anglo-Araber	anglo-arab	l'anglo-arabe
Englisches Vollblut	thoroughbred	le pur sang anglais
Halbblut	part-bred, half-bred	le demi-sang
Jagdpferd	hunter	le cheval de chasse
Kleinpferd, Pony	pony	le poney, le bidet
Kutschpferd (schweres)	coach-horse	le carossier, le postier
Paßgänger, der Zelter	pacer, ambler	l'ambleur
Pferd (orientalisches, morgenländisches)	oriental horse	le cheval oriental
Reitpferd	riding-horse	le cheval de selle
Schlag (warmblütiger, leichter)	light horse, warm-blooded	la race légère
Schlag (kaltblütiger, schwerer)	heavy horse, cold-blooded	la grosse race
Springpferd	jumper, show jumper	le cheval d'obstacle de concours
Traber	trotter, standard bred	le trotteur
Tragpferd, Packpferd	pack-horse	le cheval de bât, de somme
Vollblut-Araber	pure-bred arab	le pur sang arabe
Wagenpferd	carriage-horse	le cheval d'attelage
Wagenpferd (leichtes)	light-carriage-horse	le cheval d'attelage léger
II. Begriffe der Züchtung	breeding	l'elevage
Absetzen	weaning a foal	le sevrage
Aktion, Bewegung	action, movement	l'action
Anspruchslosigkeit	frugality	la sobriété
Art	variety	la variété
Aufzucht	rearing	l'élève
Aufzüchter	rearer	l'éleveur
Auslese, Zuchtwahl	breeding selection	la sélection
Bastard	bastard	abatardi
besamen	inseminate	inséminer
Besamung (künstliche)	artificial insemination	l'insémination artificielle
Beschäler, Hengst	stallion, stud	le producteur
Beständigkeit, Konstanz	constancy, consistancy	la constance
Blutauffrischung	admixture of new blood	le renouvellement du sang
Blutlinie	bloodline	la ligne

Einzelwesen	individual	l'individu
entartet	out of type, degenerated	dégénéré
Erbfehler	inherited defect	la tare héreditaire
Familie	family	la famille
Fohlen	foal	le poulain
Fremdzucht	outbreeding-crossing	le croisement irrégulier, le brassage de sang
gemischt	mixed	métis
Gestütsbuch, Stutbuch	stud-book	le registre général, stud-book
Gestütsbrand	brand	la marque (extérieure) de haras apposée au fer rouge
Gesundheit	soundness, health	la santé
Gleichgewicht	balance	l'équilibre
Grad	degree	le degré
heterogen	heterogeneous	hétérogène
homogen	homogeneous	homogène
hybrid	hybred	hybride
Inzestzucht	inbreeding	l'union incestueuse
Junghengst	colt	la poulain
Körperbau, Exterieur	conformation	la conformation extérieure
Konstitution	constitution	la constitution
Kreuzung, -zucht	cross breeding	le croisement
Leistung	performance	la performance
Leistungsprüfung	performance test	l'épreuve
Linienzucht	line breeding	l'alignement, élevage en lignée
Mischblut	mixed breed	le métis
Modell	type, model	le modèle
Mutterstute	broodmare	la poulinière
Nachkommenschaft	descendants, offspring	la descendance
Probierhengst	teaser	l'étalon d'essai, boute-en-train
Produkt, Nachzucht	produce, offspring	le produit, l'élève
Qualität, Klasse	quality	la qualité
Rasse	race, breed	la race
Rasse verbessern, veredeln	improve a breed	améliorer une race
Reinzucht	pure breeding	l'élevage dans la pureté de race
Rosse	in season, in heat, in estrus	les chaleurs
Säugen	suck	l'allaitement
Schnelligkeit	speed	la vitesse
Stamm	foundation stock	la souche
Stammbaum	pedigree	le certificat d'origine
Stamm gründen, bodenständig	create a line	faire souche
Stammstute, -mutter	tap-root mare	la jument-mère

Stammvater, -gründer	foundation sire	le cheval-père
Stute (gedeckt)	serviced mare	la jument saillie
Stute (güst)	empty mare	la jument vide
Stute mit Fohlen bei Fuß	mare with foal at foot	la jument suitée
Stute (tragende)	pregnant mare in foal	la jument pleine
Stutfohlen, junge Stuten	filly (maiden)	la pouliche
Temperament	temperament	le tempérament
Typ	type	le type
typisch	typical	typique, typé
typlos	not true to type	dépourvu de type
unfruchtbar, steril	sterile	stérile
Vatertier, Vater	sire	le père, l'auteur
Verwandtschaft	relationship	la parenté
Verwandtschafts-, Inzucht	inbreeding	l'élevage dans la consanguinité, en-, de- dans de-
Vorfahren, Ahnen	ancestors, ancestry	l'ascendance
Widerstandsfähigkeit, Härte	resistance, hardness	la résistance
zeugungsfähig, fruchtbar	potent, fertile	prolifique
Zeugungsfähigkeit, Potenz	fertility, potency	la puissance de génération
Zucht	breeding, breeding industry	l'élevage
Zuchtstute	brood mare	la reproductrice, la poulinière
Züchter	breeder	le naisseur
Zweig, Schlag	branch, line	la branche

III. Exterieur des Pferdes	*exterior of the horse*	*l'exterieur du cheval*
After	anus	l'anus
Auge	eye	l'oeil
Bewegung	movement, action	le mouvement
Behaarung	coat	le pelage
Boden stehend, über viel	standing over much ground	base de sustention large
bodennah, kurzbeinig	close to the ground	près de terre
Brust	chest	le poitrail
Brustkorb	thorax	le thorax
Buggelenk	point of shoulder	la pointe d'épaule
edel	noble	noble
Ellbogen	elbow	le coude
Euter	udder	la manelle
Exterieur	exterior	l'extérieur du cheval
Farbe	colour	la robe, la livrée
Fessel	pastern	la paturon
Fesselgelenk, Fesselkopf	fetlock	le boulet
Flanke	flank	le flanc
Format	size, distinction	le format
Fuchs	chestnut	le cheval alezan

Fuß, Huf	foot, hoof	le pied, le sabot
Galopp	the canter (gallop)	le galop
Gangarten	paces, gaits	les allures
– (künstliche)	artificial „airs“	les allures artificielles
– (natürliche)	naturel paces	les allures naturelles
Gänge (regelmäßige)	regular paces	les allures régulières
– (schnelle, freie, gestreckte)	free, extended paces	les allures vives, libres, étendues
– (unregelmäßige)	irregular paces	les allures irrégulières
– (verkürzte, versammelte)	shortened collected, gaits paces	les allures raccourcies, rassemblées
Gelenk	joint	l'articulation
Genick	poll	la nuque
geschlossen	compact	uni
Gleichgewicht	balanced	équilibré
Gliedmaßen	limbs	les membres
Haar	hair	les poils, les crins
Hals	neck	l'encolure
harmonisch, wohlgeformt	harmonicus	harmonieux
Hauptgangarten	principal paces or gaits	les allures principales
Hauptkörperteile	principal parts	les régions
Haut	skin	la peau
Hinterhand	hindquarters	l'arrière-train
Hoden	testicles	les testicules
Hodensack	scrotum	les bourses
Kastanie	chestnut	la châtaigne
Kehlkopf	throat	la gorge
Kinnbacke, Ganasche	lower jaw, jaw bone	la ganache, la mâchoire inférieure
Knie, Hinterknie	knee	le grasset
Kniescheibe	knee-cap	la rotule
Knochen	bone	l'os, l'ossature
Knochen, viel	with good bone	de bonne ossature
Körperbau des Pferdes	horse's conformation	l'organisation du cheval
Kopf	head	la tête
Kronengelenk	coronet	la couronne
Kruppe	croup	la croupe
Lende, Niere	loins	la bombe, le rein
Mähne	mane	la crinière
Mähnenkamm	crest	le bord supérieur de l'encolure
Maul	mouth	la bouche
Mittelhand	barrel	le milieu
Muskeln	muscles	les muscles
Nabel	navel	le nombril
Nasenrücken, Untergesicht	bridge of nose	le chanfrein
Nerven	nerves	les nerfs
Nüster	nostril	le naseau

Oberarm	upper arm	le bras
Oberschenkel	thigh	la cuisse
Ohr	ear	l'oreille
Organe	organs	les organes
Paßgang	the pace (the amble)	l'amble
proportioniert	proportioned	proportionné
quadratisch	set four-square	carré
Rahmen	frame	le cadre
rechteckig	rectangular	rectangulaire
Rippen	ribs	les côtes
Röhrbein, Röhre	cannon-bone, shank	la canon
Rücken	back	le dos
Rumpf	rump	le tronc
Rute	penis	la verge
Scheide	vulva	la vulve
Schopf, Schubrine	forelock	le toupet
Schritt	the walk	le pas
Schulgangarten	school „airs"	les allures d'école
Schulter	shoulder	l'épaule
Schweif	tail	la queue
Sehnen	tendons	les tendons
Skelett, Knochengerüst	skeleton	le squelette
Sprunggelenk	hock	le jarret
Stirn	forehead	le front
Tempo	tempo, cadence	la cadence
Tiefe	depth, girth	la profondeur
Trab	the trot	le trot
überbaut	too high at croup, over-built	haut de croupe
Unterschenkel	second thigh	la jambe
Vorarm	forearm	l'avant-bras
Vorderfußwurzelgelenk, Vorderbein	knee	le genou
Vorhand	forehand	le devant
vorn zu hoch	too high at withers	bâti en montant
Widerrist	height (at withers)	la taille (au garrot)
Winkelung	angles	les angles
Wirbelsäule	spine	le rachis, la colonne, vertébrale

IV. Weideland	*grassland*	*les hergages*
grasen	to graze	brouter
Koppel	paddock	l'enclos
Paddock	paddock	le paddock
Umzäunung, der Zaun	fencing, fence	la clôture, la barrière
Weide	pasture	le pâturage
Weidegang	turning out to grass	la mise à l'herbe
Wiese	meadow	la prairie

V. Futter	forage	le fourrage
Arbeitsration	working ration	la ration de travail
Erhaltungsfutterration, Grundfutterration	maintenance ration	la ration d'entretien
Futtervorrat	fodder-supply or stock	la provision de fourrage
gequetscht, geschrotet	crushed, rolled	concassé
Gerste	barley	l'orge
Gras	grass	l'herbe
Grünfutter	green fodder	le vert
Grummet (2. Schnitt)	hay (second cut)	le foin (regain)
Häcksel	chaff	la paille hâchée
Hafer	oats	l'avoine
Heu (1. Schnitt)	hay (first cut)	le foin (1re coupe)
Jungpferde-, zusätzliche Ration	supplementary ration	la ration de croissance, -supplémentaire
Klee	clover	le trèfle
Kleie	bran	le son
Korn-, Hartfutter	corn, concentrate	les grains
Leinsamen	linseed	la graine de lin
Luzerne	lucerne, alfalfa	la luzerne
Mash	mash	la mah, le barbotage
Mohrrübe	carrot	la carotte
Rauhfutter	dry food, roughage	le fourrage „sec"
Salz, Steinsalz	salt, rock-salt	le sel
Stroh	straw	la paille
Tagesration, -norm	daily ration	la ration journalière
Wasser	water	l'eau
Zucker	sugar	le sucre

VI. Begriffe der Reiterei	riding	equitation
abreiten	to supple, warm up	détendre
absatteln	to unsaddle	deseller
absitzen	to dismount	descendre de cheval
Absprungstange	guard-rail, foot rail	la barre d'appel
abzäumen	to take the bridle off	débrider
Acht	figure of eight	le huit de chiffre
Amazone	lady rider, equestrienne, horsewoman	la cavalière, l'amazone
Anbinderiemen	head-rope, tie rope	la longe d'attache
angaloppieren auf dem linken Fuß	to strike off on near fore	partir au galop à gauche
angaloppieren aus dem Halt	strike off at the canter from the halt	partir au galop de pied ferme
antraben	start at trot	partir au trot
Arbeit am langen Zügel	work on long reins	travail aux longues rênes
Arbeit an der Hand	work in hand	travail à la main
Arbeit unter dem Reiter	work under the saddle	travail monté
Aufsetzzügel	check-rein	

aufsitzen	to mount	se mettre en selle
aufzäumen	to put the bridle on	brider
Ausbindezügel	side-rein, check-rein	la rêne fix
ausgeschieden	eliminated, elimination	éliminer
aussitzen	to sit out at the trot	aller au trot assis
Bahn, falsche (beim Springen)	deviation from the course, wrong course	le parcours faux
Bandagen	bandages	les bandes
Bande	parapet	le garde-botte
barren	to rapp	barrer
Barriere	barrier	le passage à niveau
Bedingungen der Prüfung	conditions of the competition	conditions des épreuves
beschlagen	shoe a horse	ferrer le pied
Besitzer	owner (in the programme: exhibitor)	propriétaire
Besondere Bestimmungen der FEI	general regulations of the FEI	Réglement General de la FEI
bewegen (das Pferd)	to exercise	sortir, promener
Bewegung	action, movement	l'action
Box	loose-box	le box
Brandzeichen	brand	la marque (extérieure) de haras apposée au fer rouge
Cavaletti	cavaletti	le cavaletti
Championat der Reitpferde	the championship of riding horses	championnat des chevaux de selle
Damensattel	side-saddle	selle d'amazone, – de dame
Decke, Pferde-	rug/horse blanket	la couverture
Deckengurt	roller, surcingle	le surfaix
Dreierklasse (siehe Paarklasse)		
Dressuraufgabe	dressage test	le texte de la reprise
Dressurprüfung	dressage test or competition	épreuve de dressage
Dressursattel	dressage-saddle	selle de dressage
Dressursitz	dressage seat	position de dressage
durchparieren	to halt, stop, pull up	arrêter
Ecke (der Reithalle)	corner	le coin
Ehrenpreis	trophy	prix d'honneur
Eignung	suitability	l'aptitude
Eignungsprüfung	hunters-, hacks-, cobs suitability-class	epreuve d'aptitude
Equipenchef	team's captain	le capitaine d'équipe, le chef –
Exterieur (des Pferdes)	conformation of the horse	l'extérieur du cheval
Flachrennen	flat race	la course plate
Flankierbaum	swinging rail	la branloire, les bat-flancs

Flocke	some white hairs	quelques poils en tête
Fuchsjagd	fox-hunting	la chasse au renard
Fuchsschwanz	brush	la queue de renard
Fuß, der innere	inside leg	jambe de dedans, – interne
Galopp	canter	le galop
–, Arbeitsgalopp	working canter	galop ordinaire
–, Jagdgalopp	hunting gallop	galop de chasse
–, Kontergalopp	canter, counter-lead	galop à faux, „contre-galop"
–, Linksgalopp	canter, on left hand	galop à gauche
–, Mittelgalopp	medium canter	galop cadencé, – „moyen"
–, Rechtsgalopp	canter, on the right hand	galop sur le pied droit, – à droite
–, starker	extended canter	galop allongé
–, verkürzter	shortened canter	galop raccourci
–, versammelter	collected canter	galop rassemblé
galoppieren	to canter	marcher au galop
Galoppsprung	one stride	une foulée
Galoppwechsel, fliegender	flying change of lead	changer de pied en l'air
Gangart	pace, gait	l'allure
Gebiß (der Trense)	bit, snaffle	l'embouchure
Geländereiten	outside riding, cross country	équitation d'extérieur
Graben	open ditch	le fossé
Gurte anziehen	to tighten the girth	sangler
Gurte lockern	to slacken the girth	lâcher la sangle
Halbblut	part-bred, half-bred	le demi-sang
Halten	to halt	l'immobilité, l'arrêt, la station
Handwechsel	to change hand	changer de main
Hauptgestüt	stud farm (a National Stud, or a rather important private one)	la jumenterie
Hilfen (beim Reiten)	aids	les aides
Hindernis (beim Springen)	fence, jump, obstacle (Hinderniskombinationen: combinations of fences)	l'obstacle
Hindernis, festes	solide fence	obstacle fixe
Hindernis umwerfen	to knock down	renverser l'obstacle
Hindernisrennen	steeple-chase	la course d'obstacle
Hochweitsprung	high and broad obstacle	l'obstacle haut et large
Hohe Schule	high school	haute école
Hufeisen	shoe	le fer à cheval
Huffett	hoof-grease	la graisse à sabot
Hufschlag	track	la piste
Hufschmied	the farrier, blacksmith	le maréchal ferrant
Hürde	hurdle, brush	la haie

Hürdenrennen	hurdle race	la course de haies
Jagdkappe	hunting-cap	la bombe de chasse
Jagdpferd	hunter	le cheval de chasse
Jagdreiten	hunting	la chasse à courre
Jagdspringen	jumping competition	épreuve, d'obstacles, parcours de chasse
Jury	jury	le jury
Kandare, auf blanker	curb bit	le mors
Kappzaum	cavesson	le cavecon
Kapriole	capriole	la cabriole
Kardätsche	curry comb	la brosse à panser
Kehlriemen	throat-latch	la sous-gorge
Kehrtwendung	half-turn	tourner court
Krippe	manger	la mangeoire
Kür	presentation at choice of rider	présentation à volonté
Kurbette	courbette	la courbette classique
Kurzkehrtwendung	half-turn on the hind quarters, half-pirouette	le demi-tour sur les hanches, la demi-pirouette
leichttraben	to rise at the trot	trotter à l'anglaise
Levade	levade	la levade
Longe	lungeing rein	la longe
Longiergurt	surcingle	le surfaix
Mähne	mane	la crinière
Mähne flechten	to plait, to braid	tresser
Mähnenkamm	crest	le bord supérieur de l'encolure
Mannschaftsspringen	team jumping	la coupe des équipes
Martingal	martingale	la martingale
Master (der Jagd)	master of hounds	le maître d'équipage de chasse
Materialprüfung	conformation class	epreuve de modèle et allure
Melone	bowler	le melon
Meute	pack (of hounds)	la meute
Military	three day event	le military
Mittelschritt	medium walk	pas ordinaire
–, starker	extended walk	pas allongé
–, versammelter	collected walk	pas rassemblé
– am hingegebenen Zügel	walk on a loose rein	pas, les rênes abandonnées
– am langen Zügel	walk on a long rein	pas, les rênes longues
– am Zügel	walk with contact	pas, sur la main
Schulter herein	shoulder in	l'épaule en dedans
Schweifriemen	crupper	la croupière
Sieger	winner	le gagnant
Sitz (des Reiters)	seat	l'assiette
Sporen	spurs	les éperons
Springbahn	jumping course	la piste
springen	to jump	sauter

Springpferd	jumper, show jumper	le cheval d'obstacle, – de concours
Springquadrille	jumping quadrille	quadrille à obstacles
Springsattel	jumping-saddle	selle d'obstacle
Springturnier	jumping competition	le concours hippique
Springvermögen	jumping ability	l'aptitude de saut
Sprunggelenk	hock	le jarret
Stafettenspringen	relay jumping competition	l'épreuve relais
Stallhalfter	stable halter	le licol
Stallmeister	head groom, stud-, head lad	le premier garçon, le chef d'écurie
Stange	pole	la barre
Start	start	le départ, le start
Starter	starter	partant
Startgebühr	starting fee	droits de départ
Startlinie	starting line	ligne de départ
Steigbügel	stirrup-iron	l'étrier
Steigbügelriemen	stirrup-leather	l'étrivière
Steilsprung	upright obstacle	l'obstacle vertical, droit
Steinmauer	stone wall	le mur de pierre
Stirnriemen	brow-band	le frontal
Streichkappen	boots	les bottines
Streu	bedding, bed	la litière
Striegel	curry-comb	l'étrille
Stroh	straw	la paille
stürzen (im Parcours)	to fall	tomber
Nackenriemen (Genickstück)	headpiece	le dessus de la tête
Nasenriemen	nose-band	la muserole
Nenngebühr	entry fee	droits d'engagement
Paarklasse	(pair class, do not exist in England. However there are hunter trials: hunters class in pairs, or groups or teams)	Classe pour équipes de deux
Parade	halt	l'arrêt
Parcours	course	le parcours
Parcourschef (Parcoursgestalter)	course builder, -designer	chef de piste
Passage	passage	le passage
Paßgang	the pace	l'amble
Pferdelänge (beim Rennen)	one length	une longueur de cheval
Pferdepfleger	groom	garçon d'écurie
Piaffe	piaffe	le piaffer, le trot sur place
Pikör (der Meute)	whipper-in	la valet-de-chiens
Pirouette	pirouette	la pirouette ordinaire
Plastron	stock	le plastron

Pokal	cup, trophy	la coupe
Prüfung	dressage test, competition (jumping-)	la reprise, l'épreuve
–, kombinierte	combined competition	le concours combiné
–, leicht (Dressur)	dressage test novice	le concours de dressage élémentaire
–, mittel (Dressur)	dressage test medium	le concours de dressage de difficulté moyenne
–, schwer (Dressur)	dressage test advanced	le concours de dressage de difficile
Prüfungen im Gelände	cross-country test	épreuve de fond
Quadrille	quadrille	le quadrille
Querfeldein-Rennen	cross-country race	le cross
Reitbahn	riding ring	le manège
Reiter	rider, equestrian	le cavalier
Reitgerte	cane/whip	la baguette
Reithalle	indoor riding school	le manège couvert
Reithose	breeches	les culottes
Reithose, lange	jodhpurs	les culottes jodhpurs
Reitjackett	riding coat	la veste (le veston) d'équitation
Reitlehrer	riding instructor	maître d'équitation
Reitpferd	saddle-horse, riding-horse	le cheval de selle
Reitplatz	outdoor ring	la carrière
Reitstiefel	riding boot	la botte d'équitation
Reitturnier	horse show	concours (-hippique, – de dressage)
Rennbahn	race-track, -course	la piste de course
Rennen	race	la course
Rennpferd	race-horse	le cheval de course
Renvers	quarters out, tail to the wall, renvers	la croupe en dehors, renvers, la tête en dedans
Richter	judge	le juge
Richtverfahren	scheme of marking	le barème
Rick	post and rails	la stationata
roter Rock	scarlett coat, pink-	l'habit rouge
Satteldecke	saddle-blanket, numnah	le tapis de selle
Satteldruck	saddle sore	la pression, blessure, de selle
Sattelgurt	girth	la sangle
Sattelkammer	tack-room, saddle-room	la sellerie
satteln	to saddle a horse	seller un cheval
Sattelzeug	saddlery, tack	la sellerie
Sattler	saddler	le sellier
Schenkelhilfen	leg aids	les jambes
Schenkel weichen	leg yielding	céder à la jambe
Schlangenlinie	serpentine	la serpentine
Schlaufzügel	draw rein	la rêne coulante
Schleppjagd	drag-hunting	chasse sur une piste odorante

Schmiede	farriery, forge, smithy	la forge
Schritt	the walk	le pas
Schritt, freier	free walk	pas libre
teilnahmeberechtigt	eligible	peuve participer, ouverte au
Tempo	tempo, speed, pace	la cadence
Trab	the trot	le trot
–, Arbeits-	working trot	trot ordinaire
–, Mittel-	medium trot	trot cadencé
–, starker	extended trot	trot allongé – en extensior
–, verkürzter	shortened trot	trot naccourci, – écourteé, – ralenti
–, versammelter	collected trot	trot rassemblé
Traber	trotter	le trotteur
Tränke	water-bowl, trough	l'abreuvoir
tränken	to water	abreuver
Traversale	half-pass	appuyer sur la diagonale
Trense	snaffle bit	le filet
Trensenzügel	snaffle-rein	la rêne de filet
Triplebarre	triple bars	les triples barres
Trophäe	trophy	le trophée
versammeln	to collect	rassembler
verweigern (im Parcours)	to refuse, disobedience, refusal	refuser
Vielseitigkeitsprüfung	three day event	le concours complet d'équitation
Volte	volt	la volte
Voltigieren	voltige, vaulting	la voltige
Wagenpferd	carriage-horse	le cheval d'attelage
Wassergraben	brook, water ditch	la rivière
wechseln, aus dem Zirkel	change out of the circle	quitter le cercle
–, durch Zirkel	change of hand through the circle	changer dans le cercle
– durch die ganze Bahn	diagonal change of hand	changement en diagonale
– durch die halbe Bahn	to change hand through the middle of the school	changer dans la demilon-gueur
– durch die Länge	to change hand on the middle line	changer dans la longueur
wenden	to turn	tourner
Wendung auf der Hinter-hand	turn on the haunches, or on the hindquarters	la pirouette ordinaìre
Wendung auf der Vorder-hand	turn on the forehand	la pirouette renversée
Widersetzlichkeit (des Pferdes)	disobedience	le pesage
Zeiteinteilung	time table	emploi du temps
Zeitnehmer	timekeeper, judge, who does the timing (Zeitmeßgerät: electronical timing equipment)	chronométreur

Zeitspringen	jumping with time factor	épreuve au chronomètre
Ziel	goal post	l'arrivée
Ziellinie	finishing line (Ziel: finishing post)	la ligne d'arrivée
Zirkel	circle	le cercle
Zügel	reins	les rênes
Zügel, hingegeben	completely loose rein	rêne abandonnée
Zügelaufnehmen	to take up the reins	ajuster les rênes
Zügelführung	manner of holding reins	le maniement des rênes
Zügel in eine Hand	reins in one hand	les rênes dans un seule ami
Zügel verkürzen	to shorten the reins	raccourcir les rênes
Zügel verlängern	to lengthen the reins	allonger les rênes
zulegen	to extend or lengthen the stride	allonger
Zylinder	top-hat	le haut-de-forme

Literaturverzeichnis

ABIDIN, J.: Pferdezucht und Pferderassen im osmanischen Reiche. 42. Flugschr. DGfZ, Berlin 1918.

ADALSTEINSSON, S.: Inheritance of Colours in Icelandic Ponies, 1977.

AEHNELT, E., KONERMANN, H. und GRUNERT, E.: Fortpflanzungsstörungen in der Pferdezucht und ihre neuzeitliche Bekämpfung. Dt. tierärztl. Wschr. 68, 4, 1961.

AHLBORN, H.: Die Geschichte der Zucht der weißgeborenen Kutschrasse des königlichen Marstalles zu Hannov. Diss. Hannover 1941.

AHLVERS, G.: Die wirtschaftlichen Grundlagen des Zuchtzieles der hannoverschen Warmblutzucht unter besonderer Berücksichtigung von Körpferform, Gangvermögen und Fruchtbarkeit. Diss. Göttingen 1955.

AMMON, K. W.: Nachrichten von der Pferdezucht der Araber und den arabischen Pferden. Olms Presse, Hildesheim–New York 1972.

AUBANEL, H.: Die weißen Pferde der Camargue. Verlag Müller, Rüschlikon 1963.

BADE, B., STENGLIN, C. v. und RAPPEN, W.: Leistungsprüfung und Zuchtplanung in der Reitpferdezucht. Züchtungskunde 1, 1973.

BADE, B.: Schätzung genetischer Parameter für Leistungsmerkmale Hannoverscher Reitpferde. Diss. Göttingen 1974.

BADE, B. u. ERNST, W.: Das Landgestüt Celle und seine Hengste, 1. Auflage, Limpert-Verlag 1980.

BARMINZEW, J. N.: Rußlands Pferde. Verlag Müller, Rüschlikon/Zürich 1977.

BÄSSMANN, F.: Die Verbreitung der Pferdeschläge in Deutschland. Arb. DLG 381, Berlin 1931.

BAUER, H.: Genetik und Vollblutzucht. Z. Vollblut 20, 1964.

BEAULIEU, C. de: Vollblut. Eine Pferderasse erobert die Welt. BLV, München 1967.

BEAULIEU, C. de: Das Zeitalter des Sportpferdes. Berlinische Verlagsgesellschaft 1977.

BILKE, E.: Arabische Pferde. Westermanns Mh. 4, 1957.

BLENDINGER, W.: Psychologie und Verhaltensweise des Pferdes. Verlag Hoffmann, Heidenheim 1971.

BOBILEW, J.: Das große Buch der Pferde in Rußland. Verlag Reich, Luzern 1977.

BORN, L., MÖLLER, H., u. DISSELHORST, R.: Handbuch der Pferdekunde. Verlag Parey, Hamburg–Berlin 1928.

BOURDELLE, E.: Notes Ostéologiques et Ostéométriques sur le cheval de Przewalski. Bull. Mus. Hist. nat., Paris 2.

BREDOW, H. v.: Pferdezucht in Ungarn. Verlag Schaper, Hannover 1927.

BREIDBACH, S.: Zuchtrichtung und Leistungsprüfung in der deutschen Pferdezucht im Hinblick auf die Motorisierung der Landwirtschaft. Schriftenr. AID 65, 1953.

BREIDBACH, S.: Zucht, Haltung, Leistung und Arbeitsverwendung des Kleinpferdes in der Bundesrepublik. Ar. dt. Tierzucht 39, 1957.

BREITHAUPT, K.: Der Einfluß der in den niedersächsischen Landgestüten aufgestellten englischen Vollblüter, Araber und Trakehner auf die hannoversche Landespferdezucht in bezug auf Körperentwicklung und Typ. Diss. Berlin 1958.

BRÖMLER, K.: Die Altersbestimmung beim Kleinpferd aufgrund der Zahnentwicklung und -abnutzung. Diss. München 1954.

BRUNS/RAULS/BADE: Entwicklung von Selektionskriterien für die Reitpferdezucht. Züchtungskunde, 57, 172–182, 1985.

BÜCHERL, L.: Geschichte des Staatsgestütswesens in Bayern. Diss. München 1952.

BUTTGEREIT, M.: Vergleichende Untersuchungen der Rennleistung von Vollblütern in Relation zum Geburtstermin. Diss. Hannover 1968.

BUTZ, O. und BÖTTGER, Th.: Das Zahnalter des Pferdes. Verlag Schaper, Hannover 1947.

CASTLE, W. E.: The cause of Silver Dapple Coats in Shetland ponies. 1953.

CHAPEAUROUGE, A. de: Hengstlinien der 1922 in der Provinz Hannover vorhandenen staatlichen Hengste. Verlag Reher, Berlin 1922.

CLABBY, J.: Naturgeschichte des Pferdes. Verlag Hoffmann, Heidenheim 1978.

CLAUSEN, E.: Der Blutaufbau der hannoverschen Halbblutzucht. Verlag Schaper, Hannover 1922.

COMBERG, G. (Hrsg.): Tierzüchtungslehre, Verlag Ulmer, Stuttgart 1971.

COMBERG, G.: Schweinezucht, 8. Aufl. Verlag Ulmer, Stuttgart 1978.

DAMMAN en GOLDSCHMIDT: Vertaald: de „Witgeborenen" en „isabelkleurige paarden" uit de Koninklijke stallen van Denmarken en Hannover.

DENCKER, C.: Das Oldenburger Pferd. Aus dt. Zuchten 10, 1941.

DENT, A.: Das Pferd – Fünftausend Jahren seiner Geschichte. Verlag Ullstein, Berlin 1975.

DESELAERS, J.: Stutenstämme des rheinischen Kaltblutpferdes. Arb. rhein. Pferdezucht 1, 1936.

DEUTSCHE REITERLICHE VEREINIGUNG: Pferdezucht in Deutschland. Organisationsformen, Zuchtziele, Leistungsprüfungen, FN-Verlag, Warendorf 1980.

DEUTSCHE REITERLICHE VEREINIGUNG: Jahresbericht 1978–1985. Pferdezucht in Deutschland, FN-Verlag, Warendorf 1983.

DIREKTORIUM FÜR VOLLBLUTZUCHT UND RENNEN: Jahresbericht 1970–1985.

DISSELHORST, R.: Anatomie und Physiologie der Haussäugetiere. Verlag Parey, Hamburg–Berlin 1921.

DOHN, H. und ERNST, W.: Pferdeland am Rhein. Limpert Verlag.

DOLL, W.: Zwillingsforschung beim Kaltblut in Niedersachsen. Diss. Hannover 1950.

DUERST, U.: Die Beurteilung des Pferdes. Verlag Enke, Stuttgart 1922.

EIDGENÖSSISCHES GESTÜT AVENCHES: Festzeitschrift 1976.

ENSMINGER, M. E. und UPPENBORN, W.: Traberpferde. In: HAMMOND/HARING/JOHANSSON: Handbuch der Tierzüchtung, Bd. 3. Verlag Parey, Hamburg–Berlin 1961.

EVERSFIELD, E. und Mitarbeiter: Die Vollblutzucht der Welt. Verlag Podzum, Dornheim 1970.

FLADE, E.: Reziproke Kreuzungen beim Pferde. Arch. Tierzucht 1, 1, 1958.

FLADE, E.: Shetlandponys. Die neue Brehm-Bücherei, Verlag Ziemsen, Wittenberg 1959.

FLADE, E.: Das Araberpferd. Die neue Brehm-Bücherei, Verlag Ziemsen, Wittenberg 1962.

FROEHLICH, G. und SCHWARZECKER, G.: Lehrbuch der Pferdezucht. Verlag Parey, Hamburg – Berlin 1926.

GENTNER, F.: Die männlichen Blutlinien des bayerischen Kaltblutpferdes (Noriker). Verlag Pflaum, München 1949.

GENTNER, R.: Der Haflinger und seine Zucht, BLV, München 1957.

GEUER, C.: REITER, PFERD UND FAHRER. VERLAG KÜSTER CO., ESSEN 1939.

GEURIS, R.: De haarkleur bij het paard. 1978.

GLYN, R. und BRUNS, U.: Das große Buch der Pferderassen. Verlag Müller, Ruschlikon 1971.

GOETZE, R.: Besamung und Unfruchtbarkeit der Haussäugetiere. Verlag Schaper, Hannover 1949.

GONNERMANN, O.: Über die Trächtigkeitsdauer beim Trakehner Pferde. Diss. Göttingen 1935.

GOODALL, D. M.: Pferde der Welt. Verlag Hoffmann, Heidenheim 1971.

GRAMANN, H.: Das ostfriesische Pferd. Verlag Schaper, Hannover 1925.

GRAMATZKI, F.: Handbuch der Pferde. Verlag Kamlage, Osnabrück 1977.

GRAVERT, H. O.: Wie plane ich meine Tierzucht. Verlag Parey, Hamburg–Berlin 1972.

GREEN, B.: The color of Horses, 1974.

GROSS, H.: Der Blutaufbau der ostfriesischen Hengststämme. Arb. DGfZ 22, 1916.

GROSSCURTH: Die Preußische Gestütverwaltung. Verlag Schaper, Hannover 1927.

GROTE, W.: Die Entwicklung der westfälischen Warmblutzucht und ihre hervorragenden Stutenstämme. Verlag Nolte, Düsseldorf 1932.

GUTTMANN, U.: Zur Abstammung der polnischen Araber. Ernst Holder, Marbach/Lauter 1968.

HACKL, E.: Der Berg-Tarpan der Waldkarpaten, genannt Huzul. Verlag Beck, Wien–Leipzig 1938.

HANDBUCH DER TIERZÜCHTUNG. Verlag Paul Parey, Hamburg und Berlin 1958.

HAHN-BUTRY, J. und KÖHLER, H. J.: Hannovers edles Warmblut. Verlag Siep, Hamburg–München–Neuhaus 1949 und Ergänzungsbände.

HANGEN, G.: Hengstlinien des rheinisch-deutschen Kaltblutpferdes. Arb. DGfZ 74, 1939.

HARTWIG, W.: Untersuchungen über die Deck- und Befruchtungsergebnisse des Landgestütes Kreuz unter besonderer Berücksichtigung der Befruchtungsfähigkeit der Hengste mit zunehmendem Alter. Kühn-Archiv 68, 1954.

HARTWIG, W.: Untersuchungen über die Beziehungen zwischen Gliedmaßenwinkelungen und Schrittlänge. Tierzucht 1, Berlin 1956.

HASELON, B.: Die wichtigsten Hengstlinien der westfälischen Warmblutzucht. Arb. dt. Tierzucht 16, 1941.

HECK, H.: Spezial-Pferderassen in Deutschland. Ahnert-Verlag, Friedberg 1985.

HEINZE: Das Buch vom Reitsport. Safari Verlag, Berlin 1978.

HELING, M.: Trakehnen. BLV, München 1962.

HELING, M: Das vollendete Pferd. DLG-Verlag, Frankfurt a. M. 1964.

HERRL, W.: Abstammung und Domestikation der Haustiere. In: HAMMOND/HARING/JOHANSSON: Handbuch der Tierzüchtung. Bd. 1, Verlag Parey, Hamburg–Berlin 1961.

HERRE, W.: Der Art- und Rassebegriff. In: HAMMOND/HARING/JOHANSSON: Handbuch der Tierzüchtung. Bd. 3. Verlag Parey, Hamburg–Berlin 1961.

HERRE, W.: Grundsätzliches zur Systematik des Pferdes. Tierzücht. Züchtungsbiol. 75, 1, 1961.

HERRE, W.: Die züchtungsbiologische Bedeutung neuer Erkenntnisse über Abstammung und Frühentwicklung von Haustieren. Züchtungskunde 28, 1956.

HERRE, W. und RÖHRS, M.: Die Tierreste aus den Hetleitergräbern von Osman Kayasi bei Boghazkry (ohne Verlagsangabe) 1956.

HESSE, H. J.: Entwicklung und Wachstum bei Kleinpferden. Tierzücht. Züchtungsbiol. 70, 2, 1957.

HET BELGISCHE TREKPAARD 1885–1985: Jubiläumsfestschrift. Eeuw feestcomité van het Belgisch Trekpaard. Druck: Stadt Antwerpen – 11ᵉ Directie.

HORN, K. J.: Die Entwicklung der Traberzucht in Deutschland. Verlag Reher, Berlin 1923.

HUMMERT, G.: Die wichtigsten Stutenstämme des Oldenburger Pferdes. Arb. dt. Tierzucht 18, 1942.

INSTITUTE OF ANIMAL BREEDING AND PRODUCTION TECHNOLOGY, AGRICULTURAL ACADEMY IN LUBLIN: International Symposium on Horse Breeding and Use (Vorträge). Lublin 1985.

IWERSEN, E.: Das Holsteiner Pferd. Arb. DGfZ. 3, 1937.

JOHANSSON, I. und VENGE, O.: Die moderne Vererbungslehre auf Mendelscher Grundlage. In: HAMMOND/HARING/JOHANSSON: Handbuch der Tierzüchtung. Bd. 2. Verlag Parey, Hamburg–Berlin 1959.

JOHANSSON/RENDEL/GRAVERT: Haustiergenetik und Tierzüchtung. Verlag Parey, Berlin–Hamburg 1966.

KALNEIN, H., GRAF, V.: Landgestüt Celle. In: GROSSCURTH: Die Preußische Gestütverwaltung. Verlag Schaper, Hannover 1927.

KARNBAUM, B.: Die züchterische Entwicklung der deutschen Warmblutzuchten in der Bundesrepublik nach 1945. Verlag Hadlaub, Winterthur 1970.

KIEL, J.: Die Aufzucht hannoverscher Warmbluthengste. Verband hannoverscher Warmblutzüchter, Hannover 1949.

KLEMOLA, V.: Über die Morphologie und Vererbung der dominanten und der rezessiven Scheckung sowie der Glausaugigkeit beim Pferde. 1930.

KRASNOPEROV, L.: Mongolische Pferde. Konevodstrow Konnyi Sport Nr. 3, 1985.

KRUEGER: Unser Pferd und seine Vorfahren. Verlag Springer, Berlin 1939.

KRUEGER, L.: Beziehungen zwischen den Zugleistungsprüfungen, der Physiologie und der Anatomie des Pferdes. VII. Internat. Tierzuchtkongr., Madrid 1956.

KRUEGER, L.: Geschichtliche Entwicklung der Rassen in der europäischen Tierzucht. In: HAMMOND/HARING/JOHANSSON: Handbuch der Tierzüchtung. Bd. 3. Verlag Parey, Hamburg–Berlin 1961.

KRUEGER, L. und SEEFELDT, G.: Untersuchungen zur Bestimmung des Arbeitswertes von Groß- und Kleinpferden. Tierzücht. Züchtungsbiol., 64, 2, 1955.

KUNZE, E.: Das Tierzuchtrecht in der Bundesrepublik Deutschland. Agricola-Verlag, Stollhamm 1959 (mit Nachtrag 1964).

KURTH: Das Schleswiger Pferd. Verband Schleswiger Pferdezuchtvereine e. V., Husum 1948.

LANGLOIS, B.: Analyse de la Monte et Physionomie des Elevages de Cheveaux de sang et Poneys in France. Vortrag EVT-Tagung 1984.

LEHMANN, E. v.: Über die Beziehungen zwischen der Streifung und sogenannten Tigerung bei den Einhufern.

LEHMANN, E. v.: Beiträge zur Vererbung weißgeborener Pferde. 1941.

LEHMANN, E. v.: Die Iris- und Rumpfscheckung beim Pferd. 1951.

LEHMANN, K. H.: Das Glück dieser Erde. Verlag Siep, Hamburg–München–Neuhaus 1949.

LEHNDORFF, G. Graf v.: Handbuch der Pferdezüchter. Verlag Parey, Hamburg–Berlin 1925.

LEHNDORFF, G. Graf v.: Ein Leben mit Pferden. Landbuch-Verlag, Hannover 1956.

LEIGHTON HARDMAN, A. C.: Der Hengst – die Stute. Verlag Ahnert, Echzell 1975.

LEIGHTON HARDMAN, A. C.: Das junge Pferd. Verlag Ahnert, Echzell 1977.

LEPEL, D. Frh. v.: Versuche zur Beeinflussung der Sexualfunktion bei Vollblutstuten durch Veränderung der Tageslichtdauer unter praktischen Zuchtbedingungen. Dissertation Hannover 1968.

LÖWE, H.: Beurteilungslehre des Pferdes. 2 Aufl.; 1. Aufl. von R. DISSELHORST. Verlag Parey, Hamburg–Berlin 1940.

LÖWE, H.: Bedeutung und Durchführung von Hengstnachzuchtbewertungen. Züchtungskunde 19, 5/8, 1944.

LÖWE, H.: Vererbung einzelner Körpermerkmale beim Pferd. Züchtungskunde 20, 1, 1948.

LÖWE, H.: Neueste Erkenntnisse bezüglich der optimalen Produktivität in Fütterung, Züchtung und Haltung der Pferde. Ber. (3) a europ. Verein. Tierzucht 1958.

LÖWE, H.: Der Einfluß des Vollblutes in der heutigen Warmblutzucht. Züchtungskunde 31, 9/10, 1959.

LÖWE, H.: Das Skelett als Grundlage der Körperform. In: HARING/HOFMANN/STAHL (Red.): Handbuch für Tierzüchter, Bd. 1. Verlag Neumann, Radebeul 1959.

LÖWE, H.: Stand und Probleme der deutschen Pferdezucht. Züchtungskunde 33, 5/6/7, 1961.

LÖWE, H.: Typ und Nutzungsrichtung verschiedener Pferderassen. In: HAMMOND/HARING/JOHANSSON: Handbuch der Tierzüchtung, Bd. 3. Verlag Parey, Hamburg–Berlin 1961.

LÖWE, H.: Kaltblutpferderassen in den verschiedenen Ländern der Welt. In: HAMMOND/HARING/JOHANSSON: Handbuch der Tierzüchtung, Bd. 3. Verlag Parey, Hamburg – Berlin 1961.

LÖWE, H.: Haben Pferdeschauen überhaupt noch Bedeutung? Z. St. Georg, 71, 1970.

LÖWE, H.: Schulpferde für Reitkunst, Gebrauchspferde für den Sport. Züchterische Probleme im österreichischen Gestüt Piber. Z. St. Georg 72, 2, 1971.

LÖWE, H.: Hengstlinien und Stutenfamilien. Z. St. Georg, 72, 8, 1971.

LÖWE, H. und SAENGER, O.: Ponys in den verschiedenen Ländern der Welt. In: HAMMOND/HARING/JOHANSSON: Handbuch der Tierzüchtung, Bd. 3. Verlag Parey, Hamburg–Berlin 1961.

MERKT, H. und KLUG, E.: Bericht über die Herbstuntersuchung 1976 in der westdeutschen Vollblutzucht. Z. Vollblut 69, 1977.

MERKT, H. und UPPENBORN, W.: Einfluß des Lichts – Beeinflussung der Rosse bei Vollblutstuten durch Manipulation der Tageslichtdauer. Z. Vollblut 24, 1965.

MERKT, H., LEPEL, J. D., Frhr. v. und KLUG, E.: 25 Jahre Herbstuntersuchung in der deutschen Vollblutzucht und Bericht 1971. Z. Vollblut 49, 1972.

MERKT, H., LEPEL, J. D., Frhr. v. und KLUG, E.: Bericht über die Herbstuntersuchung 1972 in der westdeutschen Vollblutzucht. Z. Vollblut 53, 1973.

MEYER, E.: Die deutsche Kaltblutzucht. Verlag Küster & Co., Essen 1940.

MEYER, E.: Die deutsche Pferdeerzeugung statistisch gesehen. Veröff. Reichsv. Zucht-Prüf. dt. Kaltblut, Hannover 1940.

MEYER, E.: Die deutsche Pferdeerzeugung und der Wandel der Pferdeeinfuhr. 1913 und 1938. Schr. Reichsv. Zucht-Prüf. dt. Kaltblut, Hannover 1940.

MEYER, E., KUMMER, U. v. und DENCKER, C.: Farbe und Abzeichen bei Pferden. Verlag Schaper, Hannover 1949.

MEYER, O.: Fohlenaufzucht, Fohlenkrankheiten – Beurteilung des neugeborenen Fohlens. Verlag Schaper, Hannover 1946.

MILLER, W. und UPPENBORN, W.: Vollblutpferde. In: HAMMOND/HARING/JOHANSSON: Handbuch der Tierzüchtung. Bd. 3. Verlag Parey, Hamburg–Berlin 1961.

MITTEILUNGEN UND JAHRESBERICHTE DER DEUTSCHEN UND DER AUSLÄNDISCHEN PFERDEZUCHT-VERBÄNDE: 1970–1985.

MOHR, Ernst: Das Urwildpferd. 1959.

MOISENKO, N.: Die Pferde der Karpaten. Kovevodstro Konnyi Sport Nr. 12, 1984.

MUNCKEL, H.: Die Rheinische Kaltblutzucht. Arb. DGfZ 28, 1925.

NATHUSIUS, S. v.: Messungen an 1960 Zuchtpferden und 590 Soldatenpferden. Verlag Parey, Berlin 1912.

NIEMACK, H.: Studie über die Gangarten des Pferdes. Dt. Richterverein. Pferdeleistungsprüf. (Hrsg.) 1970.

NISSEN, J.: Das Sportpferd. Franckh'sche Verlagshandlung, Stuttgart 1964.

NORMAN, Graf v.: Unser Pferd. Allgemeinverständliche Pferdekunde. Verlag Limpert, Berlin 1938.

OETTINGER, B. v.: Grundzüge der Pferdezucht. Das Vollblutpferd. Verlag Parey, Hamburg–Berlin 1918.

O'NEILL, M.: Cheveaux de France. Editions Prisma. Paris 1949.

OPPERMANN, T.: Über Blutreserven der Haustiere insbesondere der Pferde. Verlag Schaper, Hannover 1947.

OCSAG, J., NONIUSZ, A.: Mezögazdasági Kiado, Budapest 1984.

PAPENDIECK, L.: Das Kleinpferd. Verlag Parey. Hamburg–Berlin 1958.

PIRKELMANN, H., SCHÄFER, M. und SCHULZ, H.: Pferdeställe und Pferdhaltung. Verlag Ulmer, Stuttgart 1976.

PLATE, H.: Verklingender Hufschlag – Pferdevölker machen Geschichte. Verlag Schneekluth, München 1971.

RAUMSAUER, R. u. ERNST, W.: Das Oldenburger Sportpferd. Ahnert-Verlag, Friedberg 1978.

RASWAN, C. R.: Trinker der Lüfte. Verlag Müller, Rüschlikon 1942.

RAU, G.: Die wichtigsten Blutströme in der hannoverschen Pferdezucht. Dt. Ges. Züchtungskunde, Taschen-Stammbuch-Bibliothek, 5, 1914.

RAU, G.: Die Pferdezucht in Preußen und die Preußische Gestütverwaltung. Verlag Reher, Berlin 1920.

RAU, G.: Die Beurteilung des Warmblutpferdes. Verlag Parey, Berlin 1942, 3. Aufl.

RENSCH, B.: Tatsachen und Probleme der Evolution. Aus: Vom Unbelebten zum Lebendigen. Stuttgart 1956.

RETTENMAIER, L.: Das Verhalten einiger physiologischer Komponenten im Verlauf der gestaffelten Dauerzug- und Geschwindigkeitsprüfung bei Hengsten. Diss. Gießen 1950.

RIECK, G. W.: Erbfehler und ihre Beurteilung in der Vollblutzucht. Z. Vollblut 53, 1973.

ROSSDALE, P. D.: Das Pferd – Fortpflanzung und Entwicklung. Verlag Karger, Basel 1974.

ROSSOW, D.: Hengstbuch der Holsteiner Warmblutzucht. Druck: Wäser, Bad Segeberg 1954.

ROTH, F.: Pferde in Frankreich. Limpert Verlag, Frankfurt 1984.

RUDOLFI, H.: Von Abendfrieden zu Baalim. Verlag Stoof, Köln 1963.

RYDEN, H.: Wilde Pferde (Mustangs). Verlag Bucher, Luzern–Frankfurt a. M. 1972.

SAENGER, O.: Fjordpferde. Verlag Schwarz, Bayreuth 1966.

SCHÄFER, W.: Die Verbesserung der Konstitution unserer Haustiere. Verlag Parey, Hamburg – Berlin 1949.

SCHÄFER, M.: Wie werde ich Pferdekenner. Nymphenburger Verlag, München 1971.

SCHEELE, R.: Zuchtaufbau und Vielseitigkeitseignung des Holsteiner Pferdes auf der Grundlage der Hengstlinien. Arb. dt. Tierzucht 26, 1950.

SCHEPP, W.: Die Zuchtrichtung und Leistungsvererbung in der ostfriesischen Warmblutzucht. Arb. dt. Tierzucht 38, 1958.

SCHILKE, F.: Die Akklimation des Trakehner Pferdes in Westdeutschland. Blaue Hefte Tierarzt 32, 1966.

SCHILKE, F.: Haltung des Reit- und Zuchtpferdes. BLV, München 1975.

SCHILKE, F.: Trakehner Pferde einst und jetzt. BLV, München 1965.

SCHLIE, A.: Der Hannoveraner. Aus dt. Zuchten, Schriftenr. DGfZ 1967.

SCHMIDT, O.: Das Blut – der ganz besondere Saft. Z. St. Georg (1), 1976.

SCHNITZER, U.: Untersuchungen zur Planung von Reitanlagen. Diss. Karlsruhe 1969. KTBL Schrift, Frankfurt a. M. 1970

SCHOCKEMÖHLE, W. und LUTZ, W.: Deutsche Springreiter – Reiter, Pferde, Zuchtgebiete. Verlag Limpert, Frankfurt 1969.

SCHÖN, D.: Beitrag zur Systematik der Züchtungsmethoden, dargestellt am Beispiel der hannoverschen Warmblutzucht. Diss. Göttingen 1961.

SCHÖN, D.: Praktische Pferdezucht. Verlag Ulmer, Stuttgart 1983.

SCHÖTTLER, F.: Das Hannoversche Pferd. Monogr. landwirtsch. Nutztiere, Bd. 15. Verlag Schaper, Hannover 1925.

SCHÜSSLER, J.: Das Oldenburger Pferd. Monogr. landwirtsch. Nutztiere, Bd. 9. Verlag Schaper, Hannover 1931.

SCHWARK, H. J.: Das Haflinger Pferd. Verlag Ziemsen, Wittenberg 1965.

SCHWARK, H. J.: Pferde. VEG Deutscher Landwirtschaftsverlag, Berlin 1978.

SCHWEISGUT, O.: Der Haflinger, das Universalpferd. Verlag Jenny, Innsbruck 1961.

SCHWEISGUT, O.: Haflinger – ein Pferd erobert die Herzen der Völker. Universitäts-Verlag Wagner, Innsbruck 1965.

SEIDEL, M.: Rennlaufbahnen von Vollblutpferden. Selbstverlag, Bonn 1970.

SEKTION Tierproduktion der Karl-Marx-Universität Leipzig: Vorträge der internationalen wissenschaftlichen Symposien, 1974 und 1976.

SEKTION Tierproduktion und Veterinärmedizin der Karl-Marx-Universität Leipzig: Genetische Grundlagen, Selektion und Zuchtverfahren in der Sportpferdezüchtung. Internationales wissenschaftliches Symposion (Vorträge) 1974.

SEKTION Tierproduktion und Veterinärmedizin der Karl-Marx-Universität Leipzig: Leistungsprüfungen von Sportpferden. Vorträge des II. Internationalen wissenschaftlichen Symposiums, 1976.

SILVER, C.: Pferderassen der Welt. BLV, München 1978.

SOMPELE, D. van de: Van Landbouwrijpaard tot Edel Warmbloed. Drukkerij Scheerders van Kerchove, 1980, 2. Aufl.

STAHL-RASCH/SILAR/VACHAL: Populationsgenetik für Tierzüchter. VEG Deutscher Landwirtschaftsverlag, Berlin 1969.

STAMP, P. H.: Populationsgenetische Untersuchungen an Holsteiner Warmblutpferden. Diss. Kiel 1972.

STEGEN, H.: Die Zucht des hannoverschen Pferdes unter besonderer Berücksichtigung der Fruchtbarkeitsverhältnisse. Arb DGfZ 66, 1934.

STENGLIN, Chr. v.: Deutsche Pferdezucht. FN-Verlag, Warendorf 1982.

STENGLIN, Chr. v.: Hannoveraner, Franckh'sche Verlagsbuchhandlung, Stuttgart 1983.

STERN, H.: Sterns Bemerkungen über Pferde, Verlag Kindler, München 1971.

STIRTON, R.: Phylogeny of the North-American Equidae. Univ. Calif. Publ, Dpt. Geol. Sci. 35, 1940.

STOB, W.: Die große Pferde-Enzyklopädie. Verlag Hoffmann, Heidenheim 1975.

SUMMERHAYS, R. S.: Horses and Ponies. F. Warne & Co., London–New York 1949.

SÜSKIND, W. E.: Pferderennen. Hubert KG, Diessen 1950.

TESIO, F.: Meine Vollblutzucht. Franckh'sche Verlagshandlung, Stuttgart 1971.

THEULEGOT, H. de: Monographie des belgischen Lastpferdes. Verlag Schaper, Hannover 1925.

THUN-HOHENSTEIN, G. v.: Das Holsteiner Pferd, Geschichte – Zucht – Leistung. Ahnert Verlag, Friedberg 1976.

TRAUT, F.: Gestüte Europas. Liebhaber Verlag, Verden 1971.

TREFFERS, H.: Handbuch des Pferdeverhaltens. Franckh'sche Verlagsbuchhandlung, Stuttgart 1978.

UNGER, W. v · Die Ahnen des Hannoveraners, Arb. DGfZ 41, 1928.

UPPENBORN, W.: Warmblutpferderassen in den verschiedenen Ländern der Welt. In: HAMMOND/HARING/JOHANSSON: Handbuch der Tierzüchtung. Bd. 3. Verlag Parey, Hamburg–Berlin 1961.

UPPENBORN, W.: Ponys. Verlag Ulmer. Stuttgart 1978.

Uppenborn, W.: Pferdezucht und Pferdehaltung. Verlag Bintz-Dohany, Offenbach 1976, 6. Aufl.

Vogel, H.: Pferdezucht. Verlag Parey, Hamburg–Berlin 1948.

Walther, R.: Beiträge zur Kenntnis der Vererbung der Pferdefarben. Verlag Schaper, Hannover 1912.

Weferling, K.-G.: Körpermessungen bei Oldenburgischen und Ostfriesischen Warmblutstuten. Diss. Hannover 1964.

Weiland, E.: Pferdezucht in der Schweiz. Verlag Hadlaub, Winterthur 1970.

Wenzler, G.: Stutbuch Weil-Marbach. Verlag Meisenbach KG, Bamberg 1972.

Westfalens edles Warmblut. Eine Studie über die züchterischen Erfolge bis 1966. Westf. Pferdestammbuch Münster, o. J.

Wiechert, F.: Messungen an ostpreußischen Kavalleriepferden und solchen mit besonderen Leistungen und die Beurteilung der Leistungsfähigkeit aufgrund der mechanischen Verhältnisse. Arb. DGfZ 34, 1927.

Wiersema, J. K.: Het Paard in Zijn. Klreurenrijkdom. Zuidgroep B. V. Uitgevers, Den Haag, o. J.

Wiersema, J. K.: De haarkleur der paarden. 1961.

Willkomm, W.: Das Beberbecker Pferd. 57 Flusch DGfZ, Berlin 1921.

Wittkop, J.: Bedeutung des Vollbluts in der Holsteiner Warmblutzucht. Arb. Inst. Tierzucht Haustiergenetik. Univ. Göttingen 1970.

Wrangel, C. G. v.: Die Rassen des Pferdes. Verlag Schickhardt & Ebner, Stuttgart 1908.

Wrangel, C. G. v.: Das Buch vom Pferde. Verlag Schickhardt & Ebner, Stuttgart 1910.

Wriedt, C.: Biologische Essays über Pferdezucht und Pferderassen. Verlag Parey Hamburg – Berlin 1929.

Zeeb, K.: Das Verhalten des Pferdes bei der Auseinandersetzung mit dem Menschen. Diss. München 1959.

Zeitschrift „Hannoversches Pferd". Jahrgänge 1965–1985. Herausgeber: Verband hannoverscher Warmblutzüchter.

Zentralverband für Traber-Zucht und Rennen, Münster: Jahresberichte 1980–1985.

Berichte und Zahlenmaterial aus den verschiedenen Zuchtgebieten lieferten:

Die Deutschen Pferdezuchtverbände
Deutscher Sportbund, Frankfurt, Deutschland
Dozent J. Dušek, Slatinany, CSSR
W. Glibert, Genk, Belgien
Landstallmeister Holzrichter, Dillenburg, Deutschland
H. B. A. Hulsbergen, H K's – Gravenhage, Niederlande
Prof. Dr. Jurkovič, Ljubljana, Jugoslawien
Mrs. Jane Kidd, Ewhurst Surrey, England
Landstallmeister O. Kjellander, Flyinge, Schweden
B. Langlois, Domaine de Vilwert, Frankreich
Landstallmeister Dr. Lechleitner, Stadl-Paura, Österreich
Dr. Lessing, Gnarrenburg, Deutschland
Prof. Dr. Oscag, Herceghalom, Ungarn
Prof. Dr. E. Sasimowsky, Lublin, Polen
Prof. Dr. Staun, Kopenhagen, Dänemark
Ch. Steingruber, Avenches, Schweiz

Bildquellen

Archiv Tierzuchtinstitut Lublin: 57
Bayer. Haupt- u. Landgestüt Schwaiganger: 39
Bernhagen: 71
H. Bouwman: 68, 69
J. Dahl: 99
H. Donhauser-Pielmaier: 15
W. Ernst: 19, 21, 22, 23, 24, 25, 26, 29, 32, 34, 35, 37, 38, 41, 42, 44, 46, 83, 85, 87, 88, 90, 91, 92, 95, 109, 151, 153, 156
F. Feldmann: 126
Dr. J. Franzen, Senckenberg-Museum: 5
H. Freund: 155
Gobert: 80
M. Goldbergerowa: 58, 59, 60, 61
Dr. Gramatzki: 7, 8, 9
Grote: 137
Prof. Haring: 101
K. Houghton Photography: 86, 96
Hudetz: 63, 64, 65
L. E. Huijing: 70
Pressebild Knutzen: 30
Koninklijke Vereniging het nederlandsche Trekpaard: 81

Landwirtsch. Bildberatung e. V.: 73
Lechleitner: 47, 77
E. van Leeuwen: 66
Lichtbildstelle BMfLuF, Wien: 48
H. Marks: 133
J. Melissen: 67
H. Menzendorf: 11, 12, 14, 154
W. Menzendorf: 10, 16, 27, 117, 130, 132
F. Mohaupt: 33, 36, 120
H. Müller: 43
Paint Horse Club Germany: 100
Red. Pony-Magazin: 125
Reiff: 74
G. Renschler: 31
H. Sangmeister: 28, 45
M. Schäfer: 49, 76
M.-L. Schwarz: 89
Dr. Spelge: 114
J. Steiner: 62
H. Sting: 20, 116, 122, 124, 135, 136, 139, 141
Foto Tiedemann: 84, 119, 123, 138, 152
Vbd. d. Züchter u. Freunde d. Warmblutpf. Trak. Abstg. e. V.: 18
Foto Vogelberg: 72

Farbtafeln:
W. Ernst: S. 82, 99 (oben u. unten), 100 (oben)
L. Harrington: S. 81
E. u. P. Schreiber-Kreinberg: S. 100 (unten)

Die übrigen Abb. stammen von den Verfassern bzw. wurden nach deren Vorlagen gezeichnet oder werden im Text nach dem Urheber zitiert.

Sachregister

Württemberger 104
Wüstentyp 35

Yorkshire-Coach-Horse 88,
   131

Zahnwechsel 248
Zebras 33
Zebroiden 33
Zucht
-beratung 356

-buch 331
-buchführung 329
-buchordnung 330
-erhaltungsprämien 335
-fortschritt 321
-methode 302
-planung 321, 325
-population 302
-programme 332
-struktur 308
-stutenprüfung 294, 320

-wahl 269
-wertschätzung 311
-ziel 269, 308
Züchterorganisationen 329
Züchterprämien 381
Zugtier 30
Zugwiderstand 287
Zweibrücken, Stammgestüt
   107
Zweibrücker 107
Zwion 72

Praktische Pferdezucht. Sportpferde und Ponys. Von ⟶ **Dr. Dieter Schön,** Hude. 320 Seiten mit 16 Farbfotos, 58 SW-Fotos und 104 Zeichnungen. In Leinen geb. ⟶ **DM 68,-.** Der Autor gibt kurze Darstellungen der wesentlichen Sportpferde- und Pony-rassen und beschreibt Zuchtverfahren, Fütterung, Aufzucht, Haltung, Pflege und weitere wesentliche Einzelheiten.

Pferde halten und pflegen. Von ⟶ **Wolfgang Kresse,** Eystrup. 2. Auflage. 213 Seiten mit 24 Farbfotos und 120 Zeichnungen.

Geb. ⟶ **DM 32,-.** Dieses an praktischen Ratschlägen reiche Buch ist genau das richtige für jeden Pferdebesitzer, der sein Pferd so gut und sachverständig wie möglich halten und pflegen möchte.

Reiten lernen. Von ⟶ **Wolfgang Kresse,** Eystrup. Etwa 230 Seiten mit 40 Farbfotos, 60 Zeichnungen. Kart. ⟶ **ca. DM 36,-.** (Erscheint 1988). Der Autor, selbst erfahrener Reiter und Reitlehrer, macht den Anfänger mit allen wichtigen Fragen des Reitens vertraut und vermittelt das notwendige Grundwissen über die Bewegungsabläufe des Pferdes.

Ponys. Umgang und Haltung. Von ⟶ **Dr. Wilhelm Uppenborn,** Krefeld. 5., überarbeitete Auflage. 189 Seiten mit 14 Farbfotos, 48 SW-Fotos und Zeichn. Geb. ⟶ **DM 28,-.** Alles Wissenswerte über Ankauf, Unterkunft und Pflege, Fütterung und Weide, Krankheiten, Rassen und Zucht, Reiten und Fahren.

Rechtskunde für Pferdehalter und Reiter. Von ⟶ **Eberhard Fellmer,** Hamburg, unter Mitarbeit von ⟶ **Peter Kiel,** Hamburg. 2., neubearbeitete Auflage. 290 Seiten. Geb. ⟶ **DM 58,-.** Dieses Buch informiert über Pferdekauf und Verkauf, über die vielfältigen und wichtigen Fragen der Haftung, über das Recht der Berufsreiter, Versicherungsfragen, Vereinsrecht, Reiten im Wald, Feld und Straßenverkehr und vieles mehr. Zusätzlich enthält es eine Leitsatz-kartei mit über 50 Standardurteilen und eine Übersicht über die Beweislastverteilung im heutigen Zivilprozeß.

Erhältlich in Ihrer Buch(Fach)handlung oder beim
Verlag Eugen Ulmer, Postfach 70 05 61, 7000 Stuttgart 70

E.U.

VERLAG
EUGEN
ULMER